Grundfreiheiten im Spannungsfeld
von Verkehr und Nachhaltigkeit

Nicole Ehlotzky

Grundfreiheiten im Spannungsfeld von Verkehr und Nachhaltigkeit

Eine Analyse anhand des Verkehrsprotokolls der Alpenkonvention

facultas.wuv

Schriften zum Internationalen und Vergleichenden Öffentlichen Recht

Herausgegeben von Harald Eberhard, Anna Gamper, Konrad Lachmayer und Gerhard Thallinger

Band 19

Bibliografische Information der Deutschen Nationalbibliothek

Die Deutsche Nationalbibliothek verzeichnet diese Publikation in der Deutschen Nationalbibliografie; detaillierte bibliografische Daten sind im Internet über http://dnb.d-nb.de abrufbar.

facultas.wuv Universitätsverlag, A-1050 Wien

Druck: Druckhaus Nomos
Österreich: ISBN 978-3-7089-0899-1
Deutschland: ISBN 978-3-8487-1258-8

Meinen Eltern

Vorwort und Dank

Das vorliegende Buch ist die vollständig überarbeitete und aktualisierte Fassung meiner im Mai 2011 an der Leopold-Franzens-Universität Innsbruck unter dem Titel „Das Verkehrsprotokoll der Alpenkonvention im Lichte der Grundfreiheiten" approbierten Dissertation. Die Arbeit wurde mit dem Preis des Fürstentums Liechtenstein 2011 sowie dem Franz Gschnitzer-Förderungspreis 2012 der Rechtswissenschaftlichen Fakultät der Universität Innsbruck ausgezeichnet. Rechtsetzung, Judikatur und Literatur sind bis Ende März 2014 berücksichtigt.

In rechtlicher Hinsicht ist die Thematik des vorliegenden Buches sehr vielseitig und aufgrund der im Jahre 2013 erfolgten Genehmigung des Verkehrsprotokolls der Alpenkonvention durch die Europäische Union auch von hoher Aktualität. Ausgehend von dem Spannungsverhältnis zwischen den Zielsetzungen des europäischen Binnenmarktes und einer nachhaltigen Entwicklung im Alpenraum, liegt die Arbeit an der Schnittstelle von Völkerrecht, Unionsrecht und nationalem Recht und eröffnet Raum für die Erörterung interessanter Rechtsprobleme.

Mein Dank gilt Herrn Univ.-Prof. Dr. *Werner Schroeder*, LL.M., für vier bereichernde und lehrreiche Jahre als Universitätsassistentin am Institut für Europarecht und Völkerrecht der Universität Innsbruck, für sein Vertrauen in meine Qualifikation und meine Fähigkeiten sowie für die Freiheit, meine Ideen umsetzen zu können. Er hat mich dazu ermutigt, das Verkehrsprotokoll der Alpenkonvention als Dissertationsthema zu wählen, und meinen Blick für Gesamtzusammenhänge geschärft. Herrn o. Univ.-Prof. Dr. *Karl Weber* danke ich für die rasche Erstellung des Zweitgutachtens und für wertvolle Einblicke in die Rechtswirkungen der Alpenkonvention im österreichischen Recht. Bedanken möchte ich mich auch bei Herrn Univ.-Prof. Dr. *Walter Obwexer*, der sich immer wieder Zeit für die Diskussion europa- und völkerrechtlicher Probleme genommen hat.

Für die vielfältige Förderung, die mir nach meiner Promotion als Universitätsassistentin an der Wirtschaftsuniversität Wien (WU) zuteil wurde, danke ich Herrn Univ.-Prof. Dr. *Harald Badinger*, Herrn Univ.-Prof. DDr. *Christoph Grabenwarter*, Frau Univ.-Prof. Dr. *Verena Madner* sowie insbesondere Herrn Univ.-Prof. Dr. *Erich Vranes*, LL.M., der mir neue Herausforderungen geboten und die Mitarbeit an spannenden Projekten ermöglicht hat. Gleichzeitig hat er mir Zeit für die Aktualisierung der vorliegenden Arbeit eingeräumt und mich dabei in jeder Hinsicht unterstützt, wofür ich ihm herzlich danke.

Den Herausgebern der Reihe „Schriften zum Internationalen und Vergleichenden Öffentlichen Recht", insbesondere Frau Univ.-Prof. Dr. *Anna Gamper* und Herrn Univ.-Prof. Dr. *Harald Eberhard* danke ich für die Einladung, meine Dissertation in dieser Schriftenreihe zu veröffentlichen, sowie für wertvolle Hinweise und Anregungen zum vorliegenden Buch. *Susanne Karner* gebührt Dank für die Erstellung des Satzes sowie *Christian Kaier*, *Elisabeth Kainberger* und *Peter Wittmann* (Verlag Facultas) für ihre sachkundige Unterstützung und für ihre Geduld.

Für die gute Zusammenarbeit in den letzten Jahren und das große Interesse an meiner Arbeit danke ich *Helmut Tichy*, *Andreas J. Kumin* und *Philip Bittner* (österreichisches Außenministerium), *Ewald Galle* (österreichisches Lebensministerium), *Markus Reiterer* und *Cecilia Maronnier* sowie *Marco Onida* und *Wolfger Mayrhofer* (Ständiges Sekretariat der Alpenkonvention), *Astrid Epiney* (Universität Freiburg i.Ü.) und *Jennifer Vonlanthen-Heuck* (schweizerisches Bundesamt für Umwelt), *Fritz Staudigl*, *Christian Bidner* und *Christian Ranacher* (Land Tirol), *Wilhelm Bergthaler* (Haslinger/Nagele Rechtsanwälte), *Johann Hiebl* und *Christoph Zingerle* (österreichische Zentralanstalt für Meteorologie und Geodynamik) sowie den Mitgliedern der Rechtsservicestelle Alpenkonvention.

Herzlich bedanken möchte ich mich auch bei allen meinen (ehemaligen) Kolleginnen und Kollegen an der Wirtschaftsuniversität Wien und an der Universität Innsbruck, die diese Arbeit durch hilfreiche Anregungen wesentlich gefördert haben, ganz besonders bei *Daniela Böckle*, *Regine Kramer*, *Sebastian Schmid* und *Andreas Th. Müller*, mit welchen ich wichtige Grundlagen zur Alpenkonvention erarbeitet habe.

Für die großzügige Förderung der Drucklegung dieses Buches gilt mein großer Dank dem Vizerektorat für Forschung der Universität Innsbruck sowie der Abteilung Kultur des Amtes der Tiroler Landesregierung.

Wien, im April 2014

Nicole Ehlotzky

Inhaltsübersicht

Inhaltsverzeichnis

Abkürzungsverzeichnis

A	Austria (Österreich); Autobahn
a.A.	anderer Ansicht
Abd.	Abänderung, Abänderungen
ABl.	Amtsblatt der Europäischen Union
Abs.	Absatz, Absätze
a.D.	außer Dienst
AEHS	Alpen-Emissionshandelssystem
AEUV	Vertrag über die Arbeitsweise der Europäischen Union
AK	Rahmenabkommen der Alpenkonvention
Anm.	Anmerkung, Anmerkungen
Art.	Artikel
ASFINAG	Autobahnen- und Schnellstraßen-Finanzierungs-Aktiengesellschaft
AStV	Ausschuss der Ständigen Vertreter
BGBl.	Bundesgesetzblatt
BLandP	Berglandwirtschaftsprotokoll
BlgNR	Beilage(n) zu den Stenografischen Protokollen des Nationalrats
BMeiA	Bundesministerium für Europa, Integration und Äußeres
BMVIT	Bundesministerium für Verkehr, Innovation und Technologie
BodSchP	Bodenschutzprotokoll
BStG	Bundesstraßengesetz
B-VG	Bundes-Verfassungsgesetz
BWaldP	Bergwaldprotokoll
bzw.	beziehungsweise
ca.	circa
CH	Schweiz
CIPRA	Commission Internationale pour la Protection des Alpes (Internationale Alpenschutzkommission)
D	Deutschland
d.h.	das heißt
EC	European Community (Europäische Gemeinschaft)
EEA	Einheitliche Europäische Akte
EG	Europäische Gemeinschaft
EGMR	Europäischer Gerichtshof für Menschenrechte
EGV	Vertrag zur Gründung der Europäischen Gemeinschaft

EK	Europäische Kommission
EKMR	Europäische Kommission für Menschenrechte
EMRK	Europäische Menschenrechtskonvention
endg.	endgültig
EnerP	Energieprotokoll
engl.	Englisch
EP	Europäisches Parlament
ErläutRV	Erläuterungen zur Regierungsvorlage
EU	Europäische Union
EuG	Gericht (der Europäischen Union)
EuGH	Gerichtshof der Europäischen Union; Gerichtshof
EUV	Vertrag über die Europäische Union
EWG	Europäische Wirtschaftsgemeinschaft
F	Frankreich
f., ff.	die/der folgende, fortfolgende
FL	Fürstentum Liechtenstein
Fn.	Fußnote, Fußnoten
frz.	Französisch
FS	Festschrift
GA	Generalanwältin, Generalanwalt
GATT	General Agreement on Tariffs and Trade (Allgemeines Zoll- und Handelsabkommen)
GK	Große Kammer
GP	Gesetzgebungsperiode
GrC	Charta der Grundrechte der Europäischen Union
h.A.	herrschende Ansicht
h.L.	herrschende Lehre
Hrsg.	Herausgeberin, Herausgeber
I	Italien
i.d.F.	in der Fassung
IGH	Internationaler Gerichtshof
IG-L	Immissionsschutzgesetz-Luft
ILC	International Law Commission (Völkerrechtskommission)
ISCC	Carpathian Convention Interim Secretariat (Interim-Sekretariat der Karpatenkonvention)
ital.	Italienisch
i.V.m.	in Verbindung mit
km	Kilometer
km^2	Quadratkilometer
KOM	Dokumente der Europäischen Kommission

lit.	litera, literae
Lkw	Lastkraftwagen
Ls.	Leitsatz, Leitsätze
LVA	Landverkehrsabkommen
MC	Monaco
NatSchP	Naturschutzprotokoll
Nr.	Nummer
OECD	Organisation for Economic Co-operation and Development (Organisation für wirtschaftliche Zusammenarbeit und Entwicklung)
RauP	Raumplanungsprotokoll
RIS	Rechtsinformationssystem des Bundeskanzleramtes
RL	Richtlinie; Wegekostenrichtlinie
Rn.	Randnummer, Randnummern
Rs.	Rechtssache
S	Schnellstraße
S.	Satz, Sätze
SchlA	Schlussanträge
Slg.	Sammlung der Rechtsprechung des Gerichtshofes der Europäischen Union
SLO	Slowenien
StenProtBR	stenografisches Protokoll, stenografische Protokolle des Bundesrates
StenProtNR	stenografisches Protokoll, stenografische Protokolle des Nationalrates
StreitP	Streitbeilegungsprotokoll
sublit.	sublitera, subliterae
SUP	Strategische Umweltprüfung
t	Tonne, Tonnen
TEN	Transeuropäische Netze
TourP	Tourismusprotokoll
TRIPS	Agreement on Trade-Related Aspects of Intellectual Property Rights (Abkommen über handelsbezogene Aspekte der Rechte des Geistigen Eigentums)
u.a.	unter anderem, unter anderen, und andere
UAbs.	Unterabsatz, Unterabsätze
UNEP	United Nations Environment Programme (Umweltprogramm der Vereinten Nationen)
UVP	Umweltverträglichkeitsprüfung
v.	versus
verb. Rs.	verbundene Rechtssachen

VerkP	Verkehrsprotokoll
VfGH	Verfassungsgerichtshof
VfO	Verfahrensordnung
VfSlg.	Sammlung der Erkenntnisse und Beschlüsse des Verfassungsgerichtshofes
vgl.	vergleiche
VN	Vereinte Nationen
WTO	World Trade Organization (Welthandelsorganisation)
WVK	Wiener Übereinkommen über das Recht der Verträge (Wiener Vertragsrechtskonvention)
WVKIO	Wiener Übereinkommen über das Recht der Verträge zwischen Staaten und internationalen Organisationen oder zwischen internationalen Organisationen
YBILC	Yearbook of the International Law Commission (Jahrbuch der Völkerrechtskommission)
Z.	Ziffer, Ziffern
z.B.	zum Beispiel

Unzugänglich schien der Gipfel;
Nun begehn wir ihn so leicht.
Fern verdämmern erste Wege,
Neue Himmel sind erreicht.

– Hans Carossa, 1878–1956 –
Gesammelte Gedichte 1910

A. Einführung

I. Zielkonflikt

Müsste man den Kern des vorliegenden Buches in wenigen Worten zusammenfassen, wären es diese:

„Freier Verkehr in der Europäischen Union *versus* nachhaltige Entwicklung im Alpenraum."

Wirtschaft und Mobilität im europäischen Binnenmarkt gefährden die Natur und ökologische Einzigartigkeit der Alpen. Aus der Perspektive der Wirtschaftsteilnehmer[1] stellen die Alpen jedoch schlichtweg ein geografisches Hindernis inmitten Europas dar.

Diesen Zielkonflikt haben sowohl die Alpenstaaten als auch die Europäische Union (EU)[2] erkannt. Das Rahmenabkommen der Alpenkonvention (AK)[3], das acht Alpenstaaten und die EU ratifiziert bzw. genehmigt haben, begreift die Alpen nicht ausschließlich als Naturraum, sondern darüber hinaus als Lebens-, Wirtschafts-, Kultur- und Erholungsraum. Wirtschaftliche Interessen müssten mit ökologischen Erfordernissen in Einklang gebracht werden.[4] Die EU wiederum, welcher seit Anbeginn der europäischen Integrationsgeschichte wirtschaftliche Interessen zugrunde liegen, hat den Umwelt- und den Gesundheitsschutz in ihrem Primärrecht verankert.

Die völkerrechtliche Alpenkonvention, das Unionsrecht und nationale Rechtsordnungen greifen im europäischen Mehrebenensystem ineinander und

---

1 Alle personenbezogenen Begriffe in dieser Arbeit beziehen sich auf beide Geschlechter gleichermaßen.

2 Seit Inkrafttreten des Vertrages von Lissabon mit 1.12.2009 (Vertrag von Lissabon zur Änderung des Vertrags über die Europäische Union und des Vertrags zur Gründung der Europäischen Gemeinschaft, ABl. 2007, Nr. C 306/1) ist die Europäische Union (EU) gemäß Art. 1 Abs. 3 S. 3 EUV Rechtsnachfolgerin der Europäischen Gemeinschaft (EG). Im vorliegenden Buch wird daher die Bezeichnung Europäische Union verwendet. Zur Rechtsnachfolge vgl. *Beaucillon/Erlbacher*, Rechtliche und praktische Aspekte der Rechtsnachfolge, in Eilmansberger/Griller/Obwexer (Hrsg.), Rechtsfragen der Implementierung des Vertrags von Lissabon (2011), 104 ff.

3 Übereinkommen zum Schutz der Alpen (Alpenkonvention), BGBl. 1995/477 i.d.F. BGBl. III 1999/18. Im Folgenden: Rahmenkonvention (AK). Für die vorliegende Arbeit werden jene Fassungen der Rahmenkonvention und der Protokolle der Alpenkonvention herangezogen, die im Rechtsinformationssystem des österreichischen Bundeskanzleramtes (RIS) veröffentlicht sind. Rahmenkonvention und Verkehrsprotokoll (Fn. 5) sind im Anhang abgedruckt.

4 Vgl. Erwägungsgrund 6 der Präambel der Rahmenkonvention.

sind eng miteinander verwoben. Es erfordert Rechtskenntnis und Kompromissbereitschaft, dem angesprochenen Spannungsverhältnis zu begegnen und dabei allen Rechtssystemen gerecht zu werden. Die vorliegende Arbeit versucht daher, ein Grundverständnis für den Geist und die Funktionsweise der Alpenkonvention auf der einen und des Unionsrechts auf der anderen Seite zu schaffen. Im Mittelpunkt steht jenes im Jahre 2002 in Kraft getretene und auch von der EU genehmigte Protokoll der Alpenkonvention, das sich mit der Thematik „Verkehr" befasst.[5] Der Verkehr ist ein wesentliches Instrument für die Ausübung der Grundfreiheiten des Binnenmarktes. Ein erhöhtes Verkehrsaufkommen in den und durch die Alpen sowie die verkehrsbedingte Schadstoff- und Lärmbelastung führen jedoch zu wachsenden ökologischen und gesundheitlichen Schäden und Risiken.

In der Überzeugung, dass sich die beiden Rechtssysteme der Alpenkonvention und der EU weder unbeweglich gegenüberstehen noch beharrlich und kurzsichtig einseitige Interessen verfolgen, wird in diesem Buch versucht, Lösungsansätze für ein gemeinsames Anliegen zu erarbeiten. Die Grundfreiheiten sollten eine nachhaltige Entwicklung der im Zentrum Europas gelegenen Alpenregion nicht beeinträchtigen. Gleichzeitig muss eine nachhaltige Entwicklung des Alpenraumes auch freien Verkehr ermöglichen. Die Zielsetzungen des jeweils anderen Rechtssystems sind daher wechselseitig in der Rechtsanwendung zu berücksichtigen. In Sinne dieser Ausgangsthese sollte das Wort „versus" im eingangs formulierten Passus durch „und" ersetzt werden:

„Freier Verkehr in der Europäischen Union *und* nachhaltige Entwicklung im Alpenraum."

Denn eines ist sicher: Besinnt man sich nicht auf eine nachhaltige Verkehrspolitik im Alpenraum, ist es fraglich, ob Europa tatsächlich „neue Himmel erreichen" wird, wie dies *Hans Carossa* vor etwas mehr als hundert Jahren in jenem Vers ausgedrückt hat, welcher der vorliegenden Arbeit vorangestellt ist.

II. Untersuchungsgegenstand und Methodik

1. Überblick

Die bestehende rechtswissenschaftliche Literatur zur Alpenkonvention befasst sich zumeist mit völkerrechtlichen und nationalrechtlichen Aspekten, insbesondere mit der innerstaatlichen Durchführung des Vertragswerkes und seiner

---

[5] Protokoll zur Durchführung der Alpenkonvention von 1991 im Bereich Verkehr (Protokoll „Verkehr"), BGBl. III 2002/234 i.d.F. BGBl. III 2005/108. Im Folgenden: Verkehrsprotokoll (VerkP).

unmittelbaren Anwendbarkeit in den nationalen Rechtsordnungen.[6] Teilweise werden auch besondere Problemfelder unter Berücksichtigung des Unionsrechts, vor allem des Sekundärrechts, punktuell behandelt.[7] Zum Verkehrsprotokoll (VerkP) gibt es bislang nur wenig Literatur.[8] Eine schier unerschöpfliche Vielfalt an Literatur und Judikatur besteht indessen in Hinblick auf die Grundfreiheiten des europäischen Binnenmarktes.[9] Auch die mit dem Transitverkehr verbundene Problematik wurde bereits in hinreichender Form wissenschaftlich erörtert.[10] Eine dogmatische Aufbereitung der im Verkehrsbereich ergangenen

---

6 Vgl. insbesondere *Schroeder/Ehlotzky*, Zustand und Perspektiven grenzüberschreitender Kooperation im Alpenraum, in Hilpold/Steinmair/Perathoner (Hrsg.), Rechtsvergleichung an der Sprachgrenze (2011), 93 ff.; *Onida*, EnvironPolLaw 2009, 243 ff.; *Dette*, elni 2008, 39 ff.; *Galle*, Ergänzung (2008); *Schroeder*, NuR 2006, 133 ff.; *Schroeder*, BayVBl 2004, 161 ff.; *Caldwell*, BU ILJ 2003, 137 ff.; *Galle*, Alpenkonvention (2002); *Norer*, Alpenkonvention (2002). Vgl. auch die Sammelwerke CIPRA Österreich (Hrsg.), Die Alpenkonvention und ihre rechtliche Umsetzung (2010); CIPRA Deutschland (Hrsg.), Leitfaden zur Umsetzung der Alpenkonvention (2008); CIPRA France (Hrsg.), La convention alpine (2008). Verwiesen sei hier auch auf die regelmäßig von der Fachabteilung Raumplanung-Naturschutz des Österreichischen Alpenvereins erstellte Bibliografie zur Alpenkonvention.

7 Vgl. *Onida*, Rev.dr.UE 2008, 739 ff.; *Odendahl*, Bindung der Europäischen Gemeinschaft, in Hendler/Marburger/Reiff/Schröder (Hrsg.), Jahrbuch des Umwelt- und Technikrechts (2007), 59 ff.; *Schmid*, Alpenkonvention und Europarecht, Dissertation (2005); *Juste Ruiz*, L'action de l'Union Européenne, in Treves/Pineschi/Fodella (Hrsg.), International Law and Protection of Mountain Areas (2002), 145 ff.

8 Vgl. insbesondere *Heuck*, Infrastrukturmaßnahmen (2013); *Schroeder/Weber K.*, Studie (2008). Ebenso *Ehlotzky*, JRP 2013, 388 ff.; *Onida*, Una politica dei trasporti coerente, in Gamper/Ranacher (Hrsg.), Rechtsfragen des grenzüberschreitenden Verkehrs (2012), 45 ff.; *Onida*, La Convention alpine et son protocole transports, in Epiney/Heuck (Hrsg.), Der alpenquerende Gütertransport (2012), 1 ff.; *Ehlotzky/Kramer*, ZVR 2009, 193 ff.; *Juen*, R.E.D.E. 2009, 33 ff.; *Hartl*, RdU 2007, 4 ff.; *Cuypers*, Die Alpenkonvention und ihr Verkehrsprotokoll, in Institut für Straßen- und Verkehrswesen (Hrsg.), Seminar „Verkehr im Alpenraum“ (2006), 21 ff.; *Sohnle*, RJE 2003, 5 ff.; *Galle*, Alpenkonvention (2002), 119 ff.

9 Verwiesen sei hier auf die in Hinblick auf die vorliegende Arbeit getroffene und im Literaturverzeichnis aufgelistete Auswahl an Literatur, insbesondere auf *Barnard*, The substantive law (2013); *Kingreen*, Fundamental Freedoms, in von Bogdandy/Bast (Hrsg.), Principles (2011), 515 ff.; *Chalmers/Davies/Monti*, European Union Law (2010), 744 ff.; *Oliver* (Hrsg.), Free Movement of Goods (2010); *Oliver/Enchelmaier*, CMLRev 2007, 649 ff.; in Hinblick auf den Umweltschutz *Müller-Graff*, Umweltschutz und Grundfreiheiten, in Rengeling (Hrsg.), Handbuch Umweltrecht (2003), 239 ff.; *Schroeder*, Gemeinschaftsrechtssystem (2002), 276 ff.; *Steinberg*, EuGRZ 2002, 13 ff.; *Jarass*, Grundfreiheiten als Grundgleichheiten, in FS für Ulrich Everling I (1995), 593 ff.; *Zuleeg*, Grundfreiheiten des Gemeinsamen Markts, in FS für Ulrich Everling II (1995), 1717 ff.; *Ipsen*, Europäisches Gemeinschaftsrecht (1972), 586 ff. und 636 ff.

10 Vgl. insbesondere die Sammelwerke Epiney/Heuck (Hrsg.), Der alpenquerende Gütertransport (2012); Gamper/Ranacher (Hrsg.), Rechtsfragen des grenzüberschreitenden Verkehrs (2012); Busek/Hummer (Hrsg.), Alpenquerender und inneralpiner Transitverkehr

Rechtsprechung des Gerichtshofes der Europäischen Union (EuGH)[11] zu den Grundfreiheiten existiert jedoch bloß in Ansätzen.[12]

Anspruch dieses Buches ist es, das Verkehrsprotokoll in den formellen und materiellen Kontext des Unionsrechts einzubinden und die dadurch aufgeworfenen Rechtsprobleme zu untersuchen, wobei ein umfassender Ansatz verfolgt wird. Im Mittelpunkt steht das Primärrecht der EU und dabei wiederum der Binnenmarkt, welcher ein wesentliches Ziel der Verträge darstellt. Die Vorgaben des Verkehrsprotokolls und jene Maßnahmen, die auf seiner Grundlage ergehen können, sind in das Schema der Grundfreiheiten einzuordnen und zu systematisieren. Die Untersuchung ist auf jene Bestimmungen einzugrenzen, die einen gewissen Grad an Präzision aufweisen und in Hinblick auf den Binnenmarkt von Relevanz sind. Gleichzeitig gilt das Hauptaugenmerk jenen primärrechtlichen Gesichtspunkten, welche die Thematik des Verkehrsprotokolls berühren. Hierbei ist auch einschlägiges Sekundärrecht zu berücksichtigen. Durch aktuelle Beispiele aus der Judikatur werden die inhaltlichen Zusammenhänge untermauert und verdeutlicht.

Die vorliegende Untersuchung gliedert sich in sechs Hauptteile, die im Folgenden überblicksmäßig dargelegt werden. Nach einer allgemeinen Einführung in die Thematik in *Teil A*, werden zunächst in *Teil B* das völkerrechtliche Vertragswerk der Alpenkonvention und das Verkehrsprotokoll vorgestellt. *Teil C* widmet sich anschließend dem Verkehrsprotokoll als gemischtem Abkommen und wechselt somit von der rein völkerrechtlichen auf die unionsrechtliche bzw. nationalrechtliche Ebene. Im spezifisch unionsrechtlichen *Teil D* wird das System der Grundfreiheiten skizziert, wobei besonders auf den Verkehrsbereich Bedacht genommen wird. In *Teil E* werden das in den *Teilen B* und *C* erläuterte Verkehrsprotokoll sowie die in *Teil D* erarbeitete gemeinsame Systematik der

---

(2005); Hummer (Hrsg.), Alpenquerender Transitverkehr aus regionaler und überregionaler Sicht (1993). Ebenso die Beiträge *Ehlotzky*, RdU-U&T 2012, 2 ff.; *Schroeder*, Alpine traffic and International Law, in Quillacq/Onida (Hrsg.), Environmental Protection and Mountains (2011), 152 ff.; *Weber K.*, Transitverkehr in der Judikatur, in Roth G.H./Hilpold (Hrsg.), EuGH und die Souveränität der Mitgliedstaaten (2008), 395 ff.; *Obwexer*, Regelung des Transitverkehrs, in Hummer/Obwexer (Hrsg.), 10 Jahre EU-Mitgliedschaft Österreichs (2006), 299 ff.; *Obwexer*, ZVR 2006, 212 ff.

[11] Gemäß Art. 19 Abs. 1 EUV umfasst der Gerichtshof der Europäischen Union den Gerichtshof (EuGH), das Gericht (EuG) und Fachgerichte. Vgl. zur Terminologie seit der Vertragsreform von Lissabon *Huber* in Streinz (Hrsg.), EUV/AEUV (2012), Art. 19 EUV Rn. 4 ff.; *Jacobs*, The Lisbon Treaty, in Biondi/Eeckhout/Ripley (Hrsg.), EU Law After Lisbon (2012), 197.

[12] Vgl. *Ehlotzky*, Verkaufsmodalitäten, in Leidenmühler/Eder/Leingartner/Winkler C. (Hrsg.), Grundfreiheiten (2012), 125 ff.; *Weber K.*, Transitverkehr in der Judikatur, in Roth G.H./ Hilpold (Hrsg.), EuGH und die Souveränität der Mitgliedstaaten (2008), 395 ff.; *Weber R.H.*, AJP 2008, 1216; *Epiney/Gruber*, Verkehrsrecht in der EU (2001), 82 f.

Grundfreiheiten verbunden und einzelne Vorgaben des Verkehrsprotokolls anhand der Grundfreiheiten analysiert. Die Arbeit schließt in *Teil F* mit einer Zusammenfassung der wesentlichen Ergebnisse und einem Ausblick.

2. Zu *Teil B:* Alpenkonvention und Verkehrsprotokoll

Aus den *ersten beiden Abschnitten* des *Teils B* geht hervor, dass sich das völkerrechtliche Vertragswerk der Alpenkonvention im Wesentlichen aus einer allgemeinen Rahmenkonvention, einem Streitbeilegungsprotokoll (StreitP) und acht Protokollen zu spezifischen Themenbereichen zusammensetzt, in welchen Einzelheiten zur Durchführung der Rahmenkonvention festgelegt sind. Der Verkehr stellt ein wichtiges Querschnittsthema dar, das nicht bloß im Verkehrsprotokoll behandelt wird, sondern auch in andere Protokolle Eingang gefunden hat.

Struktur und Aufbau des Verkehrsprotokolls sowie seine grundlegenden Zielsetzungen werden im *dritten Abschnitt* des *Teils B* erläutert. Hierbei ist darauf hinzuweisen, dass ausschließlich die „Technischen Maßnahmen" in Kapitel II B) des Verkehrsprotokolls relativ fest umrissene inhaltliche Verpflichtungen enthalten. Es sind dies jene Bestimmungen, die in *Teil E* der vorliegenden Arbeit hinsichtlich ihrer Kompatibilität mit den Grundfreiheiten analysiert werden. Sie betreffen den Eisenbahn- und Schiffsverkehr (Art. 10 VerkP), den Straßenverkehr (Art. 11 VerkP), den Luftverkehr (Art. 12 VerkP), die touristischen Anlagen (Art. 13 VerkP) und die Kostenwahrheit (Art. 14 VerkP). In den angeführten Artikeln manifestieren sich die zentralen umweltrechtlichen Prinzipien, auf welchen das Verkehrsprotokoll beruht. Für die Zwecke dieser Untersuchung ist dabei insbesondere das Verursacherprinzip von Bedeutung, wonach die Kosten verkehrsbedingter Beeinträchtigungen möglichst den einzelnen Verkehrsteilnehmern anzulasten sind.

3. Zu *Teil C:* Verkehrsprotokoll als gemischtes Abkommen

In der unionsrechtlichen Terminologie werden jene Verträge mit Drittstaaten als gemischte Abkommen bezeichnet, bei welchen nicht nur die EU, sondern auch ihre Mitgliedstaaten Vertragsparteien sind.[13] Wie im *ersten Abschnitt* des *Teils C* ausgeführt, wurde für den Abschluss des Verkehrsprotokolls diese

---

[13] In der vorliegenden Arbeit wird der Begriff „Vertragspartei" im Kontext der Alpenkonvention und ihrer Protokolle verwendet. „Alpenstaaten" sind alle Vertragsparteien bzw. Signatare mit Ausnahme der EU. Die Bezeichnung „Mitgliedstaat" bezieht sich auf die EU-Mitgliedstaaten.

Form gewählt. Neben Deutschland, Frankreich, Italien, Slowenien und dem Drittstaat Liechtenstein hat auch Österreich das Protokoll ratifiziert. In der österreichischen Rechtsordnung, auf die im Rahmen dieses Buches beispielhaft Bezug genommen wird, steht das Verkehrsprotokoll im Rang eines einfachen Bundesgesetzes. Die EU genehmigte das Verkehrsprotokoll im Jahre 2013 unter Rückgriff auf ihre Verkehrskompetenz und ihre impliziten Vertragsschlussbefugnisse und ist seither vollumfassend daran gebunden. Die Ratifikation des Protokolls durch Monaco und die Schweiz steht hingegen noch aus.

In Hinblick auf die im *zweiten Abschnitt* des *Teils C* dargelegten Rechtswirkungen des Verkehrsprotokolls im Unionsrecht ist zunächst zu prüfen, ob der EU bereits durch ihre im Jahre 2006 erfolgte Unterzeichnung vorvertragliche Pflichten entstanden waren. Mit der Genehmigung des Protokolls trat sodann für ihre Mitgliedstaaten und Organe eine Bindungswirkung auf innerunionaler Ebene ein, woraus sich der Rang des Verkehrsprotokolls in der Normenhierarchie des Unionsrechts ergibt. Dieses wurde zum Unionsabkommen. Zum einen muss es daher mit dem Primärrecht im Einklang stehen. Zum anderen darf das Sekundärrecht dem Verkehrsprotokoll nicht widersprechen. In diesem Zusammenhang ist zu erörtern, inwieweit das Protokoll unmittelbare Geltung im Unionsrecht erlangt hat und ob sich seine Bestimmungen für eine unmittelbare Anwendbarkeit eignen.

Der *dritte* und letzte *Abschnitt* des *Teils C* widmet sich den für die vorliegende Untersuchung relevanten unionsrechtlichen Kompetenztatbeständen „Binnenmarkt“, „Verkehr“, „Transeuropäische Netze“ und „Umwelt“. Ausgehend von der Reihenfolge, in der diese im Vertrag über die Arbeitsweise der Europäischen Union (AEUV)[14] in einzelnen „Titeln“ behandelt werden, leitet er auf den spezifisch unionsrechtlichen *Teil D* über. Deutlich wird hierbei, dass der dieser Arbeit zugrunde liegende Zielkonflikt auch im Unionsrecht selbst gegeben ist, denn das auf der Umweltkompetenz beruhende Primär- und Sekundärrecht scheint den auf den Alpenraum ausgerichteten Vorgaben des Verkehrsprotokolls zu entsprechen. Die vor allem wirtschaftlichen Zielsetzungen der Titel „Binnenmarkt“, „Verkehr“ und „Transeuropäische Netze“ sowie das hierzu ergangene Sekundärrecht laufen diesen jedoch entgegen. Dieses Spannungsverhältnis zeigt sich auch in *Teil D* der vorliegenden Arbeit, und zwar auf der Rechtfertigungsebene der Grundfreiheitenprüfung.

---

[14] Konsolidierte Fassung des Vertrags über die Arbeitsweise der Europäischen Union (AEUV), ABl. 2012, Nr. C 326/47.

4. Zu *Teil D:* Grundfreiheiten im Verkehrsbereich

Gemäß Art. 3 Abs. 3 S. 1 des Vertrages über die Europäische Union (EUV)[15] i.V.m. Art. 26 Abs. 2 AEUV errichtet die EU einen Binnenmarkt, in dem der freie Verkehr von Waren, Personen, Dienstleistungen und Kapital gewährleistet ist. In Hinblick auf die Dienstleistungsfreiheit sind dabei gewisse in Art. 90 ff. AEUV enthaltene Sonderregelungen für den Verkehrsbereich zu beachten. Diese „grundlegenden Freiheiten" werden vom EuGH extensiv interpretiert und im *ersten Abschnitt* des *Teils D* des vorliegenden Buches in Grundzügen dargelegt. Im Kontext dieser Arbeit binden sie in erster Linie die Mitgliedstaaten, die in Durchführung des Verkehrsprotokolls keine Maßnahmen beibehalten oder ergreifen dürfen, welche die Grundfreiheiten beeinträchtigen.

In den Eingriffstatbestand der Grundfreiheiten, der im *zweiten Abschnitt* des *Teils D* erörtert wird, fällt jede direkte und indirekte Diskriminierung aus Gründen der Staatsangehörigkeit oder der Herkunft. Darüber hinaus sind auch nichtdiskriminierende Maßnahmen untersagt, wenn sie den freien Verkehr gefährden, wobei hierfür bereits sehr geringfügige Beschränkungen genügen. Diesen weiten Verbotstatbestand schränkt der EuGH vor allem durch die Herausnahme sogenannter „Verkaufsmodalitäten" ein. Im Kontext dieser Arbeit stellt sich die Frage, ob und inwieweit sich dies auf den Verkehrsbereich übertragen lässt. Untersucht wird, wann in Durchführung des Verkehrsprotokolls erlassene Maßnahmen der Mitgliedstaaten die im Urteil *Keck und Mithouard*[16] festgelegten Voraussetzungen erfüllen und folglich nicht dem Tatbestand der Grundfreiheiten unterfallen. Vor dem EuGH wurde zudem diskutiert, ob in Anlehnung an die Gruppe der Verkaufsmodalitäten eine eigene Kategorie der „Nutzungsmodalitäten" geschaffen werden sollte. Im Rahmen der vorliegenden Arbeit relevante Beschränkungen und Verbote der Nutzung bestimmter Fahrzeugtypen oder gewisser Flug- und Sportgeräte könnten sodann im Lichte der Grundfreiheiten unproblematisch sein.

Bei der Analyse der Rechtfertigungsebene im *dritten Abschnitt* des *Teils D* ist auf die Judikatur zur Transitproblematik zurückzugreifen. Darin zieht der EuGH für eine Rechtfertigung verkehrsbezogener Maßnahmen in erster Linie Erfordernisse des Umwelt- und Gesundheitsschutzes heran. Gleichzeitig legt er einen hohen Maßstab an die Verhältnismäßigkeit, so auch in seinem im Jahre 2011 ergangenen Urteil in der Rechtssache *Sektorales Fahrverbot II*[17]. Es ist der Frage nachzugehen, wie die relevanten Rechtfertigungsgründe dogmatisch einzuord-

---

[15] Konsolidierte Fassung des Vertrags über die Europäische Union (EUV), ABl. 2012, Nr. C 326/13.

[16] EuGH, verb. Rs. C-267/91 und C-268/91, Keck und Mithouard, Slg. 1993, I-6097.

[17] EuGH, Rs. C-28/09, Sektorales Fahrverbot II, Slg. 2011, I-13525.

nen sind und welche Rechtfertigungsstrategie für Maßnahmen, die auf Grundlage des Verkehrsprotokolls ergehen, am zielführendsten ist. Bisher trugen dabei vor allem die Generalanwälte den Besonderheiten des Alpenraumes Rechnung. Allerdings lassen die in der Rechtssache *Sektorales Fahrverbot II* verlesenen Schlussanträge von Generalanwältin *Trstenjak*[18] jeglichen Hinweis auf die besonderen Gegebenheiten der Alpenregion und auf die Alpenkonvention vermissen.

5. Zu *Teil E:* Analyse zentraler Normen des Verkehrsprotokolls

Die primäre Herausforderung der vorliegenden Arbeit ist es, das Verkehrsprotokoll und die Grundfreiheiten zusammenzuführen. Untersucht wird, wie sich die „Technischen Maßnahmen" des Protokolls selbst sowie denkbare Durchführungsmaßnahmen der Vertragsparteien mit den Grundfreiheiten vereinbaren lassen. Die relevanten Artikel des Verkehrsprotokolls unterscheiden sich dabei in ihrem Inhalt, in ihrem Aufbau und in ihrer Präzision. Eine Annäherung hat somit auf jeweils unterschiedliche Art zu erfolgen. Es sind jene Aspekte aufzugreifen, die einer Prüfung anhand der Grundfreiheiten zugänglich sind. Die Gliederung des *Teils E* lehnt sich an die im Verkehrsprotokoll vorgegebene Reihenfolge der technischen Maßnahmen an. Analysiert werden zunächst Art. 10, 11 und 12 VerkP, die an die Verkehrsträger Eisenbahn und Schiff, Straße sowie Luft anknüpfen (*Abschnitte I, II* und *III* des *Teils E*). Anschließend werden Art. 13 VerkP zu touristischen Anlagen und Art. 14 VerkP zur Kostenwahrheit untersucht (*Abschnitte IV* und *V* des *Teils E*).

Der *erste Abschnitt* des *Teils E* befasst sich mit Art. 10 VerkP, der die Überschrift „Eisenbahn- und Schiffsverkehr" trägt. Die Arbeit greift einen besonderen, in Art. 10 Abs. 1 lit. c VerkP genannten Aspekt auf, der ein grundlegendes Ziel des Protokolls darstellt, sich jedoch in der Praxis nicht leicht verwirklichen lässt: die Verlagerung des Verkehrs, insbesondere des Güterverkehrs, von der Straße auf die Schiene. Nach einer einleitenden Abgrenzung des primär- und sekundärrechtlichen Rahmens werden mögliche Verlagerungsmaßnahmen der Mitgliedstaaten erörtert wie Geschwindigkeitsbegrenzungen, Fahrverbote und Straßenverkehrsabgaben, wobei in Bezug auf letztere auf die Überlegungen zu Art. 14 VerkP zu verweisen ist. Nun könnte man anführen, die behandelten Maßnahmen seien entweder offensichtlich unionsrechtskonform oder aber bereits hinlänglich Gegenstand der Rechtsprechung und der wissenschaftlichen Auseinandersetzung gewesen. Dies macht ihre Systematisierung jedoch nicht minder interessant, halten sich doch sowohl der EuGH als auch die Literatur bisher damit zurück.

---

[18] GA *Trstenjak*, SchlA Rs. C-28/09, Sektorales Fahrverbot II, Slg. 2011, I-13525.

Da Art. 10 Abs. 1 lit. c VerkP explizit den „Gütertransport über längere Distanzen“ hervorhebt, wird in einem eigenen Unterpunkt die Zulässigkeit von Ausnahmen für den regionalen Verkehr erörtert. Rechtsdogmatisch stellt sich hierbei die Frage, ob diese durch objektive, von der Staatsangehörigkeit bzw. von der Herkunft unabhängige Erwägungen legitimiert sind oder aber eine mittelbare Diskriminierung darstellen, die gegebenenfalls gerechtfertigt werden kann.

Der *zweite Abschnitt* des *Teils E* behandelt den unter dem Titel „Straßenverkehr“ angeführten Art. 11 VerkP, der den Bau hochrangiger Straßen untersagt bzw. nur unter gewissen restriktiven Voraussetzungen zulässt. Abs. 1 dieser Norm wird gemeinhin als wichtigste Bestimmung des Verkehrsprotokolls und als größter Erfolg Österreichs bei den Vertragsverhandlungen bezeichnet. Tatsächlich ist diese Bestimmung auffallend präzise formuliert und enthält eine konkrete Verpflichtung. Dies bedeutet allerdings nicht, dass ihr Sinn eindeutig und klar bestimmt wäre. Bevor daher Art. 11 Abs. 1 VerkP an den Grundfreiheiten gemessen werden kann, ist zunächst seine Bedeutung durch Interpretation zu ermitteln. Hier treten somit erneut das Völkerrecht und seine Auslegungsmethodik sowie seine Anwendung im nationalen Recht in den Vordergrund.

Zunächst werden im ersten Unterpunkt des zweiten Abschnitts des *Teils E* die für die Auslegung des Verkehrsprotokolls als mehrsprachigen Vertrag relevanten völkerrechtlichen Interpretationsregeln dargestellt. Im Kontext der Auslegung offenbart sich, dass das Protokoll kein isolierter Akt des Völkerrechts ist, sondern auch dem Einfluss anderer Rechtssysteme unterliegt. Es fragt sich, ob und inwieweit der EuGH die völkerrechtlichen Auslegungsmethoden anerkennt und das Verkehrsprotokoll nach diesen Grundsätzen interpretieren wird. Zur spezifischen Auslegung des Art. 11 Abs. 1 VerkP werden im zweiten Unterpunkt des zweiten Abschnitts des *Teils E* alle authentischen Sprachfassungen des Verkehrsprotokolls sowie relevante Beschlussprotokolle der Alpenkonventionsorgane herangezogen. Diese Ausführungen werden vor allem durch die beispielhafte Einbindung der in Österreich geplanten Schnellstraße „S 36/S 37“ und der diesbezüglichen Judikatur des österreichischen Verfassungsgerichtshofes (VfGH) vertieft.

Der dritte Unterpunkt des zweiten Abschnitts des *Teils E* analysiert die zu Art. 11 VerkP abgegebenen Erklärungen der Vertragsparteien, ihre Rechtsnatur und ihre Konsequenzen. Zu untersuchen ist, ob diese rechtsgültige Vorbehalte oder reine Interpretationserklärungen darstellen, die keine Auswirkungen auf die Vertragspflichten der jeweiligen Vertragsparteien haben. In diesem Zusammenhang ist auch der Frage nachzugehen, inwieweit sich die Folgen mancher Erklärung durch die vorbehaltlose Genehmigung des Verkehrsprotokolls durch die EU relativieren.

Der vierte Unterpunkt des zweiten Abschnitts des *Teils E* kehrt auf die unionsrechtliche Ebene zurück und widmet sich der Vereinbarkeit des Art. 11 VerkP, und zwar dessen Abs. 1 und 2, mit den Grundfreiheiten. Im Einzelnen sind hierbei unterschiedliche Fallkonstellationen denkbar, bei welchen auch auf mögliche Auslegungsdivergenzen in der Interpretation des Art. 11 VerkP durch den EuGH hinzuweisen ist. Dies wirft die Frage auf, inwieweit die völkerrechtlichen Verpflichtungen der Mitgliedstaaten durch eine primärrechtskonforme Auslegung des EuGH gefährdet werden könnten. Abschließend ist darauf einzugehen, ob die in Art. 11 VerkP vorgegebene Abstufung zwischen alpenquerenden und inneralpinen Straßen eine mittelbare Diskriminierung ausländischer Waren bzw. Wirtschaftsteilnehmer impliziert.

Der *dritte Abschnitt* des *Teils E* der vorliegenden Arbeit widmet sich Art. 12 VerkP zum „Luftverkehr", wobei die zwei exaktesten Vorgaben dieser Bestimmung aufgegriffen werden. Art. 12 Abs. 2 S. 2 VerkP, der sich auf den Bau von Flughäfen bezieht, gleicht Art. 11 VerkP, ist allerdings weitaus unbestimmter formuliert. Dennoch kann seine Prüfung an jene des Art. 11 VerkP angelehnt werden. Ferner sind auf Grundlage des Art. 12 Abs. 1 VerkP diverse Maßnahmen vorstellbar, die das Absetzen aus Luftfahrzeugen oder den nichtmotorisierten Freizeit-Luftverkehr betreffen.

Art. 13 VerkP trägt den Titel „Touristische Anlagen". In Hinblick auf die Grundfreiheiten ist Abs. 2 interessant, wonach die Vertragsparteien vor allem im Tourismusbereich bestimmte Maßnahmen zur Verkehrsberuhigung vorsehen. Ob und inwieweit diesbezüglich ein Konfliktpotenzial mit den Grundfreiheiten gegeben ist, wird im *vierten Abschnitt* des *Teils E* der vorliegenden Arbeit untersucht.

Im *fünften* und letzten *Abschnitt* des *Teils E* wird schließlich der im Zeichen der „Kostenwahrheit" stehende Art. 14 VerkP erörtert, der die Einführung verkehrsspezifischer Abgabensysteme fordert. Diese können im Sinne des Art. 10 VerkP eine Verkehrsverlagerung von der Straße auf die Schiene begünstigen. Zunächst gilt es zu klären, woran Abgabensysteme primärrechtlich zu prüfen sind. In Betracht kommt hierfür neben den Grundfreiheiten die steuerliche Vorschrift des Art. 110 AEUV. Sekundärrechtlich ist auf die für den Straßengüterverkehr relevante Wegekostenrichtlinie[19] Bezug zu nehmen, die im Jahre 2011 novelliert wurde und in einem gewissen Spannungsverhältnis zum Verursacherprinzip steht. Die wesentlichen Bestimmungen der Richtlinie werden analysiert, Problembereiche aufgezeigt und die im Novellierungsverfahren unterbreiteten Vorschläge und Standpunkte der Unionsorgane erörtert. Letztlich stellt sich die Frage, ob die Wegekostenrichtlinie den Vorgaben des Verkehrsprotokolls Ge-

---

[19] Richtlinie 1999/62/EG vom 17.6.1999 über die Erhebung von Gebühren für die Benutzung bestimmter Verkehrswege durch schwere Nutzfahrzeuge, ABl. 1999, Nr. L 187/42, i.d.F. der Richtlinie 2011/76/EU vom 27.9.2011, ABl. 2011, Nr. L 269/1. Vgl. auch Fn. 913.

nüge tut. Als Beispiel für ein denkbares verkehrsspezifisches Abgabensystem im Sinne des Verkehrsprotokolls wird abschließend das Modell der „Alpentransitbörse“ vorgestellt und auf seine Unionsrechtskonformität geprüft.

III. Problemstellung

Aus dem dargelegten Kontext werden jene drei maßgeblichen Fragen deutlich, die dem vorliegenden Buch zugrunde liegen und sich im Spannungsfeld der völkerrechtlichen, der unionsrechtlichen und der nationalrechtlichen Ebene bewegen:

1. Aus Sicht des EuGH nimmt das Verkehrsprotokoll als völkerrechtliches Abkommen in der Normenhierarchie der EU einen Rang unter dem Primärrecht ein. Somit stellt sich die Frage, ob und inwieweit das Protokoll dem Primärrecht entspricht bzw. widerspricht. Die erfolgte Genehmigung der EU indiziert dabei, dass diese keine Vorbehalte in Bezug auf die Primärrechtskonformität des Verkehrsprotokolls hat.
2. Seit der Genehmigung des Verkehrsprotokolls durch die EU stellt sich das Problem der Protokollkonformität des rangniedrigeren Sekundärrechts. Die Unionsorgane dürfen kein Sekundärrecht erlassen, das zum Verkehrsprotokoll in Widerspruch steht. Bereits existierendes Recht ist im Einklang mit dem Protokoll auszulegen und inhaltlich anzupassen, sonst kann es vom EuGH aufgehoben werden.
3. Die Frage, ob bzw. wie das Verkehrsprotokoll im Einklang mit dem Unionsrecht durchgeführt werden kann, betrifft schließlich jene Alpenstaaten, die sowohl das Verkehrsprotokoll ratifiziert haben als auch Mitgliedstaaten der EU sind. Sie sind völkerrechtlich an das Verkehrsprotokoll gebunden und haben es in ihr innerstaatliches Recht umzusetzen. Gleichzeitig dürfen sie aufgrund des Vorranges des Unionsrechts vor dem nationalen Recht keine unionsrechtswidrigen Maßnahmen ergreifen.

Ziel dieses Buches ist es, die ersten beiden Fragen zu beantworten, indem geprüft wird, ob sich aus dem Verkehrsprotokoll und dem Unionsrecht widersprüchliche Verpflichtungen ergeben. Darüber hinaus sollen vor dem Hintergrund der dritten Fragestellung konkrete Empfehlungen für eine unionsrechtskonforme Durchführung des Protokolls erarbeitet werden. Dies wird, im Sinne der Ausgangsthese dieser Arbeit, für möglich erachtet.

B. Alpenkonvention und Verkehrsprotokoll

I. Vertragswerk Alpenkonvention

Besonders im Umweltvölkerrecht sind regionale Ansätze erfolgversprechend.[20] Die Alpenkonvention stellt das erste verbindliche multilaterale Rahmenwerk dar, das die nachhaltige Entwicklung und den umfassenden, integrativen Schutz einer Gebirgsregion zum Ziel hat.[21] Insofern ist sie ein richtungsweisendes Beispiel für regionales Umweltvölkervertragsrecht und für die grenzüberschreitende Zusammenarbeit im Alpenraum.[22]

Die Alpenkonvention beruht auf einem im Umweltvölkerrecht üblichen, als „framework convention and protocol approach" bezeichneten Regelungsansatz, nach welchem auf Grundlage eines allgemeinen, bereits aber verbindlichen Rahmens sukzessive konkrete Protokolle ausgearbeitet werden. Diese Methode ermöglicht eine schrittweise Rechtsetzung und eine flexible Anpassung an geän-

---

[20] Vgl. dazu *Heintschel von Heinegg*, Internationales öffentliches Umweltrecht, in Ipsen (Hrsg.), Völkerrecht (2004), § 57 Rn. 102 und 112; *Galle*, Alpenkonvention (2002), 219 ff. und 226 f.; *Verdross/Simma*, Universelles Völkerrecht (1984), § 1032. Allgemein zum Umweltvölkerrecht vgl. *Beyerlin/Marauhn*, International Environmental Law (2011); *Binder Ch.*, Umweltvölkerrecht, in Raschauer/Wessely (Hrsg.), Handbuch Umweltrecht (2010), 46 ff.; *Heintschel von Heinegg*, Spektrum und Status der internationalen Umweltkonventionen, in Müller-Graff/Pache/Scheuing (Hrsg.), Die Europäische Gemeinschaft in der internationalen Umweltpolitik (2006), 77 ff.

[21] Vgl. *Galle*, Alpenkonvention (2002), 235 und zur Entstehung der Konvention 1 ff. Zur Entstehung der Alpenkonvention auch *Dette*, elni 2008, 40; *Odendahl*, Bindung der Europäischen Gemeinschaft, in Hendler/Marburger/Reiff/Schröder (Hrsg.), Jahrbuch des Umwelt- und Technikrechts (2007), 61 ff.; *Caldwell*, BU ILJ 2003, 142 ff. Nach dem Vorbild der Alpenkonvention wurde die Karpatenkonvention ausgearbeitet und zu deren Durchführung im Rahmen des Umweltprogramms der Vereinten Nationen ein Interim-Sekretariat in Wien eingerichtet (UNEP-ISCC). Vertragsparteien der Karpatenkonvention sind Polen, Rumänien, Serbien, die Slowakei, Tschechien, die Ukraine und Ungarn. Das Rahmenübereinkommen der Karpatenkonvention ist am 4.1.2006, ihr Biodiversitätsprotokoll am 28.4.2010 und ihr Tourismusprotokoll am 29.4.2013 in Kraft getreten. Vgl. hierzu *Sandei*, The Carpathian Convention, in Quillacq/Onida (Hrsg.), Environmental Protection and Mountains (2011), 112 ff.

[22] Zu rechtlichen Grundlagen und Instrumenten der grenzüberschreitenden Zusammenarbeit und zu den bestehenden Kooperationsformen im Alpenraum vgl. *Schroeder/Ehlotzky*, Zustand und Perspektiven grenzüberschreitender Kooperation im Alpenraum, in Hilpold/Steinmair/Perathoner (Hrsg.), Rechtsvergleichung an der Sprachgrenze (2011), 67 ff.

derte Rahmenbedingungen.[23] Den Kern der Alpenkonvention bildet eine allgemein gehaltene Rahmenkonvention, das Übereinkommen zum Schutz der Alpen, welches am 6. März 1995 in Kraft trat.[24]

Vertragsparteien der Rahmenkonvention sind Deutschland, Frankreich, Italien, Liechtenstein, Monaco, Österreich, die Schweiz, Slowenien und die EU. Bei den genannten Alpenstaaten handelt es sich einerseits um Mitgliedstaaten der EU (Deutschland, Frankreich, Italien, Österreich, Slowenien), andererseits um Drittstaaten (Liechtenstein, Monaco und die Schweiz). Für den erst nach Unterzeichnung der Rahmenkonvention durch die anderen Vertragsparteien erfolgten Beitritt des Fürstentums Monaco war eine Vertragsänderung erforderlich, die durch ein eigenes Protokoll erfolgte.[25] Der Geltungsbereich der Alpenkonvention erstreckt sich über eine Fläche von 191 000 km^2 und umfasst das gesamte Staatsgebiet von Liechtenstein und Monaco sowie Teile Deutschlands, Frankreichs, Italiens, Österreichs, der Schweiz und Sloweniens.[26] Er lässt sich folgendermaßen darstellen:

---

[23] Zur Vertragstechnik der Alpenkonvention vgl. *Schroeder*, NuR 2006, 134; *Sohnle*, RJE 2003, 8; *Galle*, Alpenkonvention (2002), 228 ff. Allgemein zum „framework convention and protocol approach“ vgl. *Beyerlin/Marauhn*, International Environmental Law (2011), 270 ff.; *Binder Ch.*, Umweltvölkerrecht, in Raschauer/Wessely (Hrsg.), Handbuch Umweltrecht (2010), 53 f.; *Epiney/Scheyli*, Umweltvölkerrecht (2000), 35 ff. Weitere Beispiele für diesen Regelungsansatz sind das Übereinkommen über weiträumige grenzüberschreitende Luftverunreinigung (1979) mit seinen Protokollen; das Wiener Übereinkommen zum Schutz der Ozonschicht (1985) und das Montreal-Protokoll (1987); das Rahmenabkommen über Klimaveränderungen (1992) und das Kyoto-Protokoll (1997); sowie das Übereinkommen über die biologische Vielfalt (1992) und das Cartagena-Protokoll (2000). Zu diesen Abkommen vgl. im Detail *Heintschel von Heinegg*, Umweltvertragsrecht, in Ipsen (Hrsg.), Völkerrecht (2004), § 57 Rn. 49 ff.

[24] Vgl. Fn. 3 und Art. 12 Abs. 3 AK; *Galle*, Alpenkonvention (2002), 14 ff. Deutschland, Liechtenstein und Österreich ratifizierten die Rahmenkonvention im Jahre 1994, Frankreich und Slowenien 1995, die EU 1996 [Beschluss 96/191/EG vom 26.2.1996 über den Abschluß des Übereinkommens zum Schutz der Alpen (Alpenkonvention), ABl. 1996, Nr. L 61/31], Monaco und die Schweiz 1998 und schließlich Italien 1999.

[25] Protokoll über den Beitritt des Fürstentums Monaco zum Übereinkommen zum Schutze der Alpen (Beitrittsprotokoll), BGBl. III 1999/18. Vgl. dazu *Galle*, Alpenkonvention (2002), 16 ff.

[26] In Österreich erstreckt sich der Geltungsbereich der Alpenkonvention auf ca. 65% des Staatsgebietes. Zum Geltungsbereich vgl. Art. 1 Abs. 1 AK und die Anlage der Rahmenkonvention. Für Daten und Hintergrundinformationen vgl. Institut für Föderalismus (Hrsg.), 35. Bericht über den Föderalismus (2011), 222 f.; *Onida*, A Common Approach to Mountain Specific Challenges, in Quillacq/Onida (Hrsg.), Environmental Protection and Mountains (2011), 99 f.; Ständiges Sekretariat der Alpenkonvention (Hrsg.), Alpenkonvention Nachschlagewerk. Alpensignale 1 (2010), 21 ff.; *Schroeder*, NuR 2006, 133; *Galle*, Alpenkonvention (2002), 29 ff.; Österreichischer Alpenverein (Hrsg.), Vademecum Alpenkonvention (2002), 14 ff.

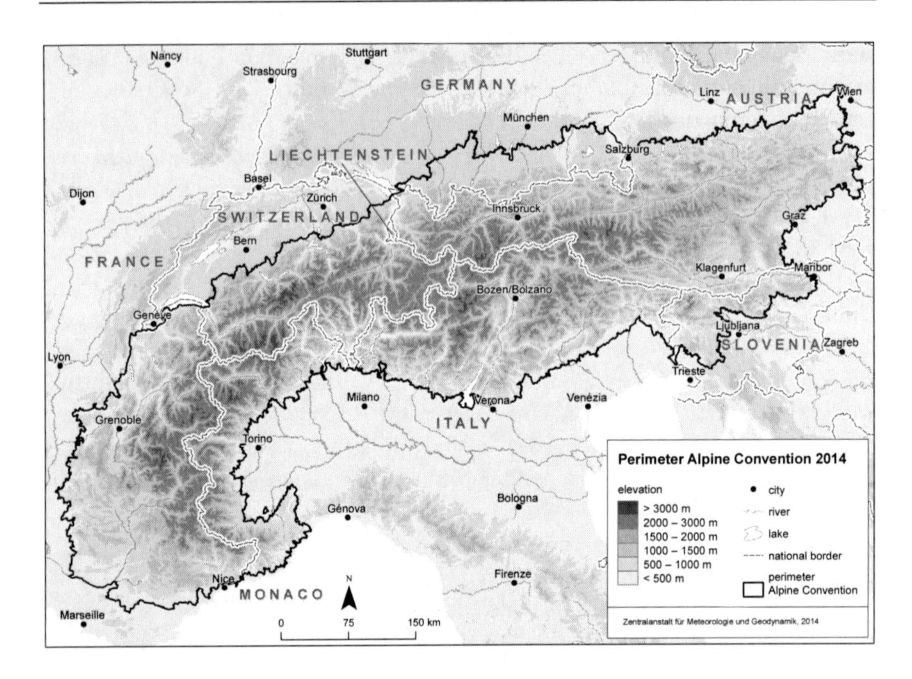

Die Alpenkonvention verfügt über eine gewisse institutionelle Ausstattung. So sieht die Rahmenkonvention eine Alpenkonferenz (Art. 5, 6 und 7 AK) als regelmäßige Versammlung der Vertragsparteien und einen Ständigen Ausschuss (Art. 8 AK) als exekutives Organ vor. Die Alpenkonferenz tagt gemäß Art. 5 Abs. 2 AK alle zwei Jahre bei der jeweils vorsitzführenden Vertragspartei.[27] Gemäß Art. 9 AK wurde im Jahre 2002 ein Ständiges Sekretariat mit Sitz in Innsbruck (Österreich) und einer Außenstelle in Bozen (Italien) eingerichtet.[28] Dieses beruht auf einem verbindlichen Statut[29], in dessen Anlage sich die Satzung befindet, welche unter anderem auch die spezifischen Aufgabenbereiche des Sekretariats umschreibt. In den Anlagen des Status werden zudem das Ernennungsverfahren des Generalsekretärs sowie die Finanzierung des Sekretariats ge-

27 Der Vorsitz in der Alpenkonferenz ist am 1.1.2013 von der Schweiz an Italien übergegangen, vgl. TOP B 7 des Beschlussprotokolls der XII. Alpenkonferenz in Poschiavo vom 7.9.2012.

28 Zum Ständigen Sekretariat vgl. *Onida*, Rev.dr.UE 2008, 748 f. Zum institutionellen Recht der Alpenkonvention *Heuck*, Infrastrukturmaßnahmen (2013), 40 ff.; *Dette*, elni 2008, 41 ff.; *Schroeder*, NuR 2006, 134 f.; *Galle*, Alpenkonvention (2002), 169 ff. zur Alpenkonferenz und 176 ff. zum Ständigen Ausschuss.

29 Beschluss VII/2 der Alpenkonferenz zum Ständigen Sekretariat des Übereinkommens zum Schutz der Alpen (Alpenkonvention) anlässlich der VII. Alpenkonferenz in Meran vom 19. bis 20.11.2002.

regelt. Sowohl mit Österreich als auch mit Italien wurden im Jahre 2003 Amtssitzabkommen geschlossen[30], die für eine Qualifikation des Ständigen Sekretariates als internationale Organisation sprechen. Dem Sekretariat und seinen Mitarbeitern werden darin gewisse Privilegien und Immunitäten eingeräumt.[31]

Gemäß Art. 2 Abs. 3 AK vereinbaren die Vertragsparteien Protokolle, in welchen Einzelheiten zur Durchführung der Rahmenkonvention festgelegt werden. Art. 2 Abs. 2 AK gibt hierfür bestimmte Sachbereiche vor. Die auf dieser Basis ausgearbeiteten sogenannten „Durchführungsprotokolle" regeln die einzelnen Themenbereiche im Detail und normieren konkrete Rechtspflichten.[32] Sie stellen selbständige völkerrechtliche Verträge dar, die gesondert zu ratifizieren sind, wobei im Sinne des Art. 11 Abs. 2 AK ausschließlich Vertragsparteien der Rahmenkonvention auch Vertragsparteien der Durchführungsprotokolle werden können.[33] Die Protokolle enthalten eine Querschnittsbestimmung, die vorsieht, dass die Vertragsparteien die Ziele jedes Protokolls „auch in ihren anderen Politiken zu berücksichtigen" haben.[34] Rahmenkonvention und Protokolle sind somit als umfassendes Regelwerk zu sehen und anzuwenden, wodurch ein bereichsübergreifender Schutz des Alpenraumes gewährleistet wird.[35] Darüber hinaus findet sich in jedem Protokoll ein Artikel, der es den Vertragsparteien freistellt, weitergehende nationale Regelungen zum Schutz des Alpenraumes zu erlassen.[36]

---

30 Abkommen zwischen der Republik Österreich und dem Ständigen Sekretariat des Übereinkommens zum Schutz der Alpen über dessen Amtssitz, BGBl. III 2004/5; Accordo fra il Governo della Repubblica Italiana e il Segretariato Permanente della Convenzione delle Alpi relativo alla Sede operativa distaccata di Bolzano, Gesetz Nr. 279 vom 15.12.2005, Ordentliches Beiblatt zum Gesetzesanzeiger der Italienischen Republik Nr. 4 vom 5.1.2006.

31 Vgl. *Schmalenbach/Schreuer*, Die Internationalen Organisationen, in Reinisch (Hrsg.), Österreichisches Handbuch des Völkerrechts (2013), Rn. 904 ff.; *Epping*, Internationale Organisationen, in Ipsen (Hrsg.), Völkerrecht (2004), § 31 Rn. 10 ff. zum Begriff der internationalen Organisation und Rn. 31 zu Amtssitzabkommen; zur Bedeutung der Sekretariate für die Wahrnehmung gemeinsamer Interessen vgl. *Seidl-Hohenveldern/Loibl*, Das Recht der Internationalen Organisationen (2000), 122 ff.

32 Die Bezeichnung „Durchführungsprotokoll", die auf den Wortlaut des Art. 2 Abs. 3 AK zurückgeht, ist insofern nicht treffend. So auch *Schroeder*, NuR 2006, 136. Allgemein zu Rahmenkonvention und Protokollen *Dette*, elni 2008, 39; *Onida*, Rev.dr.UE 2008, 744 ff. und 749 ff.; zu den Durchführungsprotokollen im Gegensatz zum Monaco- und Streitbeilegungsprotokoll *Galle*, Alpenkonvention (2002), 195.

33 *Galle*, Alpenkonvention (2002), 148. Die Durchführungsprotokolle stellen keine plurilateralen Verträge im Sinne des Art. 20 Abs. 2 WVK dar, vgl. dazu, bezugnehmend auf das Verkehrsprotokoll, unten *Teil E II 3 c) cc)*.

34 Art. 5 RauP, Art. 2 BLandP, Art. 4 NatSchP, Art. 2 BWaldP, Art. 3 TourP, Art. 3 BodSchP, Art. 3 EnerP, Art. 4 VerkP.

35 *Ehlotzky*, JRP 2013, 389.

36 Vgl. Art. 13 RauP, Art. 16 BLandP, Art. 19 NatSchP, Art. 12 BWaldP, Art. 21 TourP, Art. 18 BodSchP, Art. 14 EnerP, Art. 6 VerkP. Vgl. dazu *Kramer/Ehlotzky*, Alpenkonvention 2009, 7.

In acht der zwölf in Art. 2 Abs. 2 AK genannten Sachbereiche sind im Jahre 2002 Durchführungsprotokolle in Kraft getreten[37]:

- Raumplanung und nachhaltige Entwicklung (Raumplanungsprotokoll, RauP)
- Berglandwirtschaft (BLandP)
- Naturschutz und Landschaftspflege (Naturschutzprotokoll, NatSchP)
- Bergwald (BWaldP)
- Tourismus (TourP)
- Bodenschutz (BodSchP)
- Energie (EnerP)
- Verkehr (VerkP)

In Umsetzung des Art. 2 Abs. 2 lit. a AK wurde im Jahre 2006 eine „Deklaration Bevölkerung und Kultur" verabschiedet. Diese Form wurde gewählt, da sich dieser Themenbereich nach Ansicht der Vertragsparteien nicht für eine Umsetzung durch ein normatives Durchführungsprotokoll eignet.[38]

Eine gewisse Sonderrolle nimmt schließlich das im Jahre 2002 in Kraft getretene Streitbeilegungsprotokoll ein, das bisher von Deutschland, Frankreich, Italien, Liechtenstein, Monaco, Österreich und Slowenien ratifiziert worden ist.[39] Nach dem darin geregelten Verfahren sollen Konflikte zwischen den Ver-

---

37 Die einzelnen Durchführungsprotokolle wurden zwischen 1994 und 2000 angenommen. Vgl. zu diesen im Überblick *Galle*, Rechtliche Umsetzung der Alpenkonvention, in CIPRA Österreich (Hrsg.), Die Alpenkonvention und ihre rechtliche Umsetzung (2010), 28 ff.; im Detail *Galle*, Alpenkonvention (2002), 42 ff.

38 Beschlossen anlässlich der VIII. Alpenkonferenz in Garmisch-Partenkirchen am 16.11. 2004. Die Erarbeitung eines eigenen Protokolls ist jedoch nicht ausgeschlossen, vgl. *Mayrhofer/Onida*, Die Alpenkonvention und ihre Umsetzung, in Tiroler Umweltanwaltschaft (Hrsg.), Sozial- und demokratiepolitische Herausforderungen (2009), 47; *Galle*, Alpenkonvention (2002), 151. Im Jahre 2006 erging außerdem eine „Deklaration zum Klimawandel in den Alpen", beschlossen anlässlich der IX. Alpenkonferenz in Alpbach am 9.11.2006, und im Jahre 2009 ein „Aktionsplan zum Klimawandel in den Alpen", beschlossen anlässlich der X. Alpenkonferenz in Evian am 12.3.2009. Zu den aktuellen Tätigkeitsschwerpunkten vgl. Institut für Föderalismus (Hrsg.), 35. Bericht über den Föderalismus (2011), 222 f.; *Onida*, EnvironPolLaw 2009, 243 zur Deklaration Bevölkerung und Kultur und 245 f. zum Aktionsplan zum Klimawandel.

39 Protokoll zur Durchführung der Alpenkonvention von 1991 im Bereich Beilegung von Streitigkeiten, BGBl. III 2002/238. Dieses wurde gemeinsam mit dem Verkehrsprotokoll im Jahre 2000 angenommen, vgl. Beschlussprotokoll der VI. Alpenkonferenz vom 30. und 31.10.2000 in Luzern, Traktandum 6.2, dazu *Galle*, Alpenkonvention (2002), 208 f. und *Galle*, Ergänzung (2008), 64 f. Anlässlich der VII. Alpenkonferenz in Meran vom 19. bis 20.11.2002 wurde außerdem ein Überprüfungsmechanismus für die Einhaltung der Alpenkonvention und ihrer Durchführungsprotokolle eingerichtet. Zu diesem *Hirn*, Der Überprüfungsausschuss der Alpenkonvention, in CIPRA Österreich (Hrsg.), Die Alpenkonvention und ihre rechtliche Umsetzung (2010), 68 ff.; *Cuypers*, Der Einhal-

tragsparteien der Alpenkonvention möglichst durch Konsultationen beigelegt werden (Art. 1 StreitP). Gelingt dies binnen sechs Monaten nicht, kann eine beteiligte Partei ein Schiedsverfahren einleiten (Art. 2 StreitP), in dessen Rahmen ein Schiedsgericht gebildet wird (Art. 3 StreitP). Dieses kann auf Ersuchen einer Streitpartei einstweilige Maßnahmen zum Schutz der Rechte jeder Streitpartei erlassen (Art. 6 StreitP). Der Schiedsspruch des Gerichtes ist für die Streitparteien endgültig und bindend. Sie haben ihn unverzüglich umzusetzen (Art. 12 StreitP). Exekutions- oder Sanktionsmechanismen kennt das Streitbeilegungsprotokoll jedoch nicht. Bisher ist der Streitbeilegungsmechanismus der Alpenkonvention noch nicht zur Anwendung gekommen.[40]

Insgesamt umfasst das rechtlich bindende Vertragswerk Alpenkonvention somit eine Rahmenkonvention, das Beitrittsprotokoll des Fürstentums Monaco, ein Protokoll zur Beilegung von Streitigkeiten und acht Durchführungsprotokolle zu spezifischen Sachbereichen.

II. Verkehrsthematik in der Alpenkonvention

Einen zentralen Querschnittsbereich stellt in der Alpenkonvention das Thema Verkehr dar. Umweltschutz und Verkehr stehen in einem Spannungsverhältnis zueinander, das sich im Alpenraum aufgrund seiner ökologischen Sensibilität und besonderen Topografie noch verschärft.[41] Der freie Verkehr im europäischen Binnenmarkt hat das Verkehrsaufkommen in den und durch die Alpen weiter verstärkt und die verkehrsbedingten Belastungen intensiviert. In diesem Sinne bestimmt Art. 2 AK:

„(1) Die Vertragsparteien stellen unter Beachtung des Vorsorge-, des Verursacher- und des Kooperationsprinzips eine ganzheitliche Politik zur Erhaltung und zum Schutz der Alpen unter ausgewogener Berücksichtigung der Interessen aller Alpenstaaten, ihrer alpinen Regionen sowie der [EU] unter umsichtiger und nachhaltiger Nutzung der Ressourcen sicher. Die

---

tungsmechanismus der Alpenkonvention, in CIPRA Deutschland (Hrsg.), Leitfaden zur Umsetzung der Alpenkonvention (2008), 59 ff.

[40] Zum Streitbeilegungssystem der Alpenkonvention vgl. *Dette*, elni 2008, 46; *Schroeder/Weber K.*, Studie (2008), Rn. 53 ff.; *Schroeder*, BayVBl 2004, 164; *Galle*, Alpenkonvention (2002), 209 ff. Allgemein zur völkerrechtlichen Streitbeilegung *Beyerlin/Marauhn*, International Environmental Law (2011), 377 ff.; zur Zurückhaltung des EuGH gegenüber im Rahmen gemischter Abkommen gebildeter Schiedsgerichte vgl. *Bronckers*, CMLRev 2007, 613 ff.

[41] Vgl. dazu die Darstellungen bei *Chélala/Thudium*, Air Pollution and Traffic in the Alpine Transit Corridors (2011), 20 ff.; *Köll*, Entwicklung des alpenquerenden Straßengüterverkehrs, in Monitraf-Projektteam (Hrsg.), Verkehr durch die Alpen (2007), 39 ff.; *Thudium/Grimm/Schumacher*, Zur Luft- und Lärmsituation in den Alpentransittälern, in Monitraf-Projektteam (Hrsg.), Verkehr durch die Alpen (2007), 95 ff.

grenzüberschreitende Zusammenarbeit für den Alpenraum wird verstärkt sowie räumlich und fachlich erweitert.

(2) Zur Erreichung des in Absatz 1 genannten Zieles werden die Vertragsparteien geeignete Maßnahmen insbesondere auf folgenden Gebieten ergreifen: [...]

j) Verkehr – mit dem Ziel, Belastungen und Risiken im Bereich des inneralpinen und alpenquerenden Verkehrs auf ein Maß zu senken, das für Menschen, Tiere und Pflanzen sowie deren Lebensräume erträglich ist, unter anderem durch eine verstärkte Verlagerung des Verkehrs, insbesondere des Güterverkehrs, auf die Schiene, vor allem durch die Schaffung geeigneter Infrastrukturen und marktkonformer Anreize, ohne Diskriminierung aus Gründen der Nationalität, [...]."

Auf Grundlage von Art. 2 Abs. 2 lit. j AK erging ein eigenes Protokoll „Verkehr", das im Rahmen der vorliegenden Arbeit näher untersucht wird.[42] Ziel dieses Verkehrsprotokolls ist eine Senkung der Verkehrsbelastung für Mensch und Umwelt und eine nachhaltige Entwicklung des Verkehrs im Alpenraum. Der Begriff „Verkehr" wird dabei weder in der Rahmenkonvention noch im Verkehrsprotokoll definiert. Aus dem Protokolltext ergibt sich aber, dass das Verkehrsprotokoll zum einen den Personen- und den Güterverkehr, zum anderen den Eisenbahn-, Schiffs-, Straßen- und Luftverkehr umfasst. Der Ausdruck „Transport" findet sich insbesondere im Zusammenhang mit dem Güterverkehr.[43] Ausdrücklich erwähnt werden zudem der kombinierte Verkehr[44] und der Individualverkehr[45]. Insgesamt betrachtet umfasst das Verkehrsprotokoll im Wesentlichen den alpinen Eigenverkehr, den touristischen Zielverkehr und den alpenquerenden Transitverkehr.[46]

Auch in anderen Durchführungsprotokollen stößt man auf verkehrsrelevante Bestimmungen, wodurch die starke wechselseitige Vernetzung der Protokolle

[42] Vgl. Fn. 5. Zur Entstehung des Verkehrsprotokolls *Galle*, Alpenkonvention (2002), 119 ff.

[43] Während die deutsche und die slowenische Sprachfassung des Verkehrsprotokolls in erster Linie die Bezeichnung „Verkehr" heranziehen, fällt auf, dass die französische und die italienische Version verstärkt den Ausdruck „Transport" gebrauchen. Dies zeigt sich bereits am Titel des Protokolls. Dieser beinhaltet „Verkehr" (deutsche Fassung) und „promet" (slowenische Fassung) bzw. „transports" (französische Fassung) und „trasporti" (italienische Fassung). In der deutschen Version des Genehmigungsbeschlusses des Rates der EU findet sich sowohl die Bezeichnung „Verkehrsprotokoll" als auch „Transportprotokoll", vgl. Beschluss 2013/332/EU vom 10.6.2013 zum Abschluss des Protokolls über die Durchführung der Alpenkonvention von 1991 im Bereich Verkehr (Verkehrsprotokoll) im Namen der Europäischen Union, ABl. 2013, Nr. L 177/13 (im Folgenden: Genehmigungsbeschluss). Zum uneinheitlichen Gebrauch der Begriffe „Verkehr" und „Transport" in den einzelnen Sprachfassungen des Verkehrsprotokolls vgl. unten *Teil E II 2 e) aa)*.

[44] Erwägungsgrund 10 und Art. 11 Abs. 2 lit. b VerkP.

[45] Art. 11 Abs. 3 VerkP.

[46] Zum Verkehrsbegriff im Verkehrsprotokoll vgl. *Schroeder/Weber K.*, Studie (2008), Rn. 287 f.

zum Ausdruck kommt. Die meisten Anknüpfungspunkte weisen hierbei das Raumplanungs-, das Tourismus- und das Naturschutzprotokoll auf.[47]

So ist bei der Planung von Verkehrsinfrastrukturen das Raumplanungsprotokoll zu beachten, das gemäß Art. 1 lit. c eine sparsame und umweltverträgliche Nutzung der Ressourcen und des Raums anstrebt.[48] Art. 9 Abs. 5 RauP fordert Maßnahmen zur Verkehrsberuhigung und zur Einschränkung des motorisierten Verkehrs, den verstärkten Einsatz umweltverträglicher sowie öffentlicher Verkehrsmittel und deren vermehrte Koordinierung. Das auch dem Verkehrsprotokoll zugrunde liegende Verursacherprinzip kommt in Art. 1 lit. h i.V.m. Art. 11 lit. a RauP zum Ausdruck, wonach marktgerechte Preise für die Nutzung alpiner Ressourcen zu zahlen sind. Das Verkehrsprotokoll wiederum setzt bei der Umsetzung seiner Zielsetzungen stark auf raumplanerische Maßnahmen.[49]

Auch das Tourismusprotokoll sieht in Art. 13 eine Einschränkung des motorisierten Verkehrs in touristischen Zentren sowie Initiativen zu deren besseren Erreichbarkeit mit öffentlichen Verkehrsmitteln vor. Damit im Zusammenhang steht die in Art. 18 TourP geforderte Koordinierung der Ferienzeiten und eine bessere Staffelung der touristischen Nachfrage. Art. 15 Abs. 2 und Art. 16 TourP normieren Vorgaben hinsichtlich der Ausübung motorisierter Sportarten und des Absetzens aus Luftfahrzeugen für sportliche Zwecke.[50] Demgegenüber berücksichtigt das Verkehrsprotokoll die touristische Erschließung des Alpenraumes und enthält mit Art. 13 VerkP eine eigene Bestimmung zu tourismusbedingtem Verkehr und touristischen Anlagen.[51]

---

[47] Österreich hat diese drei Protokolle ratifiziert und ist somit umfassend an sie gebunden [BGBl. III 2002/232 (RauP), BGBl. III 2002/230 (TourP), BGBl. III 2002/236 (NatSchP)]. Die EU hat von diesen bisher bloß das Tourismusprotokoll genehmigt, dessen Vorgaben jedoch äußerst unbestimmt formuliert sind und den Vertragsparteien große Ermessensspielräume eröffnen (Beschluss 2006/516/EG vom 27.6.2006 über die Annahme des Protokolls „Bodenschutz", des Protokolls „Energie" und des Protokolls „Tourismus" der Alpenkonvention im Namen der Europäischen Gemeinschaft, ABl. 2006, Nr. L 201/31). Vgl. zu den verkehrsrelevanten Bestimmungen des Raumplanungs-, des Tourismus- und des Naturschutzprotokolls *Kramer/Ehlotzky*, Alpenkonvention 2009, 7 f.; *Schroeder/Weber K.*, Studie (2008), Rn. 7 ff.

[48] Vgl. auch Art. 7 Abs. 3 BodSchP, wonach bei der Prüfung der Raum- und Umweltverträglichkeit von Großvorhaben insbesondere im Industrie-, Bau- und Infrastrukturbereich des Verkehrs im Rahmen der nationalen Verfahren dem Bodenschutz und dem begrenzten Flächenangebot im alpinen Raum Rechnung zu tragen ist.

[49] Vgl. Art. 3 Abs. 2 lit. b, Art. 7 Abs. 1 lit. c, Art. 11 Abs. 2 lit. d, Art. 14 lit. c und Art. 17 lit. d VerkP.

[50] Vgl. unten *Teil E III 2* zu Art. 12 Abs. 1 VerkP.

[51] Vgl. unten *Teil E IV* zu Art. 13 VerkP. Zum Tourismusprotokoll der Alpenkonvention vgl. *Morgera*, Tourism for Mountain Sustainable Development, in Quillacq/Onida (Hrsg.), Environmental Protection and Mountains (2011), 85 ff.

Schließlich sind nach dem Naturschutzprotokoll Maßnahmen und Vorhaben, die Natur und Landschaft erheblich oder nachhaltig beeinträchtigen können, auf ihre Auswirkungen hin zu überprüfen. Gemäß Art. 9 NatSchP haben vermeidbare Beeinträchtigungen zu unterbleiben und für unvermeidbare sind Ausgleichsmaßnahmen zu treffen. Ist ein Ausgleich nicht möglich, darf das Vorhaben nur verwirklicht werden, wenn „die Belange des Naturschutzes und der Landschaftspflege nicht überwiegen".[52] Das Verkehrsprotokoll verpflichtet die Vertragsparteien wiederum dazu, den Belangen der Umwelt Rechnung zu tragen, indem der Ressourcenverbrauch und die Freisetzung schädlicher Stoffe möglichst reduziert werden.[53]

III. Verkehrsprotokoll im Überblick

1. Struktur und Aufbau

Das Verkehrsprotokoll der Alpenkonvention gliedert sich in eine Präambel und fünf Kapitel:

Kapitel I: Allgemeine Bestimmungen, Art. 1–6 VerkP
Kapitel II: Spezifische Maßnahmen, Art. 7–16 VerkP
A) Strategien, Konzepte, Planungen
B) Technische Maßnahmen
C) Beobachtung und Kontrolle
Kapitel III: Koordination, Forschung, Bildung und Information, Art. 17–19 VerkP
Kapitel IV: Kontrolle und Bewertung, Art. 20–22 VerkP
Kapitel V: Schlussbestimmungen, Art. 23–25 VerkP

Für die vorliegende Arbeit sind insbesondere die allgemeinen Bestimmungen des ersten Kapitels und die spezifischen Maßnahmen des zweiten Kapitels relevant. Die Kapitel III, IV und V entsprechen grundsätzlich den jeweiligen Kapiteln der anderen Durchführungsprotokolle. Protokollübergreifend finden sich außerdem Vorgaben zur Berücksichtigung der Ziele in den anderen Politiken (Art. 4 VerkP), zur Beteiligung der Gebietskörperschaften und der interna-

---

[52] Deutlicher als Art. 9 NatSchP postuliert Erwägungsgrund 11 NatSchP den Vorrang ökologischer Erfordernisse vor wirtschaftlichen Interessen. Vgl. hierzu *Kramer/Ehlotzky*, Alpenkonvention 2009, 8.

[53] Vgl. Art. 1 Abs. 1 lit. c und d und Art. 3 Abs. 1 lit. a VerkP. In der letztgenannten Bestimmung ist die Wahl des Begriffes „Verbrauch" ungeschickt, denn eine Reproduktion impliziert das Fortbestehen der betreffenden Ressource. Der Ausdruck „Verwendung" wäre treffender.

tionalen Zusammenarbeit (Art. 5 VerkP) sowie zu weitergehenden nationalen Regelungen (Art. 6 VerkP).[54] Hier nicht näher erörtert werden ferner Art. 15 und 16 VerkP, die unter dem Titel „Beobachtung und Kontrolle" die Festlegung und Umsetzung von Umweltqualitätszielen[55] und die Erstellung eines Referenzdokumentes zu bestimmten Verkehrsdaten vorsehen.

Obwohl das Verkehrsprotokoll eines jener Durchführungsprotokolle mit dem höchsten Determinierungsgrad ist, sind seine Normen größtenteils sehr weich formuliert. Dies gilt für die Ziel- und Begriffsbestimmungen des Kapitels I (Art. 1 und 2 VerkP) und die in Kapitel I und II enthaltenen meist programmatischen Artikel (Art. 3–8 VerkP). Fest umrissene inhaltliche Verpflichtungen enthalten ausschließlich die „Technischen Maßnahmen" des Kapitels II B) (Art. 9–14 VerkP), die zum Teil an die einzelnen Verkehrsträger anknüpfen. Doch auch hier finden sich allgemeine Zielbestimmungen wie in Art. 9 VerkP die Aufforderung zur Förderung kundenfreundlicher und umweltgerechter öffentlicher Verkehrssysteme.[56] Dagegen enthält Art. 11 Abs. 1 VerkP eine unbedingte Verpflichtung[57]:

> „Die Vertragsparteien verzichten auf den Bau neuer hochrangiger Straßen für den alpenquerenden Verkehr."

Diese Bestimmung und die sonstigen technischen Vorgaben hinsichtlich des Eisenbahn- und Schiffsverkehrs (Art. 10 VerkP), des Straßenverkehrs (Art. 11 VerkP), des Luftverkehrs (Art. 12 VerkP), der touristischen Anlagen (Art. 13 VerkP) und der Kostenwahrheit (Art. 14 VerkP) werden in *Teil E* der vorliegenden Arbeit genauer geprüft. Zunächst sind jedoch die Ziele des Verkehrsprotokolls und die ihm zugrunde liegenden Prinzipien kurz darzustellen.

2. Ziele und Prinzipien

a) Ziele

Art. 1 VerkP listet die Ziele des Verkehrsprotokolls auf, die auch in anderen Bestimmungen zum Ausdruck kommen, insbesondere in Art. 7 VerkP, der die

---

[54] Zu den protokollübergreifenden Bestimmungen vgl. *Galle*, Alpenkonvention (2002), 145 ff.

[55] Die Begriffe „Umweltqualitätsziele", „Umweltqualitätsstandards" und „Umweltindikatoren" werden in Art. 2 UAbs. 7–9 VerkP definiert, ohne dass darin jedoch konkrete Parameter oder Grenzwerte festgelegt sind. Vgl. *Schroeder/Weber K.*, Studie (2008), Rn. 294 ff.; kritisch *Galle*, Alpenkonvention (2002), 133 und 139.

[56] Art. 9 VerkP ist in Verbindung mit Art. 12 Abs. 2 S. 1 und Art. 13 Abs. 1 S. 2 VerkP zu sehen, die auch dem öffentlichen Verkehr Rechnung tragen. Vgl. dazu *Schroeder/Weber K.*, Studie (2008), Rn. 367 ff.

[57] Zur Auslegung dieser Norm vgl. unten *Teil E II.*

allgemeine verkehrspolitische Strategie der Vertragsparteien vorgibt.[58] Zunächst fordert Art. 1 Abs. 1 lit. a VerkP eine nachhaltige Verkehrspolitik, die Belastungen und Risiken des Verkehrs auf ein für Menschen, Tiere, Pflanzen und deren Lebensräume erträgliches Maß senkt.[59] Dies soll vor allem durch eine verstärkte Verlagerung des Verkehrs, insbesondere des Güterverkehrs, auf die Schiene erfolgen.[60] Darüber hinaus ermahnt Art. 7 Abs. 1 lit. d VerkP die Vertragsparteien, ein abgestimmtes Verkehrsnetzwerk zu gewährleisten, das Reduktionspotenziale im Verkehrsaufkommen erschließt und nutzt.

Gemäß Art. 1 Abs. 1 lit. b VerkP soll diese alle Verkehrsträger umfassende, abgestimmte Verkehrspolitik zu einer nachhaltigen Entwicklung des alpinen Lebens- und Wirtschaftsraums beitragen. Einwirkungen, welche die Rolle und die Ressourcen des Alpenraums sowie den Schutz seiner Kulturgüter und naturnahen Landschaften gefährden, sind gemäß lit. c zu mindern und soweit wie möglich zu vermeiden. Die Effektivität und Effizienz der Verkehrssysteme sind gemäß Art. 7 Abs. 1 lit. a und b VerkP vor allem durch Intermodalität, d.h. die Kombination verschiedener Verkehrsträger, und den Einsatz von Telematik[61] zu steigern. Dadurch und durch eine Förderung umwelt- und ressourcenschonender Verkehrsträger soll der Verkehr gemäß Art. 1 Abs. 1 lit. d VerkP unter wirtschaftlich tragbaren Kosten gewährleistet werden. Lit. e rückt schließlich den fairen Wettbewerb unter den Verkehrsträgern in den Mittelpunkt, welcher ebenso dazu beiträgt, Transportleistungen auf umweltschonendere Verkehrsträger zu verlagern.

b) Prinzipien

Art. 1 Abs. 2 VerkP verpflichtet die Vertragsparteien, den Verkehrsbereich unter Wahrung des Vorsorge-, Vermeidungs- und Verursacherprinzips zu ent-

---

[58] Die Ziele und Prinzipien des Verkehrsprotokolls sind auch in den Vorschlägen der Europäischen Kommission für die Unterzeichnung und die Genehmigung des Protokolls zusammengefasst. Vgl. Vorschlag für einen Beschluss des Rates zur Unterzeichnung, im Namen der Europäischen Gemeinschaft, des Protokolls über die Durchführung der Alpenkonvention im Bereich Verkehr (Verkehrsprotokoll), KOM(2001) 18 endg. vom 16.1. 2001, 2. Im Folgenden: Unterzeichnungsvorschlag; Vorschlag für einen Beschluss des Rates zum Abschluss des Protokolls über die Durchführung der Alpenkonvention im Bereich Verkehr (Verkehrsprotokoll) im Namen der Europäischen Gemeinschaft, KOM(2008) 895 endg. vom 23.12.2008, 2 f. Im Folgenden: Genehmigungsvorschlag.

[59] Den Verkehrsbereich betrifft auch Art. 2 lit. a BWaldP, wonach Luftschadstoffbelastungen schrittweise auf jenes Maß reduziert werden, welches für Waldökosysteme nicht schädlich ist.

[60] Vgl. auch Art. 7 Abs. 1 lit. c VerkP.

[61] „Verkehrstelematik" bezeichnet den Einsatz von Telekommunikation und Informatik im Rahmen sogenannter „Intelligent Transport Systems" zu Koordinations- und Lenkungszwecken. Zu ihrem Einsatz im österreichischen Straßenverkehrsrecht vgl. *Hoffer*, Straßenverkehrsrecht, in Bauer (Hrsg.), Handbuch Verkehrsrecht (2009), 182 ff.

wickeln und nennt damit drei grundlegende Prinzipien des internationalen Umweltrechts. Zwei davon, das Vorsorge- und das Verursacherprinzip, werden in Art. 2 VerkP definiert, der als einzige Norm der Alpenkonvention eine weitgehende Begriffsbestimmung unternimmt.[62] Darüber hinaus basiert das Verkehrsprotokoll auf zwei weiteren völkerrechtlichen Grundsätzen, dem Nachhaltigkeits- und dem Kooperationsprinzip.[63]

aa) Vorsorge- und Vermeidungsprinzip

Das Vermeidungsprinzip[64] bezweckt die Abwehr bereits bestehender Gefahren, die mit einer gewissen Wahrscheinlichkeit eintreten können. Demgegenüber ist nach dem Vorsorgeprinzip[65] auch rein pozentiellen Umweltbelastungen rechtzeitig durch präventive Maßnahmen entgegenzuwirken, ohne dass dafür wissenschaftliche Sicherheit über das Vorliegen einer Kausalbeziehung zwischen einer Tätigkeit und ihrer möglichen Schädlichkeit gegeben sein muss. Entscheidend für das Vorsorgeprinzip ist somit ein Element der wissenschaftlichen Unsicherheit über die Wahrscheinlichkeit des Eintritts, die Art und das Ausmaß eines Risikos. Im Ergebnis führt das Vorsorgeprinzip zu einer Beweislastumkehr, denn ausschlaggebend für die Ergreifung von Schutzmaßnahmen ist nicht, dass eine Beeinträchtigung nachweisbar ist, sondern, dass ein objektiver Zweifel an ihrem Nichteintritt besteht. Das Vorsorge- und das Vermeidungsprinzip sind eng miteinander verwoben und ihr Übergang ist, je nach dem konkreten Eingriffszeitpunkt im Einzelfall, fließend.[66]

---

62 *Galle*, Ergänzung (2008), 55.

63 Vgl. zu den (umwelt)völkerrechtlichen Prinzipien, auf welchen das Verkehrsprotokoll beruht *Erbguth/Schlacke*, Umweltrecht (2014), 49 ff.; *Heuck*, Infrastrukturmaßnahmen (2013), 26 ff.; *Loibl*, Internationales Umweltrecht, in Reinisch (Hrsg.), Österreichisches Handbuch des Völkerrechts (2013), Rn. 2110 ff.; *Proelß*, Raum und Umwelt, in Graf Vitzthum/Proelß (Hrsg.), Völkerrecht (2013), Rn. 105 ff.; *Binder Ch.*, Umweltvölkerrecht, in Raschauer/Wessely (Hrsg.), Handbuch Umweltrecht (2010), 55 ff.; *Schroeder/Weber K.*, Studie (2008), Rn. 214 ff., 307 ff. und 362 ff.; *Sohnle*, RJE 2003, 10 ff.; *Galle*, Alpenkonvention (2002), 36 ff.; mit Blick auf das österreichische Umweltrecht *Weber K.*, Prinzipien umweltpolitischen Handelns, in Bundesministerium für Umwelt, Jugend und Familie (Hrsg.), Umweltpolitik durch Recht (1992), 52 ff. Zu den Prinzipien im unionsrechtlichen Kontext vgl. unten *Teil C III 2 d).*

64 Frz.: „principe de prévention", ital.: „principio di prevenzione". Das Vermeidungsprinzip wird auch als Vorbeuge- oder Präventionsprinzip bezeichnet, so spricht Art. 191 Abs. 2 AEUV vom „Grundsatz der Vorbeugung". Vgl. unten *Teil C III 2 d).*

65 Frz.: „principe de précaution", ital.: „principio di precauzione". Das Vorsorgeprinzip geht zurück auf Grundsatz 15 der Rio-Deklaration der Konferenz der VN über Umwelt und Entwicklung aus dem Jahre 1992.

66 Zum Vorsorgeprinzip auch im völkerrechtlichen Kontext vgl. GA *Kokott*, SchlA Rs. C-127/02, Herzmuschelfischerei, Slg. 2004, I-7405 Rn. 99 ff. unter Verweis auf einschlägige

Im Verkehrsprotokoll kommen sowohl das Vorsorge- als auch das Vermeidungsprinzip zum Ausdruck, so zum Beispiel in der geforderten Begrenzung verkehrsbedingter Belastungen und Risiken auf ein „erträgliches Maß".[67] Vorrang wird dabei dem Vorsorgeprinzip eingeräumt, was auch dadurch bekräftigt wird, dass dieses, im Unterschied zum Vermeidungsprinzip, gesondert in Art. 2 UAbs. 10 VerkP definiert wird:

„‚Vorsorgeprinzip': jenes Prinzip, demzufolge Maßnahmen zur Vermeidung, Bewältigung oder Verringerung schwerer oder irreversibler Auswirkungen auf die Gesundheit und die Umwelt nicht mit der Begründung aufgeschoben werden dürfen, dass die wissenschaftliche Forschung noch keinen eindeutigen Kausalzusammenhang zwischen den fraglichen Einwirkungen einerseits und ihrer potentiellen Schädlichkeit für die Gesundheit und die Umwelt andererseits nachgewiesen hat;"

bb) Verursacherprinzip

Das Verursacherprinzip zielt darauf ab, die Verantwortung für eine Umweltbeeinträchtigung möglichst ihrem Verursacher anzulasten.[68] Im Kontext des Verkehrsprotokolls bezieht sich dies auf den einzelnen Verkehrsteilnehmer, d.h. den Nutzer von Verkehrsinfrastrukturen. Die Definition des Art. 2 UAbs. 11 VerkP stellt auf den Aspekt der Kostentragung ab[69]:

EuGH-Rechtsprechung; *Kühn*, ZEuS 2006, 491 ff.; insbesondere unter Bezugnahme auf das deutsche Recht *Calliess*, Inhalt, Struktur und Vorgaben des Vorsorgeprinzips, in Hendler/Marburger/Reinhardt/Schröder (Hrsg.), Jahrbuch des Umwelt- und Technikrechts (2006), 89 ff.; zur Abgrenzung von Vorsorge- und Vermeidungsprinzip *Prügel*, Vorsorgeprinzip (2005), 85 ff.; *Epiney/Scheyli*, Strukturprinzipien des Umweltvölkerrechts (1998), 91 und 112 f.

67 Vgl. Art. 1 Abs. 1 lit. a VerkP, Art. 3 Abs. 1 lit. a VerkP und die Definition der „erträglichen Belastungen und Risiken" in Art. 2 UAbs. 3 VerkP. Dazu *Schroeder/Weber K.*, Studie (2008), Rn. 317.

68 Frz.: „principe de pollueur-payeur", ital.: „principio di causalità". Den Grundstein für das Verursacherprinzip legte bereits *Arthur Cecil Pigou* im Jahre 1920, vgl. i.d.F. von 1938 *Pigou*, Economics of Welfare (1938), 183; dazu *Ehlotzky*, Bemautung des Straßenverkehrs, in Gamper/Ranacher (Hrsg.), Rechtsfragen des grenzüberschreitenden Verkehrs (2012), 153 f. und 157. Im juridischen Kontext geht das Verursacherprinzip auf zwei Empfehlungen der OECD aus den Jahren 1972 und 1974 zurück [C (72) 128 vom 26.5. 1972; C (74) 223 vom 14.11.1974]. Es wird im ersten Umweltaktionsprogramm der EU erwähnt (ABl. 1973, Nr. C 112/1) und der Begriff des Verursachers wird in einer Empfehlung des Rates von 1975 definiert (ABl. 1975, Nr. L 194/1), vgl. hierzu *Krämer*, EuGRZ 1989, 353 und 357 f. Schließlich postuliert auch Grundsatz 16 der Rio-Deklaration das Verursacherprinzip. Vgl. dazu *Epiney/Scheyli*, Strukturprinzipien des Umweltvölkerrechts (1998), 96 f. und 152 ff.

69 Der EuGH sieht hingegen das Verursacherprinzip nicht bloß als Kostentragungsprinzip, vgl. EuGH, Rs. C-293/97, Standley u.a., Slg. 1999, I-2603 Rn. 51, hierzu *Delfs*, ZUR 1999, 319 ff. und 323; GA *Kokott*, SchlA Rs. C-254/08, Futura Immobiliare u.a., Slg.

„‚Verursacherprinzip‘: inklusive der Anlastung der Folgewirkungen ist jenes Prinzip, demzufolge die Kosten für die Vermeidung, Bewältigung und Verringerung der Umweltbelastung und für die Sanierung der Umwelt zu Lasten des Verursachers gehen. Die Verursacher müssen soweit wie möglich die gesamten Kosten der Verkehrsauswirkungen auf Gesundheit und Umwelt tragen;“

In der zitierten Passage zeigt sich, dass der Verkehrsteilnehmer die durch ihn verursachten Kosten zu tragen hat, die sonst der Allgemeinheit auferlegt würden. Auf diese Weise werden die sogenannten „externen Kosten“ des Verkehrs internalisiert und Kostenwahrheit gewährleistet.[70] Außerdem wird der Verkehrsteilnehmer für die Folgen seiner Handlungen sensibilisiert und zu einem nachhaltigeren Verhalten veranlasst.[71] Art. 2 UAbs. 4 VerkP definiert den Begriff der externen Kosten:

„‚externe Kosten‘: Kosten, die nicht vom Nutzer von Gütern oder Diensten getragen werden. Sie umfassen die Kosten für die Infrastruktur, wo diese nicht angelastet werden, die Kosten für Umweltverschmutzung, Lärm, verkehrsbedingte Personen- und Sachschäden;“

Diese Definition enthält einen Auffangtatbestand, der gewährleistet, dass dem Verursacher möglichst umfassend alle Kosten angelastet werden. Erfasst sind nämlich nicht nur externe Kosten im engeren Sinne, wie jene von Umweltverschmutzung, Lärm, sowie verkehrsbedingter Personen- und Sachschäden, sondern auch jene Kosten, die nicht als Infrastrukturkosten angelastet werden können und keine eigentlichen externen Kosten darstellen, wie beispielsweise jene einer Lärmschutzwand.[72]

Dem Verursacherprinzip kommt im Verkehrsprotokoll zentrale Bedeutung zu. Art. 3 Abs. 1 lit. c sublit. a und Art. 7 Abs. 1 lit. b VerkP fordern explizit eine Internalisierung der externen Kosten. Gemäß Art. 14 VerkP unterstützen die Vertragsparteien die Entwicklung und Anwendung eines Berechnungssystems zur Ermittlung der Wegekosten und der externen Kosten sowie die schrittweise Einführung entsprechender Abgabensysteme für die einzelnen Verkehrsträger, die es erlauben, auf gerechte Weise die wahren Kosten zu decken. Ein verkehrs-

---

2009, I-6995 Rn. 30 ff.; GA *Kokott*, SchlA Rs. C-169/08, Consiglio dei Ministri/Regione Sardegna, Slg. 2009, I-10821 Rn. 72; dazu auch *Obwexer*, Regelung des Transitverkehrs, in Hummer/Obwexer (Hrsg.), 10 Jahre EU-Mitgliedschaft Österreichs (2006), 352 f.

[70] Zur Entstehung des Gedankens einer „Internalisierung externer Kosten“, den Schwierigkeiten in der praktischen Umsetzung und zu Umweltlenkungsabgaben vgl. *Kirchhof*, Umweltabgaben, in Rengeling (Hrsg.), Handbuch Umweltrecht (2003), 1337 ff.

[71] *Ehlotzky/Kramer*, ZVR 2009, 194; *Kramer/Ehlotzky*, Alpenkonvention 2009, 7.

[72] Der Begriff der externen Kosten ist somit weit auszulegen und erfasst auch die Kosten von Verkehrsstauungen. *Heuck*, AJP 2010, 524, lässt indes die Frage offen, ob das Verkehrsprotokoll Staukosten mit umfasst; ausführlich zum Begriff der externen Kosten im Verkehrsprotokoll *Ehlotzky/Kramer*, ZVR 2009, 195.

spezifisches Abgabensystem im Sinne von Art. 14 VerkP ist beispielsweise die seit 2002 vermehrt von den Alpenstaaten diskutierte Alpentransitbörse.[73]

cc) Nachhaltigkeitsprinzip

Gemäß Art. 1 Abs. 1 VerkP verpflichten sich die Vertragsparteien des Verkehrsprotokolls zu einer nachhaltigen Verkehrspolitik.[74] Dieses Leitbild der Nachhaltigkeit durchzieht das gesamte Protokoll und bezieht sich, wie in Art. 3 Abs. 1 VerkP zum Ausdruck kommt, gleichermaßen auf Belange der Umwelt, der Gesellschaft und der Wirtschaft.[75] Insofern bezweckt das Verkehrsprotokoll nicht ausschließlich den ökologischen Schutz des Alpenraumes, sondern verfolgt auch andere Interessen. Auch der 13. Erwägungsgrund der Präambel des Verkehrsprotokolls betont die Systemimmanenz dieser Werte, indem er fordert, dass

> „wirtschaftliche Interessen, gesellschaftliche Anforderungen und ökologische Erfordernisse miteinander in Einklang zu bringen sind;“[76]

Die Gesamtkonzeption des Verkehrsprotokolls und die darin vorgesehenen Maßnahmen lassen jedoch keinen Zweifel daran, dass in erster Linie die ökologische Nachhaltigkeit im Mittelpunkt steht. Darauf aufbauend soll durch eine umweltverträgliche Mobilität ein Ausgleich zwischen den divergierenden Interessen erzielt werden.

---

[73] Zur Alpentransitbörse vgl. unten *Teil E V 3*.

[74] Das Konzept der „nachhaltigen Entwicklung“ geht in erster Linie auf die Konferenz der VN über Umwelt und Entwicklung im Jahre 1992 zurück und ist in Grundsatz 4 der Rio-Deklaration genannt. Vgl. dazu *Beyerlin/Marauhn*, International Environmental Law (2011), 7 f., 15 f. und 73 ff.; *Kotzur* in Geiger/Khan/Kotzur (Hrsg.), EUV/AEUV (2010), Art. 11 AEUV Rn. 3; *Schroeder*, NuR 2006, 134. Zum Nachhaltigkeitsgrundsatz und seiner Implementierung auf EU-Ebene *Epiney*, Umweltrecht (2013), 156 ff.; *Wagner*, RdU 2000, 43 ff.; *Epiney/Scheyli*, Strukturprinzipien des Umweltvölkerrechts (1998), 35 ff.

[75] Vgl. auch Art. 7 Abs. 1, Art. 9, Art. 11 Abs. 2 lit. d, Art. 16 Abs. 1, Art. 18 Abs. 2 und 4 VerkP. In Art. 3 Abs. 1 VerkP zeigt sich im Übrigen, dass das Verkehrsprotokoll zum einen die Umwelt und zum anderen den Menschen, die Gesellschaft und die menschliche Gesundheit nennt (vgl. z.B. Erwägungsgrund 8, Art. 2 UAbs. 10 und 11, Art. 7 Abs. 2 lit. b und Art. 16 Abs. 3 VerkP). Die getrennte Aufführung dieser Begriffe lässt darauf schließen, dass „Umwelt“ in einem ökologischen Sinn verstanden wird. Der Mensch und seine Gesundheit werden davon nicht miterfasst, sondern gesondert erwähnt, wodurch der ganzheitliche Ansatz des Verkehrsprotokolls betont wird. Vgl. *Schroeder/Weber K.*, Studie (2008), Rn. 163 ff. und Rn. 292 f. zum Nachhaltigkeitsbegriff im Verkehrsprotokoll; zum Erfordernis eines Ausgleiches zwischen ökologischer und verkehrsbezogener Nachhaltigkeit *Ronellenfitsch*, NVwZ 2006, 388 f.

[76] Einen ähnlichen Erwägungsgrund findet man sowohl in der Präambel der Rahmenkonvention als auch in den Präambeln der meisten Durchführungsprotokolle. Vgl. auch Fn. 4 und 52.

dd) Kooperationsprinzip

Die internationale Kooperation zwischen Staaten und Gebietskörperschaften im Alpenraum sowie der EU ist eine Grundvoraussetzung für das Funktionieren des ganzheitlichen Ansatzes der Alpenkonvention.[77] In diesem Sinne wird in Art. 3 Abs. 1 und Art. 7 Abs. 1 VerkP eine grenzüberschreitend aufeinander abgestimmte Umwelt- und Verkehrspolitik vorausgesetzt.

Art. 5 VerkP forciert eine verstärkte internationale Zusammenarbeit, um grenzüberschreitend bestmögliche und aufeinander abgestimmte Lösungen zu erreichen.[78] Zur Förderung einer gemeinsamen Verantwortung ist die jeweils am besten geeignete territoriale Ebene der Vertragsparteien umfassend an der Umsetzung des Verkehrsprotokolls zu beteiligen.[79] Das Kooperationsprinzip kommt auch in Art. 8 Abs. 2 VerkP zum Ausdruck, der vorsieht, dass Planungen für Verkehrsinfrastrukturen mit erheblichen grenzüberschreitenden Auswirkungen zu koordinieren und zu konzertieren sind. Schließlich bestimmt Art. 17 VerkP, dass sich die Vertragsparteien generell gegenseitig vor wichtigen verkehrspolitischen Entscheidungen mit Auswirkungen auf die anderen Vertragsstaaten informieren und konsultieren.

---

77 Zur Kooperation im Rahmen der Alpenkonvention vgl. *Schroeder/Ehlotzky*, Zustand und Perspektiven grenzüberschreitender Kooperation im Alpenraum, in Hilpold/Steinmair/Perathoner (Hrsg.), Rechtsvergleichung an der Sprachgrenze (2011), 93 ff.; zur Durchführung der Alpenkonvention und zu spezifischen grenzüberschreitenden Projekten *Onida*, Rev.dr.UE 2008, 754 ff. und 776.

78 Vgl. auch Art. 4 RauP, Art. 6 BLandP, Art. 3 NatSchP, Art. 4 BWaldP, Art. 2 TourP, Art. 5 BodSchP und Art. 4 Abs. 3 EnerP. Zudem findet sich in allen Präambeln der Durchführungsprotokolle folgender Passus: „in der Überzeugung, dass bestimmte Probleme nur grenzübergreifend gelöst werden können und gemeinsame Maßnahmen der Alpenstaaten erforderlich machen [...]“, vgl. die Erwägungsgründe 16 RauP, 10 BLandP, 13 NatSchP, 11 BWaldP, 18 TourP, 11 BodSchP, 11 EnerP und 15 VerkP.

79 Zum unionsrechtlichen Subsidiaritätsprinzip vgl. unten *Teil C III 2.*

C. Verkehrsprotokoll als gemischtes Abkommen

Aus unionsrechtlicher Perspektive stellen die Rahmenkonvention der Alpenkonvention und ihre Protokolle gemischte Abkommen mit Drittstaaten dar, die jeweils sowohl durch die EU als auch durch fünf ihrer Mitgliedstaaten unterzeichnet bzw. ratifiziert oder genehmigt werden.[80] Der Grund für den Abschluss des Verkehrsprotokolls als gemischtes Abkommen liegt einerseits darin, dass die Alpenstaaten ein politisches Interesse daran haben, selbst Vertragsparteien zu sein. Andererseits konnte die EU ohne Beteiligung der betreffenden Mitgliedstaaten nicht Vertragspartei werden, denn der Gegenstand des Verkehrsprotokolls deckt sich nicht vollkommen mit jenen Sachmaterien, für welche sie auch zuständig ist.[81] Die materielle Befugnis der EU zum Abschluss völkerrechtlicher Abkommen leitet sich aus ihren innerunionalen Kompetenzen ab. Da die EU sonst ihre Kompetenz überschritten hätte, bestand somit nur die Möglichkeit, einen gemeinsamen Abschluss durch die EU und ihre Mitgliedstaaten vorzusehen.[82]

---

80 Zu gemischten Abkommen vgl. *Schroeder*, Grundkurs Europarecht (2013), § 21 Rn. 12 f.; *Mögele* in Streinz (Hrsg.), EUV/AEUV (2012), Art. 216 AEUV Rn. 39 ff. und Art. 218 AEUV Rn. 30 ff.; *Khan* in Geiger/Khan/Kotzur (Hrsg.), EUV/AEUV (2010), Art. 216 AEUV Rn. 13 ff.

81 Vielmehr fällt das Verkehrsprotokoll in die „joint competence" der EU und ihrer Mitgliedstaaten. Vgl. *Terhechte* in Schwarze (Hrsg.), EU-Kommentar (2012), Art. 216 AEUV Rn. 10; zum Begriff der joint competence *Vranes*, EuR 2009, 56. Zu Kompetenztypen und Kompetenzabgrenzung in den Außenbeziehungen der EU *Vranes*, JBl 2011, 13 ff.; zur innerunionalen Kompetenzverteilung vgl. unten *Teil C III 2*.

82 Die EU scheint von ihrer eigenen überwiegenden Zuständigkeit auszugehen. Vgl. Erwägungsgrund 7 des Unterzeichnungsbeschlusses des Verkehrsprotokolls [Beschluss 2007/799/EG vom 12.10.2006 zur Unterzeichnung des Protokolls über die Durchführung der Alpenkonvention im Bereich Verkehr (Verkehrsprotokoll) im Namen der Gemeinschaft, ABl. 2007, Nr. L 323/13. Im Folgenden: Unterzeichnungsbeschluss] sowie Unterzeichnungsvorschlag, 3 (Fn. 58); Genehmigungsvorschlag, 3 (Fn. 58). Vgl. auch *Ehlotzky*, JRP 2013, 389 f.; zur Kompetenzproblematik bei gemischten Abkommen *Müller-Ibold* in Lenz/Borchardt (Hrsg.), EU-Verträge (2013), Art. 216 AEUV Rn. 14 f.; *Klamert*, ELRev 2012, 341; *Terhechte* in Schwarze (Hrsg.), EU-Kommentar (2012), Art. 216 AEUV Rn. 10; *Hilpold*, EU im GATT/WTO-System (2009), 136 ff.; zum Verkehrsprotokoll als gemischtes Abkommen ausführlich *Schroeder/Weber K.*, Studie (2008), Rn. 101 ff.; allgemein *Sattler*, Gemischte Abkommen und gemischte Mitgliedschaften (2007), 32 ff.; *Steinbach*, EuZW 2007, 109 ff.; *Vedder*, EuR Beiheft 3/2007, 58 ff. und 69; zu den Gründen für den Abschluss eines gemischten Abkommens *Oen*, Internationale Streitbeilegung (2005), 29 ff.

I. Ratifizierungsstand

Bei einem multilateralen völkerrechtlichen Vertrag wie dem Verkehrsprotokoll erfolgt der Vertragsabschluss in mehreren Schritten. Erst mit der jeweiligen Ratifikation tritt die völkerrechtliche Bindungswirkung für die einzelne Vertragspartei ein.[83]

Anlässlich der VI. Alpenkonferenz vom 30. und 31. Oktober 2000 in Luzern einigten sich die Vertragsparteien auf den Vertragstext des Verkehrsprotokolls[84], wobei sieben Staaten das Protokoll bereits unmittelbar nach Annahme des Textes am 31. Oktober 2000 unterzeichneten.[85] Slowenien unterfertigte das Verkehrsprotokoll am 6. August 2002 und die EU beschloss die Unterzeichnung am 12. Oktober 2006, welche am 12. Dezember 2006 formell erfolgte. Nachdem Liechtenstein (11. Juni 2002), Österreich (14. August 2002) und Deutschland (18. September 2002) ihre Ratifikations-, Annahme- oder Genehmigungsurkunden beim Depositär hinterlegt hatten, trat das Verkehrsprotokoll gemäß Art. 24 Abs. 2 VerkP drei Monate nach Hinterlegung des dritten Ratifizierungsinstruments am 18. Dezember 2002 objektiv in Kraft.[86]

---

83 Zum „zusammengesetzten Verfahren" vgl. *Binder Ch./Zemanek*, Völkervertragsrecht, in Reinisch (Hrsg.), Österreichisches Handbuch des Völkerrechts (2013), Rn. 265 ff.; *Heintschel von Heinegg*, Die völkerrechtlichen Verträge, in Ipsen (Hrsg.), Völkerrecht (2004), § 10 Rn. 8 ff.; zum völkerrechtlichen Vertragsabschluss und dem Inkrafttreten vgl. *Sinclair*, Vienna Convention (1973), 27 ff.

84 Unter Abwesenheit der EU, vgl. Beschlussprotokoll der VI. Alpenkonferenz vom 30. und 31.10.2000 in Luzern, Traktandum 2. Frankreich, Österreich und Liechtenstein gaben dabei Erklärungen ab, die aber nicht mit den Genehmigungs- bzw. Ratifikationsurkunden hinterlegt worden sind, vgl. dazu unten *Teil E II 2 c) bb)* zu Frankreich, *Teil E II 3 a)* zu Österreich und Liechtenstein, Fn. 710 und 773. Zum Verhalten der EU bei den Verhandlungen und vor Unterzeichnung der Durchführungsprotokolle der Alpenkonvention vgl. *Schmid*, Alpenkonvention und Europarecht, Dissertation (2005), 3 f.; *Sohnle*, RJE 2003, 7; *Juste Ruiz*, L'action de l'Union Européenne, in Treves/Pineschi/Fodella (Hrsg.), International Law and Protection of Mountain Areas (2002), 148.

85 So Österreich, das zu diesem Zeitpunkt auch die anderen Durchführungsprotokolle der Alpenkonvention unterzeichnete, wovon es seit dem Jahre 1994 Abstand genommen hatte. Eine Unterzeichnung sollte erst erfolgen, nachdem ein Konsens über das Verkehrsprotokoll erzielt worden war und dieses zur Unterzeichnung auflag. Hierzu *Lebel*, Das „Verkehrsprotokoll", in Busek/Hummer (Hrsg.), Alpenquerender und inneralpiner Transitverkehr (2005), 5 f.; *Galle*, Alpenkonvention (2002), 122 f. Auch Italien unterzeichnete das Verkehrsprotokoll am 31.10.2000. Möglicherweise ist dies auf eine Verwechslung der Protokolle „trasporti" und „turismo" zurückzuführen. Zumindest hält sich das Gerücht, seitens Italiens wäre eigentlich die Unterzeichnung des Tourismusprotokolls, nicht des Verkehrsprotokolls beabsichtigt gewesen.

86 Verwahrer ist gemäß Art. 24 Abs. 1 VerkP die Republik Österreich. Zu Unterzeichnung, Ratifikation und Inkrafttreten sowie zu den Pflichten des Depositärs vgl. *Galle*, Alpenkonvention (2002), 191 ff.

Nach Urkundenhinterlegung durch die jeweilige Vertragspartei trat das Protokoll in der Folge gemäß Art. 24 Abs. 3 VerkP auch für Slowenien (28. April 2004), Frankreich (11. Oktober 2005) und Italien (7. Mai 2013) sowie – nach Italiens Einlenken im Rat – für die EU (25. September 2013) in Kraft. Anlässlich der Hinterlegung ihrer Genehmigungs- bzw. Ratifikationsurkunden gaben Frankreich, Italien und die EU Erklärungen ab.[87]

Monaco und die Schweiz haben das Verkehrsprotokoll bisher nicht ratifiziert[88], was dessen Wirkung erheblich mindert. Eine Übersicht über den Ratifizierungsstand ergibt sich aus der folgenden, an die Zusammenstellung auf der Website der Alpenkonvention angelehnten Tabelle[89]:

Verkehrsprotokoll	A	CH	D	F	FL	I	MC	SLO	EU
Unterzeichnung	31.10.00	31.10.00	31.10.00	31.10.00	31.10.00	31.10.00	31.10.00	06.08.02	12.10.06
Interne Genehmigung	10.07.02	--	12.07.02	12.05.05	18.04.02	09.11.12	--	28.11.03	10.06.13
Ratifikation/ Genehmigung/ Hinterlegung	14.08.02	--	18.09.02	11.07.05	11.06.02	07.02.13	--	28.01.04	25.06.13
Inkrafttreten	18.12.02	--	18.12.02	11.10.05	18.12.02	07.05.13	--	28.04.04	25.09.13

1. Ratifizierung durch Österreich

Innerstaatliche Geltung erlangen völkerrechtliche Verträge, indem sie durch einen nationalen Akt in das innerstaatliche Recht übernommen werden und

[87] Hierzu unten *Teil E II 3.* Zur italienischen Erklärung auch *Ehlotzky*, JRP 2013, 388 ff.

[88] In seiner 12. Sitzung der Herbstsession 2010 am 29.9.2010 hat der Schweizer Nationalrat eine Ratifizierung der Protokolle der Alpenkonvention definitiv abgelehnt, Amtliches Bulletin 2010 N 1574 ff. (01.083). Vgl. auch Cipra, Alpmedia Newsletter Nr. 13/2010 vom 30.9.2010: „Schweiz will keine Alpenkonventionsprotokolle". Dies verwundert, zumal wesentliche Vorgaben des Verkehrsprotokolls, insbesondere in Hinblick auf Art. 10 und 11 VerkP, in der Schweiz bereits verfassungsrechtlich verankert sind. So bestimmt Art. 84 Abs. 2 der Schweizer Verfassung: „Der alpenquerende Gütertransitverkehr von Grenze zu Grenze erfolgt auf der Schiene." und Abs. 3 dieser Bestimmung lautet: „Die Transitstrassen-Kapazität im Alpengebiet darf nicht erhöht werden." Vgl. auch *Götz*, Die Umsetzung der Alpenkonvention, in CIPRA Österreich (Hrsg.), Die Alpenkonvention und ihre rechtliche Umsetzung (2010), 21; Institut für Föderalismus (Hrsg.), 34. Bericht über den Föderalismus (2010), 255.

[89] Vgl. http://www.alpconv.org/de/convention/ratifications/default.html (15.4.2014). Vgl. auch die Website des Depositärs des österreichischen Staatsnotariats http://www.bmeia.gv.at/aussenministerium/aussenpolitik/voelkerrecht/staatsvertraege/oesterreich-als-depositaer.html (15.4.2014). Zum Ratifizierungsprozess des Verkehrsprotokolls auch *Onida*, A Common Approach to Mountain Specific Challenges, in Quillacq/Onida (Hrsg.), Environmental Protection and Mountains (2011), 97 f.

dort entsprechend anzuwenden sind.[90] In Österreich bedurfte das Verkehrsprotokoll, als Staatsvertrag mit gesetzesänderndem und gesetzesergänzendem Inhalt[91], der Genehmigung des Nationalrates, die einstimmig am 10. Juli 2002 erfolgte.[92] Von der in Art. 50 B-VG[93] eingeräumten Möglichkeit eines Erfüllungsvorbehaltes[94] machte der Nationalrat, anders als bei der Rahmenkonvention der Alpenkonvention, keinen Gebrauch[95], was grundsätzlich für eine unmittelbare Anwendbarkeit des Verkehrsprotokolls im österreichischen Recht spricht.[96] Da

---

90 Vgl. *Verdross/Simma*, Universelles Völkerrecht (1984), §§ 848, 856 und allgemein zur Ergänzungsbedürftigkeit des Völkerrechts durch das staatliche Recht §§ 45 f.; *Binder B.*, ZaöRV 1975, 301 ff.; grundlegend *Kelsen*, Reine Rechtslehre (1960), 336 ff.

91 Vgl. ErläutRV 1095 BlgNR 21. GP 2. Zu gesetzesändernden und gesetzesergänzenden Staatsverträgen vgl. *Öhlinger* in Korinek/Holoubek (Hrsg.), Bundesverfassungsrecht (2009), Art. 50 B-VG Rn. 49 ff.

92 1095 BlgNR 21. GP, StenProtNR 21. GP 110. Sitzung, 176 f. Vgl. hierzu *Heintschel von Heinegg*, Die völkerrechtlichen Verträge, in Ipsen (Hrsg.), Völkerrecht (2004), § 10 Rn. 17 f.; zur Bedeutung der parlamentarischen Genehmigung *Mayer*, Ecolex 1995, 139 ff.

93 Bundes-Verfassungsgesetz, BGBl. 1930/1 i.d.F. BGBl. I 2013/164.

94 Damals Art. 50 Abs. 2 B-VG, seit der B-VG Novelle BGBl. I 2008/2 nunmehr Art. 50 Abs. 2 Z. 4 B-VG. Zur Verfassungsnovelle des Jahres 2008 und zur neuen Fassung des Art. 50 B-VG vgl. *Lindermuth*, ZÖR 2009, 299 ff.; zum Erfüllungsvorbehalt *Öhlinger* in Korinek/Holoubek (Hrsg.), Bundesverfassungsrecht (2009), Art. 50 B-VG Rn. 84 ff.; *Binder B.*, ZaöRV 1975, 333 f.

95 Auch die anderen Durchführungsprotokolle wurden ohne Erfüllungsvorbehalt nach der Methode der Adoption in die österreichische Rechtsordnung übernommen. Zur Rahmenkonvention im österreichischen Recht vgl. *Galle*, Alpenkonvention (2002), 238 ff.

96 Der Verzicht auf einen Erfüllungsvorbehalt gilt nach der h.L. als Vermutung für die unmittelbare Anwendbarkeit eines völkerrechtlichen Vertrages in der österreichischen Rechtsordnung. Bei einem gemischten Abkommen wie dem Verkehrsprotokoll bezieht sich dies auf Bestimmungen im Kompetenzbereich der Mitgliedstaaten. Unmittelbar anwendbar sind dabei jene, die inhaltlich hinreichend bestimmt sind, wobei vom in Art. 18 B-VG geforderten Determinierungsgrad auszugehen ist. Unter Heranziehung der Erläuterungen der Regierungsvorlage ist, im Sinne einer historischen Interpretation, den Normen des Verkehrsprotokolls in der Regel *self-executing*-Charakter zuzusprechen. Vgl. zum österreichischen Recht, am Beispiel des Naturschutzprotokolls, *Hautzenberg*, RdU 2013, 238 ff.; *Schmid*, Natur- und Bodenschutzrecht der Alpenkonvention, in CIPRA Österreich (Hrsg.), Die Alpenkonvention und ihre rechtliche Umsetzung (2010), 34 f.; *Schroeder/Weber K.*, Studie (2008), Rn. 290 f., 302 f., 383 ff. und 410; am Beispiel des Bodenschutzprotokolls *Schmid*, RdU 2007, 160 f.; *Bußjäger/Larch*, RdU 2006, 109 f.; kritisch in Hinblick auf das Determinierungsgebot des Art. 18 B-VG *Schmid*, Alpenkonvention und Europarecht, Dissertation (2005), 5 f. und 46 ff. Allgemein zur unmittelbaren Anwendbarkeit völkerrechtlicher Verträge im österreichischen Recht VfGH V 78/90 VfSlg. 12.558/1990 u.a.; *Binder Ch./Zemanek*, Völkervertragsrecht, in Reinisch (Hrsg.), Österreichisches Handbuch des Völkerrechts (2013), Rn. 315; *Binder B.*, ZaöRV 1975, 292 ff.; *Ermacora*, JBl 1973, 182 ff.; *Zeileissen*, ZÖR 1971, 317 ff.; *Winkler G.*, JBl 1961, 12 ff. Zur unmittelbaren Anwendbarkeit der Bestimmungen der Durchführungsprotokolle im deutschen

dieses auch Angelegenheiten des selbständigen Wirkungsbereiches der Länder betrifft, war überdies die Zustimmung des Bundesrates erforderlich, die am 25. Juli 2002 einstimmig erteilt wurde.[97]

Nach der parlamentarischen Mitwirkung bestimmt sich, welchen Rang das Verkehrsprotokoll im Stufenbau der österreichischen Rechtsordnung einnimmt.[98] Da nun sowohl der Nationalrat gemäß Art. 31 B-VG als auch der Bundesrat gemäß Art. 37 Abs. 1 B-VG wie bei der Erzeugung von Gesetzesrecht unter Anwesenheit von mindestens einem Drittel der Mitglieder und mit unbedingter Mehrheit der abgegebenen Stimmen entschieden haben, steht das gesamte Verkehrsprotokoll im Rang eines einfachen Bundesgesetzes.[99]

Gemäß Art. 65 Abs. 1 B-VG unterzeichnete der österreichische Bundespräsident das Verkehrsprotokoll nach Abschluss des parlamentarischen Verfahrens am 1. August 2002. Die vom Bundespräsidenten unterzeichnete und vom Bundeskanzler gegengezeichnete Ratifikationsurkunde wurde am 14. August 2002 hinterlegt. Am 29. Oktober 2002 wurde das Verkehrsprotokoll schließlich gemäß Art. 49 B-VG[100] mit BGBl. III 2002/234 in den vier authentischen Sprachfassungen kundgemacht und trat am 18. Dezember 2002 innerstaatlich in Kraft.[101] Seit diesem Zeitpunkt steht das Verkehrsprotokoll im österreichi-

---

Recht *Cuypers*, Die rechtliche Verbindlichkeit der Alpenkonvention, in CIPRA Deutschland (Hrsg.), Leitfaden zur Umsetzung der Alpenkonvention (2008), 31 ff. und 58; *Dette*, elni 2008, 48; *Schroeder*, NuR 2006, 137 f.; im französischen Recht *Geslin*, Convention alpine, in CIPRA France (Hrsg.), La convention alpine (2008), 27 ff.

97 1095 BlgNR 21. GP, StenProtBR 21. GP 690. Sitzung, 194. Durch das Zustimmungserfordernis des Bundesrates gemäß Art. 50 Abs. 2 Z. 2 B-VG wird die Länderkompetenz abgesichert, beispielsweise hinsichtlich des Naturschutzes oder der Landesstraßen. Vgl. hierzu *Öhlinger/Eberhard*, Verfassungsrecht (2014), Rn. 116 und 432; *Öhlinger* in Korinek/Holoubek (Hrsg.), Bundesverfassungsrecht (2009), Art. 50 B-VG Rn. 104. Zur naturschutzrechtlichen Kompetenz der Bundesländer vgl. *Weber K.*, Naturschutzrecht, in Rath-Kathrein/Weber K. (Hrsg.), Besonderes Verwaltungsrecht (2013), 55; zur Kompetenzverteilung im Straßenrecht *Klingenbrunner/Raptis*, Straßenrecht, in Bauer (Hrsg.), Handbuch Verkehrsrecht (2009), 143 ff. und 158.

98 Vgl. *Öhlinger* in Korinek/Holoubek (Hrsg.), Bundesverfassungsrecht (2009), Art. 50 B-VG Rn. 41 ff.; *Huber St.*, ZÖR 2006, 136 ff.; *Verdross/Simma*, Universelles Völkerrecht (1984), §§ 859 ff. In Hinblick auf gemischte Abkommen *Schmalenbach* in Calliess/Ruffert (Hrsg.), EUV/AEUV (2011), Art. 216 AEUV Rn. 52.

99 Zur verfassungsrechtlichen Typologie der Staatsverträge und dem Prinzip der Einheit des parlamentarisch genehmigten Vertrages vgl. *Öhlinger* in Korinek/Holoubek (Hrsg.), Bundesverfassungsrecht (2009), Art. 50 B-VG Rn. 38 f.

100 Damals Art. 49 Abs. 1 B-VG, seit BGBl. I 2003/100 nunmehr Art. 49 Abs. 2 B-VG.

101 Zur Kundmachung vgl. *Öhlinger* in Korinek/Holoubek (Hrsg.), Bundesverfassungsrecht (2009), Art. 50 B-VG Rn. 27 und 106; zur Kundmachung in den authentischen Sprachfassungen *Walter/Mayer/Kucsko-Stadlmayer*, Grundriss des österreichischen Bundesverfassungsrechts (2007), Rn. 236.

schen Recht als ein innerstaatlich verbindlicher Staatsvertrag in Geltung und ist auch zur Auslegung heranzuziehen.[102] Da Österreich alle Protokolle der Alpenkonvention ratifiziert hat, ist das gesamte Vertragswerk seit seinem objektiven völkerrechtlichen Inkrafttreten in Österreich bindendes Recht.[103]

2. Genehmigung durch die EU

a) Chronologie

Die Europäische Gemeinschaft (EG)[104] unterzeichnete das Verkehrsprotokoll am 12. Dezember 2006 auf Grundlage eines Ratsbeschlusses vom 12. Oktober desselben Jahres.[105] Da sie aufgrund des Prinzips der begrenzten Ermächtigung nur auf Basis einer ausdrücklich in den Verträgen verankerten Kompetenzermächtigung tätig werden darf[106], stützt sich der Beschluss auf den Verkehrstitel des damaligen Vertrages zur Gründung der Europäischen Gemeinschaft (EGV), d.h. auf Art. 71 EGV, den nunmehrigen Art. 91 AEUV, und auf Art. 300 EGV,

---

[102] Zur völkerrechtskonformen Interpretation des österreichischen Rechts vgl. *Öhlinger* in Korinek/Holoubek (Hrsg.), Bundesverfassungsrecht (2009), Art. 50 B-VG Rn. 45; *Ermacora*, JBl 1973, 182 ff.

[103] Rahmenkonvention: BGBl. 1995/477 i.d.F. BGBl. III 1999/18 (Fn. 3). Protokolle: BGBl. III 2002/232 (RauP), BGBl. III 2002/231 (BLandP), BGBl. III 2002/236 (NatSchP), BGBl. III 2002/233 (BWaldP), BGBl. III 2002/230 (TourP), BGBl. III 2002/235 (BodSchP), BGBl. III 2002/237 (EnerP), BGBl. III 2002/234 (VerkP, Fn. 5).

[104] Rechtsnachfolgerin der EG ist seit dem 1.12.2009 die EU, vgl. Fn. 2.

[105] Pressemeldung zur Unterzeichnung vom 12.12.2006, IP/06/1753; Unterzeichnungsbeschluss (Fn. 82). Dem Unterzeichnungsbeschluss ging ein Kommissionsvorschlag aus dem Jahre 2001 voraus (Unterzeichnungsvorschlag, Fn. 58), der ursprünglich im Zuge einer unionsinternen Bereinigung zurückgezogen werden sollte. Nach Auskunft des österreichischen Bundesministeriums für Europa, Integration und Äußeres konnte Österreich dies während seiner Ratspräsidentschaft im Jahre 2006 abwenden. Zur Unterzeichnung des Verkehrsprotokolls durch die EU vgl. *Hartl*, RdU 2007, 5. Allgemein zur Unterzeichnung durch die Kommission und zur Genehmigung durch den Rat *Terhechte* in Schwarze (Hrsg.), EU-Kommentar (2012), Art. 218 AEUV Rn. 14 f.; *Schmalenbach* in Calliess/Ruffert (Hrsg.), EUV/AEUV (2011), Art. 218 AEUV Rn. 5 und 12.

[106] Die grundsätzliche Zuständigkeit ist gemäß Art. 4 Abs. 1 EUV bei den Mitgliedstaaten verblieben. Zum Prinzip der begrenzten Ermächtigung vgl. *Öhlinger/Potacs*, EU-Recht und staatliches Recht (2014), 13 f.; *Schroeder*, Grundkurs Europarecht (2013), § 7 Rn. 5 ff.; *Lienbacher* in Schwarze (Hrsg.), EU-Kommentar (2012), Art. 5 EUV Rn. 6 ff.; *Hable*, Neuerungen im Zusammenwirken von EU-Recht und nationalem Recht, in Hummer (Hrsg.), Neueste Entwicklungen (2010), 671, die in der häufigen Erwähnung des Prinzips der begrenzten Ermächtigung in EUV und AEUV einen durch den Vertrag von Lissabon bewirkten „Paradigmenwechsel in der europäischen Integrationspolitik" sieht, „welcher die Souveränität der Mitgliedstaaten stärker in den Vordergrund rückt"; grundlegend *Ipsen*, Europäisches Gemeinschaftsrecht (1972), 425 ff.

der bis zum Inkrafttreten des Vertrages von Lissabon[107] den Abschluss völkerrechtlicher Abkommen durch die EU regelte.[108]

Nach ihrer Unterzeichnung hatte auch die EU durch einen völkerrechtlichen Akt der förmlichen Bestätigung ihre Zustimmung zu bekunden, durch das Verkehrsprotokoll gebunden zu sein.[109] Der dafür notwendige unionsinterne Genehmigungsbeschluss des Rates wurde über sechs Jahre lang nicht gefasst. In einem Schreiben vom 18. Oktober 2007, adressiert an den Generalsekretär der Alpenkonvention, heißt es[110]:

"The European Union and its Member States gave a political message of support to the protection of the environmentally sensitive Alpine Region by signing this Transport Protocol last December. However, the ratification of the Protocol by the European [Union] was not mandated by the European Council and the launching of a ratification process will be an extremely heavy and difficult exercise with uncertain results. Therefore, I believe that the launching of the ratification exercise by the E[U] is not possible for the time being for political reasons since it would create a lot of mixed reactions from the Member States that are not directly concerned by this Protocol."

Am 23. Dezember 2008 unterbreitete die Europäische Kommission einen Vorschlag für einen Ratsbeschluss zum Abschluss des Verkehrsprotokolls, in dem sie betont[111]:

„Unter Berücksichtigung der besonderen Umstände dieser Angelegenheit und da bereits einige Zeit seit der Unterzeichnung verstrichen ist, sollte das Protokoll nun auch von der [EU] ratifiziert werden. Die Kommission vertritt die Auffassung, dass die [EU] durch die Ratifizierung des Protokolls […] nicht nur ihren internationalen Verpflichtungen nachkommt, sondern auch ein wichtiges politisches Signal für alle anderen Parteien setzen würde, wonach die Ratifizierung des Protokolls eine Priorität darstellen sollte. […] Die [EU] setzt sich für die Ziele der Konvention und ihrer Protokolle ein. Dieses Engagement wurde mit der Unterzeichnung des Verkehrsprotokolls eindeutig dokumentiert. Die Ratifizierung des Protokolls durch die [EU] würde ihre Anstrengungen zur Förderung einer nachhaltigen Entwicklung in dieser wichtigen Bergregion unterstreichen."

Am 22. April 2009 gab das Europäische Parlament zu diesem Vorschlag eine positive Stellungnahme gemäß Art. 300 Abs. 3 UAbs. 1 EGV ab.[112] Aufgrund

---

107 Vgl. Fn 2.

108 Vgl. nunmehr Art. 216 ff. AEUV.

109 Vgl. Art. 2 Abs. 1 lit. b bis) WVKIO (Fn. 129) und die Kommentierung der ILC, YBILC 1982 II/2, 19; dazu *Schmalenbach* in Calliess/Ruffert (Hrsg.), EUV/AEUV (2011), Art. 218 AEUV Rn. 3 und 7; *Heintschel von Heinegg*, Die völkerrechtlichen Verträge, in Ipsen (Hrsg.), Völkerrecht (2004), § 10 Rn. 19.

110 Schreiben von *Matthias Ruete*, Generaldirektion Energie und Verkehr der Europäischen Kommission, an *Marco Onida*, Generalsekretär der Alpenkonvention a.D., vom 18.10. 2007. Vgl. auch Cipra, Alpmedia Newsletter Nr. 21/2007 vom 25.10.2007: „EU: Verkehrsprotokoll der Alpenkonvention derzeit kein Thema".

111 Genehmigungsvorschlag, 3 (Fn. 58).

der mit dem Vertrag von Lissabon verbundenen Verfahrensänderung laufender interinstitutioneller Beschlussfassungsverfahren und der Aufwertung der Kompetenzen des Parlaments ist dies nunmehr als Zustimmung im Sinne des Art. 218 Abs. 6 lit. a sublit. v) AEUV zu werten.[113]

Die Genehmigung des Verkehrsprotokolls durch den Rat erfolgte am 10. Juni 2013 durch einen auf Art. 91 AEUV gestützten Beschluss, der gemäß Art. 218 Abs. 8 UAbs. 1 AEUV mit qualifizierter Mehrheit gefasst wurde.[114] Nach der am 25. Juni 2013 erfolgten völkerrechtlichen Hinterlegung konnte das Verkehrsprotokoll schließlich am 25. September 2013 für die EU in Kraft treten.[115]

b) Rechtsgrundlage

Der Rückgriff auf die Verkehrskompetenz wirft die Frage auf, warum das Verkehrsprotokoll nicht auf den Umwelttitel, d.h. Art. 175 EGV, den jetzigen Art. 192 AEUV, gestützt wurde. Auf dieser Rechtsgrundlage beruhen sowohl die Rahmenkonvention der Alpenkonvention als auch die bereits von der EU genehmigten Protokolle Tourismus, Bodenschutz und Energie.[116] In der Rechts-

---

[112] Legislative Entschließung vom 22.4.2009, P6_TA(2009)0230, ABl. 2010, Nr. C 184E/183.

[113] Vgl. die Mitteilung der Kommission zu den Auswirkungen des Inkrafttretens des Vertrags von Lissabon auf die laufenden interinstitutionellen Beschlussfassungsverfahren, KOM(2009) 665 endg. vom 2.12.2009 i.d.F. KOM(2010) 147 endg. vom 12.4.2010; und die dazu ergangene Entschließung des Europäischen Parlaments vom 5.5.2010, P7_TA(2010)0126, ABl. 2011, Nr. C 81E/1. Hierzu *Obwexer*, Rechtsfragen des Übergangs von „Nizza" zu „Lissabon", in Eilmansberger/Griller/Obwexer (Hrsg.), Rechtsfragen der Implementierung des Vertrags von Lissabon (2011), 82 f. Zur diesbezüglichen Aufwertung der Kompetenzen des Europäischen Parlaments vgl. *Terhechte* in Schwarze (Hrsg.), EU-Kommentar (2012), Art. 218 AEUV Rn. 17 und 22; *Schmalenbach* in Calliess/Ruffert (Hrsg.), EUV/AEUV (2011), Art. 218 AEUV Rn. 20; *Leinen*, Das Europäische Parlament, in Leiße (Hrsg.), Europäische Union (2010), 104 ff. Zur Bedeutung der Beteiligung des Europäischen Parlaments bereits EuGH, Rs. 138/79, Roquette Frères/Rat, Slg. 1980, 3333 Rn. 33.

[114] Genehmigungsbeschluss des Verkehrsprotokolls (Fn. 43). Auch die vom Ratspräsidenten unterzeichnete Genehmigungsurkunde ist auf den 10.6.2013 datiert. In der Tagesordnung des Rates scheint die Beschlussfassung als unstrittiger „A-Punkt" auf. Vgl. auch *Madner/Hartlieb*, RdU 2013, 200.

[115] Mitteilung über das Inkrafttreten des Protokolls über die Durchführung der Alpenkonvention von 1991 im Bereich Verkehr (Verkehrsprotokoll), ABl. 2013, Nr. L 206/1. Zu der von der EU abgegebenen Erklärung vgl. *Ehlotzky*, JRP 2013, 390 und 395 f. und unten *Teil E II 3*.

[116] Beschluss 2006/516/EG (Fn. 47); zur Rahmenkonvention vgl. Beschluss 96/191/EG (Fn. 24). Nur für das Berglandwirtschaftsprotokoll wurde nicht Art. 175 EGV, sondern der Landwirtschaftstitel herangezogen (Art. 37 EGV, jetzt: Art. 43 AEUV), Beschluss 2006/655/EG vom 19.6.2006 über die Genehmigung, im Namen der Europäischen Ge-

sache *Titandioxid-Abfälle*[117] führt der EuGH zur Wahl der Kompetenzgrundlage aus[118]:

„Vorab ist darauf hinzuweisen, daß im Rahmen des Zuständigkeitssystems der [EU] die Wahl der Rechtsgrundlage eines Rechtsakts nicht allein davon abhängen kann, welches nach der Überzeugung eines Organs das angestrebte Ziel ist, sondern sich auf objektive, gerichtlich nachprüfbare Umstände gründen muß [...]. Zu diesen Umständen gehören insbesondere das Ziel und der Inhalt des Rechtsakts."

Ergänzend stellt der EuGH in der Rechtssache *Kommission/Rat*[119] fest[120]:

„Ergibt die Prüfung eines [EU-R]echtsakts, dass er zwei Zielsetzungen hat oder zwei Komponenten umfasst, und lässt sich eine von ihnen als die hauptsächliche oder überwiegende ausmachen, während die andere nur nebensächliche Bedeutung hat, so ist der Rechtsakt nur auf eine Rechtsgrundlage zu stützen, und zwar auf die, die die hauptsächliche oder überwiegende Zielsetzung oder Komponente erfordert [...]."

Liest man den Umwelt- und den Verkehrstitel, scheinen Ziel und Inhalt des Verkehrsprotokolls nun stärker den Zielen der Umweltpolitik der EU als jenen ihrer Verkehrspolitik zu entsprechen, zumal auch der Verkehrstitel lediglich auf die allgemeinen Ziele der Verträge verweist.[121] Tatsächlich ist jedoch seit Beginn der 1990er Jahre die Förderung einer nachhaltigen Mobilität ein erklärtes Ziel der europäischen Verkehrspolitik.[122] Der ökologische Nachhaltigkeitsaspekt wird hierbei rechtlich durch die Umweltquerschnittsklausel des Art. 11 AEUV untermauert, welche die Einbeziehung der Erfordernisse des Umweltschutzes in

---

meinschaft, des Protokolls zur Durchführung der Alpenkonvention von 1991 im Bereich Berglandwirtschaft, ABl. 2006, Nr. L 271/61.

117 EuGH, Rs. C-300/89, Titandioxid-Abfälle, Slg. 1991, I-2867.

118 EuGH, Rs. C-300/89, Titandioxid-Abfälle, Slg. 1991, I-2867 Rn. 10, hierzu *Stein*, Querschnittsklausel, in FS für Ulrich Everling II (1995), 1446 ff. Vgl. auch EuGH, Rs. 45/86, Kommission/Rat, Slg. 1987, 1493 Rn. 11, seither ständige Rechtsprechung.

119 EuGH, Rs. C-211/01, Kommission/Rat, Slg. 2003, I-8913.

120 EuGH, Rs. C-211/01, Kommission/Rat, Slg. 2003, I-8913 Rn. 39. Zur Wahl der Kompetenzgrundlage für den Abschluss eines Unionsabkommens vgl. auch *Käller* in Schwarze (Hrsg.), EU-Kommentar (2012), Art. 192 AEUV Rn. 4 f.; *Lienbacher* in Schwarze (Hrsg.), EU-Kommentar (2012), Art. 5 EUV Rn. 12; *Schmalenbach* in Calliess/Ruffert (Hrsg.), EUV/AEUV (2011), Art. 216 AEUV Rn. 24.

121 Vgl. hierzu unten *Teil C III 2 b)* und *d)*.

122 In diesem Sinne auch Erwägungsgrund 1 des Unterzeichnungsbeschlusses (Fn. 82): „Eines der Ziele der Verkehrspolitik der [EU] ist die Förderung von Maßnahmen auf internationaler Ebene zur Lösung regionaler und europäischer Probleme, die die umweltverträgliche Mobilität im Verkehr behindern und die Umwelt gefährden."; ebenso Unterzeichnungsvorschlag, 2, und Genehmigungsvorschlag, 2 (Fn. 58). Vgl. auch *Schäfer* in Streinz (Hrsg.), EUV/AEUV (2012), Art. 90 AEUV Rn. 37 f.; *Boeing/Maxian Rusche/Kotthaus* in Grabitz/Hilf/Nettesheim (Hrsg.), Recht der EU (2011), Art. 90 AEUV Rn. 141; *Mückenhausen* in Frohnmeyer/Mückenhausen (Hrsg.), EG-Verkehrsrecht (2003), 1. Rn. 26.

alle EU-Politiken fordert.[123] Die Wahl der Verkehrskompetenz, d.h. des Art. 91 AEUV, als Rechtsgrundlage für das Verkehrsprotokoll lässt sich somit durchaus objektiv begründen.[124]

Im Übrigen ist diese Frage in verfahrensrechtlicher Hinsicht nicht weiter von Bedeutung, denn es hätte keinen Unterschied gemacht, wenn das Verkehrsprotokoll nicht auf die Verkehrs-, sondern auf die Umweltkompetenz gestützt worden wäre. Weder der Verkehrstitel noch der Umwelttitel räumen der EU eine ausdrückliche Kompetenz zum Abschluss völkerrechtlicher Verträge ein.[125]

---

[123] Grundlegend bereits EuGH, Rs. C-62/88, Griechische Republik/Rat, Slg. 1990, I-1527 Rn. 19 f.; in Hinblick auf die Verwirklichung der Dienstleistungsfreiheit im Verkehrsbereich, die unter Berücksichtigung „ökologischer Probleme" zu erfolgen habe, EuGH, Rs. C-17/90, Wieger, Slg. 1991, I-5253 Rn. 11. Zur Querschnittsklausel vgl. *Epiney*, Umweltrecht (2013), 49 und 158 ff.; unter Berücksichtigung des Verhältnisses von Verkehr und Umwelt *Epiney/Heuck/Schleiss* in Dauses (Hrsg.), EU-Wirtschaftsrecht (2013), Rn. 135 ff. und 147 ff.; zur Verbindlichkeit und rechtlichen Durchsetzbarkeit der Querschnittsklausel *Käller* in Schwarze (Hrsg.), EU-Kommentar (2012), Art. 11 AEUV Rn. 18 ff.; *Calliess* in Calliess/Ruffert (Hrsg.), EUV/AEUV (2011), Art. 11 AEUV Rn. 21 ff.; *Mehl*, Anwendung des Subsidiaritätsprinzips (2004), 92 f.; zur Entwicklung *Schröder*, Umweltschutz als Gemeinschaftsziel, in Rengeling (Hrsg.), Handbuch Umweltrecht (2003), 210 ff.; *Wagner*, RdU 2000, 47 f.; noch kritisch zum Gehalt der Querschnittsklausel *Basedow*, Zielkonflikte und Zielhierarchien, in FS für Ulrich Everling I (1995), 60; in Bezug zur Warenverkehrsfreiheit *Epiney*, NuR 1995, 497 ff.; kritisch auch in Hinblick auf das Prinzip der begrenzten Ermächtigung *Stein*, Querschnittsklausel, in FS für Ulrich Everling II (1995), 1439 ff.; *Scheuing*, EuR 1989, 176 f. Vgl. auch unten *Teil C III 2 d)*.

[124] Grundsätzlich hätte das Verkehrsprotokoll auch auf beide Rechtsgrundlagen gestützt werden können. Eine Doppelabstützung erachtet der Gerichtshof jedoch als Ausnahme, vgl. EuGH, Rs. C-211/01, Kommission/Rat, Slg. 2003, I-8913 Rn. 40; hierzu *Käller* in Schwarze (Hrsg.), EU-Kommentar (2012), Art. 192 AEUV Rn. 11.

[125] Obgleich der Wortlaut der Bestimmung darauf hindeuten könnte, begründet Art. 191 Abs. 4 AEUV keine ausdrückliche Vertragsschlusskompetenz der EU im Umweltbereich, vgl. EuGH, Gutachten 2/00, Protokoll von Cartagena, Slg. 2001, I-9713 Rn. 43 f.; Rs. C-459/03, Mox Plant, Slg. 2006, I-4635 Ls. 1 und Rn. 90. In diesem Sinne *Epiney*, Umweltrecht (2013), 122 f.; *Kahl W.* in Streinz (Hrsg.), EUV/AEUV (2012), Art. 191 AEUV Rn. 129; *Käller* in Schwarze (Hrsg.), EU-Kommentar (2012), Art. 191 AEUV Rn. 46 und 48 f.; *Calliess* in Calliess/Ruffert (Hrsg.), EUV/AEUV (2011), Art. 191 AEUV Rn. 50 ff.; *Oen*, Internationale Streitbeilegung (2005), 45 f.; ausführlich, auch generell zu gemischten Verträgen im Umweltrecht, *Steyrer*, ZUR 2005, 344 f.; *Epiney/Gross*, Zur Abgrenzung der Außenkompetenzen, in Hendler/Marburger/Reinhardt/Schröder (Hrsg.), Jahrbuch des Umwelt- und Technikrechts (2004), 32. A.A. dagegen *Breier* in Lenz/Borchardt (Hrsg.), EU-Verträge (2013), Art. 191 AEUV Rn. 24 ff., der Art. 191 Abs. 4 AEUV als Handlungsermächtigung der EU zum Abschluss zumindest bestimmter völkerrechtlicher Verträge ansieht; ebenso *Mögele* in Streinz (Hrsg.), EUV/AEUV (2012), Art. 216 AEUV Rn. 15 und 25; *Heintschel von Heinegg*, EG im Verhältnis zu internationalen Organisationen, in Rengeling (Hrsg.), Handbuch Umweltrecht (2003), 729 ff.; *Frenz*, Außenkompetenzen (2001), 95.

Nach der vom EuGH in ständiger Rechtsprechung entwickelten und seit dem Vertrag von Lissabon auch in Art. 216 Abs. 1 AEUV kodifzierten *implied-powers*-Lehre verfügt die EU jedoch, um ihre Befugnisse effizient ausüben zu können, über implizite Vertragsschlusskompetenzen in jenem sachlichen Umfang, in dem ihr interne Rechtsetzungsbefugnisse zukommen.[126] Die Innen- und die Außenkompetenzen der EU entsprechen folglich einander und diese konnte das Verkehrsprotokoll aufgrund ihrer internen Befugnisse im Verkehrsbereich genehmigen. Überdies war auch vor Inkrafttreten des Vertrages von Lissabon sowohl im Verkehrs- als auch im Umwelttitel die qualifizierte Mehrheitsentscheidung im Rat als Regelfall vorgesehen, weshalb die Unterzeichnung des Verkehrsprotokolls auch unter Berufung auf die Umweltkompetenz gemäß Art. 300 Abs. 2 UAbs. 1 EGV mit qualifizierter Mehrheit hätte erfolgen müssen. Dies gilt auch in Hinblick auf den nunmehr für die Genehmigung des Protokolls relevanten Art. 218 Abs. 8 UAbs. 1 AEUV.[127]

II. Rechtswirkungen in der Unionsrechtsordnung

Zwischen der Unterzeichnung des Verkehrsprotokolls durch die EU im Jahre 2006 und dessen Genehmigung im Jahre 2013 sind über sechs Jahre vergangen.[128] Ihren grundsätzlichen Bindungswillen drückte die EU bereits mit der

---

[126] EuGH, Rs. 22/70, AETR, Slg. 1971, 263 Rn. 13/14 und 15/19; Rs. 3, 4 und 6/76, Kramer, Slg. 1976, 1279 Rn. 17/18 und 19/20; Gutachten 1/94, WTO, Slg. 1994, I-5267 Rn. 76; vgl. zu dieser Judikatur und der Rechtslage seit dem Vertrag von Lissabon *Schroeder*, Grundkurs Europarecht (2013), § 21 Rn. 11; *Mögele* in Streinz (Hrsg.), EUV/AEUV (2012), Art. 216 AEUV Rn. 28 ff.; *Terhechte* in Schwarze (Hrsg.), EU-Kommentar (2012), Art. 47 EUV Rn. 8 und Art. 216 AEUV Rn. 6 ff.; *Schmalenbach* in Calliess/Ruffert (Hrsg.), EUV/AEUV (2011), Art. 216 AEUV Rn. 10 ff.; vgl. auch *Hilpold*, EU im GATT/WTO-System (2009), 166 ff.; *Sattler*, Gemischte Abkommen und gemischte Mitgliedschaften (2007), 39 ff.; *Vedder*, EuR Beiheft 3/2007, 58 ff.; *Huber St.*, ZÖR 2006, 114 ff.; *Koutrakos*, EU International Relations Law (2006), 77 ff. Zum Umweltbereich *Steyrer*, ZUR 2005, 345; *Epiney/Gross*, Zur Abgrenzung der Außenkompetenzen, in Hendler/Marburger/Reinhardt/Schröder (Hrsg.), Jahrbuch des Umwelt- und Technikrechts (2004), 30 ff. Zum Verkehrsbereich *Mehl*, Anwendung des Subsidiaritätsprinzips (2004), 113 ff.; *Mückenhausen* in Frohnmeyer/Mückenhausen (Hrsg.), EG-Verkehrsrecht (2003), 1. Rn. 45; *Dörr*, EuZW 1996, 39 ff.

[127] Sowohl Art. 71 Abs. 1 EGV als auch Art. 175 Abs. 1 EGV verwiesen auf das Mitentscheidungsverfahren gemäß Art. 251 EGV, in welchem der Rat mit qualifizierter Mehrheit entschied. Der AEUV spricht nunmehr in Art. 91 Abs. 1 und Art. 192 Abs. 1 AEUV vom ordentlichen Gesetzgebungsverfahren, welches in Art. 289 Abs. 1 i.V.m. Art. 294 AEUV geregelt ist. Hierzu *Schroeder*, Grundkurs Europarecht (2013), § 7 Rn. 28 f.

[128] Vgl. oben *Teil C I 2 a)*.

Unterzeichnung aus. Im Folgenden wird daher vorab erörtert, ob und inwieweit der EU durch die Unterzeichnung vorvertragliche völkerrechtliche Verpflichtungen aus dem Verkehrsprotokoll entstanden. Anschließend wird untersucht, welche Rechtswirkungen die Genehmigung des Verkehrsprotokolls nach sich gezogen hat. Hierbei ist zu klären, wie das Protokoll die EU und ihre Mitgliedstaaten bindet und wie es sich in die Rechtsordnung der EU einfügt. Darüber hinaus ist zu prüfen, ob das Verkehrsprotokoll die gleichen Wirkungen wie genuines Unionsrecht entfaltet und welche Rechtsprechungsbefugnis dem EuGH dabei zukommt.

1. Rechtswirkungen vor Genehmigung

Art. 18 des Wiener Übereinkommens über das Recht der Verträge (WVK)[129] kodifiziert die Verpflichtung, Ziel und Zweck eines Vertrages vor seinem Inkrafttreten nicht zu vereiteln[130]:

> „Ein Staat ist verpflichtet, sich aller Handlungen zu enthalten, die Ziel und Zweck eines Vertrags vereiteln würden, a) wenn er unter Vorbehalt der Ratifikation, Annahme oder Genehmigung den Vertrag unterzeichnet [...], solange er seine Absicht nicht klar zu erkennen gegeben hat, nicht Vertragspartei zu werden, [...].“

Dieses sogenannte „Frustrationsverbot“ ist nach Ansicht des Gerichts (EuG)[131] Teil des Grundsatzes von Treu und Glauben, hat folglich gewohnheitsrechtli-

---

[129] Wiener Übereinkommen über das Recht der Verträge vom 23.5.1969, BGBl. 1980/40. Von den Vertragsparteien der Rahmenkonvention der Alpenkonvention haben Frankreich und Monaco die WVK nicht ratifiziert. Die meisten Prinzipien der WVK galten aber bereits vor ihrer Kodifizierung als völkergewohnheitsrechtliche Grundsätze (vgl. Fn. 653) und binden daher auch Staaten, die nicht Vertragsparteien der WVK sind. Auch die Bindung der EU beruht auf dem Völkergewohnheitsrecht, denn die WVK findet gemäß ihrem Art. 1 ausschließlich auf Verträge zwischen Staaten Anwendung. Das Wiener Übereinkommen über das Recht der Verträge zwischen Staaten und internationalen Organisationen oder zwischen internationalen Organisationen vom 21.3.1986 (WVKIO), welches grundsätzlich der WVK folgt, ist bisher nicht in Kraft getreten. Zur WVKIO *Binder Ch./Zemanek*, Völkervertragsrecht, in Reinisch (Hrsg.), Österreichisches Handbuch des Völkerrechts (2013), Rn. 238; *Heintschel von Heinegg*, Die völkerrechtlichen Verträge, in Ipsen (Hrsg.), Völkerrecht (2004), vor § 9 Rn. 5.

[130] Dazu *Graf Vitzthum*, Begriff, Geschichte und Rechtsquellen, in Graf Vitzthum/Proelß (Hrsg.), Völkerrecht (2013), Rn. 117; *Palchetti*, Article 18 of the 1969 Vienna Convention, in Cannizzaro (Hrsg.), The Law of Treaties (2011), 25 ff.; *Villiger*, Commentary (2009), Art. 18 WVK Rn. 4 ff.; *Heintschel von Heinegg*, Die völkerrechtlichen Verträge, in Ipsen (Hrsg.), Völkerrecht (2004), § 12 Rn. 16 f.; *Verdross/Simma*, Universelles Völkerrecht (1984), § 705.

[131] Vgl. Fn. 11.

chen Charakter[132] und bindet auch die EU.[133] In der Rechtssache *Opel Austria*[134] führt das EuG dazu aus[135]:

„Insoweit ist zunächst festzustellen, daß der Grundsatz von Treu und Glauben eine Norm des Völkergewohnheitsrechts ist, deren Bestehen vom Ständigen Internationalen Gerichtshof anerkannt worden ist [...], und daß er folglich für die [EU] verbindlich ist. Dieser Grundsatz ist durch Artikel 18 des Wiener Übereinkommens I kodifiziert worden [...]. [...] Sodann ist festzustellen, daß im Völkerrecht der Grundsatz von Treu und Glauben aus dem Grundsatz des Vertrauensschutzes folgt, der nach der Rechtsprechung Bestandteil der [EU-R]echtsordnung ist [...]."

Die EU hätte nun im Sinne von Art. 18 lit. a WVK klar ihre Absicht zu erkennen geben können, nicht Vertragspartei zu werden. Da sie dies nicht tat, musste sie sich bis zu ihrer Genehmigung aller Handlungen enthalten, die Ziel und Zweck des Verkehrsprotokolls vereitelt hätten. Damit sind jedoch ausschließlich gravierende Handlungen gemeint, welche die Genehmigung des Verkehrsprotokolls geradezu sinnlos gemacht hätten. Herkömmliche Vertragsverstöße sind nicht erfasst, weil durch das Frustrationsverbot nicht die Rechtswirkungen der Genehmigung vorweg genommen werden dürfen.[136]

---

[132] Vgl. *Palchetti*, Article 18 of the 1969 Vienna Convention, in Cannizzaro (Hrsg.), The Law of Treaties (2011), 25 f.; kritisch hingegen zum gewohnheitsrechtlichen Status des Frustrationsverbotes *Doehring*, Völkerrecht (2004), Rn. 338.

[133] Zur Bindung der EU an das Völkergewohnheitsrecht vgl. EuGH, verb. Rs. 89/85 u.a. bis 129/85, Zellstoff, Slg. 1988, 5193 Rn. 18; GA *Darmon*, SchlA Rs. 89/85 u.a. bis 129/85, Zellstoff, Slg. 1988, 5193 Rn. 19 ff.; insbesondere in Hinblick auf den Grundsatz *pacta sunt servanda* und die Beendigung und Suspendierung vertraglicher Beziehungen vgl. auch EuGH, Rs. C-162/96, Racke, Slg. 1998, I-3655, Ls. 7 f., Rn. 45 f. und 49; zu den Grundsätzen der WVK EuGH, Rs. C-386/08, Brita GmbH, Slg. 2010, I-1289 Rn. 40 ff.; vgl. auch *Terhechte* in Schwarze (Hrsg.), EU-Kommentar (2012), Art. 47 EUV Rn. 5 und 18; *Kuijper*, The European Courts, in Cannizzaro (Hrsg.), The Law of Treaties (2011), 271 ff.; *Ehlotzky/Kramer*, ZVR 2009, 194; *Schmalenbach*, Die Europäische Union und das universelle Völkerrecht, in Schroeder (Hrsg.), Europarecht als Mehrebenensystem (2008), 69 f.; *Tomuschat*, EuGRZ 2007, 3 f.; *Vedder*, EuR Beiheft 3/2007, 86; *Epiney*, EuZW 1999, 5 f.

[134] EuG, Rs. T-115/94, Opel Austria, Slg. 1997, II-39.

[135] EuG, Rs. T-115/94, Opel Austria, Slg. 1997, II-39 Ls. 10 und Rn. 90 ff. Zum Grundsatz des Vertrauensschutzes als Bestandteil der Unionsrechtsordnung auch EuGH, Rs. 112/77, Töpfer/Kommission, Slg. 1978, 1019 Rn. 19.

[136] Vgl. hierzu *Palchetti*, Article 18 of the 1969 Vienna Convention, in Cannizzaro (Hrsg.), The Law of Treaties (2011), 29 ff.; *Ehlotzky/Kramer*, ZVR 2009, 194; *Villiger*, Commentary (2009), Art. 18 WVK Rn. 9 ff.; *Boisson de Chazournes/La Rosa/Mbengue* in Corten/Klein (Hrsg.), Les conventions de Vienne (2006), Art. 18 WVK Rn. 22 ff.; *Sinclair*, Vienna Convention (1973), 38 ff.

Ein derart schwerwiegender Verstoß der EU gegen Ziel und Zweck des Verkehrsprotokolls ist nicht erfolgt.[137] Dies liegt auch daran, dass dessen Ziele in wesentlichen Teilen, wenn auch teilweise weniger tiefgreifend und unter anderer Schwerpunktsetzung, bereits im Primärrecht der EU verankert sind.[138] Problematisch ist allerdings, dass die EU vor ihrer Genehmigung dem Verkehrsprotokoll widersprechende Rechtsakte setzen konnte, die jene Vertragsparteien, die Mitgliedstaaten der EU sind, trotz ihrer entgegenstehenden völkerrechtlichen Verpflichtungen innerunional binden.[139]

2. Rechtswirkungen nach Genehmigung

a) Bindungswirkung und Rang

Deutschland, Frankreich, Italien, Österreich und Slowenien – und damit alle EU-Mitgliedstaaten, die Vertragsparteien der Rahmenkonvention der Alpenkonvention sind, – haben das Verkehrsprotokoll ratifiziert und sind, wie auch der Drittstaat Liechtenstein, nach dem Grundsatz *pacta sunt servanda* völkerrechtlich umfassend an das Protokoll gebunden. Dies gilt seit ihrer Genehmigung des Verkehrsprotokolls auch für die EU.[140]

Die Genehmigung durch die EU führte darüber hinaus gemäß Art. 216 Abs. 2 AEUV zu einer innerunionalen Bindung ihrer Mitgliedstaaten und Organe an das Protokoll.[141] Für jene fünf Mitgliedstaaten, die selbst Vertragsparteien des Verkehrsprotokolls sind, entstand so eine doppelte Bindungswirkung,

---

137 Vgl. aber *Heuck*, Das völkerrechtliche Frustrationsverbot, in Epiney/Heuck (Hrsg.), Der alpenquerende Gütertransport (2012), 18 ff., nach der die EU auch bei einem Verstoß eines EU-Mitgliedstaates gegen das Verkehrsprotokoll, hier bezogen auf Österreich und den Bau der S 36/S 37, gegenüber Drittsaaten aufgrund des Frustrationsverbots haftet. Zum Projekt der S 36/S 37 vgl. unten *Teil E II 2.*

138 So insbesondere in den Titeln „Transeuropäische Netze" und „Umwelt", vgl. dazu unten *Teil C III 2 c)* und *d).* Anstatt eine Verletzung vorvertraglicher Pflichten geltend zu machen, wird es für die Mitgliedstaaten der EU somit meist zielführender sein, einen Verstoß mit unionsrechtlichen Rechtsbehelfen zu bekämpfen.

139 Vgl. beispielsweise zur Wegekostenrichtlinie unten *Teil E V 2.* Zu den daraus entstehenden Normenkollisionen und ihrer Lösung *Klement*, DVBl 2007, 1007 ff.

140 Vgl. oben *Teil C I.*

141 EuGH, Rs. 104/81, Kupferberg, Slg. 1982, 3641 Ls. 1 und Rn. 11; EuG, Rs. T-115/94, Opel Austria, Slg. 1997, II-39 Ls. 11 und Rn. 101. Dies bezieht sich auf jene Elemente des Verkehrsprotokolls, die in die Kompetenz der EU fallen und dadurch integrierender Bestandteil des Unionsrechts werden. Vgl. hierzu unten *Teil C II 2 b)* und Fn. 150. Außerdem *Schroeder*, Grundkurs Europarecht (2013), § 21 Rn. 17 f.; *Mögele* in Streinz (Hrsg.), EUV/AEUV (2012), Art. 216 AEUV Rn. 45 ff.; *Schmalenbach* in Calliess/Ruffert (Hrsg.), EUV/AEUV (2011), Art. 216 AEUV Rn. 25 f.; *Khan* in Geiger/Khan/Kotzur (Hrsg.), EUV/AEUV (2010), Art. 216 AEUV Rn. 17.

denn zur völkerrechtlichen trat eine unionsrechtliche Bindung hinzu.[142] Die anderen 23 Mitgliedstaaten, die völkerrechtlich nicht durch das Verkehrsprotokoll verpflichtet werden, sind indes im Innenverhältnis gehalten, die Vertragserfüllung durch die EU zu ermöglichen. Sie dürfen keine konterkarierenden Maßnahmen setzen und müssen auch sonst alles unterlassen, was deren völkerrechtliche Verpflichtungen beeinträchtigt.[143] Die Organe der EU haben schließlich das Verkehrsprotokoll bei allen rechtsverbindlichen Handlungen durchzuführen und zu berücksichtigen, unabhängig davon, ob diese nach innen oder nach außen gerichtet sind.[144] Bei alledem ist jedoch zu beachten, dass sich die Verpflichtungen des Verkehrsprotokolls jeweils nur auf den territorialen Geltungsbereich der Alpenkonvention beziehen.[145]

Aus der in Art. 216 Abs. 2 AEUV normierten innerunionalen Bindungswirkung der völkerrechtlichen Abkommen der EU schließt der EuGH, dass diese in ihrem Rang dem gewöhnlichen Sekundärrecht vorgehen.[146] Letzteres ist folglich nicht in der Lage, den völkerrechtlichen Pflichten der EU nach der Regel *lex posterior derogat legi priori* zu derogieren. In Art. 218 Abs. 11 AEUV zeigt sich wiederum, dass völkerrechtliche Abkommen mit dem Primärrecht im Einklang stehen müssen, diesem also nachgehen.[147] In der unionsrechtlichen Normenhierarchie nimmt das Verkehrsprotokoll folglich seit seiner Genehmi-

---

[142] Vgl. *Juste Ruiz*, L'action de l'Union Européenne, in Treves/Pineschi/Fodella (Hrsg.), International Law and Protection of Mountain Areas (2002), 145.

[143] Vgl. hierzu *Streinz* in Streinz (Hrsg.), EUV/AEUV (2012), Art. 4 EUV Rn. 72; *Steinbach*, EuZW 2007, 112; *Epiney*, Zur Tragweite des Art. 10 EGV, in FS für Georg Ress zum 70. Geburtstag (2005), 450 f.; *Steyrer*, ZUR 2005, 348.

[144] *Schmalenbach* in Calliess/Ruffert (Hrsg.), EUV/AEUV (2011), Art. 216 AEUV Rn. 25; *Sell*, Einheitliche Auslegung gemischter Abkommen (2006), 130 f.

[145] Zum Geltungsbereich der Alpenkonvention vgl. oben *Teil B I* und Fn. 26.

[146] So prüft der EuGH die Gültigkeit von Sekundärrecht an völkerrechtlichen Abkommen, vgl. EuGH, Rs. 181/73, Haegeman, Slg. 1974, 449; Rs. C-61/94, Kommission/Deutschland, Slg. 1996, I-3989 Ls. 3 und Rn. 52; Rs. C-308/06, Intertanko, Slg. 2008, I-4057 Ls. 1 f. und Rn. 42 ff.; Rs. C-366/10, Air Transport Association u.a., Slg. 2011, I-13755 Rn. 50 f.

[147] EuGH, verb. Rs. C-402/05 P und C-415/05 P, Kadi, Slg. 2008, I-6351 Rn. 308; Gutachten 1/09, Europäisches Patentgericht, Slg. 2011, I-1137 Rn. 47 f.; vgl. *Schroeder*, Grundkurs Europarecht (2013), § 6 Rn. 8; *Mögele* in Streinz (Hrsg.), EUV/AEUV (2012), Art. 216 AEUV Rn. 52; *Terhechte* in Schwarze (Hrsg.), EU-Kommentar (2012), Art. 216 AEUV Rn. 20; *Schmalenbach* in Calliess/Ruffert (Hrsg.), EUV/AEUV (2011), Art. 216 AEUV Rn. 50; *Khan* in Geiger/Khan/Kotzur (Hrsg.), EUV/AEUV (2010), Art. 216 AEUV Rn. 22; *Tomuschat*, EuGRZ 2007, 2 f.; *Huber St.*, ZÖR 2006, 120 f.; *Epiney*, EuZW 1999, 7 f. Fallen Bestimmungen des Verkehrsprotokolls in den Kompetenzbereich der Mitgliedstaaten, ergibt sich ihr Rang in den nationalen Rechtsordnungen aus dem jeweiligen Verfassungsrecht, vgl. zum österreichischen Recht oben *Teil C I 1* und Fn. 98.

gung einen Rang zwischen primärem und sekundärem Recht ein.[148] Die Organe der EU dürfen kein Sekundärrecht erlassen, das dem Verkehrsprotokoll widerspricht. Bereits existierendes Sekundärrecht ist unionsabkommenskonform auszulegen und inhaltlich entsprechend anzupassen, sonst könnte es vom EuGH aufgehoben werden.[149]

Die obigen Ausführungen lassen bereits erkennen, dass völkerrechtliche Abkommen grundsätzlich mit dem Zeitpunkt ihres subjektiven Inkrafttretens für die EU integrierender Bestandteil der Unionsrechtsordnung werden und dadurch unmittelbare Geltung erlangen.[150] Darin lag lange Zeit ein wesentlicher Grund für die Nichtgenehmigung durch die EU, befürchteten doch einige Mitgliedstaaten eine protokollkonforme Verkehrspolitik der EU könnte Nachteile mit sich bringen, vor allem solche wirtschaftlicher Natur.[151]

---

[148] Vgl. auch *Schroeder*, Das rechtliche Umfeld, in Gamper/Ranacher (Hrsg.), Rechtsfragen des grenzüberschreitenden Verkehrs (2012), 41; zur Übertragbarkeit des rechtstheoretischen Stufenbaumodells auf das Unionsrecht *Schroeder*, Gemeinschaftsrechtssystem (2002), 202 f.

[149] EuGH, verb. Rs. 21 bis 24/72, International Fruit, Slg. 1972, 1219 Rn. 7/9, hierzu *Sell*, Einheitliche Auslegung gemischter Abkommen (2006), 54; Rs. C-61/94, Kommission/Deutschland, Slg. 1996, I-3989 Ls. 3 und Rn. 52; Rs. C-335/05, Řízení Letového/Bundesamt für Finanzen, Slg. 2007, I-4307 Rn. 16; vgl. auch *Weber T.*, ZÖR 2013, 393 ff. und 398 ff.; *Schroeder*, Alpine traffic and International Law, in Quillacq/Onida (Hrsg.), Environmental Protection and Mountains (2011), 157; *Moser*, EU-Recht und völkerrechtliche Verträge, in Schroeder (Hrsg.), Europarecht als Mehrebenensystem (2008), 99; *Hartl*, RdU 2007, 5 f.

[150] Ständige Rechtsprechung seit EuGH, Rs. 181/73, Haegeman, Slg. 1974, 449 Ls. 1 und Rn. 2/6; Rs. 104/81, Kupferberg, Slg. 1982, 3641 Ls. 2 und Rn. 13; Gutachten 1/91, EWR I, Slg. 1991, I-6079 Rn. 37; Rs. C-162/96, Racke, Slg. 1998, I-3655 Ls. 7 und Rn. 41; Rs. C-308/06, Intertanko, Slg. 2008, I-4057 Ls. 2 und Rn. 53. In Bezug auf gemischte Abkommen EuGH, Rs. 12/86, Demirel, Slg. 1987, 3719 Ls. 1 und Rn. 7; Rs. C-13/00, Kommission/Irland, Slg. 2002, I-2943, Ls. 2 und Rn. 14; Rs. C-239/03, Étang de Berre, Slg. 2004, I-9325 Ls. 1 und Rn. 25; Rs. C-459/03, Mox Plant, Slg. 2006, I-4635 Ls. 2, Rn. 82 und 84; Rs. C-240/09, Lesoochranárske, Slg. 2011, I-1255 Rn. 30; vgl. hierzu *Epiney*, Umweltrecht (2013), 62 ff.; bezugnehmend auf das Verkehrsprotokoll *Heuck*, Infrastrukturmaßnahmen (2013), 93 ff.; *Schwarze* in Schwarze (Hrsg.), EU-Kommentar (2012), Art. 19 EUV Rn. 27; *Terhechte* in Schwarze (Hrsg.), EU-Kommentar (2012), Art. 216 AEUV Rn. 14 f.; *Moser*, EU-Recht und völkerrechtliche Verträge, in Schroeder (Hrsg.), Europarecht als Mehrebenensystem (2008), 94 ff.; *Vedder*, EuR Beiheft 3/2007, 85; *Sell*, Einheitliche Auslegung gemischter Abkommen (2006), 54 ff. und 67 ff.; *Schweitzer*, Völkerrecht – Europäisches Gemeinschaftsrecht – nationales Recht, in Rengeling (Hrsg.), Handbuch Umweltrecht (2003), 699 f.; *Epiney*, EuZW 1999, 6 f.

[151] Vgl. *Ehlotzky/Kramer*, ZVR 2009, 194; *Juste Ruiz*, L'action de l'Union Européenne, in Treves/Pineschi/Fodella (Hrsg.), International Law and Protection of Mountain Areas (2002), 148 f. Zu den Gründen für die Zurückhaltung der EU *Odendahl*, Bindung der Europäischen Gemeinschaft, in Hendler/Marburger/Reiff/Schröder (Hrsg.), Jahrbuch des Umwelt- und Technikrechts (2007), 71 ff.

b) Unmittelbare Geltung

Sofern an einem Rechtsstreit kein Drittstaat beteiligt ist, erachtet sich der EuGH grundsätzlich auch bei gemischten Abkommen für zuständig. In der Rechtssache *Étang de Berre*[152] bejaht er seine Entscheidungskompetenz über das streitgegenständliche gemischte Abkommen und begründet dies mit der durch die EU übernommenen Verantwortung für dessen Durchführung. Bezugnehmend auf das französische Vorbringen, die betroffenen völkerrechtlichen Verpflichtungen seien nicht unionsrechtlicher Art und der EuGH sei daher nicht zur Entscheidung zuständig[153], führt er aus[154]:

„Der Gerichtshof hat daraus gefolgert, dass die Mitgliedstaaten dadurch, dass sie für die Einhaltung der Verpflichtungen aus einem von den [EU-O]rganen geschlossenen Abkommen sorgen, im Rahmen der [EU-R]echtsordnung eine Verpflichtung gegenüber der [EU] erfüllen, die die Verantwortung für die ordnungsgemäße Durchführung des Abkommens übernommen hat [...]. [...] Da das Übereinkommen und das Protokoll somit Rechte und Pflichten in einem weitgehend dem [EU-R]echt unterliegenden Bereich schaffen, besteht ein [EU-I]nteresse daran, dass sowohl die [EU] als auch ihre Mitgliedstaaten die darin eingegangenen Verpflichtungen einhalten. [...] Der nach [Art. 258 AEUV] angerufene Gerichtshof ist deshalb für die Beurteilung ihrer Einhaltung durch einen Mitgliedstaat zuständig."

Dies lässt sich auf das Verkehrsprotokoll übertragen, denn offiziell geht die EU auch hier davon aus, dass dessen Inhalt vorwiegend in ihre eigene Zuständigkeit fällt.[155] Darüber hinausgehend qualifiziert der EuGH in der Rechtssache *Mox Plant*[156] die Anrufung eines nach einem gemischten Abkommen gebildeten völkerrechtlichen Schiedsgerichts als Verstoß gegen das Unionsrecht und begründet seine verpflichtende Zuständigkeit mit Art. 344 AEUV[157]:

---

152 EuGH, Rs. C-239/03, Étang de Berre, Slg. 2004, I-9325.

153 EuGH, Rs. C-239/03, Étang de Berre, Slg. 2004, I-9325 Rn. 22.

154 EuGH, Rs. C-239/03, Étang de Berre, Slg. 2004, I-9325 Ls. 1 und Rn. 26, 29 und 31. Vgl. auch EuGH, Rs. 104/81, Kupferberg, Slg. 1982, 3641 Ls. 2 und Rn. 13 f.; Rs. 12/86, Demirel, Slg. 1987, 3719 Ls. 1 und Rn. 11; Rs. C-13/00, Kommission/Irland, Slg. 2002, I-2943 Ls. 2 und Rn. 15; Rs. C-459/03, Mox Plant, Slg. 2006, I-4635 Rn. 85.

155 Vgl. Fn. 82.

156 EuGH, Rs. C-459/03, Mox Plant, Slg. 2006, I-4635.

157 EuGH, Rs. C-459/03, Mox Plant, Slg. 2006, I-4635 Rn. 123. Vgl. auch Ls. 4 und Rn. 169, wonach Art. 344 AEUV als eine spezifische Ausprägung der allgemeinen Loyalitätspflicht zu verstehen ist, die sich aus Art. 4 Abs. 3 EUV ergibt; so auch GA *Maduro*, SchlA Rs. C-459/03, Mox Plant, Slg. 2006, I-4635 Rn. 53 ff. und zum Vorbringen der Kommission Rn. 54. Diese führt an, die Tatsache, dass sich Irland nicht an den EuGH gewandt habe, „könne bei Drittländern zu Verwirrung über die Vertretung der [EU] nach außen und ihren inneren Zusammenhalt als Vertragspartei führen und sei für die Wirksamkeit und Kohärenz der Außentätigkeit der [EU] höchst schädlich." Vgl. dazu *Lenz* in Lenz/Borchardt (Hrsg.), EU-Verträge (2013), Art. 4 EUV Rn. 11; *Klamert*, ELRev 2012, 347; *Govaere*, Dispute Settlement, in Hillion/Koutrakos (Hrsg.), Mixed Agreements Revisited (2010), 205 f.; *Hillion*, Mixity and Coherence, in Hillion/Koutrakos (Hrsg.), Mixed

„Der Gerichtshof hat bereits daran erinnert, dass internationale Übereinkünfte nicht die in den Verträgen festgelegte Zuständigkeitsordnung und damit nicht die Autonomie des Rechtssystems der [EU] beeinträchtigen können, deren Wahrung nach [Art. 19 EUV] der Gerichtshof sichert. Diese ausschließliche Zuständigkeit des Gerichtshofes wird durch [Art. 344 AEUV] bestätigt, wonach sich die Mitgliedstaaten verpflichten, Streitigkeiten über die Auslegung oder Anwendung [der Verträge] nicht anders als hierin vorgesehen zu regeln [...].“

Im Sinne der ständigen Rechtsprechung des EuGH werden nun bei einem gemischten Abkommen wie dem Verkehrsprotokoll nur jene Bestimmungen integrierender Bestandteil der Unionsrechtsordnung und erlangen dadurch unmittelbare Geltung, die auch in der vertikalen Kompetenzverteilung zwischen der EU und ihren Mitgliedstaaten in die Zuständigkeit der EU fallen.[158] Nur diese Vertragselemente nehmen folglich am Vorrang des Unionsrechts und an einer möglichen unmittelbaren Anwendbarkeit teil.[159] In der Rechtssache *Étang de Berre* führt der EuGH dazu aus[160]:

„Nach der Rechtsprechung haben jedoch gemischte Abkommen, die von der [EU], ihren Mitgliedstaaten und Drittländern geschlossen wurden, in der [EU-R]echtsordnung denselben Status wie rein [EU-]rechtliche Abkommen, soweit es um Bestimmungen geht, die in die Zuständigkeit der [EU] fallen [...].“

Dies betrifft zum einen die Vertragselemente, die von einer ausschließlichen Zuständigkeit der EU erfasst werden, zum anderen aber auch jene geteilten Kompetenzbereiche, die nicht klar den Mitgliedstaaten zugeordnet werden können.[161] Liegt eine Bestimmung hingegen im ausschließlichen Kompetenzbereich

Agreements Revisited (2010), 91 f. und 97 ff.; *Hilpold*, EU im GATT/WTO-System (2009), 140 ff. und 156 ff.; *Vedder*, EuR Beiheft 3/2007, 59 f. und 81 f.; *Oen*, Internationale Streitbeilegung (2005), 101 ff. und 154 ff. Zum Loyalitätsgebot und dessen Justiziabilität in Hinblick auf die Außenbeziehungen der EU *Huber St.*, ZÖR 2006, 125 ff.; *Epiney*, Zur Tragweite des Art. 10 EGV, in FS für Georg Ress zum 70. Geburtstag (2005), 445 ff. Allgemein zum Loyalitätsgebot vgl. Fn. 190.

158 Zu völkerrechtlichen Abkommen als integrierender Bestandteil der Unionsrechtsordnung vgl. Fn. 150. Zur vertikalen Kompetenzverteilung vgl. unten *Teil C III 2.*

159 Zum Vorrang des Unionsrechts vgl. EuGH, Rs. 6/64, Costa/ENEL, Slg. 1964, 1251, 1269; *Öhlinger/Potacs*, EU-Recht und staatliches Recht (2014), 77 ff.; *Schroeder*, Grundkurs Europarecht (2013), § 5 Rn. 14 ff.; *Schroeder* in Streinz (Hrsg.), EUV/AEUV (2012), Art. 288 AEUV Rn. 40 ff.; *Öhlinger*, Vorrang des EU-Rechts, in Schroeder (Hrsg.), Europarecht als Mehrebenensystem (2008), 11 ff.; *Schroeder*, Gemeinschaftsrechtssystem (2002), 110 ff. und 384 ff. Zur unmittelbaren Anwendbarkeit vgl. unten *Teil C II 2 c).*

160 EuGH, Rs. C-239/03, Étang de Berre, Slg. 2004, I-9325 Rn. 25.

161 Vgl. das Vorbringen der Kommission in EuGH, Rs. C-459/03, Mox Plant, Slg. 2006, I-4635 Rn. 63. Außerdem zu Art. 50 TRIPS Rs. C-53/96, Hermès, Slg. 1998, I-3603 Ls. 3 und Rn. 31 ff. sowie Rs. C-300/98 und C-392/98, Dior, Slg. 2000, I-11307 Rn. 33; ferner Rs. C-13/00, Kommission/Irland, Slg. 2002, I-2943 Ls. 2 und Rn. 20; dazu *Mögele* in Streinz (Hrsg.), EUV/AEUV (2012), Art. 216 AEUV Rn. 67 und 69.

der Mitgliedstaaten, kann sie mangels Handlungskompetenz der EU nicht integrierender Bestandteil der Unionsrechtsordnung werden.[162] Dies würde eine unzulässige Kompetenzverschiebung bewirken.[163]

Ist in Hinblick auf das Verkehrsprotokoll die Zuständigkeitsverteilung im Einzelfall unklar[164], hat der EuGH zunächst in einem diesbezüglichen Rechtsstreit festzustellen, ob ein Sachverhalt die Kompetenz der EU berührt oder nicht.[165] Ist letzteres der Fall, wäre sodann prinzipiell nach völkerrechtlichen Streitschlichtungsverfahren vorzugehen.[166] Tatsächlich ist jedoch anzunehmen, dass der EuGH – mit der Begründung, er wolle eine einheitliche Anwendung des Abkommens sicherstellen – gegebenenfalls auch jene Teile des Protokolls auslegen wird, die eigentlich in die Kompetenz der Mitgliedstaaten fallen.[167] Außerdem tendiert er in seiner Judikatur zu einer sehr expansiven Deutung der unionalen Kompetenzen. Zumeist wird er sich daher für zuständig erklären und

---

162 *Schmalenbach* in Calliess/Ruffert (Hrsg.), EUV/AEUV (2011), Art. 216 AEUV Rn. 43.

163 EuGH, Rs. C-300/98 und C-392/98, Dior, Slg. 2000, I-11307 Ls. 2 und Rn. 48; *Mögele* in Streinz (Hrsg.), EUV/AEUV (2012), Art. 216 AEUV Rn. 68; *Schmalenbach* in Calliess/Ruffert (Hrsg.), EUV/AEUV (2011), Art. 216 AEUV Rn. 43.

164 Und zwar auch nach Beratung mit der Kommission, vgl. GA *Maduro*, SchlA Rs. C-459/03, Mox Plant, Slg. 2006, I-4635 Rn. 58.

165 So kann ein Mitgliedstaat, dem eine Rechtsverletzung zur Last gelegt wird, die seiner Ansicht nach in den Zuständigkeitsbereich der EU fällt, Nichtigkeits- oder Untätigkeitsklage gemäß Art. 263 bzw. 265 AEUV erheben. Die Nichtigkeitsklage steht ihm auch offen, wenn sich ein Organ zu Unrecht eine Kompetenz anmaßt. Die Kommission wiederum kann gemäß Art. 258 ff. AEUV ein Vertragsverletzungsverfahren gegen einen Mitgliedstaat einleiten. Zuständigkeitsfragen kommen auch im Rahmen eines Vorabentscheidungsverfahrens gemäß Art. 267 AEUV in Betracht. Vgl. zum Rechtsschutzsystem in der EU *Schroeder*, Grundkurs Europarecht (2013), § 9 Rn. 18 ff.; *Nowak*, Europarecht nach Lissabon (2011), 157 ff.; in Hinblick auf völkerrechtliche Verträge *Moser*, EU-Recht und völkerrechtliche Verträge, in Schroeder (Hrsg.), Europarecht als Mehrebenensystem (2008), 97 ff.

166 Für eine „zweistufige Auslegungszuständigkeit des EuGH für gemischte Abkommen", wonach der EuGH zunächst die Kompetenzgrenzen festlegt und in einem zweiten Schritt jene Normen auslegt, die in die Zuständigkeit der EU fallen, *Sell*, Einheitliche Auslegung gemischter Abkommen (2006), 127 ff. und 182 f.

167 Vgl. EuGH, Rs. 12/86, Demirel, Slg. 1987, 3719 Rn. 9 ff.; Rs. C-53/96, Hermès, Slg. 1998, I-3603 Ls. 3, Rn. 28 f. und 31 ff.; Rs. C-300/98 und C-392/98, Dior, Slg. 2000, I-11307 Rn. 34 ff.; Rs. C-431/05, Merck Genéricos, Slg. 2007, I-7001 Rn. 31 ff.; vgl. insbesondere zur Rechtssache *Hermès*, in der sich der EuGH auch für die Auslegung jenes Teils des TRIPS-Abkommens für zuständig erklärt, welcher der mitgliedstaatlichen Kompetenz zuzuordnen ist, *Schroeder*, Grundkurs Europarecht (2013), § 21 Rn. 13; *Koutrakos*, Interpretation of Mixed Agreements, in Hillion/Koutrakos (Hrsg.), Mixed Agreements Revisited (2010), 117 ff.; *Sell*, Einheitliche Auslegung gemischter Abkommen (2006), 43 ff., 108 ff. und zur Rechtssache *Dior* 83 ff.; *Oen*, Internationale Streitbeilegung (2005), 66 ff.; *Epiney*, EuZW 1999, 5 ff. und 8 ff.

in der Folge auch über die Einhaltung des Verkehrsprotokolls entscheiden.[168] Ebenso wird er einer Norm des Verkehrsprotokolls unter den gegebenen Voraussetzungen unmittelbare Anwendbarkeit zusprechen, womit diese subjektive Rechte für den Einzelnen begründet.

c) Unmittelbare Anwendbarkeit

Auf eine im Unionsrecht unmittelbar anwendbare Norm kann sich ein Einzelner vor innerstaatlichen Instanzen berufen und nationale Gerichte und Behörden haben die Bestimmung auch von Amts wegen anzuwenden.[169] Bei der Frage, ob eine Bestimmung eines völkerrechtlichen Vertrages unmittelbar anwendbar ist, betrachtet der EuGH zunächst die Rechtsnatur und die Systematik des Abkommens in seiner Gesamtheit, um dann die jeweilige Einzelbestimmung in Bezug auf ihre Präzision, Unbedingtheit und Klarheit zu prüfen.[170] Nach dem EuGH ist eine Norm

„als unmittelbar anwendbar anzusehen [...], wenn sie unter Berücksichtigung ihres Wortlauts und im Hinblick auf den Gegenstand und die Natur des [... A]bkommens eine klare und eindeutige Verpflichtung enthält, deren Erfüllung oder deren Wirkungen nicht vom Erlaß eines weiteren Aktes abhängen [...]."[171]

Nun eignen sich umweltrechtliche Abkommen nach Ansicht des EuGH durchaus für eine unmittelbare Anwendbarkeit. Auch Gegenstand und Natur des Verkehrsprotokolls lassen auf dessen „unbedingten Charakter" schließen.[172]

---

[168] Vgl. EuGH, Rs. C-240/09, Lesoochranárske, Slg. 2011, I-1255 Rn. 31 ff. und 42, hierzu kritisch *Klamert*, ELRev 2012, 345 ff. Ebenso für eine expansive Zuständigkeitswahrnehmung durch den EuGH *Craig/de Búrca*, EU Law (2011), 356; *Huber St.*, ZÖR 2006, 121 ff. Vgl. auch in Hinblick auf materielle Verstöße gegen das Verkehrsprotokoll die Rechtsschutzverfahren in Fn. 165.

[169] EuGH, Rs. 26/62, van Gend & Loos, Slg. 1963, 1, 25; vgl. *Schroeder*, Grundkurs Europarecht (2013), § 5 Rn. 25 ff.; *Schroeder* in Streinz (Hrsg.), EUV/AEUV (2012), Art. 288 AEUV Rn. 51; *Geiger* in Geiger/Khan/Kotzur (Hrsg.), EUV/AEUV (2010), Art. 4 EUV Rn. 14 f.

[170] EuGH, Rs. 104/81, Kupferberg, Slg. 1982, 3641 Ls. 3 und Rn. 22 f.; hierzu *Öhlinger/Potacs*, EU-Recht und staatliches Recht (2014), 71 f.; *Schmalenbach* in Calliess/Ruffert (Hrsg.), EUV/AEUV (2011), Art. 216 AEUV Rn. 33 f.

[171] EuGH, Rs. C-37/98, Savas, Slg. 2000, I-2927 Rn. 39. Vgl. auch Rs. 12/86, Demirel, Slg. 1987, 3719 Ls. 2 und Rn. 14; Rs. C-162/96, Racke, Slg. 1998, I-3655 Ls. 6 und Rn. 31; Rs. C-162/00, Pokrzeptowicz-Meyer, Slg. 2002, I-1049 Rn. 19; Rs. C-213/03, Pêcheurs de l'Étang de Berre, Slg. 2004, I-7357 Ls. 1 und Rn. 39 ; Rs. C-240/09, Lesoochranárske, Slg. 2011, I-1255 Rn. 44.

[172] Vgl. EuGH, Rs. C-213/03, Pêcheurs de l'Étang de Berre, Slg. 2004, I-7357 Rn. 43 ff. zum Übereinkommen zum Schutz des Mittelmeers vor Verschmutzung. Demgegenüber gesteht der EuGH dem WTO-Recht keinen unbedingten Charakter zu und begründet dies mit dessen Reziprozität sowie dem Verhandlungs- und Umsetzungsspielraum der Ver-

Enthält eine Bestimmung des Verkehrsprotokolls daher eine klare und eindeutige Verpflichtung, so wird sie der EuGH als unmittelbar anwendbar qualifizieren.[173]

Als auffallend präzise formulierte Norm sticht Art. 11 Abs. 1 VerkP ins Auge, wonach die Vertragsparteien auf den Bau neuer hochrangiger Straßen für den alpenquerenden Verkehr verzichten.[174] Zwar fallen die Detailplanung und die Bauausführung von Verkehrsinfrastruktur nicht in die Kompetenz der EU, diese kann jedoch im Rahmen ihrer transeuropäischen Netzpolitik die Grundzüge wichtiger Verkehrsverbindungen in verbindlicher Form festlegen und Finanzierungszuschüsse zur Verfügung stellen.[175] Art. 11 Abs. 1 VerkP betrifft folglich sowohl Befugnisse der Mitgliedstaaten als auch solche der EU, und es ist davon auszugehen, dass diese Bestimmung innerunional in den geteilten Kompetenzbereich fällt.[176] Mit der Genehmigung des Verkehrsprotokolls durch die EU erlangte sie somit unmittelbare Geltung im Unionsrecht und ist, da sie eine klare und eindeutige Verpflichtung normiert, als unmittelbar anwendbar zu qualifizieren. Der einzelne Unionsbürger kann sich direkt auf Art. 11 Abs. 1 VerkP berufen und nationale Instanzen müssen die Bestimmung anwenden sowie Rechtsfolgen aus ihr ableiten.[177]

---

tragsparteien. Dies lässt sich jedoch nicht auf die Alpenkonvention und ihr Verkehrsprotokoll übertragen. Vgl. zum GATT EuGH, Rs. C-280/93, Deutschland/Rat, Slg. 1994, I-4973 Rn. 106 und 109 f.; zum TRIPS Rs. C-89/99, Schieving-Nijstad vof u.a./Robert Groeneveld, Slg. 2001, I-5851 Rn. 53 ff.; generell zu den WTO-Übereinkünften Rs. C-377/02, Van Parys, Slg. 2005, I-1465 Rn. 39 f., dazu kritisch *Schroeder*, Grundkurs Europarecht (2013), § 21 Rn. 18. Für eine unmittelbare Anwendbarkeit des Assoziierungsabkommens von Yaoundé hingegen Rs. 87/75, Bresciani, Slg. 1976, 129 Rn. 22/23, hierzu *Khan* in Geiger/Khan/Kotzur (Hrsg.), EUV/AEUV (2010), Art. 216 AEUV Rn. 23 f. Vgl. auch *Mögele* in Streinz (Hrsg.), EUV/AEUV (2012), Art. 216 AEUV Rn. 58 ff.; *Hilpold*, EU im GATT/WTO-System (2009), 283 ff.; *Moser*, EU-Recht und völkerrechtliche Verträge, in Schroeder (Hrsg.), Europarecht als Mehrebenensystem (2008), 103 ff.; *Huber St.*, ZÖR 2006, 123 ff.

173 Zur unmittelbaren Anwendbarkeit des Verkehrsprotokolls im österreichischen Recht vgl. oben *Teil C I 1* und Fn. 96.

174 Zu dieser Bestimmung vgl. unten *Teil E II.*

175 *Schäfer/Schröder* in Streinz (Hrsg.), EUV/AEUV (2012), Art. 170 AEUV Rn. 30 und Art. 171 AEUV Rn. 8 und 35 ff.

176 Dazu *Ehlotzky*, JRP 2013, 395 f. Vgl. auch unten *Teil C III 2 c), Teil E II 3 d)* und *Teil E II 4 a).*

177 Die einzelnen Fallgestaltungen, in welchen eine unmittelbare Anwendbarkeit des Art. 11 Abs. 1 VerkP zum Tragen kommen könnte, und die Konsequenzen, die dies nach sich ziehen würde, bedürften jedoch einer ausführlicheren Untersuchung. So wäre es denkbar, dass ein betroffener Einzelner, beispielsweise ein Anrainer einer geplanten hochrangigen alpenquerenden Straße, vor nationalen Instanzen gegen den Straßenbau vorgeht und Art. 11 VerkP, eventuell auch einen Verstoß der TEN-Leitlinien gegen diese Norm, geltend macht. In der Folge könnte ein innerstaatliches Gericht gemäß Art. 267 AEUV den EuGH anrufen.

Wie Art. 11 Abs. 1 VerkP kommt auch Abs. 2 für eine unmittelbare Anwendbarkeit in Frage. Diese Konditionalnorm enthält eine konkrete Rechtspflicht, d.h. ein grundsätzliches Verbot der Verwirklichung eines hochrangigen Straßenprojektes für den inneralpinen Verkehr. In den lit. a bis d werden aber präzise Voraussetzungen festgelegt, unter welchen ein solches Vorhaben doch realisiert werden kann.[178] Die sonstigen technischen Maßnahmen der Art. 9–14 VerkP erscheinen hingegen für eine unmittelbare Anwendbarkeit im Unionsrecht nicht geeignet, denn sie enthalten keine unbedingten Verpflichtungen und gewähren den Vertragsparteien große Ermessensspielräume. Dies gilt für die Förderung öffentlicher Verkehrssysteme in Art. 9 und 12 Abs. 2 VerkP, die unterstützenden Maßnahmen der Art. 10, 13 und 14 VerkP sowie die Bemühungen des Art. 12 Abs. 1 VerkP. Ob sich in diesen Bestimmungen dennoch Elemente finden, die in die Zuständigkeit der EU fallen und für eine unmittelbare Anwendbarkeit in Frage kommen, müsste freilich eigens geprüft werden.

III. Kompetenzen in der Unionsrechtsordnung

Die vertikale Kompetenzverteilung zwischen der EU und ihren Mitgliedstaaten ist nicht nur für die unmittelbare Geltung und die daran anknüpfenden Rechtsfolgen von Bedeutung. Auch die Durchführung des Verkehrsprotokolls hat im Innenverhältnis nach der Kompetenzverteilung zu erfolgen[179], wobei aber eine enge Zusammenarbeit zwischen Organen und Mitgliedstaaten sicherzustellen ist.[180] Im Außenverhältnis gegenüber Drittstaaten spielt die unionsrechtliche Kompetenzverteilung hingegen keine unmittelbare Rolle.

---

[178] Zu diesen Voraussetzungen vgl. *Heuck*, Infrastrukturmaßnahmen (2013), 187 ff. Für eine unionsrechtliche unmittelbare Anwendbarkeit des Art. 11 Abs. 2 VerkP spricht, dass dieser Norm, wie auch Art. 11 Abs. 1 VerkP, nach h.A. unmittelbare Anwendbarkeit in der deutschen, französischen und österreichischen Rechtsordnung zukommt. Vgl. *Cuypers*, Umweltprüfungen, in CIPRA Deutschland (Hrsg.), Leitfaden zur Umsetzung der Alpenkonvention (2008), 86 f.; *Geslin*, Convention alpine, in CIPRA France (Hrsg.), La convention alpine (2008), 30; *Bußjäger/Larch*, RdU 2006, 109 f. Hierzu auch Fn. 96.

[179] Vgl. EuGH, Rs. C-316/91, Abkommen von Lomé, Slg. 1994, I-625 Rn. 24; *Mögele* in Streinz (Hrsg.), EUV/AEUV (2012), Art. 216 AEUV Rn. 48; *Khan* in Geiger/Khan/Kotzur (Hrsg.), EUV/AEUV (2010), Art. 216 AEUV Rn. 16; *Epiney*, Zur Tragweite des Art. 10 EGV, in FS für Georg Ress zum 70. Geburtstag (2005), 443.

[180] EuGH, Gutachten 2/91, ILO, Slg. 1993, I-1061 Rn. 12 und 36; Gutachten 1/94, WTO, Slg. 1994, I-5267 Rn. 108; Rs. C-300/98 und C-392/98, Dior, Slg. 2000, I-11307 Rn. 36; *Kahl W.* in Calliess/Ruffert (Hrsg.), EUV/AEUV (2011), Art. 4 EUV Rn. 90; *Vedder*, EuR Beiheft 3/2007, 79; *Steyrer*, ZUR 2005, 347.

1. Völkerrechtliche Verantwortlichkeit im Außenverhältnis

Die innerunionale Kompetenzverteilung wurde weder in der Rahmenkonvention der Alpenkonvention noch im Verkehrsprotokoll offengelegt. Art. 7 Abs. 2 AK bestimmt lediglich, dass die EU[181] bei der Beschlussfassung in der Alpenkonferenz ihr Stimmrecht „in ihrem Zuständigkeitsbereich" ausübt, ohne diesen jedoch näher einzugrenzen.[182] Dies kann damit begründet werden, dass sich die Kompetenzgrenzen der relevanten Sachbereiche verschieben und sich der Umfang der Befugnisse nicht klar bestimmen lässt.[183] Prinzipiell sind daher im Außenverhältnis sowohl die EU als auch jene Mitgliedstaaten, die selbst Vertragsparteien des Verkehrsprotokolls sind, völkerrechtlich an das gesamte Abkommen gebunden und bei Nichterfüllung umfassend verantwortlich.[184] Gemäß Art. 27 WVK[185] können sie sich nicht auf ihr „innerstaatliches Recht" bzw. „die Vorschriften der Organisation"[186] und somit insbesondere auch nicht auf ihre interne Kompetenzverteilung berufen, um eine mögliche Nichterfüllung zu rechtfertigen.[187]

---

181 Art. 7 Abs. 2 AK nimmt noch auf die EWG Bezug.

182 Vgl. *Ehlotzky/Kramer*, ZVR 2009, 194 f. Die EU nimmt ihr Stimmrecht bislang nicht wahr, vgl. *Onida*, Die Umsetzung der Alpenkonvention, in CIPRA Österreich (Hrsg.), Die Alpenkonvention und ihre rechtliche Umsetzung (2010), 25; zur Stimmrechtsausübung bei gemischten Abkommen ohne Kompetenzklauseln *Oen*, Internationale Streitbeilegung (2005), 55 f.

183 Vgl. *Huber St.*, ZÖR 2006, 111.

184 EuGH, Rs. C-316/91, Abkommen von Lomé, Slg. 1994, I-625 Ls. 3 und Rn. 29. Diese Rechtsbindung ist Ausdruck des allgemeinen Vertrauensgrundsatzes, vgl. *Schmalenbach* in Calliess/Ruffert (Hrsg.), EUV/AEUV (2011), Art. 216 AEUV Rn. 7; vgl. auch *Kuijper*, International Responsibility, in Hillion/Koutrakos (Hrsg.), Mixed Agreements Revisited (2010), 209 f.

185 Art. 27 WVK kodifiziert eine völkergewohnheitsrechtliche Regel und gilt daher auch für jene Staaten, die nicht Vertragsparteien der WVK sind, wie Frankreich und Monaco, sowie für die EU. Vgl. in Hinblick auf Staaten IGH, *Certain Questions of Mutual Assistance in Criminal Matters (Djibouti v. France)*, Judgment, ICJ Reports 2008, 177 Rn. 124; vgl. auch *Schaus* in Corten/Klein (Hrsg.), Vienna Conventions (2011), Art. 27 WVK Rn. 4 f.; *Villiger*, Commentary (2009), Art. 27 WVK Rn. 11. Bezugnehmend auf internationale Organisationen *Boustany/Didat* in Corten/Klein (Hrsg.), Vienna Conventions (2011), Art. 27 WVKIO Rn. 5. Generell zur gewohnheitsrechtlichen Geltung der wichtigsten Prinzipien der WVK vgl. Fn. 129 und 653.

186 Vgl. Art. 27 Abs. 2 WVKIO. Zum weiten Begriff der Vorschriften der Organisation *Boustany/Didat* in Corten/Klein (Hrsg.), Vienna Conventions (2011), Art. 27 WVKIO Rn. 17.

187 In diesem Sinne auch *Schmalenbach* in Dörr/Schmalenbach (Hrsg.), Vienna Convention (2012), Art. 27 WVK Rn. 10, nach der das Unionsrecht für die Zwecke des Art. 27 WVK als „innerstaatliches Recht" zu qualifizieren ist. Vgl. auch *Schroeder*, Grundkurs Europarecht (2013), § 21 Rn. 12; *Khan* in Geiger/Khan/Kotzur (Hrsg.), EUV/AEUV (2010), Art. 216 AEUV Rn. 15; ausführlich zu haftungsrechtlichen Fragen in Hinblick auf das

Fraglich ist jedoch, ob in der besonderen Konstellation der Alpenkonvention ein an einem Rechtsstreit beteiligter Drittstaat, d.h. Liechtenstein, Monaco oder die Schweiz, tatsächlich geltend machen könnte, es sei für ihn unzumutbar, die innerunionalen Kompetenzgrenzen zu durchblicken, um den richtigen Anspruchsgegner zu benennen, denn die drei betreffenden Staaten halten enge Beziehungen zur EU.[188] Würde wider besseres Wissen der unzuständige Anspruchsgegner belangt, wäre dies wohl als Verstoß gegen Treu und Glauben zu werten.[189]

2. Kompetenzverteilung im Innenverhältnis

Im Innenverhältnis sind sich die EU und ihre Mitgliedstaaten bei der Durchführung des Verkehrsprotokolls gemäß Art. 4 Abs. 3 EUV wechselseitig zur Loyalität verpflichtet.[190] Die konkreten Zuständigkeiten der EU ergeben sich hierbei aus den primärrechtlich verankerten Ermächtigungen.[191]

In Hinblick auf das Verkehrsprotokoll sind insbesondere die Sachbereiche Binnenmarkt, Verkehr, transeuropäische Netze und Umwelt von Relevanz, deren Zielsetzungen sich teils konterkarierend gegenüber stehen.[192] Diese The-

Verkehrsprotokoll *Schroeder/Weber K.*, Studie (2008), Rn. 113 ff.; *Sattler*, Gemischte Abkommen und gemischte Mitgliedschaften (2007), 140 ff.; *Steinbach*, EuZW 2007, 112; *Vedder*, EuR Beiheft 3/2007, 80 ff.; *Sell*, Einheitliche Auslegung gemischter Abkommen (2006), 151 ff.; *Doehring*, Völkerrecht (2004), Rn. 370.

188 In Hinblick auf die Schweiz vgl. *Ziegler*, ZEuS 2007, 249 ff.; unter Bezugnahme auf den Alpentransitverkehr durch die Schweiz *Epiney/Gruber*, Verkehrspolitik und Umweltschutz (1997), 161 ff.

189 Vgl. in diesem Sinne GA *Mischo*, SchlA Rs. C-13/00, Kommission/Irland, Slg. 2002, I-2943 Rn. 30; *Ehlotzky/Kramer*, ZVR 2009, 195; *Sattler*, Gemischte Abkommen und gemischte Mitgliedschaften (2007), 229 ff.; zur Auffassung, auch ohne Kompetenzklausel bestehe bei einem gemischten Abkommen eine bloß eingeschränkte Bindungswirkung der EU und ihrer Mitgliedstaaten *Oen*, Internationale Streitbeilegung (2005), 64 ff. und 129 f. Ablehnend hingegen *Schmalenbach*, die darauf hinweist, dass die durch die Judikatur geprägten Kompetenzgrenzen für einen dritten Vertragspartner nicht offensichtlich sind, vgl. *Schmalenbach* in Calliess/Ruffert (Hrsg.), EUV/AEUV (2011), Art. 216 AEUV Rn. 7.

190 Zum Loyalitätsgebot vgl. *Schroeder*, Grundkurs Europarecht (2013), § 4 Rn. 25 ff.; *Streinz* in Streinz (Hrsg.), EUV/AEUV (2012), Art. 4 EUV Rn. 25 ff.; *Kahl W.* in Calliess/Ruffert (Hrsg.), EUV/AEUV (2011), Art. 4 EUV Rn. 23 ff.; *Sell*, Einheitliche Auslegung gemischter Abkommen (2006), 155 ff. und speziell in Hinblick auf gemischte Abkommen 164 ff.; *Epiney*, Zur Tragweite des Art. 10 EGV, in FS für Georg Ress zum 70. Geburtstag (2005), 444 f. Speziell in Hinblick auf die Außenbeziehungen vgl. auch Fn. 157.

191 Zum Prinzip der begrenzten Ermächtigung vgl. Fn. 106.

192 Zu den Zielvorgaben des EGV, ihre Präzision und ihre Hierarchie vgl. *Basedow*, Zielkonflikte und Zielhierarchien, in FS für Ulrich Everling I (1995), 54 ff. Seine Ausführungen sind großteils auf EUV und AEUV übertragbar.

menbereiche werden nunmehr ausdrücklich in Art. 4 Abs. 2 AEUV aufgezählt. Gemeinsam ist ihnen, dass sie seit dem Vertrag von Lissabon alle in die zwischen der EU und ihren Mitgliedstaaten geteilte Zuständigkeit gemäß Art. 2 Abs. 2 AEUV fallen.[193] Im Sinne des in Art. 5 Abs. 3 EUV normierten Subsidiaritätsprinzips wird die EU daher nur tätig, sofern und soweit die Ziele der in Betracht gezogenen Maßnahmen zum einen von den Mitgliedstaaten nicht ausreichend erreicht werden können und zum anderen auf Unionsebene besser zu verwirklichen sind. Die Mitgliedstaaten dürfen wiederum nur tätig werden, solange und soweit die EU ihre Zuständigkeit nicht selbst wahrnimmt.[194] Den verbleibenden Spielraum haben nun jene fünf Mitgliedstaaten, die Vertragsparteien des Verkehrsprotokolls sind, zu nutzen, um ihre völkerrechtlichen Verpflichtungen zu erfüllen. Im Folgenden werden die für die vorliegende Arbeit relevanten Kompetenzbereiche kurz in jener Reihenfolge dargestellt, in der sie im AEUV in einzelnen „Titeln" behandelt werden.

a) Binnenmarkt

Gemäß Art. 3 Abs. 3 S. 1 EUV errichtet die EU einen Binnenmarkt. Dieser umfasst gemäß Art. 26 Abs. 2 AEUV[195]:

> „einen Raum ohne Binnengrenzen, in dem der freie Verkehr von Waren, Personen, Dienstleistungen und Kapital gemäß den Bestimmungen der Verträge gewährleistet ist".

Diese „grundlegenden Freiheiten"[196] werden im dritten Teil des AEUV näher ausgeführt.

Zur Verwirklichung des Binnenmarktes und eines freien, unverfälschten Wettbewerbes versucht die EU möglichst umfassend alle Regelungen zu besei-

---

193 Zu den geteilten Kompetenzbereichen vgl. *Schroeder*, Grundkurs Europarecht (2013), § 7 Rn. 13 f. Zur Kompetenzverteilung im Verkehrsbereich bestanden vor dem Inkrafttreten des Vertrages von Lissabon unterschiedliche Auffassungen. Nunmehr ist die Verkehrskompetenz aber gemäß Art. 4 Abs. 2 lit. g AEUV explizit zur Gänze geteilt. Kritisch dazu *Schäfer* in Streinz (Hrsg.), EUV/AEUV (2012), Art. 90 AEUV Rn. 51, der sich für eine ausschließliche Kompetenz zur Regelung des internationalen Verkehrs ausspricht; vgl. auch *Jung* in Calliess/Ruffert (Hrsg.), EUV/AEUV (2011), Art. 90 AEUV Rn. 4 ff.

194 Zum Subsidiaritätsprinzip vgl. *Epiney/Heuck/Schleiss* in Dauses (Hrsg.), EU-Wirtschaftsrecht (2013), Rn. 90 ff.; *Langguth* in Lenz/Borchardt (Hrsg.), EU-Verträge (2013), Art. 5 EUV Rn. 8 ff. und 16 ff.; *Schroeder*, Grundkurs Europarecht (2013), § 7 Rn. 20 ff.; *Lienbacher* in Schwarze (Hrsg.), EU-Kommentar (2012), Art. 5 EUV Rn. 15 ff.; speziell in Hinblick auf die Verkehrspolitik der EU *Mehl*, Anwendung des Subsidiaritätsprinzips (2004), 123 ff.

195 Art. 26 Abs. 2 AEUV normiert das „Leitkonzept des Binnenmarktes", vgl. *Schröder* in Streinz (Hrsg.), EUV/AEUV (2012), Art. 26 AEUV Rn. 18 ff.

196 EuGH, Rs. 115/78, Knoors, Slg. 1979, 399 Rn. 20; Rs. 203/80, Casati, Slg. 1981, 2595 Rn. 8.

tigen, die den grenzüberschreitenden Handel behindern. Darüber hinaus gleicht sie die Rechtsordnungen der Mitgliedstaaten in den unterschiedlichsten Sachbereichen durch den Erlass von Sekundärrecht an, wozu sie meist ihre in Art. 114 AEUV normierte Binnenmarktkompetenz heranzieht.[197] Abs. 4 und 5 dieser Bestimmung beziehen den Schutz der Umwelt mit ein, indem sie es den Mitgliedstaaten unter gewissen Bedingungen gestatten, innerstaatliche Vorschriften beizubehalten oder einzuführen, die strengere Umweltschutzvorgaben enthalten als eine Harmonisierungsmaßnahme.[198] Letztlich dienen auch die nachstehend erläuterten Politiken Verkehr und transeuropäische Netze in erster Linie dem reibungslosen Funktionieren des Binnenmarktes, denn ein liberalisierter Verkehrsmarkt und ein leistungsfähiges Infrastrukturnetz sind die Grundvoraussetzung für die Ausübung der Grundfreiheiten.[199]

Während nun dem gesamten europäischen Einigungsprozess wirtschaftliche Interessen zugrunde liegen, die auch heute den zentralen Kern der Integration darstellen[200], beruht das Verkehrsprotokoll auf abweichenden Zielsetzungen.[201]

---

197 Gegenüber Art. 91 AEUV (Verkehr) und Art. 172 AEUV (Transeuropäische Netze) ist Art. 114 AEUV subsidiär. Ob eine Maßnahme auf Art. 114 AEUV oder auf Art. 192 AEUV (Umwelt) gestützt wird, entscheidet der EuGH indes nach ihrem Schwerpunkt. Allgemein zur Rechtsangleichung im Binnenmarkt *Fischer H.G.* in Lenz/Borchardt (Hrsg.), EU-Verträge (2013), Vorb. Art. 114–118 AEUV Rn. 10 und Art. 114 Rn. 41 ff. zur Abgrenzung zu Art. 192 AEUV; vgl. auch den Überblick über die Hauptanwendungsgebiete des Art. 114 AEUV bei *Herrnfeld* in Schwarze (Hrsg.), EU-Kommentar (2012), Art. 114 AEUV Rn. 14 ff.; *Weatherill* in Oliver (Hrsg.), Free Movement of Goods (2010), Rn. 13.12 ff.; zur „negativen" und „positiven" Integrationsmethode *Schroeder/Müller A.Th.*, Recht des Binnenmarktes, in Wagner/Wedl (Hrsg.), Bilanz und Perspektiven (2007), 89 und 99 ff.; zum in Art. 114 Abs. 3 AEUV geforderten Schutzniveau *Schroeder*, Die Sicherung eines hohen Schutzniveaus, in Hummer (Hrsg.), Europarechtliche Markierungen zur Jahrtausendwende (2001), 33 ff.

198 Vgl. *Herrnfeld* in Schwarze (Hrsg.), EU-Kommentar (2012), Art. 114 AEUV Rn. 96 und 99; *Khan* in Geiger/Khan/Kotzur (Hrsg.), EUV/AEUV (2010), Art. 114 AEUV Rn. 25 f.; *Richter*, „Nationale Alleingänge" (2007), 117 ff. und 295 ff.

199 *Schäfer/Schröder* nennen die transeuropäischen Netze die „Hardware" des Binnenmarktes, in welchem sich die Grundfreiheiten als „Software" verwirklichen lassen, vgl. *Schäfer/Schröder* in Streinz (Hrsg.), EUV/AEUV (2012), Art. 170 AEUV Rn. 3; zum Wirtschaftssektor Verkehr und seiner Schlüsselfunktion für den Binnenmarkt *Boeing/Maxian Rusche/Kotthaus* in Grabitz/Hilf/Nettesheim (Hrsg.), Recht der EU (2011), Art. 90 AEUV Rn. 17; *Khan* in Geiger/Khan/Kotzur (Hrsg.), EUV/AEUV (2010), Art. 90 AEUV Rn. 1; *Mehl*, Anwendung des Subsidiaritätsprinzips (2004), 45 ff.; *Bogs*, Die Planung transeuropäischer Verkehrsnetze (2002), 53.

200 Vgl. *Basedow*, Zielkonflikte und Zielhierarchien, in FS für Ulrich Everling I (1995), 67 f., der von einem „normativen Vorrang der marktintegrativen und wettbewerbspolitischen Ziele" ausgeht.

201 Vgl. hierzu insbesondere oben *Teil B III 2.*

Die aus diesem zentralen Spannungsverhältnis resultierenden konkreten Rechtsprobleme werden in den *Teilen D* und *E* der vorliegenden Arbeit erörtert.

b) Verkehr

Der bereits seit den Gründungsverträgen bestehende und in den Art. 90 ff. AEUV geregelte Verkehrstitel, auf den das Verkehrsprotokoll unionsintern gestützt wird, bietet keine umfassende inhaltliche Vorgabe für die Ausgestaltung der europäischen Verkehrspolitik. Vielmehr regelt er Einzelprobleme und verweist ansonsten auf die allgemeinen Grundsatzbestimmungen der Verträge.[202]

In der Praxis wird die europäische Verkehrspolitik indes durch zwei Themen dominiert: zum einen durch die Liberalisierung des Verkehrsmarktes, insbesondere die Verwirklichung der Dienstleistungsfreiheit, zum anderen durch die Gewährleistung einer nachhaltigen Mobilität. Trotz einiger durchaus positiver Initiativen der Europäischen Kommission[203] liegt der Schwerpunkt eindeutig auf dem ersten Aspekt, und es darf bezweifelt werden, dass die derzeitige Ausgestaltung der Verkehrspolitik mit der primärrechtlich verankerten Umweltquerschnittsklausel konform geht.[204]

In Hinblick auf das Verkehrsprotokoll stellt sich die EU, unter Berufung auf die zweite Zielsetzung, offiziell auf den Standpunkt, dass dieses inhaltlich generell mit dem Unionsrecht und speziell mit der europäischen Verkehrspolitik im

---

202 Vgl. den Überblick bei *Schäfer* in Streinz (Hrsg.), EUV/AEUV (2012), Art. 90 AEUV Rn. 2 ff.; *Schroeder*, Das rechtliche Umfeld, in Gamper/Ranacher (Hrsg.), Rechtsfragen des grenzüberschreitenden Verkehrs (2012), 33 ff.; *Wallnöfer*, Europarecht, in Bauer (Hrsg.), Handbuch Verkehrsrecht (2009), 41 ff.

203 Vgl. das im März 2011 präsentierte Weißbuch, worin die Kommission die Vision eines nachhaltigen Verkehrssystems in der EU propagiert. Im Vergleich zum zehn Jahre zuvor erarbeiteten Weißbuch erscheint dieses allerdings weniger ambitioniert und tiefgehend. Weißbuch, Fahrplan zu einem einheitlichen europäischen Verkehrsraum – Hin zu einem wettbewerbsorientierten und ressourcenschonenden Verkehrssystem, KOM(2011) 144 endg. vom 28.3.2011; Weißbuch, Die europäische Verkehrspolitik bis 2010: Weichenstellungen für die Zukunft, KOM(2001) 370 endg. vom 12.9.2001, 28 ff. Dazu *Epiney/Heuck/Schleiss* in Dauses (Hrsg.), EU-Wirtschaftsrecht (2013), Rn. 263 f. und 266 ff.; *Schäfer* in Streinz (Hrsg.), EUV/AEUV (2012), Art. 90 AEUV Rn. 38; *Schroeder*, Das rechtliche Umfeld, in Gamper/Ranacher (Hrsg.), Rechtsfragen des grenzüberschreitenden Verkehrs (2012), 35; *Schäfer*, Umweltverträgliche Verkehrspolitik (2000), 101 ff. Vgl. auch Fn. 535.

204 Einen großen Stellenwert nimmt zudem die Verkehrssicherheit ein. Kritisch *Epiney/Heuck/Schleiss* in Dauses (Hrsg.), EU-Wirtschaftsrecht (2013), 270 und 589 ff.; *Krämer*, EU Environmental Law (2012), Rn. 11.16 ff.; *Kahl A./Müller T.*, Verkehrspolitik, in Eilmansberger/Herzig (Hrsg.), Jahrbuch Europarecht (2010), 445; *Epiney/Gruber*, Verkehrspolitik und Umweltschutz (1997), 149 ff. Zur Umweltquerschnittsklausel vgl. Fn. 123.

Einklang stehe und keine zusätzlichen rechtlichen Verpflichtungen mit sich bringe.[205] Tatsächlich ist jedoch von nicht unerheblichen Abweichungen und Widersprüchen auszugehen. Dies zeigt sich insbesondere an der auf der Grundlage von Art. 91 AEUV erlassenen Wegekostenrichtlinie, welche die Gebührenerhebung im Straßengüterverkehr regelt. Mit ihrer im Jahre 2011 erfolgten Novellierung wurde zumindest der bisher bestehende ausdrückliche Widerspruch zwischen Richtlinie und Verkehrsprotokoll beseitigt, da dem Verkehrsteilnehmer nunmehr externe Kosten im Rahmen von Maut- und Benutzungsgebühren angelastet werden dürfen.[206]

Weite Teile der europäischen Verkehrspolitik prägt zudem der sogenannte „Grundsatz der freien Wahl des Verkehrsträgers“, wonach jedem Nutzer alle Verkehrsträger gleichermaßen für seine individuellen Transportbedürfnisse zur Verfügung stehen.[207] Dieser Grundsatz geht ursprünglich auf einige Dokumente der Europäischen Kommission zurück.[208] Primärrechtlich ist er nicht verankert und ebenso wenig lässt er sich aus dem Verkehrstitel oder aus den Grundfreiheiten ableiten.[209] Ausdrücklich genannt wird der Grundsatz ausschließlich in

205 Vgl. Erwägungsgrund 6 Genehmigungsbeschluss (Fn. 43); Genehmigungsvorschlag, 3, und dessen Erwägungsgrund 6 (Fn. 58); A-Punkt-Vermerk des AStV vom 4.10.2006, 13378/06, 2. Vgl. auch Fn. 868 und 1046. Zur Arbeit des AStV und den A-Punkten und B-Punkten vgl. *Schroeder*, Grundkurs Europarecht (2013), § 3 Rn. 45.

206 Zuvor war dies explizit verboten, vgl. unten *Teil E V 2 a)* und *c) cc)* zur Wegekostenrichtlinie sowie Fn. 913.

207 Dies wird auch als „Neutralität der Verkehrsträger“ bezeichnet. Vgl. hierzu *Epiney/Heuck/Schleiss* in Dauses (Hrsg.), EU-Wirtschaftsrecht (2013), Rn. 113 ff.; *Schäfer* in Streinz (Hrsg.), EUV/AEUV (2012), Art. 90 AEUV Rn. 47; *Sohnle*, RJE 2003, 17; *Kerschner/Wagner*, Überblick über europarechtliche Vorgaben, in Kerschner (Hrsg.), Österreichisches und Europäisches Verkehrsrecht (2001), 23 f.; *Epiney*, ZUR 2000, 239 ff.; *Epiney/Gruber*, Verkehrspolitik und Umweltschutz (1997), 152 ff.

208 Vgl. Punkt 3 der Empfehlung der Kommission 86/242/EWG vom 25.4.1986, ABl. 1986, Nr. L 163/41; Die gemeinsame Verkehrspolitik – Aktionsprogramm 1995–2000, KOM(1995) 302 endg. vom 12.7.1995, 4 f. Die zum Aktionsprogramm ergangene Stellungnahme des Ausschusses der Regionen fordert bereits einen „Verzicht auf die völlig freie Wahl des Verkehrsmittels“ sowie die Beeinflussung der Wahl der Transportmittel „durch Kosten und Gebühren“, ABl. 1996, Nr. C 337/13.

209 Auch nicht aus Art. 91 Abs. 1 lit. a und b AEUV, vgl. hierzu unten *Teil D I 3*, zum Nichtbestehen einer „Grundfreiheit auf Mobilität“ vgl. unten *Teil E II 4*. In diesem Sinne auch *Schroeder*, Das rechtliche Umfeld, in Gamper/Ranacher (Hrsg.), Rechtsfragen des grenzüberschreitenden Verkehrs (2012), 36; anders als in der Vorauflage *Boeing/Maxian Rusche/Kotthaus* in Grabitz/Hilf/Nettesheim (Hrsg.), Recht der EU (2011), Art. 90 AEUV Rn. 12 f. Zur mangelnden rechtlichen Begründetheit des Grundsatzes *Epiney/Heuck/Schleiss* in Dauses (Hrsg.), EU-Wirtschaftsrecht (2013), Rn. 115 ff.; *Epiney*, ZUR 2000, 241 f., nach *Epiney* lässt sich der Grundsatz auch schwer mit der ordnungspolitischen Zurückhaltung und Offenheit des Verkehrstitels vereinbaren, vgl. 240 f.

Art. 1 Abs. 2 und Art. 32 des Landverkehrsabkommens der EU mit der Schweiz, ohne dass diese Bestimmungen ihn aber inhaltlich näher präzisieren.[210]

Die herrschende Lehre sieht in der freien Wahl des Verkehrsträgers eine politische Prioritätensetzung mit auslegungsleitendem Charakter, jedoch kein verbindliches Rechtsprinzip, woraus sich etwa subjektive Rechte des Einzelnen oder eine Pflicht des Staates zur Bereitstellung von Infrastruktur ableiten ließen.[211] Festzustellen ist außerdem, dass die Bedeutung des Grundsatzes in den letzten Jahren indirekt proportional zu jener des Umweltschutzes sank. Angesichts der Umweltquerschnittsklausel kann definitiv nicht von einer schrankenlosen Geltung der freien Wahl des Verkehrsträgers ausgegangen werden.[212] Auch der EuGH hat in den Rechtssachen *Sektorales Fahrverbot I*[213] und *II*[214] spezielle Beförde-

---

[210] Abkommen zwischen der Europäischen Gemeinschaft und der Schweizerischen Eidgenossenschaft über den Güter- und Personenverkehr auf Schiene und Straße vom 21.6. 1999, ABl. 2002, Nr. L 114/91. Das Landverkehrsabkommen (LVA) ist eines von sieben sektoriellen Abkommen zwischen der Schweiz und der EU. Gemäß Art. 1 Abs. 2 LVA beruhen die Bestimmungen des LVA und ihre Anwendung auf dem Grundsatz der freien Wahl des Verkehrsträgers. Dies bezieht sich gemäß Art. 32 LVA insbesondere auf die in Art. 31 LVA vorgesehenen Maßnahmen. Kritisch zur Verankerung des Grundsatzes im LVA *Epiney/Heuck/Schleiss* in Dauses (Hrsg.), EU-Wirtschaftsrecht (2013), Rn. 571; *Epiney/Heuck*, ZUR 2009, 184 f., die ein Recht zur Nutzung bereits vorhandener Verkehrsinfrastrukturen unter Beachtung des Verhältnismäßigkeitsgrundsatzes in Betracht ziehen; *Weber R.H.*, AJP 2008, 1215; *Epiney*, ZUR 2000, 243 ff. Zum LVA vgl. *Epiney/Heuck*, Vorgaben des EU-Rechts, in Epiney/Heuck (Hrsg.), Der alpenquerende Gütertransport (2012), 48 ff.; *Stadler* in Schwarze (Hrsg.), EU-Kommentar (2012), Art. 91 AEUV Rn. 25; *Epiney/Heuck*, Swiss Approach to Mountain Protection, in Quillacq/Onida (Hrsg.), Environmental Protection and Mountains (2011), 45 ff.; *Ziegler*, ZEuS 2007, 257 f.; *Gruber*, Die Bewältigung des alpenquerenden Transitverkehrs, in Busek/Hummer (Hrsg.), Alpenquerender und inneralpiner Transitverkehr (2005), 126 ff.; *Sollberger*, Konvergenzen und Divergenzen (2003), 177 ff.

[211] Ein Rechtsprinzip muss ein Mindestmaß an normativer Dichte und Bestimmtheit aufweisen. Vgl. dazu *Epiney/Heuck/Schleiss* in Dauses (Hrsg.), EU-Wirtschaftsrecht (2013), Rn. 120 und 146; *Schroeder*, Alpine traffic and International Law, in Quillacq/Onida (Hrsg.), Environmental Protection and Mountains (2011), 153; *Epiney*, ZUR 2000, 242 f. A.A. *Ronellenfitsch*, Umweltschutz und Verkehr, in Rengeling (Hrsg.), Handbuch Umweltrecht (2003), 1444 ff. zur Grundrechtsrelevanz der Verkehrsmobilität und 1454 zum „Grundsatz der freien Wahl des Verkehrsmittels", durch welchen „dirigistische Eingriffe des nationalen Gesetzgebers in die Aufgabenteilung der Verkehrsträger ausgeschlossen" würden.

[212] Dies unterliefe auch die anderen primärrechtlich im Umwelttitel des AEUV normierten Grundsätze und Prinzipien. Vgl. hierzu unten *Teil C III 2 d)*. Vgl. auch *Epiney/Heuck/Schleiss* in Dauses (Hrsg.), EU-Wirtschaftsrecht (2013), Rn. 148; *Epiney*, ZUR 2000, 242 und 245, welche die Heranziehung des Grundsatzes der freien Wahl des Verkehrsträgers „zur (pseudo-)rechtlichen Begründung gewisser politischer Prioritäten" als höchst fragwürdig bezeichnet.

[213] EuGH, Rs. C-320/03, Sektorales Fahrverbot I, Slg. 2005, I-9871.

rungsverbote in Bezug auf einen bestimmten Verkehrsträger prinzipiell für zulässig erachtet und den Grundsatz dadurch deutlich hintangesetzt.[215] In seinem Urteil in der Rechtssache *Sektorales Fahrverbot II* unterstreicht er, dass es den Mitgliedstaaten nicht nur *gestattet* ist, das Verhalten der Verkehrsteilnehmer durch die Ergreifung verkehrspolitischer Maßnahmen zugunsten nachhaltiger Verkehrsträger zu steuern.[216] Dies sei vielmehr „notwendig" und damit *geboten*[217]:

> „In diesem Zusammenhang ist darauf hinzuweisen, dass die Notwendigkeit, den Güterverkehr auf der Straße dadurch zu verringern, dass die Wirtschaftsteilnehmer zu anderen, umweltfreundlicheren Verkehrsträgern wie dem Schienenverkehr gelenkt werden, im Rahmen der gemeinsamen Verkehrspolitik anerkannt worden ist, […]."

Auch die im Jahre 2003 begründeten Marco Polo Programme der EU relativieren schließlich die freie Wahl des Verkehrsträgers. Diese bezwecken durch

---

[214] EuGH, Rs. C-28/09, Sektorales Fahrverbot II, Slg. 2011, I-13525.

[215] Gegenstand der Rechtssachen *Sektorales Fahrverbot I* und *II* ist jeweils ein Fahrverbot für Lastkraftwagen, die bestimmte Güter befördern, auf einem Teilstück der A 12 Inntal Autobahn. Zur Rechtssache *Sektorales Fahrverbot I* vgl. *Schroeder*, Alpine traffic and International Law, in Quillacq/Onida (Hrsg.), Environmental Protection and Mountains (2011), 157 ff.; *Wasserer*, JRP 2009, 115 ff.; *Weber K.*, Transitverkehr in der Judikatur, in Roth G.H./Hilpold (Hrsg.), EuGH und die Souveränität der Mitgliedstaaten (2008), 405 ff.; *Krämer*, JEEPL 2006, 156 ff.; *Obwexer*, Regelung des Transitverkehrs, in Hummer/Obwexer (Hrsg.), 10 Jahre EU-Mitgliedschaft Österreichs (2006), 363 ff.; *Obwexer*, ZVR 2006, 212 ff.; *Pardo Leal*, Unión Europea Aranzadi 2006, 5 ff.; *Dawes*, Rev.dr.UE 2005, 835 ff.; *Di Seri*, Rass. avv. Stato 2005, 16 ff. Zur Rechtssache *Sektorales Fahrverbot II* vgl. *Enchelmaier*, CMLRev 2013, 183 ff.; *Carpano*, RLDA 2012, 69 ff.; *Ehlotzky*, Eine (rein) österreichische Angelegenheit? in Epiney/Heuck (Hrsg.), Der alpenquerende Gütertransport (2012), 59 ff.; *Ehlotzky*, Verkaufsmodalitäten, in Leidenmühler/Eder/Leingartner/Winkler C. (Hrsg.), Grundfreiheiten (2012), 144 ff.; *Ehlotzky*, RdU-U&T 2012, 2 ff.; *Obwexer*, Unionsrechtliche Rahmenbedingungen, in Gamper/Ranacher (Hrsg.), Rechtsfragen des grenzüberschreitenden Verkehrs (2012), 80 ff.; *Ranacher*, Urteil des EuGH in der Rs C-28/09, in Gamper/Ranacher (Hrsg.), Rechtsfragen des grenzüberschreitenden Verkehrs (2012), 100 ff.; *Sibony/Lieven*, JDT-DE 2012, 80 ff. Zur Problematik sektoraler Fahrverbote vgl. unten *Teil E I 1 c) cc)*.

[216] Zum Grundsatz der freien Wahl des Verkehrsträgers in Hinblick auf sektorale Fahrverbote vgl. *Ehlotzky*, Eine (rein) österreichische Angelegenheit? in Epiney/Heuck (Hrsg.), Der alpenquerende Gütertransport (2012), 69; *Ehlotzky*, RdU-U&T 2012, 4 f.; *Obwexer*, Unionsrechtliche Rahmenbedingungen, in Gamper/Ranacher (Hrsg.), Rechtsfragen des grenzüberschreitenden Verkehrs (2012), 96; kritisch *Ranacher*, Urteil des EuGH in der Rs C-28/09, in Gamper/Ranacher (Hrsg.), Rechtsfragen des grenzüberschreitenden Verkehrs (2012), 102 ff., nach welchem der Gerichtshof dem Grundsatz der freien Wahl des Verkehrsträgers einen sehr hohen Stellenwert einräumt; *Wasserer*, JRP 2009, 118 f.; *Hummer*, Die Auswirkungen der fünften Erweiterung, in Busek/Hummer (Hrsg.), Alpenquerender und inneralpiner Transitverkehr (2005), 90.

[217] EuGH, Rs. C-28/09, Sektorales Fahrverbot II, Slg. 2011, I-13525 Rn. 130.

die Zurverfügungstellung von Finanzierungsinstrumenten eine Verlagerung des Verkehrs von der Straße auf umweltverträgliche Verkehrsträger.[218]

Weder der EU noch ihren Mitgliedstaaten ist es somit verwehrt, das Verhalten der Verkehrsteilnehmer durch die Ergreifung verkehrspolitischer Maßnahmen zugunsten nachhaltiger Verkehrsträger zu steuern. Dies ist vielmehr geboten, sofern das europäische Primärrecht, d.h. insbesondere die Grundfreiheiten, beachtet werden.

c) Transeuropäische Netze

Unter dem Titel „Transeuropäische Netze" (TEN) ist seit dem Vertrag von Maastricht[219] in den Art. 170 ff. AEUV der Auf- und Ausbau einer statischen Verkehrsinfrastruktur mit grenzüberschreitender Wirkung geregelt, der auch in Zusammenarbeit mit Drittstaaten erfolgt.[220] Besonderer Wert wird hierbei gemäß Art. 170 Abs. 2 AEUV auf den Verbund und die Interoperabilität der einzelstaatlichen Netze sowie den Netzzugang gelegt.[221]

---

218 Vgl. Verordnung (EG) Nr. 1692/2006 vom 24.10.2006 zur Aufstellung des zweiten Marco Polo-Programms über die Gewährung von Finanzhilfen der Gemeinschaft zur Verbesserung der Umweltfreundlichkeit des Güterverkehrssystems (Marco Polo II), ABl. 2006, Nr. L 328/1; geändert durch Verordnung (EG) Nr. 923/2009 vom 16.9.2009, ABl. 2009, Nr. L 266/1. Hierzu *Heuck*, Infrastrukturmaßnahmen (2013), 503 ff.

219 Der Vertrag über die Europäische Union wurde am 7.2.1992 in Maastricht geschlossen und trat am 1.1.1993 in Kraft, ABl. 1992, Nr. C 191/1.

220 Zur Einbeziehung von Drittstaaten vgl. Art. 171 Abs. 3 AEUV. Die transeuropäischen Netze umfassen Infrastrukturen in den Bereichen Verkehr, Telekommunikation und Energie. Sie wurden nicht in den Titel „Verkehr" eingegliedert, worin die eigenständige Bedeutung dieses Politikbereiches zum Ausdruck kommt. Die Art. 170 ff. AEUV sind gegenüber Art. 90 ff. AEUV *leges speciales*. Zur Entwicklung der TEN vgl. *Schäfer/Schröder* in Streinz (Hrsg.), EUV/AEUV (2012), Art. 170 AEUV Rn. 1 ff.; zum Begriff „transeuropäisch" *Calliess* in Calliess/Ruffert (Hrsg.), EUV/AEUV (2011), Art. 170 AEUV Rn. 6; vgl. auch *Kerschner/Wagner*, Überblick über europarechtliche Vorgaben, in Kerschner (Hrsg.), Österreichisches und Europäisches Verkehrsrecht (2001), 30 ff.; zu den transeuropäischen Netzen aus österreichischer Sicht *Schäfer*, Umweltverträgliche Verkehrspolitik (2000), 181 ff.; zu den Ursprüngen der transeuropäischen Netzpolitik *Gottschewski*, Zur rechtlichen Durchsetzung von europäischen Straßen (1998), 75 ff.; *Schulze*, Aufbau transeuropäischer Netze, in Zippel (Hrsg.), Transeuropäische Netze (1996), 29 ff.

221 Unter Verbundfähigkeit versteht man die Beseitigung von Engpässen, die Schließung von Lücken und den Ausbau von Schnittstellen. Interoperabilität bezeichnet die technische Verbundfähigkeit und Kompatibilität der einzelstaatlichen Netze. Mit dem Netzzugang ist schließlich die Möglichkeit der Inanspruchnahme fremder Netze gemeint. Während Verbund und Interoperabilität die Verbindung bereits bestehender einzelstaatlicher Netze zum Ziel haben, soll durch neue Zugänge die Anbindung noch nicht angeschlossener Gebiete an bestehende oder verbundene Netze erreicht werden. Vgl. *Voet van Vormizeele* in Schwarze (Hrsg.), EU-Kommentar (2012), Art. 170 AEUV Rn. 15 f. und Art. 171 AEUV Rn. 8; *Bogs*, Die Planung transeuropäischer Verkehrsnetze (2002), 55 ff.

Auch bei den transeuropäischen Netzen zeigen sich die beiden Seiten der europäischen Verkehrspolitik. Einerseits läuft eine grenzenlose Erweiterung der Verkehrsinfrastruktur der Umweltquerschnittsklausel entgegen. Andererseits dienen eine bessere Kompatibilität und Vernetzung der Infrastrukturen sowie die Entlastung von Knotenpunkten einer nachhaltigen Verkehrsabwicklung.[222] So bezweckt beispielsweise der Brennerbasistunnel[223] eine Verkehrsverlagerung auf die Schiene, und auch ein leistungsfähiges öffentliches Verkehrssystem entspricht den Zielsetzungen des Verkehrsprotokolls.

Die Formulierung des Art. 170 Abs. 1 AEUV, wonach die EU zum Auf- und Ausbau der Netze lediglich beiträgt, weist bereits darauf hin, dass dieser keine Kompetenz für eine eigenständige Infrastrukturpolitik eingeräumt wird. Ihre Aufgabe ist es vielmehr, Ziele, Prioritäten und Grundzüge in Form von verbindlichen Leitlinien festzulegen.[224] Die Zuständigkeit für Detailplanung, Bauausführung und Betrieb liegt indes, im Sinne des Art. 4 Abs. 1 EUV, bei den Mitgliedstaaten.[225] Die Finanzierung der in den Leitlinien ausgewiesenen Vorhaben von gemeinsamem Interesse sollte durch die EU und die betroffenen Mitgliedstaaten zusammen erfolgen, wobei die Unterstützung der EU grundsätzlich auf eine Anreiz- oder Anschubfinanzierung beschränkt ist.[226]

---

[222] Vgl. *Schäfer/Schröder* in Streinz (Hrsg.), EUV/AEUV (2012), Art. 170 AEUV Rn. 11.

[223] Anders als in der nunmehr geltenden TEN-Verordnung (Fn. 230) war der Brennerbasistunnel in Art. 23 und Anhang III des mittlerweile aufgehobenen TEN-Beschlusses (Fn. 229) als vorrangiges Vorhaben von gemeinsamem Interesse ausgewiesen. Nun wird das Projekt im Rahmen der neu definierten Kernnetzkorridore als vorermitteltes Vorhaben im Anhang der Verordnung (EU) Nr. 1316/2013 (Fn. 226) genannt. Zu den Vorhaben von gemeinsamem Interesse vgl. *Voet van Vormizeele* in Schwarze (Hrsg.), EU-Kommentar (2012), Art. 171 AEUV Rn. 5; *Calliess* in Calliess/Ruffert (Hrsg.), EUV/AEUV (2011), Art. 171 AEUV Rn. 10. Zum Brennerbasistunnel vgl. Institut für Föderalismus (Hrsg.), 35. Bericht über den Föderalismus (2011), 65 f.

[224] Obgleich die Bezeichnung „Leitlinien" (engl.: „guidelines", frz.: „ensemble d'orientations") lediglich auf einen Orientierungsrahmen hindeutet, sind Leitlinien verbindliche, planungsleitende Rechtsakte. Vgl. *Schäfer/Schröder* in Streinz (Hrsg.), EUV/AEUV (2012), Art. 171 AEUV Rn. 4 ff.; *Voet van Vormizeele* in Schwarze (Hrsg.), EU-Kommentar (2012), Art. 171 AEUV Rn. 6 f.; *Calliess* in Calliess/Ruffert (Hrsg.), EUV/AEUV (2011), Art. 171 AEUV Rn. 2 ff. und Art. 172 AEUV Rn. 6 ff.; *Lecheler* in Grabitz/Hilf/Nettesheim (Hrsg.), Recht der EU (2011), Art. 171 AEUV Rn. 2 f.; *Schmid*, Alpenkonvention und Europarecht, Dissertation (2005), 50 f.; *Mehl*, Anwendung des Subsidiaritätsprinzips (2004), 100 ff.; *Bogs*, Die Planung transeuropäischer Verkehrsnetze (2002), 138 ff.

[225] *Schäfer/Schröder* in Streinz (Hrsg.), EUV/AEUV (2012), Art. 170 AEUV Rn. 30. Vgl. auch oben *Teil C II 2 c)*, unten *Teil E II 3 d)* und *Teil E II 4 a)*.

[226] Vgl. *Schäfer/Schröder* in Streinz (Hrsg.), EUV/AEUV (2012), Art. 171 AEUV Rn. 37. Eine Finanzierungsverpflichtung der Mitgliedstaaten besteht hierbei nicht. Zur Finanzierung der Vorhaben von gemeinsamem Interesse vgl. Art. 171 Abs. 1 UAbs. 1 dritter Gedankenstrich AEUV sowie Verordnung (EU) Nr. 1316/2013 vom 11.12.2013 (ABl. 2013, Nr. L 348/129), mit welcher ein neues Finanzierungsinstrument für die transeuropäischen

Die Leitlinien der transeuropäischen Netze werden gemäß Art. 172 S. 1 AEUV im ordentlichen Gesetzgebungsverfahren[227] festgelegt, wobei die ursprüngliche Entscheidung Nr. 1692/96/EG[228] und der nachfolgende Beschluss Nr. 661/2010/EU[229] durch die Verordnung (EU) Nr. 1315/2013[230] ersetzt wurden.[231] Die Leitlinien entfalten durchaus Rechtswirkungen im Verhältnis zu den Mitgliedstaaten. Letztere sind insbesondere verpflichtet, Maßnahmen zu unterlassen, welche die Erreichung der in den Leitlinien genannten Ziele unmöglich machen oder erschweren.[232] Hervorzuheben ist aber der Territorialvorbehalt des Art. 172 S. 2 AEUV, der einem Mitgliedstaat ein Vetorecht gegen den Erlass von Leitlinien einräumt, wenn diese eine Infrastruktureinrichtung vorsehen, die sein Hoheitsgebiet berührt.[233] In Hinblick auf das Verkehrsprotokoll bedeutet dies primär, dass die Aufnahme eines gegen Art. 11 VerkP verstoßenden hochrangigen Straßenprojektes in die Leitlinien gegen den Willen eines betroffenen

Netze, die Fazilität „Connecting Europe", geschaffen wurde. Vgl. auch *Voet van Vormizeele* in Schwarze (Hrsg.), EU-Kommentar (2012), Art. 171 AEUV Rn. 9; zu den Förderinstrumenten auch *Bogs*, Die Planung transeuropäischer Verkehrsnetze (2002), 178 ff.

227 Vgl. Fn. 127.

228 Entscheidung Nr. 1692/96/EG vom 23.7.1996 über gemeinschaftliche Leitlinien für den Aufbau eines transeuropäischen Verkehrsnetzes, ABl. 1996, Nr. L 228/1. Vgl. dazu *Schmid*, Alpenkonvention und Europarecht, Dissertation (2005), 51 f.; *Bogs*, Die Planung transeuropäischer Verkehrsnetze (2002), 97 ff.

229 Beschluss Nr. 661/2010/EU vom 7.7.2010 über Leitlinien der Union für den Aufbau eines transeuropäischen Verkehrsnetzes, ABl. 2010, Nr. L 204/1. Hierzu *Neumann* in Lenz/Borchardt (Hrsg.), EU-Verträge (2013), Art. 171 AEUV Rn. 8 ff.; *Schäfer/Schröder* in Streinz (Hrsg.), EUV/AEUV (2012), Art. 171 AEUV Rn. 14 ff.; *Lecheler* in Grabitz/Hilf/Nettesheim (Hrsg.), Recht der EU (2011), Art. 171 AEUV Rn. 18.

230 Verordnung (EU) Nr. 1315/2013 vom 11.12.2013 über Leitlinien der Union für den Aufbau eines transeuropäischen Verkehrsnetzes, ABl. 2013, Nr. L 348/1.

231 Die TEN-Verordnung basiert auf einer neu entwickelten Zwei-Ebenen-Struktur, die aus einem Gesamtnetz und einem Kernnetz besteht, vgl. Art. 6, Art. 9 ff. und Art. 38 ff. TEN-Verordnung. Vgl. auch die Ausführungen der Kommission in KOM(2011) 650 endg./2 vom 19.12.2011; sowie Pressemitteilung 14826/10 der 3037. Tagung des Rates Verkehr, Telekommunikation und Energie vom 15.10.2010, 13.

232 *Schäfer/Schröder* in Streinz (Hrsg.), EUV/AEUV (2012), Art. 170 Rn. 31 und Art. 171 Rn. 7.

233 Die ausdrückliche Zustimmung des betroffenen Mitgliedstaates zu einem Projekt ist nicht erforderlich. Vielmehr genügt es, dass dieser nicht widerspricht. Eine Verletzung des Territorialvorbehaltes führt zur Nichtigkeit des Rechtsaktes. Vgl. dazu kritisch *Neumann* in Lenz/Borchardt (Hrsg.), EU-Verträge (2013), Art. 172 AEUV Rn. 2 ff.; *Schäfer/Schröder* in Streinz (Hrsg.), EUV/AEUV (2012), Art. 170 Rn. 25 und Art. 172 AEUV Rn. 3 ff.; *Voet van Vormizeele* in Schwarze (Hrsg.), EU-Kommentar (2012), Art. 172 AEUV Rn. 2; *Calliess* in Calliess/Ruffert (Hrsg.), EUV/AEUV (2011), Art. 172 AEUV Rn. 9 ff.; *Lecheler* in Grabitz/Hilf/Nettesheim (Hrsg.), Recht der EU (2011), Art. 172 AEUV Rn. 3 ff.; ausführlich *Bogs*, Die Planung transeuropäischer Verkehrsnetze (2002), 77 ff.

Mitgliedstaates unionsrechtswidrig wäre.[234] Hierbei ist jedoch der politische Druck nicht zu unterschätzen, den benachbarte Mitgliedstaaten und die EU, vor allem durch die Zurverfügungstellung von Finanzmitteln, auf einen Mitgliedstaat ausüben können.

Seit der Genehmigung des Verkehrsprotokolls durch die EU müssen die Leitlinien als sekundäres Unionsrecht mit diesem konform gehen. In Hinblick auf Bahnverbindungen und Schieneninfrastruktur entsprechen nun die in der Verordnung (EU) Nr. 1315/2013 genannten Projekte im Grunde den Vorgaben, die das Verkehrsprotokoll in Art. 10 Abs. 1 VerkP festlegt, wenn auch die jeweils zugrunde liegenden Zielsetzungen etwas variieren.[235] Als Standorte für Flughäfen im Geltungsbereich der Alpenkonvention scheinen derzeit Bozen (Italien), Innsbruck, Klagenfurt-Villach und Salzburg (Österreich), sowie die an der Grenze des Geltungsbereiches gelegenen Flughäfen Brescia (Italien) und Maribor (Slowenien) auf. An diesen Standorten bestehen bereits Flughäfen, welche die TEN-Verordnung dem Gesamtnetz zuordnet.[236] Die Errichtung weiterer Flughäfen im Geltungsbereich der Alpenkonvention sieht die TEN-Verordnung derzeit nicht vor, und auch in Bezug auf das Straßennetz ist kein Projekt geplant, das gegen Art. 11 VerkP verstoßen könnte. Vorgesehen sind aber zum Beispiel neue Straßenverbindungen bzw. der Ausbau bestehender Strecken von München nach Salzburg, von Prag nach Linz, von Brünn nach Wien und aus Ungarn kommend nach Graz, die durchaus dazu geeignet sind, zu einer Verstärkung des alpennahen Verkehrsaufkommens zu führen.[237]

Aus heutiger Sicht ist es unmöglich vorauszusehen, um welche Vorhaben das transeuropäische Verkehrsnetz in Zukunft erweitert werden wird. Nimmt man jedoch an, dass die Leitlinien ein Projekt enthalten, das dem Verkehrsprotokoll, d.h. insbesondere Art. 11 VerkP, nicht entspricht, wird zunächst zu versuchen sein, diesen Widerspruch durch unionsabkommenskonforme Interpretation aufzulösen. Führt dies zu keinem zufriedenstellenden Ergebnis, liegt ein Verstoß der EU gegen das Verkehrsprotokoll vor, der durch Anpassung oder

[234] Hierzu *Ehlotzky*, JRP 2013, 396.

[235] Vgl. die in Anhang I TEN-Verordnung geplanten konventionellen Eisenbahnstrecken und Hochgeschwindigkeitsbahnstrecken sowie die Vorgaben des Art. 10 Abs. 1 VerkP. Zu den transeuropäischen Netzen im Schienenverkehr vgl. *Heuck*, Infrastrukturmaßnahmen (2013), 323; *Wagner*, Verkehrsverlagerung, in Kerschner (Hrsg.), Österreichisches und Europäisches Verkehrsrecht (2001), 309 ff.

[236] Vgl. Anhang II, Abschnitt 2 TEN-Verordnung.

[237] Vgl. die in Anhang I TEN-Verordnung geplanten Straßen. Die im vorstehenden Absatz enthaltenen Annahmen stützen sich auf die Kartendarstellungen und Listen des TEN-Netzes, die im Anhang der TEN-Verordnung abgebildet sind und die Staatsgebiete der EU-Mitgliedstaaten betreffen. In Hinblick auf ein konkretes Projekt müssten sie genauer geprüft werden.

Aufhebung der TEN-Verordnung zu beheben ist.[238] Haben die betroffenen Alpenstaaten trotz ihrer völkerrechtlichen Verpflichtung ihr Vetorecht bei Erlass der Leitlinien nicht genutzt bzw. realisieren sie nun das Vorhaben, verstoßen auch sie gegen das Verkehrsprotokoll.[239]

d) Umwelt

Der Umwelttitel wurde erst mit der Einheitlichen Europäischen Akte (EEA)[240] in den damaligen Vertrag zur Gründung der Europäischen Wirtschaftsgemeinschaft (EWG-Vertrag) eingeführt, seither aber kontinuierlich aufgewertet.[241] Der Vertrag von Amsterdam[242] verankerte den Umweltschutz in Form einer Querschnittsklausel unter den allgemeinen Grundsätzen der EU.[243] Diese bereits mehrfach erwähnte Querschnittsklausel, der nunmehrige Art. 11 AEUV, ist verbindlich gefasst:

> „Die Erfordernisse des Umweltschutzes müssen bei der Festlegung und Durchführung der Unionspolitiken und -maßnahmen insbesondere zur Förderung einer nachhaltigen Entwicklung einbezogen werden."

Umweltpolitik darf demnach nicht isoliert neben anderen Politiken verfolgt werden, sondern ist in die gesamte Tätigkeit der EU zu integrieren. Seit dem

---

[238] Ein Mitgliedstaat, ein Unionsorgan oder unter gewissen Voraussetzungen auch ein Einzelner kann in diesem Fall Nichtigkeitsklage gemäß Art. 263 AEUV gegen die TEN-Verordnung erheben. Zum Rechtsschutzsystem in der EU vgl. Fn. 165.

[239] Vgl. in Hinblick auf Art. 11 VerkP *Ehlotzky*, JRP 2013, 396; ebenso unten *Teil E II 3 d)*. Zu Normenkollisionen zwischen Völkerrecht und Sekundärrecht sowie möglichen Lösungsansätzen vgl. *Klement*, DVBl 2007, 1007 ff.

[240] Einheitliche Europäische Akte mit Wirkung zum 1.7.1987, ABl. 1987, Nr. L 169/1. Vgl. dazu *Schroeder*, Grundkurs Europarecht (2013), § 2 Rn. 12.

[241] Zum Rang des Umweltschutzes in Rechtsprechung und Literatur *Kahl W.* in Streinz (Hrsg.), EUV/AEUV (2012), Art. 191 AEUV Rn. 29 ff.; ausführlich zur Umweltpolitik der EU *Nettesheim* in Grabitz/Hilf/Nettesheim (Hrsg.), Recht der EU (2011), Art. 191 AEUV Rn. 9 ff.; *Schroeder/Weber K.*, Studie (2008), Rn. 160 ff. und 196 ff.; *Schweitzer/Hummer/Obwexer*, Europarecht (2007), Rn. 2232 ff.; *Schröder*, Umweltschutz als Gemeinschaftsziel, in Rengeling (Hrsg.), Handbuch Umweltrecht (2003), 200 ff.; zum Umweltschutz auf Grundlage der EEA *Kind*, Umfassender Umweltschutz, in Kerschner (Hrsg.), Staatsziel Umweltschutz (1996), 119 ff.; *Scheuing*, EuR 1989, 152 ff. Zur diesbezüglichen EuGH-Rechtsprechung vgl. unten *Teil D III 1*, Fn. 444 und 446.

[242] Vertrag von Amsterdam zur Änderung des Vertrags über die Europäische Union, der Verträge zur Gründung der Europäischen Gemeinschaften sowie einiger damit zusammenhängender Rechtsakte mit Wirkung zum 1.5.1999, ABl. 1997, Nr. C 340/1. Vgl. dazu *Schroeder*, Grundkurs Europarecht (2013), § 2 Rn. 19.

[243] Vgl. auch Art. 3 Abs. 3 S. 2 EUV. Zur Umweltquerschnittsklausel vgl. Fn. 123.

Vertrag von Lissabon bestätigt dies auch Art. 37 der Charta der Grundrechte der Europäischen Union (GrC).[244]

Die in Art. 191 Abs. 1 AEUV festgelegten Ziele der europäischen Umweltpolitik umfassen die Erhaltung und den Schutz der Umwelt sowie die Verbesserung ihrer Qualität, den Schutz der menschlichen Gesundheit, eine umsichtige und rationelle Verwendung der natürlichen Ressourcen und die Förderung von Maßnahmen auf internationaler Ebene.[245] Art. 191 Abs. 2 AEUV fordert ein hohes, regional ausdifferenziertes Umweltschutzniveau in der EU und anerkennt maßgebende Grundsätze des Umweltrechts[246], speziell auch die dem Verkehrsprotokoll zugrunde liegenden Prinzipien der Vorsorge und Vorbeugung[247], sowie

---

244 Charta der Grundrechte der Europäischen Union (GrC), ABl. 2012, Nr. C 326/391; zu dieser *Anderson/Murphy*, The Charter of Fundamental Rights, in Biondi/Eeckhout/Ripley (Hrsg.), EU Law After Lisbon (2012), 155 ff.; *Chalmers/Davies/Monti*, European Union Law (2010), 237 ff.; *Schwarze*, EUR Beiheft 1/2009, 17 f. Zu Art. 37 GrC vgl. *Kahl W.* in Streinz (Hrsg.), EUV/AEUV (2012), Art. 191 AEUV Rn. 27; *Frenz*, EuR Beiheft 1/2009, 232 ff.

245 Vgl. dazu *Nettesheim* in Grabitz/Hilf/Nettesheim (Hrsg.), Recht der EU (2011), Art. 191 AEUV Rn. 61 ff.; *Kotzur* in Geiger/Khan/Kotzur (Hrsg.), EUV/AEUV (2010), Art. 191 AEUV Rn. 6 zum weiten Umweltbegriff im Unionsrecht und Rn. 7 ff. zu den Umweltschutzzielen des AEUV; zur Einbeziehung der Bekämpfung des Klimawandels in die Ziele der europäischen Umweltpolitik durch den Vertrag von Lissabon *Leinen*, Das Europäische Parlament, in Leiße (Hrsg.), Europäische Union (2010), 102; *Frenz*, EuR Beiheft 1/2009, 240 f.; *Schröder*, Umweltschutz als Gemeinschaftsziel, in Rengeling (Hrsg.), Handbuch Umweltrecht (2003), 207 ff.

246 Zu den umweltpolitischen Handlungsgrundsätzen und Prinzipien sowie ihrem Rechtscharakter vgl. *Epiney*, Umweltrecht (2013), 141 ff.; *Epiney/Heuck/Schleiss* in Dauses (Hrsg.), EU-Wirtschaftsrecht (2013), Rn. 139 und 148; *Heuck*, Infrastrukturmaßnahmen (2013), 247 ff.; *Kahl W.* in Streinz (Hrsg.), EUV/AEUV (2012), Art. 191 AEUV Rn. 72 ff.; *Calliess* in Calliess/Ruffert (Hrsg.), EUV/AEUV (2011), Art. 191 AEUV Rn. 26 ff.; *Nettesheim* in Grabitz/Hilf/Nettesheim (Hrsg.), Recht der EU (2011), Art. 191 AEUV Rn. 80 ff.; *Scherer/Heselhaus* in Dauses (Hrsg.), EU-Wirtschaftsrecht (2010), Rn. 35 ff., 45 ff. und 51 ff.; *Schröder*, Umweltschutz als Gemeinschaftsziel, in Rengeling (Hrsg.), Handbuch Umweltrecht (2003), 215 ff.; *Winter*, Environmental Principles in Community Law, in Jans (Hrsg.), The European Convention (2003), 3 ff.; zum hohen Umweltschutzniveau *Wagner*, RdU 2000, 48 f. Zu den Prinzipien im völkerrechtlichen Kontext vgl. oben *Teil B III 2 b)* und insbesondere Fn. 63.

247 Vgl. zum Vorsorgeprinzip in Ansätzen bereits EuGH, Rs. 57/89, Leybucht, Slg. 1991, I-883 Rn. 17 ff.; Rs. C-355/90, Santona, Slg. 1993, I-4221 Rn. 15; grundlegend Rs. C-180/96, BSE, Slg. 1998, I-2265 Rn. 99 ff., dazu *Schroeder*, DVBl 2002, 217 f.; Rs. C-127/02, Herzmuschelfischerei, Slg. 2004, I-7405 Rn. 44; GA *Kokott*, SchlA Rs. C-127/02, Herzmuschelfischerei, Slg. 2004, I-7405 Rn. 99 ff. Grundlegend die Mitteilung der Kommission zur Anwendbarkeit des Vorsorgeprinzips, KOM(2000) 1 endg. vom 2.2.2000, in der auf das Prinzip sowohl im Unionsrecht als auch im Völkerrecht Bezug genommen wird. Vgl. außerdem *de Sadeleer*, Precautionary Principle, in de Sadeleer (Hrsg.), Implementing the Precautionary Principle (2007), 15 ff.; *Kühn*, ZEuS 2006, 487 ff.;

das Verursacherprinzip[248], ohne diese jedoch inhaltlich näher zu präzisieren. Art. 193 AEUV stellt es den Mitgliedstaaten schließlich frei, über die Maßnahmen der EU hinausgehende Schutzvorkehrungen beizubehalten oder zu ergreifen.[249]

Es zeigt sich, dass die allgemeinen Umweltschutzvorgaben des AEUV im Grunde den auf den Alpenraum ausgerichteten speziellen Zielsetzungen des Verkehrsprotokolls entsprechen. Für die Zwecke der vorliegenden Arbeit ist der Umwelttitel vor allem insofern von Bedeutung, als der EuGH den Umweltschutz zur Rechtfertigung von Eingriffen in die Grundfreiheiten heranzieht.[250] Dabei fällt jedoch auf, dass er im Rahmen seiner Transitrechtsprechung nicht auf die in Art. 191 Abs. 2 AEUV genannten Umweltprinzipien Bezug nimmt[251], ebenso wenig wie auf das in Art. 8 EMRK[252] gewährleistete Grundrecht auf Achtung des Privat- und Familienlebens, welches durchaus auch Beeinträchtigungen des Wohlbefindens und des Privatlebens umfasst, die durch Umweltverschmutzung verursacht werden.[253] Die explizite Erwähnung des Gesundheitsschutzes in Art. 191 Abs. 1 AEUV verdeutlicht dessen Zusammenhang mit

ausführlich *Prügel*, Vorsorgeprinzip (2005), 47 ff.; zu Begriff, Inhalt und Struktur des Vorsorgeprinzips im verwaltungsrechtlichen Kontext *Calliess*, DVBl 2001, 1727 und 1732 f.; *Rengeling*, DVBl 2000, 1473 ff. und zur oben genannten Mitteilung der Kommission 1478 ff.

248 Vgl. zum Verursacherprinzip kritisch *Krämer*, EU Environmental Law (2012), Rn. 1.32 f.; *Ekardt*, Verursacherprinzip als Verfassungsgebot? in Hendler/Marburger/Reinhardt/Schröder (Hrsg.), Jahrbuch des Umwelt- und Technikrechts (2006), 76 ff.; im Kontext der unionalen Verkehrspolitik *Humphreys*, ELRev 2001, 456 ff.; *Krämer*, Focus on European Environmental Law (1992), 244 ff.; *Krämer*, EuGRZ 1989, 353 ff.

249 Vgl. dazu *Epiney*, Umweltrecht (2013), 209 ff.; *Scherer/Heselhaus* in Dauses (Hrsg.), EU-Wirtschaftsrecht (2010), Rn. 163 ff.; *Richter*, „Nationale Alleingänge" (2007), 233 ff.; *Middeke*, Nationale Alleingänge, in Rengeling (Hrsg.), Handbuch Umweltrecht (2003), 1069 ff.

250 Vgl. unten *Teil D III 1*, Fn. 444 und 446.

251 So setzt sich der EuGH in der Rechtssache *Brennermaut* (Fn. 626 und 951) nicht mit der Frage auseinander, ob der in der Wegekostenrichtlinie (vgl. unten *Teil E V 2* und Fn. 913) normierte „Grundsatz der ausschließlichen Anlastung von Infrastrukturkosten" mit dem Verursacherprinzip im Einklang steht, vgl. EuGH, Rs. C-205/98, Brennermaut, Slg. 2000, I-7367. Kritisch zum – im Gegensatz zur offenen, teleologischen Entwicklung der Grundfreiheiten – positivistischen Verständnis des Umweltschutzes, welchen der EuGH nicht als allgemeinen Rechtsbegriff auffasst, *Bußjäger*, Der EuGH als rechtsschöpfende und rechtsgestaltende Instanz, in Roth G.H./Hilpold (Hrsg.), EuGH und die Souveränität der Mitgliedstaaten (2008), 321 ff.; ebenso *Weber K.*, Transitverkehr in der Judikatur, in Roth G.H./Hilpold (Hrsg.), EuGH und die Souveränität der Mitgliedstaaten (2008), 409, 414 f. und 425 f.

252 Europäische Konvention zum Schutz der Menschenrechte und Grundfreiheiten, BGBl. 1958/210 i.d.F. SEV Nr. 194.

253 Vgl. unten *Teil D III 1 c)*.

dem Umweltschutz, schließlich beeinträchtigen negative Umwelteinflüsse das menschliche Wohlbefinden. Diesen umweltbezogenen Gesundheitsschutz berücksichtigt der EuGH im Zuge der Rechtfertigung.[254]

Letztlich interpretiert der EuGH den Umweltschutz sehr restriktiv.[255] Er orientiert sich streng am AEUV und dem umweltrechtlichen Sekundärrecht, beispielsweise an der Luftqualitätsrichtlinie[256], die eine integrierte Verminderung der Umweltverschmutzung bezweckt.[257] Die Richtlinie definiert Luftqualitätsziele und gewisse Schadstoffgrenzwerte, bei welchen es sich um Mindestanforderungen handelt. Die Mitgliedstaaten dürfen strengere Grenzwerte vorse-

---

[254] Vgl. hierzu unten *Teil D III 1 b) bb).* Neben Art. 191 Abs. 1 AEUV kommt dem Schutz der Gesundheit insbesondere in den Art. 114, 153 und 168 AEUV in anderen Kontexten Bedeutung zu, die jedoch für die Zwecke dieser Arbeit nicht von Relevanz sind. Die Nennung des Gesundheitsschutzes als besonderen Teilaspekt des Umweltschutzes stellt die Beziehung zu diesen Bereichen her. Vgl. zur Abgrenzung *Kahl W.* in Streinz (Hrsg.), EUV/AEUV (2012), Art. 191 AEUV Rn. 56 f.; *Käller* in Schwarze (Hrsg.), EU-Kommentar (2012), Art. 191 AEUV Rn. 10 f.

[255] Bezugnehmend auf die Rechtssache *Sektorales Fahrverbot II* vgl. kritisch *Ehlotzky*, Eine (rein) österreichische Angelegenheit? in Epiney/Heuck (Hrsg.), Der alpenquerende Gütertransport (2012), 66.

[256] Richtlinie 2008/50/EG vom 21.5.2008 über Luftqualität und saubere Luft für Europa, ABl. 2008, Nr. L 152/1, berichtigt durch ABl. 2012, Nr. L 336/101, in Anlehnung an die englische Bezeichnung „Clean Air for Europe" auch als „CAFE-Richtlinie" bekannt. In dieser Richtlinie wurden im Rahmen der „Thematischen Strategie zur Luftreinhaltung" [KOM(2005) 446 endg. vom 21.9.2005] die ehemalige Luftqualitätsrahmenrichtlinie (RL 96/62/EG), drei ihrer Tochterrichtlinien (RL 1999/30, RL 2000/69, RL 2002/3) sowie die Entscheidung 97/101/EG zusammengefasst. Dabei wurden Messmethoden und Beurteilungskriterien vereinheitlicht sowie verbindliche Grenzwerte für Ultrafeinstaub normiert. Ein Rückschritt ist die den Mitgliedstaaten eingeräumte Option einer Fristverlängerung bis zur Einhaltung gewisser Grenzwerte. Zur Luftqualitätsrichtlinie als Grundlage für den Erlass von Maßnahmen zur Verlagerung des Verkehrs auf die Schiene vgl. unten *Teil E I 1.* Zum Luftreinhalterecht der EU und der geltenden Luftqualitätsrichtlinie vgl. *Breier* in Lenz/Borchardt (Hrsg.), EU-Verträge (2013), Nach Art. 192 AEUV Rn. 25; *Epiney*, Umweltrecht (2013), 440 ff.; *Heuck*, Infrastrukturmaßnahmen (2013), 442 ff.; *Fekete*, Feinstaubreduktion im IG-L (2010), 9 ff. und 32 ff.; insbesondere in Hinblick auf Stickstoffoxide *Schnedl*, RdU 2008/71, 112 ff.; zur Strategie der Kommission, zur Luftqualitätsrahmenrichtlinie und zu den Tochterrichtlinien *Wagner*, Europarechtliche Vorgaben, in Wagner/Kerschner (Hrsg.), Immissionsschutzgesetz-Luft (2008), 40 ff.; auch *Kerschner*, Verkehrsimmissionen (2007), 37 ff. Zur österreichischen Umsetzung im Immissionsschutzgesetz-Luft (IG-L) vgl. *Hoffer*, Straßenverkehrsrecht, in Bauer (Hrsg.), Handbuch Verkehrsrecht (2009), 181 f.; *Schulev-Steindl*, Mögliche (wirksame) Maßnahmen, in Wagner/Kerschner (Hrsg.), Immissionsschutzgesetz-Luft (2008), 75 ff.; *Bratrschovsky/Chojnacka*, Luftreinhaltung und Klimaschutz, in Raschauer/Wessely (Hrsg.), Handbuch Umweltrecht (2006), 500 ff.; detailliert *Furherr*, Das Immissionsschutzgesetz-Luft, in Hauer/Nußbaumer (Hrsg.), Österreichisches Raum- und Fachplanungsrecht (2006), 557 ff.

[257] EuGH, Rs. C-237/07, Janecek, Slg. 2008, I-6221 Rn. 45, hier noch bezogen auf die ehemalige Luftqualitätsrahmenrichtlinie (Fn. 256).

hen. Bei einer Überschreitung sind sie verpflichtet, entsprechende Maßnahmen zu ergreifen, die Teil eines Luftqualitätsplans im Sinne von Art. 23 und 24 der Richtlinie sein müssen. Dadurch sollen gemäß Art. 1 die Luftqualität in der EU erhalten bzw. verbessert sowie schädliche Auswirkungen auf die menschliche Gesundheit und die Umwelt verringert und möglichst vermieden werden.

e) Zwischenergebnis

Die vorstehenden Ausführungen verdeutlichen, dass das Verkehrsprotokoll mit der Umweltpolitik der EU konvergiert und seine Zielsetzungen sich zumindest mit den primärrechtlichen Vorgaben der unionalen Verkehrs- und Infrastrukturpolitik vereinbaren lassen.[258] Konfliktpotenzial ergibt sich in erster Linie in Hinblick auf die Grundfreiheiten des Binnenmarktes.

Nun steht das Primärrecht aus Sicht des EuGH in der europäischen Normenhierarchie über den völkerrechtlichen Verträgen der EU und damit über dem Verkehrsprotokoll.[259] Seit der Genehmigung des Protokolls durch die EU darf dieses folglich nicht mit den Grundfreiheiten kollidieren. Außerdem dürfen jene Vertragsparteien des Verkehrsprotokolls, die Mitgliedstaaten der EU sind, keine primärrechtswidrigen Maßnahmen ergreifen. Sie sind jedoch auch völkerrechtlich gebunden, ihre Verpflichtungen aus dem Verkehrsprotokoll in das nationale Recht umzusetzen.

Ziel dieser Arbeit ist es daher zu untersuchen, ob sich aus dem Verkehrsprotokoll und den Grundfreiheiten widersprüchliche Verpflichtungen ergeben. Bevor aber einzelne Bestimmungen im Detail analysiert und Möglichkeiten einer unionsrechtskonformen Durchführung des Protokolls geprüft werden, ist zunächst das System der Grundfreiheiten überblicksmäßig darzustellen.

---

[258] In Hinblick auf das Sekundärrecht der EU vgl. oben *Teil C III 2 c)* zu den TEN-Leitlinien und unten *Teil E V 2* zur Wegekostenrichtlinie.

[259] Vgl. oben *Teil C II 2 a).*

D. Grundfreiheiten im Verkehrsbereich

Die in Art. 26 Abs. 2 AEUV aufgelisteten Grundfreiheiten des europäischen Binnenmarktes folgen einem gemeinsamen System, dessen Grundzüge im Folgenden erläutert werden.[260] Sie verfügen über parallele Tatbestände und haben ein gemeinsames Ziel.[261] Durch ihre extensive Interpretation gelingt es, alle grenzüberschreitenden Wirtschaftstätigkeiten in der EU zu erfassen.[262]

Besonderes Augenmerk wird in dieser Arbeit auf jene Aspekte gelegt, die in Hinblick auf das Verkehrsprotokoll relevant sind. Dabei ist auf bestehende Sonderregelungen für den Verkehrsbereich einzugehen und zu prüfen, inwieweit sich die dogmatischen Grundzüge der Judikatur des EuGH zu den Grundfreiheiten auf diesen übertragen lassen. Neue Tendenzen in der Rechtsprechung sind aufzugreifen, aber auch die klassische Judikatur zur Transitproblematik heranzuziehen.

Nicht näher erörtert werden indes das in Art. 18 AEUV normierte allgemeine Diskriminierungsverbot aus Gründen der Staatsangehörigkeit und das Freizügigkeitsrecht des Art. 21 AEUV. Diese sind gegenüber den Grundfreiheiten subsidiär und kommen nur bei Sachverhalten ohne wirtschaftlichen Bezug zum Tragen.[263] Eine besondere Ausprägung des Diskriminierungsverbotes stel-

---

[260] Zur Doppelstruktur der Grundfreiheiten bestehend aus Regelkern und Prinzipienteil vgl. *Schroeder*, Gemeinschaftsrechtssystem (2002), 276 ff. Zur zunehmenden Integration der Weltwirtschaft *Badinger*, The World Economy 2013, 12 ff.

[261] EuGH, Rs. C-106/91, Ramrath, Slg. 1992, I-3351 Rn. 16 f.; Rs. C-55/94, Gebhard, Slg. 1995, I-4165 Rn. 37. Zur Parallelität der Grundfreiheiten vgl. *Schroeder* in Streinz (Hrsg.), EUV/AEUV (2012), Art. 34 AEUV Rn. 11; zu Begrifflichkeit und Entwicklung der gemeinsamen dogmatischen Grundlagen *Kingreen*, Fundamental Freedoms, in von Bogdandy/Bast (Hrsg.), Principles (2011), 515 ff.; *Oliver/Enchelmaier*, CMLRev 2007, 666 ff.; zur Impulswirkung der EuGH-Rechtsprechung *Schroeder/Müller A. Th.*, Recht des Binnenmarktes, in Wagner/Wedl (Hrsg.), Bilanz und Perspektiven (2007), 90 f. und 94 ff.; differenzierend *Steinberg*, EuGRZ 2002, 13 ff. Trotz der Parallelität lässt sich die zu einer bestimmten Grundfreiheit ergangene Rechtsprechung des EuGH nicht immer ohne weiteres auf die anderen Grundfreiheiten übertragen, vgl. unten *Teil D II 2* und *III*.

[262] Zum Geltungsbereich der Grundfreiheiten vgl. *Schroeder*, Grundkurs Europarecht (2013), § 14 Rn. 1 und 7 f.; *Ehlers* in Ehlers (Hrsg.), Europäische Grundrechte und Grundfreiheiten (2009), § 7 Rn. 23.

[263] Vgl. hierzu *Schroeder*, Grundkurs Europarecht (2013), § 12 Rn. 7 und § 13 Rn. 7; *Hatje* in Schwarze (Hrsg.), EU-Kommentar (2012), Art. 21 AEUV Rn. 18; *Holoubek* in Schwarze (Hrsg.), EU-Kommentar (2012), Art. 18 AEUV Rn. 48 ff.; *Streinz* in Streinz (Hrsg.), EUV/AEUV (2012), Art. 18 AEUV Rn. 14; *Ehlers* in Ehlers (Hrsg.), Europäische Grundrechte und Grundfreiheiten (2009), § 7 Rn. 13 f. Zur Auslegung des Freizügigkeitsrechts des Art. 21 AEUV als Diskriminierungs- und Beschränkungsverbot vgl. die Beispiele bei

len schließlich Art. 92 und 110 AEUV dar, die im Kontext der Straßenverkehrsabgaben in *Teil E* dieser Arbeit behandelt werden. Auch diese Bestimmungen gehen als *leges speciales* dem Art. 18 AEUV vor.[264]

I. System der Grundfreiheiten

1. Parallelität

Den freien Warenverkehr erachtet der EuGH als einen der tragenden Grundsätze der EU.[265] Ziel der in Art. 28 ff. AEUV geregelten Warenverkehrsfreiheit ist es, möglichst alle Hindernisse für den freien Verkehr von Waren zwischen den Mitgliedstaaten zu beseitigen.[266] Im Mittelpunkt steht dabei das in Art. 34 ff. AEUV normierte Verbot nichttarifärer Ein-, Aus-[267] und Durchfuhrbeschränkungen[268] sowie von Maßnahmen gleicher Wirkung.[269]

Obwexer, Diskriminierungsverbot und Unionsbürgerschaft, in Eilmansberger/Herzig (Hrsg.), Jahrbuch Europarecht (2010), 84 ff.; *Obwexer*, Grundfreiheit Freizügigkeit (2009), 170 f. und 345 ff.

264 Vgl. *Kamann* in Streinz (Hrsg.), EUV/AEUV (2012), Art. 110 AEUV Rn. 29; *Schäfer* in Streinz (Hrsg.), EUV/AEUV (2012), Art. 92 AEUV Rn. 4; *Stumpf* in Schwarze (Hrsg.), EU-Kommentar (2012), Art. 110 AEUV Rn. 48. Vgl. unten *Teil E I 1 d)* und *V 1.*

265 EuGH, Rs. 120/78, Cassis de Dijon, Slg. 1979, 649 Rn. 14; Rs. 37/83, Rewe-Zentral AG, Slg. 1984, 1229 Ls. 2 und Rn. 18; Rs. C-194/94, CIA Security International, Slg. 1996, I-2201 Rn. 40; Rs. C-265/95, Kommission/Frankreich, Slg. 1997, I-6959 Rn. 24; Rs. C-112/00, Schmidberger, Slg. 2003, I-5659 Rn. 51; Rs. C-320/03, Sektorales Fahrverbot I, Slg. 2005, I-9871 Rn. 63; verb. Rs. C-158/04 und C-159/04, Alfa Vita, Slg. 2006, I-8135 Rn. 14. Zu den Grundfreiheiten als „Grundlagen der EU" *Schroeder*, Gemeinschaftsrechtssystem (2002), 369.

266 Unter Waren sind nach dem EuGH „Erzeugnisse zu verstehen, die einen Geldwert haben und deshalb Gegenstand von Handelsgeschäften sein können.", vgl. EuGH, Rs. 7/68, Kunstschätze, Slg. 1968, 634, 642. Zum weiten Warenbegriff, der auch Abfälle oder Elektrizität umfasst, vgl. *Kamann* in Streinz (Hrsg.), EUV/AEUV (2012), Art. 28 AEUV Rn. 13 ff.; *Schroeder* in Streinz (Hrsg.), EUV/AEUV (2012), Art. 34 AEUV Rn. 19 ff.

267 Ausfuhrbeschränkungen gemäß Art. 35 AEUV werden in der vorliegenden Arbeit nicht gesondert behandelt. Sie sind jedoch, unter Annahme einer Parallelität des Art. 35 AEUV zu Art. 34 AEUV, von den Erläuterungen zur Warenverkehrsfreiheit mitumfasst. Vgl. in diesem Sinne *Schroeder* in Streinz (Hrsg.), EUV/AEUV (2012), Art. 35 AEUV Rn. 5; *Epiney* in Ehlers (Hrsg.), Europäische Grundrechte und Grundfreiheiten (2009), § 8 Rn. 52. Generell zu Ausfuhrbeschränkungen *Schroeder*, Grundkurs Europarecht (2013), § 14 Rn. 89 ff.

268 Dass Art. 34 AEUV die Durchfuhr miterfasst, ergibt sich implizit aus Art. 36 AEUV und wird durch die Rechtsprechung des EuGH bestätigt, vgl. EuGH, Rs. 266/81, SIOT, Slg. 1983, 731 Rn. 16; Rs. C-367/89, Richardt, Slg. 1991, I-4621 Rn. 14; Rs. C-350/97, Monsees, Slg. 1999, I-2921 Rn. 23. In Hinblick auf den Transitverkehr kommt der „Durchfuhr" eine besondere Bedeutung zu, vgl. EuGH, Rs. C-112/00, Schmidberger,

Mengenmäßige Beschränkungen sind relativ leicht zu identifizieren. Darunter fallen Kontingente und sonstige Maßnahmen, welche die Ein-, Aus- und Durchfuhr einer Ware gänzlich oder teilweise untersagen.[270] Schwieriger ist es hingegen zu beurteilen, wann eine Maßnahme gleicher Wirkung vorliegt, die den Handel in der EU im Ergebnis in gleicher Weise behindert wie eine mengenmäßige Beschränkung.[271] Der EuGH hat den Begriff der Maßnahme gleicher Wirkung in seinem Urteil in der Rechtssache *Dassonville*[272] sehr weit ausgelegt als

> „jede Handelsregelung der Mitgliedstaaten, die geeignet ist, den inner[unionalen] Handel unmittelbar oder mittelbar, tatsächlich oder potentiell zu behindern".[273]

Es kommt somit auf die Wirkung einer Maßnahme auf den innerunionalen Handel an, gleichgültig, ob es sich dabei um eine unmittelbare und tatsächliche oder eine bloß mittelbare und potenzielle Wirkung handelt.[274]

Die in Art. 45 ff. AEUV geregelte Arbeitnehmerfreizügigkeit und die in Art. 49 ff. AEUV normierte Niederlassungsfreiheit lassen sich unter dem Begriff der Personenverkehrsfreiheiten zusammenfassen.[275] Sie ermöglichen die dauerhafte Aufnahme einer unselbständigen bzw. selbständigen Erwerbstätigkeit in den EU-Mitgliedstaaten.[276] Der Begriff „Niederlassung" bezeichnet dabei eine dauerhafte und feste Einrichtung.[277] Dadurch unterscheidet sich die Niederlassung von der Dienstleistung gemäß Art. 56 ff. AEUV, die vorübergehend in einem anderen Mitgliedstaat angeboten wird und keine dauerhafte Niederlassung

Slg. 2003, I-5659 Rn. 60 ff.; Rs. C-320/03, Sektorales Fahrverbot I, Slg. 2005, I-9871 Rn. 65 f.; EuGH, Rs. C-28/09, Sektorales Fahrverbot II, Slg. 2011, I-13525 Rn. 113 ff.

269 Vgl. EuGH, Rs. 2/73, Geddo, Slg. 1973, 865 Ls. 5 und Rn. 7.

270 Vgl. *Schroeder* in Streinz (Hrsg.), EUV/AEUV (2012), Art. 34 AEUV Rn. 32 und Art. 35 AEUV Rn. 3; *White*, CMLRev 1989, 241 f.

271 Vgl. *Kotzur* in Geiger/Khan/Kotzur (Hrsg.), EUV/AEUV (2010), Art. 34 AEUV Rn. 7 ff.; ausführlich *Millarg*, Schranken des freien Warenverkehrs (2001), 33 ff.; *White*, CMLRev 1989, 242 ff.

272 EuGH, Rs. 8/74, Dassonville, Slg. 1974, 837.

273 EuGH, Rs. 8/74, Dassonville, Slg. 1974, 837 Rn. 5; seither ständige Rechtsprechung, vgl. Rs. 178/84, Reinheitsgebot, Slg. 1987, 1227 Rn. 27; verb. Rs. C-267/91 und C-268/91, Keck und Mithouard, Slg. 1993, I-6097 Rn. 11; verb. Rs. C-158/04 und C-159/04, Alfa Vita, Slg. 2006, I-8135 Rn. 15.

274 Vgl. *Schroeder* in Streinz (Hrsg.), EUV/AEUV (2012), Art. 34 AEUV Rn. 34 ff.; *Kingreen* in Calliess/Ruffert (Hrsg.), EUV/AEUV (2011), Art. 34–36 AEUV Rn. 37.

275 *Franzen* in Streinz (Hrsg.), EUV/AEUV (2012), Art. 45 AEUV Rn. 1.

276 Vgl. *Schroeder*, Grundkurs Europarecht (2013), § 14 Rn. 92 ff. zur Arbeitnehmerfreizügigkeit und § 14 Rn. 110 ff. zur Niederlassungsfreiheit.

277 EuGH, Rs. C-221/89, Factortame I, Slg. 1991, I-3905 Rn. 20; *Schlag* in Schwarze (Hrsg.), EU-Kommentar (2012), Art. 49 AEUV Rn. 15.

erfordert.[278] Der Dienstleistungsfreiheit kommt eine Auffangfunktion für alle wirtschaftlichen Tätigkeiten im Binnenmarkt zu. Im Ergebnis soll jede selbständige entgeltliche Tätigkeit grenzüberschreitend liberalisiert werden.[279] Schließlich verbieten die Kapital- und Zahlungsverkehrsfreiheit gemäß Art. 63 ff. AEUV Beschränkungen von Kapitaltransaktionen zur Vermögensveranlagung bzw. von Zahlungstransfers zwischen den Mitgliedstaaten. Dabei ergänzt die Zahlungsverkehrsfreiheit die anderen Grundfreiheiten, indem sie den grenzüberschreitenden Fluss von Zahlungsmitteln garantiert.[280]

Der EuGH hat in seiner Rechtsprechung gemeinsame dogmatische Grundstrukturen der Grundfreiheiten erkannt. Grundsätze aus dem Recht einer Grundfreiheit lassen sich daher auf die anderen Grundfreiheiten übertragen.[281] Durch das Verkehrsprotokoll werden in erster Linie die Warenverkehrs- und die Dienstleistungsfreiheit, bisweilen auch die Niederlassungsfreiheit berührt. In der vorliegenden Arbeit werden nun zumeist Fallkonstellationen erörtert, bei welchen grundsätzlich sowohl die Waren- als auch die Dienstleistungsfreiheit einschlägig sind.[282] *In concreto* prüft der EuGH jene Grundfreiheit, die schwerpunktmäßig

---

278 Nach dem EuGH „ist der vorübergehende Charakter der fraglichen Tätigkeiten nicht nur unter Berücksichtigung der Dauer der Leistung, sondern auch ihrer Häufigkeit, regelmässigen Wiederkehr oder Kontinuität zu beurteilen.“, vgl. EuGH, Rs. C-55/94, Gebhard, Slg. 1995, I-4165 Rn. 27. Ebenso Rs. C-131/01, Kommission/Italien, Slg. 2003, I-1659 Rn. 22. Zur Abgrenzung vgl. *Schroeder*, Grundkurs Europarecht (2013), § 14 Rn. 117 und 146; *Schlag* in Schwarze (Hrsg.), EU-Kommentar (2012), Art. 49 AEUV Rn. 16; *Pache* in Ehlers (Hrsg.), Europäische Grundrechte und Grundfreiheiten (2009), § 11 Rn. 43; *Schweitzer/Hummer/Obwexer*, Europarecht (2007), Rn. 1527 ff.; *Hatje*, Jura 2003, 162 f.

279 Entgegen dem Wortlaut des Art. 57 UAbs. 1 AEUV behandelt der EuGH die Dienstleistungsfreiheit meist nicht als subsidiär gegenüber den anderen Grundfreiheiten, vgl. EuGH, Rs. C-275/92, Schindler, Slg. 1994, I-1039 Rn. 24 ff.; Rs. C-158/94, Kommission/Italien, Slg. 1997, I-5789 Rn. 15 ff.; verb. Rs. C-34/95, C-35/95 und C-36/95, De Agostini, Slg. 1997, I-3843 Rn. 39 ff. und 48 ff. Dazu *Schroeder* in Streinz (Hrsg.), EUV/AEUV (2012), Art. 34 AEUV Rn. 12; *Ehlers* in Ehlers (Hrsg.), Europäische Grundrechte und Grundfreiheiten (2009), § 7 Rn. 65; *Schweitzer/Hummer/Obwexer*, Europarecht (2007), Rn. 1505. Zur Dienstleistungsfreiheit im Verkehrsbereich vgl. unten *Teil D I 3.*

280 Zur Zahlung als Gegenleistung für eine zugrunde liegende Transaktion aus dem Bereich der anderen Grundfreiheiten vgl. *Kotzur* in Geiger/Khan/Kotzur (Hrsg.), EUV/AEUV (2010), Art. 63 AEUV Rn. 6; *Steinberg*, EuGRZ 2002, 14. Zur Kapital- und Zahlungsverkehrsfreiheit *Schroeder*, Grundkurs Europarecht (2013), § 14 Rn. 165 ff.

281 Vgl. Fn. 260 und 261.

282 Relevant sind hierbei personengebundene Fälle der Dienstleistungsfreiheit. Zu den vom EuGH anerkannten Konstellationen der Dienstleistungsfreiheit vgl. *Schroeder*, Grundkurs Europarecht (2013), § 14 Rn. 143. Nach *Kotzur* sind der freie Waren- und Dienstleistungsverkehr als komplementäre Produktverkehrsfreiheiten zusammenzudenken, vgl. *Kotzur* in Geiger/Khan/Kotzur (Hrsg.), EUV/AEUV (2010), Art. 34 AEUV Rn. 1; ähnlich *Steinberg*, EuGRZ 2002, 14; *Epiney/Gruber*, Verkehrsrecht in der EU (2001), 93. Zum

betroffen ist, oder er zerlegt den gegenständlichen Wirtschaftsvorgang in mehrere Teile. Hierbei ist auch die rechtliche Perspektive der beteiligten Personen entscheidend.[283] Die Arbeitnehmerfreizügigkeit sowie die Kapital- und Zahlungsverkehrsfreiheit sind schließlich für die Zwecke dieser Arbeit nicht primär relevant und werden daher nicht weiter vertieft.

2. Gewährleistungen

Die zentralen Bestimmungen der Grundfreiheiten sind hinreichend klar und eindeutig formuliert. Sie sind unmittelbar anwendbar und schaffen individuelle Rechte, die der Einzelne vor nationalen Gerichten und Behörden geltend machen kann. Letztere wiederum haben die Grundfreiheiten von Amts wegen zu beachten.[284] Natürliche und juristische Personen sind berechtigt, sich auf die Grundfreiheiten zu berufen, wobei der Kreis der Berechtigten weit zu ziehen ist. Die Niederlassungs- und die Dienstleistungsfreiheit sind auf Unionsbürger beschränkt.[285] Die Warenverkehrsfreiheit knüpft hingegen nicht an die Staatsangehörigkeit jener Personen an, die sich auf sie berufen, sondern an das Vorliegen einer Unionsware im Sinne von Art. 28 Abs. 2 i.V.m. Art. 29 AEUV.[286] Ist eine solche gegeben, kann sich jede betroffene Person auf die Warenverkehrsfreiheit berufen.[287]

Zusammenspiel dieser Grundfreiheiten beim Transitverkehr vgl. *Hummer*, Die Auswirkungen der fünften Erweiterung, in Busek/Hummer (Hrsg.), Alpenquerender und inneralpiner Transitverkehr (2005), 57.

283 EuGH, Rs. C-275/92, Schindler, Slg. 1994, I-1039 Rn. 22 ff.; Rs. C-36/02, Omega, Slg. 2004, I-9609 Rn. 26; Rs. C-452/04, Fidium Finanz AG, Slg. 2006, I-9521 Rn. 34. Die Rechtssache *Schmidberger* prüft der EuGH anhand der Warenverkehrsfreiheit, da ihm zufolge bei einem Unternehmen, das Transporte zwischen Deutschland und Italien durchführt, die Verbringung körperlicher Gegenstände den Selbstzweck der Tätigkeit darstellt, vgl. EuGH, Rs. C-112/00, Schmidberger, Slg. 2003, I-5659 Rn. 15 und 51 ff.; dazu Fn. 402. Zur Abgrenzung der Grundfreiheiten vgl. *Schroeder*, Grundkurs Europarecht (2013), § 14 Rn. 5 f.; *Oliver/Enchelmaier*, CMLRev 2007, 668 ff.

284 EuGH, Rs. 26/62, van Gend & Loos, Slg. 1962, 1, 25; Rs. 74/76, Iannelli & Volpi, Slg. 1977, 557 Rn. 13; verb. Rs. C-46/93 und C-48/93, Brasserie du Pêcheur, Slg. 1996, I-1029 Rn. 23; vgl. *Ehlers* in Ehlers (Hrsg.), Europäische Grundrechte und Grundfreiheiten (2009), § 7 Rn. 7; *Schroeder*, Gemeinschaftsrechtssystem (2002), 453 und 458 ff. zum Urteil *van Gend & Loos* sowie 457 ff. zu individuellen Rechten durch unmittelbar anwendbare Normen. Zur unmittelbaren Anwendbarkeit der Normen des Verkehrsprotokolls im Unionsrecht vgl. oben *Teil C II 2 c)*.

285 Zum Teil auch auf deren Angehörige, vgl. *Schroeder*, Grundkurs Europarecht (2013), § 14 Rn. 119 und 148.

286 *Schroeder* in Streinz (Hrsg.), EUV/AEUV (2012), Art. 34 AEUV Rn. 24.

287 Vgl. *Schroeder*, Grundkurs Europarecht (2013), § 14 Rn. 16 ff.; *Jarvis* in Oliver (Hrsg.), Free Movement of Goods (2010), Rn. 2.26; *Epiney* in Ehlers (Hrsg.), Europäische Grundrechte und Grundfreiheiten (2009), § 8 Rn. 15.

Die Grundfreiheiten richten sich in erster Linie an die Mitgliedstaaten, ebenso aber an die Unionsorgane sowie zum Teil an Privatpersonen.[288] Ihre Adressaten müssen nicht nur Beeinträchtigungen der Grundfreiheiten unterlassen, sondern auch bestehende Vorschriften oder Praktiken beseitigen, welche die Grundfreiheiten verletzen. Insofern normieren diese Unterlassungs- und Handlungspflichten. Aus den Grundfreiheiten und dem Loyalitätsgebot in Art. 4 Abs. 3 EUV leitet der EuGH außerdem Schutzpflichten der Mitgliedstaaten ab, aufgrund derer diese rechtswidrige Eingriffe in den freien Verkehr von dritter Seite zu verhindern haben.[289] Auch die EU darf prinzipiell kein Sekundärrecht erlassen, das den freien Verkehr zwischen den Mitgliedstaaten behindert. Gravierende Einschränkungen sind hierbei allerdings nicht zu erwarten, schließlich stellt die Verwirklichung des Binnenmarktes das primäre Ziel der EU dar. Darüber hinaus gesteht der EuGH dem Unionsgesetzgeber einen weitaus größeren Ermessensspielraum zu als den Mitgliedstaaten.[290]

In Hinblick auf das Verkehrsprotokoll sind somit in erster Linie Durchführungsmaßnahmen jener Vertragsstaaten, die Mitgliedstaaten der EU sind, auf

---

[288] Horizontalwirkung entfalten nach h.L. die Freiheiten des Personen- und des Dienstleistungsverkehrs, vgl. *Schroeder*, Grundkurs Europarecht (2013), § 14 Rn. 28. Aber auch in Hinblick auf die Warenverkehrsfreiheit ist eine Horizontalwirkung nicht mehr gänzlich auszuschließen, vgl. EuGH, Rs. C-171/11, Fra.bo SpA, Slg. 2012, noch nicht in der amtlichen Sammlung veröffentlicht, Rn. 21 ff.; hierzu *Roth W.-H.*, EWS 2013, 16 ff. Die Horizontalwirkung ist in Hinblick auf die Durchführung des Verkehrsprotokolls nicht weiter von Bedeutung. Generell dazu auch *Ehlers* in Ehlers (Hrsg.), Europäische Grundrechte und Grundfreiheiten (2009), § 7 Rn. 48 ff.; *Jarass*, Grundfreiheiten als Grundgleichheiten, in FS für Ulrich Everling I (1995), 593 f.

[289] So sind Verkehrswege frei zu halten, vgl. EuGH, Rs. C-265/95, Kommission/Frankreich, Slg. 1997, I-6959 Rn. 30 ff., hierzu *Schärf*, EuZW 1998, 617 f., und *Schwarze*, EuR 1998, 53 ff.; EuGH, Rs. C-112/00, Schmidberger, Slg. 2003, I-5659 Rn. 57 ff.; Rs. C-320/03, Sektorales Fahrverbot I, Slg. 2005, I-9871 Rn. 66 ff.; Rs. C-28/09, Sektorales Fahrverbot II, Slg. 2011, I-13525 Rn. 113 ff.; vgl. dazu *Schroeder* in Streinz (Hrsg.), EUV/AEUV (2012), Art. 34 AEUV Rn. 26; *Kingreen* in Calliess/Ruffert (Hrsg.), EUV/AEUV (2011), Art. 34–36 AEUV Rn. 12 ff.; *Oliver* in Oliver (Hrsg.), Free Movement of Goods (2010), Rn. 6.134 ff.; *Epiney* in Ehlers (Hrsg.), Europäische Grundrechte und Grundfreiheiten (2009), § 8 Rn. 17; *Kingreen*, Grundfreiheiten, in von Bogdandy/Bast (Hrsg.), Europäisches Verfassungsrecht (2009), 746 ff. Vgl. auch unten *Teil E II 4 a)* und Fn. 859, sowie zum Loyalitätsgebot Fn. 190.

[290] Dies zeigt sich insbesondere bei der Prüfung der Verhältnismäßigkeit eines Unionsrechtsaktes durch den EuGH, vgl. EuGH, Rs. C-114/96, Kieffer und Thill, Slg. 1997, I-3629 Ls. 3 f. und 27 ff.; Rs. C-284/95, Safety Hi-Tech, Slg. 1998, I-4301 Rn. 63 ff.; *Becker* in Schwarze (Hrsg.), EU-Kommentar (2012), Art. 34 AEUV Rn. 101 f.; *Schroeder* in Streinz (Hrsg.), EUV/AEUV (2012), Art. 34 AEUV Rn. 29. Gegen eine Bindung der EU an die Grundfreiheiten hingegen *Kingreen* in Calliess/Ruffert (Hrsg.), EUV/AEUV (2011), Art. 34–36 AEUV Rn. 109 f.; *Kingreen*, Grundfreiheiten, in von Bogdandy/Bast (Hrsg.), Europäisches Verfassungsrecht (2009), 741.

ihre Vereinbarkeit mit den Grundfreiheiten zu prüfen. Liegt im Einzelfall der Verdacht vor, eine in Durchführung des Verkehrsprotokolls ergangene staatliche Maßnahme könnte gegen eine Grundfreiheit verstoßen, steht der Europäischen Kommission und jedem Mitgliedstaat die Vertragsverletzungsklage gemäß Art. 258 ff. AEUV offen.[291]

3. Dienstleistungsfreiheit im Verkehrsbereich

Die gemeinsame Verkehrspolitik ist ein essenzielles Instrument für die Realisierung des Binnenmarktes. Gleichzeitig ist der Binnenmarkt aber auch im Verkehrsbereich selbst zu verwirklichen.[292] Eine gewisse Sonderstellung nimmt dabei die Dienstleistungsfreiheit ein, denn Art. 58 Abs. 1 AEUV verweist hierzu auf die Bestimmungen des Verkehrstitels. Die Art. 90 ff. AEUV zum Verkehr sind somit *leges speciales* zu den allgemeinen Grundsätzen der Dienstleistungsfreiheit in Art. 56 ff. AEUV.[293] Dies wirft die Frage auf, inwieweit diese Sonderstellung der Dienstleistungsfreiheit im Verkehrsbereich für das Verkehrsprotokoll von Bedeutung ist.

Die angesprochene Besonderheit besteht in erster Linie darin, dass – wie der EuGH in seinem Grundsatzurteil zur *Gemeinsamen Verkehrspolitik*[294] festgestellt hat – die Art. 56 ff. AEUV im Verkehrssektor nicht unmittelbar anwendbar sind.[295] Ihre Umsetzung erfolgt im Rahmen und mit den Mitteln der gemein-

---

[291] Im Falle eines Sekundärrechtsaktes der EU, der mit dem Verkehrsprotokoll kollidiert, kann wiederum Nichtigkeitsklage gemäß Art. 263 AEUV ergriffen werden. Zum Rechtsschutzsystem in der EU vgl. Fn. 165.

[292] Zu dieser „Doppelnatur des Verkehrs" vgl. *Epiney/Heuck/Schleiss* in Dauses (Hrsg.), EU-Wirtschaftsrecht (2013), Rn. 6; *Jung* in Calliess/Ruffert (Hrsg.), EUV/AEUV (2011), Art. 90 AEUV Rn. 11.

[293] Vgl. *Stadler* in Schwarze (Hrsg.), EU-Kommentar (2012), Art. 90 AEUV Rn. 3. Für einen detaillierten Überblick über den Verkehrstitel vgl. *Epiney/Heuck/Schleiss* in Dauses (Hrsg.), EU-Wirtschaftsrecht (2013), Rn. 34 ff. sowie zur Dienstleistungsfreiheit Rn. 105 ff. und 181 ff.; zur Sonderstellung des Verkehrs und den verkehrspolitischen Besonderheiten *Mehl*, Anwendung des Subsidiaritätsprinzips (2004), 21 ff. und 25 ff.

[294] EuGH, Rs. 13/83, Gemeinsame Verkehrspolitik, Slg. 1985, 1513.

[295] Im Jahre 1985 erhob das Europäische Parlament Untätigkeitsklage gegen den Rat, dessen Rechtsetzung im Verkehrsbereich sich über Jahre auf isolierte Einzelmaßnahmen beschränkt hatte, die kein Gesamtkonzept erkennen ließen. In seinem Urteil gibt der EuGH dem Parlament teilweise Recht und verpflichtet den Rat, die Dienstleistungsfreiheit im Verkehrsbereich umzusetzen, vgl. EuGH, Rs. 13/83, Gemeinsame Verkehrspolitik, Slg. 1985, 1513 Ls. 5 und Rn. 62 ff. Dazu *Epiney/Heuck/Schleiss* in Dauses (Hrsg.), EU-Wirtschaftsrecht (2013), Rn. 241 ff.; *Schäfer* in Streinz (Hrsg.), EUV/AEUV (2012), Art. 90 AEUV Rn. 29 ff.; *Jung* in Calliess/Ruffert (Hrsg.), EUV/AEUV (2011), Art. 91 AEUV Rn. 3; *Wallnöfer*, Europarecht, in Bauer (Hrsg.), Handbuch Verkehrsrecht (2009), 45 f.; *Mückenhausen* in Frohnmeyer/Mückenhausen (Hrsg.), EG-Verkehrsrecht (2003), 1. Rn. 6

samen Verkehrspolitik, wodurch eine sektorspezifische Ausgestaltung ermöglicht wird.[296] Verkehrsrechtliches Sekundärrecht ist aber im Lichte der allgemeinen Grundsätze der Dienstleistungsfreiheit auszulegen.[297]

Im Urteil *Gemeinsame Verkehrspolitik* definiert der EuGH die Dienstleistungsfreiheit im Verkehrsbereich als

> „Gebot der Beseitigung sämtlicher Diskriminierungen des Leistungserbringers aufgrund seiner Staatsangehörigkeit oder des Umstandes, dass er in einem anderen Mitgliedstaat als demjenigen ansässig ist, in dem die Dienstleistung erbracht werden soll."[298]

Die beiden darin angesprochenen Ausprägungen der Dienstleistungsfreiheit spiegeln sich in Art. 91 Abs. 1 lit. a und b AEUV wider. Lit. a ist Rechtsgrundlage für Regelungen des internationalen Verkehrs in seinen Erscheinungsformen als bilateraler oder Transitverkehr bzw. als innerunionaler Streckenanteil von Fahrten mit Drittstaatsberührung.[299] Lit. b erfasst die Kabotage, d.h. den gewerblichen Straßenverkehr für Personen und Güter durch in einem anderen Mitgliedstaat ansässige Unternehmen.[300] Auf Grundlage dieser Bestimmungen wurden für die Dienstleistungsfreiheit relevante Teilaspekte sekundärrechtlich geregelt, vor allem der Zugang zum Güterkraftverkehrsmarkt und zu bestimmten Berufen, sowie die Preisbildung.[301] Allgemeine Rahmenbedingungen für die Erbringung von Beförderungsdienstleistungen, wie sie in der vorliegenden Ar-

und 17; *Ronellenfitsch*, Umweltschutz und Verkehr, in Rengeling (Hrsg.), Handbuch Umweltrecht (2003), 1450 f.

296 EuGH, Rs. 13/83, Gemeinsame Verkehrspolitik, Slg. 1985, 1513 Rn. 62; vgl. auch verb. Rs. 209 bis 213/84, Asjes, Slg. 1986, 1425 Rn. 37; Rs. 4/88, Lambregts, Slg. 1989, 2583 Rn. 8 f.; Rs. C-49/89, Corsica Ferries France, Slg. 1989, 4441 Rn. 10 f.; Rs. C-18/93, Corsica Ferries Italia, Slg. 1994, I-1783 Rn. 24. Der Grund für diese Sonderbehandlung des Verkehrs liegt in dessen traditionell starker Regulierung und gemeinwirtschaftlicher Bindung. Der Übergang zu einem freien Verkehrsbinnenmarkt sollte behutsam und schrittweise erfolgen. Vgl. in diesem Sinne EuGH, Rs. C-17/90, Pinaud Wieger, Slg. 1991, I-5253 Rn. 11; *Schäfer* in Streinz (Hrsg.), EUV/AEUV (2012), Art. 90 AEUV Rn. 1 ff.

297 EuGH, Rs. 279/80, Alfred John Webb, Slg. 1981, 3305 Rn. 13 f.; Rs. C-379/92, Peralta, Slg. 1994, I-3453 Rn. 13 f.; Rs. C-92/01, Stylianakis, Slg. 2003, I-1291 Rn. 23 f.; *Holoubek* in Schwarze (Hrsg.), EU-Kommentar (2012), Art. 58 AEUV Rn. 3.

298 EuGH, Rs. 13/83, Gemeinsame Verkehrspolitik, Slg. 1985, 1513 Rn. 64.

299 Vgl. *Epiney/Heuck/Schleiss* in Dauses (Hrsg.), EU-Wirtschaftsrecht (2013), Rn. 58 f.; *Erdmenger* in von der Groeben/Schwarze (Hrsg.), EUV/EGV (2003), Art. 71 EGV Rn. 21 ff.

300 Vgl. *Epiney/Heuck/Schleiss* in Dauses (Hrsg.), EU-Wirtschaftsrecht (2013), Rn. 60; *Erdmenger* in von der Groeben/Schwarze (Hrsg.), EUV/EGV (2003), Art. 71 EGV Rn. 34 ff.

301 Vgl. dazu die Übersichten bei *Epiney/Heuck/Schleiss* in Dauses (Hrsg.), EU-Wirtschaftsrecht (2013), Rn. 299 ff.; *Stadler* in Schwarze (Hrsg.), EU-Kommentar (2012), Art. 91 AEUV Rn. 8 ff. und 12 f.; *Jung* in Calliess/Ruffert (Hrsg.), EUV/AEUV (2011), Art. 91 AEUV Rn. 4 ff. und 19 ff.; *Khan* in Geiger/Khan/Kotzur (Hrsg.), EUV/AEUV (2010), Art. 91 AEUV Rn. 6 ff.; *Mehl*, Anwendung des Subsidiaritätsprinzips (2004), 65 ff.

beit aufgrund ihrer Relevanz in Hinblick auf das Verkehrsprotokoll behandelt werden, sind jedoch in der Regel nicht Gegenstand verkehrsrechtlichen Sekundärrechts.[302]

Da davon ausgegangen werden kann, dass der Binnenmarkt mittlerweile sowohl im Personen- als auch im Güterverkehr umfassend verwirklicht wurde[303], ist die Dienstleistungsfreiheit nunmehr voll anwendbar und Maßnahmen, die auf Grundlage des Verkehrsprotokolls erlassen werden und keiner sekundärrechtlichen Regelung unterfallen, sind anhand der allgemeinen Grundsätze der Art. 56 ff. AEUV zu beurteilen.[304]

II. Eingriffstatbestände

1. Diskriminierungen

Als *leges speciales* zum allgemeinen Diskriminierungsverbot des Art. 18 AEUV verbieten die Grundfreiheiten im Zusammenhang mit wirtschaftlichen Tätigkeiten direkte und indirekte Diskriminierungen aus Gründen der Staatsangehörigkeit und aus Gründen der Herkunft.[305] Während direkte Diskriminierungen

---

[302] In diesem Sinne auch GA *Geelhoed*, SchlA Rs. C-320/03, Sektorales Fahrverbot I, Slg. 2005, I-9871 Rn. 120, bezugnehmend auf zwei auf Grundlage von Art. 91 Abs. 1 lit. a und b AEUV ergangene Verordnungen. Hierzu *Obwexer*, Regelung des Transitverkehrs, in Hummer/Obwexer (Hrsg.), 10 Jahre EU-Mitgliedschaft Österreichs (2006), 376.

[303] So *Epiney/Heuck/Schleiss* in Dauses (Hrsg.), EU-Wirtschaftsrecht (2013), Rn. 187, die sich auch kritisch in Hinblick auf die dem Rat für die Umsetzung der gemeinsamen Verkehrspolitik gesetzte „angemessene Frist" äußern, vgl. Rn. 184; diese Frist sei nach *Epiney/Gruber* inzwischen auf jeden Fall abgelaufen, was für eine unmittelbare Anwendbarkeit der Dienstleistungsfreiheit im Verkehrsbereich spreche, vgl. bereits *Epiney/Gruber*, Verkehrsrecht in der EU (2001), 103 ff. Zum im Verkehrsbereich ergangenen Sekundärrecht vgl. die in Fn. 301 angeführte Literatur.

[304] Dabei werden allgemeine Dienstleistungen und sogenannte „Verkehrsdienstleistungen" gleichermaßen erfasst. Bei Erbringung einer Verkehrsdienstleistung wird mit Hilfe eines Transportmittels eine bestimmte Entfernung überwunden. „Verkehrsnahe Dienstleistungen" wie Spedition, Lagerhaltung und Umschlag zwischen Transportmitteln stellen indes in der Regel keine Verkehrsdienstleistungen dar. Haben sie einen eigenen, vom Transportvorgang unabhängigen Marktwert, sind sie allgemeine Dienstleistungen im Sinne der Art. 56 ff. AEUV. Nur dann, wenn sie für eine Beförderungsleistung unentbehrlich und dieser Hauptleistung im Geldwert untergeordnet sind, fallen sie unter den Verkehrsbegriff. Keine Verkehrsdienstleistungen sind schließlich Tätigkeiten wie Reisevermittlung, Reisebegleiter oder Fremdenführer. Sie unterfallen dem Regime der Art. 56 ff. AEUV. Vgl. dazu *Epiney/Heuck/Schleiss* in Dauses (Hrsg.), EU-Wirtschaftsrecht (2013), Rn. 181 (Anm. 410); *Schäfer* in Streinz (Hrsg.), EUV/AEUV (2012), Art. 90 AEUV Rn. 16.

[305] Zu Diskriminierungsverboten als Teil des *ordre public* der EU *Schroeder*, Gemeinschaftsrechtssystem (2002), 369.

ausdrücklich zwischen einheimischen und ausländischen Personen und Waren differenzieren, knüpfen indirekte Diskriminierungen an andere Unterscheidungsmerkmale an, die typischerweise oder ganz überwiegend Ausländer oder Waren ausländischer Herkunft betreffen bzw. von Inländern leichter zu erfüllen sind und nicht auf objektiven, von der Staatsangehörigkeit bzw. der Herkunft unabhängigen sowie verhältnismäßigen Erwägungen beruhen.[306] Dadurch führen sie tatsächlich zum gleichen Ergebnis wie direkte Diskriminierungen. Die indirekt diskriminierende Wirkung einer Maßnahme muss dabei nicht im Einzelfall festgestellt werden. Es ist ausreichend, dass die betreffende Vorschrift hierzu geeignet ist. Direkt und indirekt diskriminierende Maßnahmen widersprechen dem Binnenmarktgedanken des Art. 26 Abs. 2 AEUV und sind *per se* verboten.[307]

Im Verkehrsprotokoll selbst findet man keine Bestimmung, die ausdrücklich nach Staatsangehörigkeit oder Herkunft differenziert. Auch die Gefahr, dass staatliche Maßnahmen, die in Durchführung des Verkehrsprotokolls ergehen, unmittelbar diskriminierende Regelungen beinhalten, ist gering, da diese problemlos zu identifizieren sind. Die Unterscheidungen, die das Verkehrsprotokoll trifft, sind allgemeiner Art und liegen in der Natur der Alpenkonvention. So wird zwischen der alpinen und der außeralpinen Bevölkerung unterschieden.[308] An diese Differenzierung knüpft aber keine unterschiedliche Behandlung. Unter den konkreten technischen Maßnahmen des Verkehrsprotokolls finden sich allerdings Bestimmungen, die unter Umständen eine mittelbare Diskriminierung darstellen oder indirekt diskriminierende Maßnahmen nahelegen könnten. So wird der alpenquerende dem inneralpinen Verkehr gegenübergestellt und insbesondere der Gütertransport über längere Distanzen auf die Eisenbahn

---

[306] Vgl. EuGH, Rs. C-224/97, Ciola, Slg. 1999, I-2517 Rn. 13. Gemäß Art. 2 Abs. 2 lit. b der Richtlinie 2000/78/EG vom 27.11.2000 zur Festlegung eines allgemeinen Rahmens für die Verwirklichung der Gleichbehandlung in Beschäftigung und Beruf (ABl. 2000, Nr. L 303/16) liegt eine indirekte Diskriminierung vor, „wenn dem Anschein nach neutrale Vorschriften, Kriterien oder Verfahren Personen [...] gegenüber anderen Personen in besonderer Weise benachteiligen können".

[307] Vgl. *Schroeder* in Streinz (Hrsg.), EUV/AEUV (2012), Art. 34 AEUV Rn. 40; *Kingreen* in Calliess/Ruffert (Hrsg.), EUV/AEUV (2011), Art. 34–36 AEUV Rn. 71 ff.; *Kingreen*, Fundamental Freedoms, in von Bogdandy/Bast (Hrsg.), Principles (2011), 532 ff.; *Schroeder/Müller A. Th.*, Recht des Binnenmarktes, in Wagner/Wedl (Hrsg.), Bilanz und Perspektiven (2007), 94 f.; *Jarass*, Grundfreiheiten als Grundgleichheiten, in FS für Ulrich Everling I (1995), 595 ff.

[308] Erwägungsgrund 9 VerkP betont, dass eine auf die Grundsätze der Nachhaltigkeit ausgerichtete Verkehrspolitik im Alpenraum nicht nur im Interesse der alpinen, sondern auch der außeralpinen Bevölkerung steht. Ein Ziel des Verkehrsprotokolls stellt gemäß Art. 1 Abs. 1 lit. b VerkP die nachhaltige Entwicklung des Lebens- und Wirtschaftsraumes als Lebensgrundlage der im Alpenraum wohnenden Bevölkerung dar.

verlagert. Diese Fragen werden im Zusammenhang mit den einschlägigen Bestimmungen in *Teil E* der vorliegenden Arbeit geprüft.[309]

2. Nichtdiskriminierende Beschränkungen

Über das Diskriminierungsverbot und über den Wortlaut des AEUV hinaus hat der EuGH in seiner Rechtsprechung, ausgehend von der Warenverkehrsfreiheit[310], den Kerngehalt der Grundfreiheiten auf ein Beschränkungsverbot ausgedehnt.[311] Demnach sind auch nichtdiskriminierende Maßnahmen verboten, wenn sie den freien Verkehr gefährden. In Hinblick auf die Warenverkehrsfreiheit reichen dabei im Sinne von *Dassonville* bereits sehr geringfügige, auch nur potenzielle Beschränkungen aus.[312] Bei den personenbezogenen Grundfreiheiten stellt der EuGH seit seinem Urteil in der Rechtssache *Kraus*[313] darauf ab, ob eine Regelung

„geeignet ist, die Ausübung der durch den [AEUV]-Vertrag garantierten grundlegenden Freiheiten […] zu behindern oder weniger attraktiv zu machen".[314]

Auch nach dieser Formulierung liegt die Schwelle für das Vorliegen einer Beschränkung sehr niedrig. Eine Bestimmung des Verkehrsprotokolls oder auch eine Maßnahme, welche die Mitgliedstaaten bei deren Durchführung treffen und die an sich unterschiedslos anwendbar ist, kann also dennoch eine Beschränkung der wirtschaftlichen Betätigungsfreiheit im Binnenmarkt darstellen.

---

309 Vgl. unten *Teil E I 2* und *II 4 c)*.

310 EuGH, Rs. 120/78, Cassis de Dijon, Slg. 1979, 649 Ls. 3 und Rn. 14 f., zu einer unterschiedslos anwendbaren Maßnahme, welche der EuGH implizit als Maßnahme gleicher Wirkung qualifiziert. Dazu *Oliver* in Oliver (Hrsg.), Free Movement of Goods (2010), Rn. 6.51 ff.; *Kingreen*, Grundfreiheiten, in von Bogdandy/Bast (Hrsg.), Europäisches Verfassungsrecht (2009), 712. Ebenso EuGH, Rs. C-368/95, Familiapress, Slg. 1997, I-3689 Rn. 8; Rs. C-14/00, Kommission/Italien, Slg. 2003, I-513 ff. Rn. 69; Rs. C-110/05, Kommission/Italien, Slg. 2009, I-519 Rn. 35. Auch der Wortlaut des Art. 34 AEUV, der sich allgemein auf „Maßnahmen" bezieht, erfasst jede Form der Beschränkung.

311 Vgl. zur Dienstleistungsfreiheit EuGH, Rs. C-275/92, Schindler, Slg. 1994, I-1039 Rn. 43 ff. Zur Niederlassungsfreiheit EuGH, Rs. 107/83, Klopp, Slg. 1984, 2971 Rn. 17 ff. Dazu auch *Kingreen* in Calliess/Ruffert (Hrsg.), EUV/AEUV (2011), Art. 34–36 AEUV Rn. 41 ff. und 56 ff.; *Steinberg*, EuGRZ 2002, 18 f.; *Jarass*, Grundfreiheiten als Grundgleichheiten, in FS für Ulrich Everling I (1995), 597 f.

312 Vgl. oben *Teil D I 1* und Fn. 273.

313 EuGH, Rs. C-19/92, Kraus, Slg. 1993, I-1663.

314 EuGH, Rs. C-19/92, Kraus, Slg. 1993, I-1663 Rn. 32; ebenso Rs. C-55/94, Gebhard, Slg. 1995, I-4165 Ls. 3 und Rn. 37; vgl. hierzu *Schroeder*, Grundkurs Europarecht (2013), § 14 Rn. 38; *Holoubek* in Schwarze (Hrsg.), EU-Kommentar (2012), Art. 56/57 AEUV Rn. 71 f.; *Schlag* in Schwarze (Hrsg.), EU-Kommentar (2012), Art. 49 AEUV Rn. 47 ff.; *Bröhmer* in Calliess/Ruffert (Hrsg.), EUV/AEUV (2011), Art. 49 AEUV Rn. 26 ff.

Infolge des weiten Schutzbereiches der Warenverkehrsfreiheit griffen Wirtschaftsteilnehmer vermehrt auf diese zurück, um Regelungen zu beanstanden, die nicht speziell den Handel zwischen den Mitgliedstaaten zum Gegenstand hatten.[315] Dies veranlasst den EuGH seit Beginn der 1990er Jahre dazu, den Beschränkungstatbestand zu präzisieren und einzugrenzen. Zunächst versucht er mittels eines Kausalitätskriteriums Maßnahmen der Mitgliedstaaten aus dem weiten Verbotstatbestand von Art. 34 AEUV auszunehmen, deren Auswirkungen auf den Handel zu ungewiss und zu indirekt sind.[316] Zwischen einer nationalen Regelung und ihrer beschränkenden Wirkung muss demnach ein Zurechnungszusammenhang bestehen, sonst fällt sie nicht in den Tatbestand der Grundfreiheiten.[317]

Auch auf anderem Wege grenzt der EuGH den Beschränkungstatbestand ein. Einen Wendepunkt markiert hierbei das Urteil *Keck und Mithouard*[318] aus dem Jahre 1993, welchem ein Verbot zugrunde lag, Waren unter dem Einkaufspreis zu verkaufen. Mit diesem Urteil konkretisiert der EuGH *Dassonville*

---

315 Vgl. EuGH, verb. Rs. C-267/91 und C-268/91, Keck und Mithouard, Slg. 1993, I-6097 Rn. 14; *Becker* in Schwarze (Hrsg.), EU-Kommentar (2012), Art. 34 AEUV Rn. 47; *Kingreen* in Calliess/Ruffert (Hrsg.), EUV/AEUV (2011), Art. 34–36 AEUV Rn. 49; *Schroeder*, JZ 1996, 255; *Zuleeg*, Grundfreiheiten des Gemeinsamen Markts, in FS für Ulrich Everling II (1995), 1720 ff.

316 EuGH, Rs. C-69/88, Krantz, Slg. 1990, I-583 Rn. 11; Rs. C-159/90, Grogan, Slg. 1991, I-4685 Rn. 24; Rs. C-379/92, Peralta, Slg. 1994, I-3453 Rn. 24; Rs. C-266/96, Corsica Ferries France II, Slg. 1998, I-3949 Rn. 31; Rs. C-67/97, Bluhme, Slg. 1998, I-8033 Rn. 22; Rs. C-44/98, BASF, Slg. 1999, I-6269 Rn. 16; Rs. C-254/98, TK-Heimdienst, Slg. 2000, I-151 Rn. 30; Rs. C-20/03, Burmanjer, Slg. 2005, I-4133 Rn. 31; Rs. C-231/03, Coname, Slg. 2005, I-7287 Rn. 20. Vgl. auch GA *La Pergola*, SchlA Rs. C-254/98, TK-Heimdienst, Slg. 2000, I-151 Rn. 12, dazu *Streinz*, JuS 2000, 811. Die genaue Grenzziehung zwischen (noch) potenziellen Auswirkungen im Sinne von *Dassonville*, die grundsätzlich vom Tatbestand des Art. 34 AEUV umfasst sind, und lediglich ungewissen und indirekten Behinderungen ist jedoch schwierig, vgl. unten *Teil D II 2 c) bb) (4)* und Fn. 410.

317 Zum Kausalitätskriterium vgl. *Ehlotzky*, Verkaufsmodalitäten, in Leidenmühler/Eder/Leingartner/Winkler C. (Hrsg.), Grundfreiheiten (2012), 149 ff.; *Müller-Graff* in Streinz (Hrsg.), EUV/AEUV (2012), Art. 56 AEUV Rn. 87; *Schroeder* in Streinz (Hrsg.), EUV/AEUV (2012), Art. 34 AEUV Rn. 69 ff.; *Kingreen* in Calliess/Ruffert (Hrsg.), EUV/AEUV (2011), Art. 34–36 AEUV Rn. 55 und 168; *Thomas*, NVwZ 2009, 1203 ff. und 1207; kritisch *Albin/Valentin*, EWS 2007, 537; *Streinz*, EuZW 2003, 42; *Oliver*, CMLRev 1999, 789 ff. und 797 ff. Ein Teil der Lehre befürwortet hingegen eine Auslegung als Spürbarkeitskriterium, so *Schweitzer/Hummer/Obwexer*, Europarecht (2007), Rn. 1344 und 1395; *von Danwitz*, AöR 2006, 566 ff., der sich für eine „Neukonturierung der Grundfreiheiten unter einem allgemeinen Spürbarkeitsvorbehalt" ausspricht und auch die *Keck*-Rechtsprechung in diesem Sinne auslegt; *Ranacher*, ZfRV 2001, 103 ff., der aber gleichzeitig auch an einen „schlüssigen Kausalitätszusammenhang" zwischen Maßnahme und Importentwicklung anknüpft, 101.

318 EuGH, verb. Rs. C-267/91 und C-268/91, Keck und Mithouard, Slg. 1993, I-6097.

und unterscheidet zwei Kategorien von Regelungen: Die Gruppe der Verkaufsmodalitäten bezieht sich auf den Vertrieb von Waren. Von diesen sind sonstige, insbesondere produktbezogene Regelungen zu unterscheiden.[319]

a) Produktbezogene Regelungen und Verkaufsmodalitäten

Durch die Differenzierung zwischen produktbezogenen Regelungen und Verkaufsmodalitäten schafft es der EuGH, den weiten Schutzbereich des Art. 34 AEUV zu relativieren. In seinem Urteil in der Rechtssache *Keck und Mithouard* führt er aus[320]:

> „Nach dem Urteil Cassis de Dijon […] stellen Hemmnisse für den freien Warenverkehr, die sich […] daraus ergeben, daß Waren aus anderen Mitgliedstaaten, die dort rechtmässig hergestellt und in den Verkehr gebracht worden sind, bestimmten Vorschriften entsprechen müssen (wie etwa hinsichtlich ihrer Bezeichnung, ihrer Form, ihrer Abmessungen, ihres Gewichts, ihrer Zusammensetzung, ihrer Aufmachung, ihrer Etikettierung und ihrer Verpackung), selbst dann, wenn diese Vorschriften unterschiedslos für alle Erzeugnisse gelten, nach [Art. 34 AEUV] verbotene Maßnahmen gleicher Wirkung dar […]. Demgegenüber ist entgegen der bisherigen Rechtsprechung die Anwendung nationaler Bestimmungen, die bestimmte Verkaufsmodalitäten beschränken oder verbieten, auf Erzeugnisse aus anderen Mitgliedstaaten nicht geeignet, den Handel zwischen den Mitgliedstaaten im Sinne des Urteils *Dassonville* […] unmittelbar oder mittelbar, tatsächlich oder potentiell zu behindern, sofern diese Bestimmungen für alle betroffenen Wirtschaftsteilnehmer gelten, die ihre Tätigkeit im Inland ausüben, und sofern sie den Absatz der inländischen Erzeugnisse und der Erzeugnisse aus anderen Mitgliedstaaten rechtlich wie tatsächlich in der gleichen Weise berühren. Sind diese Voraussetzungen nämlich erfüllt, so ist die Anwendung derartiger Regelungen auf den Verkauf von Erzeugnissen aus einem anderen Mitgliedstaat, die den von diesem Staat aufgestellten Bestimmungen entsprechen, nicht geeignet, den Marktzugang für diese Erzeugnisse zu versperren oder stärker zu behindern, als sie dies für inländische Erzeugnisse tut. Diese Regelungen fallen daher nicht in den Anwendungsbereich von [Art. 34 AEUV].“

---

[319] Zum Urteil *Keck und Mithouard* und der darin vorgenommenen Differenzierung vgl. GA *Fennelly*, SchlA Rs. C-190/98, Graf, Slg. 2000, I-493 Rn. 19; *Ehlotzky*, Verkaufsmodalitäten, in Leidenmühler/Eder/Leingartner/Winkler C. (Hrsg.), Grundfreiheiten (2012), 125 ff.; *Schroeder* in Streinz (Hrsg.), EUV/AEUV (2012), Art. 34 AEUV Rn. 41 ff.; *Oliver* in Oliver (Hrsg.), Free Movement of Goods (2010), Rn. 6.63 f.; *Kingreen*, Grundfreiheiten, in von Bogdandy/Bast (Hrsg.), Europäisches Verfassungsrecht (2009), 716 f.; *Oliver/Enchelmaier*, CMLRev 2007, 671 ff.; *Schroeder/Müller A.Th.*, Recht des Binnenmarktes, in Wagner/Wedl (Hrsg.), Bilanz und Perspektiven (2007), 95 ff.; *Streinz*, EuZW 2003, 40 ff.; ausführlich auch zu den Hintergründen und dem Verfahren vor dem EuGH *Schwintowski*, RabelsZ 2000, 38 ff.; *Oliver*, CMLRev 1999, 793 ff.; *Adrian*, EWS 1998, 291 ff.; *Higgins*, IJEL 1997, 167 ff.; *Matthies*, Artikel 30 EG-Vertrag, in FS für Ulrich Everling I (1995), 803 ff.; *Becker*, EuR 1994, 162 ff.; *Chalmers*, ELRev 1994, 390 ff. und 386 ff. zur Rechtsprechung vor *Keck*; *Reich*, CMLRev 1994, 460 ff. und 465 ff.; *Roth W.-H.*, CMLRev 1994, 845 ff.; *Waldhäusl*, ecolex 1994, 369 ff. Vgl. auch Fn. 332 und 386.

[320] EuGH, verb. Rs. C-267/91 und C-268/91, Keck und Mithouard, Slg. 1993, I-6097 Rn. 15 ff.

Aus diesem Urteil lässt sich folgern, dass produktbezogene Regelungen die Ware selbst betreffen, ihre Merkmale oder ihren Inhalt, und die Anforderungen festlegen, die sie zu erfüllen hat. Produktbezogene Regelungen stellen stets verbotene Maßnahmen dar, schließlich sind sie immer dazu geeignet, den Warenhandel zwischen den Mitgliedstaaten zu beschränken. So müssen Waren aus anderen Mitgliedstaaten an die im Vermarktungsmitgliedstaat geltenden Anforderungen angepasst werden. Die Verpflichtung etwa, ein Produkt umzupacken oder seine Zusammensetzung zu ändern, führt zu zusätzlichen Kosten und Schwierigkeiten.[321] Durch diese Zusatzkosten wird die Einfuhr der Ware erschwert.[322]

Neben produktbezogenen Regelungen anerkennt der EuGH Vorschriften, die bestimmte Verkaufsmodalitäten beschränken oder verbieten. Den Begriff der Verkaufsmodalität hat er nicht definiert. Seine Bedeutung lässt sich aber aus der Rechtsprechung erschließen. Demnach sind darunter Regelungen zu verstehen, welche die Art und Weise des Verkaufs von Waren regeln, zum Beispiel die zeitlichen und räumlichen Voraussetzungen ihres Inverkehrbringens und ihres Verkaufes.[323] Soweit Verkaufsmodalitäten die Bedingungen der „*Keck*-Formel" erfüllen, d.h. „für alle betroffenen Wirtschaftsteilnehmer gelten, die ihre Tätigkeit im Inland ausüben" und „den Absatz der inländischen Erzeugnisse und der Erzeugnisse aus anderen Mitgliedstaaten rechtlich wie tatsächlich in der glei-

---

321 Vgl. EuGH, Rs. 261/81, Rau, Slg. 1982, 3961 Rn. 13; Rs. C-470/93, Mars, Slg. 1995, I-1923 Rn. 13, hierzu *Lüder*, EuZW 1995, 609; Rs. C-358/95, Morellato, Slg. 1997, I-1431 Rn. 13; Rs. C-368/95, Familiapress, Slg. 1997, I-3689 Rn. 11; GA *Poiares Maduro*, SchlA verb. Rs. C-158/04 und C-159/04, Alfa Vita, Slg. 2006, I-8135 Rn. 44 und 52; GA *Bot*, SchlA Rs. C-110/05, Kommission/Italien, Slg. 2009, I-519 Rn. 66. Zu den Ausführungen von GA *Poiares Maduro* in der Rechtssache *Alfa Vita* vgl. *Kingreen*, Fundamental Freedoms, in von Bogdandy/Bast (Hrsg.), Principles (2011), 534 ff.; *Streinz*, JuS 2008, 264; *Tryfonidou*, LIEI 2007, 169 f. und 180 ff.; *Kingreen*, EWS 2006, 489 ff.; *Reich*, EuZW 2006, 305.

322 Allgemein zu produktbezogenen Regelungen sowie zu den Zusatzkosten, die auch bei Verkaufsmodalitäten aus deren produktbezogenem Charakter resultieren können, *Schroeder* in Streinz (Hrsg.), EUV/AEUV (2012), Art. 34 AEUV Rn. 51 ff.; *Bernhard*, EWS 1995, 409. Zum Kostenargument vgl. auch Fn. 325, 326 und 350.

323 Vgl. EuGH, verb. Rs. C-401/92 und C-402/92, Tankstation 't Heukske, Slg. 1994, I-2199 Rn. 15; verb. Rs. C-69/93 und C-258/93, Punto Casa, Slg. 1994, I-2355 Rn. 15; verb. Rs. C-418/93 u.a., Semeraro Casa Uno, Slg. 1996, I-2975 Rn. 15 und 28. Nach Generalanwalt *Tesauro* haben „die Modalitäten der Ausübung der Handelstätigkeit" Fragen zum Gegenstand wie „wer verkauft was, wann darf verkauft werden, wo und wie darf verkauft werden", vgl. GA *Tesauro*, SchlA Rs. C-292/92, Hünermund, Slg. 1993, I-6787 Rn. 20. Vgl. auch GA *Poiares Maduro*, SchlA verb. Rs. C-158/04 und C-159/04, Alfa Vita, Slg. 2006, I-8135 Rn. 13; *Matthies*, Artikel 30 EG-Vertrag, in FS für Ulrich Everling I (1995), 809 f. Zur Abgrenzung von produktbezogenen Regelungen vgl. *Schwintowski*, RabelsZ 2000, 43 f.

chen Weise berühren", fallen sie nicht in den Verbotstatbestand der Warenverkehrsfreiheit.[324]

Mit der letzten Voraussetzung wird ein Diskriminierungskriterium eingeführt, wodurch auch die verdeckte Schlechterstellung eingeführter Waren durch Verkaufsmodalitäten erfasst wird. Die Durchführung oder die praktischen Folgen von Verkaufsmodalitäten dürfen im Ergebnis keine Diskriminierung hervorrufen. Um dies zu beurteilen, prüft der Gerichtshof insbesondere, ob ausländischen Produkten zusätzliche Kosten entstehen.[325] Was unter dem Begriff „zusätzlich" zu verstehen ist, bleibt allerdings unklar, denn relevant kann nicht jegliche zusätzliche Kostenbelastung sein, die aus Unterschieden zwischen den Rechtsordnungen der Mitgliedstaaten erwächst.[326] So führt auch Generalanwalt *Poiares Maduro* in der Rechtssache *Alfa Vita* aus[327]:

> „Als Handelsbeschränkung können zusätzliche Kosten nur qualifiziert werden, wenn sie daraus resultieren, dass die nationalen Vorschriften die besondere Situation der eingeführten Erzeugnisse und insbesondere nicht berücksichtigen, dass diese Erzeugnisse bereits den Vorschriften ihres Herkunftsstaats genügen mussten."

Liegt keine versteckte Diskriminierung im Sinne der letzten *Keck*-Voraussetzung vor, ist davon auszugehen, dass sich Verkaufsmodalitäten auf die aus anderen Mitgliedstaaten stammenden Waren in gleicher Weise auswirken wie auf inländische Erzeugnisse. Sie sind daher zulässig und bedürfen keiner Rechtfertigung.[328] Zu beachten ist jedoch, dass nur „bestimmte Verkaufsmodalitäten" vom

---

[324] EuGH, verb. Rs. C-267/91 und C-268/91, Keck und Mithouard, Slg. 1993, I-6097 Rn. 16.

[325] EuGH, Rs. C-277/91 u.a., Ligur Carni u.a., Slg. 1993, I-6621 Rn. 38; Rs. C-189/95, Franzén, Slg. 1997, I-5909 Rn. 71; Rs. C-254/98, TK-Heimdienst, Slg. 2000, I-151 Rn. 26, hierzu *Streinz*, JuS 2000, 810; vgl. auch *Becker* in Schwarze (Hrsg.), EU-Kommentar (2012), Art. 34 AEUV Rn. 50; *Schroeder* in Streinz (Hrsg.), EUV/AEUV (2012), Art. 34 AEUV Rn. 47. Zum Kostenargument vgl. auch Fn. 322, 326 und 350.

[326] Kritisch *Ehlotzky*, Verkaufsmodalitäten, in Leidenmühler/Eder/Leingartner/Winkler C. (Hrsg.), Grundfreiheiten (2012), 153 f.; *Kingreen* in Calliess/Ruffert (Hrsg.), EUV/AEUV (2011), Art. 34–36 AEUV Rn. 172 und 181; *Büchele*, Diskriminierung, Beschränkung und Keck-Mithouard, in Roth G.H./Hilpold (Hrsg.), EuGH und die Souveränität der Mitgliedstaaten (2008), 369 ff., 376 f. und 393. Zum Kostenargument vgl. auch Fn. 322, 325 und 350.

[327] GA *Poiares Maduro*, SchlA verb. Rs. C-158/04 und C-159/04, Alfa Vita, Slg. 2006, I-8135 Rn. 44.

[328] Einen Überblick darüber, welche Maßnahmen der EuGH bisher als Verkaufsmodalitäten angesehen hat, bieten GA *Stix-Hackl*, SchlA Rs. C-322/01, DocMorris, Slg. 2003, I-14887 Rn. 61 ff.; *Schroeder* in Streinz (Hrsg.), EUV/AEUV (2012), Art. 34 AEUV Rn. 45. Ebenso *Spaventa*, ELRev 2009, 920 und 929 ff., die darauf hinweist, dass der EuGH in den letzten Jahren nur in wenigen Fällen bei Verkaufsmodalitäten den Absatz inländischer Erzeugnisse und solcher aus anderen Mitgliedstaaten für „rechtlich wie tatsächlich in der gleichen Weise berührt" erachtete.

Tatbestand des Art. 34 AEUV ausgenommen sind. Unverhältnismäßige Verkaufsmodalitäten können Art. 34 AEUV daher durchaus unterfallen.[329]

b) Marktzugangskriterium

Dem Denkansatz des EuGH in der Rechtssache *Keck und Mithouard* liegt das Kriterium des Marktzugangs zugrunde.[330] Dieses knüpft nicht am Gegenstand und an der formalen Zuordnung einer Regelung zu Produkt oder Vertrieb an, sondern – auch im Sinne des Verbots von Maßnahmen gleicher „Wirkung"[331] – an deren Auswirkungen auf den Markt.[332] Der Zugang zum Markt des Einfuhrmitgliedstaates darf für Waren aus anderen Mitgliedstaaten nicht versperrt, behindert oder erschwert und damit die inländische Industrie geschützt werden.[333] Dabei kann davon ausgegangen werden, dass produktbezogene Anforderungen den Marktzugang beeinträchtigen[334], Verkaufsmodalitäten hinge-

---

329 Vgl. *Schroeder* in Streinz (Hrsg.), EUV/AEUV (2012), Art. 34 AEUV Rn. 49 f.; *Schweitzer/Hummer/Obwexer*, Europarecht (2007), Rn. 1352; *Streinz*, EuZW 2003, 41.

330 GA *Bot*, SchlA Rs. C-110/05, Kommission/Italien, Slg. 2009, I-519 Rn. 128.

331 Vgl. GA *Bot*, SchlA Rs. C-110/05, Kommission/Italien, Slg. 2009, I-519 Rn. 108.

332 Generalanwälte und Literatur kritisieren die mit Abgrenzungsschwierigkeiten verbundene Differenzierung in produktbezogene Regelungen und Verkaufsmodalitäten und befürworten stattdessen das Marktzugangskriterium, vgl. GA *Jacobs*, SchlA Rs. C-412/93, Leclerc-Siplec, Slg. 1995, I-179 Rn. 38 ff., der die Einführung einer *de-minimis*-Grenze favorisiert, dazu *Ehlotzky*, Verkaufsmodalitäten, in Leidenmühler/Eder/Leingartner/Winkler C. (Hrsg.), Grundfreiheiten (2012), 150; GA *Fennelly*, SchlA Rs. C-67/97, Bluhme, Slg. 1998, I-8033 Rn. 20; GA *Fennelly*, SchlA Rs. C-190/98, Graf, Slg. 2000, I-493 Rn. 19; GA *Stix-Hackl*, SchlA Rs. C-322/01, DocMorris, Slg. 2003, I-14887 Rn. 77 ff.; GA *Tizzano*, SchlA Rs. C-442/02, CaixaBank France, Slg. 2004, I-8961 Rn. 72 f.; GA *Poiares Maduro*, SchlA verb. Rs. C-158/04 und C-159/04, Alfa Vita, Slg. 2006, I-8135 Rn. 24 ff. und 42 ff.; GA *Bot*, SchlA Rs. C-110/05, Kommission/Italien, Slg. 2009, I-519 Rn. 83. Zu den Schlussanträgen der Generalanwälte *Leclerc-Siplec* und *Poiares Maduro* vgl. *Oliver* in Oliver (Hrsg.), Free Movement of Goods (2010), Rn. 6.79 ff. Vgl. außerdem *Schroeder*, Grundkurs Europarecht (2013), § 14 Rn. 39 ff.; *Becker* in Schwarze (Hrsg.), EU-Kommentar (2012), Art. 34 AEUV Rn. 49; differenzierend *Craig/de Búrca*, EU Law (2011), 662 ff.; *Kingreen* in Calliess/Ruffert (Hrsg.), EUV/AEUV (2011), Art. 34–36 AEUV Rn. 65; *Kingreen*, Grundfreiheiten, in von Bogdandy/Bast (Hrsg.), Europäisches Verfassungsrecht (2009), 730 ff.; *Spaventa*, ELRev 2009, 923 ff. und 928 f.; *Streinz*, EuZW 2003, 42 f. Vgl. auch Fn. 319 und 386.

333 Vgl. GA *Poiares Maduro*, SchlA verb. Rs. C-158/04 und C-159/04, Alfa Vita, Slg. 2006, I-8135 Rn. 45; GA *Bot*, SchlA Rs. C-110/05, Kommission/Italien, Slg. 2009, I-519 Rn. 73.

334 Nach Generalanwalt *Jacobs* stellt „die Notwendigkeit, Waren zu verändern, [...] als solche ein wesentliches Hindernis für den Zugang zum Markt dar", GA *Jacobs*, SchlA Rs. C-412/93, Leclerc-Siplec, Slg. 1995, I-179 Rn. 44. In diesem Sinne auch *Büchele*, Diskriminierung, Beschränkung und Keck-Mithouard, in Roth G.H./Hilpold (Hrsg.), EuGH und die Souveränität der Mitgliedstaaten (2008), 383.

gen in der Regel nicht, jedenfalls sofern sie den Absatz der inländischen Erzeugnisse und der Waren aus anderen Mitgliedstaaten rechtlich wie tatsächlich in der gleichen Weise berühren.[335] Marktzugangsbeschränkungen dürfen jedoch nicht auf produktbezogene Regelungen reduziert werden. Lässt sich ein Sachverhalt nicht in das Schema der produktbezogenen Regelungen und der Verkaufsmodalitäten einordnen, so erhält das Zugangskriterium eine eigenständige Bedeutung.[336]

In seiner Rechtsprechung stellt der EuGH vermehrt auf das Zugangskriterium ab.[337] In der Rechtssache *Kommission/Italien*[338] legt er schließlich in seinen Vorbemerkungen dar, welche Regelungen er als verbotene Maßnahmen gleicher Wirkung im Sinne des Art. 34 AEUV qualifiziert. Es sind dies[339]:

> „[1.] Maßnahmen eines Mitgliedstaats, mit denen bezweckt oder bewirkt wird, Erzeugnisse aus anderen Mitgliedstaaten weniger günstig zu behandeln, sowie [2.] Hemmnisse für den freien Warenverkehr, die sich [...] daraus ergeben, dass Waren aus anderen Mitgliedstaaten, die dort rechtmäßig hergestellt und in den Verkehr gebracht worden sind, bestimmten Vorschriften entsprechen müssen, selbst wenn diese Vorschriften unterschiedslos für alle Erzeugnisse gelten. [3.] Ebenfalls unter diesen Begriff fällt jede sonstige Maßnahme, die den Zugang zum Markt eines Mitgliedstaats für Erzeugnisse aus anderen Mitgliedstaaten behindert".

Erfasst werden somit neben diskriminierenden Regelungen auch Marktzugangsbehinderungen, insbesondere in Form von produktbezogenen Regelungen. Der dritte Punkt der sonstigen Marktzugangsbehinderungen bietet dabei einen Auffangtatbestand für alle jene Maßnahmen, die nicht unter die ersten beiden Kategorien subsumiert werden können.[340]

---

[335] Nach Generalanwalt *Bot* sind Verkaufsmodalitäten „nicht geeignet, den Marktzugang für das betreffende Erzeugnis unmittelbar zu beeinflussen. Gleichwohl können sie sich mittelbar auf die Einfuhren auswirken, da sie tatsächlich zu einem Sinken der Umsätze führen können.", GA *Bot*, SchlA Rs. C-110/05, Kommission/Italien, Slg. 2009, I-519 Rn. 69.

[336] *Schroeder*, Grundkurs Europarecht (2013), § 14 Rn. 78; *Schroeder* in Streinz (Hrsg.), EUV/AEUV (2012), Art. 34 AEUV Rn. 54. Nach *Fenger* stellt das Marktzugangskriterium indessen keine zusätzliche, autonome Bedingung dar, sondern dient ausschließlich der Untermauerung der letzten im *Keck*-Urteil enthaltenen Voraussetzung, d.h. der Prüfung, ob eine versteckte Diskriminierung vorliegt, vgl. *Fenger*, ELR 2009, 332 f.

[337] EuGH, verb. Rs. C-34/95, C-35/95 und C-36/95, De Agostini, Slg. 1997, I-3843 Rn. 43; Rs. C-405/98, Gourmet International Products, Slg. 2001, I-1795 Rn. 21; Rs. C-390/99, Canal Satélite Digital SL, Slg. 2002, I-607 Rn. 29; Rs. C-322/01, DocMorris, Slg. 2003, I-14887 Rn. 74.

[338] EuGH, Rs. C-110/05, Kommission/Italien, Slg. 2009, I-519.

[339] EuGH, Rs. C-110/05, Kommission/Italien, Slg. 2009, I-519 Ls. 1 und Rn. 37. In seiner neueren Judikatur stellt der EuGH seiner Prüfung Vorbemerkungen voran, welchen grundsätzlich *erga omnes* Wirkung zukommt. Vgl. auch Rs. C-142/05, Mickelsson und Roos, Slg. 2009, I-4273 Ls. 2 und Rn. 24. Zu den Rechtssachen *Kommission/Italien* und *Mickelsson und Roos* vgl. unten *Teil D II 2 c) bb).*

[340] *Ehlotzky*, Verkaufsmodalitäten, in Leidenmühler/Eder/Leingartner/Winkler C. (Hrsg.), Grundfreiheiten (2012), 129 f.; *Barnard*, CLJ 2009, 289; *Classen*, EuR 2009, 559; *Pecho*

Auf die Niederlassungs- und die Dienstleistungsfreiheit lässt sich die Differenzierung zwischen produktbezogenen Regelungen und Verkaufsmodalitäten terminologisch nicht übertragen. Dennoch ist eine Übernahme des *Keck*-Gedankens im Sinne der Parallelität der Grundfreiheiten konsequent.[341] Von einem Teil der Lehre wird daher daran angeknüpft, ob eine Regelung eine „substanzielle und spezifische Behinderung des Marktzugangs“[342] darstellt. Vorschriften, die den Zugang zu einem bestimmten Beruf einschränken, wie beispielsweise Genehmigungs- und Zulassungsvoraussetzungen, verstoßen gegen die Grundfreiheiten. Methodisch überzeugend ist es, davon Regelungen zu unterscheiden, die lediglich die Ausübung einer beruflichen Tätigkeit betreffen.[343] Versucht man, eine zur Dienstleistungsfreiheit passende Formulierung der *Keck*-Formel zu finden, könnte diese folgendermaßen lauten:

> Nationale Bestimmungen, die bestimmte Ausübungsmodalitäten beschränken oder verbieten sind nicht geeignet, die Ausübung der Dienstleistungsfreiheit im Sinne des Urteils *Kraus* zu behindern oder weniger attraktiv zu machen, sofern diese Bestimmungen für alle betroffenen Wirtschaftsteilnehmer gelten, die ihre Tätigkeit im Inland ausüben, und sofern sie den „Absatz“ der inländischen Dienstleistungen und der Dienstleistungen aus anderen Mitgliedstaaten rechtlich wie tatsächlich in der gleichen Weise berühren.

Aufgrund ihrer Parallelität sollte das Beschränkungsverbot bei allen Grundfreiheiten als Recht auf Marktzugang interpretiert werden.[344] Dieses Kriterium

---

bezeichnet die vom EuGH vorgenommene Maßnahmenkategorisierung als heilige Dreifaltigkeit („saint trinity“), vgl. *Pecho*, LIEI 2009, 260. *Rauber* hingegen sieht in der zitierten Urteilspassage ein eigenständiges, neues Prüfungsschema, vgl. *Rauber*, ZEuS 2010, 33 ff.

[341] Begründen lässt sich dies mit der Weite des Beschränkungsbegriffes der einzelnen Grundfreiheiten. Vgl. *Schroeder*, Grundkurs Europarecht (2013), § 14 Rn. 41 f., 125 f. und 156; *Parapatits*, Übertragbarkeit der Keck-Rechtsprechung, in Leidenmühler/Eder/Leingartner/Winkler C. (Hrsg.), Grundfreiheiten (2012), 117 ff.; *Schweitzer/Hummer/Obwexer*, Europarecht (2007), Rn. 1349, 1483 und 1516.

[342] *Müller-Graff* in Streinz (Hrsg.), EUV/AEUV (2012), Art. 49 AEUV Rn. 58.

[343] Vgl. *Ehlers* in Ehlers (Hrsg.), Europäische Grundrechte und Grundfreiheiten (2009), § 7 Rn. 87; *Weber K.*, Transitverkehr in der Judikatur, in Roth G.H./Hilpold (Hrsg.), EuGH und die Souveränität der Mitgliedstaaten (2008), 424 f.; *Schroeder/Müller A.Th.*, Recht des Binnenmarktes, in Wagner/Wedl (Hrsg.), Bilanz und Perspektiven (2007), 97; *Hatje*, Jura 2003, 164; *Schroeder*, JZ 1996, 255; vgl. auch die in Fn. 341 angegebene Literatur. Kritisch indes *Holoubek* in Schwarze (Hrsg.), EU-Kommentar (2012), Art. 56/57 AEUV Rn. 73; *Müller-Graff* in Streinz (Hrsg.), EUV/AEUV (2012), Art. 49 AEUV Rn. 62 und Art. 56 Rn. 88; *Schlag* in Schwarze (Hrsg.), EU-Kommentar (2012), Art. 49 AEUV Rn. 56; *Fenger*, ELR 2009, 333; *Pache* in Ehlers (Hrsg.), Europäische Grundrechte und Grundfreiheiten (2009), § 11 Rn. 63.

[344] In der Rechtsprechung des EuGH ist eine dahingehende Tendenz erkennbar. Vgl. zur Dienstleistungsfreiheit EuGH, Rs. C-384/93, Alpine Investments, Slg. 1995, I-1141 Rn. 38, wobei dieses Urteil sowohl für als auch gegen eine Übertragbarkeit von *Keck* gedeutet wird (vgl. die in Fn. 343 angegebene Literatur); verb. Rs. C-544/03 und C-545/

erweist sich als klar und zweckmäßig. Im Ergebnis sind somit nichtdiskriminierende Beschränkungen der Niederlassungs- und der Dienstleistungsfreiheit erlaubt, wenn sie nur die Ausübung einer Tätigkeit in einer Weise regeln, die sich nicht auf den freien Verkehr auswirkt. Behindert eine Vorschrift hingegen den Marktzugang, ist sie untersagt.

c) Keck*-Rechtsprechung und Verkehrsprotokoll*

Nachfolgend soll nun zum einen erörtert werden, ob und inwieweit sich die auf das Urteil *Keck und Mithouard* zurückgehende Differenzierung auf den Verkehrsbereich umlegen lässt und daher für das Verkehrsprotokoll relevant ist. Zum anderen stellt sich die Frage, inwieweit die *Keck*-Rechtsprechung auf sogenannte „Nutzungsmodalitäten" zu übertragen ist, d.h. unter welchen Bedingungen mitgliedstaatliche Vorschriften, mit welchen die Nutzung von Produkten beschränkt oder verboten wird, am Maßstab des Art. 34 AEUV zu messen sind.[345] Für die vorliegende Arbeit ist dies in Hinblick auf Beschränkungen der Nutzung eines Fahrzeugtyps oder bestimmter Flug- und Sportgeräte von Bedeutung.

aa) Verkaufsmodalitäten

Der EuGH hat sich bisher noch nicht mit der Auslegung des Begriffes Verkaufsmodalität im Verkehrsbereich auseinandergesetzt. Obwohl die Terminologie des Urteils *Keck und Mithouard* nicht auf diesen zugeschnitten ist, kann doch davon ausgegangen werden, dass die dem Urteil zugrunde liegende Differenzierung auch im Verkehrsbereich, in Hinblick auf die Warenverkehrs- und die Dienstleistungsfreiheit, zum Tragen kommt. Beschränkende Maßnahmen, wie beispielsweise die in der vorliegenden Arbeit untersuchten Geschwindigkeitsbegrenzungen, Fahrverbote und Straßenverkehrsabgaben[346], oder auch die

---

03, Mobistar, Slg. 2005, I-7723 Rn. 31 ff.; Rs. C-452/04, Fidium Finanz AG, Slg. 2006, I-9521 Rn. 46 ff. Zur Niederlassungsfreiheit Rs. C-70/95, Sodemare, Slg. 1997, I-3395 Rn. 33; Rs. C-442/02, CaixaBank France, Slg. 2004, I-8961 Rn. 12 ff. Zur Arbeitnehmerfreizügigkeit Rs. C-415/93, Bosman, Slg. 1995, I-4921 Rn. 103, dazu *Schroeder*, JZ 1996, 255; insbesondere auch unter Berücksichtigung der Urteile *Alpine Investments* und *Bosman* vgl. *Weatherill*, CMLRev 1996, 885 ff. Befürwortet wird eine parallele Anwendung des Marktzugangskriteriums in Hinblick auf eine Harmonisierung der Grundfreiheitenprüfung durch die Generalanwälte, vgl. GA *Fennelly*, SchlA Rs. C-190/98, Graf, Slg. 2000, I-493 Rn. 31 ff.; GA *Poiares Maduro*, SchlA verb. Rs. C-158/04 und C-159/04, Alfa Vita, Slg. 2006, I-8135 Rn. 50 f.; GA *Bot*, SchlA Rs. C-110/05, Kommission/Italien, Slg. 2009, I-519 Rn. 82 f. und 118 ff.

345 Vgl. hierzu auch *Ehlotzky*, Verkaufsmodalitäten, in Leidenmühler/Eder/Leingartner/Winkler C. (Hrsg.), Grundfreiheiten (2012), 130 ff.

346 Vgl. unten *Teil E I, IV* und *V*.

Nichterrichtung bestimmter Verkehrsinfrastrukturen[347], knüpfen nicht direkt an transportierte Waren oder bestimmte Produkteigenschaften an. Es handelt sich somit nicht um produktbezogene Vorschriften. Ebenso wenig beeinträchtigen sie in der Regel den Marktzugang für die Erbringung gewisser Dienstleistungen. Sie normieren vielmehr die Art und Weise der Beförderung und stellen daher grundsätzlich Verkaufsmodalitäten bzw. Ausübungsmodalitäten dar.[348]

Für jede Verkehrsmaßnahme ist folglich gesondert zu prüfen, ob die Voraussetzungen der *Keck*-Formel gegeben sind. Liegt eine Verkaufsmodalität vor und gilt sie für alle betroffenen Wirtschaftsteilnehmer, die ihre Tätigkeit im Inland ausüben, fällt sie unter die *Keck*-Ausnahme, sofern sie den Absatz der inländischen Erzeugnisse und der Erzeugnisse aus anderen Mitgliedstaaten rechtlich wie tatsächlich in der gleichen Weise berührt. Wie bereits erörtert, sollte sich diese Argumentation in Hinblick auf die Parallelität der Grundfreiheiten auch auf Fälle der Dienstleistungsfreiheit übertragen lassen.[349]

Besonderes Augenmerk ist jedenfalls auf den letzten Prüfungsschritt der *Keck*-Formel zu legen. Bestimmte Maßnahmen wirken sich tatsächlich nachteilig auf den Absatz ausländischer Erzeugnisse oder auch Dienstleistungen aus, weil sie den Warentransport bzw. die Dienstleistungserbringung für ausländische im Vergleich zu inländischen Wirtschaftstreibenden stärker verzögern und verteuern. Dies schlägt sich im Preis der Produkte und Dienstleistungen nieder, was sich wiederum auf deren Absatz auswirkt. Die beschränkende Wirkung einer Maßnahme ergibt sich somit aus dem dadurch bedingten Zeit- und Kostenaufwand.[350] Im Ergebnis sind diese Maßnahmen daher nicht von der *Keck*-Ausnahme erfasst.

Die Literatur hat sich bisher nur ansatzweise mit einer Systematisierung von Verkehrsmaßnahmen im Lichte der *Keck*-Judikatur beschäftigt. Dabei wird hauptsächlich auf den Zweck einer Regelung abgestellt und zwischen „allgemein verkehrsregelnden" und „genuin verkehrsregulierenden" Maßnahmen unterschieden.[351] Verkehrsregelnde Maßnahmen seien Teil einer allgemeinen nationalen

---

[347] Vgl. unten *Teil E II* und *III.*

[348] Vgl. auch *Ehlotzky*, Verkaufsmodalitäten, in Leidenmühler/Eder/Leingartner/Winkler C. (Hrsg.), Grundfreiheiten (2012), 139 ff.; *Weber K.*, Transitverkehr in der Judikatur, in Roth G.H./Hilpold (Hrsg.), EuGH und die Souveränität der Mitgliedstaaten (2008), 420 ff.; *Weber R.H.*, AJP 2008, 1216; *Epiney/Gruber*, Verkehrsrecht in der EU (2001), 80 ff.

[349] Vgl. oben *Teil D II 2 b).*

[350] Zu den Kosten, die vor allem ausländischen Wirtschaftsteilnehmern durch eine erforderliche Lagerung der Ware entstehen, vgl. insbesondere EuGH, Rs. C-189/95, Franzén, Slg. 1997, I-5909 Rn. 71. Vgl. außerdem Fn. 322, 325 und 326.

[351] Vgl. *Epiney/Heuck*, ZUR 2009, 181; *Epiney/Gruber*, Verkehrsrecht in der EU (2001), 82.

Ordnungspolitik, die sich bloß reflexartig auf die Produktmobilität auswirke. Sie seien folglich zulässige Verkaufsmodalitäten im Sinne von *Keck*. Verkehrsregulierende Maßnahmen stellten hingegen eine gezielte und beabsichtigte Beschränkung des Warenverkehrs dar und wirkten sich unmittelbar auf die Möglichkeiten der Marktteilnehmer aus, ihre Produkte auf eine bestimmte Weise zu transportieren. Sie könnten schon konzeptionell betrachtet keine „Modalität" darstellen.[352]

Diese Klassifizierung wirft zunächst die Frage auf, welche Maßnahmen nun als verkehrsregelnde und welche als verkehrsregulierende einzuordnen sind. Darüber hinaus wird hinsichtlich der ersten Kategorie der verkehrsregelnden Maßnahmen der letzte Prüfungsschritt bei *Keck* übergangen. Es ist zutreffend, dass Verkehrsmaßnahmen als Verkaufsmodalitäten zu qualifizieren sind. Doch nicht alle Verkaufsmodalitäten wirken sich auf der Absatzebene in gleicher Weise aus. Beurteilt man eine Regelung allein nach ihrem Zweck, könnten daher an sich unionsrechtswidrige Regelungen als zulässig bezeichnet werden, denn ein Verstoß gegen die Grundfreiheiten liegt nicht nur dann vor, wenn dieser bezweckt wird.[353] Umgekehrt könnten verkehrsregulierende Maßnahmen bei entsprechender Ausgestaltung unionsrechtskonform sein.[354]

Zusammenfassend ist festzustellen, dass jede Verkehrsmaßnahme der Mitgliedstaaten, welche die Möglichkeiten des Warentransports oder der Dienstleistungserbringung einschränkt und letztendlich den Absatz inländischer und ausländischer Waren oder Dienstleistungen nicht in der gleichen Weise berührt, unter den Tatbestand des Art. 34 AEUV bzw. der Art. 56 f. AEUV fällt. Die konkreten, auf Grundlage des Verkehrsprotokolls zu erlassenden Maßnahmen werden im Einzelnen in *Teil E* der vorliegenden Arbeit geprüft.

---

[352] So erstmals *Epiney/Gruber*, Verkehrsrecht in der EU (2001), 82, die Geschwindigkeitsbegrenzungen und Nachtfahrverbote pauschal als Verkaufsmodalitäten qualifizieren. Ebenso *Epiney/Heuck*, ZUR 2009, 181; *Weber R.H.*, AJP 2008, 1216. Ähnlich, im Sinne einer „Nutzungsmodalität", *Becker*, nach welchem ein „Fahrverbot bei Smog-Alarm" als „allgemeine Verwendungsbeschränkung für Waren" keine Maßnahme gleicher Wirkung darstellt, vgl. *Becker* in Schwarze (Hrsg.), EU-Kommentar (2012), Art. 34 AEUV Rn. 81. Vgl. aber (anders als in der Vorauflage) *Epiney/Heuck/Schleiss*, nach welchen „allgemein verkehrsregelnde Maßnahmen" wie Geschwindigkeitsbegrenzungen bereits die Voraussetzungen von *Dassonville* nicht erfüllen, während „Verkehrsbeschränkungen" wie Nachtfahrverbote in den Tatbestand des Art. 34 AEUV fallen, *Epiney/Heuck/Schleiss* in Dauses (Hrsg.), EU-Wirtschaftsrecht (2013), Rn. 176 f. Vgl. dazu unten *Teil E I 1 b)*, *Teil E I 1 c) aa)* und Fn. 560.

[353] Vielmehr kommt es auf die Wirkung einer Maßnahme an, vgl. GA *Mazák*, SchlA Rs. C-254/05, Kommission/Belgien, Slg. 2007, I-4269 Rn. 39; GA *Trstenjak*, SchlA Rs. C-265/06, Kommission/Portugal, Slg. 2008, I-2245 Rn. 37. Vgl. auch oben *Teil D I 1*.

[354] Kritisch auch *Ehlotzky*, Verkaufsmodalitäten, in Leidenmühler/Eder/Leingartner/Winkler C. (Hrsg.), Grundfreiheiten (2012), 141 f.

bb) Nutzungsmodalitäten

In Hinblick auf das Verkehrsprotokoll ist auch die Frage der Schaffung einer eigenen Kategorie der „Nutzungsmodalitäten" von Bedeutung. Darunter sind Maßnahmen zu verstehen, welche „die Art und den Ort der Nutzung von Erzeugnissen regeln"[355], d.h. die Verwendung eines Produktes vor allem räumlich oder zeitlich beschränken bzw. auch gänzlich verbieten. Im Grunde genommen sind solche Nutzungsbeschränkungen von keiner großen Besonderheit. Im Gegenteil, sehr häufig regelt der Gesetzgeber die Verwendung eines Produktes, und der EuGH hatte bereits früher über Maßnahmen zu urteilen, die nichts anderes darstellen als Nutzungsmodalitäten.[356] Es sind die Generalanwälte, welche die prinzipielle Diskussion darüber vor dem Gerichtshof aufbrachten.[357]

Die zwei für die geschilderte Thematik wichtigsten Rechtssachen werden im Folgenden kurz dargestellt und analysiert.[358] Es fällt auf, dass es sich dabei um

---

355 GA *Kokott*, SchlA Rs. C-142/05, Mickelsson und Roos, Slg. 2009, I-4273 Rn. 44; zum weiten Begriffsverständnis vgl. *Albin/Valentin*, EWS 2007, 535.

356 Vgl. insbesondere die Rechtssache *Kommission/Portugal*, in welcher sich der EuGH nicht einmal ein Jahr vor seinem Urteil in der Rechtssache *Kommission/Italien* (Fn. 358) mit dem Verbot befasst, an Windschutzscheibe und Fenstern eines Kraftfahrzeuges farbige Folien zu befestigen. Sowohl der EuGH als auch Generalanwältin *Trstenjak* qualifizieren dies als Maßnahme gleicher Wirkung, ohne auf die Frage der Nutzungsmodalitäten einzugehen, vgl. EuGH, Rs. C-265/06, Kommission/Portugal, Slg. 2008, I-2245 Rn. 32 ff.; GA *Trstenjak*, SchlA Rs. C-265/06, Kommission/Portugal, Slg. 2008, I-2245 Rn. 38 ff. Hierzu *Ehlotzky*, Verkaufsmodalitäten, in Leidenmühler/Eder/Leingartner/Winkler C. (Hrsg.), Grundfreiheiten (2012), 131 f. Im Kern handelt es sich außerdem in folgenden Rechtssachen um Nutzungsbeschränkungen: EuGH, verb. Rs. 60 und 61/84, Cinéthèque, Slg. 1985, 2605 Rn. 21 ff.; Rs. C-473/98, Toolex Alpha, Slg. 2000, I-5681 Rn. 35 f.; Rs. C-65/05, Kommission/Griechenland, Slg. 2006, I-10341 Rn. 28 ff. Ein Verkaufsverbot schließt ein Nutzungsverbot mit ein und stellt eine Maßnahme gleicher Wirkung im Sinne des Art. 34 AEUV dar, vgl. EuGH, Rs. C-293/94, Brandsma, Slg. 1996, I-3159 Rn. 6. Zur bisherigen EuGH-Rechtsprechung und der dahingehenden Literatur auch *Rauber*, ZEuS 2010, 21 ff.; *Fenger*, ELR 2009, 331 f.; *Albin/Valentin*, EWS 2007, 536 f.; kritisch in Hinblick auf die Nichterwähnung der *Keck*-Prinzipien in der Rechtssache *Toolex Alpha* vgl. *Dashwood*, CLJ 2002, 36 ff.

357 Zur Problematik der Nutzungsmodalitäten vgl. *Ehlotzky*, Verkaufsmodalitäten, in Leidenmühler/Eder/Leingartner/Winkler C. (Hrsg.), Grundfreiheiten (2012), 130 ff.; *Kaupa*, Nach Mickelsson, in Leidenmühler/Eder/Leingartner/Winkler C. (Hrsg.), Grundfreiheiten (2012), 99 ff.; *Wennerås/Bøe Moen*, ELRev 2010, 387 ff.; *de Sadeleer*, JDE 2009, 247 ff.

358 EuGH, Rs. C-110/05, Kommission/Italien, Slg. 2009, I-519; Rs. C-142/05, Mickelsson und Roos, Slg. 2009, I-4273. Das Urteil in der Rechtssache *Kommission/Italien* erging am 10.2.2009, jenes in der Rechtssache *Mickelsson und Roos* am 4.6.2009. Ersteres sollte ursprünglich ohne mündliche Anhörung ergehen und Generalanwalt *Léger* verlas seine Schlussanträge am 5.10.2006, vgl. GA *Léger*, SchlA Rs. C-110/05, Kommission/Italien, Slg. 2009, I-519. Am 9.11.2006 aber beschloss die zuständige dritte Kammer des EuGH, die Rechtssache gemäß Art. 44 § 4 EuGH-VfO dem Gerichtshof zur Zuweisung an einen

Fallkonstellationen handelt, die im weitesten Sinne den Verkehrsbereich betreffen, geht es doch um Fahrzeuganhänger und Wassermotorräder. In ihren Schlussanträgen in der Rechtssache *Mickelsson und Roos*[359] befürwortet Generalanwältin *Kokott* eine Parallele der Nutzungsmodalitäten zu Verkaufsmodalitäten.[360] Generalanwalt *Bot* hingegen nimmt in seinen Schlussanträgen in der Rechtssache *Kommission/Italien* auf Generalanwältin *Kokott* Bezug und argumentiert vor allem aus Gründen der Rechtssicherheit gegen die Schaffung einer weiteren Ausnahmekategorie.[361] Die Mitgliedstaaten sprechen sich wiederum in ihren Stellungnahmen in der Rechtssache *Kommission/Italien* mehrheitlich für eine eigene Kategorie in Anlehnung an die *Keck*-Prinzipien aus.[362]

(1) Rechtssachen *Kommission/Italien* und *Mickelsson und Roos*

Gegenstand des Vertragsverletzungsverfahrens in der Rechtssache *Kommission/Italien* ist eine Bestimmung der italienischen Straßenverkehrsordnung, die es aus Gründen der Verkehrssicherheit verbot, mit dem speziellen Fahrzeugtyp des „Kradfahrzeugs“[363] einen Anhänger zu ziehen.[364] Die Vorschrift betraf somit nicht

größeren Spruchkörper vorzulegen. Am 7.3.2007 entschied dieser, die mündliche Verhandlung wiederzueröffnen und eine Anhörung durchzuführen. Die Parteien des Rechtsstreits und die Mitgliedstaaten wurden aufgefordert, zur Grundsatzfrage des Urteils Stellung zu nehmen. Vgl. zum Verfahrensablauf und den abgegebenen Erklärungen EuGH, Rs. C-110/05, Kommission/Italien, Slg. 2009, I-519 Rn. 13 ff.; GA *Bot*, SchlA Rs. C-110/05, Kommission/Italien, Slg. 2009, I-519 Rn. 4 ff. und 30 ff.; außerdem *Kröll*, Warenverkehr, in Eilmansberger/Herzig (Hrsg.), Jahrbuch Europarecht (2010), 110 f.; *Oliver* in Oliver (Hrsg.), Free Movement of Goods (2010), Rn. 6.83 ff.; *Albin/Valentin*, EuZW 2009, 173 ff. und 178 f.; *Spaventa*, ELRev 2009, 914 ff.; *Reich*, EuZW 2008, 485 f.; *Albin/Valentin*, EWS 2007, 533 ff. Vgl. auch die Folgerechtsprechung EuGH, Rs. C-433/05, Lars Sandström, Slg. 2010, I-2885 Rn. 31 ff.; Rs. C-142/09, Lahousse, Slg. 2010, I-11685 Rn. 44 ff.

359 EuGH, Rs. C-142/05, Mickelsson und Roos, Slg. 2009, I-4273.

360 GA *Kokott*, SchlA Rs. C-142/05, Mickelsson und Roos, Slg. 2009, I-4273. Obwohl das Urteil in der Rechtssache *Kommission/Italien* vor jenem in der Rechtssache *Mickelsson und Roos* erging (Fn. 358), verlas Generalanwältin *Kokott* ihre Schlussanträge in der Rechtssache *Mickelsson und Roos* (14.12.2006) vor jenen von Generalanwalt *Bot* in der Rechtssache *Kommission/Italien* (8.7.2008).

361 GA *Bot*, SchlA Rs. C-110/05, Kommission/Italien, Slg. 2009, I-519. Zur Diskussion der Generalanwälte vgl. *Ehlotzky*, Verkaufsmodalitäten, in Leidenmühler/Eder/Leingartner/Winkler C. (Hrsg.), Grundfreiheiten (2012), 135 ff.

362 Vgl. EuGH, Rs. C-110/05, Kommission/Italien, Slg. 2009, I-519 Rn. 16 ff.; GA *Bot*, SchlA Rs. C-110/05, Kommission/Italien, Slg. 2009, I-519 Rn. 31 ff. Vgl. auch Fn. 358.

363 Nach der italienischen Straßenverkehrsordnung fallen darunter Kleinkrafträder, Krafträder sowie drei- und vierrädrige Kleinkraftfahrzeuge, vgl. EuGH, Rs. C-110/05, Kommission/Italien, Slg. 2009, I-519 Rn. 6 f.

364 Zur Rechtssache *Kommission/Italien* vgl. *Classen*, EuR 2009, 555 ff.; *Cortés Martín*, Revista de Derecho Comunitario Europeo 2009, 677 ff.; *Gutiérrez-Fons*, GJC 2009, 71 ff.; *Lind-*

die Merkmale der Anhänger, sondern regelte ihre Verwendung, d.h. die Voraussetzungen, unter welchen diese genutzt bzw. eben nicht genutzt werden durften. Dabei war sie unterschiedslos auf inländische und eingeführte Anhänger anwendbar. Im Wesentlichen geht es in diesem Fall um die Frage, ob das Verbot der Nutzung von Anhängern eine Maßnahme gleicher Wirkung wie eine mengenmäßige Einfuhrbeschränkung im Sinne von Art. 34 AEUV darstellt oder die Regelung wie eine Verkaufsmodalität nicht in den Tatbestand dieser Bestimmung fällt.

In seinem Urteil differenziert der EuGH zwischen Anhängern, die nicht eigens zum Anhängen an Kradfahrzeuge und solchen, die ausschließlich dafür konzipiert sind.[365] Während er für erstere den Marktzugang nicht beschränkt sieht[366], qualifiziert er für die zweite Kategorie die Regelung der italienischen Straßenverkehrsordnung als Maßnahme gleicher Wirkung im Sinne von Art. 34 AEUV.[367] Dabei stellt der Gerichtshof auf das Verbraucherverhalten ab[368]:

> „[E]in Verbot der Verwendung eines Erzeugnisses im Hoheitsgebiet eines Mitgliedstaats [hat] erheblichen Einfluss auf das Verhalten der Verbraucher […], das sich wiederum auf den Zugang des Erzeugnisses zum Markt des Mitgliedstaats auswirkt. Denn die Verbraucher, die wissen, dass sie ihr Kradfahrzeug nicht mit einem eigens dafür konzipierten Anhänger verwenden dürfen, haben praktisch kein Interesse daran, einen solchen Anhänger zu kaufen […]. Damit verhindert [… die] Straßenverkehrsordnung die Nachfrage nach derartigen Anhängern auf dem betreffenden Markt und behindert somit deren Einfuhr.“

Im Ergebnis erachtet der EuGH das Verbot aus Gründen der Verkehrssicherheit für gerechtfertigt.[369] Auf die Frage, warum er seine Rechtsprechung zu Verkaufsmodalitäten nicht auf Nutzungsmodalitäten ausdehnt, geht der EuGH, anders als Generalanwalt *Bot* in seinen Schlussanträgen[370], nicht näher ein.

Gegenstand des zweiten Falles, der Rechtssache *Mickelsson und Roos*, ist eine schwedische Verordnung, welche die Nutzung von Wassermotorrädern außerhalb von öffentlichen Wasserstraßen ausschließlich mit behördlicher Genehmi-

---

ner, BayVBl 2009, 499 ff.; *Melloni*, Dir. comm. internaz. 2009, 160 ff.; *Pecho*, LIEI 2009, 257 ff.

365 *Lindner* spricht diesbezüglich von absoluten und relativen Verwendungsverboten, vgl. *Lindner*, BayVBl 2009, 500 f.

366 EuGH, Rs. C-110/05, Kommission/Italien, Slg. 2009, I-519 Rn. 52 f.

367 EuGH, Rs. C-110/05, Kommission/Italien, Slg. 2009, I-519 Rn. 56 ff.

368 EuGH, Rs. C-110/05, Kommission/Italien, Slg. 2009, I-519 Rn. 56 f. In diesem Sinne auch GA *Léger*, SchlA Rs. C-110/05, Kommission/Italien, Slg. 2009, I-519 Rn. 37 ff.

369 EuGH, Rs. C-110/05, Kommission/Italien, Slg. 2009, I-519 Ls. 2 und Rn. 59 ff.; gegen eine Rechtfertigung hingegen GA *Léger*, SchlA Rs. C-110/05, Kommission/Italien, Slg. 2009, I-519 Rn. 43 ff.; GA *Bot*, SchlA Rs. C-110/05, Kommission/Italien, Slg. 2009, I-519 Rn. 160 ff.

370 GA *Bot*, SchlA Rs. C-110/05, Kommission/Italien, Slg. 2009, I-519 Rn. 87 ff.

gung gestattete.[371] Auch diese Verordnung differenzierte nicht nach dem Ursprung der Wassermotorräder. Wenngleich deren Nutzung im Unterschied zur Rechtssache *Kommission/Italien* nicht gänzlich verboten war, hatten die Behörden noch keine Wasserwege freigegeben und Wassermotorräder konnten nur auf öffentlichen Wasserstraßen geführt werden.[372] Diese sind oftmals nur schwer zu erreichen und zudem für den kommerziellen Schwerverkehr bestimmt, wodurch der Betrieb dort sehr gefährlich ist. „Die tatsächlichen Möglichkeiten, Wassermotorräder in Schweden zu führen, seien somit nur unbedeutend"[373] und Verbraucher hätten ein entsprechend „geringes Interesse daran, das fragliche Erzeugnis zu kaufen".[374]

Auf die Frage, warum er Nutzungsmodalitäten nicht wie Verkaufsmodalitäten vom Verbotstatbestand der Warenverkehrsfreiheit ausnimmt, geht der EuGH auch in diesem Fall nicht ein.[375] Einmal bezieht er sich auf das Urteil *Kommission/Italien* und führt aus, dass

> „die Beschränkung der Verwendung eines Erzeugnisses [...] je nach ihrer Tragweite erheblichen Einfluss auf das Verhalten der Verbraucher haben [kann], das sich wiederum auf den Zugang des Erzeugnisses zum Markt des Mitgliedstaats auswirken kann [...]."[376]

Sollten die nationalen Regelungen daher dazu führen, „die Benutzer von Wassermotorrädern daran zu hindern, von diesen den ihnen eigenen und wesens-

---

371 Vgl. EuGH, Rs. C-142/05, Mickelsson und Roos, Slg. 2009, I-4273 Rn. 9 ff. Hierzu *Kröger*, EuR 2012, 472 ff.; ausführlich zum der Rechtssache zugrunde liegenden Sachverhalt *Fenger*, ELR 2009, 326; *González Vaqué*, Revista española de Derecho Europeo 2009, 389 ff.

372 Anders stellte sich der Sachverhalt in der nachfolgenden Rechtssache *Lars Sandström* dar, denn zum Zeitpunkt dieses Verfahrens war die Nutzung der Wassermotorräder in bestimmten Gebieten bereits zugelassen, vgl. EuGH, Rs. C-433/05, Lars Sandström, Slg. 2010, I-2885 Rn. 19, 25 und 32. Hierzu *Ehlotzky*, Verkaufsmodalitäten, in Leidenmühler/Eder/Leingartner/Winkler C. (Hrsg.), Grundfreiheiten (2012), 133 f.

373 EuGH, Rs. C-142/05, Mickelsson und Roos, Slg. 2009, I-4273 Rn. 25. Vgl. auch GA *Kokott*, SchlA Rs. C-142/05, Mickelsson und Roos, Slg. 2009, I-4273 Rn. 70; kritisch dazu *Oliver* in Oliver (Hrsg.), Free Movement of Goods (2010), Rn. 6.84 ff.

374 EuGH, Rs. C-142/05, Mickelsson und Roos, Slg. 2009, I-4273 Rn. 27.

375 Der EuGH prüft den Fall anhand der Warenverkehrsfreiheit, da die Richtlinie 94/25/EG vom 16.6.1994 zur Angleichung der Rechts- und Verwaltungsvorschriften der Mitgliedstaaten über Sportboote (ABl. 1994, Nr. L 164/15) seiner Ansicht nach zum relevanten Zeitpunkt des Ausgangsverfahrens nicht anwendbar war, vgl. EuGH, Rs. C-142/05, Mickelsson und Roos, Slg. 2009, I-4273 Ls. 1 und Rn. 17 ff. A.A. Generalanwältin *Kokott*, welche die Richtlinie zwar grundsätzlich für anwendbar hält, aber ausführt, „dass diese lediglich die technischen Anforderungen, nicht aber die Nutzung von Sportbooten und Wassermotorrädern harmonisieren wollte", vgl. GA *Kokott*, SchlA Rs. C-142/05, Mickelsson und Roos, Slg. 2009, I-4273 Rn. 23 ff. und 36.

376 EuGH, Rs. C-142/05, Mickelsson und Roos, Slg. 2009, I-4273 Ls. 2, 3 und Rn. 26.

immanenten Gebrauch zu machen, oder deren Nutzung stark zu behindern", habe dies eine Behinderung des Marktzugangs zur Folge und eine Maßnahme gleicher Wirkung sei anzunehmen.[377]

(2) Keine Ausnahmekategorie

Ohne ausdrücklich dazu Stellung zu beziehen scheint es der EuGH aus praktischen Erwägungen vorzuziehen, Nutzungsmodalitäten nicht aus dem Verbotstatbestand des Art. 34 AEUV herauszunehmen. Tatsächlich gibt es Argumente für und gegen eine Erstreckung der im Urteil *Keck und Mithouard* niedergelegten Grundsätze.[378]

In Hinblick auf Art und Intensität ihrer Auswirkungen auf den Warenverkehr sind Nutzungsmodalitäten den Verkaufsmodalitäten vergleichbar.[379] Sie behindern die Einfuhr von Waren nicht in spezifischer Weise, sondern wirken sich erst später durch ihren Einfluss auf das Kaufverhalten der Verbraucher mittelbar auf den Absatz aus. Es wäre daher durchaus konsequent, Nutzungsmodalitäten analog zu Verkaufsmodalitäten bei Vorliegen der vom EuGH in der Rechtssache *Keck und Mithouard* aufgestellten Voraussetzungen vom Tatbestand des

---

377 EuGH, Rs. C-142/05, Mickelsson und Roos, Slg. 2009, I-4273 Ls. 3 und Rn. 28. Der EuGH lässt schließlich eine prinzipielle Rechtfertigung durch Ziele des Umwelt- und Gesundheitsschutzes zu, vorausgesetzt die gesetzten Maßnahmen entsprechen den Voraussetzungen der Verhältnismäßigkeit, vgl. Rn. 31 ff. Die schwedischen Behörden seien daher zu verpflichten, innerhalb einer angemessenen Frist nach Inkrafttreten der Verordnung Bereiche für die Nutzung von Wassermotorrädern zu bezeichnen, und sie müssten dieser Pflicht auch tatsächlich nachkommen, vgl. Rn. 39 und 44. Vgl. auch GA *Kokott*, SchlA Rs. C-142/05, Mickelsson und Roos, Slg. 2009, I-4273 Rn. 85 ff. und 114; *Fenger*, ELR 2009, 328 f. In der Rechtssache *Lars Sandström* (Fn. 358 und 372) folgt der EuGH seinem Urteil in der Rechtssache *Mickelsson und Roos*, vgl. EuGH, Rs. C-433/05, Lars Sandström, Slg. 2010, I-2885 Rn. 33 f. und 40. Zur Rechtfertigung aus Gründen des Umwelt- und Gesundheitsschutzes vgl. unten *Teil D III 1*, zur Verhältnismäßigkeit unten *Teil D III 2*.

378 Die Möglichkeit der Schaffung einer neuen Ausnahmekategorie der Nutzungsmodalitäten wird auch in der Literatur kontrovers diskutiert. Kritisch in Hinblick auf die Ausführungen von Generalanwältin *Kokott* vgl. *Rauber*, ZEuS 2010, 28 ff.; *Fenger*, ELR 2009, 330 ff.; *González Vaqué*, Revista española de Derecho Europeo 2009, 396 ff.; *Oliver/Enchelmaier*, CMLRev 2007, 678 f. Für den Marktzugangsansatz auch *Pecho*, LIEI 2009, 262 ff.; im Ergebnis für eine Anwendung des Marktzugangskriteriums und eine Deutung der *Keck*-Rechtsprechung als „Beweislastregel" *Reich*, EuZW 2008, 486. Für eine Ausnahmekategorie hingegen, bezogen auf Umweltschutzmaßnahmen *Kröger*, EuR 2012, 475 f. und 477 f.; *Albin/Valentin*, EuZW 2009, 178 ff.; *Albin/Valentin*, EWS 2007, 534 und 537 ff.

379 Nach Auffassung Deutschlands stellen Nutzungsmodalitäten eines Erzeugnisses vielfach „die Kehrseite der Verkaufsmodalitäten" dar, vgl. EuGH, Rs. C-110/05, Kommission/Italien, Slg. 2009, I-519 Rn. 25; vgl. auch *Albin/Valentin*, EWS 2007, 538. A.A. *Oliver* in Oliver (Hrsg.), Free Movement of Goods (2010), Rn. 6.85.

Art. 34 AEUV auszunehmen.[380] In Anlehnung an *Keck* könnte man davon ausgehen, dass

> eine nationale Bestimmung, die bestimmte Nutzungsmodalitäten beschränkt oder verbietet, nicht unter das Verbot des Art. 34 AEUV fällt, sofern sie nicht produktbezogen ist, sofern sie für alle betroffenen Wirtschaftsteilnehmer gilt, die ihre Tätigkeit im Inland ausüben, und sofern sie den Absatz der inländischen Erzeugnisse und der Erzeugnisse aus anderen Mitgliedstaaten rechtlich wie tatsächlich in der gleichen Weise berührt.[381]

Regelungen, welche die Verwendung einer Ware an die Einhaltung bestimmter Bedingungen knüpfen bzw. räumlich oder zeitlich einschränken und dabei den *Keck*-Kriterien entsprechen, wären demnach analog den Verkaufsmodalitäten nicht geeignet, den Marktzugang zu versperren oder zu behindern.[382]

Gegen die Einführung einer neuen Kategorie von Maßnahmen sprechen indessen in erster Linie Argumente der Zweckmäßigkeit. Die dem Urteil *Keck und Mithouard* zugrunde liegenden Prinzipien sind nicht frei von Widersprüchen und Unklarheiten und haben den Verbotstatbestand des Art. 34 AEUV nicht eindeutig definiert.[383] Die Trennungslinie zwischen zulässigen Verkaufsmodalitäten und verbotenen Maßnahmen lässt sich nur in bestimmten Fallkonstellationen, wie eben in der Rechtssache *Keck und Mithouard*, dogmatisch scharf ziehen. Beschränkungen können bisweilen von anderen Faktoren abhängen, wie der Art der Anwendung einer Regelung und ihrer konkreten Auswirkung auf den Handel.[384] Dies macht die Grenzziehung zwischen den Kategorien nicht nur unsicher, sondern bisweilen auch künstlich[385] und hat eine nicht immer kohärente Rechtsprechung und mangelnde Rechtssicherheit für den einzelnen Wirtschaftsteilnehmer zur Folge.[386]

---

[380] In diesem Sinne GA *Kokott*, SchlA Rs. C-142/05, Mickelsson und Roos, Slg. 2009, I-4273 Rn. 47 ff.; dazu *Ehlotzky*, Verkaufsmodalitäten, in Leidenmühler/Eder/Leingartner/Winkler C. (Hrsg.), Grundfreiheiten (2012), 135 f.

[381] Vgl. GA *Kokott*, SchlA Rs. C-142/05, Mickelsson und Roos, Slg. 2009, I-4273 Rn. 56, 87 und 114. Für eine analoge Anwendung bzw. Extension der *Keck*-Formel *Albin/Valentin*, EWS 2007, 538 und 540.

[382] Vgl. EuGH, verb. Rs. C-267/91 und C-268/91, Keck und Mithouard, Slg. 1993, I-6097 Rn. 17.

[383] Generalanwalt *Bot* spricht von im Urteil „enthaltenen Widersprüche[n], seine[r] mangelnde[n] Begründung und fehlende[n] Klarheit" sowie von „Auslegungsschwierigkeiten [....], die nur von Fall zu Fall gelöst werden konnten", vgl. GA *Bot*, SchlA Rs. C-110/05, Kommission/Italien, Slg. 2009, I-519 Rn. 77. Dazu *Ehlotzky*, Verkaufsmodalitäten, in Leidenmühler/Eder/Leingartner/Winkler C. (Hrsg.), Grundfreiheiten (2012), 136 f. Zu Abgrenzungsproblemen vgl. *Schwintowski*, RabelsZ 2000, 47 ff.

[384] GA *Bot*, SchlA Rs. C-110/05, Kommission/Italien, Slg. 2009, I-519 Rn. 80.

[385] GA *Bot*, SchlA Rs. C-110/05, Kommission/Italien, Slg. 2009, I-519 Rn. 81 und 90.

[386] Kritisch zur auf dem *Keck*-Urteil basierenden Differenzierung auch GA *Poiares Maduro*, SchlA verb. Rs. C-158/04 und C-159/04, Alfa Vita, Slg. 2006, I-8135 Rn. 30 ff., hierzu

Schafft man eine vergleichbare Kategorie der Nutzungsmodalitäten, würde dies unvermeidlich erneut zu Schwierigkeiten bei ihrer Definition und Eingrenzung führen. So sind Vorschriften denkbar, welche die Verwendung eines Produktes regeln, aber dessen Anpassung voraussetzen und damit im Ergebnis Anforderungen an die Produktmerkmale stellen.[387] Dies gefährdet nicht nur die praktische Wirksamkeit des Art. 34 AEUV, sondern könnte die Mitgliedstaaten auch dazu verleiten, Regelungen missbräuchlich als Nutzungsmodalitäten zu tarnen. Zweifelhaft ist außerdem, ob der Grund, der den EuGH zu Beginn der 1990er Jahre dazu veranlasst hat, eine Ausnahme für Verkaufsmodalitäten zu schaffen, auch bei Nutzungsmodalitäten vorliegt, denn mit diesen hatte sich der Gerichtshof bisher nicht allzu oft auseinanderzusetzten.[388] Schließlich würde eine neue Kategorie der Nutzungsmodalitäten zu einer Sonderbehandlung der Warenverkehrsfreiheit führen und es bestünde das Risiko, dass vergleichbare Sachverhalte unterschiedlich behandelt werden, je nachdem unter welcher Grundfreiheit sie zu prüfen sind.[389] Dies würde wiederum die Frage aufwerfen,

---

Streinz, JuS 2008, 263 f.; *Oliver/Enchelmaier*, CMLRev 2007, 676 f.; *Reich*, EuZW 2006, 304 f.; *Schwintowski*, RabelsZ 2000, 46 ff. und 58 f. Kritisch auch *Kingreen* in Calliess/Ruffert (Hrsg.), EUV/AEUV (2011), Art. 34–36 AEUV Rn. 180; *Dabbah*, IJEL 1999, 89 ff.; *Oliver*, CMLRev 1999, 795 ff., der ausführt: "[T]he case for *Keck* is not that it is perfect, but that every other approach which has been tried or suggested to date has greater shortcomings.", 799; *Higgins*, IJEL 1997, 170 ff.; *Weatherill*, CMLRev 1996, 894 ff.; zur unmittelbar nach dem Urteil geäußerten Kritik *Matthies*, Artikel 30 EG-Vertrag, in FS für Ulrich Everling I (1995), 807 f. und 814 f. Vgl. auch Fn. 319 und 332.

[387] Vgl. die Auffassung der Niederlande, GA *Bot*, SchlA Rs. C-110/05, Kommission/Italien, Slg. 2009, I-519 Rn. 35. Die Wareneinfuhr wird dabei, wie bei der Kategorie der „produktbezogenen Verkaufsmodalitäten“, durch Zusatzkosten erschwert, die aus dem produktbezogenen Charakter resultieren. Man könnte diese Art von Vorschriften daher als „produktbezogene Nutzungsmodalitäten“ bezeichnen. Zu produktbezogenen Verkaufsmodalitäten vgl. *Schroeder* in Streinz (Hrsg.), EUV/AEUV (2012), Art. 34 AEUV Rn. 53. *Epiney* qualifiziert Nutzungsbeschränkungen indes grundsätzlich als produktbezogene Maßnahmen, die gerade an die Eigenschaften der erfassten Produkte bestimmte Rechtsfolgen knüpfen, vgl. *Epiney*, Umweltrecht (2013), 184; *Epiney/Heuck/Schleiss* in Dauses (Hrsg.), EU-Wirtschaftsrecht (2013), Rn. 179; *Epiney/Gruber*, Verkehrsrecht in der EU (2001), 82 f.

[388] So GA *Bot*, SchlA Rs. C-110/05, Kommission/Italien, Slg. 2009, I-519 Rn. 89. Vgl. dagegen GA *Kokott*, SchlA Rs. C-142/05, Mickelsson und Roos, Slg. 2009, I-4273 Rn. 48, die als Argument für eine Ausdehnung der *Keck*-Rechtsprechung auf Nutzungsmodalitäten anführt: „In seinem Urteil Keck und Mithouard konstatierte der Gerichtshof, dass sich Wirtschaftsteilnehmer immer häufiger auf [Art. 34 AEUV] berufen, um jedwede Regelung zu beanstanden, die sich als Beschränkung ihrer *geschäftlichen Freiheit* auswirkt, auch wenn sie nicht auf Erzeugnisse aus anderen Mitgliedstaaten gerichtet ist. Im Rahmen von Nutzungsmodalitäten kann es nun aber sogar vorkommen, dass sich Einzelne auf [Art. 34 AEUV] berufen, um letztlich mitgliedstaatliche Regelungen zu beanstanden, die sich auf sie lediglich als Beschränkung ihrer *allgemeinen Handlungsfreiheit* auswirken.“

[389] Vgl. EuGH, Rs. C-390/99, Canal Satélite Digital SL, Slg. 2002, I-607 Rn. 29 f., worin der EuGH zunächst eine Beschränkung sowohl des Warenverkehrs als auch des Dienstleis-

ob und inwiefern die Kategorie der Nutzungsmodalitäten auf die anderen Grundfreiheiten übertragbar ist.[390]

Im Ergebnis ist dem EuGH zuzustimmen und die Schaffung einer weiteren Ausnahmekategorie abzulehnen. Stattdessen sollte auf das Marktzugangskriterium zurückgegriffen werden.[391] Zu klären bleibt allerdings, wann eine Nutzungsmodalität im Einzelfall den Marktzugang beschränkt.

(3) Anknüpfung an das Verbraucherverhalten

Bei der Beurteilung, ob eine Nutzungsbeschränkung den Tatbestand des Art. 34 AEUV erfüllt, stellt der EuGH auf das Verbraucherverhalten ab. Dabei geht es sichtlich um mehr als lediglich das Interesse einiger weniger potenzieller Kunden. Als relevantes Kriterium für das Vorliegen eines Marktzugangshindernisses lässt sich ausmachen, dass die gesamte zweckgemäße Verwendung eines Produktes unterbunden oder stark beschränkt wird. Bleibt hingegen noch eine andere, nicht nur geringfügige Nutzung zulässig, liegt keine Maßnahme gleicher Wirkung vor.[392]

Dies lässt sich anhand des Beispiels eines „besonders schnellen Autos" untermauern, wie es Generalanwältin *Kokott* in ihren Schlussanträgen in der Rechtssache *Mickelsson und Roos* erwähnt.[393] Es ist durchaus denkbar, dass eine verkehrsbeschränkende Maßnahme wie eine Geschwindigkeitsbegrenzung einige Konsumenten davon abhält, dieses Auto zu kaufen, weil sie es nicht bzw. nicht in zweckentsprechender Weise verwenden dürfen. Für die Annahme einer Maßnahme gleicher Wirkung reicht dies jedoch nicht. Vielmehr fällt eine Geschwindigkeitsbegrenzung nicht in den Tatbestand des Art. 34 AEUV, denn das Auto darf in zweckgemäßer Weise, wenn auch etwas langsamer, genutzt werden.[394]

Zu bezweifeln ist allerdings, ob das Verbraucherverhalten einen zielführenden Parameter für die Anwendung des Marktzugangskriteriums darstellt. Die mangelnde Nachfrage nach einer Ware bewirkt nämlich nicht nur eine Marktzugangsbeschränkung für ausländische, sondern auch für inländische Produk-

---

tungsverkehrs feststellt. Darüber hinaus führt er an: „Die Notwendigkeit, die fraglichen Erzeugnisse gegebenenfalls an die im Vermarktungsmitgliedstaat geltenden Vorschriften anzupassen, schließt es ferner aus, dass es sich um Verkaufsmodalitäten im Sinne des [*Keck*-Urteils] handelt."

390 Vgl. oben *Teil D II 2 b)*.

391 So auch GA *Bot*, SchlA Rs. C-110/05, Kommission/Italien, Slg. 2009, I-519 Rn. 105 und 108 ff.

392 *Ehlotzky*, Verkaufsmodalitäten, in Leidenmühler/Eder/Leingartner/Winkler C. (Hrsg.), Grundfreiheiten (2012), 149.

393 GA *Kokott*, SchlA Rs. C-142/05, Mickelsson und Roos, Slg. 2009, I-4273 Rn. 45.

394 Zu Geschwindigkeitsbegrenzungen und Fahrverboten vgl. unten *Teil E I 1*.

te.[395] Der Absatz inländischer Erzeugnisse wird in gleicher Weise beeinträchtigt wie jener eingeführter Waren. Die inländische Industrie wird nicht geschützt und eine Ungleichbehandlung liegt nicht vor. Im Ergebnis lässt der EuGH hier das Diskriminierungskriterium der letzten *Keck*-Voraussetzung außer Acht und unterminiert alle Versuche einer Eingrenzung von *Dassonville*.[396]

(4) Eingrenzung durch Kausalitätskriterium

Um den Marktzugang zu beschränken muss eine Nutzungsmodalität nach dem EuGH das Verbraucherverhalten beeinflussen und dadurch den Handel in einem gewissen Ausmaß behindern. Fraglich ist, ob hiermit ein Schwellenwert, also eine *de-minimis*-Grenze Eingang in die Judikatur des EuGH gefunden hat[397], denn dieser hat eine solche in Hinblick auf Art. 34 AEUV vor allem aus Gründen der Rechtssicherheit immer abgelehnt.[398] Einige Generalanwälte befürworten hingegen die Einführung eines Schwellenwertes zur Eingrenzung des Tatbestandes dieser Norm. Bereits im Jahre 1994 äußert sich Generalanwalt *Jacobs* in seinen Schlussanträgen in der Rechtssache *Leclerc-Siplec*[399] dahingehend, Art. 34 AEUV solle bloß auf jene nichtdiskriminierenden Maßnahmen anzuwenden sein, die geeignet sind, den Marktzugang *wesentlich* zu beschränken.[400] Er führt aus[401]:

> „[... D]as sachgerechte Prüfungskriterium [besteht] meines Erachtens darin, ob eine wesentliche Beschränkung dieses Zugangs vorliegt. Dies würde natürlich darauf hinauslaufen, daß in [Art. 34 AEUV] eine Prüfung nach dem Grundsatz de minimis non curat praetor eingeführt würde. Sobald anerkannt ist, daß die Notwendigkeit besteht, den Anwendungsbereich des [Art. 34 AEUV] zu begrenzen, [...] erscheint eine Prüfung, bei der darauf abgestellt wird, in welchem Umfang eine Maßnahme den Handel zwischen Mitgliedstaaten dadurch behindert, daß sie den Marktzugang beschränkt, als die am ehesten einleuchtende Lösung."

---

[395] Kritisch auch *Haratsch/Koenig/Pechstein*, Europarecht (2012), 400 f.

[396] *Ehlotzky*, Verkaufsmodalitäten, in Leidenmühler/Eder/Leingartner/Winkler C. (Hrsg.), Grundfreiheiten (2012), 154.

[397] In diesem Sinne *Barnard*, CLJ 2009, 289; *Fenger*, ELR 2009, 334 f.; *Pecho*, LIEI 2009, 263 f. Kritisch dagegen *Spaventa*, ELRev 2009, 923 f.; *Albin/Valentin*, EWS 2007, 537.

[398] EuGH, verb. Rs. 177 und 178/82, van de Haar, Slg. 1984, 1797 Rn. 13; Rs. 16/83, Prantl, Slg. 1984, 1299 Rn. 20; Rs. 269/83, Kommission/Frankreich, Slg. 1985, 837 Rn. 10; Rs. 103/84, Kommission/Italien, Slg. 1986, 1759 Rn. 18. Dazu *Thomas*, NVwZ 2009, 1203 f.; kritisch *Ranacher*, ZfRV 2001, 103.

[399] EuGH, Rs. C-412/93, Leclerc-Siplec, Slg. 1995, I-179.

[400] GA *Jacobs*, SchlA Rs. C-412/93, Leclerc-Siplec, Slg. 1995, I-179 Rn. 44 und 49. Vgl. auch GA *Darmon*, SchlA Rs. C-69/88, Krantz, Slg. 1990, I-583 Rn. 11; GA *Stix-Hackl*, SchlA Rs. C-532/03, Kommission/Irland, Slg. 2007, I-11353 Rn. 86.

[401] GA *Jacobs*, SchlA Rs. C-412/93, Leclerc-Siplec, Slg. 1995, I-179 Rn. 42.

Auch acht Jahre später, im Kontext verkehrsbeschränkender Maßnahmen, spricht sich Generalanwalt *Jacobs* in der Rechtssache *Schmidberger*[402] grundsätzlich für eine *de-minimis*-Grenze aus[403]:

„[... D]er Gerichtshof [hat] die Möglichkeit bejaht, dass manche Beschränkungen zu ungewisse und indirekte Wirkungen haben, als dass sie geeignet wären, den Handel zu behindern. Meines Erachtens können sie auch so geringfügig und von so kurzer Dauer sein, dass sie in dieselbe Kategorie fallen. Zum Beispiel dürfte es wohl fraglos ausgeschlossen erscheinen, dass eine kurze Verzögerung des Verkehrs auf einer Straße, die gelegentlich für den inner[unionalen] Transport genutzt wird, in irgendeiner Weise unter [Art. 34 AEUV] fällt. Eine längere Unterbrechung auf einer wichtigen Transitroute kann dagegen anders zu beurteilen sein."

Der überwiegende Teil der Lehre erachtet indes eine *de-minimis*-Grenze für weder mit der Normstruktur noch mit dem Zweck der Grundfreiheiten vereinbar.[404] Ihre Anwendbarkeit sei „sehr schwierig, wenn nicht gar unmöglich [...], ganz zu schweigen im übrigen davon, daß der Nachweis der Beschaffenheit hypothetischer Auswirkungen einen nicht zu erbringenden Beweis darstellt".[405] Anders als im Wettbewerbsrecht seien meist ganze Branchen durch Beschränkungen der Grundfreiheiten tangiert. Man könne daher nicht an den Umsätzen einzelner betroffener Unternehmen oder deren Marktanteilen ansetzen.[406]

Auch bei Nutzungsbeschränkungen müsste im Einzelfall ermittelt werden, in welchem Ausmaß die Einfuhr einer Ware tatsächlich aufgrund einer verkehrsbeschränkenden Maßnahme zurückgeht. Von vollständigen Nutzungsverboten abgesehen wird dies aber in der Regel nicht verlässlich festzustellen sein. Außerdem lässt sich eine objektive und allgemeingültige Grenze, etwa in Form eines gewissen Prozentsatzes, anhand dessen beurteilt werden könnte, ob eine

---

402 GA *Jacobs*, SchlA Rs. C-112/00, Schmidberger, Slg. 2003, I-5659. Zur Rechtssache *Schmidberger* vgl. *Schroeder*, Grundkurs Europarecht (2013), § 14 Rn. 57; *Weber K.*, Transitverkehr in der Judikatur, in Roth G.H./Hilpold (Hrsg.), EuGH und die Souveränität der Mitgliedstaaten (2008), 401 ff.; *Oliver/Enchelmaier*, CMLRev 2007, 695 ff.; *Caldwell*, BU ILJ 2003, 141 f.; *Koch*, EuZW 2003, 598 f. Vgl. auch Fn. 455 und 477.

403 GA *Jacobs*, SchlA Rs. C-112/00, Schmidberger, Slg. 2003, I-5659 Rn. 65. Die streitige Blockade der Brennerautobahn stellt jedoch nach *Jacobs* „eine zu schwerwiegende Behinderung des freien Warenverkehrs dar, um unter eine etwa geltende De-minimis-Regel fallen zu können", Rn. 67. Für eine *de-minimis*-Grenze im Verkehrsbereich *Wasserer*, JRP 2009, 123, nach welcher eine Verkehrsbeschränkung nur von Relevanz sein kann, wenn die Nachfrage nicht mehr ausreichend befriedigt wird.

404 Vgl. die in Fn. 317 angeführte Literatur. Vgl. auch GA *Darmon*, SchlA Rs. C-126/91, Yves Rocher, Slg. 1993, I-2361 Rn. 18; GA *Fennelly*, SchlA Rs. C-266/96, Corsica Ferries France II, Slg. 1998, I-3949 Rn. 29; GA *Fennelly*, SchlA Rs. C-67/97, Bluhme, Slg. 1998, I-8033 Rn. 19.

405 GA *Tesauro*, SchlA Rs. C-292/92, Hünermund, Slg. 1993, I-6787 Rn. 21.

406 *Schroeder* in Streinz (Hrsg.), EUV/AEUV (2012), Art. 34 AEUV Rn. 70; *Thomas*, NVwZ 2009, 1204 f.

Beeinträchtigung des Warenverkehrs von Relevanz ist und daher eine Marktzugangsbeschränkung darstellt oder nicht, schwerlich festlegen.

Statt einen Schwellenwert zu bestimmen und auf die Intensität einer Beeinträchtigung abzustellen, bietet es sich vielmehr an, mit dem qualitativen Kausalitätskriterium zu argumentieren. Demnach ist eine Marktzugangsbehinderung anzunehmen, wenn ein adäquater Zurechnungszusammenhang zwischen einer Maßnahme und ihrer handelsbeschränkenden Wirkung gegeben ist. Um in den Tatbestand des Art. 34 AEUV zu fallen, dürfen somit die Auswirkungen auf den Handel nicht „zu ungewiss und zu indirekt" sein[407] bzw. muss die Maßnahme eine „hinreichend wahrscheinliche Minimalintensität"[408] aufweisen. Anders als eine *de-minimis*-Grenze bezieht sich dies nicht auf die tatsächliche Schwere einer festgestellten Beeinträchtigung, sondern auf eine vorgelagerte Stufe, d.h. die Frage, ob überhaupt eine Beeinträchtigung vorliegt. Ist dies der Fall, fällt eine Maßnahme unter Art. 34 AEUV, auch wenn sie sich nur in äußerst geringfügigem Ausmaß auf den Handel auswirkt.[409]

Im Ergebnis wird allerdings auch eine konsequente Anwendung des Kausalitätstests auf eine Einzelfalljudikatur hinauslaufen, denn eine eindeutige Abgrenzung zwischen Maßnahmen, die geeignet sind, den Handel im Sinne von *Dassonville* „mittelbar und potenziell" zu beeinträchtigen und solchen, die „zu ungewiss und zu indirekt" wirken, um in den Tatbestand des Art. 34 AEUV zu fallen, lässt sich kaum treffen.[410]

(5) Zwischenergebnis

Es verwundert nicht, dass der EuGH eine Parallele von Nutzungsmodalitäten zu Verkaufsmodalitäten ablehnt, schließlich sichert er sich dadurch seine Prüfungsbefugnis.[411] Eine Maßnahme, welche die Verwendung eines Produktes voll-

---

[407] Vgl. die in Fn. 316 angeführte Judikatur.

[408] *Thomas*, NVwZ 2009, 1206.

[409] *Thomas* differenziert hierbei zwischen Maßnahmen, die bereits abstrakt nicht dazu geeignet sind, bei den Marktteilnehmern einen Verhaltensanreiz zu setzen (hypothetische Kausalverläufe), und solchen, die als isolierter Faktor kein ausreichendes Gewicht haben, um sich als Hemmnis auszuwirken. Die bei der zweiten Kategorie notwendige quantifizierende Prüfung beziehe sich aber niemals auf die Schwere einer festgestellten Beeinträchtigung, sondern nur auf die vorgelagerte Frage, inwieweit sich eine Maßnahme überhaupt auf das Verhalten der Marktteilnehmer auswirkt, vgl. *Thomas*, NVwZ 2009, 1206 f. Ähnlich *Pecho*, LIEI 2009, 264.

[410] Kritisch GA *Kokott*, SchlA Rs. C-142/05, Mickelsson und Roos, Slg. 2009, I-4273 Rn. 46. Nach Generalanwalt *Bot* braucht eine Beeinträchtigung „nicht gegenwärtig oder erheblich zu sein, sie muss aber zumindest möglich sein", GA *Bot*, SchlA Rs. C-110/05, Kommission/Italien, Slg. 2009, I-519 Rn. 117. Vgl. auch Fn. 316.

[411] Vgl. *Ehlotzky*, Verkaufsmodalitäten, in Leidenmühler/Eder/Leingartner/Winkler C. (Hrsg.), Grundfreiheiten (2012), 154.

ständig verbietet, versperrt folglich den Marktzugang und ist anhand von Art. 34 AEUV zu prüfen.[412] Bei der Beantwortung der Frage, wann eine bloße Beschränkung der Verwendung den Marktzugang behindert, könnte in Zukunft das Kausalitätskriterium an Bedeutung gewinnen.[413] Sind die Auswirkungen einer Maßnahme auf den Handel zu ungewiss und zu indirekt, wären sie demnach nicht kausal und die Maßnahme fiele nicht in den Tatbestand des Art. 34 AEUV.

Auf Grundlage des Verkehrsprotokolls erlassene Beschränkungen der Nutzung eines Fahrzeugtyps oder eines Flug- oder Sportgerätes sind jedenfalls als Maßnahmen gleicher Wirkung zu qualifizieren, wenn sie den Marktzugang beschränken. Am deutlichsten zeigt sich dies bei Fahrverboten für emissionsintensive Fahrzeuge oder für Lastkraftwagen ab einem bestimmten Gesamtgewicht, wie sie in *Teil E* der vorliegenden Arbeit analysiert werden. Wird der Marktzugang beschränkt, sind die betreffenden Maßnahmen verboten, sofern sie nicht gerechtfertigt werden können.[414]

III. Rechtfertigung

Grundsätzlich sind im europäischen Binnenmarkt alle Hindernisse für den freien Verkehr zwischen den Mitgliedstaaten zu beseitigen.[415] In diesem Sinne normieren die Grundfreiheiten eine Vermutung für die Vertragswidrigkeit diskriminierender und beschränkender Maßnahmen. Damit jedoch die Verfolgung anderer Rechtsgüter nicht beeinträchtigt wird, können solche Maßnahmen unter Umständen durch Gründe gerechtfertigt werden, die entweder im AEUV selbst aufgelistet sind[416], oder aber vom EuGH ergänzend als zwingende Erfordernisse[417] bzw. zwingende Gründe[418] des Allgemeininteresses herangezogen wer-

---

412 EuGH, Rs. C-110/05, Kommission/Italien, Slg. 2009, I-519 Rn. 58; Rs. C-142/05, Mickelsson und Roos, Slg. 2009, I-4273 Ls. 3 und Rn. 28; einschränkend GA *Kokott*, SchlA Rs. C-142/05, Mickelsson und Roos, Slg. 2009, I-4273 Rn. 66 f., 87 und 114.

413 In diese Richtung auch *Streinz*, JuS 2009, 654; ablehnend hingegen *Rauber*, ZEuS 2010, 25.

414 Vgl. EuGH, Rs. C-110/05, Kommission/Italien, Slg. 2009, I-519 Ls. 2 und Rn. 59 ff. Generell scheint der Gerichtshof – gewissermaßen als Korrektiv für die nun judizierte weite Eröffnung des Anwendungsbereiches der Warenverkehrsfreiheit – an die Rechtfertigung von Nutzungsbeschränkungen einen etwas milderen Maßstab zu legen, vgl. *Albin/Valentin*, EuZW 2009, 179; *Barnard*, CLJ 2009, 290; *Pecho*, LIEI 2009, 261 und 270 f.; *Spaventa*, ELRev 2009, 917 f. und 925 f.

415 EuGH, Rs. 46/76, Bauhuis, Slg. 1977, 5 Rn. 12/15; Rs. 153/78, Kommission/Deutschland, Slg. 1979, 2555 Rn. 5.

416 Vgl. Art. 36 AEUV für die Warenverkehrs-, Art. 52 Abs. 1 AEUV für die Niederlassungs- und Art. 62 i.V.m. 52 Abs. 1 AEUV für die Dienstleistungsfreiheit.

417 In Hinblick auf die Warenverkehrsfreiheit spricht der EuGH von zwingenden *Erfordernissen*, vgl. EuGH, Rs. 120/78, Cassis de Dijon, Slg. 1979, 649 Ls. 2 und Rn. 8; Rs. 182/84, Miro, Slg. 1985, 3731 Ls. 1.

den.[419] Diese Rechtfertigungsgründe sind ausschließlich nichtwirtschaftlicher Natur.[420] Auch unionsrechtlich gewährleistete Grundrechte zieht der Gerichtshof entweder direkt zur Rechtfertigung heran[421], oder er greift auf sie zurück, um bestehende Rechtfertigungsgründe zu konkretisieren.[422] Lässt sich eine Maßnahme rechtfertigen, darf sie ergriffen werden. Über die Reichweite des Verbots entscheidet der EuGH letztlich durch Anwendung des Verhältnismäßigkeitsprinzips.[423]

Beschränkende oder gar diskriminierende Maßnahmen der Mitgliedstaaten zur Durchführung des Verkehrsprotokolls sind somit daraufhin zu prüfen, ob sie gerechtfertigt werden können. Nach Ziel und Zweck des Verkehrsprotokolls kommen für eine Rechtfertigung insbesondere Erwägungen des Umwelt- und des Gesundheitsschutzes in Betracht, schließlich sind diese Rechtsgüter auch primärrechtlich verankerte Ziele der EU.[424] Generalanwalt *Jacobs* betont außerdem in seinen Schlussanträgen in der Rechtssache *Schmidberger*, bezugnehmend auf eine Blockade der Brennerautobahn, welche den freien Warenverkehr beschränkte, die Bindung der EU an die Rahmenkonvention der Alpenkonvention[425]:

---

418 In Hinblick auf die personengebundenen Grundfreiheiten spricht der EuGH von zwingenden *Gründen*, vgl. EuGH, Rs. 71/76, Thieffry, Slg. 1977, 765 Rn. 11/12 und 15/18; Rs. C-288/89, Gouda, Slg. 1991, I-4007 Rn. 14; Rs. C-19/92, Kraus, Slg. 1993, I-1663 Rn. 32; Rs. C-55/94, Gebhard, Slg. 1995, I-4165 Ls. 3 und Rn. 37; Rs. C-405/98, Gourmet International Products, Slg. 2001, I-1795 Rn. 40.

419 Kritisch zur fehlenden dogmatischen Konsistenz auf der Rechtfertigungsebene *Kingreen*, Grundfreiheiten, in von Bogdandy/Bast (Hrsg.), Europäisches Verfassungsrecht (2009), 735 ff.; *Oliver/Enchelmaier*, CMLRev 2007, 689 ff.

420 EuGH, Rs. 7/61, Kommission/Italien, Slg. 1961, 695, 720; Rs. 288/83, Kommission/Irland, Slg. 1985, 1761 Rn. 28; Rs. C-265/95, Kommission/Frankreich, Slg. 1997, I-6959 Rn. 62; Rs. C-120/95, Decker, Slg. 1998, I-1831 Rn. 39; Rs. C-254/98, TK-Heimdienst, Slg. 2000, I-151 Rn. 33; vgl. auch *Schroeder* in Streinz (Hrsg.), EUV/AEUV (2012), Art. 36 AEUV Rn. 49; *Epiney* in Ehlers (Hrsg.), Europäische Grundrechte und Grundfreiheiten (2009), § 8 Rn. 69 ff.

421 EuGH, Rs. C-112/00, Schmidberger, Slg. 2003, I-5659 Rn. 74 und 81 f.; Rs. C-271/08, Kommission/Deutschland, Slg. 2010, I-7091 Rn. 52.

422 EuGH, Rs. C-341/05, Laval un Partneri Ltd, Slg. 2007, I-11767 Rn. 102 f.; vgl. *Schroeder*, Grundkurs Europarecht (2013), § 14 Rn. 57 und § 15 Rn. 14; *Trstenjak/Beysen*, EuR 2012, 281 f.

423 EuGH, verb. Rs. C-388/00 und C-429/00, Radiosistemi, Slg. 2002, I-5845 Rn. 42; *Schroeder* in Streinz (Hrsg.), EUV/AEUV (2012), Art. 34 AEUV Rn. 2. Zur Verhältnismäßigkeit vgl. unten *Teil D III 2.*

424 Vgl. oben *Teil C III 2 d).*

425 GA *Jacobs*, SchlA Rs. C-112/00, Schmidberger, Slg. 2003, I-5659 Rn. 3. Der EuGH hat diesen Gedanken nicht aufgegriffen. Vgl. hierzu *Odendahl*, Bindung der Europäischen Gemeinschaft, in Hendler/Marburger/Reiff/Schröder (Hrsg.), Jahrbuch des Umwelt- und Technikrechts (2007), 69; *Schroeder*, Umsetzung der Alpenkonvention, in Ständiges Sekre-

„Die widerstreitenden Belange des Verkehrs und des Umweltschutzes in der Region wurden in der von der [EU] 1996 genehmigten Alpenkonvention anerkannt. In der Präambel dieses Übereinkommens wird die Bedeutung der Alpen als Lebens- und Wirtschaftsraum für die einheimische Bevölkerung und als Träger bedeutender Verkehrswege für andere Regionen hervorgehoben, die Notwendigkeit der Behebung ökologischer Schäden mit hohem Aufwand, beträchtlichen Kosten und langfristigem Einsatz anerkannt und das Ziel vorgegeben, wirtschaftliche Interessen mit den ökologischen Erfordernissen in Einklang zu bringen."

Im Ergebnis liegt der Rechtfertigungsprüfung folglich ein „[unions]rechtlich anerkannter Zielkonflikt"[426] zwischen der wirtschaftlichen Betätigungsfreiheit und Mobilität im Binnenmarkt auf der einen, sowie Erfordernissen des Umwelt- und Gesundheitsschutzes auf der anderen Seite zugrunde.[427] In der Praxis wird die Zulässigkeit staatlicher Maßnahmen, die auf Grundlage des Verkehrsprotokolls erlassen werden, in erster Linie auf der Rechtfertigungsebene zu beurteilen sein.[428] Diese lässt dem EuGH größere Flexibilität für eine auf den Einzelfall angepasste Argumentation. Für die Mitgliedstaaten ist sie allerdings weniger vorhersehbar.[429]

1. Rechtfertigungsgründe

a) Ausdrückliche Rechtfertigungsgründe

Nicht nur diskriminierende, sondern auch nichtdiskriminierende Beschränkungen der Grundfreiheiten können durch im AEUV ausdrücklich vorgesehene Schutzgüter gerechtfertigt werden.[430] Diese Rechtfertigungsgründe sind ab-

---

tariat (Hrsg.), Alpenkonvention konkret (2004), 8. Auch Generalanwältin *Trstenjak* lässt in ihren Schlussanträgen in der Rechtssache *Sektorales Fahrverbot II* jeglichen Hinweis auf die besonderen Gegebenheiten der Alpenregion und auf die Alpenkonvention vermissen, vgl. GA *Trstenjak*, SchlA Rs. C-28/09, Sektorales Fahrverbot II, Slg. 2011, I-13525. Hierzu auch unten *Teil D III 2.*

[426] *Schroeder* in Streinz (Hrsg.), EUV/AEUV (2012), Art. 36 AEUV Rn. 2.

[427] Vgl. GA *Geelhoed*, SchlA Rs. C-320/03, Sektorales Fahrverbot I, Slg. 2005, I-9871 Rn. 2 ff.; *Basedow*, Zielkonflikte und Zielhierarchien, in FS für Ulrich Everling I (1995), 49 ff., speziell zur Abwägung marktintegrativer und wettbewerbspolitischer Ziele mit den Erfordernissen des Umwelt- und Gesundheitsschutzes 60, 62 und 67 f.

[428] Vgl. auch *Schroeder*, Das rechtliche Umfeld, in Gamper/Ranacher (Hrsg.), Rechtsfragen des grenzüberschreitenden Verkehrs (2012), 43.

[429] Kritisch *Albin/Valentin*, EuZW 2009, 179.

[430] Vgl. EuGH, Rs. C-366/04, Schwarz, Slg. 2005, I-10139 Rn. 31 ff.; Rs. C-142/05, Mickelsson und Roos, Slg. 2009, I-4273 Rn. 33; Rs. C-333/08, Kommission/Frankreich, Slg. 2010, I-757 Rn. 85 ff., worin der EuGH jeweils die Rechtfertigung einer unterschiedslos anwendbaren Maßnahme durch den in Art. 36 AEUV normierten Gesundheitsschutz zulässt. Für eine Rechtfertigung auch nichtdiskriminierender Beschränkungen durch aus-

schließend aufgezählt und eng auszulegen.[431] In Hinblick auf das Verkehrsprotokoll kommt jedoch kein solcher ausdrücklicher Rechtfertigungsgrund in Betracht. Auch der in Art. 36 AEUV im Rahmen der Warenverkehrsfreiheit normierte Schutz der Gesundheit und des Lebens von Menschen, Tieren oder Pflanzen, der nach Ansicht des EuGH unter den nach dieser Bestimmung geschützten Rechtsgütern den ersten Rang einnimmt[432], ist nicht einschlägig. Der EuGH zieht ihn bei einer unmittelbaren und nachweisbaren Gesundheitsgefährdung heran, die von einer Ware ausgeht oder ausgehen kann.[433] Bei verkehrsbedingten Gesundheitsbeeinträchtigungen kommt er hingegen nicht zum Tragen.[434] Eine an sich umweltschützende Maßnahme ist nur dann unter den Gesundheitsschutz des Art. 36 AEUV zu subsumieren, wenn sie unmittelbar und konkret zum Schutze der Gesundheit oder des Lebens dient.[435] Dies ist bei Maßnahmen aufgrund des Verkehrsprotokolls, welche die Gesundheit in der Regel bloß mittelbar schützen, indem sie negative Umgebungseinflüsse mindern, nicht der Fall.

---

drückliche Rechtfertigungsgründe *Schroeder*, Grundkurs Europarecht (2013), § 14 Rn. 47; *Becker* in Schwarze (Hrsg.), EU-Kommentar (2012), Art. 36 AEUV Rn. 5.

431 EuGH, Rs. 46/76, Bauhuis, Slg. 1977, 5 Rn. 12/15; Rs. 113/80, Kommission/Irland, Slg. 1981, 1625 Rn. 7; Rs. C-205/89, Kommission/Griechenland, Slg. 1991, I-1361 Rn. 9; *Becker* in Schwarze (Hrsg.), EU-Kommentar (2012), Art. 36 AEUV Rn. 1; *Schroeder* in Streinz (Hrsg.), EUV/AEUV (2012), Art. 36 AEUV Rn. 3; *Kingreen* in Calliess/Ruffert (Hrsg.), EUV/AEUV (2011), Art. 34–36 AEUV Rn. 76.

432 EuGH, Rs. 104/75, de Peijper, Slg. 1976, 613 Rn. 14/18; Rs. C-473/98, Toolex Alpha, Slg. 2000, I-5681 Rn. 38; Rs. C-322/01, DocMorris, Slg. 2003, I-14887 Rn. 103; Rs. C-141/07, Kommission/Deutschland, Slg. 2008, I-6935 Rn. 46; Rs. C-108/09, Ker-Optika, Slg. 2010, I-12213 Rn. 58; Rs. C-421/09, Humanplasma, Slg. 2010, I-12869 Rn. 32; *Becker* in Schwarze (Hrsg.), EU-Kommentar (2012), Art. 36 AEUV Rn. 13; *Schroeder* in Streinz (Hrsg.), EUV/AEUV (2012), Art. 36 AEUV Rn. 13. Zum Gesundheitsschutz als ranghöchstes Rechtsgut vgl. auch unten *Teil D III 1 b) bb)* und Fn. 466.

433 EuGH, Rs. C-24/00, Kommission/Frankreich, Slg. 2004, I-1277 Rn. 53; Rs. C-41/02, Kommission/Niederlande, Slg. 2004, I-11375 Rn. 47; *Becker* in Schwarze (Hrsg.), EU-Kommentar (2012), Art. 36 AEUV Rn. 14 f.

434 In diesem Sinne auch die Ausführungen der Kommission in EuGH, Rs. C-320/03, Sektorales Fahrverbot I, Slg. 2005, I-9871 Rn. 39; *Weber K.*, Transitverkehr in der Judikatur, in Roth G.H./Hilpold (Hrsg.), EuGH und die Souveränität der Mitgliedstaaten (2008), 414 f.

435 Ausführlich zur Abgrenzung zwischen Art. 36 AEUV und dem zwingenden Erfordernis des Umweltschutzes GA *Geelhoed*, SchlA Rs. C-320/03, Sektorales Fahrverbot I, Slg. 2005, I-9871 Rn. 98. Vgl. auch EuGH, Rs. C-524/07, Kommission/Österreich, Slg. 2008, I-187 Rn. 56; *Krämer*, EU Environmental Law (2012), Rn. 3.04 f.; *Schroeder* in Streinz (Hrsg.), EUV/AEUV (2012), Art. 36 AEUV Rn. 44; *Millarg*, Schranken des freien Warenverkehrs (2001), 186 ff.; im Ergebnis gegen eine Rechtfertigung präventiver umweltpolitischer Maßnahmen durch Art. 36 AEUV *Becker*, Gestaltungsspielraum der EG-Mitgliedstaaten (1991), 73 f. Vgl. auch unten *Teil D III 1 b) bb)* und Fn. 454.

b) Ungeschriebene Rechtfertigungsgründe

Mit seiner Interpretation der Grundfreiheiten als Beschränkungsverbote definierte der EuGH auch weitere Rechtfertigungsgründe. Im Urteil *Cassis de Dijon*[436] aus dem Jahre 1979 nennt er erstmals einige Schutzgüter, die Eingriffe in die Warenverkehrsfreiheit über die explizit genannten Gründe hinaus rechtfertigen können[437]:

> „Hemmnisse für den Binnenhandel der [EU], die sich aus den Unterschieden der nationalen Regelungen über die Vermarktung dieser Erzeugnisse ergeben, müssen hingenommen werden, soweit diese Bestimmungen notwendig sind, um zwingenden Erfordernissen gerecht zu werden, insbesondere den Erfordernissen einer wirksamen steuerlichen Kontrolle, des Schutzes der öffentlichen Gesundheit, der Lauterkeit des Handelsverkehrs und des Verbraucherschutzes".

Die Formulierung dieser Urteilspassage lässt erkennen, dass die Aufzählung nicht abschließend, sondern beispielhaft ist.[438] Der Katalog der Schutzgüter wurde mit der Zeit erweitert, beispielsweise um Erfordernisse des Umweltschutzes[439], und die Rechtsprechung mit bloß terminologischen Abweichungen auf die anderen Grundfreiheiten übertragen.[440]

Strittig ist die dogmatische Einordnung der zwingenden Erfordernisse bzw. zwingenden Gründe des Allgemeininteresses. Der Judikatur lässt sich nicht eindeutig entnehmen, ob sie eigenständige Rechtfertigungsgründe oder immanente Tatbestandsmerkmale sind, die den Eingriffstatbestand der Grundfreiheiten begrenzen. Methodisch überzeugender ist die Annahme einer zweiten, ungeschriebenen Rechtfertigungskategorie neben den ausdrücklichen Rechtfertigungsgründen.[441] Die zwischen diesen beiden bestehenden Unterschiede ebnet der EuGH zusehends ein. Grundsätzlich lassen sich daher durch ungeschriebene

---

436 EuGH, Rs. 120/78, Cassis de Dijon, Slg. 1979, 649.

437 EuGH, Rs. 120/78, Cassis de Dijon, Slg. 1979, 649 Rn. 8.

438 *Argumentum:* „insbesondere". Vgl. *Becker* in Schwarze (Hrsg.), EU-Kommentar (2012), Art. 36 AEUV Rn. 36; *Schroeder* in Streinz (Hrsg.), EUV/AEUV (2012), Art. 34 AEUV Rn. 72; *Kingreen*, Grundfreiheiten, in von Bogdandy/Bast (Hrsg.), Europäisches Verfassungsrecht (2009), 713 und 735 ff.

439 Vgl. unten *Teil D III 1 b) aa)*.

440 *Kingreen* in Calliess/Ruffert (Hrsg.), EUV/AEUV (2011), Art. 34–36 AEUV Rn. 80. Vgl. auch Fn. 417 und 418.

441 In diesem Sinne *Schroeder* in Streinz (Hrsg.), EUV/AEUV (2012), Art. 34 AEUV Rn. 74 und Art. 36 AEUV Rn. 3 und 33; *Enchelmaier* in Oliver (Hrsg.), Free Movement of Goods (2010), Rn. 8.05 ff.; *Epiney* in Ehlers (Hrsg.), Europäische Grundrechte und Grundfreiheiten (2009), § 8 Rn. 65 ff.; *Oliver/Enchelmaier*, CMLRev 2007, 690 f.; *Steinberg*, EuGRZ 2002, 20 ff.; *Jarass*, Grundfreiheiten als Grundgleichheiten, in FS für Ulrich Everling I (1995), 606 f. A.A. hingegen *Schweitzer/Hummer/Obwexer*, Europarecht (2007), Rn. 1400; ausführlich *Millarg*, Schranken des freien Warenverkehrs (2001), 95 ff.; *Becker*, Gestaltungsspielraum der EG-Mitgliedstaaten (1991), 77 ff.

Rechtfertigungsgründe sowohl nichtdiskriminierende Beschränkungen als auch direkt und indirekt diskriminierende Verstöße gegen die Grundfreiheiten rechtfertigen.[442] Eine Rechtfertigung diskriminierender Regelungen scheitert jedoch in der Regel am Verhältnismäßigkeitsprinzip.[443] Besonders großzügig hinsichtlich einer Rechtfertigung diskriminierender Regelungen ist der EuGH bei Maßnahmen im Interesse des Umweltschutzes.[444] Präzise festgelegt, wann diese aus

---

[442] Noch für eine strenge Unterscheidung zwischen den bei diskriminierenden Maßnahmen einschlägigen ausdrücklichen Rechtfertigungsgründen und den zwingenden Erfordernissen, die ausschließlich bei nichtdiskriminierenden Beschränkungen in Betracht kämen, EuGH, verb. Rs. C-1/90 und C-176/90, Aragonesa de Publicidad, Slg. 1991, I-4151 Rn. 13. Anders dagegen Rs. C-120/95, Decker, Slg. 1998, I-1831 Rn. 35 ff.; Rs. C-254/98, TK-Heimdienst, Slg. 2000, I-151 Rn. 34 ff. Für eine Anwendung der zwingenden Erfordernisse auf alle diskriminierenden Maßnahmen *Schroeder*, Grundkurs Europarecht (2013), § 14 Rn. 51; *Becker* in Schwarze (Hrsg.), EU-Kommentar (2012), Art. 36 AEUV Rn. 44; *Müller-Graff* in Streinz (Hrsg.), EUV/AEUV (2012), Art. 56 AEUV Rn. 102 ff.; *Schroeder* in Streinz (Hrsg.), EUV/AEUV (2012), Art. 36 AEUV Rn. 34; *Trstenjak/Beysen*, EuR 2012, 276 f.; *Dauses/Brigola* in Dauses (Hrsg.), EU-Wirtschaftsrecht (2011), Rn. 280 f. und 284; *Kingreen* in Calliess/Ruffert (Hrsg.), EUV/AEUV (2011), Art. 34–36 AEUV Rn. 84; *Kingreen*, Grundfreiheiten, in von Bogdandy/Bast (Hrsg.), Europäisches Verfassungsrecht (2009), 736 ff.; *Oliver/Enchelmaier*, CMLRev 2007, 690 f. Für eine Rechtfertigung bloß indirekt diskriminierender Maßnahmen durch zwingende Erfordernisse *Ehlers* in Ehlers (Hrsg.), Europäische Grundrechte und Grundfreiheiten (2009), § 7 Rn. 102; *Gundel*, Jura 2001, 82 ff. Vorsichtig in Richtung einer dahingehenden Tendenz auch bei der Dienstleistungsfreiheit *Holoubek* in Schwarze (Hrsg.), EU-Kommentar (2012), Art. 56/57 AEUV Rn. 111.

[443] In diesem Sinne auch GA *Trstenjak*, SchlA Rs. C-28/09, Sektorales Fahrverbot II, Slg. 2011, I-13525 Rn. 90; *Schroeder*, Grundkurs Europarecht (2013), § 14 Rn. 52 und 84; *Trstenjak/Beysen*, EuR 2012, 277; zum dadurch wachsenden Stellenwert der Verhältnismäßigkeitsprüfung vgl. *Schwab*, Verhältnismäßigkeitsgrundsatz (2002), 256 ff.

[444] Vgl. zunächst EuGH, Rs. C-2/90, Wallonische Abfälle, Slg. 1992, I-4431 Rn. 34 ff., worin der EuGH eine an sich diskriminierende Regelung unter Berufung auf das Ursprungsprinzip uminterpretiert, um sie aus Umweltschutzgründen zu rechtfertigen; EuGH, Rs. C-389/96, Aher-Waggon, Slg. 1998, I-4473 Rn. 19, in welcher der EuGH eine Rechtfertigung durch Erwägungen sowohl der öffentlichen Gesundheit als auch des Umweltschutzes zulässt; hierzu kritisch *Schilling*, EuZW 1998, 699 f. Schließlich rechtfertigt der EuGH in der Rechtssache *PreussenElektra* eine eindeutig diskriminierende Regelung durch Ziele des Umweltschutzes, EuGH, Rs. C-379/98, PreussenElektra, Slg. 2001, I-2099 Rn. 73 ff. Auch in der Rechtssache *Kommission/Österreich* zieht er ausdrücklich zwingende Erfordernisse des Umweltschutzes zur Rechtfertigung einer indirekt diskriminierenden Maßnahme zur Bekämpfung der Luftverunreinigung und Lärmbelästigung durch Gebrauchtfahrzeuge heran, EuGH, Rs. C-524/07, Kommission/Österreich, Slg. 2008, I-187 Rn. 54 ff. Als Argument für eine Rechtfertigung diskriminierender Regelungen durch zwingende Erfordernisse lässt sich auch das Urteil in der Rechtssache *Sektorales Fahrverbot I* anführen, worin der EuGH zwar die Frage nach einem diskriminierenden Charakter der streitgegenständlichen Regelung nicht aufgreift, gleichzeitig jedoch den Anwendungsbereich des zwingenden Erfordernisses des Umweltschutzes nicht auf nichtdiskri-

Umweltschutzgründen gerechtfertigt sein können, hat er aber nicht.[445] Nachfolgend werden nun der Umwelt- und der Gesundheitsschutz als denkbare zwingende Erfordernisse bzw. zwingende Gründe des Allgemeininteresses dargestellt.

aa) Umweltschutz

Erst seit im Jahre 1986 die Umweltpolitik im EWG-Vertrag verankert wurde, anerkennt der EuGH den Umweltschutz als zwingendes Erfordernis im Sinne des Urteils *Cassis de Dijon.*[446] In seinen Entscheidungen nimmt er auf die im AEUV normierten Grundsätze Bezug, so auch in der Rechtssache *Sektorales Fahrverbot I* in Bezug auf ein Fahrverbot für Lastkraftwagen, die bestimmte Güter beförderten[447]:

---

minierende Maßnahmen einschränkt, EuGH, Rs. C-320/03, Sektorales Fahrverbot I, Slg. 2005, I-9871 Rn. 63 ff.; ebenso Rs. C-28/09, Sektorales Fahrverbot II, Slg. 2011, I-13525 Rn. 119 ff.; vgl. dazu kritisch *Enchelmaier*, CMLRev 2013, 194 ff. und unten *Teil E I 1 c) cc).* Zur genannten EuGH-Rechtsprechung außerdem *Epiney*, Umweltrecht (2013), 186 f.; *Craig/de Búrca*, EU Law (2011), 675; *Enchelmaier* in Oliver (Hrsg.), Free Movement of Goods (2010), Rn. 8.190 ff.; *Prügel*, Vorsorgeprinzip (2005), 89 ff.

445 Kritisch GA *Jacobs*, SchlA Rs. C-379/98, PreussenElektra, Slg. 2001, I-2099 Rn. 220 ff.; GA *Geelhoed*, SchlA Rs. C-320/03, Sektorales Fahrverbot I, Slg. 2005, I-9871 Rn. 99 ff.; GA *Trstenjak*, SchlA Rs. C-28/09, Sektorales Fahrverbot II, Slg. 2011, I-13525 Rn. 81 ff. Kritisch auch *Weber K.*, der betont, wie deutlich die Warenverkehrsfreiheit durch die Judikatur konturiert sei, während sich der EuGH zur Frage, wann eine Maßnahme durch Erfordernisse des Umweltschutzes gerechtfertigt werden könne, nicht klar dogmatisch positioniere, vgl. *Weber K.*, Transitverkehr in der Judikatur, in Roth G.H./Hilpold (Hrsg.), EuGH und die Souveränität der Mitgliedstaaten (2008), 409 und 414 f.

446 Der EuGH erwähnt den Umweltschutz erstmals in der Rechtssache *ADBHU* bezugnehmend auf eine Richtlinie über die Altölbeseitigung und bezeichnet ihn als „wesentliches Ziel" der EU, EuGH, Rs. 240/83, ADBHU, Slg. 1985, 531 Ls. 1, Rn. 13 und 15. In der Rechtssache *Dänische Pfandflaschen* anerkennt er ihn erstmals als zwingendes Erfordernis, EuGH, Rs. 302/86, Dänische Pfandflaschen, Slg. 1988, 4607 Rn. 6 ff.; in der Folge auch Rs. C-284/95, Safety Hi-Tech, Slg. 1998, I-4301 Rn. 64; Rs. C-213/96, Outokumpu, Slg. 1998, I-1777 Ls. 5 und Rn. 32; Rs. C-309/02, Radlberger und Spitz, Slg. 2004, I-11763 Rn. 75; Rs. C-320/03, Sektorales Fahrverbot I, Slg. 2005, I-9871 Rn. 72 f.; Rs. C-524/07, Kommission/Österreich, Slg. 2008, I-187 Rn. 57 f. Vgl. auch die in Fn. 444 genannte Judikatur. Zum Umweltschutz als eigenständigen Rechtfertigungsgrund vgl. *Müller-Graff*, Umweltschutz und Grundfreiheiten, in Rengeling (Hrsg.), Handbuch Umweltrecht (2003), 273 ff. und 242 ff. generell zu den Wechselwirkungen zwischen Grundfreiheiten und Umweltschutz; *Millarg*, Schranken des freien Warenverkehrs (2001), 181 ff.; *Frenz*, Europäisches Umweltrecht (1997), 227 f.; *Becker*, Gestaltungsspielraum der EG-Mitgliedstaaten (1991), 80 f. Zur Aufwertung des Umweltschutzes seit der EEA, dem Inhalt des Umwelttitels des AEUV und der Umweltquerschnittsklausel vgl. oben *Teil C III 2 d).*

447 EuGH, Rs. C-320/03, Sektorales Fahrverbot I, Slg. 2005, I-9871 Rn. 70, 72 und 73. Vgl. auch Fn. 215.

„Nach ständiger Rechtsprechung können nationale Maßnahmen […] durch zwingende Erfordernisse des Umweltschutzes gerechtfertigt sein […]. Hierzu ist erstens daran zu erinnern, dass der Umweltschutz eines der wesentlichen Ziele der [EU] darstellt […]. In diesem Sinne heißt es in [Art. 3 Abs. 3 EUV], dass es Aufgabe der [EU] ist, ein ‚hohes Maß an Umweltschutz und Verbesserung der Umweltqualität' zu fördern; […] Darüber hinaus müssen gemäß [Art. 11 AEUV] ‚[d]ie Erfordernisse des Umweltschutzes … bei der Festlegung und Durchführung der … [Unions]politiken und -maßnahmen … einbezogen werden', was den Querschnittscharakter und die grundlegende Bedeutung dieses Zieles verdeutlicht […].“

Trotz seiner prinzipiell restriktiven Interpretation des Umweltschutzbegriffes[448] ist auch in der Judikatur des EuGH eine Tendenz dahingehend erkennbar, dass der Stellenwert des Umweltschutzes wächst.[449] Bisweilen billigt der EuGH den Mitgliedstaaten einen großen Ermessensspielraum zu und begnügt sich mit ihrem Vorbringen, es existiere „eine echte Gefahr für die Umwelt“.[450] Dies lässt sich mit dem in Art. 191 Abs. 2 AEUV geforderten hohen Schutzniveau und mit Art. 193 AEUV begründen, der es den Mitgliedstaaten freistellt, Umweltschutzmaßnahmen beizubehalten oder zu ergreifen, die über jene hinausgehen, welche die EU selbst erlässt.[451]

---

448 Vgl. oben *Teil C III 2 d)* und Fn. 251.

449 Vgl. die Urteile in Fn. 444 und 446 sowie GA *Jacobs*, SchlA Rs. C-379/98, PreussenElektra, Slg. 2001, I-2099 Rn. 230 ff.; GA *Geelhoed*, SchlA Rs. C-320/03, Sektorales Fahrverbot I, Slg. 2005, I-9871 Rn. 105 f. Ein Vorrang des Umweltschutzes vor der Warenverkehrsfreiheit besteht jedoch nicht. Für eine „besondere Gewichtung des Umweltschutzes im Rahmen der Abwägung“ mit der Warenverkehrsfreiheit *Becker* in Schwarze (Hrsg.), EU-Kommentar (2012), Art. 36 AEUV Rn. 58; für einen zumindest „relativen Vorrang des Umweltschutzes im Sinne einer Argumentationslastregel“ *Scherer/Heselhaus* in Dauses (Hrsg.), EU-Wirtschaftsrecht (2010), Rn. 32. Gegen einen Vorrang indes *Schroeder* in Streinz (Hrsg.), EUV/AEUV (2012), Art. 36 AEUV Rn. 43; auch gegen einen „Grundsatz des bestmöglichen Umweltschutzes“ *Schroeder*, DVBl 2002, 215. Gegen eine Vorrangstellung, aber für einen „Grundsatz des bestmöglichen Umweltschutzes“ *Epiney/Heuck/Schleiss* in Dauses (Hrsg.), EU-Wirtschaftsrecht (2013), Rn. 140; *Epiney/Gruber*, Verkehrspolitik und Umweltschutz (1997), 72 ff.; *Scheuing*, EuR 1989, 178 f. Zur Bandbreite der EuGH-Rechtsprechung im Umweltbereich, über die Heranziehung umweltpolitischer Belange als Rechtfertigungsgründe hinaus, vgl. *Epiney*, Umweltrecht (2005), 43 ff. und 112 f.; *Jans/von der Heide*, Europäisches Umweltrecht (2003), 269 ff.

450 EuGH, Rs. C-2/90, Wallonische Abfälle, Slg. 1992, I-4431 Rn. 31. Dazu *Schroeder* in Streinz (Hrsg.), EUV/AEUV (2012), Art. 36 AEUV Rn. 43; *Kingreen* in Calliess/Ruffert (Hrsg.), EUV/AEUV (2011), Art. 34–36 AEUV Rn. 214. *Bußjäger* und *Weber K.* kritisieren jedoch, dass der Umweltschutz im Zweifel hinter den Grundfreiheiten zurücktritt, vgl. *Bußjäger*, Der EuGH als rechtsschöpfende und rechtsgestaltende Instanz, in Roth G.H./Hilpold (Hrsg.), EuGH und die Souveränität der Mitgliedstaaten (2008), 321 ff.; *Weber K.*, Transitverkehr in der Judikatur, in Roth G.H./Hilpold (Hrsg.), EuGH und die Souveränität der Mitgliedstaaten (2008), 414 f. und 425 f.

451 Die Vorgabe des hohen Schutzniveaus kann jedoch nicht unmittelbar als Maßstab für die Überprüfung nationaler Maßnahmen herangezogen werden, vgl. *Schroeder* in Streinz (Hrsg.), EUV/AEUV (2012), Art. 36 AEUV Rn. 41. Vgl. auch oben *Teil C III 2 d)*.

Gemäß Art. 191 Abs. 1 AEUV stellt der Schutz der menschlichen Gesundheit ein Ziel der Umweltpolitik der EU dar.[452] Der Gesundheitsschutz ist somit zunächst im Zusammenhang mit dem zwingenden Erfordernis des Umweltschutzes zu sehen. Der Schutz der Luftqualität wiederum ist Teil sowohl des Gesundheitsschutzes als auch des Umweltschutzes.[453] Im Unterschied zum in Art. 36 AEUV normierten Schutz der Gesundheit und des Lebens von Menschen, Tieren und Pflanzen greift der Gesundheitsschutz als Teil des Umweltschutzes, bevor es zu einer fassbaren Gesundheitsgefährdung kommt.[454] Maßnahmen, welche die Gesundheit indirekt schützen, indem sie negative Umgebungseinflüsse vermindern, lassen sich daher durch diesen Grund rechtfertigen.

In seiner Judikatur zur Transitproblematik prüft der EuGH Umwelt- und Gesundheitsbelange gemeinsam. In der Rechtssache *Schmidberger* geht er auf beide Rechtsgüter als mögliche Rechtfertigungsgründe ein[455]:

„Auch wenn jedoch der Schutz der Umwelt und der Gesundheit der Bevölkerung insbesondere in dieser Region unter bestimmten Umständen ein dem Allgemeininteresse dienendes legitimes Ziel darstellen kann, das geeignet ist, eine Beschränkung der durch den Vertrag gewährleisteten Grundfreiheiten, zu denen der freie Warenverkehr gehört, zu rechtfertigen […].“

---

452 Vgl. auch EuGH, Rs. C-77/09, Gowan Comércio Internacional, Slg. 2010, I-13533 Rn. 71; Rs. C-343/09, Afton Chemical, Slg. 2010, I-7027 Rn. 32.

453 Vgl. EuGH, Rs. C-121/07, Kommission/Frankreich, Slg. 2008, I-9159 Rn. 77; Rs. C-237/07, Janecek, Slg. 2008, I-6221 Rn. 37; Rs. C-524/07, Kommission/Österreich, Slg. 2008, I-187 Rn. 56; GA *Geelhoed*, SchlA Rs. C-320/03, Sektorales Fahrverbot I, Slg. 2005, I-9871 Rn. 98; *Obwexer*, Regelung des Transitverkehrs, in Hummer/Obwexer (Hrsg.), 10 Jahre EU-Mitgliedschaft Österreichs (2006), 374.

454 Kritisch zu dieser Grenzziehung und für eine einheitliche Rechtfertigungsdogmatik *Kingreen* in Calliess/Ruffert (Hrsg.), EUV/AEUV (2011), Art. 34–36 AEUV Rn. 200. Zur Abgrenzung zu Art. 36 AEUV vgl. oben *Teil D III 1 a)* und Fn. 435.

455 EuGH, Rs. C-112/00, Schmidberger, Slg. 2003, I-5659 Rn. 66. Vgl. auch GA *Jacobs*, SchlA Rs. C-112/00, Schmidberger, Slg. 2003, I-5659 Rn. 54. Im Ergebnis rechtfertigt der EuGH die streitgegenständliche Blockade der Brenner-Autobahn mit dem Grundrecht auf Meinungsäußerungs- und Versammlungsfreiheit, Rn. 94. Zur Rechtssache *Schmidberger* vgl. Fn. 402 und 477. Vgl. auch EuGH, Rs. C-389/96, Aher-Waggon, Slg. 1998, I-4473 Rn. 19; Rs. C-320/03 R, Sektorales Fahrverbot I, Slg. 2003, I-11665 Rn. 58 f. In der Rechtssache *Mickelsson und Roos* verbindet der EuGH das zwingende Erfordernis des Umweltschutzes mit dem ausdrücklichen Rechtfertigungsgrund des Gesundheitsschutzes, welcher sich in diesem Fall auch auf die von Wassermotorrädern ausgehende Gefährdung beziehen könnte: „Der Schutz der Umwelt zum einen und der Schutz der Gesundheit und des Lebens von Menschen, Tieren und Pflanzen zum anderen sind im vorliegenden Fall eng miteinander verbundene Ziele; daher sind sie zusammen zu prüfen, um zu beurteilen, ob eine Regelung wie die im Ausgangsverfahren in Rede stehende gerechtfertigt ist.“, EuGH, Rs. C-142/05, Mickelsson und Roos, Slg. 2009, I-4273 Rn. 33.

In seinem Urteil in der Rechtssache *Sektorales Fahrverbot II* führt der Gerichtshof aus[456]:

„Der Gesundheitsschutz und der Umweltschutz sind wesentliche Ziele der Union. […] Außerdem müssen nach den [Art. 11 und 168 Abs. 1 AEUV] die Erfordernisse des Schutzes der Umwelt und der Gesundheit der Bevölkerung bei der Festlegung und Durchführung der [Unions]politiken und -maßnahmen berücksichtigt werden […]. Der Querschnittscharakter und die grundlegende Bedeutung dieser Ziele werden im Übrigen in den Art. 37 bzw. 35 [GrC] bekräftigt."

Bezugnehmend auf das erste sektorale Fahrverbot subsumiert der EuGH schließlich Maßnahmen zur Gewährleistung der Luftqualität unter den Rechtfertigungsgrund Umweltschutz und lässt eine Rechtfertigung prinzipiell zu.[457] Ebenso anerkennt er beim zweiten sektoralen Fahrverbot den Schutz der Luftqualität und ordnet diesen dem Umweltschutz zu.[458]

bb) Gesundheitsschutz

Darüber hinausgehend fragt es sich aber, ob der Gesundheitsschutz in Hinblick auf den freien Warenverkehr in diesem weiten, dem Vorbeuge- und Vorsorgegedanken entsprechenden Sinn nicht auch ein eigenständiges, vom Umweltschutz losgelöstes zwingendes Erfordernis darstellt, immerhin nennt ihn der EuGH bereits explizit im Urteil *Cassis de Dijon*.[459] In der Literatur wird eine Verdoppelung abgelehnt und vorgebracht, der EuGH habe seine Rechtsprechung korrigiert und nehme auf den Gesundheitsschutz als autonomen Rechtfertigungsgrund ausschließlich in Verbindung mit Art. 36 AEUV Bezug.[460] In Wahr-

---

456 EuGH, Rs. C-28/09, Sektorales Fahrverbot II, Slg. 2011, I-13525 Rn. 120 f.; kritisch *Carpano*, RLDA 2012, 70 f.

457 EuGH, Rs. C-320/03, Sektorales Fahrverbot I, Slg. 2005, I-9871 Rn. 71; dazu *Obwexer*, ZVR 2006, 216.

458 EuGH, Rs. C-28/09, Sektorales Fahrverbot II, Slg. 2011, I-13525 Rn. 122 ff.; dazu *Ehlotzky*, RdU-U&T 2012, 3 f.

459 EuGH, Rs. 120/78, Cassis de Dijon, Slg. 1979, 649 Ls. 2 und Rn. 8; ebenso Rs. 788/79, Gilli und Andres, Slg. 1980, 2071 Ls. 1 und Rn. 6; Rs. 130/80, Kelderman, Slg. 1981, 527 Ls. 1 und Rn. 6.

460 Vgl. *Becker* in Schwarze (Hrsg.), EU-Kommentar (2012), Art. 36 AEUV Rn. 40; *Schwab*, Verhältnismäßigkeitsgrundsatz (2002), 174 f., beide unter Berufung auf die – mittlerweile wohl überholte (vgl. Fn. 442) – Rechtssache *Aragonesa de Publicidad*, EuGH, verb. Rs. C-1/90 und C-176/90, Aragonesa de Publicidad, Slg. 1991, I-4151 Rn. 13. Vgl. auch *Schroeder* in Streinz (Hrsg.), EUV/AEUV (2012), Art. 36 AEUV Rn. 16 und 44; *Millarg*, Schranken des freien Warenverkehrs (2001), 151 f. und 166 f., *Schroeder* und *Millarg* unter Berufung auf EuGH, Rs. 25/88, Wurmser, Slg. 1989, 1105 Rn. 10. Kritisch *Weber K.*, Transitverkehr in der Judikatur, in Roth G.H./Hilpold (Hrsg.), EuGH und die Souveränität der Mitgliedstaaten (2008), 413 ff. und 425 f.

heit finden sich in der neueren Rechtsprechung aber Urteile, in welchen der EuGH den Gesundheitsschutz als unabhängiges zwingendes Erfordernis heranzieht.[461] Aus systematischer Sicht ist dem, auch im Sinne der Parallelität der Grundfreiheiten, nichts entgegenzusetzen, zumal sich auch diskriminierende Maßnahmen durch zwingende Erfordernisse im Sinne von *Cassis de Dijon* rechtfertigen lassen und der EuGH Art. 36 AEUV ebenso bei nichtdiskriminierenden Beschränkungen heranzieht.[462] Tatsächlich wird es im Einzelfall von der jeweiligen Maßnahme abhängen, welchen Rechtfertigungsgrund der EuGH in Betracht zieht und unter welchen Tatbestand er diesen einordnet.

Bei der Niederlassungs- und der Dienstleistungsfreiheit berücksichtigt der EuGH regelmäßig den prinzipiell in Art. 52 AEUV normierten Schutz der öffentlichen Gesundheit[463] auch als zwingenden Grund, und zwar in einem über den Gehalt des Art. 52 AEUV hinausgehenden Sinn.[464] Dabei räumt er dem

---

[461] So prüft der EuGH in der Rechtssache *Alfa Vita* eine unterschiedslose Beschränkung des freien Warenverkehrs durch Erwägungen des Gesundheitsschutzes – und zwar ohne dabei auf Art. 36 AEUV Bezug zu nehmen –, erachtet die gegenständliche Regelung im Ergebnis aber nicht für verhältnismäßig, EuGH, verb. Rs. C-158/04 und C-159/04, Alfa Vita, Slg. 2006, I-8135 Rn. 20 ff. Vgl. auch *Craig/de Búrca*, EU Law (2011), 680. In einem weiteren Sinn lässt sich auch die Verkehrssicherheit unter den Gesundheitsschutz subsumieren. Sie ist als zwingendes Erfordernis anerkannt, vgl. EuGH, Rs. C-55/93, van Schaik, Slg. 1994, I-4837 Rn. 19; Rs. C-110/05, Kommission/Italien, Slg. 2009, I-519 Rn. 60; dazu *Enchelmaier* in Oliver (Hrsg.), Free Movement of Goods (2010), Rn. 8.207.

[462] Zur Rechtfertigung diskriminierender Maßnahmen durch zwingende Erfordernisse vgl. Fn. 442, zur Rechtfertigung nichtdiskriminierender Maßnahmen durch Art. 36 AEUV vgl. oben *Teil D III 1 a)* und Fn. 430. Für eine einheitliche Rechtfertigungsprüfung, speziell auch in Hinblick auf den Gesundheitsschutz *Kingreen* in Calliess/Ruffert (Hrsg.), EUV/AEUV (2011), Art. 34–36 AEUV Rn. 200; *Enchelmaier* in Oliver (Hrsg.), Free Movement of Goods (2010), Rn. 8.90.

[463] Dieser Begriff ist sekundärrechtlich konkretisiert und bezieht sich auf bestimmte Erkrankungen. Über diese hinaus ist ein Rückgriff auf die in Art. 52 AEUV kodifizierte öffentliche Gesundheit als Rechtfertigungsgrund nicht mehr möglich. Vgl. *Schlag* in Schwarze (Hrsg.), EU-Kommentar (2012), Art. 52 AEUV Rn. 9; *Bröhmer* in Calliess/Ruffert (Hrsg.), EUV/AEUV (2011), Art. 52 AEUV Rn. 3.

[464] Zur Dienstleistungsfreiheit vgl. EuGH, Rs. C-405/98, Gourmet International Products, Slg. 2001, I-1795 Rn. 39 f. Zur Niederlassungsfreiheit vgl. Rs. C-108/96, Mac Quen, Slg. 2001, I-837 Rn. 28; Rs. C-531/06, Kommission/Italien, Slg. 2009, I-4103 Rn. 51; Rs. C-169/07, Hartlauer, Slg. 2009, I-1721 Rn. 46; verb. Rs. C-171/07 und C-172/07, Apothekerkammer des Saarlandes, Slg. 2009, I-4171 Rn. 27; vgl. *Holoubek* in Schwarze (Hrsg.), EU-Kommentar (2012), Art. 56/57 AEUV Rn. 113; *Schlag* in Schwarze (Hrsg.), EU-Kommentar (2012), Art. 49 AEUV Rn. 55. Umgekehrt beruft sich Sardinien in der Rechtssache *Consiglio dei Ministri/Regione Sardegna* in Hinblick auf eine Steuer auf zu touristischen Zwecken durchgeführte Landungen von Luftfahrzeugen und Freizeitbooten auf den Umweltschutz als Teil der öffentlichen Gesundheit des Art. 52 Abs. 1 i.V.m. Art. 62 AEUV, EuGH, Rs. C-169/08, Consiglio dei Ministri/Regione Sardegna, Slg. 2009,

Gesundheitsschutz den höchsten Rang unter den unionsrechtlich anerkannten Rechtsgütern ein. In der Rechtssache *Apothekerkammer des Saarlandes*[465] führt er in seinen Vorbemerkungen aus[466]:

„Bei der Prüfung […] ist zu berücksichtigen, dass unter den vom Vertrag geschützten Gütern und Interessen die Gesundheit und das Leben von Menschen den höchsten Rang einnehmen […].“

Diese Einstufung des Gesundheitsschutzes als ranghöchstes Rechtsgut kommt bei der Verhältnismäßigkeitsprüfung zur Geltung. Dient eine Maßnahme dem Schutz der Gesundheit, stellt der EuGH geringere Anforderungen an ihre Verhältnismäßigkeit.[467]

Auch dem Schutz der Luftqualität gesteht der EuGH einen außerordentlich hohen Stellenwert zu. So anerkennt er im Urteil *Janecek*[468] im Falle der Gefahr einer Überschreitung der in der damaligen Luftqualitätsrahmenrichtlinie normierten Schadstoffgrenzwerte ein subjektives Recht auf Erstellung eines Aktionsplans und damit implizit ein subjektives Recht auf Gesundheitsschutz.[469] Das grundsätzliche Recht, eine in einer Richtlinie normierte Verpflichtung geltend zu machen, bestehe

I-10821 Rn. 40. Während der EuGH nicht näher darauf eingeht (Rn. 45), spricht Generalanwältin *Kokott* dem Gesundheitsschutz in diesem Fall eine eigenständige Bedeutung neben dem Umweltschutz ab, GA *Kokott*, SchlA Rs. C-169/08, Consiglio dei Ministri/Regione Sardegna, Slg. 2009, I-10821 Rn. 93.

465 EuGH, verb. Rs. C-171/07 und C-172/07, Apothekerkammer des Saarlandes, Slg. 2009, I-4171.

466 EuGH, verb. Rs. C-171/07 und C-172/07, Apothekerkammer des Saarlandes, Slg. 2009, I-4171 Rn. 19, in Hinblick auf eine nichtdiskriminierende Regelung, die den Betrieb von Apotheken Apothekern vorbehält. Das Urteil ist in deutscher Sprache verbindlich, weshalb der Superlativ „höchster Rang“ nicht auf einen Übersetzungsfehler zurückgehen kann. Zum Gesundheitsschutz als ranghöchsten Rechtfertigungsgrund des Art. 36 AEUV vgl. oben *Teil D III 1 a)* und Fn. 432.

467 Vgl. EuGH, verb. Rs. C-171/07 und C-172/07, Apothekerkammer des Saarlandes, Slg. 2009, I-4171 Rn. 29 ff.; zur Verkehrssicherheit Rs. C-110/05, Kommission/Italien, Slg. 2009, I-519 Rn. 61. In Hinblick auf Art. 36 AEUV Rs. C-141/07, Kommission/Deutschland, Slg. 2008, I-6935 Rn. 51; Rs. C-421/09, Humanplasma, Slg. 2010, I-12869 Rn. 39 f.

468 EuGH, Rs. C-237/07, Janecek, Slg. 2008, I-6221.

469 EuGH, Rs. C-237/07, Janecek, Slg. 2008, I-6221 Rn. 39; vgl. dazu *Schroeder*, Grundkurs Europarecht (2013), § 6 Rn. 53; *Fekete*, Feinstaubreduktion im IG-L (2010), 23 f., die ein subjektives Recht auf Erstellung eines Aktionsplans, aber nicht ein solches auf Einhaltung der Immissionsgrenzwerte bejaht; auch zu den Konsequenzen für das österreichische Recht *Potacs*, ZfV 2009, 876 ff.; im Sinne eines subjektiven Rechts auf Einhaltung von Grenzwerten *Wagner*, RdU 2008, 171 f.

„ganz besonders für eine Richtlinie, die eine Eindämmung und Reduzierung der Luftverschmutzung und damit den Schutz der öffentlichen Gesundheit bezweckt“.[470]

In der Rechtssache *Sektorales Fahrverbot II* hatte Österreich den Gesundheitsschutz zur Rechtfertigung des Fahrverbotes vorgebracht.[471] Generalanwältin *Trstenjak* greift diesen allerdings in ihren am 16. Dezember 2010 verlesenen Schlussanträgen nicht einmal in Verbindung mit dem Umweltschutz auf[472], und auch der Gerichtshof wertet den Gesundheitsschutz nicht als eigenständigen Rechtfertigungsgrund. Ohne sich dabei auf den konkreten Sachverhalt zu beziehen, verweist er zunächst auf den Umweltschutz als zwingendes Erfordernis im Sinne von *Cassis de Dijon* und gesondert auf Art. 36 AEUV und den darin gewährleisteten Schutz der Gesundheit und des Lebens von Menschen.[473] In der Folge subsumiert der EuGH den Gesundheitsschutz unter das zwingende Erfordernis des Umweltschutzes[474]:

„Was das Verhältnis zwischen den Zielen des Umweltschutzes und des Gesundheitsschutzes angeht, ergibt sich aus [Art. 191 Abs. 1 AEUV], dass der Schutz der menschlichen Gesundheit zu den Zielen der Umweltpolitik der [EU] gehört […]. Diese Ziele sind eng miteinander verbunden, insbesondere im Rahmen der Bekämpfung der Luftverschmutzung, mit der die Gesundheitsgefahren begrenzt werden sollen, die mit der Verschlechterung der Umwelt verbunden sind. Somit ist das Ziel des Gesundheitsschutzes grundsätzlich bereits vom Ziel des Umweltschutzes umfasst […]. […] Daher sind die Argumente der Republik Österreich bezüglich des Gesundheitsschutzes nicht getrennt von den Argumenten zu prüfen, die sich auf den Umweltschutz beziehen […].“

Dass der Gerichtshof in der Rechtssache *Sektorales Fahrverbot II* den Gesundheitsschutz nicht als losgelöstes zwingendes Erfordernis anerkennt, und zwar in einem über den Gehalt des Art. 36 AEUV hinausgehenden, dem Vorsorgegedanken entsprechenden Sinn, ist bedauerlich. Dies hätte ihm die Möglichkeit gegeben, bei der Prüfung der Verhältnismäßigkeit einen milderen Maßstab anzulegen und das sektorale Fahrverbot als erforderlich zu werten.[475]

---

[470] EuGH, Rs. C-237/07, Janecek, Slg. 2008, I-6221 Rn. 37. Vgl. auch Rs. C-361/88, Kommission/Deutschland, Slg. 1991, I-2567 Ls. 2 und Rn. 16; Rs. C-59/89, Kommission/Deutschland, Slg. 1991, I-2607 Ls. 2 und Rn. 19.

[471] Vgl. EuGH, Rs. C-28/09, Sektorales Fahrverbot II, Slg. 2011, I-13525 Rn. 91; GA *Trstenjak*, SchlA Rs. C-28/09, Sektorales Fahrverbot II, Slg. 2011, I-13525 Rn. 38 und 42; *Ranacher*, Urteil des EuGH in der Rs C-28/09, in Gamper/Ranacher (Hrsg.), Rechtsfragen des grenzüberschreitenden Verkehrs (2012), 107.

[472] GA *Trstenjak*, SchlA Rs. C-28/09, Sektorales Fahrverbot II, Slg. 2011, I-13525 Rn. 78 ff.

[473] EuGH, Rs. C-28/09, Sektorales Fahrverbot II, Slg. 2011, I-13525 Rn. 119.

[474] EuGH, Rs. C-28/09, Sektorales Fahrverbot II, Slg. 2011, I-13525 Rn. 122 f.

[475] Vgl. kritisch auch *Ehlotzky*, Eine (rein) österreichische Angelegenheit? in Epiney/Heuck (Hrsg.), Der alpenquerende Gütertransport (2012), 66 ff.; *Ehlotzky*, RdU-U&T 2012, 4.

c) Grundrechte

Auch die Verwirklichung eines grundrechtlich geschützten Prinzips des Unionsrechts ist schließlich als legitimes Ziel anzuerkennen, welches eine Grundfreiheit beschränken kann.[476] So lässt der EuGH in der Rechtssache *Schmidberger* eine Rechtfertigung der Nichtuntersagung einer Blockade der Brennerautobahn zu, da dies in Ausübung der Grundrechte auf Meinungsäußerungs- und Versammlungsfreiheit erfolgt war. Zum Ausgleich zwischen Grundfreiheiten und Grundrechten führt er, unter Bezugnahme auf den Verhältnismäßigkeitsgrundsatz, aus[477]:

„Die vorliegende Rechtssache wirft somit die Frage auf, wie die Erfordernisse des Grundrechtsschutzes [...] mit den aus einer im Vertrag verankerten Grundfreiheit fließenden Erfordernissen in Einklang gebracht werden können, und insbesondere die Frage, welche Tragweite die durch die Artikel 10 und 11 EMRK gewährleistete Meinungsäußerungs- und Versammlungsfreiheit und der Grundsatz des freien Warenverkehrs jeweils haben, wenn die erstgenannten Freiheiten als Rechtfertigung für eine Beschränkung des letztgenannten Grundsatzes herangezogen werden. [...] Hierzu ist zum einen festzustellen, dass der freie Warenverkehr zwar eines der Grundprinzipien des Systems des [AEUV] darstellt, dass er aber unter bestimmten Voraussetzungen [...] beschränkt werden kann. [...] Zum anderen [...] können [...] auch die Meinungsäußerungs- und die Versammlungsfreiheit bestimmten durch Ziele des Allgemeininteresses gerechtfertigten Beschränkungen unterworfen werden [...]. [...] Demgemäß sind die bestehenden Interessen abzuwägen, und es ist anhand sämtlicher Umstände des jeweiligen Einzelfalls festzustellen, ob das rechte Gleichgewicht zwischen diesen Interessen gewahrt worden ist."

In Hinblick auf verkehrsbezogene Maßnahmen wird in der Regel insbesondere das in Art. 8 EMRK gewährleistete Grundrecht auf Achtung des Privat- und Familienlebens zu beachten sein, welches im Unionsrecht als allgemeiner Rechtsgrundsatz gilt[478] und in Art. 7 GrC kodifiziert ist. Art. 8 EMRK beinhaltet auch das in Art. 3 GrC ausdrücklich geregelte Recht auf körperliche und geistige Unversehrtheit.[479] Nach der Rechtsprechung des Europäischen Gerichts-

---

[476] GA *Trstenjak*, SchlA Rs. C-28/09, Sektorales Fahrverbot II, Slg. 2011, I-13525 Rn. 74; vgl. auch GA *Trstenjak*, SchlA Rs. C-271/08, Kommission/Deutschland, Slg. 2010, I-7091 Rn. 183 ff.

[477] EuGH, Rs. C-112/00, Schmidberger, Slg. 2003, I-5659 Rn. 77 ff. und 81; hierzu *Enchelmaier* in Oliver (Hrsg.), Free Movement of Goods (2010), Rn. 8.59 und 8.62; *Weber K.*, Transitverkehr in der Judikatur, in Roth G.H./Hilpold (Hrsg.), EuGH und die Souveränität der Mitgliedstaaten (2008), 403 f., 415 f. und 426. Zur Rechtssache *Schmidberger* vgl. auch Fn. 402 und 455.

[478] Vgl. EuGH, Rs. 4/73, Nold, Slg. 1974, 491 Ls. 2 und Rn. 13; Rs. 222/84, Johnston, Slg. 1986, 1651 Ls. 1 und Rn. 18; Rs. C-260/89, Elliniki Radiophonia, Slg. 1991, I-2925 Rn. 41; Rs. C-112/00, Schmidberger, Slg. 2003, I-5659 Rn. 71; *Schroeder*, Grundkurs Europarecht (2013), § 4 Rn. 16 und § 15 Rn. 2.

[479] Vgl. *Grabenwarter*, European Convention on Human Rights (2014), Art. 8 Rn. 7; *Grabenwarter/Pabel*, Europäische Menschenrechtskonvention (2012), § 22 Rn. 7.

hofes für Menschenrechte (EGMR) umfasst Art. 8 EMRK erhebliche Beeinträchtigungen des Wohlbefindens und des Privatlebens, die durch Umweltverschmutzung verursacht werden.[480] So anerkennt der EGMR in der Rechtssache *López Ostra*[481] eine durch Lärm- und Geruchsbelästigungen bedingte Verletzung von Art. 8 EMRK[482]:

„Naturally, severe environmental pollution may affect individuals' well-being and prevent them from enjoying their homes in such a way as to affect their private and family life adversely, without, however, seriously endangering their health."

Darüber hinaus bejaht der EGMR eine Gewährleistungspflicht des Staates, entsprechende Schutzmaßnahmen zu ergreifen.[483] Zur Rechtfertigung des zweiten sektoralen Fahrverbotes machte Österreich daher geltend, Art. 8 EMRK begründe den Anspruch der Bürger auf „Schutz gegen Beeinträchtigungen der Gesundheit und der Lebensqualität".[484] Die streitige Verordnung sei in Erfüllung einer unionsgrundrechtlichen Handlungspflicht erlassen worden.[485]

Der EuGH orientiert sich in Hinblick auf die in der EMRK gewährleisteten Grundrechte stark an der Judikatur des EGMR.[486] Allerdings ist der EGMR bei der Annahme immissionsbedingter Grundrechtsverletzungen sehr zurückhaltend und legt einen hohen Maßstab an die Intensität der Beeinträchtigung.[487] Darauf bezieht sich Generalanwältin *Trstenjak* in ihren Schlussanträgen in der Rechtssache *Sektorales Fahrverbot II*[488]:

---

480 Vgl. EGMR, 21.2.1990, Powell and Rayner, Nr. 9310/81, Rn. 40; EGMR, 9.12.1994, López Ostra, Nr. 16798/90, Rn. 44 ff.; EGMR, 8.7.2003 GK, Hatton, Nr. 36022/97, Rn. 96 ff. Zur EGMR-Rechtsprechung im Umweltbereich vgl. *Grabenwarter/Pabel*, Europäische Menschenrechtskonvention (2012), § 22 Rn. 15; *Beyerlin/Marauhn*, International Environmental Law (2011), 399 ff.; *Marauhn*, Menschenrecht auf eine gesunde Umwelt, in Giegerich/Proelß (Hrsg.), Bewahrung des ökologischen Gleichgewichts (2010), 39 ff.

481 EGMR, 9.12.1994, López Ostra, Nr. 16798/90.

482 EGMR, 9.12.1994, López Ostra, Nr. 16798/90, Rn. 51.

483 Vgl. EGMR, 9.12.1994, López Ostra, Nr. 16798/90, Rn. 51 ff.; *Grabenwarter*, European Convention on Human Rights (2014), Art. 8 Rn. 79; *Grabenwarter/Pabel*, Europäische Menschenrechtskonvention (2012), § 22 Rn. 1 und 55; *Frowein* in Frowein/Peukert (Hrsg.), EMRK-Kommentar (2009), Art. 8 EMRK Rn. 44.

484 EuGH, Rs. C-28/09, Sektorales Fahrverbot II, Slg. 2011, I-13525 Rn. 83.

485 GA *Trstenjak*, SchlA Rs. C-28/09, Sektorales Fahrverbot II, Slg. 2011, I-13525 Rn. 71.

486 Vgl. *Schroeder*, EuZW 2011, 464 f.

487 Einen Eingriff in Art. 8 EMRK verneint der EGMR beispielsweise in der Rechtssache *Hatton* bezugnehmend auf Lärmimmissionen des britischen Flughafens Heathrow, EGMR, 8.7.2003 GK, Hatton, Nr. 36022/97, Rn. 116 ff. Vgl. auch die Entscheidung *Vearncombe* der Europäischen Kommission für Menschenrechte in Hinblick auf Lärmimmissionen einer Schiessanlage, EKMR, 18.1.1989, Vearncombe, Nr. 12816/87. Hierzu auch *Grabenwarter*, European Convention on Human Rights (2014), Art. 8 Rn. 18; *Kerschner*, Verkehrsimmissionen (2007), 49 f.

488 GA *Trstenjak*, SchlA Rs. C-28/09, Sektorales Fahrverbot II, Slg. 2011, I-13525 Rn. 76 f.

„Wenngleich feststeht, dass Umweltbelastungen sowohl im Kontext des Grundrechts auf körperliche und geistige Unversehrtheit als auch im Kontext des Grundrechts auf Achtung des Privat- und Familienlebens eine bestimmte Relevanz aufweisen können, ist hervorzuheben, dass Umweltbelastungen nur unter besonderen Umständen als Eingriff in diese Grundrechte gewertet werden können, [...]. So setzt die Feststellung eines Eingriffs in das Recht auf Achtung des Privat- und Familienlebens den konkreten Nachweis einer ausreichend qualifizierten Belastung durch Lärm oder sonstige Immissionen voraus. Die Feststellung eines Verstoßes gegen das Recht auf Unversehrtheit der Person erfordert zumindest den Nachweis einer Einwirkung oberhalb der Schwelle zur Gesundheitsschädlichkeit. [...] Im vorliegenden Verfahren hat die Republik Österreich das Vorliegen einer solchen qualifizierten Umweltbelastung durch die NO_2-Emissionen nicht hinreichend substantiiert dargetan."

Der EuGH geht in seinem Urteil nicht weiter auf das Grundrecht auf Achtung des Privat- und Familienlebens oder auf jenes auf körperliche und geistige Unversehrtheit ein. Implizit folgt er damit der Argumentation der Generalanwältin. In Hinblick auf den Stellenwert, den der EuGH den in der EMRK gewährleisteten Grundrechten prinzipiell einräumt[489] ist es allerdings bedauerlich, dass er in seinem Urteil überhaupt keine Stellung bezieht.[490]

d) Zwischenergebnis

Das Urteil in der Rechtssache *Sektorales Fahrverbot II* lässt darauf schließen, dass der Gerichtshof im Verkehrsbereich erlassene Maßnahmen zum Schutz der Luftqualität in erster Linie durch Umweltschutzerwägungen rechtfertigen wird. Dem Gesundheitsschutz gesteht er keine eigenständige Bedeutung als ungeschriebenen Rechtfertigungsgrund zu. Unabhängig davon macht es jedoch Sinn, beim Versuch, Maßnahmen auf Grundlage des Verkehrsprotokolls zu legitimieren, den Gesundheitsschutz neben dem Umweltschutz vermehrt in den Vordergrund zu stellen[491] und dabei auch mit dem Vorbeugungs- und Vorsorgeprinzip zu argumentieren.[492] Sofern eine Maßnahme den Anforderungen des EuGH an die Verhältnismäßigkeit Genüge tut, ist davon auszugehen, dass der Gerichtshof sie für gerechtfertigt erachten wird. Ein Rückgriff auf grundrechtlich geschützte Prinzipien des Unionsrechts, insbesondere auf das Grundrecht auf Achtung des

---

489 Vgl. EuGH, Rs. C-112/00, Schmidberger, Slg. 2003, I-5659 Rn. 69 ff. Vgl. auch die in Fn. 477 angeführte Literatur.

490 Kritisch auch *Ehlotzky*, Eine (rein) österreichische Angelegenheit? in Epiney/Heuck (Hrsg.), Der alpenquerende Gütertransport (2012), 64 f.; *Ehlotzky*, RdU-U&T 2012, 4.

491 In Hinblick auf das Verkehrsprotokoll hängt es freilich von der einzelnen Maßnahme ab, welcher Rechtfertigungsgrund einschlägig ist. So kommen für Regelungen auf Grundlage der Art. 10, 11, 12 Abs. 2, Art. 13 und 14 VerkP grundsätzlich sowohl der Umwelt- als auch der Gesundheitsschutz in Frage. Auf Art. 12 Abs. 1 VerkP basierende Maßnahmen werden dagegen in der Regel durch Erfordernisse des Umweltschutzes, nicht durch Erwägungen des Gesundheitsschutzes zu rechtfertigen sein. Vgl. dazu unten *Teil E.*

492 Vgl. dazu oben *Teil B III 2 b) aa)* und *Teil C III 2 d).*

Privat- und Familienlebens oder auf jenes auf körperliche und geistige Unversehrtheit, ist dagegen nur zweckmäßig, wenn eine konkrete Belastung hinreichend substanziiert werden kann.

2. Verhältnismäßigkeit

Der EuGH gesteht den Mitgliedstaaten einen gewissen Gestaltungs- und Wertungsspielraum hinsichtlich der zur Wahrung ihrer Interessen notwendigen Maßnahmen und der dabei einschlägigen Rechtfertigungsgründe zu.[493] So stellt er in der Rechtssache *Apothekerkammer des Saarlandes* klar, dass

> „es Sache der Mitgliedstaaten ist, zu bestimmen, auf welchem Niveau sie den Schutz der Gesundheit der Bevölkerung gewährleisten wollen und wie dieses Niveau erreicht werden soll. Da sich dieses Niveau von einem Mitgliedstaat zum anderen unterscheiden kann, ist den Mitgliedstaaten ein Wertungsspielraum zuzuerkennen [...].“[494]

Ebenso berücksichtigt der EuGH die geografischen Gegebenheiten der einzelnen Mitgliedstaaten.[495] In Bezug auf die Nutzung der Wassermotorräder in der Rechtssache *Mickelsson und Roos* führt er aus[496]:

> „[D]och kann den Mitgliedstaaten nicht die Möglichkeit abgesprochen werden, ein Ziel wie den Schutz der Umwelt durch die Einführung allgemeiner Regeln zu verwirklichen, die [...] angesichts der geografischen Besonderheiten des betroffenen Mitgliedstaats notwendig [sind].“

In der Judikatur zur Transitproblematik tragen die Generalanwälte den Besonderheiten des Alpenraumes vermehrt Rechnung[497], was durch den EuGH al-

---

493 EuGH, Rs. C-262/02, Kommission/Frankreich, Slg. 2004, I-6569 Rn. 37; *Schroeder*, Grundkurs Europarecht (2013), § 14 Rn. 138; bezugnehmend auf den Umweltschutz *Schroeder* in Streinz (Hrsg.), EUV/AEUV (2012), Art. 36 AEUV Rn. 43.

494 EuGH, verb. Rs. C-171/07 und C-172/07, Apothekerkammer des Saarlandes, Slg. 2009, I-4171 Rn. 19. Vgl. auch Rs. 178/84, Reinheitsgebot, Slg. 1987, 1227 Rn. 41; Rs. C-322/01, DocMorris, Slg. 2003, I-14887 Rn. 103; Rs. C-141/07, Kommission/Deutschland, Slg. 2008, I-6935 Rn. 51; Rs. C-110/05, Kommission/Italien, Slg. 2009, I-519 Rn. 61; Rs. C-169/07, Hartlauer, Slg. 2009, I-1721 Rn. 30; Rs. C-421/09, Humanplasma, Slg. 2010, I-12869 Rn. 32 und 39.

495 Vgl. in Hinblick auf den Umweltschutz auch Art. 191 Abs. 2 AEUV, wonach die Umweltpolitik der EU „unter Berücksichtigung der unterschiedlichen Gegebenheiten in den einzelnen Regionen der Union auf ein hohes Schutzniveau“ abzielt. Dies bezieht sich auch auf die Besonderheiten des Alpenraumes und seine spezifische Verkehrsbelastung, vgl. *Epiney/Heuck/Schleiss* in Dauses (Hrsg.), EU-Wirtschaftsrecht (2013), Rn. 139 und 148; *Millarg*, Schranken des freien Warenverkehrs (2001), 186; zum hohen Umweltschutzniveau *Wagner*, RdU 2000, 48 f.

496 EuGH, Rs. C-142/05, Mickelsson und Roos, Slg. 2009, I-4273 Ls. 3 und Rn. 36.

497 Vgl. die Schlussanträge von Generalanwalt *Jacobs* in der Rechtssache Schmidberger, GA *Jacobs*, SchlA Rs. C-112/00, Schmidberger, Slg. 2003, I-5659 Rn. 2: „Die wichtigsten Transitrouten zwischen Norditalien und Süddeutschland [...] führen über die Alpen.

lerdings bisher nicht ausdrücklich aufgegriffen wurde. Einen Rückschritt stellen die Schlussanträge von Generalanwältin *Trstenjak* in der Rechtssache *Sektorales Fahrverbot II* dar, worin diese weder auf die besonderen Gegebenheiten der Alpenregion noch auf die Alpenkonvention Bezug nimmt.[498] Denkbar und wünschenswert ist jedenfalls, dass der EuGH aufgrund der im Jahre 2013 erfolgten Genehmigung des Verkehrsprotokolls durch die EU die Alpenkonvention in Zukunft in seinen Entscheidungen berücksichtigt.

Einer Ausuferung der Rechtfertigungsgründe begegnet der EuGH durch das Verhältnismäßigkeitsprinzip, wonach eine Maßnahme in Hinblick auf ein gewisses Ziel geeignet, erforderlich und angemessen sein muss.[499] Das Verhältnismäßigkeitsprinzip ist ein wichtiges Korrektiv für den EuGH. Im Allgemeinen beurteilt er dabei nichtdiskriminierende Maßnahmen großzügiger als Diskriminierungen.[500] Auch beim Ausgleich zwischen Grundfreiheiten und Grundrechten kommt dem Verhältnismäßigkeitsprinzip besondere Bedeutung zu.[501] Bei den auf Grundlage des Verkehrsprotokolls erlassenen Maßnahmen wird ihre verhältnismäßige Ausgestaltung im Allgemeinen die entscheidende Hürde darstellen.

a) Eignung

Das erste Prüfungskriterium im Rahmen der Verhältnismäßigkeitsprüfung, die Eignung einer Maßnahme, bezieht sich auf das vom betreffenden Mitglied-

Der Gebirgscharakter dieser Region lässt nur eine beschränkte Zahl an Straßen zu und verschärft die verschiedenen die Umwelt belastenden Verkehrsauswirkungen. Die Haupt-, wenn nicht die einzige inner[unionale] Route, die Schwerlastfahrzeuge ohne größeren Umweg befahren können, führt durch den Brenner-Korridor, einen wichtigen Teil des transeuropäischen Verkehrsnetzes in den österreichischen Alpen. Die Umweltbelastung entlang dieser Route, die in Österreich immer Anlass zu großer Sorge war, hat beunruhigende Ausmaße angenommen." Vgl. auch GA *Mischo*, SchlA Rs. C-445/00, Ökopunkte, Slg. 2003, I-8549 Rn. 1 f. in Hinblick auf das Ökopunktesystem; GA *Geelhoed*, SchlA Rs. C-320/03, Sektorales Fahrverbot I, Slg. 2005, I-9871 Rn. 58 f.

[498] GA *Trstenjak*, SchlA Rs. C-28/09, Sektorales Fahrverbot II, Slg. 2011, I-13525. Vgl. auch Fn. 425.

[499] Vgl. allgemein zum Verhältnismäßigkeitsprinzip EuGH, Rs. C-331/88, Fedesa u.a., Slg. 1990, I-4023 Rn. 13; Rs. C-189/01, Jippes u.a., Slg. 2001, I-5689 Rn. 81. In Hinblick auf die Grundfreiheiten Rs. C-19/92, Kraus, Slg. 1993, I-1663 Rn. 32; Rs. C-55/94, Gebhard, Slg. 1995, I-4165 Rn. 37; vgl. dazu *Schroeder* in Streinz (Hrsg.), EUV/AEUV (2012), Art. 36 AEUV Rn. 50 ff.; *Kingreen* in Calliess/Ruffert (Hrsg.), EUV/AEUV (2011), Art. 34–36 AEUV Rn. 88 ff.; *Vranes*, AVR 2009, 10 ff.; *Schroeder*, Gemeinschaftsrechtssystem (2002), 271 f. und 278 ff.; *Epiney/Gruber*, Verkehrsrecht in der EU (2001), 89 ff.

[500] Vgl. oben *Teil D III 1 b)*.

[501] Vgl. GA *Trstenjak*, SchlA Rs. C-271/08, Kommission/Deutschland, Slg. 2010, I-7091 Rn. 189 f.; *Trstenjak/Beysen*, EuR 2012, 280 ff.

staat angestrebte Ziel.[502] Eine nationale Maßnahme zur Durchführung des Verkehrsprotokolls muss daher geeignet sein, das Ziel des Umwelt- und des Gesundheitsschutzes zu erreichen. Ihre tatsächliche Wirksamkeit, Effizienz und Durchsetzbarkeit[503] ist bei komplexen Fragen anhand konkreter Messdaten, wissenschaftlicher Erkenntnisse und internationaler oder europäischer Schutzstandards zu belegen.[504] Dabei ist das Vorsorgeprinzip zu beachten.[505] In der Rechtssache *Hartlauer*[506] führt der EuGH zur Eignung einer Maßnahme aus[507]:

> „Erstens ist daran zu erinnern, dass eine nationale Regelung nur dann geeignet ist, die Verwirklichung des geltend gemachten Ziels zu gewährleisten, wenn sie tatsächlich dem Anliegen gerecht wird, es in kohärenter und systematischer Weise zu erreichen […]."

In der Rechtssache *Consiglio dei Ministri/Regione Sardegna*[508] lässt der EuGH die Rechtfertigung einer Steuer auf zu touristischen Zwecken durchgeführte Landungen von Luftfahrzeugen und Freizeitbooten aus Umweltschutzgründen nicht zu, da diese nur von Betreibern mit steuerlichem Wohnsitz außerhalb der Region erhoben wurde. Diese Unterscheidung stehe in keinem Zusammenhang mit dem Umweltziel.[509] Generalanwältin *Kokott* führt in ihren Schlussanträgen, bezugnehmend auf das Verursacherprinzip, zur Eignung der Maßnahme aus[510]:

> „Unter dem Blickwinkel des Verursacherprinzips ist es deshalb nicht zu beanstanden, dass eine Regelung […] Betreiber von Privatflugzeugen und Freizeitbooten […] mit einer umweltpolitisch motivierten Steuer belegt. Eine am Verursacherprinzip orientierte Regelung kann sich jedoch nicht darauf beschränken, allein gebietsfremde Betreiber […] mit einer Umwelt-

---

502 Vgl. *Vranes*, AVR 2009, 20.

503 Vgl. GA *Geelhoed*, SchlA Rs. C-320/03, Sektorales Fahrverbot I, Slg. 2005, I-9871 Rn. 65 und 112.

504 Vgl. auch EuGH, Rs. C-319/06, Kommission/Luxemburg, Slg. 2008, I-4323 Rn. 51; Rs. C-161/07, Kommission/Österreich, Slg. 2008, I-10671 Rn. 36; *Becker* in Schwarze (Hrsg.), EU-Kommentar (2012), Art. 36 AEUV Rn. 76 f.

505 *Schroeder* in Streinz (Hrsg.), EUV/AEUV (2012), Art. 36 AEUV Rn. 43. Zum Vorsorgeprinzip im Unionsrecht vgl. Fn. 247. Vgl. auch *Becker* in Schwarze (Hrsg.), EU-Kommentar (2012), Art. 36 AEUV Rn. 76 f.; *Enchelmaier* in Oliver (Hrsg.), Free Movement of Goods (2010), Rn. 8.83 ff.

506 EuGH, Rs. C-169/07, Hartlauer, Slg. 2009, I-1721.

507 EuGH, Rs. C-169/07, Hartlauer, Slg. 2009, I-1721 Rn. 55; vgl. auch verb. Rs. C-171/07 und C-172/07, Apothekerkammer des Saarlandes, Slg. 2009, I-4171 Rn. 42; Rs. C-169/08, Consiglio dei Ministri/Regione Sardegna, Slg. 2009, I-10821 Rn. 42; Rs. C-384/08, Attanasio Group, Slg. 2010, I-2055 Rn. 51; Rs. C-28/09, Sektorales Fahrverbot II, Slg. 2011, I-13525 Rn. 126.

508 EuGH, Rs. C-169/08, Consiglio dei Ministri/Regione Sardegna, Slg. 2009, I-10821.

509 EuGH, Rs. C-169/08, Consiglio dei Ministri/Regione Sardegna, Slg. 2009, I-10821 Ls. 2 und Rn. 40 ff.

510 GA *Kokott*, SchlA Rs. C-169/08, Consiglio dei Ministri/Regione Sardegna, Slg. 2009, I-10821 Rn. 72 f. und 76 f.

steuer zu belegen, gebietsansässige hingegen nicht. […] Insgesamt zieht die sardische Regelung willkürlich einige Verursacher von Umweltbelastungen – die Gebietsfremden – zur Finanzierung von Maßnahmen zum Schutz und zur Wiederherstellung der Umweltressourcen heran, andere – die Gebietsansässigen – jedoch nicht. Damit wird das […] propagierte umweltpolitische Anliegen nicht in kohärenter und systematischer Weise umgesetzt. Unter diesen Umständen kann eine Steuerregelung […] nicht als zur Verwirklichung ihrer umweltpolitischen Zielsetzung geeignet angesehen werden. […]"

Die Eignung eines sektoralen Fahrverbotes, Ziele des Umwelt- und des Gesundheitsschutzes zu erreichen, wird vom EuGH in der Rechtssache *Sektorales Fahrverbot II* explizit bejaht. Bezugnehmend auf das Vorbringen der Kommission, „Österreich wolle nicht die Emissionen von Kraftfahrzeugen reduzieren, sondern die Verkehrsdichte"[511], konstatiert er[512]:

„Es steht fest, dass die Einführung von Maßnahmen zur Verringerung des Straßenverkehrs wie des sektoralen Fahrverbots zu einer Reduzierung der Luftschadstoffe führt und so zur Verbesserung der Luftqualität beiträgt."

Ferner stehe in Hinblick auf die Auswahl der vom sektoralen Fahrverbot betroffenen „bahnaffinen" Güter fest, dass sich diese „in besonderem Maß für den Schienenverkehr eignen"[513]. Es könne

„nicht als inkohärent angesehen werden, dass ein Mitgliedstaat, der beschlossen hat, die Beförderung von Gütern im Einklang mit einem im Rahmen der gemeinsamen Verkehrspolitik anerkannten Ziel auf die Schiene zu lenken, eine Maßnahme erlässt, die auf Waren fokussiert ist, die sich für die Beförderung durch verschiedene Arten des Schienenverkehrs eignen."[514]

Schließlich könne auch

„der Ausschluss des lokalen und regionalen Verkehrs vom Anwendungsbereich des sektoralen Fahrverbots den kohärenten und systematischen Charakter der streitigen Verordnung nicht in Frage stellen."[515]

b) Erforderlichkeit

Eine grundsätzlich geeignete Maßnahme darf nicht mit Eingriffen verbunden sein, die über das hinausgehen, was zur Zielerreichung erforderlich ist. Aus mehreren Maßnahmen ist somit jenes geeignete Mittel zu wählen, das die Grund-

---

[511] EuGH, Rs. C-28/09, Sektorales Fahrverbot II, Slg. 2011, I-13525 Rn. 127, vgl. auch Rn. 63.

[512] EuGH, Rs. C-28/09, Sektorales Fahrverbot II, Slg. 2011, I-13525 Rn. 129.

[513] EuGH, Rs. C-28/09, Sektorales Fahrverbot II, Slg. 2011, I-13525 Rn. 131.

[514] EuGH, Rs. C-28/09, Sektorales Fahrverbot II, Slg. 2011, I-13525 Rn. 133; hierzu *Ehlotzky*, Eine (rein) österreichische Angelegenheit? in Epiney/Heuck (Hrsg.), Der alpenquerende Gütertransport (2012), 69 f.; *Sibony/Lieven*, JDT-DE 2012, 81. Vgl. auch unten *Teil E I 1 c) cc) (2).*

[515] EuGH, Rs. C-28/09, Sektorales Fahrverbot II, Slg. 2011, I-13525 Rn. 137.

freiheiten am wenigsten beeinträchtigt.[516] Der Nachweis, dass eine Regelung erforderlich ist, obliegt dem Mitgliedstaat. Dies geht jedoch nicht so weit, dass dieser belegen müsste, dass sich das Ziel mit keiner anderen vorstellbaren Maßnahme unter den gleichen Bedingungen erreichen lässt.[517] Ebenso wenig kann den Mitgliedstaaten die Möglichkeit abgesprochen werden, Ziele wie den Umweltschutz durch die Einführung von Vorschriften zu verfolgen, die von den zuständigen Behörden einfach gehandhabt und kontrolliert werden können.[518]

Hinsichtlich der Erforderlichkeit von verkehrsbeschränkenden Maßnahmen findet sich in der Judikatur zur Transitproblematik wiederholt die Forderung nach realistischen Ausweichmöglichkeiten, insbesondere nach einem Ausbau der Schienenkapazität.[519] So führt der EuGH zur Unverhältnismäßigkeit des ersten sektoralen Fahrverbotes aus[520]:

---

516 Vgl. EuGH, Rs. 104/75, de Peijper, Slg. 1976, 613 Rn. 14/18; Rs. 178/84, Reinheitsgebot, Slg. 1987, 1227 Rn. 28; Rs. C-368/95, Familiapress, Slg. 1997, I-3689 Rn. 19; Rs. C-309/02, Radlberger und Spitz, Slg. 2004, I-11763 Rn. 79; vgl. auch *Vranes*, AVR 2009, 21.

517 Vgl. EuGH, Rs. C-157/94, Kommission/Niederlande, Slg. 1997, I-5699 Rn. 58; Rs. C-110/05, Kommission/Italien, Slg. 2009, I-519 Ls. 2 und Rn. 66; Rs. C-400/08, Kommission/Spanien, Slg. 2011, I-1915 Rn. 75; Rs. C-542/09, Kommission/Niederlande, Slg. 2012, noch nicht in der amtlichen Sammlung veröffentlicht, Rn. 85; vgl. auch *Schwab*, Verhältnismäßigkeitsgrundsatz (2002), 148 ff. *Obwexer* und *Ranacher* kritisieren, von Österreich seien in der Rechtssache *Sektorales Fahrverbot II* zu weitgehende Belege gefordert und diese Beweislastregel sei somit nicht berücksichtigt worden, vgl. *Obwexer*, Unionsrechtliche Rahmenbedingungen, in Gamper/Ranacher (Hrsg.), Rechtsfragen des grenzüberschreitenden Verkehrs (2012), 93 und 99; *Ranacher*, Urteil des EuGH in der Rs C-28/09, in Gamper/Ranacher (Hrsg.), Rechtsfragen des grenzüberschreitenden Verkehrs (2012), 104. Kritisch auch *Enchelmaier*, CMLRev 2013, 199 ff., der von einem „battle of the statistics" spricht. Vgl. auch unten *Teil E I 1 c) cc) (2)* und Fn. 611.

518 Vgl. EuGH, Rs. C-110/05, Kommission/Italien, Slg. 2009, I-519 Rn. 67; Rs. C-137/09, Josemans, Slg. 2010, I-13019 Rn. 82; Rs. C-400/08, Kommission/Spanien, Slg. 2011, I-1915 Rn. 124.

519 Vgl. EuGH, Rs. C-445/00, Ökopunkte, Slg. 2003, I-8549 Rn. 65; GA *Geelhoed*, SchlA Rs. C-320/03, Sektorales Fahrverbot I, Slg. 2005, I-9871 Rn. 113 und 116; GA *Trstenjak*, SchlA Rs. C-28/09, Sektorales Fahrverbot II, Slg. 2011, I-13525 Rn. 36 zu den Kritikpunkten der Kommission und Rn. 119 ff. Vgl. auch Art. 6 und 7 sowie Anhang III des Transitprotokolls von 1995, Protokoll Nr. 9 über den Straßen- und Schienenverkehr sowie den kombinierten Verkehr in Österreich zur Akte über die Bedingungen des Beitritts der Republik Österreich, der Republik Finnland und des Königreichs Schweden und die Anpassungen der die Europäische Union begründenden Verträge, ABl. 1994, Nr. C 241/21; BGBl. 1995/45.

520 EuGH, Rs. C-320/03, Sektorales Fahrverbot I, Slg. 2005, I-9871 Rn. 88 f.; vgl. dazu *Enchelmaier* in Oliver (Hrsg.), Free Movement of Goods (2010), Rn. 8.33; *Weber K.*, Transitverkehr in der Judikatur, in Roth G.H./Hilpold (Hrsg.), EuGH und die Souveränität der Mitgliedstaaten (2008), 416; *Oliver/Enchelmaier*, CMLRev 2007, 692 f.; kritisch *Krämer*, JEEPL 2006, 158; *Obwexer*, Regelung des Transitverkehrs, in Hummer/Ob-

„Angesichts des erklärten Zieles, den Transport der betreffenden Güter von der Straße auf die Schiene zu verlagern, hatten sich die österreichischen Behörden vor Erlassung einer Maßnahme […] insbesondere zu vergewissern, dass für eine solche Verlagerung ausreichend geeignete Schienenkapazität zur Verfügung steht. Wie jedoch der Generalanwalt […] festgestellt hat, ist im vorliegenden Fall nicht schlüssig dargetan worden, dass die österreichischen Behörden bei der Ausarbeitung der streitigen Verordnung hinreichend untersucht hätten, ob das Ziel der Verringerung der Schadstoffemissionen nicht auch durch andere, den freien Verkehr weniger beschränkende Maßnahmen erreicht werden könnte und ob tatsächlich eine realistische Ausweichmöglichkeit besteht, um die Beförderung der betroffenen Güter mit anderen Verkehrsträgern oder über andere Straßenverbindungen sicherzustellen."

Von entscheidender Bedeutung sind auch entsprechende Rahmen- und Begleitmaßnahmen sowie ausreichende Übergangsfristen bis zum Inkrafttreten einer Maßnahme, um allen Wirtschaftsteilnehmern die Möglichkeit zu geben, sich an geänderte Rahmenbedingungen anzupassen und nach wirtschaftlich vertretbaren Ersatzlösungen zu suchen[521], denn tiefgreifende strukturelle Veränderungen von Transportbedingungen erfordern eine gewisse Zeit. In der Rechtssache *Schmidberger* führt der EuGH dazu anerkennend aus[522]:

„Viertens ist festzustellen, dass die zuständigen Stellen im vorliegenden Fall verschiedene Rahmen- und Begleitmaßnahmen getroffen hatten, um die Störungen des Straßenverkehrs möglichst gering zu halten. […] Bereits lange vor dem dafür vorgesehenen Termin waren […] verschiedene Ausweichstrecken vorgeschlagen worden, so dass die betroffenen Wirtschaftsteilnehmer über die Verkehrsbeschränkungen am vorgesehenen Versammlungsort und -termin angemessen informiert waren und rechtzeitig disponieren konnten, um diesen Beschränkungen zu begegnen."

Die kurzfristige Verordnung des ersten sektoralen Fahrverbotes hingegen kritisiert der EuGH[523]:

wexer (Hrsg.), 10 Jahre EU-Mitgliedschaft Österreichs (2006), 374 f. und 379 f.; *Obwexer*, ZVR 2006, 219 f.; *Pardo Leal*, Unión Europea Aranzadi 2006, 10 f.

521 Vgl. EuGH, Rs. C-463/01, Kommission/Deutschland, Slg. 2004, I-11705 Rn. 79 f.; Rs. C-309/02, Radlberger und Spitz, Slg. 2004, I-11763 Rn. 80 f.; GA *Kokott*, SchlA Rs. C-142/05, Mickelsson und Roos, Slg. 2009, I-4273 Rn. 86.

522 EuGH, Rs. C-112/00, Schmidberger, Slg. 2003, I-5659 Rn. 87.

523 EuGH, Rs. C-320/03, Sektorales Fahrverbot I, Slg. 2005, I-9871 Rn. 90. Ebenso GA *Geelhoed*, SchlA Rs. C-320/03, Sektorales Fahrverbot I, Slg. 2005, I-9871, der in Rn. 115 f. ausführt: „Eine solche Maßnahme, mit der eine strukturelle Umstellung der Beförderung bestimmter Waren erreicht werden soll, kann nur schrittweise eingeführt werden. Es bedarf einer hinreichend langen Übergangszeit, nicht nur, um es den Wirtschaftsteilnehmern zu ermöglichen, sich anzupassen, sondern auch, um sicherzustellen, dass die vorhandene Infrastruktur die erhöhte Nachfrage aufnehmen kann. Eine solche Übergangszeit kann Jahre dauern. Die von den österreichischen Behörden für die Einführung des sektoralen Fahrverbots vorgesehene Frist von zwei Monaten ist eindeutig zu kurz und somit unverhältnismäßig." Vgl. auch die in Fn. 520 angeführte Literatur.

„Außerdem war ein Übergangszeitraum von nur zwei Monaten zwischen der Erlassung der streitigen Verordnung und dem von den österreichischen Behörden für die Vollziehung des sektoralen Fahrverbots vorgesehenen Zeitpunkt offensichtlich unzureichend, um es den betroffenen Wirtschaftsteilnehmern in zumutbarer Weise zu ermöglichen, sich den neuen Gegebenheiten anzupassen […].“

Auch das zweite sektorale Fahrverbot erachtet der Gerichtshof nicht als gelindestes Mittel zur Zielerreichung.[524] Die Ungeeignetheit der beiden wichtigsten von der Kommission angeführten Alternativmaßnahmen, eine Ausweitung der emissionsabhängigen Fahrverbote sowie die Ersetzung der variablen durch eine ständige Geschwindigkeitsbegrenzung[525], sei nicht erwiesen[526], wie er in der Rechtssache *Sektorales Fahrverbot II* ausführt[527]:

„[D]ie österreichischen Behörden [hatten] vor Erlass einer so radikalen Maßnahme wie der eines völligen Fahrverbots auf einem Autobahnabschnitt […] sorgfältig zu prüfen, ob nicht auf Maßnahmen zurückgegriffen werden könnte, die den freien Verkehr weniger beschränken, und durften solche nur ausschließen, wenn ihre Ungeeignetheit im Hinblick auf den verfolgten Zweck eindeutig feststand.“

---

[524] Dabei hatte Österreich versucht, den Kritikpunkten des EuGH aus der Rechtssache *Sektorales Fahrverbot I* Rechnung zu tragen, vgl. *Sibony/Lieven*, JDT-DE 2012, 81; *Wasserer*, JRP 2009, 124 f. Indirekt wird dies vom EuGH in der Rechtssache *Sektorales Fahrverbot II* auch honoriert, indem er auf die weiteren von der Kommission vorgeschlagenen Alternativmaßnahmen (Fn. 525) nicht eingeht, vgl. *Ehlotzky*, RdU-U&T 2012, 6. Zur Einbindung des Fahrverbotes in einen „Plan“ im Sinne der Luftqualitätsrichtlinie (Fn. 256) vgl. *Ehlotzky*, Eine (rein) österreichische Angelegenheit? in Epiney/Heuck (Hrsg.), Der alpenquerende Gütertransport (2012), 59 f.

[525] Darüber hinaus nennt die Kommission verkehrsleitende Maßnahmen, wie Tropfenzählersysteme und an den Schadstoffausstoß gekoppelte Mautsysteme, sowie die Anpassung der Mineralölsteuer oder der Normverbrauchsabgabe, um den Kauf benzinbetriebener Kraftfahrzeuge zu fördern, vgl. EuGH, Rs. C-28/09, Sektorales Fahrverbot II, Slg. 2011, I-13525 Rn. 70. In Rn. 100 f. erwidert Österreich, es habe die Auswirkungen dieser Maßnahmen auf die Luftverschmutzung geprüft. Diese „seien zum Teil wegen ihrer Nachteile verworfen worden und befänden sich zum anderen Teil in der Umsetzung. […] Zudem stelle die Kommission Maßnahmen als Alternativmaßnahmen für das sektorale Fahrverbot dar, die lediglich auf lange Sicht Wirkung zeigten, wie etwa die ökonomischen Maßnahmen zur Reduzierung des Anteils der mit einem Dieselmotor betriebenen Personenkraftwagen. Derartige Maßnahmen seien jedenfalls bereits erlassen worden.“; vgl. auch GA *Trstenjak*, SchlA Rs. C-28/09, Sektorales Fahrverbot II, Slg. 2011, I-13525 Rn. 109, nach welcher Österreich den Alternativvorschlägen der Kommission „substantiiert entgegen“ tritt.

[526] EuGH, Rs. C-28/09, Sektorales Fahrverbot II, Slg. 2011, I-13525 Rn. 150. Vgl. auch die Kritik in Fn. 517 und 611.

[527] EuGH, Rs. C-28/09, Sektorales Fahrverbot II, Slg. 2011, I-13525 Rn. 140. Vgl. auch EuGH, Rs. C-320/03, Sektorales Fahrverbot I, Slg. 2005, I-9871 Rn. 87. Zu sektoralen Fahrverboten als *ultima ratio* vgl. unten *Teil E I 1 c) cc)*.

c) Angemessenheit

Im Rahmen der Prüfung der Erforderlichkeit nimmt der EuGH eine Interessenabwägung zwischen der Verwirklichung des Binnenmarktes und dem Schutz der berechtigten Interessen der Mitgliedstaaten vor. Dabei berücksichtigt er zum einen den abstrakten Wert der berührten Rechtsgüter, zum anderen die Vor- und Nachteile der zu beurteilenden Maßnahme.[528] Im Fall des Verkehrsprotokolls geht es somit um die Frage, inwieweit eine Einschränkung der Grundfreiheiten gegenüber der Gewährleistung des Umwelt- und Gesundheitsschutzes angemessen ist.[529] Hierbei ist auch der Stellenwert der maßgebenden Prinzipien des Umweltrechts zu berücksichtigen. Welchen Maßstab der EuGH bei der Beurteilung anlegt, hängt wesentlich von den Umständen des Einzelfalles ab. So ist er in Hinblick auf das ranghöchste Rechtsgut des Gesundheitsschutzes tendenziell großzügig.[530] In Bezug auf Maßnahmen, die Hauptverkehrsverbindungen mit essenzieller Bedeutung für den Binnenmarkt betreffen, fällt seine Beurteilung hingegen streng aus. In der Rechtssache *Schmidberger* betont er[531]:

> „Zudem kommt dieser Verpflichtung der Mitgliedstaaten besondere Bedeutung zu, wenn es um eine wichtige Straßenverbindung wie die Brenner-Autobahn geht, die eine der Hauptrouten des Überland-Handelsverkehrs zwischen Nordeuropa und Norditalien ist."

d) Zwischenergebnis

Beim Erlass beschränkender Maßnahmen auf Grundlage des Verkehrsprotokolls ist große Sorgfalt auf deren verhältnismäßige Ausgestaltung zu legen. Zumeist wird dabei mehr als eine Kombination von Maßnahmen denkbar sein,

---

528 EuGH, verb. Rs. C-1/90 und C-176/90, Aragonesa de Publicidad, Slg. 1991, I-4151 Rn. 17 f.; Rs. C-169/91, B & Q, Slg. 1992, I-6635 Rn. 15; Rs. C-470/93, Mars, Slg. 1995, I-1923 Rn. 15; GA *Bot*, SchlA Rs. C-110/05, Kommission/Italien, Slg. 2009, I-519 Rn. 101; vgl. auch *Becker* in Schwarze (Hrsg.), EU-Kommentar (2012), Art. 36 AEUV Rn. 74 f.; *Schroeder* in Streinz (Hrsg.), EUV/AEUV (2012), Art. 36 AEUV Rn. 56.

529 Vgl. zum Umweltschutz EuGH, Rs. 302/86, Dänische Pfandflaschen, Slg. 1988, 4607 Rn. 6 ff.; Rs. C-309/02, Radlberger und Spitz, Slg. 2004, I-11763 Rn. 79 ff. Zum Gesundheitsschutz EuGH, Rs. 104/75, de Peijper, Slg. 1976, 613 Rn. 14/18; Rs. 97/83, Melkunie, Slg. 1984, 2367 Rn. 18; Rs. C-254/05, Kommission/Belgien, Slg. 2007, I-4269 Rn. 35. Zur Abwägung der Warenverkehrsfreiheit mit Erwägungen des Umweltschutzes vgl. *Becker*, Gestaltungsspielraum der EG-Mitgliedstaaten (1991), 90 f.

530 Vgl. oben *Teil D III 1 b) bb)* und Fn. 467.

531 EuGH, Rs. C-112/00, Schmidberger, Slg. 2003, I-5659 Rn. 63; ähnlich Rs. C-320/03, Sektorales Fahrverbot I, Slg. 2005, I-9871 Rn. 66 und 87; Rs. C-28/09, Sektorales Fahrverbot II, Slg. 2011, I-13525 Rn. 116; GA *Saggio*, SchlA Rs. C-205/98, Brennermaut, Slg. 2000, I-7367 Rn. 5, der die Brennerautobahn als „sensibelste Strecke eines Autobahnkomplexes mit [unions]weiter Bedeutung" bezeichnet.

die in einer bestimmten Situation verhältnismäßig ist.[532] Nur wenn eine Regelung zur Umsetzung der Zielsetzungen des Verkehrsprotokolls geeignet, erforderlich und angemessen ist, um einen entsprechenden Umwelt- und Gesundheitsschutz zu gewährleisten, ist davon auszugehen, dass sie der EuGH für gerechtfertigt halten wird.

---

532 Vgl. in diesem Sinne GA *Geelhoed*, der in seinen Schlussanträgen in der Rechtssache *Sektorales Fahrverbot I* betont: „Man sollte daher Zurückhaltung üben bei der Feststellung, dass ‚andere' Maßnahmen ‚wirksamer', ‚verhältnismäßiger' oder ‚weniger einschneidend' wären. Auch wenn dies durchaus der Fall sein kann, wenn sie im Licht eines bestimmten Interesses geprüft werden, so mag es doch anders sein, wenn sie im Hinblick auf andere Interessen betrachtet werden.", GA *Geelhoed*, SchlA Rs. C-320/03, Sektorales Fahrverbot I, Slg. 2005, I-9871 Rn. 66 und 111. Kritisch auch *Sibony/Lieven*, JDT-DE 2012, 81 f.

E. Analyse zentraler Normen des Verkehrsprotokolls

Aufbauend auf den in den vorstehenden Kapiteln erarbeiteten Grundlagen des Verkehrsprotokolls und der Wirkung des Protokolls in der Unionsrechtsordnung einerseits, sowie der in Hinblick auf den Verkehrsbereich relevanten Dogmatik der Grundfreiheiten andererseits, wird in diesem Teil der vorliegenden Arbeit untersucht, inwiefern die zentralen Bestimmungen des Verkehrsprotokolls selbst und die Durchführungsmaßnahmen, welche die Vertragsparteien auf ihrer Grundlage erlassen können, den Grundfreiheiten entsprechen oder widersprechen. Analysiert und bewertet werden hierbei jene Artikel des Verkehrsprotokolls, die präzise genug gefasst und in Hinblick auf den Binnenmarkt von Relevanz sind. Es sind dies die im Protokolltext als „Technische Maßnahmen" bezeichneten Normen hinsichtlich des Eisenbahn- und Schiffsverkehrs (Art. 10 VerkP), des Straßenverkehrs (Art. 11 VerkP), des Luftverkehrs (Art. 12 VerkP), der touristischen Anlagen (Art. 13 VerkP) und der Kostenwahrheit (Art. 14 VerkP).[533] Ob im Einzelfall eine Durchführungsmaßnahme eine Beschränkung oder gar eine Diskriminierung darstellt, hängt von ihrer konkreten Ausgestaltung ab. In der Praxis ist daher jede Maßnahme für sich genommen zu prüfen.

I. Art. 10 VerkP: Eisenbahn- und Schiffsverkehr

Vor dem Hintergrund einer Förderung umweltschonender Verkehrsträger sieht Art. 10 Abs. 1 VerkP einen umfangreichen Aufgabenkatalog vor, auf dessen Grundlage die Mitgliedstaaten Maßnahmen zur besseren Nutzung der Eisenbahn für die Bewältigung des Verkehrs über lange Distanzen sowie für die wirtschaftliche und touristische Erschließung der Alpenregion ergreifen sollen. Hinsichtlich der Schifffahrt fordert Art. 10 Abs. 2 VerkP die Vertragsparteien hingegen lediglich auf, zur Verringerung des Anteils des Transitgüterverkehrs auf dem Landwege ihre Kapazitäten vermehrt zu nutzen. Der Schiffsverkehr wird in der vorliegenden Arbeit nicht weiter vertieft. Die wesentlichen Grundzüge der im Folgenden behandelten Maßnahmen zur Verkehrsverlagerung auf die Eisenbahn dürften sich aber auf die Schifffahrt übertragen lassen.[534]

---

533 Zu Struktur und Aufbau des Verkehrsprotokolls vgl. oben *Teil B III 1.*

534 Vgl. auch Erwägungsgrund 10 VerkP, der sich auf Bahn und Schifffahrt bezieht: „im Bewusstsein, dass einerseits das heutige Potential der Verkehrsträger teilweise nur ungenügend ausgenutzt und andererseits der Bedeutung der Infrastrukturen für umweltfreund-

Art. 10 Abs. 1 VerkP nennt zunächst einige Zielsetzungen für den Eisenbahnverkehr, die durchwegs jenen der EU im Rahmen der transeuropäischen Netze entsprechen[535]:

- die Verbesserung der Bahninfrastrukturen durch den Bau und die Entwicklung großer alpenquerender Achsen einschließlich der Anschlüsse und angepasster Terminals (lit. a),
- die weitere betriebliche Optimierung sowie Modernisierung der Eisenbahn, insbesondere im grenzüberschreitenden Verkehr (lit. b),
- intermodale Transportsysteme sowie die Weiterentwicklung der Eisenbahn (lit. d),
- die verstärkte Nutzung der Eisenbahn und die Schaffung kundenfreundlicher Synergien zwischen dem Personenfern- und dem Regional- sowie Ortsverkehr (lit. e).

Darüber hinaus fordert Art. 10 Abs. 1 lit. c VerkP Maßnahmen mit dem Ziel, insbesondere den Gütertransport über längere Distanzen auf die Eisenbahn zu verlagern und die Tarifierung der Verkehrsinfrastrukturen stärker zu

lichere Transportsysteme wie Bahn, Schifffahrt und kombinierte Systeme sowie der transnationalen Kompatibilität und Operabilität der verschiedenen Verkehrsmittel nur ungenügend Rechnung getragen wird, und es daher erforderlich ist, diese Transportsysteme durch eine wesentliche Verstärkung der Netze innerhalb und außerhalb der Alpen zu optimieren;".

[535] Auch der Wortlaut des Art. 10 Abs. 1 VerkP betont den grenzüberschreitenden und damit „transeuropäischen" Aspekt des Eisenbahnverkehrs: „alpenquerende Achsen", „insbesondere im grenzüberschreitenden Verkehr", „über längere Distanzen", „Personenfernverkehr". In ihrem im März 2011 präsentierten Weißbuch propagiert die Europäische Kommission einen „einheitlichen europäischen Eisenbahnverkehrsraum" und führt aus: „Die Herausforderung besteht darin, einen strukturellen Wandel herbeizuführen, um es der Eisenbahn zu ermöglichen, wirksam im Wettbewerb zu bestehen und beim Güterverkehr (und auch beim Personenverkehr [...]) über mittlere und große Entfernungen einen wesentlich größeren Anteil zu erzielen.", KOM(2011) 144 endg., 8 und 12. Auch im zehn Jahre zuvor erarbeiteten Weißbuch stellt die Wiederbelebung des Schienenverkehrs einen Schwerpunkt der Verkehrspolitik dar, KOM(2001) 370 endg. vom 12.9.2001, 28 ff. Allgemein zu Art. 10 VerkP vgl. *Heuck*, Infrastrukturmaßnahmen (2013), 194 f.; zum Weißbuch aus 2011 *Kahl A./Müller T.*, Verkehrspolitik, in Eilmansberger/Herzig (Hrsg.), Jahrbuch Europarecht (2010), 430 f.; zu Art. 10 VerkP und dem Weißbuch aus 2001 *Schroeder/Weber K.*, Studie (2008), Rn. 371 ff.; *Mückenhausen* in Frohnmeyer/Mückenhausen (Hrsg.), EG-Verkehrsrecht (2003), 1. Rn. 56 ff.; eine Übersicht über die maßgeblichen EU-Dokumente bieten *Kerschner/Wagner*, Überblick über europarechtliche Vorgaben, in Kerschner (Hrsg.), Österreichisches und Europäisches Verkehrsrecht (2001), 48 ff.; *Wagner*, Verkehrsverlagerung, in Kerschner (Hrsg.), Österreichisches und Europäisches Verkehrsrecht (2001), 314 ff.; zur Verlagerungspolitik im Personen- und Güterverkehr *Schäfer*, Umweltverträgliche Verkehrspolitik (2000), 209 ff. Zu den transeuropäischen Netzen vgl. oben *Teil C III 2 c)*, zu den Weißbüchern vgl. auch Fn. 203.

harmonisieren. Diese Bestimmung bedarf nachfolgend einer näheren Betrachtung.

1. Maßnahmen zur Verkehrsverlagerung auf die Schiene

Die verstärkte Verlagerung des Verkehrs auf die Eisenbahn stellt ein grundlegendes, in Art. 1 Abs. 1 lit. a VerkP normiertes Ziel des Verkehrsprotokolls dar, welches dem Grundsatz der freien Wahl des Verkehrsträgers entgegenläuft. Da dieser Grundsatz aber keine Primärrechtsqualität besitzt[536], führt dies zu keiner relevanten Kollision zwischen Verkehrsprotokoll und Unionsrecht. Auch die allgemeine verkehrspolitische Strategie in Art. 7 VerkP umfasst gemäß ihrem Abs. 1 lit. c die Ergreifung raumordnerischer und struktureller Maßnahmen, die eine Verlagerung der Transportleistungen im Personen- und Güterverkehr auf das jeweils umweltverträglichere Verkehrsmittel begünstigen.

In der Praxis lässt sich das Ziel einer Verlagerung des Verkehrs von der Straße auf die Eisenbahn nicht leicht verwirklichen. Im Rahmen dieses Kapitels werden nun einige denkbare Maßnahmentypen zur Verkehrsverlagerung, die auf Grundlage von Art. 10 Abs. 1 lit. c VerkP erlassen werden können, systematisiert und auf ihre Vereinbarkeit mit den Grundfreiheiten geprüft. Diese wurden zum Teil auch von der Europäischen Kommission in den Rechtssachen *Sektorales Fahrverbot I* und *II* vorgebracht.[537] Geschwindigkeitsbegrenzungen und Straßenverkehrsabgaben bewirken dabei eine Verkehrsverlagerung auf eine subtilere, aber auch weniger effiziente Weise als explizite Fahrverbote.

Der zulässige Spielraum der Vertragsparteien bei der Einführung von Abgabensystemen und bei der in Art. 10 Abs. 1 lit. c VerkP geforderten Tarifharmonisierung wird in der vorliegenden Arbeit im Zusammenhang mit Art. 14 VerkP in *Teil E V* erörtert. Im Übrigen bewirken auch Maßnahmen der Mitgliedstaaten auf Grundlage der Art. 9 VerkP (Förderung umweltgerechter öffentlicher Verkehrssysteme) und Art. 13 VerkP (Förderung von verkehrsberuhigtem und verkehrsfreiem Tourismus) eine Verkehrsverlagerung, insbesondere im Personen-

---

536 Vgl. hierzu oben *Teil C III 2 b)*.

537 Vgl. EuGH, Rs. C-320/03, Sektorales Fahrverbot I, Slg. 2005, I-9871 Rn. 46; GA *Geelhoed*, SchlA Rs. C-320/03, Sektorales Fahrverbot I, Slg. 2005, I-9871 Rn. 45; EuGH, Rs. C-320/03 R, Sektorales Fahrverbot I, Slg. 2004, I-3593 Rn. 23. In der Rechtssache *Sektorales Fahrverbot II* fordert die Kommission insbesondere ständige Geschwindigkeitsbegrenzungen, emissionsabhängige Fahrverbote, mautspezifische Maßnahmen und andere ökonomische Lenkungsmittel, vgl. EuGH, Rs. C-28/09, Sektorales Fahrverbot II, Slg. 2011, I-13525 Rn. 66 ff.; GA *Trstenjak*, SchlA Rs. C-28/09, Sektorales Fahrverbot II, Slg. 2011, I-13525 Rn. 36 und 109. Zu den geforderten Maßnahmen vgl. auch oben *Teil D III 2 b)* und Fn. 525.

verkehr. Selbst Art. 11 VerkP (keine bzw. eingeschränkte Verwirklichung hochrangiger Straßenprojekte) kann in diesem Sinne interpretiert werden.

a) Allgemeiner Rahmen

aa) Primärrecht

Soweit die hier erörterten Maßnahmentypen nicht anhand von Sekundärrechtsakten zu beurteilen sind, ist ihnen gemeinsam, dass sie Beschränkungen der Warenverkehrs- und der Dienstleistungsfreiheit im Sinne von *Dassonville* bzw. *Kraus* darstellen. Die betroffenen Wirtschaftsteilnehmer werden in ihrer Handlungsfreiheit beschränkt und allenfalls zu Umstrukturierungsmaßnahmen veranlasst. In erster Linie wird das Transportgewerbe berührt, aber auch Hersteller und Abnehmer betroffener Waren haben letztlich höhere Transportkosten zu tragen.[538] Gleichzeitig regeln die Maßnahmen die Art und Weise des Warentransports bzw. der Dienstleistungserbringung und stellen daher, will man die *Keck*-Logik auf den Verkehrsbereich übertragen, prinzipiell Verkaufsmodalitäten bzw. Ausübungsmodalitäten dar. Wird indes die Nutzung eines Kraftfahrzeugtyps beschränkt, verstößt dies gegen Art. 34 AEUV.[539] Obwohl Art. 10 Abs. 1 lit. c VerkP durch die Hervorhebung des Schienengütertransportes über längere Distanzen gewissermaßen eine mittelbare Diskriminierung nahe legt, ist schließlich besonderes Augenmerk auf eine nichtdiskriminierende Ausgestaltung der Maßnahmen zu legen. Die Zulässigkeit einer Sonderbehandlung des regionalen Verkehrs wird in diesem Abschnitt der vorliegenden Arbeit gesondert in *Teil E I 2* behandelt.

Neben den Grundfreiheiten haben die Mitgliedstaaten beim Erlass von Maßnahmen auf Grundlage von Art. 10 Abs. 1 lit. c VerkP auch weitere primärrechtliche Prinzipien zu beachten. Im Sinne des allgemeinen Gleichheitssatzes, der im Unionsrecht als allgemeiner Rechtsgrundsatz gilt[540], sind Maßnahmen nicht auf den schweren Güterkraftverkehr zu begrenzen, sondern haben auch

---

[538] Vgl. GA *Geelhoed*, SchlA Rs. C-320/03, Sektorales Fahrverbot I, Slg. 2005, I-9871 Rn. 39, 68 und 87; EuGH, Rs. C-320/03 R, Sektorales Fahrverbot I, Slg. 2003, I-11665 Rn. 99 ff.

[539] Hierzu oben *Teil D II 2.*

[540] Vgl. EuGH, Rs. C-279/93, Schumacker, Slg. 1995, I-225 Rn. 30; Rs. C-15/95, Earl de Kerlast, Slg. 1997, I-1961, Rn. 35; Rs. C-205/98, Brennermaut, Slg. 2000, I-7367 Rn. 70; GA *Geelhoed*, SchlA Rs. C-320/03, Sektorales Fahrverbot I, Slg. 2005, I-9871 Rn. 90; zum allgemeinen Gleichheitsgrundsatz des Unionsrechts *Holoubek* in Schwarze (Hrsg.), EU-Kommentar (2012), Art. 18 AEUV Rn. 5; *Epiney* in Calliess/Ruffert (Hrsg.), EUV/AEUV (2011), Art. 18 AEUV Rn. 8; *Schweitzer/Hummer/Obwexer*, Europarecht (2007), Rn. 1302.

leichte Lastkraftwagen und Personenkraftwagen entsprechend einzubeziehen.[541] Außerdem sind nach dem in Art. 191 Abs. 2 AEUV kodifizierten und auch dem Verkehrsprotokoll zugrunde liegenden Verursacherprinzip die externen Kosten des Verkehrs möglichst ihren Verursachern anzulasten.[542]

bb) Sekundärrecht

Bietet das Unionsrecht entsprechende Sekundärrechtsakte, ist es für die Mitgliedstaaten nicht nur zielführend, sondern teilweise auch obligatorisch, beim Erlass von Maßnahmen auf diese zurückzugreifen. So ist der Spielraum der Mitgliedstaaten bei der Gebührenerhebung im Straßengüterverkehr durch die Wegekostenrichtlinie stark begrenzt.[543]

Die Luftqualitätsrichtlinie wiederum verpflichtet die Mitgliedstaaten, bei Überschreitung gewisser Luftschadstoffgrenzwerte entsprechende Maßnahmen zu ergreifen.[544] Inhaltlich werden diese nicht näher konkretisiert und die Mitgliedstaaten verfügen über ein weites Ermessen. Die Maßnahmen müssen aber Teil eines Luftqualitätsplans im Sinne von Art. 23 und 24 der Richtlinie sein.[545] In der Rechtssache *Janecek* konstatiert der EuGH, aus dem Aufbau der damaligen Luftqualitätsrahmenrichtlinie ergebe sich,

> „dass die Mitgliedstaaten Maßnahmen zu ergreifen haben, die geeignet sind, die Gefahr einer Überschreitung und ihre Dauer unter Berücksichtigung aller zur gegebenen Zeit vorliegenden Umstände und der betroffenen Interessen auf ein Minimum zu reduzieren. Unter diesem Aspekt ist darauf hinzuweisen, dass die Mitgliedstaaten somit zwar über einen Ermessensspielraum verfügen, dass [die Richtlinie] aber der Ausübung dieses Ermessens […] Grenzen setzt, […].“[546]

---

[541] Vgl. *Obwexer*, Regelung des Transitverkehrs, in Hummer/Obwexer (Hrsg.), 10 Jahre EU-Mitgliedschaft Österreichs (2006), 353 und 359. Zur Geltung des Gleichheitssatzes in Hinblick auf Umweltschutzmaßnahmen vgl. *Kahl W.* in Streinz (Hrsg.), EUV/AEUV (2012), Art. 191 AEUV Rn. 101 und 110.

[542] Zum Verursacherprinzip vgl. oben *Teil B III 2 b) bb)*, *Teil C III 2 d)* und unten *Teil E V*.

[543] Zur Wegekostenrichtlinie vgl. unten *Teil E V 2* und Fn. 913.

[544] Zur Luftqualitätsrichtlinie vgl. oben *Teil C III 2 d)* und Fn. 256.

[545] In seinem Urteil in der Rechtssache *Sektorales Fahrverbot II* führt der EuGH dahingehend aus, ein solcher Luftqualitätsplan umfasse „Angaben wie Informationen zum Ort des Überschreitens, zu den wichtigsten Emissionsquellen […] sowie zu den getroffenen und den geplanten Maßnahmen. Die […] Richtlinie enthält dagegen keine genauen Angaben zur Tragweite und zum Inhalt der von den Mitgliedstaaten zu ergreifenden Maßnahmen.“, vgl. EuGH, Rs. C-28/09, Sektorales Fahrverbot II, Slg. 2011, I-13525 Rn. 110. Ebenso Rs. C-320/03, Sektorales Fahrverbot I, Slg. 2005, I-9871 Rn. 81.

[546] EuGH, Rs. C-237/07, Janecek, Slg. 2008, I-6221 Rn. 45 f.; vgl. auch *Obwexer*, Unionsrechtliche Rahmenbedingungen, in Gamper/Ranacher (Hrsg.), Rechtsfragen des grenzüberschreitenden Verkehrs (2012), 85.

Außerdem sind die getroffenen Maßnahmen anhand des Primärrechts, d.h. insbesondere anhand der Grundfreiheiten, zu prüfen.[547] Das Ziel der Richtlinie gibt hierbei den Rechtfertigungsgrund für eine Beschränkung der Grundfreiheiten vor.[548] Sieht das nationale Recht der Mitgliedstaaten, im Einklang mit Art. 193 AEUV, strengere Grenzwerte vor und werden diese überschritten, nicht aber jene der Luftqualitätsrichtlinie, so hat der betreffende Mitgliedstaat bei einem Verstoß gegen die Grundfreiheiten einen autonomen Rechtfertigungsgrund nachzuweisen. Dabei kommen im Besonderen der Schutz der Luftqualität und im Allgemeinen der Umwelt- und Gesundheitsschutz in Betracht.[549]

Hinzuweisen ist schließlich auch auf Entscheidung Nr. 357/2009/EG, die in Hinblick auf verkehrsbezogene Maßnahmen, die „geeignet sind, die Verwirklichung der gemeinsamen Verkehrspolitik wesentlich zu berühren", eine obligatorische Unterrichtung der Kommission und der übrigen Mitgliedstaaten bzw. eine allfällige gemeinsame Beratung vorsieht.[550] Offen bleibt allerdings, unter welchen Gegebenheiten eine Vorschrift im Sinne von Art. 1 dieser Entscheidung geeignet ist, die Verwirklichung der gemeinsamen Verkehrspolitik wesentlich zu berühren.

b) Geschwindigkeitsbegrenzungen

Zumal nicht nur die Europäische Kommission, sondern auch der Gerichtshof Geschwindigkeitsbegrenzungen – die hier als erster möglicher Maßnahmentypus auf ihre Vereinbarkeit mit den Grundfreiheiten geprüft werden – gutheißen und fordern, sind diese in der Regel weniger problematisch.[551] Es bietet sich

---

547 Vgl. EuGH, Rs. C-28/09, Sektorales Fahrverbot II, Slg. 2011, I-13525 Rn. 110 ff.; GA *Trstenjak*, SchlA Rs. C-28/09, Sektorales Fahrverbot II, Slg. 2011, I-13525 Rn. 55 ff.

548 *Obwexer*, Regelung des Transitverkehrs, in Hummer/Obwexer (Hrsg.), 10 Jahre EU-Mitgliedschaft Österreichs (2006), 355 f.

549 GA *Geelhoed*, SchlA Rs. C-320/03, Sektorales Fahrverbot I, Slg. 2005, I-9871 Rn. 85 und 98. Vgl. auch EuGH, Rs. 216/84, Kommission/Frankreich, Slg. 1988, 793 Rn. 6; Rs. C-11/92, Gallaher, Slg. 1993, I-3545 Rn. 14; *Obwexer*, Regelung des Transitverkehrs, in Hummer/Obwexer (Hrsg.), 10 Jahre EU-Mitgliedschaft Österreichs (2006), 358 und 373 f.; *Obwexer*, ZVR 2006, 212. Allgemein *Becker* in Schwarze (Hrsg.), EU-Kommentar (2012), Art. 36 AEUV Rn. 87; *Schroeder* in Streinz (Hrsg.), EUV/AEUV (2012), Art. 36 AEUV Rn. 7.

550 Entscheidung Nr. 357/2009/EG vom 22.4.2009 über ein Verfahren zur vorherigen Prüfung und Beratung künftiger Rechts- und Verwaltungsvorschriften der Mitgliedstaaten auf dem Gebiet des Verkehrs, ABl. 2009, Nr. L 109/37. Zur Vorgängerentscheidung (ABl. 1962, Nr. 23/720) vgl. *Obwexer*, ZVR 2006, 220. Vgl. auch GA *Geelhoed*, SchlA Rs. C-320/03, Sektorales Fahrverbot I, Slg. 2005, I-9871 Rn. 114.

551 In der Rechtssache *Sektorales Fahrverbot II* fordert der EuGH eine ständige Geschwindigkeitsbegrenzung, vgl. oben *Teil D III 2 b)* und unten *Teil E I 1 c) cc) (2)*. Vgl. auch Fn. 537.

an, Geschwindigkeitsbegrenzungen für den Personen- und den Güterkraftverkehr auf Grundlage der Luftqualitätsrichtlinie als Teil eines Luftqualitätsplans zu erlassen. Sie können jedoch auch unabhängig davon angeordnet werden. Beurteilt man sie nach primärrechtlichen Gesichtspunkten, ist in erster Linie die Dienstleistungsfreiheit, aber auch die Warenverkehrsfreiheit zu prüfen. Geschwindigkeitsbegrenzungen machen die Ausübung der Dienstleistungsfreiheit weniger attraktiv bzw. stellen zumindest ein potenzielles Hindernis für die Ein-, Aus- und Durchfuhr von Waren in der EU dar. Sie fallen daher unter den weiten Beschränkungsbegriff im Sinne von *Kraus* bzw. *Dassonville*.[552] In der Regel sind sie nichtdiskriminierend ausgestaltet.

Geschwindigkeitsbegrenzungen knüpfen nicht direkt an die transportierten Waren an und sind daher Verkaufsmodalitäten im Sinne der *Keck*-Logik. Dabei ist davon auszugehen, dass alle Voraussetzungen der *Keck*-Formel erfüllt sind, d.h. insbesondere der Absatz inländischer und ausländischer Erzeugnisse durch Geschwindigkeitsbegrenzungen in der gleichen Weise berührt wird. Folglich fallen diese nicht unter den Tatbestand des Art. 34 AEUV.[553] Ebenso wenig wird – bezugnehmend auf die Judikatur des Gerichtshofes zu Nutzungsmodalitäten – das Verbraucherverhalten durch eine Geschwindigkeitsbegrenzung in einer Weise beschränkt, dass ein Marktzugangshindernis anzunehmen wäre.[554] Diese Argumentation lässt sich auch auf die Dienstleistungsfreiheit übertragen. Geschwindigkeitsbegrenzungen haben lediglich Auswirkungen auf die Ausübung einer Tätigkeit, beschränken jedoch nicht den Zugang zum Dienstleistungsmarkt. Verneint man indes eine Übertragbarkeit von *Keck* auf die Dienstleistungsfreiheit, fallen Geschwindigkeitsbegrenzungen in den Tatbestand der Art. 56 f. AEUV, sind aber bei verhältnismäßiger Ausgestaltung aus Gründen des Umwelt- und Gesundheitsschutzes zu rechtfertigen.[555]

---

[552] Auch der EuGH scheint Geschwindigkeitsbegrenzungen grundsätzlich als Beschränkungen der Warenverkehrsfreiheit zu qualifizieren, vgl. EuGH, Rs. C-28/09, Sektorales Fahrverbot II, Slg. 2011, I-13525 Rn. 149. A.A. *Epiney/Heuck/Schleiss* in Dauses (Hrsg.), EU-Wirtschaftsrecht (2013), Rn. 176, wonach Geschwindigkeitsbegrenzungen bereits die *Dassonville*-Voraussetzungen nicht erfüllen. Vgl. auch Fn. 352.

[553] Vorausgesetzt die Geschwindigkeitsbegrenzungen sind verhältnismäßig ausgestaltet, vgl. *Schroeder* in Streinz (Hrsg.), EUV/AEUV (2012), Art. 34 AEUV Rn. 49. In diesem Sinne auch *Weber R.H.*, AJP 2008, 1216; *Epiney/Gruber*, Verkehrsrecht in der EU (2001), 82.

[554] Hierzu *Ehlotzky*, Verkaufsmodalitäten, in Leidenmühler/Eder/Leingartner/Winkler C. (Hrsg.), Grundfreiheiten (2012), 149. Für eine Qualifikation von Geschwindigkeitsbegrenzungen als Nutzungsmodalitäten GA *Kokott*, SchlA Rs. C-142/05, Mickelsson und Roos, Slg. 2009, I-4273 Rn. 45; dazu *Albin/Valentin*, EuZW 2009, 178. Vgl. auch oben *Teil D II 2 c) bb)*.

[555] Zu Geschwindigkeitsbegrenzungen vgl. *Schroeder*, Alpine traffic and International Law, in Quillacq/Onida (Hrsg.), Environmental Protection and Mountains (2011), 157 f.; zu

Das Nichtvorliegen eines Verstoßes lässt sich auch mit einer fehlenden Kausalitätsbeziehung begründen. Die beschränkende Wirkung von adäquaten Geschwindigkeitsbegrenzungen kann als zu ungewiss und zu indirekt eingestuft werden, um geeignet zu sein, den Handel zwischen den Mitgliedstaaten zu behindern. Relevant ist das Kausalitätskriterium insbesondere in Hinblick auf Unionsbürger, die, ohne eine wirtschaftliche Tätigkeit auszuüben, von ihrem in Art. 21 AEUV gewährleisteten Recht Gebrauch machen, sich im Hoheitsgebiet eines Mitgliedstaates frei zu bewegen und aufzuhalten. Sie werden dabei durch Geschwindigkeitsbegrenzungen nicht beschränkt.[556]

c) Fahrverbote

aa) Zeitliche Fahrverbote: Wochenend-, Feiertags- und Nachtfahrverbote

Insbesondere für den Güterkraftverkehr kommen zeitliche Fahrverbote in Betracht[557], die auch Beschränkungen im Sinne von *Dassonville* bzw. *Kraus* darstellen. Entscheidend ist zunächst, dass diese nichtdiskriminierend ausgestaltet sind, d.h. insbesondere keine Ausnahmeregelungen für den regionalen Verkehr vorsehen. In der Literatur wird vorgeschlagen, zeitliche Fahrverbote wie zeitliche Verkaufsverbote zu behandeln[558], denn in seiner Rechtsprechung qualifiziert der EuGH Ladenschlusszeiten sowie sonstige Regelungen über Arbeits-, Auslieferungs- oder Verkaufszeiten als Verkaufsmodalitäten bzw. Ausübungsmodalitäten, die nicht in den Verbotstatbestand der Grundfreiheiten fallen.[559] Es fragt sich nun, inwieweit sich dies auf zeitliche Fahrverbote übertragen lässt.

Grundsätzlich handelt es sich bei zeitlichen Fahrverboten um Verkaufsmodalitäten, wobei hier vorausgesetzt wird, dass sie für alle betroffenen Wirtschaftsteilnehmer gelten, die ihre Tätigkeit im Inland ausüben. Zweifelhaft ist jedoch, ob zeitliche Fahrverbote den Absatz inländischer Erzeugnisse und solcher aus

---

ihrer unionsrechtskonformen Ausgestaltung *Obwexer*, Regelung des Transitverkehrs, in Hummer/Obwexer (Hrsg.), 10 Jahre EU-Mitgliedschaft Österreichs (2006), 359 f. Zur Übertragung der *Keck*-Rechtsprechung auf den Verkehrsbereich vgl. oben *Teil D II 2 c) aa)* und zur Rechtfertigung *Teil D III.*

556 *Obwexer*, Grundfreiheit Freizügigkeit (2009), 170 f., 353 ff. zur Auslegung des Freizügigkeitsrechts als Beschränkungsverbot und 358 zum Kausalitätskriterium. Zu Letzterem vgl. oben *Teil D II 2*, Fn. 316 und 317.

557 Im Personenkraftverkehr, der im Sinne des Gleichheitssatzes nicht übermäßig belastet werden darf, sind bereits Geschwindigkeitsbegrenzungen sehr effektiv. Zum Gleichheitssatz vgl. oben *Teil E I 1 a) aa)*, Fn. 540 und 541.

558 Vgl. *Weber K.*, Transitverkehr in der Judikatur, in Roth G.H./Hilpold (Hrsg.), EuGH und die Souveränität der Mitgliedstaaten (2008), 425.

559 *Craig/de Búrca* bezeichnen derartige Regelungen als *statische* Verkaufsmodalitäten, vgl. *Craig/de Búrca*, EU Law (2011), 655 f. Vgl. auch oben *Teil D II 2 a)* und die Beispiele in Fn. 323.

anderen Mitgliedstaaten nicht nur rechtlich, sondern auch tatsächlich in der gleichen Weise berühren. Durch ein zeitliches Fahrverbot wird die Ein-, Aus- und Durchfuhr von Waren im betroffenen Zeitraum vollständig untersagt. In der Folge müssen diese zwischengelagert und Transporte und Lieferungen an die Fahrverbotszeiten angepasst werden. Die daraus entstehenden Mehrkosten werden auf die Produkte umgelegt und wirken sich auf deren Absatz aus. Da der Vertrieb inländischer Waren durch eigene Lagerungsmöglichkeiten und kürzere Lieferwege in der Regel flexibler ausgestaltet sein wird als jener ausländischer Erzeugnisse, ist davon auszugehen, dass einheimische Produkte mit geringeren Mehrkosten belastet werden als ausländische. Im Ergebnis wirken sich zeitliche Fahrverbote daher tatsächlich insbesondere auf Erzeugnisse aus anderen Mitgliedstaaten aus. Sie sind also nicht von der *Keck*-Ausnahme erfasst und fallen unter den Tatbestand des Art. 34 AEUV.[560] In Hinblick auf die Parallelität der Grundfreiheiten lässt sich diese Argumentation auch auf Fälle der Dienstleistungsfreiheit übertragen. Tatsächlich werden auch ausländischen Dienstleistungserbringern oder -nehmern durch zeitliche Fahrverbote Mehrkosten auferlegt, die inländische Wirtschaftstreibende nicht im gleichen Ausmaß zu tragen haben. Diese Mehrkosten werden sich im Preis der Dienstleistungen niederschlagen.[561]

In Bezug auf die Warenverkehrsfreiheit resultiert dieses Ergebnis *e contrario* auch aus der Rechtssache *Oebel*[562]. Darin stellt der EuGH hinsichtlich einer zeitlichen Beschränkung der Abgabe, des Austragens und Ausfahrens von Bäckerei- oder Konditoreiwaren darauf ab, dass die gegenständliche Regelung nur die Lieferung an Verbraucher und Einzelhandelsstellen verbot, nicht jedoch an

---

560 In diesem Sinne auch Generalanwalt *Jacobs* in der Rechtssache *Schmidberger*, der vom Erfordernis einer Rechtfertigung ausgeht und damit implizit eine Maßnahme gleicher Wirkung annimmt: „Bestimmte Beschränkungen, z.B. die verbreiteten Wochenend- und Nachtfahrverbote für LKWs, die in mehreren Mitgliedstaaten bestehen […], könnten aus Gründen des Umwelt- oder Gesundheitsschutzes gerechtfertigt sein.“, GA *Jacobs*, SchlA Rs. C-112/00, Schmidberger, Slg. 2003, I-5659 Rn. 87. Auch nach *Epiney/Heuck/Schleiss* fallen Nachtfahrverbote unter den Tatbestand des Art. 34 AEUV, vgl. (anders als in der Vorauflage) *Epiney/Heuck/Schleiss* in Dauses (Hrsg.), EU-Wirtschaftsrecht (2013), Rn. 177; vgl. auch *Ehlotzky*, Verkaufsmodalitäten, in Leidenmühler/Eder/Leingartner/Winkler C. (Hrsg.), Grundfreiheiten (2012), 143. A.A. hingegen *Weber R.H.*, AJP 2008, 1216; *Epiney/Gruber*, Verkehrsrecht in der EU (2001), 82, qualifizieren Nachtfahrverbote als Verkaufsmodalitäten, „da sie regelmäßig weder den Marktzugang der transportierten Produkte berühren noch spezifisch bestimmte Produkte betreffen bzw. an spezifische Produkteigenschaften anknüpften. Dies gilt auch, wenn solche Maßnahmen eine einfuhrbeschränkende Wirkung entfalten können.“ Vgl. auch Fn. 352.

561 Zum entscheidenden Kostenkriterium vgl. oben *Teil D II 2 a)* und zur Übertragung der *Keck*-Rechtsprechung auf den Verkehrsbereich *Teil D II 2 c) aa).*

562 EuGH, Rs. 155/80, Oebel, Slg. 1981, 1993.

Lager oder Zwischenhändler. Aus diesem Grund könne sie keine Beschränkung der Ein- oder Ausfuhr zwischen Mitgliedstaaten bewirken und der Handelsverkehr in der EU bliebe jederzeit möglich.[563] Im Umkehrschluss lässt sich aus diesem Urteil folgern, dass ein zeitliches Fahrverbot, das die Ein-, Aus- und Durchfuhr von Waren zu bestimmten Zeiten vollständig ausschließt, unter den Tatbestand des Art. 34 AEUV zu subsumieren ist. Die Rechtsprechung des EuGH zu Verkaufszeiten lässt sich somit nicht auf zeitliche Fahrverbote übertragen.[564]

Obwohl zeitliche Fahrverbote vom Tatbestand der Grundfreiheiten erfasst sind, kann davon ausgegangen werden, dass sie der EuGH aus Gründen des Schutzes der Umwelt, der Gesundheit und der Luftqualität für gerechtfertigt erachten wird.[565] In der Rechtssache *Schmidberger* stellt Generalanwalt *Jacobs* zudem in seinen Schlussanträgen fest[566]:

> „Es kann auch gesagt werden, dass die Wochenend-, Feiertags- und Nachtfahrverbote selbst voll und ganz den Verpflichtungen Österreichs – und der [EU] – aus der Alpenkonvention entsprechen."

Entscheidend ist jedenfalls eine verhältnismäßige Ausgestaltung. Zu denken wäre beispielsweise daran, Fahrverbote lediglich zu Spitzenverkehrszeiten zu verhängen oder die Möglichkeit vorzusehen, im Einzelfall Ausnahmebewilligungen zu erteilen.[567]

Bisher wurden zeitliche Fahrverbote nicht harmonisiert. Entsprechende Vorstöße der Europäischen Kommission scheiterten an divergierenden Bestrebungen der Mitgliedstaaten.[568] Inwieweit der EU nach dem Subsidiaritätsprinzip eine

---

[563] EuGH, Rs. 155/80, Oebel, Slg. 1981, 1993 Rn. 20. Das Urteil in der Rechtssache *Oebel* erging freilich zwölf Jahre vor dem Urteil *Keck und Mithouard.* Zu seiner Interpretation im Lichte der *Keck*-Rechtsprechung, wonach der Marktzugang für eingeführte Erzeugnisse in diesem Fall nicht versperrt werde, vgl. *Matthies*, Artikel 30 EG-Vertrag, in FS für Ulrich Everling I (1995), 811; zum Urteil *White*, CMLRev 1989, 250.

[564] *Ehlotzky*, Verkaufsmodalitäten, in Leidenmühler/Eder/Leingartner/Winkler C. (Hrsg.), Grundfreiheiten (2012), 143 f.

[565] In diesem Sinne GA *Jacobs*, SchlA Rs. C-112/00, Schmidberger, Slg. 2003, I-5659 Rn. 87. Vgl. Fn. 560.

[566] GA *Jacobs*, SchlA Rs. C-112/00, Schmidberger, Slg. 2003, I-5659 Rn. 108.

[567] Zur Verhältnismäßigkeit vgl. oben *Teil D III 2.*

[568] Vgl. Vorschlag für eine Richtlinie des Rates über ein transparentes System harmonisierter Bestimmungen über Fahrverbote für schwere Lastkraftwagen im grenzüberschreitenden Güterverkehr auf ausdrücklich bezeichneten Straßen, KOM(1998) 115 endg. vom 25.5. 1998; geändert durch KOM(2000) 759 endg. vom 22.11.2000, und KOM(2003) 473 endg. vom 1.8.2003. Dazu *Schäfer* in Streinz (Hrsg.), EUV/AEUV (2012), Art. 91 AEUV Rn. 25; *Wasserer*, JRP 2009, 122; *Weber K.*, Transitverkehr in der Judikatur, in Roth G.H./ Hilpold (Hrsg.), EuGH und die Souveränität der Mitgliedstaaten (2008), 423; *Thann*, ZVR 2004, 286.

entsprechende Kompetenz zukommt, ist fraglich.[569] Den Mitgliedstaaten bleibt jedenfalls die Möglichkeit, beim Erlass zeitlicher Fahrverbote auf die Luftqualitätspläne der Luftqualitätsrichtlinie zurückzugreifen.

bb) Emissionsabhängige Fahrverbote und Gewichtsbegrenzungen

Auch nichtdiskriminierend ausgestaltete Fahrverbote für emissionsintensive Fahrzeuge oder für Lastkraftwagen ab einem bestimmten Gesamtgewicht stellen Beschränkungen im Sinne von *Dassonville* und *Kraus* dar. Im Sinne der Rechtsprechung des EuGH in den Rechtssachen *Kommission/Italien* und *Mickelsson und Roos* stellt das Verbot der gesamten zweckgemäßen Nutzung gewisser Fahrzeugtypen eine Behinderung des Marktzugangs und damit eine Maßnahme gleicher Wirkung im Sinne von Art. 34 AEUV dar. Gleichzeitig beschränkt ein solches Fahrverbot den Zugang zum Dienstleistungsmarkt.[570]

Allerdings sind sowohl emissionsabhängige Fahrverbote als auch Gewichtsbegrenzungen einer Rechtfertigung aus Gründen des Umwelt- und Gesundheitsschutzes zugänglich. Sie belasten die Hauptverursacher von Luftverunreinigungen bzw. von Lärm und Erschütterung und entsprechen daher dem primärrechtlich verankerten Verursacherprinzip. Auch die EU fördert in ihren Sekundärrechtsakten emissionsarme Fahrzeuge, meist indem jene, die zu einem bestimmten Referenzzeitpunkt den aktuellen Standards nicht mehr entsprechen, nicht mehr zugelassen *(non-addition-rule)* und ihr Betrieb nach Ablauf einiger Zeit untersagt wird *(non-operation-rule)*.[571] So ist die Typengenehmigung von Kraftfahrzeugen hinsichtlich der Emissionen sowohl von schweren als auch von leichten Nutzfahrzeugen und Personenkraftwagen harmonisiert.[572]

---

[569] Vgl. *Stadler* in Schwarze (Hrsg.), EU-Kommentar (2012), Art. 91 AEUV Rn. 14. Zum Subsidiaritätsprinzip vgl. Fn. 194.

[570] So im Ergebnis auch *Epiney/Heuck/Schleiss* in Dauses (Hrsg.), EU-Wirtschaftsrecht (2013), Rn. 175, die Anforderungen technischer Art an Fahrzeuge zutreffend als produktbezogene Maßnahmen qualifizieren. Zur Rechtsprechung des EuGH zu Nutzungsmodalitäten vgl. oben *Teil D II 2 c) bb)*.

[571] Vgl. *Stadler* in Schwarze (Hrsg.), EU-Kommentar (2012), Art. 91 AEUV Rn. 28. *Epiney/Heuck/Schleiss* kritisieren, dass sich Grenzwertverschärfungen im Sinne der *non-addition-rule* zunächst bloß auf die Typengenehmigung bzw. Zulassung von Neufahrzeugen auswirken, vgl. *Epiney/Heuck/Schleiss* in Dauses (Hrsg.), EU-Wirtschaftsrecht (2013), Rn. 333 f. Ausführlich zu emissionsbezogenen Maßnahmen der EU *Krämer*, EU Environmental Law (2012), Rn. 8.14 ff.

[572] Vgl. insbesondere Verordnung (EG) Nr. 595/2009 vom 18.6.2009 über die Typgenehmigung von Kraftfahrzeugen und Motoren hinsichtlich der Emissionen von schweren Nutzfahrzeugen (Euro VI) und über den Zugang zu Fahrzeugreparatur- und -wartungsinformationen, ABl. 2009, Nr. L 188/1. Diese sieht die Erfüllung der EURO VI Standards seit Ende 2012 bzw. 2013 verpflichtend vor. Vgl. auch Verordnung (EG) Nr. 715/2007 vom

Um den Erfordernissen der Verhältnismäßigkeit Genüge zu tun, können emissionsabhängige Fahrverbote belastungsabhängig verhängt oder schrittweise für einzelne EURO-Klassen eingeführt werden. Ausnahmegenehmigungen und angemessene Übergangsfristen sind vorzusehen, um den Wirtschaftsteilnehmern die nötige Zeit zu geben, ihren Fuhrpark entsprechend aufzurüsten.[573] Im Übrigen können emissionsabhängige Fahrverbote auch im Rahmen eines Luftqualitätsplans erlassen werden.

Gegenüber sektoralen Fahrverboten scheint der EuGH emissionsabhängige Fahrverbote als gelindere Mittel einzustufen. So kritisiert er in der Rechtssache *Sektorales Fahrverbot II*, dass Österreich die von der Kommission als Alternative vorgeschlagene Ausweitung der bestehenden emissionsabhängigen Fahrverbote auf andere, fortschrittlichere Klassen nicht ergriffen hatte. Dem Einwand Österreichs, das tatsächliche Emissionsverhalten von Lastkraftwagen der *Euro-IV*-Klasse gegenüber jenem von Fahrzeugen der *Euro-III*-Klasse sei noch nicht dokumentiert[574], hält der Gerichtshof entgegen[575]:

> „Jedoch ist, angesichts der Tatsache, dass die verschiedenen aufeinanderfolgenden Euro-Klassen unbestreitbar eine jeweils wesentliche Verringerung der Stickstoffdioxidemissionen beinhalten, nicht nachgewiesen, dass die Ausweitung des Fahrverbots für Lastkraftwagen bestimmter Euro-Klassen auf solche anderer Klassen nicht ebenso wirksam zur Erreichung des angestrebten Ziels hätte beitragen können wie die Einführung des sektoralen Fahrverbots."

cc) Sektorale Fahrverbote

Sektorale Fahrverbote knüpfen direkt an einzelne Waren bzw. Warengruppen an und verbieten ihren Transport durch Lastkraftwagen auf der Straße. Sie können sowohl im Rahmen eines Luftqualitätsplans als auch unabhängig davon erlassen werden. Aus den Urteilen in den Rechtssachen *Sektorales Fahrverbot I* und *II* lässt sich schließen, dass ein Luftqualitätsplan in einem nationalen Umsetzungsgesetz konkrete Reduktionsziele und Zeitrahmen für ein bestimmtes Gebiet zu umfassen hat.[576] Ein sektorales Fahrverbot kann dann Teil eines im Rah-

---

20.6.2007 über die Typgenehmigung von Kraftfahrzeugen hinsichtlich der Emissionen von leichten Personenkraftwagen und Nutzfahrzeugen (Euro 5 und Euro 6) und über den Zugang zu Reparatur- und Wartungsinformationen für Fahrzeuge, ABl. 2007, Nr. L 171/1.

573 Emissionsabhängige Fahrverbote verlieren dabei mit der Zeit einen Teil ihrer Wirksamkeit, weil Fahrzeuge mit hohem Schadstoffausstoß nach und nach durch modernere Fahrzeuge ersetzt werden, vgl. EuGH, Rs. C-320/03 R, Sektorales Fahrverbot I, Slg. 2004, I-3593 Rn. 23. Zu den in der Wegekostenrichtlinie vorgesehenen emissionsabhängigen Differenzierungen vgl. unten *Teil E V 2 c) cc)*.

574 EuGH, Rs. C-28/09, Sektorales Fahrverbot II, Slg. 2011, I-13525 Rn. 69, 99 und 142.

575 EuGH, Rs. C-28/09, Sektorales Fahrverbot II, Slg. 2011, I-13525 Rn. 143.

576 Vgl. oben *Teil E I 1 a) bb)* und Fn. 545.

men dieses Luftqualitätsplans vorgesehenen detaillierten Maßnahmenkomplexes sein.[577]

(1) Tatbestand

Sektorale Fahrverbote stellen eine sehr weit reichende, im Sinne von *Dassonville* unmittelbare und tatsächliche Beschränkung des innerunionalen Handels dar bzw. behindern die Ausübung der Grundfreiheiten im Sinne von *Kraus*.[578] Auch sind sie grundsätzlich nur zulässig, wenn sie nichtdiskriminierend ausgestaltet sind, d.h. insbesondere keine Sonderregelungen für den regionalen Verkehr vorsehen.[579]

Sowohl in seinem Urteil in der Rechtssache *Sektorales Fahrverbot I* vom 15. November 2005[580] als auch in seiner am 21. Dezember 2011 ergangenen

---

577 Der EuGH qualifiziert das erste sektorale Fahrverbot nicht als Teil eines Luftqualitätsplans, vgl. EuGH, Rs. C-320/03, Sektorales Fahrverbot I, Slg. 2005, I-9871 Rn. 82 f.; ebenso GA *Geelhoed*, SchlA Rs. C-320/03, Sektorales Fahrverbot I, Slg. 2005, I-9871 Rn. 72 ff. und 84. In der Rechtssache *Sektorales Fahrverbot II* wurde die Einbindung der streitigen Verordnung in einen solchen Plan indes nicht bestritten, vgl. EuGH, Rs. C-28/09, Sektorales Fahrverbot II, Slg. 2011, I-13525 Rn. 37 und 109. Nach Generalanwältin *Trstenjak* erfüllt das zweite sektorale Fahrverbot die erforderlichen Anforderungen, um als Umsetzung der Luftqualitätsrichtlinien gewertet zu werden, vgl. GA *Trstenjak*, SchlA Rs. C-28/09, Sektorales Fahrverbot II, Slg. 2011, I-13525 Rn. 46 ff. Zur genauen Ausgestaltung der beiden sektoralen Fahrverbote und der intendierten Einbindung in einen Luftqualitätsplan vgl. *Enchelmaier*, CMLRev 2013, 184 f.; *Ehlotzky*, Eine (rein) österreichische Angelegenheit? in Epiney/Heuck (Hrsg.), Der alpenquerende Gütertransport (2012), 58 ff.; *Obwexer*, Unionsrechtliche Rahmenbedingungen, in Gamper/Ranacher (Hrsg.), Rechtsfragen des grenzüberschreitenden Verkehrs (2012), 97; *Wasserer*, JRP 2009, 116 und 124 f.; *Obwexer*, Regelung des Transitverkehrs, in Hummer/Obwexer (Hrsg.), 10 Jahre EU-Mitgliedschaft Österreichs (2006), 376 ff.; *Obwexer*, ZVR 2006, 218 f.

578 EuGH, Rs. C-320/03, Sektorales Fahrverbot I, Slg. 2005, I-9871 Rn. 66 ff.; Rs. C-320/03 R, Sektorales Fahrverbot I, Slg. 2003, I-11665 Rn. 99 ff.; Rs. C-28/09, Sektorales Fahrverbot II, Slg. 2011, I-13525 Rn. 116 f. Generalanwalt *Geelhoed* vergleicht sektorale Fahrverbote mit den in den Rechtssachen *Kommission/Frankreich* und *Schmidberger* streitgegenständlichen Blockaden (Fn. 289 und 859), GA *Geelhoed*, SchlA Rs. C-320/03, Sektorales Fahrverbot I, Slg. 2005, I-9871 Rn. 88; vgl. auch GA *Trstenjak*, SchlA Rs. C-28/09, Sektorales Fahrverbot II, Slg. 2011, I-13525 Rn. 69 f. und die Ausführungen der Kommission Rn. 34.

579 Vgl. hierzu unten *Teil E I 2*.

580 Im Unterschied zur Rechtssache *Sektorales Fahrverbot II* hatte der Präsident des EuGH Österreich in der Rechtssache *Sektorales Fahrverbot I* gemäß Art. 278 f. AEUV mit einstweiliger Anordnung verpflichtet, das Fahrverbot bis zur Entscheidung über die Klage auszusetzen, vgl. die Beschlüsse EuGH, Rs. C-320/03 R, Sektorales Fahrverbot I, Slg. 2003, I-7929; Rs. C-320/03 R, Sektorales Fahrverbot I, Slg. 2003, I-11665; Rs. C-320/03 R, Sektorales Fahrverbot I, Slg. 2004, I-3593.

Entscheidung in der Rechtssache *Sektorales Fahrverbot II* prüft der EuGH die Warenverkehrsfreiheit und geht auf die Dienstleistungsfreiheit nicht ein.[581] Er begründet nicht detailliert, warum er eine Maßnahme gleicher Wirkung im Sinne von Art. 34 AEUV annimmt. Hinsichtlich des ersten sektoralen Fahrverbotes führt er lediglich aus[582]:

„Indem die streitige Verordnung für bestimmte Güter befördernde Lastkraftwagen [...] ein Fahrverbot auf einem Straßenabschnitt von überragender Bedeutung, der einer der wichtigsten terrestrischen Verbindungswege zwischen Süddeutschland und Norditalien ist, verhängt, behindert sie ganz offensichtlich den freien Warenverkehr und insbesondere die freie Warendurchfuhr."

In seinem Urteil in der Rechtssache *Sektorales Fahrverbot II* lehnt sich der EuGH an seine Begründung aus 2005 an. Bezugnehmend auf den Einwand Österreichs, „es gebe Ausweichstrecken oder andere Verkehrsträger, auf denen sich die betreffenden Güter befördern ließen"[583], betont er[584]:

„[Die streitige Verordnung] steht somit in diesem alpenquerenden Korridor der Benutzung eines Verkehrsträgers für die genannten Güter entgegen. [...] Der fragliche Abschnitt der A 12 ist nämlich einer der wichtigsten terrestrischen Verbindungswege zwischen Süddeutschland und Norditalien. Dadurch, dass das [...] Fahrverbot die betreffenden Unternehmen zwingt, nach wirtschaftlich vertretbaren Ersatzlösungen für den Transport der [...] bezeichneten Güter zu suchen, ist es geeignet, den Warenverkehr zwischen dem nördlichen Europa und Norditalien erheblich zu beeinträchtigen [...]."

Dogmatisch lässt sich die Annahme einer Maßnahme gleicher Wirkung mit der *Keck*-Logik untermauern. Der EuGH geht freilich in beiden Urteilen nicht darauf ein und umgeht es dadurch, sich explizit festzulegen, ob ein sektorales

---

[581] In der Rechtssache *Sektorales Fahrverbot I* liegt der Grund dafür im unzureichenden Vorbringen der Kommission, vgl. EuGH, Rs. C-320/03, Sektorales Fahrverbot I, Slg. 2005, I-9871 Rn. 92 f.; GA *Geelhoed*, SchlA Rs. C-320/03, Sektorales Fahrverbot I, Slg. 2005, I-9871 Rn. 117 ff.; hierzu *Obwexer*, ZVR 2006, 218 und 220. In der Rechtssache *Sektorales Fahrverbot II* rügte die Kommission ausschließlich eine Verletzung der Warenverkehrsfreiheit; kritisch *Obwexer*, Unionsrechtliche Rahmenbedingungen, in Gamper/Ranacher (Hrsg.), Rechtsfragen des grenzüberschreitenden Verkehrs (2012), 86 f., nach welchem ein sektorales Fahrverbot primär die Dienstleistungsfreiheit bestimmter Transportunternehmer behindert.

[582] EuGH, Rs. C-320/03, Sektorales Fahrverbot I, Slg. 2005, I-9871 Rn. 66.

[583] EuGH, Rs. C-28/09, Sektorales Fahrverbot II, Slg. 2011, I-13525 Rn. 115. Zum Grundsatz der freien Wahl des Verkehrsträgers vgl. oben *Teil C III 2 b)* und Fn. 216.

[584] EuGH, Rs. C-28/09, Sektorales Fahrverbot II, Slg. 2011, I-13525 Rn. 114 und 116; ähnlich GA *Trstenjak*, SchlA Rs. C-28/09, Sektorales Fahrverbot II, Slg. 2011, I-13525 Rn. 62 und 69 f.; kritisch in Hinblick auf die Tatbestandsprüfung durch den EuGH *Enchelmaier*, CMLRev 2013, 191 ff.; *Ehlotzky*, Eine (rein) österreichische Angelegenheit? in Epiney/Heuck (Hrsg.), Der alpenquerende Gütertransport (2012), 60 f.

Fahrverbot diskriminierenden oder nichtdiskriminierenden Charakter aufweist.[585] Hätte er indes die *Keck*-Prinzipien herangezogen, hätte er die strittige Regelung implizit als nichtdiskriminierend deklarieren müssen, denn die *Keck*-Logik kommt nur bei unterschiedslos anwendbaren Maßnahmen zum Tragen.[586]

Auf den ersten Blick drängt sich die Einordnung nichtdiskriminierend ausgestalteter sektoraler Fahrverbote als produktbezogene Maßnahmen auf, schließlich verbieten diese den Transport bestimmter Waren. Allerdings betreffen sie nicht die Merkmale oder den Inhalt dieser Waren und erfordern keinerlei Anpassung oder Umgestaltung. Vielmehr regeln sektorale Fahrverbote die Art und Weise des Warentransports. Die betroffenen Produkte können in den nationalen Markt eindringen und dürfen bzw. sollen durch andere Transportmittel befördert werden. Daher sind sektorale Fahrverbote als Verkaufsmodalitäten zu qualifizieren.

Wie bei zeitlichen Fahrverboten ist jedoch davon auszugehen, dass sie den Absatz inländischer Erzeugnisse und von Produkten aus anderen Mitgliedstaaten tatsächlich nicht in der gleichen Weise berühren, denn der Transport ausländischer Waren verteuert sich stärker als jener von inländischen Erzeugnissen, was sich wiederum im Absatz widerspiegelt. In Anbetracht der Parallelität der Grundfreiheiten ist davon auszugehen, dass auch eine Prüfung der Dienstleistungsfreiheit zum gleichen Ergebnis führt.[587] Mehrkosten, die ausländischen Dienstleistungserbringern oder Dienstleistungsnehmern entstehen, schlagen sich im Preis der Dienstleistungen nieder und wirken sich auf deren „Absatz“ aus.

Zum gleichen Ergebnis gelangt man, wenn man die Grundzüge der Rechtsprechung des EuGH zu Beschränkungen verkaufsfördernder Maßnahmen auf sektorale Fahrverbote überträgt. In Hinblick auf ihre Markterschließungsfunktion sind Transport und Werbung miteinander vergleichbar. Auch ein Werbeverbot oder eine Werbebeschränkung kann spezifisch bestimmte Produkte betref-

---

585 *Carpano* und *Dawes* kritisieren diese mangelnde Festlegung in Hinblick auf die möglichen Rechtfertigungsgründe, vgl. *Carpano*, RLDA 2012, 70; *Dawes*, Rev.dr.UE 2005, 837 f. Für eine implizite Beurteilung der Maßnahme durch den EuGH als nichtdiskriminierend *Ehlotzky*, RdU-U&T 2012, 3; *Ranacher*, Urteil des EuGH in der Rs C-28/09, in Gamper/Ranacher (Hrsg.), Rechtsfragen des grenzüberschreitenden Verkehrs (2012), 102; *Craig/de Búrca*, EU Law (2011), 675. *Obwexer* weist dagegen in Hinblick auf die Ausnahmeregelungen darauf hin, dass eine Diskriminierung ausländischer Verkehrsunternehmer ausschließlich im Rahmen der Dienstleistungsfreiheit zu prüfen wäre, vgl. *Obwexer*, Unionsrechtliche Rahmenbedingungen, in Gamper/Ranacher (Hrsg.), Rechtsfragen des grenzüberschreitenden Verkehrs (2012), 92. Vgl. auch unten *Teil E I 2*.

586 Vgl. oben *Teil D II 2*. Vgl. auch *Ehlotzky*, Verkaufsmodalitäten, in Leidenmühler/Eder/Leingartner/Winkler C. (Hrsg.), Grundfreiheiten (2012), 146.

587 *Obwexer*, Unionsrechtliche Rahmenbedingungen, in Gamper/Ranacher (Hrsg.), Rechtsfragen des grenzüberschreitenden Verkehrs (2012), 87; *Obwexer*, ZVR 2006, 220.

fen. Deshalb stellen diese jedoch noch keine produktbezogenen Maßnahmen dar. Vielmehr hat der EuGH seit seiner *Keck*-Entscheidung[588] Regelungen, die bestimmte Formen der Absatzförderung beschränken, explizit als Verkaufsmodalitäten bezeichnet.[589] Allerdings hat der Gerichtshof auch festgestellt, dass sich bestimmte Werbeverbote auf der Absatzebene stärker auf Produkte aus anderen Mitgliedstaaten auswirken und dann sehr wohl gegen Art. 34 AEUV verstoßen.[590] So erkennt er in der Rechtssache *De Agostini*[591] in einem vollständigen Verbot der an Kinder gerichteten Fernsehwerbung eine Maßnahme gleicher Wirkung. Ein derartiges Verbot nehme ausländischen Werbetreibenden die einzige wirksame Methode der Absatzförderung, um auf den relevanten Markt vordringen zu können.[592] Vollständige Werbeverbote für bestimmte Produkte versperren nach dem EuGH jedenfalls den Marktzugang.[593]

Sektorale Fahrverbote wirken sich somit tendenziell besonders nachteilig auf den Transport ausländischer Waren aus und fallen in den Verbotstatbestand des Art. 34 AEUV.[594] Ein umfassendes Transportverbot einer Ware durch einen Mitgliedstaat würde schließlich unbestreitbar ein Marktzugangshindernis darstellen.[595]

---

588 Bis zum *Keck*-Urteil war die sogenannte „*Oosthoek*-Rechtsprechung" maßgeblich, EuGH, Rs. 286/81, *Oosthoek*, Slg. 1982, 4575 Rn. 15; dazu *Kingreen* in Calliess/Ruffert (Hrsg.), EUV/AEUV (2011), Art. 34–36 AEUV Rn. 167; *Adrian*, EWS 1998, 292; *Greaves*, ELRev 1998, 307 f.

589 EuGH, Rs. C-292/92, Hünermund, Slg. 1993, I-6787 Ls. 2 und Rn. 21 ff.; Rs. C-412/93, Leclerc-Siplec, Slg. 1995, I-179 Ls. 2 und Rn. 21 ff.; hierzu *Greaves*, ELRev 1998, 308 ff.; *Matthies*, Artikel 30 EG-Vertrag, in FS für Ulrich Everling I (1995), 812 f. *Craig/de Búrca* bezeichnen solche Regelungen als *dynamische* Verkaufsmodalitäten, vgl. *Craig/de Búrca*, EU Law (2011), 655 f.

590 EuGH, verb. Rs. C-34/95, C-35/95 und C-36/95, De Agostini, Slg. 1997, I-3843 Ls. 6 und Rn. 39 ff.

591 EuGH, verb. Rs. C-34/95, C-35/95 und C-36/95, De Agostini, Slg. 1997, I-3843.

592 EuGH, verb. Rs. C-34/95, C-35/95 und C-36/95, De Agostini, Slg. 1997, I-3843 Rn. 43; vgl. auch *Dauses/Brigola* in Dauses (Hrsg.), EU-Wirtschaftsrecht (2011), Rn. 171; *Greaves*, ELRev 1998, 315 ff.

593 EuGH, Rs. C-337/95, Christian Dior, Slg. 1997, I-6013 Rn. 51; Rs. C-405/98, Gourmet, Slg. 2001, I-1795 Rn. 20 f.; Rs. C-239/02, Douwe Egberts, Slg. 2004, I-7007 Ls. 3 und Rn. 53; GA *Jacobs*, SchlA Rs. C-412/93, Leclerc-Siplec, Slg. 1995, I-179 Rn. 50; vgl. *Schroeder*, Grundkurs Europarecht (2013), § 14 Rn. 78; *Dauses/Brigola* in Dauses (Hrsg.), EU-Wirtschaftsrecht (2011), Rn. 170; kritisch *Kingreen* in Calliess/Ruffert (Hrsg.), EUV/AEUV (2011), Art. 34–36 AEUV Rn. 185.

594 A.A. *Wasserer*, JRP 2009, 125, die sektorale Fahrverbote anscheinend als zulässige Verkaufsmodalitäten qualifiziert.

595 Zur tatbestandlichen Einordnung sektoraler Fahrverbote vgl. auch *Ehlotzky*, Verkaufsmodalitäten, in Leidenmühler/Eder/Leingartner/Winkler C. (Hrsg.), Grundfreiheiten (2012), 144 ff.

(2) Rechtfertigung

Ein sektorales Fahrverbot knüpft an den Transport bestimmter Güter an. Die Beeinträchtigung der Umwelt und der Gesundheit, die dadurch vermindert werden soll, geht jedoch nicht von diesen Gütern, sondern von den Fahrzeugen aus, die sie transportieren. Umso beachtlicher ist es, dass der EuGH in den Rechtssachen *Sektorales Fahrverbot I* und *II* eine Rechtfertigung aus Gründen des Umwelt- und Gesundheitsschutzes im Allgemeinen und zum Schutz der Luftqualität im Besonderen prinzipiell für zulässig erachtet.[596] Angesichts des Stellenwertes, den der Gerichtshof dem Gesundheitsschutz als Rechtfertigungsgrund sonst in seiner neueren Judikatur einräumt, enttäuscht es jedoch, dass er diesen in seinem Urteil in der Rechtssache *Sektorales Fahrverbot II* nicht als eigenständigen Rechtfertigungsgrund wertet.[597]

Besonderes Augenmerk ist bei Erlass eines sektoralen Fahrverbotes auf dessen Verhältnismäßigkeit zu legen. Bisher war umstritten, ob ein sektorales Fahrverbot überhaupt dazu geeignet ist, Ziele des Umwelt- und Gesundheitsschutzes in kohärenter und systematischer Weise zu erreichen. In seinem Urteil in der Rechtssache *Sektorales Fahrverbot II* hat dies der EuGH aber ausdrücklich bejaht.[598] Hinsichtlich des Vorbringens der Kommission, „es sei nicht auszuschließen, dass die Waren, die unter das Verbot fallen sollten, in willkürlicher oder diskriminierender Weise ausgewählt würden“[599], führt er aus[600]:

---

[596] EuGH, Rs. C-320/03, Sektorales Fahrverbot I, Slg. 2005, I-9871 Rn. 71 ff.; Rs. C-28/09, Sektorales Fahrverbot II, Slg. 2011, I-13525 Rn. 122 ff.; vgl. auch GA *Trstenjak*, SchlA Rs. C-28/09, Sektorales Fahrverbot II, Slg. 2011, I-13525 Rn. 78 ff. und 135; *Ehlotzky*, RdU-U&T 2012, 3 f.; kritisch *Schroeder*, Alpine traffic and International Law, in Quillacq/Onida (Hrsg.), Environmental Protection and Mountains (2011), 158 f.; *Schweitzer/Hummer/Obwexer*, Europarecht (2007), Rn. 2044; *Obwexer*, Regelung des Transitverkehrs, in Hummer/Obwexer (Hrsg.), 10 Jahre EU-Mitgliedschaft Österreichs (2006), 376; *Obwexer*, ZVR 2006, 220. Zur Frage der Rechtfertigung sektoraler Fahrverbote auch *Wasserer*, JRP 2009, 124; *Weber K.*, Transitverkehr in der Judikatur, in Roth G.H./Hilpold (Hrsg.), EuGH und die Souveränität der Mitgliedstaaten (2008), 408 f.

[597] Vgl. oben *Teil D III 1 b) bb)*. Zur mangelnden Beachtung des Vorsorgeprinzips *Ehlotzky*, Eine (rein) österreichische Angelegenheit? in Epiney/Heuck (Hrsg.), Der alpenquerende Gütertransport (2012), 66.

[598] EuGH, Rs. C-28/09, Sektorales Fahrverbot II, Slg. 2011, I-13525 Rn. 126 ff. und 138. Vgl. auch oben *Teil D III 2 a)*.

[599] EuGH, Rs. C-28/09, Sektorales Fahrverbot II, Slg. 2011, I-13525 Rn. 65; Österreich indes hatte erwidert, die Güterauswahl sei „nach objektiven und nichtdiskriminierenden Kriterien“ getroffen worden, Rn. 87. Zu den erfassten Warenkategorien vgl. *Ehlotzky*, Eine (rein) österreichische Angelegenheit? in Epiney/Heuck (Hrsg.), Der alpenquerende Gütertransport (2012), 59; *Ranacher*, Urteil des EuGH in der Rs C-28/09, in Gamper/Ranacher (Hrsg.), Rechtsfragen des grenzüberschreitenden Verkehrs (2012), 101 (Anm. 9).

[600] EuGH, Rs. C-28/09, Sektorales Fahrverbot II, Slg. 2011, I-13525 Rn. 131 f. Vgl. auch die Ausführungen von Generalanwalt *Geelhoed* in der Rechtssache *Sektorales Fahrverbot I*:

„Was das Kriterium der ‚Bahnaffinität' angeht, […] steht fest, dass sich bestimmte Güter in besonderem Maß für den Schienenverkehr eignen. Zum Vorbringen der Kommission, das herangezogene Kriterium lasse befürchten, dass die […] betroffenen Güter willkürlich ausgewählt würden, genügt der Hinweis, dass die Kommission keine Argumente vorgetragen hat, die belegen, dass dies bei den […] aufgeführten Gütern der Fall gewesen wäre."

Anders als der EuGH hatte Generalanwältin *Trstenjak* in der Ausgestaltung des Fahrverbotes einen grundlegenden Widerspruch erkannt.[601] In ihren Schlussanträgen unterscheidet sie zwischen dem traditionellen Schienentransport, d.h. dem konventionellen Wagenladungsverkehr und dem unbegleiteten kombinierten Verkehr, sowie dem begleiteten kombinierten Verkehr, der sogenannten „rollenden Landstraße", bei welcher die Lastkraftwagen nur für einen Teil der Strecke auf die Schiene verladen werden. Nach ihren Ausführungen diene der traditionelle Schienentransport nur zum Transport bestimmter bahnaffiner Güter, was die warenbezogene Ausgestaltung des Fahrverbotes erkläre.[602] Die rollende Landstraße eigne sich hingegen auch für den Transport anderer Güter, weshalb hier nicht an den einzelnen Waren, sondern an den Schadstoffemissionen der Fahrzeuge anzuknüpfen wäre.[603] Nach dem Konzept des sektoralen Fahrverbotes diene die rollende Landstraße aber als Alternative in einer nicht näher eingegrenzten Umstellungsphase, was zur Folge hätte, dass eine große Zahl von Transporten bahnaffiner Güter auf die rollende Landstraße ausweichen müsste und zwar ohne Berücksichtigung der Emissionen der eingesetzten Fahrzeuge.[604] Generalanwältin *Trstenjak* führt aus[605]:

„Aus der Perspektive des Umweltschutzes sind die [rollenden Landstraßen] somit besonders geeignet, stark emittierende Lkw zu transportieren, und zwar ungeachtet der Bahnaffinität der transportierten Waren. An diesem besonderen Merkmal der [rollenden Landstraße] geht das sektorale Fahrverbot in seiner zweistufigen Ausgestaltung jedoch vollständig vorbei. Denn wie oben dargestellt, führt es im Ergebnis dazu, dass während einer nicht näher bestimmbaren Anpassungsfrist eine große Zahl von Transporten bahnaffiner Güter auf die [rollende Landstraße] ausweichen muss und zwar ohne Berücksichtigung der Fahrzeugemissionen der eingesetzten Lkw."

„In Anbetracht des Zweckes der Maßnahme […] ist das für die Auswahl der dem Beförderungsverbot unterliegenden Güter verwendete Kriterium neutral. Die Maßnahme muss als eine Einheit betrachtet werden, die nicht nur auf die Beförderung mit bestimmten Fahrzeugen als solche oder auf die betroffenen Güter als solche gerichtet ist. Sie kombiniert die beiden Elemente, was sich aus der behaupteten Verlagerbarkeit dieser Beförderungen auf die Schiene erklärt.", GA *Geelhoed*, SchlA Rs. C-320/03, Sektorales Fahrverbot I, Slg. 2005, I-9871 Rn. 94.

[601] GA *Trstenjak*, SchlA Rs. C-28/09, Sektorales Fahrverbot II, Slg. 2011, I-13525 Rn. 94 ff. und 101.

[602] GA *Trstenjak*, SchlA Rs. C-28/09, Sektorales Fahrverbot II, Slg. 2011, I-13525 Rn. 98.

[603] GA *Trstenjak*, SchlA Rs. C-28/09, Sektorales Fahrverbot II, Slg. 2011, I-13525 Rn. 100.

[604] GA *Trstenjak*, SchlA Rs. C-28/09, Sektorales Fahrverbot II, Slg. 2011, I-13525 Rn. 99 f.

[605] GA *Trstenjak*, SchlA Rs. C-28/09, Sektorales Fahrverbot II, Slg. 2011, I-13525 Rn. 100.

Wenngleich nun seit dem im Jahre 2011 ergangenen Urteil in der Rechtssache *Sektorales Fahrverbot II* die Eignung eines sektoralen Fahrverbotes zur Zielerreichung bejaht werden kann, wird seine Unionsrechtskonformität zumeist an der mangelnden Erforderlichkeit scheitern.[606] Diese ist sehr präzise nachzuweisen, wobei die dahingehenden Auffassungen stark divergieren können.[607] Nach dem EuGH stellt ein sektorales Fahrverbot jedenfalls die *ultima ratio* dar, auf die nicht nur nach Prüfung, sondern auch erst nach Erlass sämtlicher gelinderer Maßnahmen und in Kombination mit diesen zurückgegriffen werden darf.[608] Überdies müssen angemessene Übergangszeiträume gewahrt werden und attraktive und preislich konkurrenzfähige Ausweichmöglichkeiten auf Schiene und Straße zur Verfügung stehen. In der Rechtssache *Sektorales Fahrverbot II* scheint der Gerichtshof die Bemühungen Österreichs zu honorieren, den dahingehenden, im ersten Urteil im Jahre 2005 enthaltenen Kritikpunkten gerecht zu werden[609], denn auf Übergangszeiträume und Ausweichmöglichkeiten geht er nicht erneut ein.[610]

Im Ergebnis hält der Gerichtshof aber auch das zweite sektorale Fahrverbot nicht für erforderlich. Er begründet dies mit dem nicht erfolgten Nachweis der Ungeeignetheit der beiden wichtigsten von der Kommission angeführten Alter-

---

606 Vgl. auch oben *Teil D III 2 b).*

607 Vgl. GA *Trstenjak*, SchlA Rs. C-28/09, Sektorales Fahrverbot II, Slg. 2011, I-13525 Rn. 37 zu den Ausführungen der Kommission, welche die mangelnde Vorlage ausreichender Messdaten und einer konkreten Folgenabschätzung kritisiert; Rn. 67 f. zu den divergierenden Ansichten der Parteien hinsichtlich Kapazität und Benutzerfreundlichkeit der Bahn, der preislichen Wettbewerbsfähigkeit, möglichen Kapazitätsengpässen sowie dem zusätzlichen Verwaltungs- und Kostenaufwand; und Rn. 108 ff. zu denkbaren gelinderen Mitteln und den in Hinblick auf das Stickstoffdioxidreduktionspotenzial einer ganzjährigen Geschwindigkeitsbegrenzung unterschiedlichen Studienergebnissen. Kritisch hinsichtlich der Erforderlichkeit eines sektoralen Fahrverbotes *Heuck*, Infrastrukturmaßnahmen (2013), 281.

608 So wurde das erste sektorale Fahrverbot nur wenige Monate nach dem Inkrafttreten eines Nachtfahrverbotes erlassen, wodurch die Auswirkungen des Nachtfahrverbotes noch nicht in vollem Umfang ermittelt werden konnten, vgl. EuGH, Rs. C-320/03 R, Sektorales Fahrverbot I, Slg. 2003, I-11665 Rn. 61, 82 und 106; Rs. C-320/03, Sektorales Fahrverbot I, Slg. 2005, I-9871 Rn. 87 ff. Vgl. auch EuGH, Rs. C-28/09, Sektorales Fahrverbot II, Slg. 2011, I-13525 Rn. 139 ff.; zu den mit dem zweiten sektoralen Fahrverbot erlassenen Maßnahmen vgl. *Ehlotzky*, Eine (rein) österreichische Angelegenheit? in Epiney/Heuck (Hrsg.), Der alpenquerende Gütertransport (2012), 59 f.; *Ehlotzky*, RdU-U&T 2012, 2 f.

609 Vgl. oben *Teil D III 2 b)* und Fn. 524.

610 Generalanwältin *Trstenjak* indes kritisiert in ihren Schlussanträgen stark die fehlenden Alternativen, vgl. GA *Trstenjak*, SchlA Rs. C-28/09, Sektorales Fahrverbot II, Slg. 2011, I-13525 Rn. 119 ff. Vgl. auch EuGH, Rs. C-28/09, Sektorales Fahrverbot II, Slg. 2011, I-13525 Rn. 71 ff. zu den von der Kommission angeführten Kritikpunkten und Rn. 102 ff. zur Erwiderung Österreichs.

nativmaßnahmen.[611] Die Kommission hatte zum einen vorgeschlagen, die bestehenden emissionsabhängigen Fahrverbote für Lastkraftwagen ab 7,5 t auf andere, fortschrittlichere Klassen auszuweiten.[612] Zum anderen sollte die variable durch eine ständige Geschwindigkeitsbegrenzung von 100 km/h ersetzt werden.[613] Dies würde sich im Ergebnis auf leichte Lastkraftwagen und Personenkraftwagen auswirken[614], was der EuGH befürwortet[615]:

> „Darüber hinaus wirkt sich die Ersetzung der variablen Geschwindigkeitsbegrenzung durch eine ständige Geschwindigkeitsbegrenzung auf 100 km/h weniger beschränkend auf den freien Warenverkehr aus als die Einführung des sektoralen Fahrverbots. Durch eine solche Ersetzung wird nämlich der Lkw-Verkehr nicht beeinträchtigt, für den die zulässige Höchstgeschwindigkeit ohnehin begrenzt ist."

d) Straßenverkehrsabgaben

Eine Verkehrsverlagerung auf die Schiene kann auch durch die Einführung monetärer Instrumente bewirkt werden, insbesondere durch Straßenverkehrsabgaben, welche für die Wirtschaftsteilnehmer die Gesamtkosten des Straßenverkehrs jenen der Bahn annähern. Damit werden zum einen faire Wettbewerbsbedingungen gewährleistet, und zum anderen wird dem Prinzip der Kostenwahrheit entsprochen, wonach jeder Verkehrsteilnehmer die von ihm verursachten Kosten zu tragen hat.[616] Auch die von einigen Alpenstaaten vorgeschlagene Alpentransitbörse bezweckt explizit die Verlagerung des Güterverkehrs auf die

---

[611] EuGH, Rs. C-28/09, Sektorales Fahrverbot II, Slg. 2011, I-13525 Rn. 150 f.; hierzu *Ehlotzky*, Eine (rein) österreichische Angelegenheit? in Epiney/Heuck (Hrsg.), Der alpenquerende Gütertransport (2012), 62 f.; *Ehlotzky*, RdU-U&T 2012, 5 f.; kritisch hinsichtlich der strengen Erforderlichkeitsprüfung des EuGH *Ranacher*, Urteil des EuGH in der Rs C-28/09, in Gamper/Ranacher (Hrsg.), Rechtsfragen des grenzüberschreitenden Verkehrs (2012), 104 ff. und 110 f. Dass Österreich die mangelnde Eignung der Alternativmaßnahmen hätte belegen müssen, widerspricht der grundsätzlich vom EuGH angewandten Beweislastregel. Vgl. oben *Teil D III 2 b)*, Fn. 517 und 525.

[612] EuGH, Rs. C-28/09, Sektorales Fahrverbot II, Slg. 2011, I-13525 Rn. 69 und 141 ff. Zu emissionsabhängigen Fahrverboten vgl. oben *Teil E I 1 c) bb)*.

[613] EuGH, Rs. C-28/09, Sektorales Fahrverbot II, Slg. 2011, I-13525 Rn. 66 ff. und 144 ff.; vgl. auch GA *Trstenjak*, SchlA Rs. C-28/09, Sektorales Fahrverbot II, Slg. 2011, I-13525 Rn. 111 ff.

[614] Dies bringt den allgemeinen Gleichheitssatz zum Ausdruck. Vgl. oben *Teil E I 1 a) aa)*, Fn. 540 und 541.

[615] EuGH, Rs. C-28/09, Sektorales Fahrverbot II, Slg. 2011, I-13525 Rn. 149.

[616] Vgl. Art. 1 Abs. 1 lit. e, Art. 10 Abs. 1 lit. c und Art. 14 VerkP. Zu Zielsetzungen, Begriff und Arten von Straßenbenutzungsgebühren vgl. *Epiney*, Straßenbenutzungsgebühren, in Krämer (Hrsg.), Recht und Um-Welt (2003), 90 f.; mit Blick auf das österreichische Recht *Weber K.*, Menschengerechter Verkehr, in Bundesministerium für Umwelt, Jugend und Familie (Hrsg.), Umweltpolitik durch Recht (1992), 154 f.

Schiene.[617] Der Spielraum der Mitgliedstaaten bei der Einführung entsprechender Abgabensysteme ist jedoch nicht nur primärrechtlich, sondern auch sekundärrechtlich begrenzt. An dieser Stelle ist auf die Ausführungen zu Art. 14 VerkP, insbesondere zur Wegekostenrichtlinie zu verweisen.[618]

e) Zwischenergebnis

Eine Verlagerung des Gütertransportes auf die Eisenbahn im Sinne des in Art. 10 Abs. 1 lit. c VerkP formulierten Zieles erfordert ein umfassendes Strukturpaket, das die Attraktivität der Bahn für die Wirtschaftsteilnehmer erhöht. Inwieweit darüber hinaus der Erlass einzelner der in diesem Kapitel erörterten Maßnahmen – die durchwegs in unterschiedlicher Intensität zu einer Verringerung von Luftschadstoffen, Lärm und Erschütterung beitragen und dem Verursacherprinzip entsprechen – tatsächlich zu einer Verkehrsverlagerung auf die Schiene führt, ist allerdings fraglich. Deutlich zeigt sich dies vor allem bei emissionsabhängigen Fahrverboten, die in Hinblick auf den Umwelt- und Gesundheitsschutz durchaus effektiv zu sein scheinen. In erster Linie führen diese aber zu einer kontinuierlichen Aufrüstung der Fahrzeuge, nicht zu einer Verkehrsverlagerung. Auf lange Sicht wird zudem eine regelmäßige Anpassung der emissionsabhängigen Fahrverbote an höhere Emissionsklassen die betroffenen Wirtschaftsteilnehmer finanziell und logistisch mehr belasten als eine konsequente Verlagerung ihrer Transporte auf die Schiene.[619]

Abgesehen von zeitlichen Fahrverboten, die meist für relativ kurze Zeiträume gelten und das Verkehrsaufkommen primär verschieben und nicht anhaltend verlagern dürften, ist es ausschließlich das umstrittene Konzept des sektoralen Fahrverbotes, welches den Wirtschaftsteilnehmern keine Wahl in Hin-

---

617 Vgl. unten *Teil E V 3.*

618 Vgl. unten *Teil E V 1* und *2.*

619 Österreich hatte in der Rechtsache *Sektorales Fahrverbot II* vorgebracht, Transportunternehmern müsse aus grundrechtlichen Erwägungen eine angemessene wirtschaftliche Nutzungsdauer für ihren Fuhrpark eingeräumt werden. Vgl. auch das Vorbringen Italiens, eine weitere Ausdehnung der emissionsabhängigen Fahrverbote „könne für die Wirtschaft Italiens aufgrund der Zusammensetzung der Lkw-Flotte erhebliche ökonomische Auswirkungen haben“, EuGH, Rs. C-28/09, Sektorales Fahrverbot II, Slg. 2011, I-13525 Rn. 79. Der Gerichtshof geht darauf allerdings nicht ein. Kritisch *Ehlotzky*, Eine (rein) österreichische Angelegenheit? in Epiney/Heuck (Hrsg.), Der alpenquerende Gütertransport (2012), 72; *Ranacher*, Urteil des EuGH in der Rs C-28/09, in Gamper/Ranacher (Hrsg.), Rechtsfragen des grenzüberschreitenden Verkehrs (2012), 106 f. *Obwexer* schließt daraus, dass der durch ein Unterschreiten einer angemessenen Nutzungsdauer erfolgende Grundrechtseingriff wohl als gerechtfertigt und verhältnismäßig zu betrachten sei, vgl. *Obwexer*, Unionsrechtliche Rahmenbedingungen, in Gamper/Ranacher (Hrsg.), Rechtsfragen des grenzüberschreitenden Verkehrs (2012), 99.

blick auf eine Verlagerung lässt. Die Eignung eines sektoralen Fahrverbotes, Ziele des Umweltschutzes in kohärenter und systematischer Weise zu erreichen, hat der Gerichtshof inzwischen bestätigt.[620] Im Lichte der Genehmigung des Verkehrsprotokolls durch die EU und dem damit auch für diese eingetretenen verpflichtenden Charakter des Verlagerungszieles, sollte dieser Maßnahmentyp nunmehr auch als erforderlich gewertet werden, vorausgesetzt er beinhaltet keine unzulässige Diskriminierung.

2. Ausnahmen für den regionalen Verkehr

Bisher wurde bei den erörterten Maßnahmen zur Verkehrsverlagerung eine nichtdiskriminierende Ausgestaltung vorausgesetzt. Tatsächlich werden Verkehrsbeschränkungen nur selten direkt an die Herkunft der transportierten Waren oder an die Staatsangehörigkeit der Transportunternehmer anknüpfen. Eine solche direkte Diskriminierung ist jedenfalls unzulässig.[621]

Fraglich ist jedoch, ob und inwieweit sich andere Differenzierungen mit den Grundfreiheiten vereinen lassen. So sah das erste sektorale Fahrverbot Ausnahmen für Fahrten vor, bei welchen der Ausgangs- oder der Zielpunkt in einzelnen, genau festgelegten lokalen österreichischen Bezirken lag. Die Ausnahmen des zweiten sektoralen Fahrverbotes umfassten darüber hinaus grenznahe deutsche Landkreise und italienische Bezirksgemeinschaften. Auch im Modell der Alpentransitbörse sind Sonderregelungen für den Lokal- und Kurzstreckenverkehr vorgesehen. Mitte der 1990er Jahre wurde schließlich die Mautgebühr für Kraftfahrzeuge mit mehr als drei Achsen für die Gesamtstrecke, nicht aber für Teilstrecken der Brennerautobahn erhöht. Diese Abstufungen entsprechen den Vorgaben des Art. 10 Abs. 1 lit. c VerkP, der insbesondere die Verlagerung des Gütertransportes über längere Distanzen auf die Schiene fordert. Allerdings könnten sie typischerweise oder überwiegend ausländische Waren und Wirtschaftsteilnehmer benachteiligen und diese damit indirekt diskriminieren.[622]

Der EuGH hat sich bisher nur zweimal explizit zu diesen Ausnahmen für den regionalen Verkehr geäußert.[623] In seinem Urteil in der Rechtssache *Brennermaut*[624] qualifiziert er die unterschiedlichen Mautgebühren als mittelbare

---

620 Vgl. oben *Teil D III 2 a)* und *Teil E I 1 c) cc) (2).*

621 Zur direkten Diskriminierung vgl. oben *Teil D II 1.*

622 Zur indirekten Diskriminierung vgl. oben *Teil D II 1.*

623 Vgl. aber auch EuGH, Rs. C-18/93, Corsica Ferries Italia, Slg. 1994, I-1783 Rn. 33 f., worin der EuGH die Vorzugsbehandlung von Schiffen unter inländischer Flagge als mittelbare Diskriminierung qualifiziert.

624 EuGH, Rs. C-205/98, Brennermaut, Slg. 2000, I-7367.

Diskriminierung, die gegen das in der Wegekostenrichtlinie[625] normierte Diskriminierungsverbot verstößt.[626] In der Rechtssache *Sektorales Fahrverbot II* befürwortet der Gerichtshof indes den Ausschluss des lokalen und regionalen Verkehrs vom Geltungsbereich des sektoralen Fahrverbots.[627]

a) Objektive Erwägungen

In der Literatur wird in Anlehnung an den allgemeinen Gleichheitssatz vorgebracht, vergleichbare Sachverhalte dürften nicht unterschiedlich und unterschiedliche Sachverhalte nicht gleich behandelt werden.[628] Eine unzulässige Diskriminierung liege bei Ausnahmen für den regionalen Verkehr nicht vor, denn tatsächlich differierende Gegebenheiten müssten zu einer unterschiedlichen rechtlichen Behandlung führen.[629] Die vom EuGH geforderte „nivellierende Gleichheit von ausländischen und inländischen Frächtern"[630] sei hingegen nicht zu verwirklichen. Regelungen, welche die Güterströme verkehrsrechtlich erfassten, seien stets durch Differenzierungsnotwendigkeiten gekennzeichnet, die zwangsläufig den regionalen Verkehr begünstigen müssten, wolle man die regionalen Märkte und Produzenten nicht massiv gefährden.[631]

Rechtsdogmatisch lässt sich diese Ansicht darauf stützen, dass eine Ungleichbehandlung durch objektive, von der Staatsangehörigkeit bzw. der Herkunft unabhängige Erwägungen legitimiert sein kann.[632] Als eine solche Erwägung wird angeführt, der Transitverkehr könne auf die Bahn ausweichen, während im Ziel-

[625] In der damaligen Fassung der Richtlinie 93/89/EWG vom 25.10.1993 – der Vorgängerrichtlinie zur geltenden Wegekostenrichtlinie aus 1999 (vgl. unten *Teil E V 2* und Fn. 913) – über die Besteuerung bestimmter Kraftfahrzeuge zur Güterbeförderung sowie die Erhebung von Maut- und Benutzungsgebühren für bestimmte Verkehrswege durch die Mitgliedstaaten, ABl. 1993, Nr. L 279/32. Zur Richtlinie aus 1993 vgl. *Mückenhausen*, EuZW 1994, 520 ff.

[626] EuGH, Rs. C-205/98, Brennermaut, Slg. 2000, I-7367 Ls. 1, Rn. 101 und 115, worin der EuGH sowohl eine mittelbare Diskriminierung aufgrund der Staatsangehörigkeit der Verkehrsunternehmer als auch aufgrund des Ausgangs- oder Zielpunktes des Verkehrs feststellt. Vgl. zur Rechtssache *Brennermaut* unten *Teil E V 2 c) aa)*, Fn. 251 und 951.

[627] EuGH, Rs. C-28/09, Sektorales Fahrverbot II, Slg. 2011, I-13525 Rn. 134 ff.

[628] Zum Gleichheitssatz vgl. oben *Teil E I 1 a) aa)*, Fn. 540 und 541.

[629] *Wasserer*, JRP 2009, 123 f.; *Weber K.*, Transitverkehr in der Judikatur, in Roth G.H./Hilpold (Hrsg.), EuGH und die Souveränität der Mitgliedstaaten (2008), 398 und 422.

[630] *Weber K.*, Transitverkehr in der Judikatur, in Roth G.H./Hilpold (Hrsg.), EuGH und die Souveränität der Mitgliedstaaten (2008), 421.

[631] *Weber K.*, Transitverkehr in der Judikatur, in Roth G.H./Hilpold (Hrsg.), EuGH und die Souveränität der Mitgliedstaaten (2008), 421.

[632] EuGH, Rs. C-379/87, Groener, Slg. 1989, 3967 Rn. 24; Rs. C-15/96, Schöning-Kougebetopoulou, Slg. 1998, I-47 Rn. 21; Rs. C-274/96, Bickel und Franz, Slg. 1998, I-7637 Rn. 27; Rs. C-281/98, Angonese, Slg. 2000, I-4139 Rn. 42.

und Quellverkehr mangels Bahnverbindungen nur der Transport auf der Straße offen stehe. Tatsächlich ist eine Verlagerung im Fernverkehr sowohl in wirtschaftlicher als auch in umweltpolitischer Hinsicht besonders effektiv. Den Nah- und Regionalverkehr verteuert sie hingegen nicht nur überproportional, sondern sie verursacht auch unnötigen Umwegverkehr und läuft dadurch ihrer eigenen Zielsetzung entgegen.[633] Inhaltlich folgt der Gerichtshof dieser Argumentation – wenngleich im Rahmen der Prüfung der Eignung der Maßnahme –, indem er in der Rechtssache *Sektorales Fahrverbot II* ausführt[634]:

„In Bezug auf den Ausschluss des lokalen und regionalen Verkehrs [...] ist darauf hinzuweisen, dass nationale Maßnahmen zur Kanalisierung von Verkehrsströmen oder zur Beeinflussung von Verkehrsträgern u. a. dadurch gekennzeichnet sind, dass sie in der Regel Ausnahmen für Verkehr mit Ziel- oder Ausgangspunkt im betroffenen Gebiet vorsehen. Wie die Republik Österreich zu Recht vorträgt, könnte nämlich die Verlagerung dieser Art von Verkehr auf die Schiene eine Verlängerung der Strecken mit sich bringen, da zu den ursprünglichen Strecken noch die Fahrten zu den Bahnterminals hinzukämen; dies hätte eine Wirkung, die dem mit dem sektoralen Fahrverbot verfolgten Zweck zuwiderliefe. Außerdem ist unstreitig, dass der Schienenverkehr nur für Fahrten von einer gewissen Entfernung eine rentable Alternative zum Straßenverkehr darstellt."

Aus der Rechtsprechung des EuGH ist nicht eindeutig ersichtlich, ob die Prüfung objektiver Erwägungen auf der Tatbestands- oder auf der Rechtfertigungsebene anzusiedeln ist. Geht man davon aus, dass die geschilderten objektiven Erwägungen bereits auf der Tatbestandsebene zum Tragen kommen, liegt keine indirekte Diskriminierung vor, vorausgesetzt die Ungleichbehandlung steht in einem angemessenen Verhältnis zu dem Zweck, der damit zulässigerweise verfolgt wird. Prüft man die objektiven Erwägungen indes auf der Rechtfertigungsebene, ist grundsätzlich von einer indirekten Diskriminierung ausländischer Waren bzw. Transportunternehmer auszugehen. Diese kann jedoch durch objektive Erwägungen gerechtfertigt sein, sofern sie den Anforderungen der Verhältnismäßigkeit entspricht. Den Negativaspekten einer undifferenzierten Ver-

[633] Vgl. in diesem Sinne die Vorbringen Österreichs in EuGH, Rs. C-320/03, Sektorales Fahrverbot I, Slg. 2005, I-9871 Rn. 53 und 57; Rs. C-28/09, Sektorales Fahrverbot II, Slg. 2011, I-13525 Rn. 88 ff.; außerdem die Argumentationen bei *Schroeder*, Alpine traffic and International Law, in Quillacq/Onida (Hrsg.), Environmental Protection and Mountains (2011), 159, der aber auch den „more or less hidden protectionist and discriminatory character" des sektoralen Fahrverbotes kritisiert, 161; Onida, Rev.dr.UE 2008, 761 f.; *Weber K.*, Transitverkehr in der Judikatur, in Roth G.H./Hilpold (Hrsg.), EuGH und die Souveränität der Mitgliedstaaten (2008), 422; *Weber R.H.*, AJP 2008, 1222; *Obwexer*, Regelung des Transitverkehrs, in Hummer/Obwexer (Hrsg.), 10 Jahre EU-Mitgliedschaft Österreichs (2006), 350 f. und 373; *Obwexer*, ZVR 2006, 220.

[634] EuGH, Rs. C-28/09, Sektorales Fahrverbot II, Slg. 2011, I-13525 Rn. 134; hierzu *Ehlotzky*, Eine (rein) österreichische Angelegenheit? in Epiney/Heuck (Hrsg.), Der alpenquerende Gütertransport (2012), 70 ff.; *Ehlotzky*, RdU-U&T 2012, 5.

kehrsverlagerung ist dann im Rahmen der Rechtfertigungsprüfung Rechnung zu tragen.[635]

Weder in der Rechtssache *Sektorales Fahrverbot I* noch in der Rechtssache *Sektorales Fahrverbot II* äußert sich der EuGH zum möglichen Vorliegen einer Diskriminierung. Generalanwalt *Geelhoed* verneint eine solche in seinen Schlussanträgen in der Rechtssache *Sektorales Fahrverbot I* bereits auf der Tatbestandsebene.[636] Er führt aus[637]:

„Zweitens besteht eines der Merkmale nationaler Maßnahmen [...] darin, dass sie aus Gründen, die mit der Lebensfähigkeit der örtlichen und regionalen Wirtschaft zusammenhängen, Ausnahmen für Verkehr mit Ziel- oder Ausgangspunkt in diesen Regionen vorsehen müssen. [...] Wenn verhältnismäßig kleine Transitstaaten [...] Maßnahmen zur Beeinflussung oder Beschränkung von Verkehrsströmen ergreifen, kommen Ausnahmen für den Ziel- und Quellverkehr [...] beinahe zwangsläufig den inländischen Spediteuren stärker zugute als den Spediteuren aus anderen Mitgliedstaaten. Diese Auswirkung, die wiederum die Folge der Konfiguration der Staatsgrenzen ist, kann nicht einfach als eine Form der Diskriminierung angesehen werden [...]. [...] Es trifft zwar zu, dass das [...] Verbot den Transitverkehr ausländischer Lastkraftwagen [...] stärker betrifft als die von österreichischen Fahrzeugen durchgeführten Transporte; es ist jedoch fraglich, ob dies allein schon den Schluss zulässt, dass es Erstere mittelbar benachteiligt. Außerdem stellt sich die Frage, ob die Ausnahme zugunsten des Ziel- und Quellverkehrs [...], von der österreichische Fuhrunternehmen mehr profitieren, zu derselben Schlussfolgerung führt. [...] Da die Maßnahme die Beeinflussung der Verkehrsträger [...] bezweckt, betrifft sie angesichts der besonderen geografischen Lage Österreichs naturgemäß und zwangsläufig den ausländischen Transit stärker als den Binnentransport der betroffenen Güter. [...] Als Ganzes und in ihrem allgemeinen Zusammenhang betrachtet, ist die streitige Maßnahme meines Erachtens nicht als (mittelbar) diskriminierend anzusehen."

b) Rechtfertigungsgründe

Gründe des Umwelt- und Gesundheitsschutzes lassen sich auch als herkömmliche Rechtfertigungsgründe heranziehen, vorausgesetzt man folgt der Auffassung, dass mittelbare Diskriminierungen sowohl einer Rechtfertigung durch ausdrückliche als auch durch ungeschriebene Rechtfertigungsgründe zugänglich sind.[638] Wie auch bei der Prüfung objektiver Erwägungen kommt es dabei maßgeblich auf die Verhältnismäßigkeit der konkreten Regelung an. Ist die der Vor-

---

[635] Zur dogmatischen Einordnung objektiver Erwägungen auf Tatbestands- und Rechtfertigungsebene vgl. *Schweitzer/Hummer/Obwexer*, Europarecht (2007), Rn. 1304 f.; *Obwexer*, Regelung des Transitverkehrs, in Hummer/Obwexer (Hrsg.), 10 Jahre EU-Mitgliedschaft Österreichs (2006), 350 f.; *Obwexer*, ZVR 2006, 220.

[636] Vgl. GA *Geelhoed*, SchlA Rs. C-320/03, Sektorales Fahrverbot I, Slg. 2005, I-9871 Rn. 107 f.

[637] GA *Geelhoed*, SchlA Rs. C-320/03, Sektorales Fahrverbot I, Slg. 2005, I-9871 Rn. 61 und 93 ff.; in diesem Sinne auch *Onida*, Rev.dr.UE 2008, 761 f.

[638] Vgl. oben *Teil D III 1* und Fn. 442.

schrift zugrunde liegende Ungleichbehandlung gerechtfertigt, liegt im Ergebnis keine verbotene Diskriminierung vor.

In Hinblick auf Ausnahmeregelungen für den Lokal- und Kurzstreckenverkehr im Rahmen der Alpentransitbörse wird eine Rechtfertigung durch Erfordernisse der regionalen Struktur- und Standortpolitik vorgebracht. Dies wird damit begründet, dass Art. 96 Abs. 2 AEUV die Berücksichtigung der Erfordernisse einer angemessenen Standortpolitik und der Bedürfnisse unterentwickelter Gebiete nennt. Durch eine Sonderbehandlung des regionalen Verkehrs könne man eine Zerschneidung der die Alpenübergänge umgebenden kleinräumigen Wirtschaftsgebiete verhindern und somit negative Folgen für wirtschaftlich verflochtene Regionen vermeiden.[639]

Zunächst fragt es sich hierbei, warum gerade auf Art. 96 Abs. 2 AEUV Bezug genommen wird. Diese beihilferechtliche Bestimmung ermächtigt die Europäische Kommission in Ausnahmefällen im Interesse regionaler Struktur- und Standortpolitik Unterstützungstarife im Verkehrssektor zu gestatten, die grundsätzlich nach Art. 96 Abs. 1 AEUV verboten sind.[640] Vorausgesetzt der Gerichtshof erachtet die genannten Erfordernisse nicht überhaupt als rein wirtschaftliche Gründe, ist im Übrigen zu bezweifeln, dass zur Gewährleistung einer ausgeglichenen regionalen Struktur- und Standortpolitik diskriminierende Regelungen erforderlich sind. So hat der Gerichtshof in der Rechtssache *TK-Heimdienst*[641] eine Regelung als unverhältnismäßig qualifiziert, die im Interesse einer funktionierenden Nahversorgung ortsansässige Unternehmen begünstigte.[642] Allerdings hat er dabei eine Rechtfertigung aus regionalpolitischen Gründen zumindest prinzipiell für zulässig erachtet[643]:

> „Zwar ist nicht auszuschließen, daß die Notwendigkeit, eine Verschlechterung der Nahversorgungsbedingungen in relativ abgelegenen Gebieten eines Mitgliedstaats zu verhindern, unter bestimmten Umständen eine Behinderung des inner[unionalen] Handels rechtfertigen kann; […].“

Gründe der regionalen Struktur- und Standortpolitik werden diskriminierende Ausnahmeregelungen letztlich nur legitimieren können, wenn sie an objektiv nachvollziehbare, von der Staatsangehörigkeit bzw. der Herkunft unab-

639 So in unterschiedlicher Intensität *Heuck*, Infrastrukturmaßnahmen (2013), 281 ff.; *Epiney*, Alpentransitbörse als Instrument, in Gamper/Ranacher (Hrsg.), Rechtsfragen des grenzüberschreitenden Verkehrs (2012), 121; *Epiney/Heuck*, Vorgaben des EU-Rechts, in Epiney/Heuck (Hrsg.), Der alpenquerende Gütertransport (2012), 36 f.; *Waldeck*, LEGALP (2012), 57; *Epiney/Heuck*, ZUR 2009, 182 f.; *Weber R.H.*, AJP 2008, 1222.

640 Vgl. *Schäfer* in Streinz (Hrsg.), EUV/AEUV (2012), Art. 96 AEUV Rn. 9; *Jung* in Calliess/Ruffert (Hrsg.), EUV/AEUV (2011), Art. 96 AEUV Rn. 5 ff.

641 EuGH, Rs. C-254/98, TK-Heimdienst, Slg. 2000, I-151.

642 EuGH, Rs. C-254/98, TK-Heimdienst, Slg. 2000, I-151 Rn. 22 ff. und 36 f.

643 EuGH, Rs. C-254/98, TK-Heimdienst, Slg. 2000, I-151 Rn. 34.

hängige Kriterien anknüpfen. Der Gerichtshof wird dabei strenge Anforderungen an ihre Verhältnismäßigkeit stellen.

c) Zwischenergebnis

Im Ergebnis macht es keinen nennenswerten Unterschied, ob man bei Ausnahmen für den regionalen Verkehr den Ausschluss einer mittelbaren Diskriminierung bereits auf der Tatbestandsebene zulässt oder grundsätzlich eine Diskriminierung annimmt und im Anschluss daran deren Rechtfertigung prüft. Sonderregelungen sind jedenfalls sehr zurückhaltend und unter Anknüpfung an objektive Gesichtspunkte vorzusehen. Daher begrüßt der Gerichtshof auch in der Rechtssache *Sektorales Fahrverbot II* – ohne ausdrücklich auf das Vorliegen einer Diskriminierung einzugehen[644] –, dass die in der zweiten Verordnung enthaltenen Ausnahmen nicht mehr nur österreichische, sondern auch grenznahe deutsche und italienische Bezirke erfassen[645]:

„Da die Ausnahme Lastkraftwagen betrifft, die in der ‚erweiterten Zone' be- und entladen werden, ist im Übrigen darauf hinzuweisen, dass diese Zone auch außerhalb des österreichischen Hoheitsgebiets gelegene Verwaltungsbezirke umfasst."

Tatsächlich kommt dadurch stärker zum Ausdruck, dass für eine Sonderbehandlung nicht die Herkunft der Waren oder die Staatsangehörigkeit der Unternehmer, sondern die Beförderungsentfernung und die Transportstrecke ausschlaggebend sind. Es erfolgt eine breitere Streuung, denn unter die Ausnahmeregelung fallen nicht mehr fast ausschließlich österreichische, sondern ebenso deutsche und italienische Wirtschaftsteilnehmer.[646]

Im Lichte des Urteiles in der Rechtssache *Sektorales Fahrverbot II* ist folglich davon auszugehen, dass Ausnahmen für den regionalen Verkehr zulässig sind, sofern diese an objektive Kriterien anknüpfen. Beispielsweise könnte ein im Rahmen der Alpentransitbörse eingeführter angepasster Konversionskurs für den Lokal- und Kurzstreckenverkehr als unionsrechtskonform zu qualifizieren sein, vorausgesetzt er gewährleistet eine vergleichbare Behandlung des regionalen Verkehrs in Relation zum Langstreckenverkehr.[647]

---

[644] Vgl. oben *Teil E I 1 c) cc) (1)* und Fn. 585.

[645] EuGH, Rs. C-28/09, Sektorales Fahrverbot II, Slg. 2011, I-13525 Rn. 135. Generalanwältin *Trstenjak* legt sich in ihren Schlussanträgen nicht explizit auf eine Diskriminierung fest, schließt allerdings die von der Kommission vorgebrachte „stark diskriminierende Tendenz" der streitgegenständlichen Regelung nicht aus, vgl. GA *Trstenjak*, SchlA Rs. C-28/09, Sektorales Fahrverbot II, Slg. 2011, I-13525 Rn. 35 und 82.

[646] Vgl. auch *Ehlotzky*, Eine (rein) österreichische Angelegenheit? in Epiney/Heuck (Hrsg.), Der alpenquerende Gütertransport (2012), 70 f.

[647] Hierzu *Ecoplan*, ALBATRAS (2011), 147 f.; *Epiney/Heuck*, ZUR 2009, 179 f.; *Weber R.H.*, AJP 2008, 1213 f. und 1222.

Entscheidend ist es schließlich auch, grundsätzlich unterschiedslos anwendbare Belastungen nicht unmittelbar durch wirtschaftspolitische Maßnahmen gegenüber inländischen Unternehmen auszugleichen, beispielsweise durch steuerliche Vergünstigungen, Förderungen oder Investitionsanreize. Denn auch diese bewirken im Ergebnis eine mittelbare Diskriminierung ausländischer Waren bzw. Wirtschaftstreibender. In Hinblick auf den gewerblichen Verkehr ist hierbei die *stand-still*-Klausel des Art. 92 AEUV zu beachten, wonach es den Mitgliedstaaten untersagt ist, die Rechtssituation ausländischer im Verhältnis zu inländischen Verkehrsunternehmern rechtlich oder tatsächlich ungünstiger zu gestalten, als sie sich bei Inkrafttreten des EWG-Vertrages bzw. zum jeweiligen Beitrittszeitpunkt darstellte.[648]

II. Art. 11 VerkP: Straßenverkehr

Das Verkehrsprotokoll anerkennt zwar die Notwendigkeit einer funktionierenden Straßeninfrastruktur im Alpenraum[649], eine Kapazitätserweiterung im hochrangigen Straßennetz soll jedoch vermieden werden. Dies entspricht dem Nachhaltigkeitsprinzip, wonach der Verbrauch der nicht erneuerbaren Ressource Boden möglichst hintanzuhalten ist.[650] Art. 11 VerkP differenziert zwischen hochrangigen Straßenprojekten für den alpenquerenden Verkehr (Abs. 1) und solchen für den inneralpinen Verkehr (Abs. 2). Während Abs. 1 den Bau ersterer gänzlich ausschließt, lässt Abs. 2 die Verwirklichung von inneralpinen Straßenprojekten unter restriktiven, taxativ aufgezählten Voraussetzungen zu.[651]

Art. 11 Abs. 1 VerkP hebt sich aufgrund seiner bestimmten Formulierung von den anderen Bestimmungen des Verkehrsprotokolls ab. Um den Sinn dieser Norm richtig zu erfassen und sie an den Grundfreiheiten prüfen zu können, ist es notwendig, ihre zentralen Begriffe anhand der völkerrechtlichen Auslegungsregeln zu definieren. Dies erfolgt bei völkerrechtlichen Abkommen wie

---

[648] Vgl. EuGH, Rs. C-195/90, Schwerverkehrsabgabe, Slg. 1992, I-3141 Rn. 20 f. Dazu und zu Art. 92 AEUV vgl. unten *Teil E V 1* und Fn. 911.

[649] Vgl. Art. 11 Abs. 3 VerkP.

[650] Vgl. Art. 3 Abs. 1 lit. a sublit. a VerkP; *Schroeder/Weber K.*, Studie (2008), Rn. 325 und 330. Zum Nachhaltigkeitsprinzip vgl. oben *Teil B III 2 b) cc).*

[651] Zu den in Art. 11 Abs. 2 VerkP normierten und in der vorliegenden Arbeit nicht weiter erläuterten Voraussetzungen vgl. *Heuck*, Infrastrukturmaßnahmen (2013), 187 ff.; *Haller*, Zerstörung von Alpenraum und Rechtsstaat? in FS für H. René Laurer (2009), 47; *Schroeder/Weber K.*, Studie (2008), Rn. 352 ff. und 391 ff.; *Bußjäger/Larch*, RdU 2006, 104 f.; *Lebel*, Das „Verkehrsprotokoll" der Alpenkonvention, in Busek/Hummer (Hrsg.), Alpenquerender und inneralpiner Transitverkehr (2005), 8 f.; allgemein zu Art. 11 VerkP *Galle*, Alpenkonvention (2002), 137.

dem Verkehrsprotokoll nach den Regeln des Wiener Übereinkommens über das Recht der Verträge (WVK).[652]

1. Auslegung des Verkehrsprotokolls

Die meisten Prinzipien der WVK, insbesondere auch die in Art. 31 ff. WVK niedergeschriebenen Auslegungsregeln, galten bereits vor ihrer Kodifizierung als völkergewohnheitsrechtliche Grundsätze[653] und binden daher auch Staaten, die nicht Vertragsparteien der WVK sind.[654] Ebenso ist davon auszugehen, dass die EU gewohnheitsrechtlich an die in der WVK festgelegten Auslegungsregeln gebunden ist.[655]

a) Allgemeine Auslegungsregel und ergänzende Auslegungsmittel

Art. 31 Abs. 1 WVK formuliert die allgemeine Grundregel für die Auslegung:

„Ein Vertrag ist nach Treu und Glauben in Übereinstimmung mit der gewöhnlichen, seinen Bestimmungen in ihrem Zusammenhang zukommenden Bedeutung und im Lichte seines Zieles und Zweckes auszulegen.“

Darin zeigt sich, dass der WVK grundsätzlich ein objektiver Ansatz zugrunde liegt, bei dem die Auslegung am Vertragstext, d.h. am Wortlaut eines Begriffes, ansetzt. Neben der üblichen Bedeutung dieses Begriffes im allgemeinen bzw. im rechtlichen Sprachgebrauch ist dessen Sinn auch im systematischen Zu-

---

[652] Zur WVK vgl. Fn. 129. Vgl. auch *Villiger*, Commentary (2009), 28 ff. zur Entstehung der WVK und Art. 31 WVK Rn. 1 ff. zur Auslegung; ebenso *Köck*, ZÖR 1998, 217 ff.; *Verdross/Simma*, Universelles Völkerrecht (1984), §§ 774 ff.; *Köck*, Vertragsinterpretation und Vertragsrechtskonvention (1976), 77 ff.

[653] Vgl. IGH, *Case Concerning the Arbitral Award of 31 July 1989 (Guinea-Bissau v. Senegal)*, Judgment, ICJ Reports 1991, 53 Rn. 48; *Territorial Dispute (Libyun Aruh Jamuhiriyu/ Chad)*, Judgment, ICJ Reports 1994, 6 Rn. 41; *Kasikili/Sedudu Island (Botswana/Namibia)*, Judgment, ICJ Reports 1999, 1045 Rn. 18; *Dispute regarding Navigational and Related Rights (Costa Rica v. Nicaragua)*, Judgment, ICJ Reports 2009, 213 Rn. 47. WTO, *United States – Standards for Reformulated and Conventional Gasoline*, Report of the Appellate Body, 29 April 1996, WT/DS2/AB/R, 16–17; *Japan – Taxes on Alcoholic Beverages*, Report of the Appellate Body, 4 October 1996, WT/DS8,10–11/AB/R, 10–12; vgl. *Villiger*, Rules on Interpretation, in Cannizzaro (Hrsg.), The Law of Treaties (2011), 117 ff.; differenzierend *Sorel* in Corten/Klein (Hrsg.), Les conventions de Vienne (2006), Art. 31 WVK Rn. 10 ff.; *Sinclair*, Vienna Convention (1973), 6 ff. zur WVK und dem Völkergewohnheitsrecht sowie 69 ff. zur Vertragsinterpretation. Differenziert zu betrachten ist hingegen die gewohnheitsrechtliche Geltung der Art. 19 ff. WVK, vgl. *Walter* in Dörr/ Schmalenbach (Hrsg.), Vienna Convention (2012), Art. 19 WVK Rn. 133.

[654] Wie z.B. Frankreich und Monaco, vgl. Fn. 129.

[655] Vgl. Fn. 129 und 133.

sammenhang zu bestimmen, in den er eingebettet ist. Beim Verkehrsprotokoll ergibt sich dieser systematische Zusammenhang nicht nur aus dem einzelnen Satz oder der betreffenden Norm, sondern aus dem gesamten Vertragstext, inklusive seiner Präambel. Außer dem Zusammenhang ist gemäß Art. 31 Abs. 3 lit. b WVK auch jede spätere Übung bei der Anwendung des Vertrags, aus der die Übereinstimmung der Vertragsparteien über seine Auslegung hervorgeht, in gleicher Weise miteinzubeziehen. Schließlich sind im Rahmen der teleologischen Auslegungsmethode Ziel und Zweck des Verkehrsprotokolls zu berücksichtigen, die sich aus dem Vertrag, aber auch aus dem gesamten Vertragswerk der Alpenkonvention ergeben. Allgemein ist bei der Auslegung der völkerrechtliche Grundsatz von Treu und Glauben zu beachten.[656]

Durch die Einbeziehung einseitiger Erklärungen wird die Auslegung durch subjektive Elemente erweitert, die den Willen der Vertragsparteien stärker berücksichtigen. Gibt eine Partei daher einen Vorbehalt im Sinne von Art. 2 Abs. 1 lit. d WVK ab und wird dieser in relevanter Weise angenommen, kann er die Rechtswirkungen des gegenständlichen Vertrages in Anwendung auf diese Vertragspartei entsprechend modifizieren.[657] Auf die Bezeichnung oder Formulierung der Erklärung kommt es dabei nicht an.[658]

Art. 31 WVK räumt keiner der oben genannten Auslegungsmethoden den Vorrang ein. Vielmehr soll die Interpretation einen einheitlichen Vorgang darstellen.[659] Letztlich sind es jedoch meist Ziel und Zweck des Vertrages, die den

---

656 Zu Art. 31 Abs. 1 WVK und der diesbezüglichen Auslegungsmethodik vgl. *Binder Ch./Zemanek*, Völkervertragsrecht, in Reinisch (Hrsg.), Österreichisches Handbuch des Völkerrechts (2013), Rn. 328 ff.; *Graf Vitzthum*, Begriff, Geschichte und Rechtsquellen, in Graf Vitzthum/Proelß (Hrsg.), Völkerrecht (2013), Rn. 123 f.; *Crawford*, Public International Law (2012), 380 ff.; *Villiger*, Rules on Interpretation, in Cannizzaro (Hrsg.), The Law of Treaties (2011), 108 ff.; *Villiger*, Commentary (2009), Art. 31 WVK Rn. 6 ff.; *Sorel* in Corten/Klein (Hrsg.), Les conventions de Vienne (2006), Art. 31 WVK Rn. 28 ff.; *Heintschel von Heinegg*, Die völkerrechtlichen Verträge, in Ipsen (Hrsg.), Völkerrecht (2004), § 11 Rn. 4 ff.; zur späteren Übung als Auslegungsfaktor vgl. *Karl*, Vertrag und spätere Praxis (1983), 184 ff.

657 Zu den durch die Vertragsparteien abgegebenen Erklärungen zum Verkehrsprotokoll vgl. unten *Teil E II 3*. Zum Konzept des Vorbehaltes vgl. auch *Binder Ch./Zemanek*, Völkervertragsrecht, in Reinisch (Hrsg.), Österreichisches Handbuch des Völkerrechts (2013), Rn. 286 ff.; *Villiger*, Commentary (2009), Art. 2 WVK Rn. 32 ff. und Art. 19 WVK Rn. 6 ff.; *Heintschel von Heinegg*, Die völkerrechtlichen Verträge, in Ipsen (Hrsg.), Völkerrecht (2004), § 14 Rn. 1 ff.; *Hilpold*, AVR 1996, 380 ff.; *Horn*, Reservations and Interpretative Declarations (1988), 37 ff. und 123 ff.; *Verdross/Simma*, Universelles Völkerrecht (1984), §§ 730 ff.

658 Vgl. Punkt 1.1 des ILC-Praxisleitfadens zu Vorbehalten, Guide to Practice on Reservations to Treaties, Report of the ILC, 63rd session (2011), Supplement No. 10 (A/66/10 and Add.1), 19 ff. Im Folgenden: ILC-Leitlinien.

659 *Villiger*, Rules on Interpretation, in Cannizzaro (Hrsg.), The Law of Treaties (2011), 113 f.

Ausschlag zugunsten einer bestimmten Auslegung geben.[660] Gemäß Art. 32 WVK können zudem gewisse Auslegungsmittel, wie die vorbereitenden Arbeiten zu einem Vertrag, ergänzend herangezogen werden, um die sich bei Anwendung des Art. 31 WVK ergebende Bedeutung zu bestätigen oder den Inhalt zu bestimmen, wenn die Auslegung nach Art. 31 WVK die Bedeutung mehrdeutig oder dunkel lässt oder zu einem offensichtlich sinnwidrigen oder unvernünftigen Ergebnis führt.[661]

b) Verkehrsprotokoll als mehrsprachiger Vertrag

Das Verkehrsprotokoll ist ein mehrsprachiger Vertrag, der in deutscher, französischer, italienischer und slowenischer Sprache abgeschlossen wurde, „wobei jeder Wortlaut gleichermaßen verbindlich ist".[662] Nun können unterschiedliche Sprachfassungen völkerrechtlicher Verträge naturgemäß nicht vollkommen äquivalent sein.[663] Auch die Sprachfassungen des Verkehrsprotokolls weisen Textdivergenzen auf[664], und dies obwohl der Ständige Ausschuss der Alpenkonvention noch vor Annahme des Verkehrsprotokolls in seiner 16. Sitzung im Mai 2000 feststellte, dass dieses sprachlich harmonisiert sei.[665] Zur Auslegung sind daher, wie Art. 33 WVK vorgibt, alle authentischen Sprachfassungen heranzuziehen:

---

[660] Vgl. *Cassese*, International Law (2005), 179; *Heintschel von Heinegg*, Die völkerrechtlichen Verträge, in Ipsen (Hrsg.), Völkerrecht (2004), § 11 Rn. 12; *Köck*, ZÖR 1998, 219 und 237.

[661] Hierzu *Crawford*, Public International Law (2012), 383 f.; *Sbolci*, Supplementary Means of Interpretation, in Cannizzaro (Hrsg.), The Law of Treaties (2011), 149 ff.; *Villiger*, Rules on Interpretation, in Cannizzaro (Hrsg.), The Law of Treaties (2011), 112 f.; *Villiger*, Commentary (2009), Art. 32 WVK Rn. 1 ff.; *Le Bouthillier* in Corten/Klein (Hrsg.), Les conventions de Vienne (2006), Art. 32 WVK Rn. 1 ff. und 22 ff.; *Heintschel von Heinegg*, Die völkerrechtlichen Verträge, in Ipsen (Hrsg.), Völkerrecht (2004), § 11 Rn. 4 f. und 18; *Köck*, ZÖR 1998, 221 f. und 230 f.; *Verdross/Simma*, Universelles Völkerrecht (1984), § 779; *Sinclair*, Vienna Convention (1973), 71 ff.

[662] Vgl. die Sprachenklausel am Ende des Verkehrsprotokolls.

[663] Vgl. *Hilf*, Auslegung mehrsprachiger Verträge (1973), 20 ff. und allgemein zu Sprachenklauseln 45 ff.

[664] Vgl. unten *Teil E II 2*. Die daraus resultierenden Probleme hätte man durch Heranziehung des Englischen als einzige authentische Vertragssprache vermeiden können, was bei der Karpatenkonvention erfolgt ist. Zu dieser vgl. Fn. 21. Kritisch auch *Galle*, Alpenkonvention (2002), 197.

[665] Beschlussprotokoll der 16. Sitzung des Ständigen Ausschusses der Alpenkonferenz, vom 24. bis 26.5.2000 in Chur, Traktandum 6. In Bezug auf die anderen sieben Durchführungsprotokolle erteilte der Ständige Ausschuss im März 2000 einer *Ad-hoc*-Arbeitsgruppe das Mandat, diese sprachlich zu harmonisieren. Dieses Mandat bezog sich jedoch nicht auf das zu diesem Zeitpunkt noch nicht angenommene Verkehrsprotokoll. War für die Verhandlung eines Protokolls eine Referenzsprache festgelegt worden, sollte diese als verbindlich angesehen werden (Erweitertes Beschlussprotokoll der 15. Sitzung des Ständi-

„(1) Ist ein Vertrag in zwei oder mehr Sprachen als authentisch festgelegt worden, so ist der Text in jeder Sprache in gleicher Weise maßgebend […].

(2) […].

(3) Es wird vermutet, daß die Ausdrücke des Vertrags in jedem authentischen Text dieselbe Bedeutung haben.

(4) [… W]enn ein Vergleich der authentischen Texte einen Bedeutungsunterschied aufdeckt, der durch die Anwendung der Artikel 31 und 32 nicht ausgeräumt werden kann, [wird] diejenige Bedeutung zugrunde gelegt, die unter Berücksichtigung von Ziel und Zweck des Vertrags die Wortlaute am besten miteinander in Einklang bringt."

Gemäß Art. 33 WVK ist folglich von jener Begriffsbedeutung auszugehen, die allen authentischen Vertragssprachen gemeinsam ist. Ist im Verkehrsprotokoll zum Beispiel ein deutscher Ausdruck mehrdeutig, ist jene Wortbedeutung anzunehmen, die auch dem französischen, italienischen und slowenischen Wortlaut entspricht, bzw. die dem Sinn des Begriffes in der Rechtsordnung dieser Staaten am nächsten kommt.[666] Liegt ein Bedeutungsunterschied zwischen den Sprachfassungen vor, der nicht durch Anwendung der Art. 31 f. WVK ausgeräumt werden kann, so ist dieser Widerspruch schließlich gemäß Art. 33 Abs. 4 WVK dahingehend aufzulösen, dass jener Auslegung der Vorzug zu geben ist, die mit Ziel und Zweck des Verkehrsprotokolls am besten vereinbar ist.[667]

Demgemäß kann die „Referenzsprache" des Verkehrsprotokolls, d.h. jene Sprachfassung, die als Urtext für die Übersetzung des Protokolls in die anderen Sprachen gedient hat, nicht maßgeblich für die Auslegung sein.[668] Dies liegt be-

---

gen Ausschusses der Alpenkonferenz, vom 29. bis 31.3.2000 in Château-d'Oex, Traktandum 12). Das Ergebnis der Harmonisierung nahmen der Ständige Ausschuss (Beschlussprotokoll der 16. Sitzung des Ständigen Ausschusses der Alpenkonferenz, vom 24. bis 26.5.2000 in Chur, Traktandum 10) und die Alpenkonferenz zustimmend zur Kenntnis. Letztere stellte fest, dass die Protokolle in sprachlicher und stilistischer Hinsicht vollständig harmonisiert worden seien (Beschlussprotokoll der VI. Alpenkonferenz vom 30. und 31.10.2000 in Luzern, Traktandum 5.6).

[666] Im Folgenden werden in erster Linie die deutsche, die französische und die italienische Sprachfassung des Verkehrsprotokolls verglichen. Die slowenische Version wird in Zweifelsfragen ergänzend herangezogen. Herrn *Borut Šantej* gebührt Dank für seine Unterstützung bei der Analyse der slowenischen Fassung.

[667] Zur Auslegung mehrsprachiger Verträge vgl. *Binder Ch./Zemanek*, Völkervertragsrecht, in Reinisch (Hrsg.), Österreichisches Handbuch des Völkerrechts (2013), Rn. 326 f.; *Villiger*, Commentary (2009), Art. 33 WVK Rn. 4 ff.; *Papaux* in Corten/Klein (Hrsg.), Les conventions de Vienne (2006), Art. 33 WVK Rn. 1 ff.; *Heintschel von Heinegg*, Die völkerrechtlichen Verträge, in Ipsen (Hrsg.), Völkerrecht (2004), § 11 Rn. 22; *Verdross/Simma*, Universelles Völkerrecht (1984), § 783; *Hilf*, Auslegung mehrsprachiger Verträge (1973), 48 ff. und 85 ff.

[668] Zur Festlegung einer Referenzsprache, und zwar der „Amtssprache des jeweiligen Vorsitzlandes", für „den Großteil der Protokolle", allerdings ohne näheren Hinweis auf die einzelnen Protokolle und ihre jeweiligen Referenzsprachen *Galle*, Alpenkonvention (2002), 197; zum Stellenwert des Urtextes im Rahmen des Auslegungsprozesses vgl. *Verdross/Sim-*

reits daran, dass sich nicht zweifelsfrei ermitteln lässt, welche Sprache tatsächlich die Referenzsprache des Verkehrsprotokolls ist. In Frage kommen dafür Deutsch und Französisch. Deutsch ist die Amtssprache Liechtensteins, das den Vorsitz in jener Arbeitsgruppe der Alpenkonvention innehatte, die den Text des Verkehrsprotokolls verhandelte. Dass die Verhandlungen in der 15. Sitzung des Ständigen Ausschusses im März 2000 auf der Basis eines französischen Vorschlages erfolgten, könnte wiederum auf die französische Sprache als Referenzsprache hindeuten.[669] Unabhängig davon erscheint jedoch ein Rückgriff auf die Referenzsprache mit der in der WVK gebotenen Gleichrangigkeit aller verbindlichen Texte unvereinbar, die auch dem in den Sprachenklauseln der Vertragspartner zum Ausdruck kommenden Willen entspricht.

c) Integriertes Auslegungsregime

Das Verkehrsprotokoll existiert nicht bloß auf abstrakter völkerrechtlicher, sondern wirkt auch auf innerstaatlicher und unionsrechtlicher Ebene. Es unterliegt daher nicht nur dem völkerrechtlichen, sondern auch dem unionsrechtlichen Auslegungsregime.

Die Völkerrechtssubjekte bestimmen selbst, wie sie die völkerrechtlichen Auslegungsregeln in ihre Rechtsordnung inkorporieren. Im Falle Österreichs, das Vertragspartei der WVK ist[670], haben innerstaatliche Rechtsanwendungsorgane jene Bestimmungen des Verkehrsprotokolls, die in der österreichischen Rechtsordnung unmittelbar anwendbar sind[671], nach der völkerrechtlichen Methodik auszulegen.[672] Ein gewisses Spannungsverhältnis ergibt sich allerdings daraus, dass Österreich ein Mitgliedstaat der EU ist und aufgrund des in Art. 4 Abs. 3 EUV enthaltenen Loyalitätsgebotes auch zur unionsrechtskonformen Auslegung seines innerstaatlichen Rechts verpflichtet ist.[673]

Der EuGH wiederum anerkennt prinzipiell die Interpretationsmethoden der WVK und legt völkerrechtliche Abkommen der EU nach ihren Grundsät-

---

ma, Universelles Völkerrecht (1984), § 785; *Hilf*, Auslegung mehrsprachiger Verträge (1973), 88 ff.

669 Auskunft des Generalsekretariats der Alpenkonvention (2011).

670 Vgl. Fn. 129. Vgl. darüber hinaus zur permanenten Rezeption des Völkergewohnheitsrechts durch Art. 9 Abs. 1 B-VG *Öhlinger/Eberhard*, Verfassungsrecht (2014), Rn. 112 ff.; *Verdross/Simma*, Universelles Völkerrecht (1984), §§ 848 und 853.

671 Vgl. oben *Teil C I 1* und Fn. 96.

672 Vgl. *Öhlinger* in Korinek/Holoubek (Hrsg.), Bundesverfassungsrecht (2009), Art. 50 B-VG Rn. 34. Zu den daraus für die innerstaatlichen Organe resultierenden Schwierigkeiten *Binder Ch./Zemanek*, Völkervertragsrecht, in Reinisch (Hrsg.), Österreichisches Handbuch des Völkerrechts (2013), Rn. 335 f.

673 Vgl. *Öhlinger/Potacs*, EU-Recht und staatliches Recht (2014), 88 ff.; *Müller F./Christensen*, Juristische Methodik (2007), Rn. 184 f. und 196 ff. Zum Loyalitätsgebot vgl. Fn. 190.

zen aus.[674] Gleichzeitig tendiert er aber auch bei der Auslegung dieser Abkommen zu einer für seine Rechtsprechung typischen funktionalistischen und dynamischen Betrachtungsweise. So misst er der teleologischen Auslegung den größten Stellenwert zu, durch die er eine möglichst effektive Verwirklichung der Ziele des Unionsrechts zu gewährleisten versucht.[675] Für den Kontext der vorliegenden Arbeit bedeutet dies, dass der EuGH die Vorgaben des Verkehrsprotokolls stets primärrechtskonform, d.h. insbesondere im Einklang mit den europäischen Grundfreiheiten, interpretieren und diese Auslegung den Mitgliedstaaten vorgeben wird.[676]

2. Völkerrechtliche Auslegung des Art. 11 Abs. 1 VerkP

Art. 11 Abs. 1 VerkP, bei dessen völkerrechtlicher Auslegung nicht nur die deutsche, sondern auch die anderen authentischen Sprachfassungen des Verkehrsprotokolls heranzuziehen sind, lautet[677]:

---

[674] EuGH, Rs. 77/83, Srl Cilfit, Slg. 1984, 1257 Ls. 1 und Rn. 7; verb. Rs. 89/85 u.a. bis 129/85, Zellstoff, Slg. 1988, 5193 Rn. 15 ff.; Rs. C-386/08, Brita GmbH, Slg. 2010, I-1289 Rn. 40 ff.; vgl. auch *Kuijper*, The European Courts, in Cannizzaro (Hrsg.), The Law of Treaties (2011), 258 ff.; *Schmalenbach* in Calliess/Ruffert (Hrsg.), EUV/AEUV (2011), Art. 216 AEUV Rn. 55; *Vedder*, EuR Beiheft 3/2007, 86.

[675] Vgl. *Schroeder*, Gemeinschaftsrechtssystem (2002), 154 ff. zum Zielsystem des Unionsrechts und 434 ff. zum Effektivitätsprinzip.

[676] Auf mögliche Abweichungen in der Interpretation durch den EuGH in Hinblick auf Art. 11 VerkP wird in *Teil E II 4* der vorliegenden Arbeit gesondert verwiesen. Zur Auslegungsmethodik des EuGH vgl. *Schroeder*, Grundkurs Europarecht (2013), § 5 Rn. 2; *Schwarze* in Schwarze (Hrsg.), EU-Kommentar (2012), Art. 19 EUV Rn. 36 ff.; *Wegener* in Calliess/Ruffert (Hrsg.), EUV/AEUV (2011), Art. 19 EUV Rn. 15; *Geiger* in Geiger/Khan/Kotzur (Hrsg.), EUV/AEUV (2010), Art. 19 EUV Rn. 15 ff.; *Weber K.*, Transitverkehr in der Judikatur, in Roth G.H./Hilpold (Hrsg.), EuGH und die Souveränität der Mitgliedstaaten (2008), 417 ff.; *Müller F./Christensen*, Juristische Methodik (2007), 439 ff.; *Calliess*, NJW 2005, 929 ff.; allgemein zur Bindungswirkung von EuGH-Urteilen *Schmalenbach*, ZÖR 2004, 219 ff.; *Sitta*, Interpretationsmethoden, in Hummer (Hrsg.), Europarecht im Wandel (2003), 341 ff.; *Streinz*, Der „effet utile" in der Rechtsprechung, in FS für Ulrich Everling II (1995), 1491 ff. *Kuijper* zeigt auf, dass der EuGH bei der Bestimmung von Ziel und Zweck durchaus je nach Kontext zu nuancierten Ergebnissen kommt, vgl. *Kuijper*, The European Courts, in Cannizzaro (Hrsg.), The Law of Treaties (2011), 261 ff.

[677] Nach h.A. kommt Art. 11 Abs. 1 VerkP unmittelbare Anwendbarkeit in der deutschen, französischen und österreichischen Rechtsordnung zu. Vgl. *Cuypers*, Umweltprüfungen, in CIPRA Deutschland (Hrsg.), Leitfaden zur Umsetzung der Alpenkonvention (2008), 86 f.; *Geslin*, Convention alpine, in CIPRA France (Hrsg.), La convention alpine (2008), 30; *Bußjäger/Larch*, RdU 2006, 109 f. Vgl. allgemein zur unmittelbaren Anwendbarkeit von Bestimmungen des Verkehrsprotokolls im nationalen Recht Fn. 96; zur unmittelbaren Anwendbarkeit im Unionsrecht vgl. oben *Teil C II 2 c)*.

- „Die Vertragsparteien verzichten auf den Bau neuer hochrangiger Straßen für den alpenquerenden Verkehr." (Deutsche Fassung)
- „Les Parties contractantes s'abstiennent de construire de nouvelles routes à grand débit pour le trafic transalpin." (Französische Fassung)
- „Le Parti contraenti si astengono dalla costruzione di nuove strade di grande comunicazione per il trasporto transalpino." (Italienische Fassung)
- „Pogodbenice se odpovedujejo gradnji novih cest višjega reda za čezalpski promet." (Slowenische Fassung)

Zudem sind die Definitionen in Art. 2 UAbs. 1, 2 und 6 VerkP sowie Art. 8 Abs. 2 S. 3 VerkP zu berücksichtigen. Auffällig ist hierbei, dass die Begriffsbestimmungen nicht immer eindeutig und klar gefasst sind und die authentischen Sprachfassungen erhebliche Divergenzen aufweisen.

a) „Verzicht"

Im allgemeinen deutschen Sprachgebrauch bedeutet „verzichten", auf etwas nicht länger zu bestehen bzw. einen Anspruch auf etwas nicht geltend zu machen oder aufzugeben.[678] Vor dem Hintergrund des Art. 33 Abs. 3 WVK, nach welchem die Ausdrücke eines mehrsprachigen Vertrages in jedem authentischen Text dieselbe Bedeutung haben, lassen sich auch die französische Wendung „s'abstenir de quelque chose" und der italienische Terminus „astenersi da qualcosa" mit „verzichten" übersetzen.[679] Der in Art. 11 Abs. 1 VerkP normierte Verzicht ist somit als „negatives" Versprechen so zu verstehen, dass es die Vertragsparteien unterlassen, neue hochrangige Straßen für den alpenquerenden Verkehr zu bauen.

Für diese Sichtweise spricht auch, in Anwendung der systematischen Auslegung, die geschilderte Struktur des Art. 11 VerkP. Dem vollständigen Verzicht auf neue alpenquerende Straßen in Abs. 1 wird Abs. 2 gegenüber gestellt, der inneralpine Straßenprojekte unter bestimmten Voraussetzungen zulässt. Der Ausschluss jedes neuen umweltbelastenden hochrangigen Straßenprojektes für den alpenquerenden Verkehr liegt schließlich im Sinne einer nachhaltigen Verkehrsentwicklung und entspricht daher Ziel und Zweck des Verkehrsprotokolls.[680]

---

678 *Drosdowski* (Hrsg.), Duden (1989).

679 „S'abstenir de quelque chose" (frz.) und „astenersi da qualcosa" (ital.) bedeutet wörtlich übersetzt nicht „verzichten" sondern „von etwas abgehen", „sich enthalten". Der leichte Bedeutungsunterschied kann aber vernachlässigt werden.

680 Dies korrespondiert mit der österreichischen Position, ErläutRV 1095 BlgNR 21. GP 2: „Die Kernaussage der österreichischen Haltung, die mit der konventionsspezifischen Zielsetzung konform ging, bestand in der Verpflichtung der Vertragsparteien, den Straßenbau auf die unbedingt nötigen Vorhaben und Verbindungen zu beschränken und keine neuen, umweltbelastenden, hochrangigen, alpenquerenden Straßenverkehrsachsen zu er-

b) „Bau“

Von der Bezeichnung „Bau“ in Art. 11 Abs. 1 VerkP ist jedenfalls der Neubau, d.h. die Errichtung hochrangiger Straßen auf bisher unbebautem Gelände bzw. an Stelle einer nicht hochrangigen Straße erfasst.[681] Zu prüfen ist, ob auch der Ausbau einer bereits hochrangigen Straße, beispielsweise die Konstruktion eines weiteren Fahrstreifens oder einer Auf- und Abfahrtsrampe, als „Bau“ zu qualifizieren ist. Da in den Rechtsordnungen der Vertragsparteien der Begriff „Bau“ zum Teil nur den Neubau, zum Teil jedoch auch den Ausbau einer Straße umfasst, führt die Wortinterpretation zu keinem eindeutigen Ergebnis.[682]

Im System des Verkehrsprotokolls fällt auf, dass einerseits vom „Bau“ und andererseits vom „Neu-“ und/oder „Ausbau“ gesprochen wird. Ist in einem bestimmten Zusammenhang ausschließlich der Neubau bzw. der Ausbau gemeint, wird dies entsprechend bezeichnet. Der Begriff „Bau“ scheint hingegen als Überbegriff sowohl für Neu- als auch für Ausbaumaßnahmen zu dienen. So wird zum einen in den Begriffsbestimmungen des Art. 2 UAbs. 5 und 12 VerkP und in Art. 8 Abs. 1 VerkP zwischen „großen Neubauten“ und „wesentlichen Änderungen oder Ausbauten“ differenziert. Art. 11 Abs. 2 lit. b VerkP spricht vom „Aus- oder Neubau von Bahn- und Schifffahrtsinfrastrukturen“ und Art. 12 Abs. 2 VerkP unterscheidet zwischen dem „Neubau von Flughäfen“ und dem „erheblichen Ausbau von bestehenden Flughäfen“. Zum anderen spricht Art. 8 Abs. 2 VerkP vom „Bau von Verkehrsinfrastrukturen“ und meint damit alle

---

richten. Mit dieser Formulierung sollte verhindert werden, dass zu den drei bereits vorhandenen Nord-Südachsen Brenner, Tauern und Pyhrn neue hinzukommen. Konkreter Auslöser für die Befürchtungen waren die zum damaligen Zeitpunkt mit großer Intensität betriebenen Arbeiten zur Verlängerung der so genannten Alemagna Autobahn.“ Vgl. dazu *Haller*, Schutz für den Alpenraum, in FS für Hans R. Klecatsky zum 90. Geburtstag (2010), 290; *Galle*, Ergänzung (2008), 60 f.; *Galle*, Alpenkonvention (2002), 120 ff. Vgl. auch den Bericht des Bundesministers für Umwelt, Jugend und Familie und des Bundesministers für auswärtige Angelegenheiten zur österreichischen Regierungserklärung zur Alemagna Autobahn vom 3.9.1996, Zl. 02.1240/97-I/4/96. Zu den grundlegenden Zielsetzungen des Verkehrsprotokolls vgl. oben *Teil B III 2.*

681 *Schroeder/Weber K.*, Studie (2008), Rn. 387.

682 Beispielsweise differenziert § 23a Abs. 1 UVP-G [Bundesgesetz über die Prüfung der Umweltverträglichkeit (Umweltverträglichkeitsprüfungsgesetz 2000), BGBl. 1993/697 i.d.F. BGBl. I 2013/95] zwischen dem Neubau von Bundesstraßen und dem Ausbau einer bestehenden Bundesstraße. § 4 Abs. 1 BStG [Bundesgesetz vom 16.7.1971, betreffend die Bundesstraßen (Bundesstraßengesetz 1971), BGBl. 1971/286 i.d.F. BGBl. I 2013/96] unterscheidet wiederum den „Bau einer neuen Bundesstraße oder ihrer Teilabschnitte“, die „Zulegung einer zweiten Richtungsfahrbahn“ und „Ausbaumaßnahmen sonstiger Art“. Zur Verwendung des Begriffes „Bau“ in der deutschen, italienischen, österreichischen und schweizerischen Rechtsordnung vgl. im Detail *Schroeder/Weber K.*, Studie (2008), Rn. 388.

zum Zeitpunkt der Annahme dieses Protokolls beschlossenen Verkehrsprojekte, seien es nun Neubauten oder Ausbaumaßnahmen. Auch im Zusammenhang mit der Verbesserung von Bahninfrastrukturen durch den Bau alpenquerender Achsen in Art. 10 Abs. 1 lit. a VerkP wird „Bau“ als Überbegriff sowohl für Neu- als auch für Ausbaumaßnahmen verwendet.

Die französische und die italienische Sprachfassung des Verkehrsprotokolls vermengen die Begriffe „Bau“ bzw. „Neu-“ und „Ausbau“. Den „Bau“ bezeichnen die Worte „construction“ und „costruzione“.[683] Für „Neubau“ bedient sich die französische Fassung der Bezeichnung „nouvel ouvrage“, zum Teil aber auch hier des Wortes „construction“. Die italienische Fassung scheint generell auch zur Bezeichnung von Neubau „costruzione“ zu verwenden.[684] Doch obwohl aus der Wortwahl keine klare Differenzierung zwischen Bau bzw. Neu- und Ausbau hervorgeht, ergibt sich die jeweilige Bedeutung aus dem Zusammenhang. Ist nämlich ausdrücklich Neubau gemeint, wird diesem die Änderung oder der Ausbau gegenübergestellt.[685] Ist dies nicht der Fall, werden sowohl Neu- als auch Ausbaumaßnahmen umfasst.[686]

Es ist somit davon auszugehen, dass Art. 11 Abs. 1 VerkP nicht nur den Neubau, sondern auch den Ausbau hochrangiger Straßen erfasst. Dies ist in

---

683 So zieht Art. 10 Abs. 1 lit. a VerkP die Formulierung „construction […] des grands axes ferroviaires transalpins“ (frz.) bzw. „costruzione […] di grandi assi transalpini“ (ital.) heran. Auch Art. 11 Abs. 1 VerkP verwendet „construire“ (frz.) bzw. „costruzione“ (ital.). Die italienische Fassung spricht in Art. 8 Abs. 2 VerkP von „costruzione di […] infrastrutture“. Anders dagegen die französische Fassung dieser Bestimmung, die sich der Wendung „réaliser des infrastructures de transport“ bedient.

684 Nur in Art. 2 UAbs. 3 VerkP spricht die italienische Fassung von „nuove costruzioni“.

685 Dabei bezeichnen die Wendungen „trasformation important“ (frz.) bzw. „trasformazione sostanziale“ (ital.) wesentliche Änderungen und „agrandissement“, „extension“ (frz.) bzw. „potenziamento“ (ital.) stehen für Ausbau.

686 Beispielsweise ziehen Art. 2 UAbs. 5 und 12 VerkP der französischen, sowie Art. 2 UAbs. 5 und Art. 8 Abs. 1 VerkP der italienischen Fassung einerseits die Bezeichnungen „nouveaux ouvrages à grande échelle“ (frz.) und „grandi costruzioni“ (ital.) für „große Neubauten“, andererseits die Wendungen „transformations ou agrandissements importants d’infrastructures existantes“ (frz.) bzw. „trasformazioni sostanziali o potenziamento delle infrastrutture di trasporto esistenti“ (ital.) für „wesentliche Änderungen oder Ausbauten“ heran. Art. 11 Abs. 2 lit. b VerkP differenziert in Hinblick auf Bahn- und Schifffahrtsinfrastrukturen zwischen „extension“ und „construction“ (frz.) bzw. zwischen „potenziare“ und „costruire“ (ital.), Art. 12 Abs. 2 VerkP hinsichtlich der Flughäfen zwischen „construction“ und „l’agrandissement significatif“ (frz.) bzw. zwischen „costruzione“ und „potenziamento significativo“ (ital.). In Art. 8 Abs. 1 VerkP bedient sich die französische Fassung einer vollkommen anderen Wendung und spricht von „construisent, modifient ou agrandissent de façon significative des infrastructures de transports“. Auch darin kommt die Unterscheidung zwischen „neu bauen“ („construire“), „verändern“ („modifier“) und „erweitern“ („agrandir“) zum Ausdruck.

Hinblick auf Ziel und Zweck des Verkehrsprotokolls konsequent, schließlich soll das bestehende hochrangige Straßennetz für den alpenquerenden Verkehr nicht erweitert werden, um ein Ansteigen dieses Verkehrs und der dadurch bedingten Umweltbelastungen hintanzuhalten.[687]

c) „Neu"

aa) Zeitpunkt der Annahme des Verkehrsprotokolls

Für die Beurteilung, wann eine Straße „neu" ist im Sinne des Art. 11 Abs. 1 VerkP, ist der Zeitpunkt der Annahme des Verkehrsprotokolls durch die Vertragsparteien relevant. Dies ergibt sich aus Art. 8 Abs. 2 S. 3 VerkP, welcher lautet[688]:

- „Diese Bestimmungen präjudizieren nicht das Recht jeder Vertragspartei, den Bau von Verkehrsinfrastrukturen vorzunehmen, die zum Zeitpunkt der Annahme dieses Protokolls im Rahmen ihrer Rechtsordnung beschlossen sind oder für die der Bedarf gesetzlich festgestellt ist." (Deutsche Fassung)
- „Ces dispositions ne portent pas préjudice au droit de chaque Partie contractante de réaliser des infrastructures de transport qui auront été adoptées conformément à leur ordre juridique interne au moment de l'adoption du présent protocole ou dont la nécessité aura été établie aux termes de la loi." (Französische Fassung)
- „Queste disposizioni non pregiudicano il diritto di ogni Parte contraente di procedere alla costruzione di quelle infrastrutture dei trasporti la cui realizzazione è decisa nell'ambito del proprio ordinamento giuridico o la cui necessità è accertata per legge al momento dell'approvazione del presente Protocollo." (Italienische Fassung)
- „Te določbe ne prejudicirajo pravice vsake pogodbenice, da gradi prometne infrastrukture, za katere je bil v okviru njihove pravne ureditve v trenutku sprejetja tega Protokola že sprejet sklep o gradnji ali je bila potreba njihove izgradnje opredeljena z zakonom." (Slowenische Fassung)

Aus den unterschiedlichen Sprachfassungen des Art. 8 Abs. 2 S. 3 VerkP ergibt sich nicht zweifelsfrei, ob sich die Einschränkung „zum Zeitpunkt der

---

[687] In diesem Sinne auch *Heuck*, Infrastrukturmaßnahmen (2013), 181 ff., nach der jeder Ausbau erfasst wird, der zu einer Kapazitätserweiterung führt; *Schroeder*, Alpine traffic and International Law, in Quillacq/Onida (Hrsg.), Environmental Protection and Mountains (2011), 161; *Schmid*, Alpenkonvention und Europarecht, Dissertation (2005), 48 f.

[688] Art. 8 Abs. 2 S. 3 VerkP bezieht sich nicht nur auf Straßen im Sinne des Art. 11 Abs. 1 VerkP, sondern auf alle Verkehrsinfrastrukturprojekte. In der Praxis wird diese Bestimmung aber in erster Linie in Hinblick auf Art. 11 Abs. 1 bzw. Abs. 2 VerkP von Bedeutung sein.

Annahme dieses Protokolls" lediglich darauf bezieht, dass der Bau von Verkehrsinfrastrukturen im Rahmen der Rechtsordnung einer Vertragspartei beschlossen war, oder aber auch darauf, dass der Bedarf dafür gesetzlich festgestellt war. Der Wortlaut der italienischen Sprachfassung spricht dafür, diesen Passus auf beide Fälle zu beziehen. Anders als die französische lassen sich auch die deutsche und die slowenische Sprachfassung in diesem Sinne begreifen. Für eine Bezugnahme auf beide Fälle sprechen vor allem auch Ziel und Zweck des Art. 8 Abs. 2 S. 3 VerkP, der eine enge Ausnahmeregelung formuliert.[689] Ließe sich der Bedarf für den Bau einer Straße im Sinne des Art. 11 Abs. 1 VerkP auch zu einem späteren Zeitpunkt feststellen, würde die gesamte Ausnahmebestimmung unterlaufen. Außerdem bliebe bei einer solchen Auslegung vollkommen offen, ob die Bedarfsfeststellung zeitlich unbeschränkt möglich oder in irgendeiner Form begrenzt wäre. „Zum Zeitpunkt der Annahme dieses Protokolls" ist somit auf beide Fälle zu beziehen. War ein Verkehrsinfrastrukturprojekt zum Annahmezeitpunkt noch nicht in der nationalen Rechtsordnung beschlossen oder der Bedarf gesetzlich festgestellt, ist es als neu zu qualifizieren.

Aus dem Text des Verkehrsprotokolls geht ferner nicht hervor, welches Datum mit dem Zeitpunkt der Annahme gemeint ist. Aus Art. 9 WVK ergibt sich, dass der Text eines Vertrages durch Zustimmung aller an seiner Abfassung beteiligten Staaten angenommen wird. Entscheidend ist demnach der Zeitpunkt der Einigung über den Vertragstext.[690] Im Falle des Verkehrsprotokolls ist das der 31. Oktober 2000, denn die Einigung über den Vertragstext erfolgte anlässlich der VI. Alpenkonferenz vom 30. und 31. Oktober 2000 in Luzern.[691]

---

[689] *Galle* bezeichnet Art. 8 Abs. 2 S. 3 VerkP als „Notausgang" bzw. „Fluchtweg", vgl. *Galle*, Ergänzung (2008), 59; *Galle*, Alpenkonvention (2002), 135 und 140. Auch in dem von den Vertragsparteien erstellten Verzeichnis der Verkehrsinfrastrukturen wird der Zeitpunkt der Annahme des Protokolls in Hinblick auf beide Fälle genannt. Vgl. unten *Teil E II 2 c) bb)* und *Anhang III.*

[690] *Villiger*, Commentary (2009), Art. 9 WVK Rn. 3 f.; *Heintschel von Heinegg*, Die völkerrechtlichen Verträge, in Ipsen (Hrsg.), Völkerrecht (2004), § 10 Rn. 9 ff.

[691] Gemäß Art. 7 Abs. 1 S. 1 AK mit Einstimmigkeit. Vgl. Beschlussprotokoll der VI. Alpenkonferenz vom 30. und 31. Oktober 2000 in Luzern, Traktandum 6.1. In den relevanten Unionsrechtsakten wird darauf verwiesen, dass das Verkehrsprotokoll bereits auf der 16. Sitzung des Ständigen Ausschusses vom 24. bis 26.5.2000 „angenommen" worden sei [vgl. Unterzeichnungsbeschluss (Fn. 82), Unterzeichnungs- und Genehmigungsvorschlag (Fn. 58)]. Aus dem Protokoll dieser Sitzung geht aber lediglich hervor, „dass das Verkehrsprotokoll sprachlich harmonisiert und rechtzeitig [...] an die Vertragsparteien versandt worden ist" (Beschlussprotokoll der 16. Sitzung des Ständigen Ausschusses der Alpenkonferenz, vom 24. bis 26.5.2000 in Chur, Traktandum 6). Im Beschlussprotokoll der vorhergehenden 15. Sitzung vom März 2000 ist vermerkt, dass der Ständige Ausschuss beschließt, das Verkehrsprotokoll „der Alpenkonferenz zur Beschlussfassung vorzulegen" (Erweitertes Beschlussprotokoll der 15. Sitzung des Ständigen Ausschusses

Eine Anknüpfung an dieses Datum liegt im Sinne von Ziel und Zweck des Verkehrsprotokolls. Es sollte ein möglichst baldiger, objektiver und für alle Vertragsparteien gleicher Stichtag festgelegt werden, nach dem das Verkehrsprotokoll vollumfassend gilt. Jene Verkehrsinfrastrukturprojekte, die vor diesem Zeitpunkt in rechtsverbindlichen Texten festgeschrieben waren, stellen eine Ausnahme dar, die restriktiv auszulegen ist. Bestätigt wird diese Auffassung außerdem durch das Beschlussprotokoll der 15. Sitzung des Ständigen Ausschusses der Alpenkonferenz vom 29. bis 31. März 2000 in Château-d'Oex, das völkerrechtlich zu den vorbereitenden Arbeiten zählt. Diese sind gemäß Art. 32 WVK ergänzende Auslegungsmittel, die herangezogen werden können, um die sich unter Anwendung der allgemeinen Auslegungsregel nach Art. 31 WVK ergebende Bedeutung zu bestätigen.[692] Anlässlich der Sitzung in Château-d'Oex wurde beschlossen, Art. 8 Abs. 2 S. 3 VerkP in den Vertragstext aufzunehmen. Dabei ist Folgendes vermerkt[693]:

„Die Delegation Österreich wünscht der Klarheit halber den Hinweis darauf, dass sich [die Formulierung] *zum Zeitpunkt der Annahme dieses Protokolls* auf Artikel 6 der Alpenkonvention bezieht."

Der genannte Art. 6 AK regelt die Aufgaben der Alpenkonferenz und lit. b der Bestimmung lautet: „Sie beschließt Protokolle [...]". Es ist daher davon auszugehen, dass die Vertragsparteien mit dem Zeitpunkt der Annahme des Verkehrsprotokolls jenen der Annahme des Vertragstextes durch die Alpenkonferenz meinten. Untermauert wird dies überdies dadurch, dass Traktandum 6.1 des Beschlussprotokolls der VI. Alpenkonferenz vom 30. und 31. Oktober 2000 in Luzern die Überschrift „Annahme des Verkehrsprotokolls" trägt.[694]

---

der Alpenkonferenz, vom 29. bis 31.3.2000 in Château-d'Oex, Traktandum 7, 16). Die tatsächliche Einigung der Vertragsparteien über den Vertragstext kann somit erst anlässlich der nächsten, d.h. der VI. Alpenkonferenz im Oktober 2000 erfolgt sein. Anlässlich der 16. Sitzung des Ständigen Ausschusses wurde bloß das Protokoll der 15. Sitzung geschäftsordnungskonform angenommen, was erklären könnte, warum die EU auf die 16. Sitzung als relevanten Zeitpunkt verweist.

692 Zu den vorbereitenden Arbeiten vgl. *Sbolci*, Supplementary Means of Interpretation, in Cannizzaro (Hrsg.), The Law of Treaties (2011), 151 ff.; *Le Bouthillier* in Corten/Klein (Hrsg.), Les conventions de Vienne (2006), Art. 32 WVK Rn. 10 ff. Vgl. dazu auch oben *Teil E II 1 a)* und Fn. 661.

693 Erweitertes Beschlussprotokoll der 15. Sitzung des Ständigen Ausschusses der Alpenkonferenz, vom 29. bis 31.3.2000 in Château-d'Oex, Traktandum 7, Artikel 8.

694 Für diesen Zeitpunkt auch *Heuck*, Infrastrukturmaßnahmen (2013), 184 f.; *Galle*, Alpenkonvention (2002), 132. Vgl. auch ErläutRV 1095 BlgNR 21. GP 4, die ausdrücklich den 31.10.2000 als relevantes Datum nennen: „Dabei wird aber nicht das Recht jeder Vertragspartei präjudiziert, den Bau von Verkehrsinfrastrukturen vorzunehmen, die zum Zeitpunkt der Annahme dieses Protokolls – der 31. Oktober 2000 – im Rahmen ihrer Rechtsordnung beschlossen sind oder für die der Bedarf gesetzlich festgestellt ist.

Das österreichische Bundesministerium für Verkehr, Innovation und Technologie (BMVIT) hingegen knüpft in einer auf Anfrage übermittelten schriftlichen Stellungnahme[695] anscheinend daran an, dass Art. 2 Abs. 1 lit. b und Art. 14 Abs. 2 WVK die Annahme eines Vertrages der Ratifikation gleichstellen. Es geht davon aus, dass für Österreich der 14. August 2002 maßgeblich sei[696], d.h. der Zeitpunkt der Hinterlegung der österreichischen Ratifikationsurkunde.[697] Das BMVIT begründet seine Rechtsauffassung folgendermaßen[698]:

„Der italienische Wortlaut dieser beiden Bestimmungen verwendet sowohl in Art. 8 Abs. 2 als auch in Art. 24 Abs. 2 denselben Begriff *'approvazione'* (Beschluss, Genehmigung, Billigung) und es wird klar, dass es nicht auf den Zeitpunkt der Unterfertigung des Verkehrsprotokolls, sondern auf dessen Ratifizierung und somit auf den 14.08.2002 ankommt. Darüber hinaus untermauern auch die französische Sprachfassung, die in Art. 8 Abs. 2 VProt von *'adoption'* (Billigung, Verabschiedung) spricht und die slowenische Sprachfassung, die den Begriff *'sprejetje'* (Beschluss) verwendet, diese Ansicht."

Dazu sei angeführt, dass der italienische Begriff „approvazione" sowohl als „Annahme" im Sinne der deutschen Fassung des Art. 8 Abs. 2 S. 3 VerkP als auch als „Genehmigung" im Sinne des Art. 24 Abs. 2 VerkP übersetzt werden kann. Auch die französische Fassung stützt gerade nicht die Argumentation des Ministeriums, weil gezielt verschiedene Begriffe zur Bezeichnung unterschiedlicher Zeitpunkte gewählt werden. So wird in Art. 8 Abs. 2 S. 3 VerkP der Begriff „adoption" und dagegen in Art. 24 Abs. 2 VerkP „ratification, acceptation ou approbation" herangezogen. Insofern ist der Zeitpunkt der Annahme des Verkehrsprotokolls nicht mit jenem der jeweiligen innerstaatlichen Ratifikation gleichzustellen.

Unzutreffend ist auch die Ansicht, der Zeitpunkt des objektiven völkerrechtlichen Inkrafttretens des Verkehrsprotokolls sei von Bedeutung.[699] Hätten die Parteien beabsichtigt, an diesen anzuknüpfen, hätten sie im Text des Art. 8 Abs. 2 S. 3 VerkP anstelle von „Annahme" die Bezeichnung „Inkrafttreten" wählen müssen. Eine dahingehende Auslegung des bestehenden Textes verstößt gegen den Wortlaut der Bestimmung. Ebenso wenig darf der Zeitpunkt der Annahme schließlich mit jenem der Unterzeichnung gleichgesetzt werden, obwohl für viele,

---

Die diesbezüglichen, schriftlichen und mündlichen Erklärungen der Vertragsparteien über den Stand der nationalen Bauvorhaben im Lichte dieser Bestimmungen liegen vor."

695 Im Folgenden zitiert als: Ausführungen des BMVIT zur Frage der Anwendbarkeit des Verkehrsprotokolls der Alpenkonvention (2010).

696 So auch VfGH V 78/09, 22 f. (4.4.2.) zur Gesetzwidrigkeit der Trassenverordnung der S 36 Murtal Schnellstraße, welche der VfGH im Ergebnis verneint.

697 Vgl. oben *Teil C I 1.*

698 Ausführungen des BMVIT zur Frage der Anwendbarkeit des Verkehrsprotokolls der Alpenkonvention (2010), 4; vgl. auch das Vorbringen des BMVIT in VfGH V 78/09, 20 f.

699 Zum Zeitpunkt des Inkrafttretens vgl. oben *Teil C I.*

nicht aber für alle Vertragsparteien der Zeitpunkt der Annahme gleichzeitig auch jener der Unterzeichnung des Verkehrsprotokolls ist.[700]

Der Zeitpunkt der Annahme des Verkehrsprotokolls und damit auch der relevante Stichtag im Sinne des Art. 8 Abs. 2 S. 3 VerkP ist folglich jener der Annahme des Vertragstextes anlässlich der VI. Alpenkonferenz vom 30. und 31. Oktober 2000 in Luzern, d.h. der 31. Oktober 2000. Ein Verkehrsinfrastrukturprojekt ist neu, wenn es zu diesem Zeitpunkt noch nicht in der nationalen Rechtsordnung beschlossen oder sein Bedarf gesetzlich festgestellt war. Durch Anknüpfung an diesen Zeitpunkt konnte man den relevanten Stichtag bis zu einem gewissen Grad der Disposition der Vertragsparteien entziehen. Hätte man hingegen auf den jeweiligen Zeitpunkt der Unterzeichnung bzw. Ratifikation des Verkehrsprotokolls durch die Vertragsparteien zurückgegriffen, hätten die Vertragsparteien diesen unnötig hinauszögern können.

Abschließend ist darauf hinzuweisen, dass ein Verkehrsinfrastrukturprojekt dann in der österreichischen Rechtsordnung beschlossen bzw. sein Bedarf gesetzlich festgestellt ist, wenn es in den Verzeichnissen des Bundesstraßengesetzes aus 1971 (BStG) aufscheint.[701] Dabei genügt nach dem österreichischen VfGH anscheinend die Aufnahme als „300–er-Bundesstraße". Zumindest stellt er in seinem Erkenntnis vom 24. Juni 2010 hinsichtlich des Neu- bzw. Ausbaus der Murtal Schnellstraße S 36[702] nicht darauf ab, dass diese erst mit BGBl. I 2002/50,

---

[700] Dies gilt nicht für Slowenien und die EU, vgl. oben *Teil C I.* Ursprünglich sollte der jeweilige Unterzeichnungszeitpunkt der einzelnen Vertragsparteien ausschlaggebend sein, dazu *Galle*, Alpenkonvention (2002), 135.

[701] Die österreichische Verfassung kennt Bundesstraßen gemäß Art. 10 Abs. 1 Z. 9 B-VG und Landesstraßen, die unter die Generalklausel des Art. 15 Abs. 1 B-VG fallen. Bundesstraßen werden im BStG geregelt (Fn. 682). Die Verzeichnisse, in welchen der Verlauf einer Bundesstraße in groben Zügen festgelegt wird (Fn. 726), bilden einen integralen Bestandteil des BStG. Das Straßenbauvorhaben wird in der Folge durch die Bundesstraßenverwaltung, d.h. durch die ASFINAG, konkretisiert. Schließlich bestimmt das BMVIT den genauen Verlauf seit BGBl. I 2004/154 mit Bescheid. Ermessen hinsichtlich der Frage, ob tatsächlich ein Bedarf an der Errichtung einer Bundesstraße besteht, kommt dem BMVIT nicht zu. Der Bedarf ist folglich bereits mit Aufnahme in das BStG, nicht erst mit dem Trassenbescheid festgestellt. In diesem Sinne auch der VfGH, der ausführt: „Entsprechend dem Wortlaut des Art. 8 Abs. 2 Verkehrsprotokoll ist jedenfalls anzunehmen, dass es für die Ausnahme eines Straßenbauvorhabens von der Anwendung des Verkehrsprotokolls ausreicht, dass die Durchführung eines solchen in der innerstaatlichen Rechtsordnung des jeweiligen Vertragsstaates gesetzlich verankert ist.", VfGH V 78/09, 22 (4.4.1.). Zur Planung nach dem BStG vgl. *Klingenbrunner/Raptis*, Straßenrecht, in Bauer (Hrsg.), Handbuch Verkehrsrecht (2009), 146 f. und 155.

[702] Der Verlauf der S 36 bzw. der S 37 ist im Verzeichnis 2 des BStG folgendermaßen beschrieben: „S 36 Murtal Schnellstraße: Knoten St. Michael (A 9/S 6) – Judenburg – Scheifling (S 37); S 37 Klagenfurter Schnellstraße: Scheifling (S 36) – Friesach – Knoten Klagenfurt/Nord (A 2)." Grob betrachtet soll die S 36 demnach in Richtung Ost-Süd-

und damit nach Annahme des Verkehrsprotokolls, als S 36 in das BStG aufgenommen wurde.[703] Stattdessen erachtet er es als ausreichend, dass der Straßenzug bereits vor dem 31. Oktober 2000 als B 317 Friesacher Straße im Verzeichnis 3 des BStG genannt wird. Der VfGH führt aus[704]:

„Im vorliegenden Fall ist das Erfordernis des Art. 8 Abs. 2 Verkehrsprotokoll [...] dadurch erfüllt, dass die Errichtung der S 36 Murtal Schnellstraße zum Zeitpunkt der Annahme des Verkehrsprotokolls im Verzeichnis 2 zum BStG 1971 und damit gesetzlich vorgesehen war. [...] Bereits zum Zeitpunkt der Unterzeichnung war der nunmehr als S 36 Murtal Schnellstraße in das Verzeichnis 2 übernommene Straßenzug [...] als Teil der B 317 [...] im Verzeichnis 3 (Bundesstraßen B) zum BStG 1971 idF BGBl. I 182/1999 enthalten; hochrangige Bundesstraßen wurden im Verzeichnis 3 zum BStG idF BGBl. I 182/1999 in der Zahlengruppe B 301 ff. ausgewiesen und bildeten zusammen mit den Autobahnen und Schnellstraßen das höchst- und hochrangige Bundesstraßennetz [...]. Das Straßenbauvorhaben [...] war somit am 31. Oktober 2000 in der Anlage zum BStG enthalten und seine Durchführung somit 'beschlossen' bzw. der Bedarf gesetzlich festgestellt iSd Art. 8 Abs. 2 Verkehrsprotokoll."

bb) Verzeichnis der Verkehrsinfrastrukturen

Anlässlich der 15. Sitzung des Ständigen Ausschusses der Alpenkonferenz vom 29. bis 31. März 2000 in Château-d'Oex beschloss der Ständige Ausschuss, das Verkehrsprotokoll der Alpenkonferenz zur Beschlussfassung zu übergeben und darüber hinaus

west, die S 37 in Richtung Nord-Süd verlaufen. Der Übergang zwischen S 36 und S 37 liegt bei Scheifling. Die S 36 besteht bereits zwischen St. Michael und Judenburg an Stelle der ehemaligen B 336 Murtal Ersatzstraße. Nun soll die S 36 auch die von Judenburg bis Scheifling verlaufende Friesacher Straße B 317 ersetzten. Auf der Nord-Süd-Strecke von Scheifling bis Klagenfurt soll die B 317 zur S 37 ausgebaut werden. Geplant ist, auf der Strecke von Judenburg bis Scheifling und von Scheifling bis Friesach eine neue Trasse zu verlegen. Mit dem Bau des erstgenannten Streckenabschnittes (St. Georgen ob Judenburg bis Scheifling) wurde im Jahre 2013 begonnen. Von Friesach bis Klagenfurt soll die bestehende B 317 zumindest teilweise ausgebaut werden. Die S 36/S 37 ist nicht Teil des transeuropäischen Verkehrsnetzes und der Ausbau der Strecke geht nicht auf Bestrebungen der EU zurück. Vielmehr verläuft diese an der bereits historisch bedeutsamen Südbahnstrecke. Vgl. hierzu kritisch *Göschke*, Verkehrsprotokoll als Schlüssel, in CIPRA Österreich (Hrsg.), Alpenkonvention (2010), 73 f.; *Frey*, Straßenbauprojekt S 36 / S 37 (2009), 28; kritisch auch in Hinblick auf die „in vielen Punkten mangelhafte[n] Strategische[n] Prüfung" *Haller*, Zerstörung von Alpenraum und Rechtsstaat? in FS für H. René Laurer (2009), 51 ff. (Anm. 19). Zur Beschaffenheit der B 317 und zum geplanten Ausbau der S 36/S 37 vgl. Fn. 738.

703 Die S 37 wurde durch BGBl. I 2006/58, in dem auch erneut die S 36 angeführt wird, in das Verzeichnis 2 des BStG aufgenommen.

704 VfGH V 78/09, 22 f. (4.4.1. und 4.4.2.); dazu *Hautzenberg*, RdU 2011, 29 f.; kritisch *Göschke*, SzeneAlpen 2010, 8 f.

„im Interesse der Transparenz und Rechtssicherheit ein Dokument vorzulegen, welches gemäss Art. 8 Abs. 2 diejenigen Verkehrsinfrastrukturen enthält, die zum Zeitpunkt der Annahme des Protokolls von den einzelnen Vertragsparteien im Rahmen ihrer Rechtsordnung beschlossen sind oder für die der Bedarf gesetzlich festgestellt ist; [...].“[705]

In der Folge listeten Deutschland, Frankreich, Italien, Österreich[706] und die Schweiz betroffene Straßenprojekte auf. Liechtenstein und Monaco führten keine Vorhaben an, Slowenien und die EU äußerten sich nicht.[707]

Da aus dem Protokolltext keine Verpflichtung hervorgeht ein Verzeichnis zu erstellen, fragt es sich nun, wie dieses einzuordnen ist. Es beruht ausschließlich auf dem genannten Beschluss des Ständigen Ausschusses. Ergänzende Auslegungsmittel gemäß Art. 32 WVK gehören nicht zum Zusammenhang im Sinne des Art. 31 Abs. 2 WVK, sondern können lediglich herangezogen werden, um die sich unter Anwendung der allgemeinen Auslegungsregel nach Art. 31 WVK ergebende Bedeutung zu bestätigen oder die Bedeutung zu bestimmen, wenn die Auslegung nach Art. 31 WVK die Bedeutung mehrdeutig oder dunkel lässt bzw. zu einem offensichtlich sinnwidrigen oder unvernünftigen Ergebnis führt.[708]

---

[705] Erweitertes Beschlussprotokoll der 15. Sitzung des Ständigen Ausschusses der Alpenkonferenz, vom 29. bis 31.3.2000 in Château-d'Oex, Traktandum 7, 16. Die Idee dazu geht bereits auf die 10. Sitzung des Ständigen Ausschusses im Jänner 1998 in Ljubljana zurück und wurde bei zwei Expertentreffen im Jahre 1998 konkretisiert. Vgl. Resümeeprotokoll des Expertentreffens zum Thema „Verkehr“ vom 30./31.3. und 22./23.6.1998 in Wien, 3 ff.; hierzu *Galle*, Alpenkonvention (2002), 126 f.

[706] Österreich nennt zwei hochrangige Straßenprojekte für den inneralpinen Verkehr als bereits in der innerstaatlichen Rechtsordnung beschlossen: die B 179 Fernpass Straße und die S 18 Bodensee Schnellstraße. Vgl. *Galle*, Alpenkonvention (2002), 129. Die S 18 sollte der Umfahrung von Bregenz, Lauterach, Hard, Fußach, Höchst und Lustenau dienen und dabei durch das Gebiet „Gleggen-Köblern“ führen, das sich südwestlich des besonderen Vogelschutzgebietes Lauteracher Ried bei Bregenz befindet. Ein im Jahre 2006 ergangenes Urteil des EuGH macht die Verwirklichung dieses Projektes aber in der ursprünglich geplanten Form unmöglich. Darin stellt der EuGH fest, dass das Gebiet „Gleggen-Köblern“ aufgrund seiner Bedeutung für den Vogelschutz nach der damaligen Vogelschutzrichtlinie (Richtlinie 79/409/EWG vom 2.4.1979 über die Erhaltung der wildlebenden Vogelarten) unter Schutz zu stellen ist, vgl. EuGH, Rs. C-209/04, Lauteracher Ried, I-2755, Rn. 36 ff. In der Folge hob der VfGH die Trassenverordnung der S 18 auf, vgl. VfGH V 89/02 u.a.

[707] Die in diesem Kontext vorgelegten und vom Generalsekretariat der Alpenkonvention zusammengestellten Listen sind in *Anhang III* dieses Buches abgedruckt. Deutschland nennt darin zwei, Italien vier alpenquerende Straßenprojekte. Inneralpine Projekte werden von Deutschland, Frankreich, Italien, Österreich und der Schweiz angeführt. Italien gab seine Verkehrsprojekte nach den anderen Vertragsparteien im Frühling 2001 bekannt, vgl. *Galle*, Alpenkonvention (2002), 131 f. und 140 f. Frankreich präsentierte in seiner anlässlich der Hinterlegung der Genehmigungsurkunde im Jahre 2005 abgegebenen Erklärung eine aktualisierte und definitive Liste seiner Vorhaben, vgl. unten *Teil E II 3 b)*.

[708] Vgl. dazu oben *Teil E II 1 a)* und Fn. 661.

Da nun das Verkehrsprotokoll selbst nicht auf das Verzeichnis verweist, sowie die Regelung des Art. 8 Abs. 2 S. 3 VerkP für sich klar und eindeutig ist und nicht zu einem sinnwidrigen oder unvernünftigen Ergebnis führt, ist dem Verzeichnis zunächst keine unmittelbare rechtliche Bewandtnis zuzuerkennen.[709] Zum einen heißt das, dass nicht alle Projekte, die unter Art. 8 Abs. 2 S. 3 VerkP fallen, auf der Liste stehen. Zum anderen muss ein Vorhaben, nur weil es im Verzeichnis genannt wird, nicht selbstverständlich bei Annahme des Verkehrsprotokolls bereits im erforderlichen Planungsstadium gewesen sein. Bekräftigt wird dies durch die anlässlich der Annahme des Verkehrsprotokolls mündlich abgegebene Erklärung Frankreichs[710]:

„Die im Zusammenhang mit dem Verkehrsprotokoll erstellte Liste der Verkehrsinfrastrukturen hat bloss indikativen Charakter und ist juristisch nicht bindend."

Eine gewisse rechtliche Relevanz dürfte das Verzeichnis aber durch die spätere Übung bei der Anwendung des Verkehrsprotokolls erlangt haben, welche gemäß Art. 31 Abs. 3 lit. b WVK im Zuge der allgemeinen Auslegung mit zu berücksichtigen ist. Diese Norm stellt primär darauf ab, dass aus einer späteren Übung die Übereinstimmung der Vertragsparteien über die Auslegung des Vertrages hervorgeht. Dafür genügt bereits, dass die betreffende Übung von allen Vertragsparteien akzeptiert worden ist.[711] Im vorliegenden Fall spiegelt die Erstellung des Verzeichnisses der Verkehrsinfrastrukturen die ursprüngliche Vertragsabsicht der Vertragsparteien wider.[712] Sie war eine wesentliche Bedingung für die Annahme des Verkehrsprotokolls, die von den Vertragsparteien mehrheitlich in Erwartung der Gegenseitigkeit erfüllt wurde.[713] Der Ständige Ausschuss fasste den Erstellungsbeschluss einstimmig[714] und alle Parteien hatten die Möglichkeit, ihre Projekte darin aufzulisten. Vor allem aber bestand der Sinn des

---

[709] Als *gentlemen's agreement* hätte das Verzeichnis allenfalls eine auf den guten Sitten beruhende Bindungswirkung, vgl. *Heintschel von Heinegg*, Die völkerrechtlichen Verträge, in Ipsen (Hrsg.), Völkerrecht (2004), § 9 Rn. 14. Gegen eine rechtliche Verbindlichkeit des Verzeichnisses im Ergebnis *Heuck*, Infrastrukturmaßnahmen (2013), 185 f.; für eine rechtliche Verbindlichkeit hingegen *Haller*, Schutz für den Alpenraum, in FS für Hans R. Klecatsky zum 90. Geburtstag (2010), 293.

[710] Abgedruckt als Fußnote zu Traktandum 6.1 im Beschlussprotokoll der VI. Alpenkonferenz vom 30. und 31.10.2000 in Luzern. Vgl. auch Fn. 773. Zur von Frankreich anlässlich der Hinterlegung seiner Genehmigungsurkunde abgegebenen Erklärung vgl. unten *Teil E II 3 b)*.

[711] Vgl. *Villiger*, Rules on Interpretation, in Cannizzaro (Hrsg.), The Law of Treaties (2011), 111; *Karl*, Vertrag und spätere Praxis (1983), 189.

[712] Vgl. *Karl*, Vertrag und spätere Praxis (1983), 189 f.

[713] Zur Reziprozität vgl. *Graf Vitzthum*, Begriff, Geschichte und Rechtsquellen, in Graf Vitzthum/Proelß (Hrsg.), Völkerrecht (2013), Rn. 51.

[714] Vgl. Art. 8 Abs. 7 i.V.m. Art. 7 Abs. 1 AK.

Verzeichnisses darin, allen Vertragsparteien sämtliche Infrastrukturprojekte offen zu legen.[715] Insofern ist im Sinne von Ziel und Zweck des Verkehrsprotokolls von einer taxativen Auflistung auszugehen, denn möglichst wenige Projekte sollten ausgenommen und Ausnahmen restriktiv ausgelegt werden.[716]

Große Bedeutung kommt dem Verzeichnis jedenfalls auf politischer Ebene zu. Die erläuternden Bemerkungen des österreichischen Parlamentes anerkennen sowohl den politischen Stellenwert des Verzeichnisses als auch die – in diesem Sinne – taxative Wirkung der Liste[717]:

> „Unter dem Titel 'Projektevaluations- und zwischenstaatliches Konsultationsverfahren' (Art. 8) wird die Verpflichtung [...] normiert, sämtliche Straßenbauvorhaben offen zu legen, um damit nicht nur die Vergleichbarkeit, sondern auch die Überprüfbarkeit zu gewährleisten. Durch die Vorlage und den Austausch der entsprechenden Verzeichnisse der Vertragsparteien wurde dieser Bedingung auch entsprochen. Diese mittlerweile von allen Vertragsparteien der Alpenkonvention entweder schriftlich oder mündlich abgegebenen Erklärungen sind nicht Bestandteil des Protokolls, sondern stellten lediglich die politischen Voraussetzungen für die Annahme des Verkehrsprotokolls im Rahmen der Ministerkonferenz dar."

Zusammenfassend ist festzustellen, dass grundsätzlich alle Straßenprojekte verwirklicht werden dürfen, die am 31. Oktober 2000 in rechtsverbindlichen Texten festgeschrieben waren, ohne dass das Verkehrsprotokoll auf sie zur Anwendung kommt. Durch die auf dem erstellten Verzeichnis der Verkehrsinfrastrukturen beruhende spätere Übung der Vertragsparteien wurde dies allerdings auf jene Projekte beschränkt, die im Verzeichnis genannt werden.

---

[715] Vgl. *Galle*, Alpenkonvention (2002), 135 f.

[716] Die nachträgliche Behauptung des BMVIT, das Verzeichnis sei lediglich demonstrativ und Art. 8 Abs. 2 S. 3 VerkP erfasse auch nicht darin genannte Projekte, sofern sie zum Zeitpunkt der Annahme des Verkehrsprotokolls in den Verzeichnissen des BStG enthalten waren, läuft damit Ziel und Zweck des Verkehrsprotokolls entgegen und stellt letztendlich den Sinn der Erstellung des Verzeichnisses in Frage: „Auch wenn das [Verzeichnis ...] in Bezug auf die Projekte in Österreich lediglich zwei hochrangige Bundesstraßenprojekte [...] enthält, ist man im BMVIT nach der Unterzeichnung des Verkehrsprotokolls [...] davon ausgegangen, dass alle zum Zeitpunkt der Annahme im BStG enthaltenen Projekte vom Verkehrsprotokoll ausgenommen sind. Es ist daher davon auszugehen, dass das Verzeichnis [...] jedenfalls keine vollständige Darstellung der unter die Übergangsbestimmung des Art. 8 VerkProt fallenden Bundesstraßenbauprojekte bietet.", VfGH V 78/09, 20 (4.3.); ebenso die Ausführungen des BMVIT zur Frage der Anwendbarkeit des Verkehrsprotokolls der Alpenkonvention (2010), 3.

[717] ErläutRV 1095 BlgNR 21. GP 2. Auch der VfGH führt aus: „Die Anführung von Straßenbauvorhaben in jenen Erklärungen und Verzeichnissen, welche die Vertragsstaaten anlässlich des Vertragsabschlusses abgegeben haben, ist dabei nicht erforderlich, da es sich bei diesen Urkunden nicht um Vertragsbestandteile handelt, vielmehr stellen sie Erklärungen dar, die lediglich die politischen Voraussetzungen für die Annahme des Verkehrsprotokolls im Rahmen der Ministerkonferenz bildeten [...].", VfGH V 78/09, 22 (4.4.1.); ebenso *Galle*, Alpenkonvention (2002), 131 f.

d) „Hochrangige Straße"

Das Verkehrsprotokoll definiert den Begriff der hochrangigen Straße in Art. 2 UAbs. 6 VerkP.[718] Doch ein Vergleich der Sprachfassungen zeigt, dass seine Bedeutung hiermit nicht eindeutig geklärt ist[719]:

- „‚hochrangige Straßen': alle Autobahnen und mehrbahnige, kreuzungsfreie oder in der Verkehrswirkung ähnliche Strassen;"
  Nach ihrem Wortlaut erfasst die deutsche Fassung:
  1. Alle Autobahnen und
  2. [alle sonstigen] mehrbahnigen, kreuzungsfreien [Straßen und]
  3. [alle] in der Verkehrswirkung ähnlichen Straßen.

  Im dritten Fall ist dabei nicht klar, ob die Verkehrswirkung einer Straße ausschließlich jener einer Autobahn oder aber jener einer Autobahn *oder* einer mehrbahnigen, kreuzungsfreien Straße ähneln muss.
- „‚Routes à grand débit': autoroutes à deux ou à plusieurs chaussées, exemptes de croisement, ou toute route ayant un impact assimilable à celui d'une autoroute."
  Die französische Sprachfassung umfasst demnach:
  1. Zwei- oder mehrbahnige, kreuzungsfreie Autobahnen und
  2. alle in der Verkehrswirkung einer Autobahn ähnliche Straßen.
- „‚strade di grande comunicazione': tutte le autostrade e le strade a più corsie, prive di intersezioni a raso, che per i loro effetti in termini di traffico sono assimilabili alle autostrade;"
  Die italienische Fassung erfasst somit:
  1. Alle Autobahnen und
  2. alle mehrbahnigen, kreuzungsfreien Straßen, die in ihrer Verkehrswirkung Autobahnen ähnlich sind.
- „‚ceste višjega reda': vse avtoceste in večpasovne, izvennivojske ali po učinkovitosti prometa podobne ceste;"
  Die slowenische Fassung orientiert sich an der deutschsprachigen und umfasst:
  1. Alle Autobahnen und
  2. [alle sonstigen] mehrbahnigen, kreuzungsfreien [Straßen und]
  3. [alle] in der Verkehrswirkung ähnlichen Straßen.

---

[718] Der Begriff „hochrangig" wurde auf zwei Expertentreffen im Jahre 1998 definiert, vgl. Resümeeprotokoll des Expertentreffens zum Thema „Verkehr" vom 30./31.3. und 22./23.6.1998 in Wien, 2 f. Dazu *Galle*, Alpenkonvention (2002), 126.

[719] Vgl. *Galle*, Ergänzung (2008), 55, der davon ausgeht, dass dies „möglicherweise noch zu erheblichen Problemen und Auffassungsunterschieden führen" wird.

Auch hier ergibt sich aus dem dritten Fall nicht eindeutig, ob sich die Ähnlichkeit nur auf Autobahnen oder auf Autobahnen *oder* mehrbahnige und kreuzungsfreie Straßen bezieht.

Bereits auf den ersten Blick zeigen sich deutliche Bedeutungsunterschiede zwischen der deutschen, der französischen, der italienischen und der slowenischen Sprachfassung des Art. 2 UAbs. 6 VerkP. Am großzügigsten sind die deutsche und die slowenische Formulierung, die Autobahnen und mehrbahnige, kreuzungsfreie Straßen gesondert nennen. Die Wendung „in der Verkehrswirkung ähnliche Straßen" stellt hier außerdem einen Auffangtatbestand dar, der sich auf beide Kategorien beziehen lässt. Die französische Fassung ist enger formuliert. Die italienische Version schließlich schränkt den Geltungsbereich des Art. 2 UAbs. 6 VerkP stark ein.[720]

Nun ist Art. 2 UAbs. 6 VerkP in allen vier Sprachen in gleicher Weise maßgebend und gemäß Art. 33 Abs. 3 WVK ist zu vermuten, dass authentische Textfassungen dieselbe Bedeutung haben.[721] Im Folgenden werden daher die einzelnen Elemente der Sprachfassungen genauer in ihrem systematischen Zusammenhang untersucht. Zu beachten ist hierbei, dass sich die jeweiligen innerstaatlichen Straßenklassifikationen der Vertragspartner, so beispielsweise die österreichischen Differenzierungen zwischen hochrangigen und nicht hochrangigen bzw. zwischen höchstrangigen, hochrangigen und nicht hochrangigen Straßen[722], nicht mit dem Verkehrsprotokoll decken. Ob tatsächlich eine hochran-

---

[720] So auch *Galle*, Ergänzung (2008), 55. Unzutreffend in diesem Zusammenhang *Bußjäger/Larch*, RdU 2006, 105, die anführen, es müsse sich um mehrbahnige Straßen handeln, „die kreuzungsfrei oder in ihrer Verkehrswirkung ähnlich" sind. Diese Auslegung entspricht keiner der Sprachfassungen.

[721] Vgl. oben *Teil E II 1 b).*

[722] Dabei handelt es sich nicht um Rechtsbegriffe. Sie dienen vielmehr der Planung und Prioritätensetzung. So fasst das BMVIT Autobahnen und Schnellstraßen zum hochrangigen Straßennetz zusammen, vgl. Bundesministerium für Verkehr, Innovation und Technologie (Hrsg.), Verkehr in Zahlen (2012), 37. Die Abstufung in höchstrangige, hochrangige und nicht hochrangige Straßen geht auf eine Studie des damaligen Bundesministeriums für wirtschaftliche Angelegenheiten aus dem Jahre 1999 zurück, vgl. Bundesministerium für wirtschaftliche Angelegenheiten (Hrsg.), GSD (1999), 19 ff. und 26. Diese gliedert das Streckennetz in fast 2000 km höchstrangiges (Typ I Straßen) und ca. 1000 km hochrangiges Straßennetz (Typ II Straßen) sowie ein Ergänzungsnetz von fast 9000 km (Typ III Straßen). Zum höchstrangigen Straßennetz zählen in erster Linie Autobahnen und Schnellstraßen, d.h. der Arlberg-, Brenner-, Donau-, Tauern-, Pyhrn-, Süd- und Wienkorridor. Das höchstrangige Straßennetz im Sinne der GSD-Studie fällt daher unter den hochrangigen Straßenbegriff des Art. 2 UAbs. 6 VerkP. Als hochrangige Straßen werden in der GSD-Studie beispielsweise die Fernpassstraße (B 179), die Murtalschnellstraße (S 36), aber auch die Friesacher Straße (B 317) ausgewiesen. Nicht alle dieser Straßen sind jedoch auch hochrangig im Sinne des Verkehrsprotokolls. So trifft diese

gige Straße im Sinne des Verkehrsprotokolls vorliegt, ist im Einzelfall anhand der Kriterien des Art. 2 UAbs. 6 VerkP zu prüfen.

aa) Autobahn

Im allgemeinen Sprachgebrauch ist eine Autobahn eine durch Mittelstreifen in zwei Richtungsfahrbahnen getrennte, mehrspurige, kreuzungsfreie Schnellstraße, die nur für bestimmte Kraftfahrzeuge zugelassen ist.[723] Autobahnen werden von allen Sprachfassungen des Art. 2 UAbs. 6 VerkP *ex lege* als hochrangige Straßen erfasst.[724] Den Begriff „Autobahn" definiert das Verkehrsprotokoll allerdings nicht. Dafür hätte auf die Espoo-Konvention[725] zurückgegriffen werden können. Die Vertragsparteien werden dem Begriff wohl primär jene Bedeutung zumessen, die ihm in den jeweiligen innerstaatlichen Rechtsordnungen zukommt.[726] Die Folgen möglicher Auslegungsdivergenzen sollten sich aber aufgrund der weiteren von Art. 2 UAbs. 6 VerkP erfassten Tatbestände relativieren.

Qualifikation zwar aufgrund ihrer Verkehrswirkung auf die Fernpassstraße, wohl aber nicht auf die Friesacher Straße zu. Vgl. unten *Teil E II 2 d) cc)*. Vgl. auch *Haller*, Schutz für den Alpenraum, in FS für Hans R. Klecatsky zum 90. Geburtstag (2010), 293 ff.; zur GSD-Studie *Schäfer*, Umweltverträgliche Verkehrspolitik (2000), 166 ff.

723 *Drosdowski* (Hrsg.), Duden (1989).

724 Überflüssig ist, dass die französische Fassung des Art. 2 UAbs. 6 VerkP auf die mindestens zweispurige und kreuzungsfreie Ausgestaltung der Autobahnen abstellt, denn dies ist in der Regel der Fall. Nach dem allgemeinen Sprachgebrauch kann der Begriff „autoroute" auch nur als Autobahn, nicht aber als andere Straße, z.B. als Schnellstraße („voie rapide", „voie express"), interpretiert werden. Da nun aber Autobahnen die von der französischen Textfassung geforderten Voraussetzungen erfüllen, ist der Unterschied zwischen den Sprachfassungen hier unproblematisch. Auch die französische Version erfasst somit alle Autobahnen als hochrangige Straßen.

725 Übereinkommen über die Umweltverträglichkeitsprüfung im grenzüberschreitenden Rahmen samt Anhängen und Erklärung vom 25.2.1991, BGBl. III 1997/201. Vgl. dazu *Bußjäger/Larch*, RdU 2006, 105 f.; *Heintschel von Heinegg*, Umweltvertragsrecht, in Ipsen (Hrsg.), Völkerrecht (2004), § 57 Rn. 109 ff. Hierzu unten *Teil E II 3 b)*.

726 Im österreichischen Recht werden Autobahnen in Verzeichnis 1 BStG aufgelistet. § 2 Abs. 1 BStG trifft hierzu folgende Einteilung: „Das Bundesstraßennetz besteht aus den Bundesstraßen A (Bundesautobahnen, Verzeichnis 1) und den Bundesstraßen S (Bundesschnellstraßen, Verzeichnis 2). Die Bundesstraßen eignen sich für den Schnellverkehr im Sinne der straßenpolizeilichen Vorschriften, weisen keine höhengleichen Überschneidungen mit anderen Verkehrswegen auf und dienen nicht der lokalen Aufschließung." § 2 Abs. 2 BStG ergänzt, dass Anschlussstellen außer am Anfang oder Ende einer Bundesstraße niveaufrei auszuführen sind. Vgl. auch Fn. 701 und 731.

bb) Mehrbahnige, kreuzungsfreie Straße

Neben Autobahnen beziehen die deutsche und die slowenische Fassung des Art. 2 UAbs. 6 VerkP alle mehrbahnigen und kreuzungsfreien Straßen mit ein.[727] Mehrbahnig ist eine Straße, wenn sie mehr als eine Richtungsfahrbahn aufweist, wobei eine bauliche Trennung nicht ausschlaggebend ist.[728]

Nach dem Wortlaut der französischen Fassung ist auf die Kriterien mehrbahnig und kreuzungsfrei nur im Zusammenhang mit Autobahnen abzustellen. Allerdings schließt der französische Text des Art. 2 UAbs. 6 VerkP auch alle in der Verkehrswirkung einer Autobahn ähnlichen Straßen mit ein, und zwar unabhängig davon, ob diese nun mehrbahnig und kreuzungsfrei sind oder nicht. Die italienische Sprachfassung wiederum stellt auf Straßen ab, die mehrbahnig und kreuzungsfrei sind, wobei diese darüber hinaus in ihrer Verkehrswirkung Autobahnen ähnlich sein müssen. Da nun die Verkehrswirkung einer mehrbahnigen und kreuzungsfreien Straße in der Regel jener einer Autobahn gleichen dürfte[729], erfassen auch der französische und der italienische Text diesen Straßentyp.[730] Mehrbahnige und kreuzungsfreie Straßen sind folglich stets von Art. 2 UAbs. 6 VerkP umfasst und sind hochrangige Straßen im Sinne des Verkehrsprotokolls.[731]

cc) In der Verkehrswirkung ähnliche Straße

Die deutsche und die slowenische Sprachfassung enthalten einen Auffangtatbestand, wonach das Verkehrsprotokoll auch solche Straßen als hochrangig erfasst, die in ihrer Verkehrswirkung *ähnlich* sind. Der Wortlaut der Bestim-

---

[727] Die Voraussetzungen „mehrbahnig" und „kreuzungsfrei" müssen kumulativ vorliegen, vgl. *Heuck*, Infrastrukturmaßnahmen (2013), 176.

[728] *Galle*, Ergänzung (2008), 55 f.; *Bußjäger/Larch* lassen es ausreichen, dass eine Straße zumindest in einer Richtung zwei „Fahrbahnen" aufweist, wobei hier Fahrstreifen gemeint sein dürften, vgl. *Bußjäger/Larch*, RdU 2006, 105.

[729] So kann davon ausgegangen werden, dass diese gut ausgebaut (weite Kurvenradien, keine starken Steigungen), für den Schnellverkehr bestimmt und nur für bestimmte Kraftfahrzeuge zugelassen sind.

[730] Anders als die deutsche und die slowenische Fassung schließen die französische und die italienische Version jenen Fall aus, bei dem eine mehrbahnige, kreuzungsfreie Straße vorliegt, die in ihrer Verkehrswirkung nicht einer Autobahn ähnlich ist. Die Annahme einer solchen Straße ist aber wohl von rein theoretischer Bedeutung.

[731] Österreichische Schnellstraßen im Sinne von § 2 Abs. 2 i.V.m. Verzeichnis 2 BStG sind in der Regel mehrbahnig ausgestaltet. Dadurch dass sie keine höhengleichen Überschneidungen aufweisen und über niveaufreie Anschlussstellen verfügen, sind sie auch kreuzungsfrei im Sinne des Verkehrsprotokolls. Vgl. dazu Fn. 726. In diesem Sinne auch *Schroeder/Weber K.*, Studie (2008), Rn. 385; zu Schnellstraßen *Schmid*, Alpenkonvention und Europarecht, Dissertation (2005), 48.

mung ist allerdings nicht eindeutig. Die Ähnlichkeitsvoraussetzung könnte sich entweder auf Autobahnen *und* auf mehrbahnige, kreuzungsfreie Straßen oder aber ausschließlich auf Autobahnen beziehen. Dagegen berücksichtigt der Auffangtatbestand der französischen Fassung alle in der Verkehrswirkung einer Autobahn ähnlichen Straßen, nicht aber Straßen, die lediglich einer mehrbahnigen und kreuzungsfreien Straße ähneln. Da auch die italienische Fassung die Ähnlichkeit eindeutig auf Autobahnen bezieht, sind die deutsche und die slowenische Fassung in diesem Sinne auszulegen. Der Auffangtatbestand bezieht sich folglich auf Straßen, deren Verkehrswirkung jener einer Autobahn entspricht.[732]

Problematisch ist die italienische Fassung, die nach ihrem Wortlaut nur jene in ihrer Verkehrswirkung einer Autobahn vergleichbaren Straßen erfasst, die auch mehrbahnig und kreuzungsfrei sind. Durch diese Formulierung schränkt sie den Geltungsbereich des Art. 2 UAbs. 6 VerkP stark ein, denn auch Straßen ohne getrennte Richtungsfahrbahnen und mit niveaugleichen Kreuzungen können durchaus eine Verkehrswirkung aufweisen, die jener einer Autobahn gleicht. Hier liegt folglich ein Widerspruch zwischen der deutschen, französischen und slowenischen Sprachfassung einerseits und der italienischen andererseits vor. Dieser ist unter Berücksichtigung von Ziel und Zweck des Protokolltextes zu lösen.

Zweck des Auffangtatbestandes des Art. 2 UAbs. 6 VerkP ist es, bei der Beurteilung, ob eine Straße hochrangig ist, eine funktionale Betrachtungsweise zu gewährleisten. Entscheidend ist allein die Wirkung des Verkehrs einer Straße, nicht dagegen der Grad des Straßenausbaus.[733] Entsprechend ausgebaute Straßen werden bereits ausdrücklich als Autobahnen und als mehrbahnige, kreuzungsfreie Straßen erfasst. Im Ergebnis ist die italienische Fassung daher entgegen ihrem Wortlaut so auszulegen, dass auch eine Straße, die weder mehrbahnig noch kreuzungsfrei ist, durchaus eine hochrangige Straße im Sinne des Verkehrsprotokolls darstellen kann, vorausgesetzt ihre Verkehrswirkung entspricht jener einer Autobahn. Diese Auslegung gewährleistet die größtmögliche Effektivität der Begriffsdefinition und damit auch des Art. 11 Abs. 1 VerkP.[734]

Abschließend bleibt zu prüfen, wodurch die Verkehrswirkung einer Straße bestimmt werden kann. Zielführend ist es, dabei an ihre Verbindungs- bzw.

---

732 In der Praxis ist die vorliegende Diskrepanz indes unerheblich, da die Verkehrswirkung einer mehrbahnigen, kreuzungsfreien Straße jener einer Autobahn gleicht. Vgl. Fn. 729.

733 Vgl. „impact" (frz.) bzw. „effetti in termini di traffico" (ital.). Vgl. auch *Ehlotzky*, JRP 2013, 391.

734 In Österreich kann somit auch eine Landesstraße eine hochrangige Straße im Sinne des Verkehrsprotokolls sein, wenn sie in ihrer Verkehrswirkung einer Autobahn ähnelt. Dies trifft beispielsweise auf die Fernpassstraße B 179 (vgl. Fn. 739) oder die Ennstal Straße B 320 zu, bei welchen es sich um Landesstraßen handelt. Zur Übertragung der ehemaligen Bundesstraßen B auf die Länder durch das Bundesstraßen-Übertragungsgesetz 2002 (BGBl. I 2002/50) vgl. *Hauenschild*, ZVR 2003, 380 ff.

Transitfunktion anzuknüpfen.[735] Die Verkehrswirkung einer Straße ist dann jener einer Autobahn ähnlich, wenn diese nicht nur vom lokalen Verkehr genutzt wird, sondern auch den Verkehr angrenzender Autobahnen bzw. mehrbahniger und kreuzungsfreier Straßen übernimmt. Die Straße substituiert dann die fehlende Hauptverbindung und stellt einen wesentlichen und entsprechend stark frequentierten Anschluss zwischen den anderen Streckenabschnitten dar. Sie fällt damit unter den Auffangtatbestand „in der Verkehrswirkung ähnliche Straßen".[736] Zumeist, aber nicht zwingend, eignet sich eine solche Straße auch für den Schnellverkehr.[737]

Der bestehende, vor Beginn der Bauarbeiten im Jahre 2013 weder mehrbahnige noch kreuzungsfreie Abschnitt der österreichischen B 317 zwischen Judenburg und Friesach, der nun zur S 36/S 37 erweitert werden soll, schließt beispielsweise keine Lücke im hochrangigen Straßennetz, da die Süd Autobahn A 2 die Städte Wien, Graz und Klagenfurt sowie die Pyhrn Autobahn A 9 Wels und Graz (über St. Michael in der Obersteiermark) lückenlos miteinander verbinden. Er ist somit aufgrund seiner fehlenden Verbindungswirkung nicht in seiner Verkehrswirkung einer Autobahn ähnlich und daher keine hochrangige Straße im Sinne des Verkehrsprotokolls.[738] Die Fernpassstraße B 179 hingegen stellt eine wesentliche Verbindung zwischen zwei hochrangigen Streckenteilen in Deutschland (Bundesautobahn A 7 bis Füssen) und Österreich (Inntal Autobahn A 12 ab Nassereith/Imst) dar und ist als hochrangig im Sinne von Art. 2 UAbs. 6 VerkP zu qualifizieren. Ohne diese Verbindung müsste der Verkehr große Umwege über die Inntal Autobahn A 12 (über Kufstein) oder die Rheintal/Walgau Autobahn A 14 und die Arlberg Schnellstraße S 16 in Kauf nehmen.[739]

---

735 *Schroeder/Weber K.*, Studie (2008), Rn. 385.

736 Vgl. auch *Heuck*, Infrastrukturmaßnahmen (2013), 177. Ein Fahrverbot für Lastkraftwagen über 7,5 t schließt im Übrigen die Verbindungswirkung einer Straße für alle anderen Verkehrsteilnehmer nicht aus.

737 *Haller*, Zerstörung von Alpenraum und Rechtsstaat? in FS für H. René Laurer (2009), 53 ff.

738 Für die Errichtung der Schnellstraße ist die B 317 zumindest um zwei Fahrstreifen, Pannenstreifen sowie Auf- und Abfahrtsrampen zu erweitern. Auf weiten Teilen der Strecke soll überhaupt eine neue Trasse errichtet werden. Sowohl dabei als auch bei der Erweiterung der Streckenabschnitte der bestehenden B 317 handelt es sich um den Bau einer hochrangigen Straße. Zur Beschaffenheit der B 317 und zum geplanten Ausbau der S 36/ S 37 im Sinne von § 2 Abs. 1 und 2 BStG vgl. *Hautzenberg*, RdU 2011, 29; *Frey*, Straßenbauprojekt S 36 / S 37 (2009), 4 und 26; *Haller*, Zerstörung von Alpenraum und Rechtsstaat? in FS für H. René Laurer (2009), 53 ff. Zum Verlauf der geplanten S 36/S 37 vgl. Fn. 702.

739 Zur Verbindungswirkung der Fernpassstraße B 179 vgl. *Schroeder/Weber K.*, Studie (2008), Rn. 385.

e) „Straße für den alpenquerenden Verkehr"

aa) Alpenquerender und inneralpiner Verkehr

Art. 2 UAbs. 1 VerkP definiert[740]:

- „‚alpenquerender Verkehr': Verkehr mit Ziel und Quelle außerhalb des Alpenraumes;" (Deutsche Fassung)
- „‚Trafic transalpin': trafic constitué de trajets ayant leur point de départ et d'arrivée à l'extérieur de l'espace alpin." (Französische Fassung)
- „‚traffico/trasporto transalpino': traffico/trasporto con origine e destinazione all'esterno del territorio alpino;" (Italienische Fassung)
- „‚čezalpski promet': promet s ciljem in izvorom zunaj alpskega prostora;" (Slowenische Fassung)

Jeder andere Verkehr ist dagegen inneralpin im Sinne von Art. 2 UAbs. 2 VerkP:

- „‚inneralpiner Verkehr': Verkehr mit Ziel und Quelle im Alpenraum (Binnenverkehr) inklusive Verkehr mit Ziel oder Quelle im Alpenraum;" (Deutsche Fassung)
- „‚Trafic intra-alpin': trafic constitué de trajets ayant leur point de départ et/ou d'arrivée à l'intérieur de l'espace alpin." (Französische Fassung)
- „‚traffico/trasporto intraalpino': traffico/trasporto con origine e destinazione all'interno del territorio alpino (traffico/trasporto interno) incluso il traffico/trasporto con origine o destinazione nel territorio alpino;" (Italienische Fassung)
- „‚znotrajalpski promet': promet s ciljem in izvorom v alpskem prostoru (notranji promet), vključno s prometom s ciljem ali izvorom v alpskem prostoru;" (Slowenische Fassung)

Bei den zitierten Definitionen des alpenquerenden und des inneralpinen Verkehrs zeigen sich Divergenzen in den Sprachfassungen. So findet sich einerseits das Wort „Verkehr" („trafic", „traffico"), andererseits in der italienischen Fassung der Terminus „Transport" („trasporto").[741] Es ist aber davon auszugehen,

---

[740] Zur ähnlichen Definition des Begriffes „Transitverkehr" im Völkervertragsrecht als „Verkehre durch einen Staat, bei denen der Ausgangs- und Zielpunkt außerhalb dieses Staates liegen" vgl. *Hummer*, Die Auswirkungen der fünften Erweiterung, in Busek/Hummer (Hrsg.), Alpenquerender und inneralpiner Transitverkehr (2005), 58 ff.

[741] Da die italienische Fassung von „traffico/trasporto" spricht und damit kumulativ sowohl den Verkehr als auch den Transport nennt, ergeben sich aus dieser Abweichung keine Auslegungsprobleme.

dass diese Begriffe synonym gebraucht werden.[742] Darüber hinaus fällt auf, dass der deutsche Text des Verkehrsprotokolls und auch jener der Rahmenkonvention der Alpenkonvention durchgehend den Begriff „inneralpiner Verkehr" heranziehen. Die französische und die italienische Sprachfassung gebrauchen dagegen in der Rahmenkonvention das Präfix „inter" („interalpin", „interalpino"), im Sinne von „zwischen, inmitten", und im Verkehrsprotokoll das inhaltlich treffendere „intra" („intra-alpin", „intraalpino"), welches „innerhalb" bedeutet.[743] Trotz des leichten Bedeutungsunterschiedes ist jedoch auch hier davon auszugehen, dass es sich bei der abweichenden Bezeichnung um eine nicht beabsichtigte Ungenauigkeit handelt. Ein besonderer Grund für die Differenzierung lässt sich zumindest nicht erschließen.

Aus der Definition des alpenquerenden Verkehrs geht im Übrigen nicht hervor, ob es genügt, dass Verkehr mit Ziel und Quelle außerhalb des Alpenraumes diesen lediglich berührt, oder aber ob eine Querung des Alpenhauptkammes erforderlich ist.[744] Dem deutschen Verb „queren" kommt gemeinhin die Bedeutung von „überqueren" zu.[745] Auch die im französischen und italienischen Text gewählte Bezeichnung „transalpin" bzw. „transalpino" impliziert mit dem Präfix „trans-" „über die Alpen"[746] und deutet damit auf eine Überschreitung des Alpenhauptkammes hin. Es ist somit davon auszugehen, dass Verkehr nur dann alpenquerend ist, wenn er nicht nur Ziel und Quelle außerhalb des Alpenraumes hat, sondern dazwischen auch den Alpenhauptkamm quert.[747]

---

742 So zieht wiederum in Art. 2 Abs. 2 lit. j AK die französische Fassung die Bezeichnung „transports – transport transalpin" und die italienische Fassung „trasporti – traffico transalpino" heran. Zur Verwendung der Begriffe „Verkehr" und „Transport" im Verkehrsprotokoll vgl. oben *Teil B II* und Fn. 43.

743 Vgl. *Drosdowski* (Hrsg.), Duden (1989). Die französische und die italienische Version ziehen in Art. 1 Abs. 1 lit. a und d VerkP die Begriffe „transport intra-alpin", „circulation intra-alpine" (frz.) bzw. „traffico intraalpino" (ital.) sowie in Art. 2 UAbs. 2 und Art. 11 Abs. 2 VerkP „trafic intra-alpin" (frz.) bzw. „traffico/trasporto intraalpino", „trasporto intraalpino" (ital.) heran. In der Alpenkonvention findet man hingegen in Art. 2 Abs. 2 lit. j AK „transport interalpin" (frz.) und „traffico interalpino" (ital.). Vgl. in Hinblick auf die französische Sprachfassung *Galle*, Alpenkonvention (2002), 127.

744 Vgl. *Frey*, Straßenbauprojekt S 36 / S 37 (2009), 9. In den Definitionen des Art. 2 UAbs. 1 und 2 VerkP fällt auf, dass die deutsche Version „Ziel und Quelle" nennt, die französische und die italienische Sprachfassung aber passender in umgekehrter Reihenfolge von „Quelle und Ziel" sprechen. Zum Geltungsbereich der Alpenkonvention vgl. oben *Teil B I* und Fn. 26.

745 *Drosdowski* (Hrsg.), Duden (1989).

746 Vgl. *Drosdowski* (Hrsg.), Duden (1989).

747 In diesem Sinne zu verstehen ist auch die Definition des Begriffes „alpenquerend" im Resümeeprotokoll des Expertentreffens zum Thema „Verkehr" vom 30./31.3. und 22./23.6.1998 in Wien, 3. Dazu sogleich unten *Teil E II 2 e) bb)*. *Heuck* plädiert dafür, dass auch jener Verkehr erfasst werden sollte, der den Alpenhauptkamm nicht quert, vgl.

bb) Gesamthafte Betrachtung der Alpenhauptkammquerung

Eine Straße für den alpenquerenden Verkehr im Sinne von Art. 11 Abs. 1 VerkP liegt dann vor, wenn auf ihr (auch) alpenquerender Verkehr stattfindet. Auch hier gebietet das Verkehrsprotokoll somit eine funktionale Betrachtungsweise.[748] Doch die Abgrenzung zwischen dem Bau einer neuen Straße für den alpenquerenden und einer solchen für den inneralpinen Verkehr ist nicht einfach.

Denkbar wäre es, an die Notwendigkeit der Erschließung eines neuen Alpenpasses, d.h. der Errichtung der Infrastruktur für eine neue, oberirdische oder – in Form eines Tunnels – unterirdische Alpenhauptkammquerung, anzuknüpfen. Das Attribut „neu“ in Art. 11 Abs. 1 VerkP würde sich dann auf die tatsächliche Alpenhauptkammquerung beziehen. Vor dem Hintergrund, dass die Vertragsparteien bei der Verhandlung des Protokolltextes die geplante Alemagna Autobahn vor Augen hatten, welche die Erschließung eines Alpenpasses zwischen dem Tauferertal bzw. Ahrntal in Südtirol (Italien) und dem Zillertal in Nordtirol (Österreich) erfordert hätte, macht diese Auslegung durchaus Sinn.[749] Gestützt wird sie durch eine anlässlich zweier Expertentreffen, die aufgrund eines Beschlusses des Ständigen Ausschusses 1998, also zwei Jahre vor Annahme des Verkehrsprotokolls in Wien stattfanden, erzielte und in einem Resümeeprotokoll vermerkte Einigung[750]:

„Hinsichtlich des Begriffes 'alpenquerend' einigte man sich darauf, unter Bezugnahme auf Art. 2 Abs. 2 lit. j dem Ständigen Ausschuß vorzuschlagen, daß darunter alpenhauptkammquerend zu verstehen wäre. Gleichzeitig wären die, nicht den Alpenhauptkamm querende[n] Straßen, die aber zum alpenhauptkammquerenden Verkehr beitragen, unter den Begriff 'inneralpin' (Art. 2 Abs. 2 lit. j) subsumierbar.“

Heuck, Infrastrukturmaßnahmen (2013), 179 f. Vgl. auch die Beispiele bei *Haller*, Zerstörung von Alpenraum und Rechtsstaat? in FS für H. René Laurer (2009), 56; *Schroeder/Weber K.*, Studie (2008), Rn. 390.

[748] Vgl. auch *Ehlotzky*, JRP 2013, 391; *Frey*, Straßenbauprojekt S 36 / S 37 (2009), 9; *Bußjäger/Larch*, RdU 2006, 105.

[749] Die Alemagna Autobahn soll eine Verbindung von Venetien (Italien) nach Bayern (Deutschland) schaffen und dabei durch Longarone, Pieve di Cadore, Cortina, Toblach, das Zillertal bzw. das Brixental, Wörgl und Kufstein bis nach Rosenheim führen. Vgl. dazu *Frey*, Straßenbauprojekt S 36 / S 37 (2009), 5 ff. und 42 f.; *Galle*, Alpenkonvention (2002), 121 f. Auch mit der Verbindung von Mailand (Italien) nach Ulm (Deutschland), entweder über den Comer See, den Reschenpass, das Inntal, den Fernpass nach Füssen oder über den San Bernadino Pass, über Chur und Bregenz nach Lindau, bestehen Bestrebungen, hochrangige alpenquerende Straßen zu bauen.

[750] Resümeeprotokoll des Expertentreffens zum Thema „Verkehr“ vom 30./31.3. und 22./23. 6.1998 in Wien, 3; dazu *Galle*, Alpenkonvention (2002), 127.

Alpenquerend in diesem engeren Sinne wären demnach nur jene neuen Straßen, die tatsächlich selbst den Alpenhauptkamm queren und nicht nur zum alpenhauptkammquerenden Verkehr über bestehende Alpenpässe beitragen.

Das zitierte Resümeeprotokoll fasst die Ergebnisse der Expertentreffen zusammen. Völkerrechtlich gehört es, wie alle anderen Beschlussprotokolle, zu den vorbereitenden Arbeiten gemäß Art. 32 WVK. Auf diese darf bei der Auslegung des Art. 11 Abs. 1 VerkP zurückgegriffen werden, um eine sich nach Art. 31 WVK ergebende Auslegung zu bestätigen, nicht aber um einen in sich selbst noch vertretbaren Textsinn zu korrigieren. In diesem Sinne räumt die WVK der Rechtssicherheit Vorrang vor dem Parteiwillen ein, denn gerade bei multilateralen Verträgen ist der wahre Wille der Parteien in Wahrheit häufig nur ein Annäherungswert. Es lässt sich meist nur schwer zeigen, dass alle Vertragsparteien einer Bestimmung auch tatsächlich dasselbe Verständnis beigelegt und damit in diesem Punkt dasselbe gewollt haben.[751]

Bevor daher überhaupt anzudenken ist, das Resümeeprotokoll zu berücksichtigen, ist der Gehalt der Wendung „Straße für den alpenquerenden Verkehr“ in Art. 11 Abs. 1 VerkP anhand der allgemeinen Auslegungsregel des Art. 31 WVK zu prüfen. Der Wortlaut, der keine inhaltlichen Divergenzen zwischen den Sprachfassungen aufweist, lässt keinen Hinweis darauf erkennen, dass auf den exakten Punkt der Alpenhauptkammüberquerung, d.h. den Pass, abzustellen wäre. Die Formulierung zeigt vielmehr, dass es um Verkehr geht, der die Alpen quert, unabhängig davon, ob dafür ein neuer Pass erschlossen werden muss oder sonst neue Routen entstehen, dabei aber bestehende Pässe genutzt werden.[752] Bestätigt wird dies durch die Definition des alpenquerenden Verkehrs in Art. 2 UAbs. 1 VerkP, wonach es darauf ankommt, dass Ziel und Quelle des

---

[751] *Le Bouthillier* in Corten/Klein (Hrsg.), Les conventions de Vienne (2006), Art. 32 WVK Rn. 32 ff.; *Köck*, ZÖR 1998, 227 f.; *Köck*, Vertragsinterpretation und Vertragsrechtskonvention (1976), 92 ff. Vgl. auch oben *Teil E II 1 a)* und Fn. 661. Gestützt wird diese Auffassung dadurch, dass in der Begrüßung zum ersten Expertentreffen darauf hingewiesen wurde, dass „diese Expertenrunde […] einberufen wurde, um – ohne Lösungsdruck – in einer betont offenen und freundlichen Atmosphäre über mögliche Lösungsansätze im Sinne der Alpenkonvention zu diskutieren. Es wäre nicht Aufgabe dieser Runde, Textpassagen auszuformulieren, sondern ein gemeinsames Verständnis von Grundsatzfragen zu erarbeiten.“, vgl. Resümeeprotokoll des Expertentreffens zum Thema „Verkehr“ vom 30./31.3. und 22./23.6.1998 in Wien, 1. Auch *Galle* führt dazu aus: „Letztlich löste diese wertfreie, lediglich auf Expertenebene durchgeführte Diskussion vorhandene Zwänge, beseitigte jahrelange Irrtümer und schuf damit eine Atmosphäre des Verständnisses und des Dialogs, die schließlich in einer Neuverhandlung des Protokolls Verkehr mündete.“, vgl. *Galle*, Alpenkonvention (2002), 127.

[752] Vgl. auch *Ehlotzky*, JRP 2013, 391.

Verkehrs außerhalb des Alpenraumes liegen und, wie bereits erörtert, dabei an einer beliebigen Stelle der Alpenhauptkamm gequert wird.[753]

Die Auslegung nach Art. 31 WVK führt folglich zu einem eindeutigen Ergebnis. Die Beurteilung, ob eine Straße eine für den alpenquerenden oder den inneralpinen Verkehr ist, erfordert eine gesamthafte Betrachtung. Für die Einstufung als alpenquerend ist die Schaffung einer Route entscheidend, die es ermöglicht, durchgehend hochrangig im Sinne des Verkehrsprotokolls von außerhalb des Alpengebietes über den Alpenhauptkamm wieder Gebiete außerhalb der Alpen zu erreichen.[754] In der Regel werden alpenquerende Routen daher in nordsüdlicher Richtung verlaufen, inneralpine in ostwestlicher Richtung. Zu beachten ist dabei, dass die Errichtung eines an sich inneralpinen Streckenteils eine fehlende Verbindung schließen und damit eine alpenquerende Straße schaffen kann. Art. 11 Abs. 1 VerkP darf daher nicht durch den Bau einer angeblich nur inneralpinen Straße umgangen werden.[755]

Entwickelt wurde überdies der Ansatz, die Frage, ob im Einzelfall eine Straße für den alpenquerenden Verkehr vorliegt, auch anhand einer quantitativen Schätzung der tatsächlichen Verkehrsströme zu prüfen.[756] Obwohl diese naturgemäß mit den jeweiligen Rahmenbedingungen variieren, ist davon auszugehen, dass sie ein wichtiges Indiz darstellen.[757] Eine Straße ist demzufolge nur dann alpenquerend, wenn nicht nur ein minimaler Anteil ihres geschätzten Verkehrsaufkommens alpenquerend ist. Eine solche Schätzung erfolgt am besten durch einen Vergleich der Verkehrszahlen der bestehenden hochrangigen alpenquerenden Verkehrsachsen und jenen, die sich aus den Verkehrsverlagerungen nach dem Bau der neuen Straße ergeben würden.[758]

Zieht man hier erneut das Beispiel der S 36/S 37 heran, zeigt sich, dass ihre wesentliche Funktion darin besteht, alpenquerenden Verkehr zu ermöglichen.

---

753 Vgl. oben *Teil E II 2 e) aa)* und zur Auslegung oben *Teil E II 1.*

754 Vgl. *Frey*, Straßenbauprojekt S 36 / S 37 (2009), 9.

755 So *Ehlotzky*, JRP 2013, 391; gegen diese Form der „Salamitechnik" auch *Schroeder*, Alpine traffic and International Law, in Quillacq/Onida (Hrsg.), Environmental Protection and Mountains (2011), 161; *Göschke*, Verkehrsprotokoll als Schlüssel, in CIPRA Österreich (Hrsg.), Alpenkonvention (2010), 74; *Haller*, Zerstörung von Alpenraum und Rechtsstaat? in FS für H. René Laurer (2009), 56 (und Anm. 28), der ausführt: „Diese Vorstellung, man könne von Norden und von Süden je eine Stichstraße in das Alpengebiet bauen und ein späterer 'Lückenschluss' sei dann 'inneralpin', ist grotesk."

756 Dies geht zurück auf ein Gutachten des Instituts für Verkehrswissenschaften der technischen Universität Wien, vgl. *Frey*, Straßenbauprojekt S 36 / S 37 (2009), 9 ff.

757 In rechtlicher Hinsicht gibt es keinen Anhaltspunkt für einen quantitativen Aspekt. Dieser ist daher kein rechtlich relevantes Kriterium.

758 Fraglich ist, wo die Grenze des „minimalen Anteiles" anzusetzen ist. Dazu *Frey*, Straßenbauprojekt S 36 / S 37 (2009), 10 und 29 ff.; *Haller*, Zerstörung von Alpenraum und Rechtsstaat? in FS für H. René Laurer (2009), 56.

Die geplante Schnellstraße würde es in qualitativer Hinsicht ermöglichen, auf zwei durchgehend kreuzungsfreien, mehrspurigen Verbindungen von Wien nach Klagenfurt bzw. von Wels nach Klagenfurt die Alpen und den Alpenhauptkamm zu queren.[759] In quantitativer Hinsicht würden die tatsächlichen alpenquerenden Verkehrsströme dabei jenen der wichtigsten alpenquerenden Transitrouten entsprechen.[760] Im Ergebnis wäre die S 36/S 37 sowohl in qualitativer als auch in quantitativer Hinsicht eine Straße für den alpenquerenden Verkehr.[761]

Die hier vertretene weite Auslegung des Begriffes „Straße für den alpenquerenden Verkehr" entspricht nicht jener engen Interpretation, die dem Resümee-

---

759 Die erste Verbindung verliefe von Wien kommend (A 2) über den Knoten Seebenstein (A 2/S 6), der noch außerhalb des Alpenraumes liegt, über Gloggnitz und den Semmeringtunnel entlang des Mürztals nach Bruck an der Mur (S 6/S 36), weiter entlang des Murtals nach Scheifling (S 36/S 37) und über den Perchauer Sattel bis nach Klagenfurt (S 37/A 2). Die Querung des Alpenhauptkammes würde dabei am bereits erschlossenen Semmeringpass erfolgen. Eine zweite Verbindung würde ausgehend vom außerhalb des Alpenraumes gelegenen Knoten Sattledt bei Wels (A 9) über Schlierbach/Kirchdorf an der Krems durch den Pyhrntunnel und den Schobertunnel bis zum Knoten St. Michael (A 9/S 36) und dann weiter über die S 36/S 37 bis nach Klagenfurt führen. Der Alpenhauptkamm würde hier am ebenso erschlossenen Pyhrnpass gequert. Von Klagenfurt aus bestehen bereits hochrangige Verbindungen (A 2, A 11) beispielsweise zu den außerhalb des Alpenraumes gelegenen Städten Udine, Triest oder Ljubljana. Vgl. dazu *Frey*, Straßenbauprojekt S 36 / S 37 (2009), 28, 49 und 52 f. Zum Verlauf der geplanten S 36/ S 37 vgl. Fn. 702.

760 Nach dem Gutachten zeigt sich bei einem verkehrswissenschaftlichen Vergleich der Verkehrszahlen der bestehenden hochrangigen Achsen mit jenen, die sich nach dem Bau der S 36/S 37 durch Verkehrsverlagerungen ergeben würden, ein hoher Anteil an alpenquerendem Verkehr auf der S 36/S 37. Dieser entspreche dem alpenquerenden Verkehrsaufkommen auf den wichtigsten anderen hochrangigen alpenquerenden Straßen und gehe teilweise deutlich darüber hinaus. Eine Verlagerung würde in hohem Ausmaß von der Südautobahn (A 2) erfolgen, denn die neue Strecke wäre um 36 km kürzer und wiese weniger Höhenunterschiede auf als die Südautobahn. Auch von der Pyhrnautobahn (A 9) oder der West- und Tauernautobahn (A 1/A 10) würde sich Verkehr auf die S 36/S 37 verlagern, wobei auch die dadurch geschaffene neue Strecke Wels-Klagenfurt um ca. 50 km kürzer wäre als jene über die Tauernautobahn. Vgl. dazu im Detail *Frey*, Straßenbauprojekt S 36 / S 37 (2009), 11 ff., 40 ff. und 48 ff. Sollten auf der S 36/S 37 keine Maut oder Benutzungsgebühren erhoben werden, wäre dies ein weiterer Anreiz, sich für diese Route zu entscheiden. Zur Wegekostenrichtlinie und zum Handlungsspielraum der Mitgliedstaaten bei der Erhebung von Maut und Benutzungsgebühren vgl. unten *Teil E V 2 c)* und Fn. 913.

761 In diesem Sinne *Heuck*, Das völkerrechtliche Frustrationsverbot, in Epiney/Heuck (Hrsg.), Der alpenquerende Gütertransport (2012), 21; *Hautzenberg*, RdU 2011, 29; *Göschke*, Verkehrsprotokoll als Schlüssel, in CIPRA Österreich (Hrsg.), Alpenkonvention (2010), 74; *Frey*, Straßenbauprojekt S 36 / S 37 (2009), 52 f.; *Haller*, Zerstörung von Alpenraum und Rechtsstaat? in FS für H. René Laurer (2009), 56.

protokoll von 1998 zugrunde liegt, welches an eine konkrete, neue Alpenhauptkammquerung durch die betreffende Straße anknüpft. Doch auf das Resümeeprotokoll ist im Sinne des heute herrschenden und der WVK zugrunde liegenden objektiven Ansatzes im Rahmen der Auslegung nicht zurückzugreifen. Das gemäß Art. 31 WVK erzielte Ergebnis ist weder mehrdeutig noch dunkel und führt auch nicht zu einem offensichtlich sinnwidrigen oder unvernünftigen Ergebnis.[762] Es ist daher vom weiten Begriff der Straße für den alpenquerenden Verkehr auszugehen.

f) Zwischenergebnis

Das Ergebnis der völkerrechtlichen Auslegung zeigt, dass Art. 11 Abs. 1 VerkP einen vollständigen Verzicht der Vertragsparteien normiert, neue hochrangige Straßen für den alpenquerenden Verkehr zu bauen. Der Verzicht bezieht sich auf alle Straßenbauprojekte, die zum Zeitpunkt der Annahme des Verkehrsprotokolls, d.h. am 31. Oktober 2000, noch nicht im Rahmen der Rechtsordnungen der Vertragsparteien beschlossen waren und für die der Bedarf zu diesem Zeitpunkt auch nicht gesetzlich festgestellt war. Die auf dem dazu erstellten Infrastrukturverzeichnis beruhende spätere Übung der Vertragsparteien beschränkt dies auf jene Projekte, die im Verzeichnis genannt sind.

Bei Prüfung der Kriterien des Art. 11 Abs. 1 VerkP ist die Funktion wesentlich, die einer Straße zukommt. Die Bestimmung bezieht sich daher sowohl auf den Neubau, d.h. die Errichtung hochrangiger Straßen auf bisher unbebautem Gelände oder an Stelle einer nicht hochrangigen Straße, als auch auf den Ausbau einer bereits hochrangigen Straße. *Ex lege* hochrangig sind Autobahnen und mehrbahnige, kreuzungsfreie Straßen. Weist eine sonstige Straße eine Verkehrswirkung auf, die jener einer Autobahn ähnelt, ist auch sie als hochrangig zu qualifizieren. Bei der Beurteilung dieser Ähnlichkeit ist die Verbindungswirkung der Straße ein entscheidender Anhaltspunkt. Eine Straße für den alpenquerenden Verkehr liegt schließlich dann vor, wenn diese in qualitativer Hinsicht Gebiete außerhalb des Alpenraumes miteinander verbindet und dabei an beliebiger Stelle den Alpenhauptkamm quert und in quantitativer Hinsicht mit einem alpenquerenden Verkehrsstrom in einer gewissen Größenordnung zu rechnen ist. Der quantitative Aspekt stellt dabei ein wichtiges Indiz, jedoch kein Rechtskriterium dar.

Die im Rahmen dieses Kapitels beispielhaft analysierte österreichische Schnellstraße S 36/S 37 soll die bestehende, im Sinne des Verkehrsprotokolls großteils nicht hochrangige B 317 ersetzen. Dabei liegt sowohl beim Neubau der S 36/

[762] Vgl. dazu oben *Teil E II 1 a)*, Fn. 661 und 751.

S 37 auf einer neuen Trasse bzw. auf den nicht hochrangigen Streckenteilen der B 317, als auch beim Ausbau der bereits hochrangigen Abschnitte der B 317 der Bau einer hochrangigen Straße im Sinne des Verkehrsprotokolls vor. Diese Schnellstraße würde es ermöglichen, den Alpenhauptkamm auf zwei durchgehend kreuzungsfreien, mehrspurigen Verbindungen zu queren, wobei davon auszugehen ist, dass nicht nur ein minimaler Teil des Verkehrsaufkommens auf der S 36/S 37 alpenquerend wäre. Hier liegt folglich der Bau einer hochrangigen Straße für den alpenquerenden Verkehr vor. Ein Verstoß gegen Art. 11 Abs. 1 VerkP ist allerdings nur bei neuen, d.h. nach dem 31. Oktober 2000 in der innerstaatlichen Rechtsordnung beschlossenen Straßen anzunehmen. Kritisch zu hinterfragen ist insofern die Auffassung des österreichischen VfGH, der auf die Aufnahme der B 317 – als spätere S 36 – in das BStG abstellt und in der Folge keine neue Straße im Sinne des Verkehrsprotokolls annimmt. Tatsächlich wurde die S 36 jedoch erst im Jahre 2002 und wurde die S 37 im Jahre 2006 – und damit nach Annahme des Verkehrsprotokolls – ausdrücklich in das BStG aufgenommen, wodurch bereits ein völkerrechtlicher Verstoß gegen Art. 11 Abs. 1 VerkP vorliegt.[763]

---

[763] Vgl. in diesem Zusammenhang *Galle*, Ergänzung (2008), 60 f., der in Hinblick auf Art. 11 VerkP ausführt „Österreich sollte in Befolgung dieser essenziellen Bestimmung zum einen mit großer Sorgfalt auf die Aktivitäten der anderen Vertragspartner achten, andererseits aber auch Signale von vornherein vermeiden, welche für die Argumentation der nationalen Position nachteilig sein könnten." Geht man – entgegen der Auffassung des VfGH – davon aus, dass die Aufnahme der S 36/S 37 in das BStG dem Art. 11 Abs. 1 VerkP widerspricht, hat Österreich gegen das Verkehrsprotokoll und damit gegen den Grundsatz *pacta sunt servanda* im Sinne von Art. 26 WVK verstoßen. Innerstaatlich ist die Aufnahme der S 36/S 37 in das BStG hingegen rechtmäßig, denn die BStG-Novelle aus 2006 (BGBl. I 2006/58, vgl. Fn. 703), die erstmals die S 37 und erneut die bereits im Jahre 2002 kundgemachte S 36 [BGBl. I 2002/50, vgl. oben *Teil E II 2 c) aa)*] nennt, hat dem Verkehrsprotokoll nach der Regel *lex posterior derogat legi priori* derogiert. Allerdings kann das österreichische Recht dem Verkehrsprotokoll nicht mit völkerrechtlicher Wirkung derogieren, und das BStG kann – analog Art. 140a B-VG – nicht die Geltung, sondern lediglich die Anwendbarkeit des Art. 11 Abs. 1 VerkP in Bezug auf die S 36/S 37 aufheben. A.A. *Haller*, Schutz für den Alpenraum, in FS für Hans R. Klecatsky zum 90. Geburtstag (2010), 292, und *Haller*, Zerstörung von Alpenraum und Rechtsstaat? in FS für H. René Laurer (2009), 57 f., der davon ausgeht, dass dem Verkehrsprotokoll aufgrund des Zustimmungserfordernisses des Bundesrates nicht durch das BStG derogiert werden kann, welches lediglich dem einfachen Einspruch des Bundesrates unterliegt. Von einem Stufenbau der Bundesgesetze nach ihrer Erzeugungsform ist jedoch nicht auszugehen, vgl. *Thienel*, ÖJZ 1983, 477 ff. Vgl. auch *Binder B.*, ZaöRV 1975, 298 f. zum Grundsatz völkerrechtskonformen Verhaltens, 322 ff. zur Lösung von Kollisionen zwischen Völkerrechtsnorm und nationalem Rechtssatz und 329 ff. zu den Rechtswirkungen des Art. 140a B-VG; zum Stufenbau nach der derogatorischen Kraft vgl. *Walter*, ÖJZ 1965, 169 ff.

3. Erklärungen der Vertragsparteien

Sowohl die Rahmenkonvention der Alpenkonvention als auch das Verkehrsprotokoll setzen die Zulässigkeit von Erklärungen der Vertragsparteien voraus.[764] In unterschiedlicher Form haben Österreich, Liechtenstein, Frankreich, Italien und die EU Erklärungen zum Verkehrsprotokoll angebracht. In ihrer anlässlich der Hinterlegung der Genehmigungsurkunde am 25. Juni 2013 abgegebenen Erklärung weist die EU ausdrücklich darauf hin, dass sie die Rechtsnachfolgerin der EG ist und alle Bezugnahmen auf Letztere im Wortlaut des Verkehrsprotokolls als solche auf die EU zu lesen sind.[765] Eine Erklärung zur in Hinblick auf das Protokoll relevanten Kompetenzverteilung zwischen ihr und ihren Mitgliedstaaten hat die EU indes nicht abgegeben.[766] Demgegenüber sind die Erklärungen der genannten Alpenstaaten materieller Natur und betreffen durchwegs (auch) Art. 11 VerkP bzw. die für diese Norm relevanten Begriffsbestimmungen des Art. 2 VerkP. Ihr Rechtscharakter und ihre Konsequenzen werden nachfolgend dargestellt.

a) Erklärungen Österreichs und Liechtensteins

Um die Verwirklichung eines Straßenprojektes in Vorarlberg nicht zu gefährden, das am 31. Oktober 2000 noch nicht rechtsverbindlich beschlossen war, gab Österreich anlässlich der Annahme des Verkehrsprotokolls folgende, in sich selbst nicht vollkommen schlüssige Erklärung ab[767]:

---

[764] Dies ergibt sich aus Art. 14 lit. d AK und Art. 25 lit. d VerkP. Erklärungen zur Rahmenkonvention sind dabei beschränkt auf solche in Hinblick auf Art. 1 Abs. 2 und 3 AK.

[765] Abgedruckt in Art. 2 Genehmigungsbeschluss (Fn. 43) sowie in der Kundmachung des Bundeskanzlers betreffend den Geltungsbereich des Protokolls zur Durchführung der Alpenkonvention von 1991 im Bereich Verkehr – Protokoll „Verkehr“, BGBl. III 2013/183.

[766] *Ehlotzky*, JRP 2013, 390.

[767] Abgedruckt als Fußnote zu Traktandum 6.1 im Beschlussprotokoll der VI. Alpenkonferenz vom 30. und 31.10.2000 in Luzern. Bei besagtem Straßenprojekt handelte es sich um die Liechtensteiner Straße B 191, den sogenannten „Letzetunnel“. Dieses Projekt zur Südumfahrung der Stadt Feldkirch ist als hochrangige Straße im Sinne des Art. 2 UAbs. 6 VerkP zu qualifizieren. Derzeit verläuft die B 191 von der Vorarlberger Straße in Feldkirch bis zur Landesgrenze in Feldkirch-Tisis. Nach Umsetzung des Projektes sollte sie direkt von Frastanz (A 14) zur Landesgrenze führen und dabei das Feldkircher Stadtgebiet aussparen. Im Jahre 2013 wurde das Straßenprojekt in ähnlicher Form als „Stadttunnel Feldkirch“ wieder aufgenommen. Vgl. *Mayrhofer*, Grünes Licht für das Verkehrsprotokoll, in 16 Bürgerinitiativen gegen die S 36/S 37 (Hrsg.), Warum wir unsere Heimat vor Transit schützen (2009), 61; *Cuypers*, Die Alpenkonvention und ihr Verkehrsprotokoll, in Institut für Straßen- und Verkehrswesen (Hrsg.), Seminar „Verkehr im Alpenraum“ (2006), 38 ff.; *Galle*, Alpenkonvention (2002), 129 f.; vgl. auch die Postulatsbeantwortung der liechtensteinischen Regierung betreffend Alpenkonvention und Letzetunnel, Nr. 142/2000.

„Erklärung Österreichs: ‚Die Alpenkonvention verlangt, dass Belastungen und Risiken im Bereich des inneralpinen und alpenquerenden Verkehrs auf ein Mass gesenkt werden, welches für Menschen, Fauna und Flora erträglich ist. Österreich geht daher davon aus, dass örtliche Umfahrungsstraßen, die weder Autobahnen sind, noch baulich getrennte Richtungsfahrbahnen aufweisen, noch kreuzungsfrei sind, nicht als hochrangige Straßen im Sinne des Verkehrsprotokolls gelten.' Österreich stimmt jedoch vorbehaltlos dem Verkehrsprotokoll zu."

Ebenso anlässlich der Annahme des Verkehrsprotokolls und wohl als Reaktion auf die österreichische Erklärung verlautbarte Liechtenstein[768]:

„Mit dem vorliegenden Verkehrsprotokoll ist in wichtigen Punkten, insbesondere bezüglich des Projektevaluations- und zwischenstaatlichen Konsultationsverfahrens und bezüglich des Strassenverkehrs Einvernehmen erzielt worden. Dies war nur möglich auf der Grundlage von Begriffsbestimmungen, welche somit als unverzichtbarer Bestandteil des Gesamtwerks Verkehrsprotokoll zu betrachten sind."

Bezweckt ein Staat durch eine Erklärung die Rechtswirkung einzelner Vertragsbestimmungen in der Anwendung auf ihn selbst auszuschließen oder zu ändern, liegt grundsätzlich ein Vorbehalt im Sinne von Art. 2 Abs. 1 lit. d WVK vor.[769] Nun schränkt die Erklärung Österreichs zwar die Definition der hochrangigen Straßen in Art. 2 UAbs. 6 VerkP ein, dennoch ist hierbei von einer bloßen Interpretationserklärung im Sinne der Punkte 1.2 und 4.7.1 der Leitlinien der Völkerrechtskommission (ILC)[770] und nicht von einem Vorbehalt auszugehen, schließlich führt Österreich selbst an, es stimme „vorbehaltlos dem Verkehrsprotokoll zu".[771] Würde Österreich seine Erklärung als Vorbehalt geltend machen, widerspräche es sich selbst. Nach dem Grundsatz von Treu und Glauben und dem daraus abgeleiteten Verbot des *venire contra factum proprium* ist ein Staat an sein eigenes Verhalten gebunden und kann nicht ohne weiteres von seiner Erklärung der vorbehaltlosen Annahme abrücken.[772] Darüber hinaus wäre ein Vorbehalt im Sinne des Art. 2 Abs. 1 lit. d WVK zum Zeitpunkt der Unterzeichnung oder Ratifikation anzubringen gewesen und dies hätte gemäß Art. 23 Abs. 1 WVK der Schriftform bedurft.[773] Interpretationserklärungen indes müs-

[768] Abgedruckt als Fußnote zu Traktandum 6.1 im Beschlussprotokoll der VI. Alpenkonferenz vom 30. und 31.10.2000 in Luzern.

[769] Zur Auslegung von Vorbehalten vgl. Punkt 4.2.6 der ILC-Leitlinien; vgl. auch oben *Teil E II 1 a).*

[770] Vgl. Fn. 658.

[771] Zum Versuch Vorarlbergs, einen Vorbehalt zu formulieren, vgl. *Galle*, Alpenkonvention (2002), 130; zur Abgrenzung von Vorbehalt und Interpretationserklärung *Kühner*, Vorbehalte zu multilateralen völkerrechtlichen Verträgen (1986), 35 ff.; zur juristischen Bedeutung der Interpretationserklärung *Ermacora*, JBl 1973, 188 f.

[772] Vgl. *Heintschel von Heinegg*, Die weiteren Quellen des Völkerrechts, in Ipsen (Hrsg.), Völkerrecht (2004), § 18 Rn. 5 und 7; *Verdross/Simma*, Universelles Völkerrecht (1984), § 62.

[773] Vgl. Punkt 2.1.1 der ILC-Leitlinien. Es ist davon auszugehen, dass die Erklärungen Österreichs, Liechtensteins und Frankreichs [zur Letzteren vgl. oben *Teil E II 2 c) bb)* und

sen nicht unbedingt schriftlich ergehen und können grundsätzlich jederzeit formuliert werden.[774]

Auch die Erklärung Liechtensteins ist als reine Interpretationserklärung zu werten. Im Ergebnis stellt Österreich klar, wie es den Begriff der hochrangigen Straße auslegt. Diese Interpretation ist nicht bindend[775] und hat keinen Einfluss auf die Vertragspflichten der Vertragsparteien. Liechtenstein wiederum betont die Bedeutung der im Protokolltext vorgenommenen Begriffsdefinitionen.[776]

b) Erklärung Frankreichs

Die von Frankreich anlässlich der Hinterlegung seiner Genehmigungsurkunde am 11. Juli 2005 in Bezug auf Art. 2 VerkP abgegebene Erklärung[777] verweist zur Definition der hochrangigen Straßen auf die Espoo-Konvention[778], ein völkerrechtliches Abkommen, das bei Projekten mit erheblichen grenzüberschreitenden Auswirkungen eine Umweltverträglichkeitsprüfung vorschreibt:

„I.) in Bezug auf Art. 2:
– dass sich die ‚hochrangigen Straßen' auf die Begriffe ‚Autobahnen' und ‚Schnellstraßen' beziehen, wie sie im Anhang I des Übereinkommens über die Umweltverträglichkeitsprüfung im grenzüberschreitenden Rahmen, das in Espoo am 25. Februar 1991 unterzeichnet wurde, definiert sind; […]."

In Anhang I der Espoo-Konvention wird unter anderem der Bau von Autobahnen und Schnellstraßen genannt, die in einer Fußnote folgendermaßen definiert werden[779]:

Fn. 710], die als Fußnoten zu Traktandum 6.1 im Beschlussprotokoll der VI. Alpenkonferenz vom 30. und 31.10.2000 in Luzern abgedruckt sind, mündlich abgegeben und protokolliert worden sind. Hierzu auch *Galle*, Alpenkonvention (2002), 130.

774 Vgl. Punkte 2.4.1 und 2.4.4 der ILC-Leitlinien.

775 Beispielsweise für ein Schiedsgericht nach dem Streitbeilegungsprotokoll. Vgl. *Kühner*, Vorbehalte zu multilateralen völkerrechtlichen Verträgen (1986), 39 ff.; zum Streitbeilegungsmechanismus der Alpenkonvention vgl. oben *Teil B I.*

776 Für dieses Verständnis spricht schließlich auch, dass die Erklärungen Österreichs und Liechtensteins vom österreichischen Staatsnotariat nicht auf der Website des Depositärs erfasst wurden, vgl. http://www.bmeia.gv.at/aussenministerium/aussenpolitik/voelkerrecht/staatsvertraege/oesterreich-als-depositaer.html (15.4.2014).

777 Abgedruckt in der Kundmachung des Bundeskanzlers betreffend den Geltungsbereich des Protokolls zur Durchführung der Alpenkonvention von 1991 im Bereich Verkehr – Protokoll „Verkehr", BGBl. III 2005/120. Zu der von Frankreich mündlich anlässlich der Annahme des Verkehrsprotokolls abgegebenen Erklärung vgl. oben *Teil E II 2 c) bb)*, Fn. 710 und 773.

778 Vgl. Fn. 725.

779 Angelehnt an diese Begriffsbestimmung sind auch die Definitionen der Begriffe „Autobahn" und „Schnellstraße" in Art. 17 Abs. 3 lit. a und b TEN-Verordnung (Fn. 230).

„Im Sinne dieses Übereinkommens ist

- ‚Autobahn' eine Straße, die für den Verkehr mit Kraftfahrzeugen besonders bestimmt und gebaut ist, zu der von den angrenzenden Grundstücken aus keine unmittelbare Zufahrt besteht und die:
  a) außer an einzelnen Stellen oder vorübergehend für beide Verkehrsrichtungen besondere Fahrbahnen hat, die durch einen nicht für den Verkehr bestimmten Geländestreifen oder in Ausnahmefällen durch andere Mittel voneinander getrennt sind,
  b) keine höhengleiche Kreuzung mit Straßen, Eisenbahn- oder Straßenbahnschienen oder Gehwegen hat,
  c) als Autobahn besonders gekennzeichnet ist;
- ‚Schnellstraße' eine Straße, die ausschließlich für den Verkehr mit Kraftfahrzeugen bestimmt und nur über Kreuzungen oder verkehrsgeregelte Einmündungen zugänglich ist, und auf der besonders das Anhalten und Parken auf der Fahrbahn verboten ist."

Indem Frankreich lediglich Autobahnen und Schnellstraßen im Sinne der Espoo-Konvention als hochrangige Straßen anerkennt, schränkt es den Begriff des Art. 2 UAbs. 6 VerkP ein. Denn obwohl eine Schnellstraße im Sinne der Espoo-Konvention nicht mehrbahnig und kreuzungsfrei sein muss und daher einige Straßen miterfasst, die sonst durch den Auffangtatbestand des Art. 2 UAbs. 6 VerkP abgedeckt wären, werden sonstige in der Verkehrswirkung einer Autobahn ähnliche Straßen, die nicht unter den Schnellstraßenbegriff der Espoo-Konvention fallen, durch die französische Erklärung ausgeklammert.

Darüber hinaus begrenzt die von Frankreich ergänzend in Bezug auf den gesamten Art. 11 VerkP abgegebene Erklärung auch den Geltungsbereich dieser Norm. Sie nennt konkrete Bauvorhaben und schafft bestimmte Kategorien von Verkehrsinfrastrukturprojekten, die generell nicht von Art. 11 VerkP erfasst sein sollen.[780] Die gesamte französische Erklärung zu Art. 2 und 11 VerkP ist daher als Vorbehalt zu deuten.[781]

---

780 Unter II.) A. c) der Erklärung nimmt Frankreich jene Projekte aus dem Anwendungsbereich des Art. 11 VerkP aus, die „dem Grunde nach am 31. Oktober 2001, dem Tag der Unterzeichnung des vorliegenden Protokolls, bereits feststanden". Obwohl Frankreich das Verkehrsprotokoll bereits am 31.10.2000 unterzeichnete (vgl. oben *Teil C I*), nennt die Erklärung somit unzutreffender Weise ausdrücklich den 31. Oktober des Jahres 2001 als Unterzeichnungszeitpunkt. Im Ergebnis ist dies aber irrelevant, da es zum einen bei der Ausnahmeregelung des Art. 8 Abs. 2 S. 3 VerkP auf den Annahmezeitpunkt ankommt [vgl. oben *Teil E II 2 c) aa)*], und zum anderen Frankreich seine Vertragspflichten ohnehin durch die Erklärung einschränkt. Vgl. außerdem die detaillierte Auflistung der ausgenommenen Verkehrsinfrastrukturprojekte unter II.) A. der französischen Erklärung. II.) B. bezieht sich schließlich auf die in Art. 11 Abs. 2 lit. c i.V.m. Art. 2 UAbs. 12 VerkP vorgesehene Zweckmäßigkeitsprüfung. Die in II.) A. aufgelisteten Projekte fallen nicht unter die Ausnahme des Art. 8 Abs. 2 S. 3 VerkP, vgl. *Geslin*, Convention alpine, in CIPRA France (Hrsg.), La convention alpine (2008), 36.

781 Nach *Heuck* ist die gesamte französische Erklärung ein unzulässiger Vorbehalt, vgl. *Heuck*, Infrastrukturmaßnahmen (2013), 61 f.; *Geslin* qualifiziert die in Bezug auf Art. 2 VerkP abgegebene Erklärung als interpretative Erklärung, jene zu Art. 11 VerkP als Vorbehalt,

Gemäß Art. 20 Abs. 5 WVK gilt ein Vorbehalt als von einem Staat angenommen, wenn dieser bis zum Ablauf von zwölf Monaten, nachdem ihm der Vorbehalt notifiziert worden ist, bzw. bis zu dem Zeitpunkt, in dem er seine Zustimmung ausgedrückt hat, durch den Vertrag gebunden zu sein, keinen Einspruch erhebt.[782] Nun hatten Deutschland und Österreich zwar am 3. bzw. am 5. Juli 2006 auf diplomatischem Wege ergänzende Informationen über die Hintergründe der französischen Erklärung gefordert und sich weitere vertragsrechtliche Schritte über die Zwölfmonatsfrist hinaus vorbehalten. In seiner am 19. Juli 2006 – also bereits nach dem mit Ablauf des 10. Juli 2006 eingetretenen Fristende – übermittelten Verbalnote sagte Frankreich auch weitere Informationen zu, gab aber gleichzeitig zu verstehen, Einsprüche nach Ablauf der Zwölfmonatsfrist nicht mehr akzeptieren zu wollen.[783]

Da letztendlich keine Vertragspartei des Verkehrsprotokolls in relevanter Weise binnen der Zwölfmonatsfrist auf den französischen Vorbehalt reagiert hat, ist davon auszugehen, dass dieser stillschweigend angenommen und damit rechtsgültig wurde. Im Sinne von Art. 21 Abs. 1 lit. a und b WVK ist Frankreich folglich an Art. 2 und 11 VerkP nur im Ausmaß seines Vorbehaltes gebunden und vor einer weitergehenden Auslegung geschützt. Gleichzeitig kann es jedoch auch von den anderen Vertragsparteien keine darüber hinausgehende Vertragserfüllung verlangen.[784]

---

wobei sie die detaillierte Auflistung der Ausnahmen darüber hinaus als unzulässig im Sinne des Art. 19 lit. c WVK ansieht, vgl. *Geslin*, Convention alpine, in CIPRA France (Hrsg.), La convention alpine (2008), 31 ff.

782 Frankreich ist kein Vertragsstaat der WVK (vgl. Fn. 129) und die in Art. 20 Abs. 5 WVK und Punkt 2.6.12 der ILC-Leitlinien genannte Zwölfmonatsfrist stellt kein Völkergewohnheitsrecht dar. Für Frankreich ist daher eine „angemessene" Frist nach den Regeln der Verschweigung heranzuziehen, wobei zwölf Monate wohl als angemessen anzusehen sein dürften. Vgl. *Walter* in Dörr/Schmalenbach (Hrsg.), Vienna Convention (2012), Art. 20 WVK Rn. 54; *Müller D.* in Corten/Klein (Hrsg.), Vienna Conventions (2011), Art. 20 WVK Rn. 16. Im völkerrechtlichen Verkehr ist es jedenfalls Usus, Vorbehalte stillschweigend anzunehmen, vgl. *Kühner*, Vorbehalte zu multilateralen völkerrechtlichen Verträgen (1986), 153 ff. Zur stillschweigenden Annahme vgl. auch unten *Teil E II 3 c) cc)*.

783 Vgl. die vom Ständigen Sekretariat dem Ständigen Ausschuss der Alpenkonferenz vorgelegte schriftliche Mitteilung zu den Auslegungserklärungen, die den Ratifizierungsinstrumenten beigefügt wurden, PC54/A1 vom 17.9.2013, 3. *Bittner* führt dazu aus, dass in Hinblick auf die bestehende „Unklarheit über den Inhalt und die beabsichtigte Wirkung" der Erklärung im „Dialog mit Frankreich [...] die Intentionen deutlicher" wurden und „eine vorläufig befriedigende Lösung gefunden werden" konnte, vgl. *Bittner*, Vorbehalte in der Praxis, in Benedek/Folz/Isak/Kettemann/Kicker (Hrsg.), Bestand und Wandel des Völkerrechts (2014), 122.

784 Dazu *Binder Ch./Zemanek*, Völkervertragsrecht, in Reinisch (Hrsg.), Österreichisches Handbuch des Völkerrechts (2013), Rn. 290; *Graf Vitzthum*, Begriff, Geschichte und

c) Erklärung Italiens und Reaktionen Österreichs und Deutschlands

Die weitreichendste, als „Auslegungserklärung" („dichiarazione interpretativa") titulierte Erklärung hat Italien anlässlich der Hinterlegung seiner Urkunde über die Ratifikation des Verkehrsprotokolls am 7. Februar 2013 abgegeben.[785] Während sich der erste Satz auf Art. 11 VerkP bezieht, betrifft der zweite Satz die im Verkehrsprotokoll enthaltenen Vorgaben zur Internalisierung der externen Kosten[786]:

„Italien erklärt, dass die Bestimmungen von Art. 11 des vorliegenden Protokolls nicht die Möglichkeit präjudizieren, auf italienischem Staatsgebiet Straßenbauprojekte für Fernverbindungen, einschließlich der für den Ausbau des Warenverkehrs mit den Ländern nördlich der Alpen erforderlichen Infrastrukturen, zu verwirklichen. Ebenso wird nicht präjudiziert, dass die in den Art. 3, Abs. 1, Art. 7, Abs. 1 und Art. 14 enthaltenen Bestimmungen betreffend die Internalisierung der externen Kosten auf das Gemeinschaftsacquis zu beziehen sind."

Am 31. Jänner 2014 erwiderte Österreich[787]:

„Die Regierung der Republik Österreich hat die Erklärung der Italienischen Republik anlässlich der Hinterlegung ihrer Ratifikationsurkunde hinsichtlich des [Verkehrsprotokolls] zur Kenntnis genommen und auch im Lichte der Erläuterungen Italiens, wie im Bericht des Ständigen Sekretariats der Alpenkonvention PC54/A1 festgehalten, geprüft.

Österreich hat insbesondere zur Kenntnis genommen, dass Italien mit dem ersten Satz seiner Erklärung nicht bezweckt, die Rechtswirkung von Vertragsbestimmungen des Verkehrsprotokolls auszuschließen oder zu ändern, sondern seine Erklärung vollkommen im Einklang mit dem Wortlaut des Art. 11 sieht und nur auf den inneralpinen, nicht aber den alpenquerenden Verkehr bezieht.

Rechtsquellen, in Graf Vitzthum/Proelß (Hrsg.), Völkerrecht (2013), Rn. 121 f.; *Müller D.* in Corten/Klein (Hrsg.), Vienna Conventions (2011), Art. 21 WVK Rn. 32 und 36; *Villiger*, Commentary (2009), Art. 21 WVK Rn. 3 ff.; zum Reziprozitätsprinzip in Hinblick auf Vorbehalte *Horn*, Reservations and Interpretative Declarations (1988), 145 ff.

[785] Abgedruckt in der Kundmachung des Bundeskanzlers betreffend den Geltungsbereich des Protokolls zur Durchführung der Alpenkonvention von 1991 im Bereich Verkehr – Protokoll „Verkehr", BGBl. III 2013/37; berichtigt durch BGBl. III 2013/138. Vgl. auch die in Form einer Verbalnote vom 30.1.2014 übermittelten Ausführungen Italiens sowie die vom Ständigen Sekretariat dem Ständigen Ausschuss der Alpenkonferenz vorgelegte schriftliche Mitteilung zu den Auslegungserklärungen, die den Ratifizierungsinstrumenten beigefügt wurden, PC54/A1 vom 17.9.2013, 3 f.

[786] Die italienische Sprachfassung lautet: "L'Italia dichiara che, per quanto riguarda le disposizioni dell'articolo 11 del presente Protocollo, esse non pregiudicano la possibilità di realizzare progetti stradali di grande comunicazione sul territorio italiano, comprese le infrastrutture necessarie per lo sviluppo degli scambi con i Paesi situati a nord dell'arco alpino, nonché che le disposizioni relative all'internalizzazione dei costi esterni, di cui agli articolo 3, comma 1, 7, comma 1, e 14, sono da riferirsi all'acquis comunitario." Zum zweiten Satz der Erklärung vgl. unten *Teil E V 2.*

[787] Abgedruckt auf der Website des Depositärs, vgl. http://www.bmeia.gv.at/aussenministerium/aussenpolitik/voelkerrecht/staatsvertraege/oesterreich-als-depositaer.html (15.4.2014).

Vor dem Hintergrund dieser Erläuterungen versteht Österreich, dass die volle Geltung der Kernbestimmung des Protokolls, Art. 11 Abs. 1, durch die Erklärung Italiens nicht angetastet werden soll.

Jede andere Lesart des ersten Satzes der Erklärung, die zu einer Einschränkung des vereinbarten Verzichts und damit zum möglichen Bau neuer hochrangiger Straßen für den alpenquerenden Verkehr führen würde, hätte zur Folge, dass der erste Satz der Erklärung als unzulässiger Vorbehalt zu qualifizieren wäre.

Art. 11 Abs. 1 ist eine Kernbestimmung des Verkehrsprotokolls und ein wesentlicher Aspekt von dessen Ziel und Zweck, im Rahmen einer nachhaltigen Verkehrspolitik die ‚Belastungen und Risiken im Bereich des inneralpinen und alpenquerenden Verkehrs auf ein Maß zu senken, das für Menschen, Tiere und Pflanzen sowie deren Lebensräume erträglich ist, unter anderem durch eine verstärkte Verlagerung des Verkehrs, insbesondere des Güterverkehrs, auf die Schiene […]‘ (Art. 1 Abs. 1 lit. a). Ein Vorbehalt, der diese Verpflichtung einschränkt, wäre daher mit Ziel und Zweck des Verkehrsprotokolls nicht vereinbar.

Wenn einer solchen Lesart gefolgt wird, ist diese Erklärung Österreichs als Einspruch zu verstehen, der allerdings dem vollständigen Inkrafttreten des Verkehrsprotokolls zwischen Österreich und Italien nicht entgegensteht.“

Auch Deutschland reagierte am 5. Februar 2014 mit folgender, in ihrer Formulierung teilweise mit dem österreichischen Text koordinierten Erklärung[788]:

„Die Regierung der Bundesrepublik Deutschland hat die Erklärung der Italienischen Republik anlässlich der Ratifikation des [Verkehrsprotokolls] zur Kenntnis genommen und auch im Lichte der Erläuterungen der Italienischen Republik, wie im Bericht des Ständigen Sekretariats der Alpenkonvention PC54/A1 festgehalten und in ähnlicher Weise an die Bundesrepublik Deutschland per Verbalnote vom 30. Januar 2014 übermittelt, geprüft.

Die Bundesrepublik Deutschland hat insbesondere zur Kenntnis genommen, dass die Italienische Republik mit ihrer Erklärung nicht bezweckt, die Rechtswirkung von Vertragsbestimmungen des Verkehrsprotokolls auszuschließen oder zu ändern, sondern ihre Erklärung vollkommen im Einklang mit dem gesamten Artikel 11 des Verkehrsprotokolls sieht.

Vor dem Hintergrund dieser Erläuterungen versteht die Bundesrepublik Deutschland, dass die volle Geltung des Verkehrsprotokolls, insbesondere seiner Kernbestimmungen in Artikel 11 Abs. 1 und 2, durch die Erklärung der Italienischen Republik nicht angetastet werden soll und begrüßt das vorbehaltlose Inkrafttreten des Verkehrsprotokolls für die Italienische Republik.“

Im Folgenden wird nun analysiert, auf welche der in Art. 11 VerkP geregelten Straßenkategorien sich der erste Satz der italienischen Erklärung bezieht. Anschließend ist zu untersuchen, ob die Erklärung einen Vorbehalt darstellt, ob dieser gegen Ziel und Zweck des Verkehrsprotokolls verstößt bzw. welche völkerrechtlichen Konsequenzen eine solche Einstufung impliziert. Alternativ sind auch jene Folgen zu erörtern, die eine Qualifikation als zulässiger Vorbehalt

---

788 Abgedruckt auf der Website des Depositärs, vgl. http://www.bmeia.gv.at/aussenministerium/aussenpolitik/voelkerrecht/staatsvertraege/oesterreich-als-depositaer.html (15.4.2014).

nach sich zieht.[789] Mit einbezogen werden dabei die Reaktionen Österreichs und Deutschlands.

aa) Bezugnahme auf Art. 11 Abs. 1 VerkP

Der erste Satz der italienischen Erklärung scheint an den gesamten Art. 11 VerkP anzuknüpfen. Nach systematischer Betrachtung der einzelnen Absätze des Art. 11 VerkP und nach Analyse des Wortlautes der Erklärung zeigt sich aber, dass diese ausschließlich auf Art. 11 Abs. 1 VerkP abzielen kann.[790]

Art. 11 Abs. 2 VerkP lässt hochrangige Straßenprojekte für den inneralpinen Verkehr unter bestimmten, konkret bezeichneten Voraussetzungen zu.[791] Um sich die Möglichkeit offen zu halten, ein solches Projekt zu verwirklichen, hätte Italien daher keine Erklärung abgeben müssen. Zielte die Erklärung dennoch auf Abs. 2 ab, wäre präziser auf die Vorgaben dieses Absatzes Bezug zu nehmen gewesen. Da Italien naturgemäß nur über die Kompetenz verfügt, Infrastrukturprojekte auf seinem eigenen Territorium zu realisieren – und zwar unabhängig von der Klassifizierung einer Straße als eine für den alpenquerenden oder eine für den inneralpinen Verkehr –, wird auch durch die in der Erklärung erfolgte Anknüpfung an das „italienische Staatsgebiet“ kein besonderer Bezug zu Art. 11 Abs. 2 VerkP hergestellt.

Art. 11 Abs. 3 VerkP formuliert ein Bekenntnis der Vertragsparteien, in Randgebieten des Alpenraumes Verkehrsinfrastrukturen für einen funktionierenden Individualverkehr zur Verfügung zu stellen. Zum einen ist diese Norm sehr allgemein gefasst und enthält keine präzise Verpflichtung, welche die Erklärung erforderlich machen würde. Zum anderen bezieht sich Abs. 3 nicht primär auf hochrangige Straßen im Sinne des Art. 2 UAbs. 6 VerkP, woran die italienische Erklärung jedoch mit der Bezeichnung „Fernverbindung“ anknüpft.

„Fernverbindungen“ werden in der Regel in Form von hochrangigen Straßen errichtet, wie sie in Art. 2 UAbs. 6 VerkP bezeichnet werden. Indem sie von „progetti stradali di grande comunicazione“ spricht, greift die italienische Sprachfassung der Erklärung überdies explizit auf den Begriff der hochrangigen Straßen („strade di grande comunicazione“) im Sinne von Art. 2 UAbs. 6 und Art. 11 Abs. 1 VerkP zurück. Die Betonung der Distanz durch das im Wort „Fernverbindungen“ enthaltene Präfix „fern“ sowie die gewählte Wortfolge „einschließlich der für den Ausbau des Warenverkehrs mit den Ländern nördlich

[789] Vgl. hierzu auch *Ehlotzky*, JRP 2013, 390 ff.

[790] Vgl. *Ehlotzky*, JRP 2013, 390 f.

[791] Vgl. Fn. 651.

der Alpen erforderlichen Infrastrukturen“[792] implizieren schließlich die Errichtung einer von Süden nach Norden gerichteten Verbindung für den alpenquerenden Verkehr im Sinne des Art. 2 UAbs. 1 VerkP.[793]

Es ist folglich davon auszugehen, dass die Erklärung Italiens auf den in Art. 11 Abs. 1 VerkP enthaltenen Verzicht auf den Bau neuer hochrangiger Straßen für den alpenquerenden Verkehr Bezug nimmt. Angebracht ist daher, dass Österreich und Deutschland in ihren Reaktionen klarstellen, dass ihrer Auffassung nach die volle Geltung des Art. 11 Abs. 1 VerkP durch die Erklärung Italiens als nicht angetastet und Letztere als vollkommen im Einklang mit dem Wortlaut des Art. 11 VerkP zu verstehen ist.[794]

bb) Qualifikation als unzulässiger Vorbehalt

Im Ergebnis besagt die Erklärung Italiens, dass Art. 11 Abs. 1 VerkP „nicht die Möglichkeit präjudiziere“[795], auf italienischem Staatsgebiet hochrangige Straßenbauprojekte für den alpenquerenden Verkehr zu verwirklichen. Dies steht dem in dieser Bestimmung enthaltenen absoluten Verzicht entgegen, denn Italien würde sich hiermit die Möglichkeit offen halten, neue hochrangige Straßen für den alpenquerenden Verkehr zu bauen – sei es nun grenzüberschreitend im Rahmen einer individuellen Kooperation, sei es im Alleingang auf seinem eigenen Territorium und eventuell anschließend an in Nachbarstaaten bestehende Straßen. Letztere wären in der Folge – aufgrund ihrer durch das verstärkte Verkehrsaufkommen bedingten Verkehrswirkung[796] – als hochrangig im Sinne von Art. 2 UAbs. 6 VerkP zu qualifizieren, wodurch eine neue hochrangige Verbindung für den alpenquerenden Verkehr geschaffen würde.

Völkerrechtlich kann die Erklärung somit nur dahingehend interpretiert werden, dass Italien bezweckt, die Rechtswirkung des Art. 11 Abs. 1 VerkP in der Anwendung auf sich selbst auszuschließen, womit keine rein interpretative Erklärung, sondern ein Vorbehalt im Sinne von Art. 2 Abs. 1 lit. d WVK vor-

---

792 Die italienische Sprachfassung spricht dabei von „sviluppo degli scambi“, was streng genommen nicht nur auf den Warenverkehr, sondern auch auf den Dienstleistungsverkehr und die Personenfreizügigkeit zu beziehen ist.

793 Zu den Begriffen „hochrangige Straße“ und „Straße für den alpenquerenden Verkehr“ vgl. oben *Teil E II 2 d)* und *e)*.

794 So in leicht unterschiedlicher Formulierung die Absätze 2 und 3 der österreichischen sowie der deutschen Erklärung. Erstere weist noch darauf hin, dass Italien seine Erklärung „nur auf den inneralpinen, nicht aber den alpenquerenden Verkehr“ beziehe.

795 Mit dem Begriff „präjudizieren“ lehnt sich die Erklärung an den Wortlaut des Art. 8 Abs. 2 S. 3 VerkP an, wodurch die Intention Italiens offenbar wird, eine Ausnahmeregelung zu schaffen. Vgl. *Bittner*, Vorbehalte in der Praxis, in Benedek/Folz/Isak/Kettemann/Kicker (Hrsg.), Bestand und Wandel des Völkerrechts (2014), 120.

796 Vgl. oben *Teil E II 2 d) cc)*.

liegt.[797] Allerdings ist davon auszugehen, dass dieser Vorbehalt im Sinne von Art. 19 lit. c WVK mit Ziel und Zweck des Verkehrsprotokolls nicht vereinbar und somit als unzulässig zu qualifizieren ist.[798]

(1) Verstoß gegen Ziel und Zweck des Verkehrsprotokolls

Für die Bestimmung von Ziel und Zweck eines Vertrages sind die in Art. 31 ff. WVK enthaltenen Auslegungsregeln *mutatis mutandis* anzuwenden.[799] Objektive Kriterien lassen sich dabei nur schwer festlegen. Der Argumentation liegt daher immer eine bis zu einem gewissen Grad subjektive Deutung zugrunde, die jedoch nach Treu und Glauben zu erfolgen hat.[800] Die ILC definiert die Unvereinbarkeit eines Vorbehaltes mit Ziel und Zweck eines Vertrages in Punkt 3.1.5 ihrer Richtlinien wie folgt:

> "A reservation is incompatible with the object and purpose of the treaty if it affects an essential element of the treaty that is necessary to its general tenour, in such a way that the reservation impairs the *raison d'être* of the treaty."

Bei der Bestimmung von Ziel und Zweck eines Vertrages sowie der Zulässigkeit eines Vorbehaltes ist jedenfalls der Vertrag in seiner Gesamtheit zu berücksichtigen, d.h. primär der Inhalt der einzelnen Bestimmungen und der Präambel. Wenngleich nicht direkt entscheidend für die Bestimmung von Ziel und Zweck, ist auch die Natur jener Norm miteinzubeziehen, auf welche sich der Vorbehalt bezieht. Ebenso von Relevanz sind der Präzisionsgrad des Vorbehaltes und die Auswirkungen, die dieser auf das gesamte Vertragswerk hätte. Ergänzend spielen gemäß Art. 32 WVK insbesondere auch die vorbereitenden Arbeiten und die Umstände des Vertragsabschlusses eine Rolle.[801]

---

[797] So auch *Bittner*, Vorbehalte in der Praxis, in Benedek/Folz/Isak/Kettemann/Kicker (Hrsg.), Bestand und Wandel des Völkerrechts (2014), 120; *Ehlotzky*, JRP 2013, 391 f.

[798] Den Begriff „Ziel und Zweck" prägte der IGH in seinem Gutachten *Reservations to the Convention on Genocide (Advisory Opinion)*, ICJ Reports 1951, 15, 24 ff.; hierzu *Buffard/Zemanek*, ARIEL 1998, 312 ff.; *Hilpold*, AVR 1996, 391 ff.

[799] *Pellet* in Corten/Klein (Hrsg.), Vienna Conventions (2011), Art. 19 WVK Rn. 113.

[800] Vgl. auch *Ehlotzky*, JRP 2013, 392 ff.; zur Schwierigkeit, Ziel und Zweck eines Vertrages objektiv zu definieren vgl. *Walter* in Dörr/Schmalenbach (Hrsg.), Vienna Convention (2012), Art. 19 WVK Rn. 72 ff.; *Pellet* in Corten/Klein (Hrsg.), Vienna Conventions (2011), Art. 19 WVK Rn. 102 ff. und 113; *Buffard/Zemanek*, ARIEL 1998, 311 ff., 331 f. und 342 f., die begrifflich zwischen „purpose" und „object" differenzieren; *Hilpold*, AVR 1996, 407 ff.

[801] Vgl. *Pellet* in Corten/Klein (Hrsg.), Vienna Conventions (2011), Art. 19 WVK Rn. 106 und 160. Vgl. auch Punkt 3.1.5.1 der ILC-Leitlinien, wonach sich Ziel und Zweck wie folgt bestimmen: "The object and purpose of the treaty is to be determined in good faith, taking account of the terms of the treaty in their context, in particular the title and the preamble of the treaty. Recourse may also be had to the preparatory work of the treaty

Vor allem aufgrund seiner präzisen Formulierung ist Art. 11 Abs. 1 VerkP eine der Kernbestimmungen des Protokolls und ein wesentlicher Aspekt von dessen Ziel und Zweck. Die eindeutige Verpflichtung, das bestehende hochrangige Straßennetz für den alpenquerenden Verkehr nicht zu erweitern, zielt darauf ab, ein Ansteigen dieses Verkehrs und der dadurch bedingten Umweltbelastungen hintanzuhalten. Damit dient die Bestimmung einer nachhaltigen Verkehrsentwicklung im Sinne von Art. 1 Abs. 1 lit. a VerkP und trägt bei zur Förderung umwelt- und ressourcenschonender Verkehrsträger (vgl. Art. 1 Abs. 1 lit. d und Art. 3 Abs. 1 VerkP), wie sie insbesondere durch eine verstärkte Verlagerung des Verkehrs auf die Schiene erfolgen soll (vgl. Art. 7 Abs. 1 lit. c VerkP).[802]

Der italienische Vorbehalt formuliert eine pauschale Ausnahme für zukünftige Straßenbauprojekte, ohne diese in irgendeiner Weise zu spezifizieren oder einzugrenzen. Dies untergräbt nicht nur jeden Versuch einer aufeinander abgestimmten Verkehrspolitik im Sinne des Art. 7 VerkP, sondern widerspricht auch der Systematik des Verkehrsprotokolls, die den Bau hochrangiger Straßen nur äußerst begrenzt zulässt. So formuliert Art. 11 Abs. 2 VerkP genaue Voraussetzungen für die Verwirklichung eines hochrangigen Straßenprojektes für den inneralpinen Verkehr. Art. 8 Abs. 2 S. 3 VerkP gestattet Ausnahmen, einschließlich solcher von Art. 11 Abs. 1 VerkP lediglich, sofern diese am 31. Oktober 2000 in rechtsverbindlichen Texten festgeschrieben waren, was durch das eigens erstellte Verzeichnis der Verkehrsinfrastrukturen untermauert und durch die darauf beruhende spätere Übung der Vertragsparteien auf die aufgelisteten Projekte beschränkt wird.[803] Diese präzisen Ausnahmebestimmungen werden durch den italienischen Vorbehalt vollkommen ausgehebelt und Ziel und Zweck des Verkehrsprotokolls damit unterminiert.[804]

Ergänzend im Sinne des Art. 32 WVK ist schließlich zu bedenken, dass bei den Verhandlungen des Verkehrsprotokolls die Planung der Alemagna Autobahn einen wesentlichen Grund für die Schaffung des Art. 11 Abs. 1 VerkP

---

and the circumstances of its conclusion and, where appropriate, the subsequent practice of the parties."

[802] Vgl. auch Absatz 5 der österreichischen Erklärung; zu den grundlegenden Zielsetzungen des Verkehrsprotokolls vgl. oben *Teil B III 2*.

[803] Zu diesem Verzeichnis vgl. oben *Teil E II 2 c) bb)*. Mangels Bezugnahme auf Art. 8 Abs. 2 S. 3 VerkP bezieht sich die italienische Erklärung auch nicht ausschließlich auf bereits beschlossene Projekte, vgl. *Bittner*, Vorbehalte in der Praxis, in Benedek/Folz/Isak/Kettemann/Kicker (Hrsg.), Bestand und Wandel des Völkerrechts (2014), 120.

[804] Im Unterschied zur italienischen Erklärung schafft der von Frankreich in Bezug auf Art. 11 VerkP abgegebene Vorbehalt zumindest bestimmte Projektkategorien und nennt konkrete Bauvorhaben. Qualifiziert man diesen Vorbehalt bereits als unzulässig, stellt die pauschal formulierte italienische Erklärung *argumentum a minori ad maius* jedenfalls einen unzulässigen Vorbehalt dar. Zum französischen Vorbehalt vgl. oben *Teil E II 3 b)* und Fn. 781.

darstellte.[805] Anliegen der Vertragsparteien zum Zeitpunkt des Vertragsschlusses können für die Bestimmung von Ziel und Zweck durchaus von Relevanz sein. So anerkennt der Internationale Gerichtshof (IGH) in seinem Urteil im Fall *Kasikili/Sedudu Island (Botswana/Namibia)* das „wesentliche Anliegen jeder Vertragspartei" („[t]he major concern of each contracting party").[806] Zu bezweifeln ist allerdings, ob im vorliegenden Fall nachgewiesen werden kann, dass die Nichterrichtung der Alemagna zum Zeitpunkt der Annahme des Verkehrsprotokolls ein wesentliches Anliegen *jeder* einzelnen Vertragspartei war. Von Relevanz scheint dies nämlich insbesondere für Österreich gewesen zu sein, wie aus den österreichischen Erläuterungen zur Regierungsvorlage für die Genehmigung des Verkehrsprotokolls hervorgeht.[807] In das Verzeichnis der Verkehrsinfrastrukturen wurde die Alemagna jedenfalls nicht aufgenommen, weshalb davon auszugehen ist, dass sie zum 31. Oktober 2000 nicht in rechtsverbindlicher Form konkretisiert war und nicht unter die Ausnahmebestimmung des Art. 8 Abs. 2 S. 3 VerkP fällt. Durch den angebrachten Vorbehalt würde sich Italien nun die Möglichkeit offen halten, dieses Straßenprojekt zu verwirklichen, was dem in Art. 11 Abs. 1 VerkP zum Ausdruck kommenden Willen der Vertragsparteien diametral entgegengesetzt ist.

Die Untersuchung von Wortlaut und Struktur des Verkehrsprotokolls sowie von Präzisionsgrad und Auswirkungen der italienischen Erklärung zeigt, dass diese einer wesentlichen Vertragsbestimmung entgegensteht und den essenziellen Kern, die *raison d'être*, des Verkehrsprotokolls berührt. Im Sinne von Art. 19 lit. c WVK ist die Erklärung als Vorbehalt zu qualifizieren, der mit Ziel und Zweck des Protokolls nicht vereinbar und folglich unzulässig ist. Der Vorbehalt entfaltet daher auch nicht die in Art. 20 ff. WVK geregelten Rechtswirkungen eines zulässigen Vorbehaltes.[808]

(2) Konsequenzen des unzulässigen Vorbehaltes

Ein unzulässiger Vorbehalt ist *ipso iure* und *ex initio* nichtig. Anders als bei einem zulässigen Vorbehalt ist eine Annahme oder ein Einspruch im Sinne von Art. 20 WVK nicht möglich. Ebenso wenig kann ein Schweigen als Annahme des Vorbehaltes gewertet werden.[809] So bestimmt Punkt 4.5.1 der ILC-Leitlinien:

---

805 Zur Alemagna Autobahn vgl. oben *Teil E II 2 e) bb)* und Fn. 749.

806 IGH, *Kasikili/Sedudu Island (Botswana/Namibia)*, Judgment, ICJ Reports 1999, 1045 Rn. 43.

807 Vgl. Fn. 680.

808 Vgl. *Pellet* in Corten/Klein (Hrsg.), Vienna Conventions (2011), Art. 19 WVK Rn. 179 f.

809 Zu den Konsequenzen eines unzulässigen Vorbehaltes vgl. *Walter* in Dörr/Schmalenbach (Hrsg.), Vienna Convention (2012), Art. 19 WVK Rn. 103 ff. und 110 f.; *Müller D.* in Corten/Klein (Hrsg.), Vienna Conventions (2011), Art. 20 WVK Rn. 60; *Pellet/Müller D.*,

“A reservation that does not meet the conditions of formal validity and permissibility […] is null and void, and therefore devoid of any legal effect.”

Dennoch empfiehlt es sich in der Praxis, auch auf einen unzulässigen Vorbehalt zu reagieren[810], möglichst binnen der in Art. 20 Abs. 5 WVK vorgesehenen Frist von zwölf Monaten.[811] Im vorliegenden Fall hätten die anderen Vertragsparteien des Verkehrsprotokolls somit bis spätestens zum 6. Februar 2014 die Unzulässigkeit des italienischen Vorbehaltes behaupten sollen. Die Beurteilung des Vorbehaltes und die Reaktion darauf obliegen dabei jeder Vertragspartei selbst.[812]

Deutschland begrüßt in seiner Erklärung „das vorbehaltlose Inkrafttreten des Verkehrsprotokolls für die Italienische Republik“[813] und bringt damit zum Ausdruck, dass es davon ausgeht, dass Italien mit seiner Erklärung nicht bezweckt, die Rechtswirkung von Bestimmungen des Verkehrsprotokolls auszuschließen oder zu ändern.[814] Ob Deutschland die italienische Erklärung bei einer Lesart, die zu einer Einschränkung des Verzichts des Art. 11 Abs. 1 VerkP führte, als unzulässigen oder zulässigen Vorbehalt einstuft, geht aus der deutschen Reaktion nicht hervor. In der österreichischen Erklärung zeigt sich indes, dass Österreich den italienischen Vorbehalt *in eventu*, d.h. bei Zugrundelegung einer solchen Deutung, als unzulässig qualifiziert.[815]

Österreich bekundet zudem ausdrücklich, seine Reaktion, welche in diesem Falle „als Einspruch zu verstehen“ sei, stünde „dem vollständigen Inkrafttreten des Verkehrsprotokolls zwischen Österreich und Italien nicht entgegen[…]“.[816]

Reservations to Treaties, in Cannizzaro (Hrsg.), The Law of Treaties (2011), 54 ff.; *Simma/Hernández*, Legal Consequences of an Impermissible Reservation, in Cannizzaro (Hrsg.), The Law of Treaties (2011), 77 f.; *Kühner*, Vorbehalte zu multilateralen völkerrechtlichen Verträgen (1986), 220 ff.

[810] Vgl. Punkt 4.5.2 Abs. 2 der ILC-Leitlinien; *Walter* in Dörr/Schmalenbach (Hrsg.), Vienna Convention (2012), Art. 19 WVK Rn. 110; *Müller D.* in Corten/Klein (Hrsg.), Vienna Conventions (2011), Art. 20 WVK Rn. 65; *Pellet/Müller D.*, Reservations to Treaties, in Cannizzaro (Hrsg.), The Law of Treaties (2011), 57 ff.

[811] Vgl. *Bittner*, Vorbehalte in der Praxis, in Benedek/Folz/Isak/Kettemann/Kicker (Hrsg.), Bestand und Wandel des Völkerrechts (2014), 123; *Ehlotzky*, JRP 2013, 394.

[812] IGH, *Reservations to the Convention on Genocide*, Advisory Opinion, ICJ Reports 1951, 15, 24; *Walter* in Dörr/Schmalenbach (Hrsg.), Vienna Convention (2012), Art. 19 WVK Rn. 132.

[813] Absatz 3 der deutschen Erklärung.

[814] Vgl. Absatz 2 der deutschen Erklärung.

[815] Absatz 4 der österreichischen Erklärung. Da ein Schweigen nicht als Annahme eines unzulässigen Vorbehaltes zu werten ist, darf allein aus der Tatsache, dass die Vertragsparteien Frankreich, Liechtenstein, Slowenien sowie die EU nicht auf die Erklärung Italiens reagierten, nicht auf eine stillschweigende Annahme geschlossen werden.

[816] Absatz 6 der österreichischen Erklärung.

Dies entspricht der in Punkt 4.5.3 Abs. 2 der ILC-Leitlinien aufgestellten Vermutung, wonach das gesamte Protokoll grundsätzlich *ipso facto* für Italien in Kraft getreten ist, ohne dass Italien sich gegenüber Österreich oder einer anderen die Unzulässigkeit behauptenden Vertragspartei auf den Vorbehalt berufen könnte.[817] Möchte Italien dies nicht, würde ihm Punkt 4.5.3 Abs. 3 der ILC-Leitlinien alternativ die Option eröffnen, zum Ausdruck zu bringen, dass es sich ohne seinen Vorbehalt nicht an das Verkehrsprotokoll gebunden erachte. Dies ist bisher nicht erfolgt.[818] In der Folge würde das Protokoll wiederum zwischen Italien und der die Unzulässigkeit behauptenden Vertragspartei nicht in Kraft treten. Auf das Inkrafttreten des Verkehrsprotokolls zwischen Italien und den anderen Vertragsparteien hätte die Behauptung der Unzulässigkeit aber keine Auswirkungen.[819]

cc) Konsequenzen bei Qualifikation als zulässiger Vorbehalt

Ist eine Vertragspartei – anders als in der vorliegenden Arbeit vertreten – der Ansicht, dass es sich bei der italienischen Erklärung um einen zulässigen Vorbehalt handelt, konnte sie diesen gemäß Art. 20 WVK annehmen oder Einspruch dagegen erheben.[820]

Eine Annahme eines zulässigen Vorbehaltes kann ausdrücklich erfolgen oder stillschweigend, indem die in Art. 20 Abs. 5 WVK genannte Zwölfmonatsfrist verstreicht. Geht man nun davon aus, dass die Vertragsparteien Frankreich, Liechtenstein, Slowenien und die EU den Vorbehalt nicht als unzulässig[821], sondern als zulässig qualifizieren, so haben sie diesen durch das Verstreichenlassen der

---

817 Ist die Intention Italiens nicht erkennbar, würde die Behauptung der Unzulässigkeit damit „super-maximum Effekt“ entfalten, vgl. Kommentare 24 f. zu Punkt 2.6.1 und Kommentare 49 f. zu Punkt 4.5.3 der ILC-Leitlinien. Kritisch *Pellet/Müller D.*, Reservations to Treaties, in Cannizzaro (Hrsg.), The Law of Treaties (2011), 46; im Ergebnis bejahend *Simma/Hernández*, Legal Consequences of an Impermissible Reservation, in Cannizzaro (Hrsg.), The Law of Treaties (2011), 79 ff.; zum damit verbundenen Spannungsverhältnis mit dem Konsensprinzip ausführlich *Kühner*, Vorbehalte zu multilateralen völkerrechtlichen Verträgen (1986), 220 ff.

818 Eine solche Absicht hätte zeitnah kommuniziert werden müssen, vgl. *Bittner*, Vorbehalte in der Praxis, in Benedek/Folz/Isak/Kettemann/Kicker (Hrsg.), Bestand und Wandel des Völkerrechts (2014), 124 f.

819 Vgl. Punkt 4.6 der ILC-Leitlinien; *Ehlotzky*, JRP 2013, 394; kritisch *Kühner*, Vorbehalte zu multilateralen völkerrechtlichen Verträgen (1986), 136.

820 Vgl. auch *Ehlotzky*, JRP 2013, 394 f.; zu Annahme und Einspruch *Walter* in Dörr/Schmalenbach (Hrsg.), Vienna Convention (2012), Art. 20 WVK Rn. 10 ff. und 42 ff.; *Müller D.* in Corten/Klein (Hrsg.), Vienna Conventions (2011), Art. 20 WVK Rn. 17 ff. und 94 ff.; *Pellet/Müller D.*, Reservations to Treaties, in Cannizzaro (Hrsg.), The Law of Treaties (2011), 46 ff.

821 Vgl. aber Fn. 815.

Frist bis zum 6. Februar 2014 stillschweigend angenommen. Dies hätte gemäß Art. 21 Abs. 1 WVK zur Folge, dass das Verkehrsprotokoll jeweils zwischen der annehmenden Vertragspartei und Italien dahingehend modifiziert wird, dass Art. 11 Abs. 1 VerkP nicht gilt. Italien könnte somit hochrangige Straßen für den alpenquerenden Verkehr auf seinem Staatsgebiet errichten, ohne gegenüber der annehmenden Vertragspartei gegen seine völkerrechtlichen Verpflichtungen zu verstoßen. Für Letztere würde der Verzicht des Art. 11 Abs. 1 VerkP zwar weiterhin gegenüber allen anderen Vertragsparteien gelten, aber nicht gegenüber Italien, welches im Sinne des Reziprozitätsprinzips auch von der annehmenden Vertragspartei keine Einhaltung des Verzichts verlangen könnte.[822] Zu bezweifeln ist allerdings, dass in Hinblick auf Natur und Zielrichtung des Art. 11 Abs. 1 VerkP von einer absoluten Wirkung des Reziprozitätsprinzips ausgegangen werden kann, denn die Verpflichtung, vom Bau neuer hochrangiger Straßen für den alpenquerenden Verkehr abzusehen, besteht nicht nur im bilateralen Verhältnis sondern gegenüber der Gesamtheit der Vertragsparteien. An einer spiegelgleichen Aussetzung des Verzichts durch eine den Vorbehalt annehmende Vertragspartei sollte diese selbst kein Interesse haben, und umso weniger die anderen Vertragsparteien.[823]

Erhebt eine Vertragspartei einen Einspruch, hat sie gemäß Art. 20 Abs. 4 lit. b WVK das Recht, das Inkrafttreten des Vertrages zwischen ihr und Italien auszuschließen.[824] Möchte sie dies nicht – wie es bei der Erklärung Deutschlands der Fall ist, vorausgesetzt Deutschland qualifiziert den italienischen Vorbehalt als zulässig –, sind die Folgen des Einspruches grundsätzlich dieselben wie jene einer Annahme des Vorbehaltes.[825] Gemäß Art. 21 Abs. 3 WVK findet Art. 11 Abs. 1 VerkP im bilateralen Verhältnis, d.h. zwischen Deutschland und Italien, keine Anwendung. Für die anderen Vertragsparteien untereinander ändert der Einspruch jedoch gemäß Art. 21 Abs. 2 WVK die Vertragsbestimmungen nicht.

Dies wäre freilich anders zu beurteilen, charakterisierte man das Verkehrsprotokoll als plurilateralen Vertrag im Sinne von Art. 20 Abs. 2 WVK. In diesem Fall ließe bereits der Einspruch einer einzigen Vertragspartei das Inkrafttreten des Verkehrsprotokolls für Italien gegenüber allen Vertragsparteien scheitern.[826] Nun ist das Vertragswerk der Alpenkonvention zwar bereits von seiner Natur her – einmal abgesehen von der Sonderrolle, die der EU zukommt – geografisch

[822] Vgl. die in Fn. 784 angeführte Literatur.

[823] Hierzu auch *Heuck*, Infrastrukturmaßnahmen (2013), 63 f.; *Müller D.* in Corten/Klein (Hrsg.), Vienna Conventions (2011), Art. 21 WVK Rn. 35; *Hilpold*, AVR 1996, 416.

[824] In der Praxis ist dies äußerst selten, vgl. *Hilpold*, AVR 1996, 405.

[825] Zu den dennoch bestehenden Unterschieden in der Wirkung vgl. *Pellet/Müller D.*, Reservations to Treaties, in Cannizzaro (Hrsg.), The Law of Treaties (2011), 50 ff.; *Hilpold*, AVR 1996, 406 f.

[826] Vgl. Punkt 4.3.4 der ILC-Leitlinien.

auf Staaten des Alpenraumes begrenzt. Die Unterzeichnung des Verkehrsprotokolls steht überdies gemäß Art. 24 Abs. 1 VerkP nur einer begrenzten Zahl von Verhandlungsstaaten im Sinne des Art. 20 Abs. 2 WVK offen, nämlich den Unterzeichnern der Rahmenkonvention der Alpenkonvention. Aus Ziel und Zweck des Verkehrsprotokolls geht jedoch nicht hervor, dass „die Anwendung des Vertrags in seiner Gesamtheit zwischen allen Vertragsparteien eine wesentliche Voraussetzung für die Zustimmung jeder Vertragspartei ist, durch den Vertrag gebunden zu sein", wie es Art. 20 Abs. 2 WVK voraussetzt.[827]

Dafür spricht vor allem, dass der an den Depositär gerichtete Art. 25 lit. d VerkP grundsätzlich Erklärungen der Vertragsparteien voraussetzt. Die Vertragsparteien haben daher nicht im Sinne des Art. 20 Abs. 2 WVK die Intention, dass sich jede von ihnen an das Verkehrsprotokoll ausschließlich „in seiner Gesamtheit" bindet.[828] Ein derart intensiver Integrationsgrad bzw. ein derart qualifiziertes Kooperationsverhältnis ist nicht anzunehmen.[829] Indiziert wird dies auch dadurch, dass den Unterzeichnerstaaten Monaco und Schweiz vorerst überhaupt nur vorvertragliche Pflichten aus dem Protokoll erwachsen, da sie dieses noch nicht ratifiziert haben. Der Anwendung des Verkehrsprotokolls, vor allem auch des Art. 11 Abs. 1 VerkP, stand dies bisher allerdings nicht entgegen.[830] Ein plurilateraler Vertrag im Sinne des Art. 20 Abs. 2 WVK liegt folglich beim Verkehrsprotokoll nicht vor.

d) Relevanz der vorbehaltlosen Genehmigung durch die EU

Die EU hat keine in Hinblick auf Art. 11 VerkP relevante Erklärung abgegeben und ist somit vollständig daran gebunden. Es fragt sich, inwieweit sich dies auf die von ihren Mitgliedstaaten Frankreich und Italien formulierten Vorbehalte auswirkt, denn im EU-Innenverhältnis könnten diese als materiell gegenstandslos anzusehen sein, sollten Frankreich bzw. Italien nach der vertikalen Zuständigkeitsverteilung zwischen der EU und ihren Mitgliedstaaten nicht über die Kompetenz verfügen, neue hochrangige alpenquerende Straßen zu bauen.[831]

Im Sinne des Art. 4 Abs. 1 EUV liegt die innerunionale Zuständigkeit für den Straßenbau grundsätzlich bei den Mitgliedstaaten. Im Bereich der in den

---

[827] Vgl. dazu *Walter* in Dörr/Schmalenbach (Hrsg.), Vienna Convention (2012), Art. 20 WVK Rn. 27 und 29; *Kühner*, Vorbehalte zu multilateralen völkerrechtlichen Verträgen (1986), 162 ff.

[828] Vgl. *Kühner*, Vorbehalte zu multilateralen völkerrechtlichen Verträgen (1986), 162.

[829] Vgl. *Hilpold*, AVR 1996, 403.

[830] Vgl. insbesondere unter Hinweis auf die Schweiz, deren Nichtteilnahme die Anwendung des Verkehrsprotokolls bisher nicht verhinderte, *Bittner*, Vorbehalte in der Praxis, in Benedek/Folz/Isak/Kettemann/Kicker (Hrsg.), Bestand und Wandel des Völkerrechts (2014), 125 f.

[831] Vgl. auch *Ehlotzky*, JRP 2013, 395 f.

Art. 170 ff. AEUV geregelten transeuropäischen Netzpolitik kommen jedoch auch der EU Kompetenzen bei der Planung und Errichtung von Verkehrsinfrastruktur zu. Primär legt die EU verbindliche Leitlinien für das transeuropäische Straßennetz fest, zu dessen Auf- und Ausbau sie beiträgt.[832] Der Begriff „beitragen" zeigt, dass dem Subsidiaritätsprinzip hierbei große Bedeutung zukommt.[833]

In den in Form der Verordnung (EU) Nr. 1315/2013[834] ergangenen TEN-Leitlinien werden wesentliche Grundsatzentscheidungen darüber getroffen, welche zur Verwirklichung des Binnenmarktes maßgebenden Straßen in Zukunft errichtet werden. Die transeuropäische Straßenverkehrsinfrastruktur setzt sich dabei gemäß Art. 17 der TEN-Verordnung insbesondere aus „hochwertigen Straßen" zusammen, d.h. vor allem aus „Straßen, die eine wichtige Rolle im Güter- und Personen-Fernverkehr spielen". Gemäß Art. 17 Abs. 3 TEN-Verordnung handelt es sich hierbei um Autobahnen, Schnellstraßen oder herkömmliche Straßen mit strategischer Bedeutung. Indem sie auf den alpenquerenden Verkehr ausgerichtet sind, d.h. auf „Verkehr mit Ziel und Quelle außerhalb des Alpenraumes" im Sinne von Art. 2 UAbs. 1 VerkP, erfüllen Straßen im Sinne des Art. 11 Abs. 1 VerkP „eine wichtige Rolle im Güter- und Personen-Fernverkehr". Es ist folglich davon auszugehen, dass Art. 11 Abs. 1 VerkP innerunional in den zwischen den Mitgliedstaaten und der EU geteilten Kompetenzbereich der transeuropäischen Netze fällt. Bedarfsermittlung und Planung der Grundzüge liegen somit in der Zuständigkeit der EU; Detailplanung, Bauausführung und Betrieb in jener der Mitgliedstaaten.[835]

Seit Inkrafttreten des Verkehrsprotokolls für die EU haben jene Bestimmungen des Protokolls, die in ihre Zuständigkeit fallen, unmittelbare Geltung im Unionsrecht, und die TEN-Leitlinien müssen dem in der unionalen Normenhierarchie übergeordneten Protokoll entsprechen.[836] Tatsächlich sieht die TEN-Verordnung derzeit kein Projekt vor, das gegen Art. 11 Abs. 1 VerkP verstoßen könnte.[837] Die Neuaufnahme eines solchen Projektes wäre unionsrechtswidrig,

---

[832] Vgl. *Schäfer/Schröder* in Streinz (Hrsg.), EUV/AEUV (2012), Art. 170 AEUV Rn. 2, 24, 29 und Art. 171 AEUV Rn. 4 ff.

[833] *Schäfer/Schröder* in Streinz (Hrsg.), EUV/AEUV (2012), Art. 170 Rn. 25 und Art. 171 AEUV Rn. 2. Zu den transeuropäischen Netzen und ihren Leitlinien vgl. oben *Teil C III 2 c)* und Fn. 224; vgl. außerdem oben *Teil C II 2 c).*

[834] Vgl. Fn. 230.

[835] Vgl. *Ehlotzky*, JRP 2013, 395 f.; *Schäfer/Schröder* in Streinz (Hrsg.), EUV/AEUV (2012), Art. 170 AEUV Rn. 30. Vgl. auch oben *Teil C II 2 c), Teil C III 2 c)* und unten *Teil E II 4 a).*

[836] Vgl. oben *Teil C II 2 a)* und *b)* sowie Fn. 146.

[837] Vgl. oben *Teil C III 2 c).*

wobei aber die Vertragsparteien des Verkehrsprotokolls bereits im Vorfeld ihr in Art. 172 S. 2 AEUV gewährtes Vetorecht wahrnehmen müssten, sofern ein Vorhaben ihr Hoheitsgebiet berührte. Damit könnten sie die Aufnahme einer hochrangigen Straße für den alpenquerenden Verkehr in die TEN-Verordnung verhindern.[838]

Beabsichtigen Frankreich oder Italien nun im Sinne ihrer jeweiligen Erklärungen – in Kooperation oder im Alleingang –, nicht in den TEN-Leitlinien vorgesehene neue hochrangige Straßen für den alpenquerenden Verkehr im Sinne des Art. 11 Abs. 1 VerkP zu bauen, läuft dies den TEN-Zielsetzungen sowie der Kohärenz des transeuropäischen Straßennetzes entgegen, welches gerade darauf ausgerichtet ist, eine nationalstaatlich dominierte Infrastrukturpolitik zu überwinden.[839] Darüber hinaus würden die beteiligten Mitgliedstaaten ihre in Art. 4 Abs. 3 EUV zum Ausdruck kommende Loyalitätspflicht verletzen.[840] Zum einen fußt die transeuropäische Netzpolitik stark auf einer gegenseitigen Abstimmung zwischen den Mitgliedstaaten und der Kommission. Die Mitgliedstaaten dürfen die Erreichung der in den TEN-Leitlinien genannten Ziele nicht unmöglich machen oder erschweren.[841] Zum anderen hat die EU mit ihrer Genehmigung die Verantwortung für die Durchführung des Verkehrsprotokolls übernommen und hat daher ein Interesse daran, dass auch ihre Mitgliedstaaten die darin eingegangenen Verpflichtungen einhalten.[842]

Im Falle eines zukünftigen konkreten Verstoßes gegen Art. 11 Abs. 1 VerkP stünde daher der Europäischen Kommission, aber auch den Mitgliedstaaten, der Weg eines Vertragsverletzungsverfahrens gemäß Art. 258 ff. AEUV offen. In diesem könnte der unionsrechtliche Verstoß gegen die TEN-Leitlinien, gegen das von der EU genehmigte Verkehrsprotokoll sowie gegen das Loyalitätsgebot gerügt werden. Es ist davon auszugehen, dass sich der EuGH für zuständig erachten würde, in einem solchen Rechtsstreit zu entscheiden.[843] In materieller Hinsicht ist seine Entscheidung aber nur schwer prognostizierbar und hängt von der konkreten Fallgestaltung ab.[844]

---

[838] Zu diesem Territorialvorbehalt vgl. oben *Teil C III 2 c)* und Fn. 233.

[839] *Schäfer/Schröder* in Streinz (Hrsg.), EUV/AEUV (2012), Art. 170 AEUV Rn. 5.

[840] Zur Loyalität vgl. oben *Teil C III 2* und Fn. 190.

[841] *Schäfer/Schröder* in Streinz (Hrsg.), EUV/AEUV (2012), Art. 170 AEUV Rn. 31 und Art. 171 AEUV Rn. 7.

[842] Vgl. oben *Teil C II 2 b)* und Fn. 154.

[843] Vgl. *Ehlotzky*, JRP 2013, 397; *Mögele* in Streinz (Hrsg.), EUV/AEUV (2012), Art. 216 AEUV Rn. 70; *Lock*, Verhältnis zwischen dem EuGH und internationalen Gerichten (2010), 183 ff. Zu den dahingehenden Entwicklungslinien der EuGH Judikatur vgl. *Vranes*, JBl 2011, 16 f.; *Vranes*, EuR 2009, 57 ff.

[844] Vgl. hierzu unten *Teil E II 4*.

Unabhängig davon stünde es jeder Vertragspartei frei, ein Schiedsverfahren nach dem Streitbeilegungsprotokoll der Alpenkonvention einzuleiten.[845] Zielführend erscheint dies allerdings nicht, weil die Anrufung eines *ad hoc* Schiedsgerichtes im Sinne von Art. 3 StreitP für jene Vertragsparteien, die Mitgliedstaaten der EU sind, einen Verstoß gegen die gemäß Art. 19 EUV i.V.m. Art. 344 AEUV ausschließliche Zuständigkeit des EuGH darstellen würde.[846] Da die EU keine Kompetenzerklärung abgegeben hat, müsste der EuGH zumindest vorab klären, ob er im vorliegenden Fall zur Entscheidung zuständig ist. Diese Frage kann nur anhand des Unionsrechts geklärt werden, wofür dem EuGH das grundsätzliche Auslegungsmonopol zusteht.[847]

e) Zwischenergebnis

Während die von Österreich und Liechtenstein anlässlich der Annahme des Verkehrsprotokolls abgegebenen Erklärungen reine Interpretationserklärungen darstellen, die keine Auswirkungen auf die Vertragspflichten dieser Staaten haben, handelt es sich bei den Erklärungen Frankreichs und Italiens um Vorbehalte. Ihre praktischen Folgen sollten sich aber im EU-Innenverhältnis durch die in Hinblick auf Art. 11 Abs. 1 VerkP gegebene geteilte Zuständigkeitsverteilung und die vorbehaltlose Genehmigung des Verkehrsprotokolls durch die EU etwas relativieren.

Im Sinne des von Frankreich im Jahre 2005 angebrachten und inzwischen rechtsgültigen Vorbehaltes anerkennt dieses ausschließlich Autobahnen und Schnellstraßen im Sinne der Espoo-Konvention als hochrangige Straßen im Sinne von Art. 2 UAbs. 6 VerkP. Außerdem hat Frankreich die Geltung des Art. 11 VerkP für eigene Infrastrukturprojekte durch die Ausnahme bestimmter Projektkategorien und konkreter Bauvorhaben stark eingeschränkt.

Der erste Satz der im Jahre 2013 hinterlegten Erklärung Italiens bezieht sich auf Art. 11 Abs. 1 VerkP, ist nicht mit Ziel und Zweck des Verkehrsprotokolls vereinbar und somit ein unzulässiger Vorbehalt. Mit Österreich und Deutschland haben zumindest zwei Vertragsparteien binnen der Zwölfmonatsfrist darauf reagiert, wobei Österreich *in eventu* die Unzulässigkeit des Vorbehaltes behauptet. Dies ist aus Gründen der Rechtssicherheit zu begrüßen, wenngleich im

---

[845] Grundsätzlich wäre ein Schiedsgericht auch befugt, über die Zulässigkeit eines Vorbehaltes zu entscheiden, vgl. *Walter* in Dörr/Schmalenbach (Hrsg.), Vienna Convention (2012), Art. 19 WVK Rn. 126 ff. Zum Streitbeilegungsprotokoll vgl. oben *Teil B I.*

[846] Vgl. oben *Teil C II 2 b)* und Fn. 157.

[847] Vgl. EuGH, Rs. C-240/09, Lesoochranárske, Slg. 2011, I-1255 Rn. 31; *Ehlotzky*, JRP 2013, 397; *Wegener* in Calliess/Ruffert (Hrsg.), EUV/AEUV (2011), Art. 344 AEUV Rn. 1; *Lock*, Verhältnis zwischen dem EuGH und internationalen Gerichten (2010), 199.

Interesse einer generellen Beachtung des Art. 11 Abs. 1 VerkP ein abgestimmtes Vorgehen auch aller anderen Vertragsparteien wünschenswert gewesen wäre.[848] Angesichts des großen politischen Erfolges, den die Ratifikation des Verkehrsprotokolls durch Italien grundsätzlich darstellt, ist jedenfalls zu befürworten, dass ein – generelles oder bilaterales – Nichtinkrafttreten des Verkehrsprotokolls für Italien vermieden werden konnte.[849]

4. Hochrangige Straßeninfrastruktur und Grundfreiheiten

Auf Grundlage der durch eingehende Interpretation erzielten Bedeutung und Reichweite des Art. 11 Abs. 1 VerkP wird im Folgenden die Vereinbarkeit des Verzichtes der Vertragsparteien auf den Bau neuer hochrangiger Straßen für den alpenquerenden Verkehr mit den Grundfreiheiten erörtert. Zu beachten ist hierbei, dass der EuGH die Bestimmung stets unter Berücksichtigung des *effet utile*, d.h. in einer Weise auslegen wird, in welcher sie in Hinblick auf die Zielsetzungen des Unionsrechts ihre volle Wirkung entfalten kann.[850] Anschließend ist Art. 11 Abs. 2 VerkP zu untersuchen, der Bedingungen für die Errichtung hochrangiger Straßenprojekte für den inneralpinen Verkehr festlegt und auf diese Weise zu gewährleisten versucht, dass diese die *ultima ratio* der Verkehrspolitik darstellen.[851] Letztlich wirft die in Art. 11 VerkP vorgegebene Abstufung zwischen alpenquerenden und inneralpinen Straßen die Frage einer möglichen mittelbaren Diskriminierung auf.

a) Alpenquerende Projekte gemäß Art. 11 Abs. 1 VerkP

Prüft man, ob die Grundfreiheiten dem Verzicht des Art. 11 Abs. 1 VerkP entgegenstehen, fragt es sich zunächst, ob ihr Anwendungsbereich überhaupt eröffnet ist, denn nicht jede Maßnahme, welche die Freiheit der Wirtschaftsteilnehmer einschränkt, stellt eine Beeinträchtigung der Grundfreiheiten dar. Diese vermitteln keine umfassenden Freiheitsrechte, insbesondere keine „Grundfreiheit auf Mobilität"[852]. Ebenso wenig kann aus der den Mitgliedstaaten durch die Grundfreiheiten auferlegten Handlungspflicht der Auftrag abgeleitet werden, ständig optimale Bedingungen für die Wirtschaft zu schaffen und Infra-

---

[848] In diesem Sinne auch *Bittner*, Vorbehalte in der Praxis, in Benedek/Folz/Isak/Kettemann/Kicker (Hrsg.), Bestand und Wandel des Völkerrechts (2014), 128 f.

[849] Vgl. auch *Ehlotzky*, JRP 2013, 396 f.

[850] Zur Auslegung völkerrechtlicher Abkommen durch den EuGH vgl. oben *Teil E II 1 c)*, Fn. 675 und 676.

[851] *Schroeder/Weber K.*, Studie (2008), Rn. 393.

[852] *Epiney*, ZUR 2000, 242.

strukturen bereitzustellen. Nachteile, die den Wirtschaftstreibenden daraus entstehen, gehören zu den jeder Marktwirtschaft immanenten Risiken.[853]

Entscheidendes Kriterium für die Eröffnung des Anwendungsbereiches der Grundfreiheiten ist das Vorliegen eines grenzüberschreitenden Bezuges.[854] Wie bereits erörtert, ist eine Straße dann eine für den alpenquerenden Verkehr, wenn auf ihr Verkehr mit Ziel und Quelle außerhalb des Alpenraumes im Sinne von Art. 2 UAbs. 1 VerkP stattfindet.[855] Angesichts der geografischen Ausdehnung des Alpenraumes und der Lage der Alpenstaaten ist davon auszugehen, dass dieser alpenquerende Verkehr zumeist eine Grenze zwischen den Mitgliedstaaten überquert oder zwischen zwei Mitgliedstaaten erfolgt und dabei einen Drittstaat quert.[856] Eine Straße für den alpenquerenden Verkehr dient somit (auch) dem grenzüberschreitenden Warentransport und der grenzüberschreitenden Dienstleistungserbringung. Der Anwendungsbereich der Grundfreiheiten ist dadurch eröffnet und Art. 11 Abs. 1 VerkP ist an diesen zu prüfen.

In der vertikalen Kompetenzordnung fallen die Detailplanung und die Bauausführung von Verkehrsinfrastruktur in die Zuständigkeit der Mitgliedstaaten. Obwohl der EU im Rahmen ihrer transeuropäischen Netzpolitik gewisse Planungsbefugnisse zukommen, hat sie keine Kompetenz, die Mitgliedstaaten zum Bau einer bestimmten Straße zu verpflichten oder davon abzuhalten.[857] Unterlässt es ein Mitgliedstaat nun, eine hochrangige alpenquerende Straße zu bauen, ist dies als mitgliedstaatliche Maßnahme zu qualifizieren. Diese wird vom weiten Beschränkungsbegriff im Sinne von *Dassonville* und *Kraus* erfasst, denn sie stellt eine zumindest mittelbare und potenzielle Behinderung des innerunionalen Handels dar bzw. macht die Ausübung der Grundfreiheiten weniger attraktiv.[858]

In der Rechtssache *Schmidberger* qualifiziert der EuGH die Nichtuntersagung der von dritter Seite ausgehenden Blockade der Autobahn explizit als Maßnahme gleicher Wirkung gemäß Art. 34 AEUV[859]:

---

[853] Vgl. *Epiney/Heuck/Schleiss* in Dauses (Hrsg.), EU-Wirtschaftsrecht (2013), Rn. 119; *Kingreen* in Calliess/Ruffert (Hrsg.), EUV/AEUV (2011), Art. 34–36 AEUV Rn. 11 und Rn. 35 f.; *Epiney*, ZUR 2000, 242. Zum Grundsatz der freien Wahl des Verkehrsträgers vgl. oben *Teil C III 2 b).*

[854] *Becker* in Schwarze (Hrsg.), EU-Kommentar (2012), Art. 34 AEUV Rn. 19. Vgl. auch Fn. 262.

[855] Vgl. oben *Teil E II 2 e).*

[856] Zum Geltungsbereich der Alpenkonvention vgl. oben *Teil B I* und Fn. 26.

[857] Vgl. oben *Teil C II 2 c), Teil C III 2 c), Teil E II 3 d)* und Fn. 835.

[858] Vgl. oben *Teil D I 1* und *II.*

[859] EuGH, Rs. C-112/00, Schmidberger, Slg. 2003, I-5659 Rn. 64. Zur Verpflichtung, bestehende Verkehrsverbindungen frei zu halten, vgl. auch Rs. C-265/95, Kommission/ Frankreich, Slg. 1997, I-6959 Rn. 30 ff.; Rs. C-320/03, Sektorales Fahrverbot I, Slg. 2005,

„Aus alldem ist zu folgern, dass der Umstand, dass die zuständigen Behörden eines Mitgliedstaats eine Versammlung, die zu einer ununterbrochenen nahezu 30–stuendigen völligen Blockade einer wichtigen Verkehrsverbindung wie der Brenner-Autobahn führte, nicht untersagten, eine Beeinträchtigung des inner[unionalen] Warenverkehrs darstellen kann und daher als Maßnahme gleicher Wirkung wie mengenmäßige Beschränkungen anzusehen ist, [...].“

Im Unterschied hierzu versperrt oder verringert ein Unterlassen im Sinne des Art. 11 Abs. 1 VerkP jedoch nicht bestehende alpine Verkehrsverbindungen, sondern verbietet die Schaffung zusätzlicher Kapazitäten. Transaktionen im Binnenmarkt werden dadurch nicht spezifisch behindert[860], denn auch bisher konnte jeder Marktteilnehmer nur mit bestehenden Verbindungen rechnen. Das mitgliedstaatliche Unterlassen eines Straßenbaus fällt somit nicht in den Verbotstatbestand der Waren- oder der Dienstleistungsfreiheit, denn ein Kausalzusammenhang zwischen dieser Maßnahme und einer Beschränkung des Handels oder des Dienstleistungsverkehrs lässt sich ausschließen. Dies gilt gleichermaßen für Unionsbürger, die ihr Freizügigkeitsrecht gemäß Art. 21 AEUV ausüben. Die beschränkenden Wirkungen, die der Verzicht auf den Straßenbau auf die Grundfreiheiten und die Freizügigkeit hat, lassen sich nicht substanziieren und sind daher so ungewiss und indirekt, dass sie nicht als geeignet angesehen werden können, den Handel, den Dienstleistungsverkehr bzw. die Freizügigkeit zwischen den Mitgliedstaaten zu behindern.[861] Dies bezieht sich nicht nur auf den Neubau, sondern auch auf den Ausbau einer hochrangigen Straße.[862]

Bejaht man indessen – entgegen den obigen Ausführungen – das Vorliegen eines Kausalzusammenhanges, ist das mitgliedstaatliche Unterlassen anhand der *Keck*-Formel zu prüfen. Verkehrsinfrastruktur dient der Art und Weise der Beförderung und stellt daher eine Verkaufsmodalität bzw. eine Ausübungsmodalität dar. Es ist jedoch schwierig zu beurteilen, ob das Unterlassen eines Straßenneubaus bzw. -ausbaus letztlich den Absatz inländischer und ausländischer Waren oder Dienstleistungen tatsächlich in der gleichen Weise berührt oder nicht. Dies hängt maßgeblich von den Umständen des Einzelfalles ab. *In concreto* ist es denkbar, dass der EuGH eine tendenzielle Benachteiligung ausländischer Waren und ausländischer Wirtschaftsteilnehmer annehmen oder aber, ohne Rückgriff auf *Keck*, direkt von einer Beschränkung der Waren- oder der Dienstleistungsfreiheit ausgehen wird. Schließlich wird er auf der Rechtfertigungsebene

---

I-9871 Rn. 66 ff.; Rs. C-28/09, Sektorales Fahrverbot II, Slg. 2011, I-13525 Rn. 113 ff. Hierzu oben *Teil D I 2* und Fn. 289.

860 *Kingreen* in Calliess/Ruffert (Hrsg.), EUV/AEUV (2011), Art. 34–36 AEUV Rn. 36.

861 Zum vom EuGH entwickelten Kausalitätskriterium vgl. oben *Teil D II 2*, Fn. 316 und 317, sowie in Hinblick auf das Freizügigkeitsrecht *Obwexer*, Grundfreiheit Freizügigkeit (2009), 358.

862 Vgl. oben *Teil E II 2 b)*.

entscheiden, Erwägungen des primärrechtlich verankerten Umwelt- und Gesundheitsschutzes berücksichtigen und Verhältnismäßigkeitsgesichtspunkten einen großen Stellenwert einräumen.[863]

Die in Hinblick auf Art. 11 Abs. 1 VerkP möglichen Fallkonstellationen sind sehr unterschiedlich. Führt man sich zum Beispiel eine Schnittstelle oder einen Straßenengpass vor Augen, der regelmäßig zu Verkehrsstauungen führt, könnte der EuGH im Zuge einer primärrechtskonformen Auslegung der Norm zu einem gegenüber der rein völkerrechtlichen Interpretation divergierenden Ergebnis gelangen. So könnte er den Ausbau einer hochrangigen Straße als nicht von Art. 11 Abs. 1 VerkP umfasst erachten und insofern Druck auf den betreffenden Mitgliedstaat ausüben, die Engstelle auszubauen.

Anders ist hingegen die Frage zu beurteilen, ob die Neuerrichtung einer hochrangigen alpenquerenden Straße durch die Grundfreiheiten geboten sein kann. Würde der EuGH, unter Annahme eines extremen Zukunftsszenarios, in dem sich das Straßenverkehrsaufkommen nicht mehr durch bestehende Infrastrukturen fassen lässt, wirklich aus den Grundfreiheiten die Verpflichtung der Mitgliedstaaten ableiten, zusätzliches Transitpotenzial zu schaffen, so läge die Wahl der Mittel und Wege zur Erreichung dieses Ziels immer noch bei den Mitgliedstaaten. In diesem Sinne führt der EuGH, unter Berufung auf die dahingehenden Kompetenzen Frankreichs, in seinem Urteil in der Rechtssache *Kommission/Frankreich*[864] in Bezug auf Maßnahmen zur Verhinderung gewalttätiger Angriffe auf landwirtschaftliche Erzeugnisse aus anderen Mitgliedstaaten aus[865]:

> „Dabei steht es sicherlich im Ermessen der Mitgliedstaaten, die für die Aufrechterhaltung der öffentlichen Sicherheit und Ordnung allein zuständig bleiben, zu entscheiden, welche Maßnahmen in einer bestimmten Situation am geeignetsten sind, um Beeinträchtigungen der Einfuhr zu beseitigen. Es ist daher nicht Sache der [EU-O]rgane, sich an die Stelle der Mitgliedstaaten zu setzen und ihnen vorzuschreiben, welche Maßnahmen sie erlassen und tatsächlich anwenden müssen, um den freien Warenverkehr in ihrem Gebiet zu gewährleisten. Es ist jedoch Sache des Gerichtshofes, unter Berücksichtigung des genannten Ermessens in den ihm unterbreiteten Fällen zu prüfen, ob der betreffende Mitgliedstaat zur Sicherstellung des freien Warenverkehrs geeignete Maßnahmen ergriffen hat."

Die Mitgliedstaaten müssten folglich aufgrund ihrer völkerrechtlichen Verpflichtung auf Maßnahmen zurückgreifen, die mit Art. 11 Abs. 1 VerkP vereinbar sind, und könnten unionsrechtlich nicht zur Errichtung einer bestimmten hochrangigen Straße verpflichtet werden. Sie müssten jedoch alle erdenklichen Möglichkeiten ausschöpfen, um den Bedürfnissen des Binnenmarktes gerecht

---

[863] Vgl. oben *Teil D II 2 c)* und *III*.

[864] EuGH, Rs. C-265/95, Kommission/Frankreich, Slg. 1997, I-6959; hierzu *Leidenmühler*, wbl 2000, 247 f.

[865] EuGH, Rs. C-265/95, Kommission/Frankreich, Slg. 1997, I-6959 Rn. 33 ff.

zu werden, und gerade auch kostenintensive Maßnahmen zur Verkehrsverlagerung ergreifen.[866]

Aus heutiger Sicht ist es müßig zu prognostizieren, wie sich das alpenquerende Straßenverkehrsaufkommen in Zukunft entwickeln und wie der EuGH in einem konkreten Fall entscheiden wird. Mit Sicherheit kann bloß gesagt werden, dass er versuchen wird, Art. 11 Abs. 1 VerkP im Einklang mit den Grundfreiheiten zu interpretieren. Gleichzeitig hat er jedoch auch die Tatsache zu berücksichtigen, dass die EU Vertragspartei der Rahmenkonvention und des Verkehrsprotokolls der Alpenkonvention ist.[867] Dies zeigt nämlich, dass die EU den in Art. 11 Abs. 1 VerkP normierten Verzicht auf den Bau neuer hochrangiger Straßen für den alpenquerenden Verkehr prinzipiell zumindest für gerechtfertigt hält.[868]

b) Inneralpine Projekte gemäß Art. 11 Abs. 2 VerkP

Im Unterschied zu Art. 11 Abs. 1 VerkP wird in Art. 11 Abs. 2 VerkP die Errichtung einer inneralpinen Straße nicht unmittelbar ausgeschlossen, sondern lediglich erschwert. Diese Bestimmung knüpft die Verwirklichung eines hochrangigen Straßenprojektes für den inneralpinen Verkehr an gewisse Bedingungen, die unter lit. a-d erläutert werden. So hängt sie im Einzelfall insbesondere vom Ergebnis einer Umweltverträglichkeits-, Alternativen- und Zweckmäßigkeitsprüfung ab.[869]

Unter den Begriff des inneralpinen Verkehrs sind gemäß Art. 2 UAbs. 2 VerkP sowohl der Verkehr mit Ziel *und* Quelle im Alpenraum als auch der Verkehr mit Ziel *oder* Quelle im Alpenraum zu subsumieren.[870] Beide Ausprägungen können dabei über das Territorium eines Mitgliedstaates hinausweisen und den grenzüberschreitenden Waren- und Dienstleistungsverkehr umfassen. In der Regel wird somit auch in Hinblick auf inneralpine Straßenprojekte ein grenz-

---

866 Zu denken wäre hierbei beispielsweise an die Errichtung des Brennerbasistunnels (Fn. 223).

867 Zum Genehmigungsbeschluss der Rahmenkonvention vgl. Fn. 24; zur Genehmigung des Verkehrsprotokolls durch die EU vgl. oben *Teil C I 2*.

868 In diesem Sinne kann auch der Hinweis verstanden werden, dass das Verkehrsprotokoll „inhaltlich mit dem [Unions]besitzstand im Einklang steht", vgl. A-Punkt-Vermerk des AStV vom 4.10.2006, 13378/06, 2. Eine ähnliche Formulierung, bezogen auf die Verkehrspolitik der Union und die Ökologisierung des Verkehrs, findet sich in Erwägungsgrund 6 Genehmigungsbeschluss (Fn. 43); sowie in Genehmigungsvorschlag, 3, und dessen Erwägungsgrund 6 (Fn. 58). Vgl. auch Fn. 205 und 1046.

869 Zu den in Art. 11 Abs. 2 VerkP normierten Voraussetzungen und Prüfpflichten vgl. die in Fn. 651 aufgelistete Literatur. Zur Schwierigkeit einer Rechtfertigung des Bedarfes an der S 36 als inneralpiner Straße vgl. *Hautzenberg*, RdU 2011, 29 f.

870 Vgl. oben *Teil E II 2 e) aa)*.

überschreitender Bezug gegeben und der Anwendungsbereich der Grundfreiheiten eröffnet sein. Insofern lässt sich das zu Art. 11 Abs. 1 VerkP Ausgeführte – *argumentum a maiore ad minus* – auf Art. 11 Abs. 2 VerkP übertragen. Im Ergebnis scheitert ein Verstoß gegen die Grundfreiheiten an der fehlenden Kausalität. Wenn bereits der vollständige Verzicht auf den Bau einer Straße nicht in einem adäquaten Zurechnungszusammenhang zu einer Beschränkung der Grundfreiheiten steht, dann erst recht nicht die Aufstellung dafür erforderlicher Bedingungen.

Doch vermutlich wird der EuGH auch in einem Fall, der die Errichtung einer inneralpinen Straße betrifft, auf der Rechtfertigungsebene entscheiden. Durch die in Art. 11 Abs. 2 lit. a-d VerkP aufgelisteten Bedingungen bleibt ihm ein größerer Auslegungsspielraum, wobei er sich ebenso am Sekundärrecht der EU orientieren wird.[871] Die wesentlichen Schlussfolgerungen zu Art. 11 Abs. 1 VerkP gelten jedenfalls gleichermaßen für Abs. 2. Selbst im Extremfall muss es im Ermessen der Mitgliedstaaten bleiben, mit welchen Maßnahmen sie den wachsenden Erfordernissen des Binnenmarktes Genüge tun.[872]

c) Ungleichbehandlung des alpenquerenden und des inneralpinen Verkehrs

Abschließend ist zu untersuchen, ob die Differenzierung zwischen Straßen für den alpenquerenden Verkehr in Art. 11 Abs. 1 VerkP und Straßenprojekten für den inneralpinen Verkehr in Art. 11 Abs. 2 VerkP eine mittelbare Diskriminierung darstellt. Nimmt man an, dass alpenquerende Straßen typischerweise und ganz überwiegend zum Transport ausländischer Waren dienen bzw. von ausländischen Wirtschaftstreibenden genutzt werden, trifft diese der uneingeschränkte Verzicht auf den Bau hochrangiger alpenquerender Straßen weitaus stärker als inländische Waren und inländische Wirtschaftstreibende.

Die Abstufung, die Art. 11 VerkP trifft, beruht jedoch auf objektiven, von der Staatsangehörigkeit und der Herkunft unabhängigen Erwägungen.[873] Ihr liegt die geografische Ausdehnung des Alpenraumes zugrunde, unabhängig von

---

[871] Insbesondere an der UVP-Richtlinie (Richtlinie 2011/92/EU vom 13.12.2011 über die Umweltverträglichkeitsprüfung bei bestimmten öffentlichen und privaten Projekten, ABl. 2012, Nr. L 26/1) oder an der SUP-Richtlinie (Richtlinie 2001/42/EG vom 27.6. 2001 über die Prüfung der Umweltauswirkungen bestimmter Pläne und Programme, ABl. 2001, Nr. L 197/30). Zur UVP bei Erweiterung der Infrastruktur eines Flughafens vgl. EuGH, Rs. C-244/12, Salzburger Flughafen GmbH, Slg. 2013, noch nicht in der amtlichen Sammlung veröffentlicht, Rn. 26 ff. Allgemein zu UVP- und SUP-Richtlinie *Epiney*, Umweltrecht (2013), 298 ff. und 319 ff.; *Heuck*, Infrastrukturmaßnahmen (2013), 357 ff. und 388 ff.; *Kerschner*, Verkehrsimmissionen (2007), 34 f.; *Bußjäger/Larch*, RdU 2006, 53 f. Vgl. auch Fn. 877.

[872] Vgl. EuGH, Rs. C-265/95, Kommission/Frankreich, Slg. 1997, I-6959 Rn. 33 ff.

[873] Vgl. oben *Teil D II 1* und *Teil E I 2*.

den politischen Grenzen der Alpenstaaten bzw. der EU-Mitgliedstaaten. Hochrangige Hauptverkehrsverbindungen belasten ihre Umgebung übermäßig und gerade der alpenquerende Verkehr lässt sich effektiv auf alternative Transportmittel verlagern. Vor diesem Hintergrund verhindert Art. 11 Abs. 1 VerkP, dass eine Kapazitätserweiterung im Straßenverkehr den alpenquerenden Verkehr weiter verstärkt und damit Ziel und Zweck des gesamten Verkehrsprotokolls und den diesem zugrunde liegenden Erwägungen des Umwelt- und Gesundheitsschutzes entgegenläuft. Da Art. 11 VerkP gesamthaft betrachtet nicht der Verwirklichung jedes hochrangigen Straßenprojektes im Wege steht und das Verkehrsprotokoll in Art. 8 Abs. 2 S. 3 VerkP den Vertragsparteien eine Übergangsmöglichkeit einräumt[874], ist die Differenzierung außerdem als verhältnismäßig anzusehen.

Der Umstand, dass die EU das Verkehrsprotokoll genehmigt hat, lässt ferner darauf schließen, dass sie in der Differenzierung zwischen alpenquerendem und inneralpinem Verkehr und in der darauf beruhenden unterschiedlichen Behandlung in Art. 11 VerkP keine unzulässige Diskriminierung sieht.[875]

III. Art. 12 VerkP: Luftverkehr

Art. 12 VerkP verpflichtet die Vertragsparteien in allgemeiner Form, die Umweltbelastungen des Flugverkehrs einschließlich des Fluglärms soweit wie möglich zu senken und das öffentliche Verkehrssystem von den alpennahen Flughäfen in die verschiedenen Alpenregionen zu verbessern. Darüber hinaus werden in dieser Norm auch konkrete Maßnahmen angesprochen, die in Hinblick auf die Grundfreiheiten von Relevanz und daher zu untersuchen sind. Aufgrund der Ähnlichkeit des Art. 12 Abs. 2 S. 2 VerkP zum soeben erörterten Art. 11 VerkP, wird zunächst der darin angesprochene Flughafenbau behandelt. Anschließend ist auf die Vorgaben des Art. 12 Abs. 1 VerkP einzugehen.

1. Neu- und Ausbau von Flughäfen

Im Wesentlichen lässt sich die Argumentation zu Art. 11 Abs. 1 und 2 VerkP auf Art. 12 Abs. 2 S. 2 VerkP übertragen. Diese Norm ist jedoch unbestimmter formuliert als Art. 11 VerkP und stellt die endgültige Entscheidungsbefugnis über den Bau ins Ermessen der Vertragsparteien. Nach Art. 12 Abs. 2 S. 2 VerkP begrenzen die Vertragsparteien „soweit wie möglich" den Neubau von Flughä-

---

[874] Vgl. oben *Teil E II 2 c).*

[875] Vgl. auch Fn. 868.

fen und den „erheblichen“ Ausbau von bestehenden Flughäfen im Alpenraum. Eine spezifische Prüfpflicht sieht Art. 12 Abs. 2 VerkP dabei nicht vor.

Ein grenzüberschreitender Bezug ist gegeben, da Flughäfen primär dem innereuropäischen und internationalen Warenaustausch sowie der Dienstleistungserbringung dienen.[876] Unterlässt es ein Mitgliedstaat, einen neuen Flughafen zu bauen oder einen bestehenden auszubauen, liegt eine staatliche Maßnahme vor, die vom weiten Beschränkungsbegriff im Sinne von *Dassonville* und *Kraus* erfasst wird. Allerdings ist kein Kausalzusammenhang zwischen einer auf Art. 12 Abs. 2 S. 2 VerkP zurückgehenden Begrenzung des Neu- und Ausbaus und einer Beschränkung des grenzüberschreitenden Waren- und Dienstleistungsverkehrs oder der Niederlassungsfreiheit gegeben. Die Norm fällt somit nicht in den Verbotstatbestand der Grundfreiheiten. Marktteilnehmer haben keinen Leistungsanspruch auf eine Erweiterung des Marktes durch den Neu- oder Ausbau von Flughäfen. Selbst wenn man auch hierbei ein *worst-case Scenario* entwirft, in dem der EuGH soweit ginge, aus den Grundfreiheiten Leistungsansprüche abzuleiten, bliebe es den Mitgliedstaaten vorbehalten, zu entscheiden, in welcher Form sie den Forderungen des Binnenmarktes nachkommen.[877]

2. Absetzen aus Luftfahrzeugen und nichtmotorisierter Freizeit-Luftverkehr

Auch Art. 12 Abs. 1 VerkP verdient eine nähere Betrachtung. Gemäß S. 2 dieser Bestimmung bemühen sich die Vertragsparteien, das Absetzen aus Luftfahrzeugen außerhalb von Flugplätzen einzuschränken und erforderlichenfalls zu verbieten. Sowohl im allgemeinen Sprachgebrauch als auch in den Rechtsordnungen der Vertragsparteien erfasst der Begriff „Luftfahrzeug“ motorisierte und nichtmotorisierte Fluggeräte.[878] Die Einschränkung bzw. das Verbot des

---

[876] Zum weiten Anwendungsbereich der Dienstleistungsfreiheit in Bezug auf Flughäfen vgl. EuGH, Rs. C-169/08, Consiglio dei Ministri/Regione Sardegna, Slg. 2009, I-10821 Ls. 1 und Rn. 20 ff.; GA *Kokott*, SchlA Rs. C-169/08, Consiglio dei Ministri/Regione Sardegna, Slg. 2009, I-10821 Rn. 30 ff.

[877] Vgl. oben *Teil D II 2* und *Teil E II 4*. Zur Erweiterung der Infrastruktur eines Flughafens vgl. auch EuGH, Rs. C-244/12, Salzburger Flughafen GmbH, Slg. 2013, noch nicht in der amtlichen Sammlung veröffentlicht, Rn. 26 ff., worin sich der Gerichtshof aber ausschließlich mit der Auslegung der UVP-Richtlinie befasst und weder auf die Alpenkonvention noch auf das Verkehrsprotokoll Bezug nimmt. Hierzu auch Fn. 871.

[878] *Drosdowski* (Hrsg.), Duden (1989). Auch die französische („aéronef“) und die italienische („aeromobile“) Sprachfassung des Verkehrsprotokolls lassen keine anderen Rückschlüsse zu. § 11 Abs. 1 des österreichischen Luftfahrtgesetzes [Bundesgesetz vom 2.12.1957 über die Luftfahrt, BGBl. 1957/253 i.d.F. BGBl. I 2013/108] beispielsweise bestimmt: „Luftfahrzeuge sind Fahrzeuge, die sich zur Fortbewegung von Personen oder Sachen in der Luft ohne mechanische Verbindung mit der Erde eignen, gleichgültig, ob sie schwerer als

Absetzens aus Luftfahrzeugen außerhalb von Flugplätzen bezieht sich daher grundsätzlich auf beide Kategorien von Luftfahrzeugen.[879] In Bezug auf die Sportausübung ist Art. 16 TourP *lex specialis* gegenüber Art. 12 Abs. 1 S. 2 VerkP.[880] Art. 16 TourP verpflichtet die Vertragsparteien:

„außerhalb von Flugplätzen das Absetzen aus Luftfahrzeugen für sportliche Zwecke so weitgehend wie möglich zu begrenzen oder erforderlichenfalls zu verbieten."

Art. 12 Abs. 1 S. 3 VerkP trifft schließlich eine spezielle Regelung für den nichtmotorisierten Freizeit-Luftverkehr und fordert zum Schutz der Wildfauna dessen zeitliche und örtliche Einschränkung.[881] Tatsächlich bleibt wenig Anwendungsbereich für nichtmotorisierten Luftverkehr zu anderen als Freizeitzwecken.[882]

In Hinblick auf diese Tätigkeiten erlassene nationale Einschränkungen und Verbote können den innerunionalen Handel durchaus im Sinne von *Dassonville* unmittelbar oder mittelbar, tatsächlich oder potenziell behindern. Denkbar sind Regelungen, die direkt an ein Flug- oder Sportgerät anknüpfen und die Voraussetzungen festlegen, unter welchen dieses genutzt bzw. nicht genutzt werden darf. Im Sinne der Rechtsprechung zu Nutzungsmodalitäten sind vollständige Verbote sowie weitreichende Beschränkungen der Nutzung als Marktzugangsbehinderungen anhand von Art. 34 AEUV zu prüfen. Bei verhältnismäßiger Ausgestaltung ist aber davon auszugehen, dass sie insbesondere aus Gründen des Umweltschutzes gerechtfertigt sind. Im Lichte des Urteils in der Rechtssache *Mickelsson und Roos* sind Nutzungsbeschränkungen bzw. Nutzungsverbote im Sinne des Art. 12 Abs. 1 VerkP zeitlich und örtlich möglichst zu beschränken,

Luft (zum Beispiel Flugzeuge, Segelflugzeuge, Hänge- oder Paragleiter, Schwingenflugzeuge, Hubschrauber, Tragschrauber und Fallschirme) oder leichter als Luft (zum Beispiel Luftschiffe und Freiballone) sind." Ähnlich auch § 1 Abs. 2 des deutschen Luftverkehrsgesetzes. Zum Begriff „Luftfahrzeug" im italienischen „Codice della navigazione" vgl. EuGH, Rs. C-169/08, Consiglio dei Ministri/Regione Sardegna, Slg. 2009, I-10821 Rn. 4.

879 Besonders relevant ist hierbei das Absetzen aus motorisierten Luftfahrzeugen, beispielsweise bei Hubschrauberflügen zu Freizeitzwecken (z.B. „Heliskiing"). Vgl. dazu *Heuck*, The Use of Helicopters, in Quillacq/Onida (Hrsg.), Environmental Protection and Mountains (2011), 178 ff.

880 Zu Art. 16 TourP vgl. *Cuypers*, Touristische Infrastrukturen im Alpenraum, in CIPRA Deutschland (Hrsg.), Leitfaden zur Umsetzung der Alpenkonvention (2008), 237.

881 Zu denken ist dabei beispielsweise an Segelfliegen, Hängegleiten, Gleitschirmfliegen, Fallschirmspringen oder Ballonfahren.

882 Z.B. bei Rettungseinsätzen oder militärischen Übungen. Letztere wären gemäß Art. 51 i.V.m. 62 AEUV vom Anwendungsbereich der Niederlassungs- und der Dienstleistungsfreiheit ausgenommen. Vgl. *Fischer H.G.* in Lenz/Borchardt (Hrsg.), EU-Verträge (2013), Art. 51 AEUV Rn. 1 ff.

sowie bei Einführung einer neuen Vorschrift ausreichende Übergangsfristen vorzusehen.[883]

Auf Grundlage des Art. 12 Abs. 1 VerkP sind auch Regelungen vorstellbar, die nicht direkt an bestimmte Flug- oder Sportgeräte anknüpfen, sondern Personen betreffen, die entsprechende Tätigkeiten anbieten bzw. in Anspruch nehmen. Zu denken ist hierbei an verschiedene Fallkonstellationen, welche die Ausübung der Niederlassungsfreiheit oder der Dienstleistungsfreiheit im Sinne von *Kraus* behindern oder weniger attraktiv machen.[884] Gründet beispielsweise ein Unternehmer in einem anderen Mitgliedstaat eine Flug- oder Flugsportschule, ist grundsätzlich die Niederlassungsfreiheit einschlägig. Bietet ein Dienstleistungserbringer in einem anderen Mitgliedstaat Flüge oder Flugsportarten an, ist die positive Dienstleistungsfreiheit berührt, nehmen Personen aus anderen Mitgliedstaaten ein derartiges Angebot in Anspruch, die negative Dienstleistungsfreiheit. Schließlich wird auch jener Fall erfasst, in dem sich sowohl Dienstleistungserbringer als auch Dienstleistungsnehmer gemeinsam zur Erbringung der Dienstleistung ins Ausland begeben.[885]

Im Sinne der Logik des Urteils *Keck und Mithouard* sind nichtdiskriminierende Beschränkungen der Niederlassungs- und der Dienstleistungsfreiheit nur untersagt, wenn sie den Zugang zum Markt eines Mitgliedstaates behindern, nicht jedoch, wenn sie lediglich die Ausübung einer Tätigkeit in einer Weise regeln, die sich nicht auf den freien Verkehr auswirkt.[886] Anmeldepflichten, Zulassungs- und Genehmigungserfordernisse oder auch verpflichtende Schulungen, beispielsweise in Alpin- und Naturkunde, werden in der Regel den Marktzugang beschränken, können jedoch bei verhältnismäßiger Ausgestaltung aus Gründen des Umweltschutzes gerechtfertigt sein. Sollte man eine Übertragung der *Keck*-Rechtsprechung auf die Niederlassungs- und die Dienstleistungsfreiheit ablehnen, würde dies für alle Beschränkungen im Sinne von *Kraus* gelten. Unentgeltliche Tätigkeiten fallen im Übrigen nicht in den Anwendungsbereich der Niederlassungs- und der Dienstleistungsfreiheit. Es steht den Mitgliedstaaten

---

883 EuGH, Rs. C-142/05, Mickelsson und Roos, Slg. 2009, I-4273 Rn. 37 ff. Vgl. auch Rs. C-320/03, Sektorales Fahrverbot I, Slg. 2005, I-9871 Rn. 90. Zur Rechtsprechung des EuGH zu Nutzungsmodalitäten vgl. oben *Teil D II 2 c) bb)*, zur Verhältnismäßigkeit oben *Teil D III 2.*

884 Vgl. oben *Teil D I 1* und *II.*

885 Zu den vom EuGH anerkannten Konstellationen der Dienstleistungsfreiheit vgl. *Schroeder*, Grundkurs Europarecht (2013), § 14 Rn. 143. Zur Eröffnung des Anwendungsbereiches dieser Grundfreiheit durch die Inanspruchnahme von Dienstleistungen durch Touristen vgl. EuGH, Rs. 286/82 und 26/83, Luisi und Carbone, Slg. 1984, 377 Rn. 10 und 16; Rs. C-169/08, Consiglio dei Ministri/Regione Sardegna, Slg. 2009, I-10821 Rn. 25.

886 EuGH, Rs. C-384/93, Alpine Investments, Slg. 1995, I-1141 Rn. 36 ff. Vgl. hierzu oben *Teil D II 2 b)* und Fn. 344.

somit frei, sie auch gänzlich zu verbieten. Zu beachten ist hierbei aber das allgemeine Diskriminierungsverbot des Art. 18 AEUV.[887]

IV. Art. 13 VerkP: Touristische Anlagen

Während Art. 13 Abs. 1 VerkP vor touristischen Erschließungen eine allgemeine Prüfpflicht der verkehrsbezogenen Auswirkungen normiert[888] und hinsichtlich der erforderlichenfalls zu ergreifenden Vorsorge- und Ausgleichsmaßnahmen keine näheren Angaben macht[889], schlägt Art. 13 Abs. 2 VerkP konkrete Maßnahmen vor. Demnach unterstützen die Vertragsparteien die Schaffung und Erhaltung von verkehrsberuhigten und verkehrsfreien Zonen, die Einrichtung autofreier Tourismusorte sowie Maßnahmen zur Förderung der autofreien Anreise und des autofreien Aufenthalts von Urlaubsgästen.[890]

Auch diese Norm ist sehr unbestimmt und intendiert eine kleinräumige Ausgestaltung von Fahrverboten. Die Auswirkungen nationaler Maßnahmen werden lokal begrenzt und, sollte ein grenzüberschreitender Bezug gegeben und damit der Anwendungsbereich der Grundfreiheiten eröffnet sein, wird ein Verstoß in der Regel auszuschließen sein. Nach ständiger Rechtsprechung des EuGH ist der Anwendungsbereich der Dienstleistungsfreiheit jedenfalls eröffnet, wenn Touristen sich zur Inanspruchnahme einer Dienstleistung in einen anderen Mitgliedstaat begeben.[891]

Erachtet man im Einzelfall ein punktuelles Fahrverbot als geeignet, die Ein-, Aus- und Durchfuhr von Waren potenziell und mittelbar zu behindern oder die Ausübung der Dienstleistungs- oder Niederlassungsfreiheit weniger attraktiv zu machen, so wird ein Verstoß in der Regel entweder an der mangelnden Kausalität oder daran scheitern, dass eine zulässige Verkaufs- bzw. Ausübungsmodalität vorliegt. Ebenso wenig stellt die ausdrückliche Anknüpfung an touristische An-

---

887 *Holoubek* in Schwarze (Hrsg.), EU-Kommentar (2012), Art. 18 AEUV Rn. 26 und 52.

888 Dabei ist die Wendung „Erschließungen mit touristischen Anlagen" weit auszulegen. Miterfasst sind auch Kapazitätserweiterungen bestehender Anlagen, vgl. *Cuypers*, Touristische Infrastrukturen im Alpenraum, in CIPRA Deutschland (Hrsg.), Leitfaden zur Umsetzung der Alpenkonvention (2008), 223 f.

889 Art. 13 Abs. 1 VerkP bindet diese Maßnahmen nur allgemein an die Zielsetzungen aller Protokolle der Alpenkonvention. Zudem ist dem öffentlichen Verkehr Vorrang einzuräumen.

890 Zum Tourismusprotokoll der Alpenkonvention vgl. *Morgera*, Tourism for Mountain Sustainable Development, in Quillacq/Onida (Hrsg.), Environmental Protection and Mountains (2011), 85 ff.; für empirische Daten zur Korrelation von Tourismus und Verkehr vgl. *Müller H.*, Mehr Tourismus – mehr Mobilität, in Monitraf-Projektteam (Hrsg.), Verkehr durch die Alpen (2007), 80 ff. Vgl. auch oben *Teil B II.*

891 Vgl. Fn. 885.

lagen eine verbotene mittelbare Diskriminierung dar. Sie ist vielmehr Teil eines nachhaltigen Tourismuskonzepts, welches gerade ausländischen Urlaubsgästen zugutekommen soll.[892]

Sollte dennoch im Ausnahmefall der Tatbestand der Grundfreiheiten erfüllt sein, wird sich eine Rechtfertigung von auf Grundlage von Art. 13 Abs. 2 VerkP erlassenen verhältnismäßigen Maßnahmen aus Gründen des Umwelt- und Gesundheitsschutzes in der Regel als unproblematisch erweisen.[893] In ihren Schlussanträgen in der Rechtssache *Consiglio dei Ministri/Regione Sardegna* betont Generalanwältin *Kokott* außerdem, bezugnehmend auf Regelungen, die speziell Touristen oder im Bereich des Fremdenverkehrs tätige Unternehmen belasten[894]:

> „Eine Unterscheidung zwischen Gebietsansässigen und Gebietsfremden *kann* gerechtfertigt sein, wenn und soweit sie im Hinblick auf ein legitimes Ziel sachgerecht und erforderlich ist."

V. Art. 14 VerkP: Kostenwahrheit

Gemäß Art. 14 VerkP einigen sich die Vertragsparteien auf die Umsetzung des Verursacherprinzips und unterstützen die Entwicklung und Anwendung eines Berechnungssystems zur Ermittlung der Wegekosten und der externen Kosten für die verschiedenen Verkehrsträger. Ziel ist es, schrittweise verkehrsspezifische Abgabensysteme[895] einzuführen, die es erlauben, auf gerechte Weise die wahren Kosten zu decken.[896] Diese sollen den Einsatz der umweltfreundlichsten Verkehrsträger und -mittel begünstigen (lit. a), zu einer ausgewogeneren Nutzung der Verkehrsinfrastrukturen führen (lit. b) sowie Anreize bieten, Potenziale ökologischer und sozioökonomischer Belastungsminderung mit strukturellen und raumordnerischen Maßnahmen der Verkehrsbeeinflussung vermehrt zu nutzen (lit. c). Der in dieser Bestimmung normierte Ansatz des Verkehrsprotokolls ist

---

892 Vgl. oben *Teil D I 1* und *II.*

893 Vgl. oben *Teil D III.*

894 GA *Kokott*, SchlA Rs. C-169/08, Consiglio dei Ministri/Regione Sardegna, Slg. 2009, I-10821 Rn. 114.

895 Die italienische Sprachfassung spricht von „Besteuerungssystemen" („sistemi di tassazione"), die französische Version von „verkehrsspezifischen Gebührensystemen" („systèmes de tarification spécifiques au trafic").

896 Angedacht ist wohl eine Durchführung über das öffentliche Abgabensystem, vgl. *Schroeder/Weber K.*, Studie (2008), Rn. 334. Eine Arbeitsgruppe der Alpenkonvention präsentierte im Juli 2007 ein Modell zur verursachergerechten Kostenanlastung, vgl. Arbeitsgruppe „Verkehr"/Untergruppe „Verkehrskosten", Die wahren Kosten des Verkehrs auf den transalpinen Korridoren, Schlussbericht (2007). Zu dieser Arbeitsgruppe vgl. *Onida*, La Convention alpine et son protocole transports, in Epiney/Heuck (Hrsg.), Der alpenquerende Gütertransport (2012), 10 f.

sehr weit gefasst: In Hinblick auf alle Verkehrsteilnehmer aller Verkehrsträger soll Kostenwahrheit gewährleistet werden.[897]

1. Primärrechtliche Vorgaben

Ist die Ausgestaltung von Abgabensystemen nicht sekundärrechtlich geregelt, müssen sich die Mitgliedstaaten am Primärrecht orientieren.[898] Hierbei ist zunächst zu prüfen, ob verkehrsspezifische Abgaben unter die steuerliche Vorschrift des Art. 110 AEUV fallen. Diese Bestimmung ist eine besondere Ausprägung des allgemeinen Diskriminierungsverbotes in Art. 18 AEUV.[899] Sie verbietet es, auf Waren aus anderen Mitgliedstaaten unmittelbar oder mittelbar höhere inländische Abgaben gleich welcher Art zu erheben, als gleichartige inländische Waren zu tragen haben (Abs. 1), sowie auf Waren aus anderen Mitgliedstaaten inländische Abgaben zu erheben, die geeignet sind, andere Produktionen mittelbar zu schützen (Abs. 2). Der Begriff „Abgabe" ist im weitesten Sinne zu verstehen und erfasst jede hoheitlich auferlegte Geldleistung. Weder die Bezeichnung der Abgabe als Steuer, Gebühr oder Beitrag, noch Art und Zweck der Mittelverwendung sind für die Qualifizierung als Abgabe relevant.[900] Insofern fallen verkehrsspezifische Abgaben unter den Abgabenbegriff des Art. 110 AEUV.

Es stellt sich jedoch die Frage, ob bei verkehrsspezifischen Abgaben tatsächlich ein Produktbezug erkennbar ist, denn Art. 110 AEUV ist nur auf Abgaben

---

[897] Kraftfahrzeugsteuern und Verbrauchsabgaben auf Energie und Treibstoffe bleiben im Folgenden außer Betracht. Zu diesen vgl. *Epiney/Heuck/Schleiss* in Dauses (Hrsg.), EU-Wirtschaftsrecht (2013), Rn. 213 ff. zu den dahingehenden primärrechtlichen sowie Rn. 363 ff. zu den sekundärrechtlichen Vorgaben; ebenso *Epiney/Gruber*, Verkehrsrecht in der EU (2001), 265 ff. Generell zu Problemen bei der Konkretisierung des Verursacherprinzips und zu denkbaren finanzrechtlichen Umsetzungsinstrumenten vgl. *Ekardt*, Verursacherprinzip als Verfassungsgebot? in Hendler/Marburger/Reinhardt/Schröder (Hrsg.), Jahrbuch des Umwelt- und Technikrechts (2006), 76 ff. und 83 f.; *Kirchhof*, Umweltabgaben, in Rengeling (Hrsg.), Handbuch Umweltrecht (2003), 1337 ff.; zur im Sinne des Verursacherprinzips gebotenen Erhebung von Abgaben, Gebühren und Steuern vgl. *Krämer*, EuGRZ 1989, 359.

[898] Dazu auch *Ehlotzky*, Bemautung des Straßenverkehrs, in Gamper/Ranacher (Hrsg.), Rechtsfragen des grenzüberschreitenden Verkehrs (2012), 154 ff.

[899] *Waldhoff* in Calliess/Ruffert (Hrsg.), EUV/AEUV (2011), Art. 110 AEUV Rn. 5.

[900] Zum weiten Abgabenbegriff vgl. *Epiney/Heuck/Schleiss* in Dauses (Hrsg.), EU-Wirtschaftsrecht (2013), Rn. 206 (und Anm. 495); *Kamann* in Streinz (Hrsg.), EUV/AEUV (2012), Art. 110 AEUV Rn. 11; *Stumpf* in Schwarze (Hrsg.), EU-Kommentar (2012), Art. 110 AEUV Rn. 12 f.; *Khan* in Geiger/Khan/Kotzur (Hrsg.), EUV/AEUV (2010), Art. 110 AEUV Rn. 6 und 11; zum Diskriminierungsverbot des Art. 110 AEUV *Wasmeier*, Umweltabgaben und Europarecht (1995), 126 ff.

anwendbar, die unmittelbar oder mittelbar *auf Waren* erhoben werden.[901] Bei einer Straßengüterverkehrssteuer, die auf Grundlage der im Inland zurückgelegten Wegstrecke und des Gewichts der beförderten Ware auf den grenzüberschreitenden Transport erhoben wurde, ist dem EuGH zufolge durchaus ein Warenbezug gegeben.[902] Im Unterschied dazu werden Verkehrsabgaben aber nicht auf die transportierten Waren erhoben und bemessen sich nicht nach deren Gewicht oder Wert bzw. der Transportentfernung. Vielmehr knüpfen sie an die Nutzung der Infrastruktur und bestimmte Eigenschaften der Fahrzeuge an, im Straßengüterverkehr insbesondere an deren Gewicht, Größe oder Schadstoffausstoß. In der Regel ist nicht zu belegen, inwiefern sich eine Verkehrsabgabe auf die transportierten Waren auswirkt und diese finanziell belastet. Selbst ein mittelbarer Warenbezug ist daher auszuschließen.[903]

In der Literatur wird angeführt, ein hinreichender Produktbezug sei im Straßengüterverkehr durch die Fahrzeuge selbst gegeben, die ebenso Waren im Sinne der Art. 28 Abs. 2 i.V.m. Art. 29 AEUV darstellen und durch die Verkehrsabgabe belastet werden. Diese Interpretation entspreche dem weiten Verständnis, das der EuGH Art. 110 AEUV beilegt.[904] Dem ist jedoch nicht zuzustimmen, denn obwohl Fahrzeuge grundsätzlich unter den vom EuGH definierten Warenbegriff fallen, sind es nicht sie, sondern die von ihnen transportierten Waren, die in Hinblick auf Handelsgeschäfte über eine Grenze verbracht werden. Verkehrsspezifische Abgaben sind daher nicht unter Art. 110 AEUV zu subsumieren, sondern an den Grundfreiheiten zu messen.[905]

Da Verkehrsabgaben in der Regel zumindest auch an die Infrastrukturnutzung anknüpfen, ist primär die Dienstleistungsfreiheit[906], alternativ die Waren-

---

901 Vgl. *Kamann* in Streinz (Hrsg.), EUV/AEUV (2012), Art. 110 AEUV Rn. 12 f.; *Waldhoff* in Calliess/Ruffert (Hrsg.), EUV/AEUV (2011), Art. 110 AEUV Rn. 9 f.

902 EuGH, Rs. 20/76, Schöttle und Söhne OHG, Slg. 1977, 247 Ls. 1, Rn. 8 und 16.

903 Vgl. auch *Ehlotzky*, Bemautung des Straßenverkehrs, in Gamper/Ranacher (Hrsg.), Rechtsfragen des grenzüberschreitenden Verkehrs (2012), 155.

904 So *Epiney/Heuck/Schleiss*, die dies mit der durch Abgaben bedingten Kostenerhöhung für den Betrieb der Fahrzeuge begründen, *Epiney/Heuck/Schleiss* in Dauses (Hrsg.), EU-Wirtschaftsrecht (2013), Rn. 217; *Epiney*, Straßenbenutzungsgebühren, in Krämer (Hrsg.), Recht und Um-Welt (2003), 94.

905 Zur Abgrenzung zwischen Art. 34 und 110 AEUV vgl. GA *Jacobs*, SchlA Rs. C-383/01, De Danske Bilimportører, Slg. 2003, I-6065 Rn. 25 ff.

906 In der Rechtssache *Gottwald* prüft der EuGH indes eine nationale Regelung, welche die kostenlose Zurverfügungstellung einer Jahresvignette für Straßen behinderten Personen vorbehält, die ihren Wohnsitz oder gewöhnlichen Aufenthalt in dem betroffenen Mitgliedstaat haben, ausschließlich an Art. 18 AEUV, nicht anhand von Art. 21 bzw. 56 f. AEUV, vgl. EuGH, Rs. C-103/08, Gottwald, Slg. 2009, I-9117. Kritisch zur mangelnden Einbeziehung des Art. 21 AEUV durch den EuGH *Obwexer*, Diskriminierungsverbot und Unionsbürgerschaft, in Eilmansberger/Herzig (Hrsg.), Jahrbuch Europarecht (2010), 81.

verkehrsfreiheit einschlägig. Die Gebührenerhebung hat somit in erster Linie diskriminierungsfrei zu erfolgen. Eine nichtdiskriminierende Abgabe stellt darüber hinaus eine Beschränkung im Sinne von *Kraus* bzw. *Dassonville* und eine Ausübungs- bzw. Verkaufsmodalität dar. Dabei kann davon ausgegangen werden, dass sie den „Absatz" inländischer und ausländischer Dienstleistungen oder Waren rechtlich wie tatsächlich in der gleichen Weise berührt und somit nicht in den Tatbestand dieser Grundfreiheiten fällt. *E contrario* lässt sich daraus folgern, dass nichtdiskriminierend ausgestaltete Abgaben zulässig sind, solange sie nicht so hoch angesetzt werden, dass sie im Ergebnis den Marktzugang tangieren. Lehnt man eine Übertragbarkeit der *Keck*-Formel auf die Dienstleistungsfreiheit ab, fallen Abgaben indes unter ihren Verbotstatbestand und müssen aus Gründen des Umwelt- und Gesundheitsschutzes gerechtfertigt sein.[907]

Gewisse Differenzierungen bei der Gebührenerhebung sind nicht nur zulässig, sondern vielmehr im Sinne des sowohl im AEUV als auch im Verkehrsprotokoll normierten Verursacherprinzips geboten. So sind neben Abstufungen nach der Fahrleistung auch Differenzierungen nach dem Schadstoffausstoß nicht geeignet, typischerweise oder überwiegend ausländische Verkehrsunternehmer zu benachteiligen. Eine mittelbare Diskriminierung liegt bei derartigen Differenzierungen nicht vor. Entfernungsabhängigen ist gegenüber zeitabhängigen Gebühren der Vorzug zu geben. Werden dennoch zeitabhängige Gebühren vorgesehen, sind diese angemessen zu staffeln, um eine Diskriminierung zu vermeiden.[908] Schließlich dürfen auch für die Gebührenerhebung erforderliche technische Vorrichtungen Ausländer nicht in unverhältnismäßiger Weise finanziell belasten.[909]

Abgesehen von einer nichtdiskriminierenden und verursachergerechten Ausgestaltung ist bei der Einführung verkehrsspezifischer Abgabensysteme für den gewerblichen Verkehr die *stand-still*-Klausel des Art. 92 AEUV zu beachten, wonach es den Mitgliedstaaten untersagt ist, die Rechtssituation ausländischer Verkehrsunternehmer im Verhältnis zu inländischen Verkehrsunternehmern rechtlich oder tatsächlich ungünstiger zu gestalten, als sie sich bei Inkrafttreten des EWG-Vertrages bzw. zum Beitrittszeitpunkt darstellte. So betrachtet es der

---

[907] Vgl. oben *Teil D II* und *III*.

[908] GA *Jacobs*, SchlA Rs. C-195/90, Schwerverkehrsabgabe, Slg. 1992, I-3141 Rn. 38 f.; vgl. auch *Epiney*, Straßenbenutzungsgebühren, in Krämer (Hrsg.), Recht und Um-Welt (2003), 95 ff.

[909] In Hinblick auf das in der Wegekostenrichtlinie normierte Diskriminierungsverbot und den im österreichischen Recht möglichen Kostenersatz für die „GO-Box", einem Gerät zur Abbuchung bzw. Nachverrechnung der Mautgebühr, vgl. *Klingenbrunner*, Mautrecht, in Bauer (Hrsg.), Handbuch Verkehrsrecht (2009), 252. Zum Verursacherprinzip vgl. oben *Teil B III 2 b) bb)*, *Teil C III 2 d)* und *Teil E I 1 a) aa)*, zu den Differenzierungsmöglichkeiten in der Wegekostenrichtlinie vgl. unten *Teil E V 2 c)*.

EuGH in der Rechtssache *Schwerverkehrsabgabe*[910] als Diskriminierung, dass Deutschland eine grundsätzlich nichtdiskriminierende Abgabe für Lastkraftwagen einführte, gleichzeitig aber die Kraftfahrzeugsteuer senkte, wovon nur die inländischen Verkehrsteilnehmer profitierten. Art. 92 AEUV normiert ein komparatives Diskriminierungsverbot für den nicht harmonisierten Verkehrsbereich und ist *lex specialis* zu Art. 18 AEUV. Da die Norm kein Beschränkungsverbot statuiert, bleibt der Erlass von Vorschriften weiterhin möglich, insbesondere die Vorschreibung verkehrsspezifischer Abgaben, sofern sich diese auf inländische und Verkehrsunternehmer aus anderen Mitgliedstaaten in gleicher Weise auswirken.[911]

2. Sekundärrechtliche Vorgaben der Wegekostenrichtlinie

Zum Teil ist die Zulässigkeit der in Art. 14 VerkP geforderten Abgabensysteme nicht direkt anhand des Primärrechts, sondern anhand sekundärrechtlicher Normen zu prüfen. So verfolgt im Schienenverkehr die Richtlinie 2012/34/EU in Ansätzen das Ziel, allen Betreibern die vollen internen und externen Kosten der Infrastrukturnutzung verursachergerecht anzulasten.[912] Im Güterverkehr ist die Gebührenerhebung auf den wichtigsten hochrangigen Straßen durch die Wegekostenrichtlinie harmonisiert, deren Stammfassung aus dem Jahre 1999 bisher zweimal novelliert wurde[913], im Jahre 2006 und zuletzt 2011.[914] Die Richt-

---

[910] EuGH, Rs. C-195/90, Schwerverkehrsabgabe, Slg. 1992, I-3141.

[911] EuGH, Rs. C-195/90, Schwerverkehrsabgabe, Slg. 1992, I-3141 Rn. 20 f.; vgl. auch *Epiney/Heuck/Schleiss* in Dauses (Hrsg.), EU-Wirtschaftsrecht (2013), Rn. 162; *Ehlotzky*, Bemautung des Straßenverkehrs, in Gamper/Ranacher (Hrsg.), Rechtsfragen des grenzüberschreitenden Verkehrs (2012), 156; *Schäfer* in Streinz (Hrsg.), EUV/AEUV (2012), Art. 92 AEUV Rn. 4 ff. und 10 ff.; *Stadler* in Schwarze (Hrsg.), EU-Kommentar (2012), Art. 92 AEUV Rn. 5; *Wallnöfer*, Europarecht, in Bauer (Hrsg.), Handbuch Verkehrsrecht (2009), 52 f.; *Wasserer*, JRP 2009, 120 f.; *Weber K.*, Transitverkehr in der Judikatur, in Roth G.H./Hilpold (Hrsg.), EuGH und die Souveränität der Mitgliedstaaten (2008), 397 f.; zur *stand-still*-Klausel speziell in Hinblick auf Verkehrsabgaben *Epiney*, Straßenbenutzungsgebühren, in Krämer (Hrsg.), Recht und Um-Welt (2003), 100 f.; *Kerschner/Wagner*, Überblick über europarechtliche Vorgaben, in Kerschner (Hrsg.), Österreichisches und Europäisches Verkehrsrecht (2001), 28 f.; *Wasmeier*, Umweltabgaben und Europarecht (1995), 169 ff. Vgl. auch oben *Teil E I 2.*

[912] Richtlinie 2012/34/EU vom 21.11.2012 zur Schaffung eines einheitlichen europäischen Eisenbahnraums, ABl. 2012, Nr. L 343/32; dazu *Epiney/Heuck/Schleiss* in Dauses (Hrsg.), EU-Wirtschaftsrecht (2013), Rn. 421 ff.

[913] Richtlinie 1999/62/EG vom 17.6.1999 über die Erhebung von Gebühren für die Benutzung bestimmter Verkehrswege durch schwere Nutzfahrzeuge, ABl. 1999, Nr. L 187/42, i.d.F. der Richtlinie 2011/76/EU vom 27.9.2011, ABl. 2011, Nr. L 269/1. Sofern nicht ausdrücklich anders bezeichnet, beziehen sich Artikelangaben auf die konsolidierte Fassung nach der im Jahre 2011 erfolgten Novellierung der Wegekostenrichtlinie (im

linie sieht neben Kraftfahrzeugsteuern zeitgebundene Benutzungs- und fahrleistungsgebundene Mautgebühren für Lastkraftwagen mit einem zulässigen Gesamtgewicht von mehr als 3,5 t vor.[915] Da sie mit dem Straßengüterverkehr einen zentralen Verkehrssektor betrifft und außerdem in einem starken Spannungsverhältnis zum Verkehrsprotokoll steht, wird sie nachfolgend erörtert.[916]

An dieser Stelle ist auch noch einmal auf die am 7. Februar 2013 abgegebene Erklärung Italiens zu verweisen, deren zweiter Satz sich in Hinblick auf die im Verkehrsprotokoll forcierte Kostenwahrheit als problematisch erweist[917]:

Folgenden: RL). Vor ihrer letzten Novellierung im Jahre 2011 wurde die Wegekostenrichtlinie bereits im Jahre 2006 modifiziert durch die Richtlinie 2006/38/EG vom 17.5. 2006, ABl. 2006, Nr. L 157/8. Angepasst wurde sie außerdem anlässlich des Beitritts von Bulgarien und Rumänien durch die Richtlinie 2006/103/EG vom 20.11.2006, ABl. 2006, Nr. L 363/344, sowie im Zuge des Beitritts von Kroatien durch die Richtlinie 2013/22/EU vom 13.5.2013, ABl. 2013, Nr. L 158/356.

914 Zum mittlerweile etablierten Begriff „Wegekostenrichtlinie" vgl. *Klingenbrunner*, Mautrecht, in Bauer (Hrsg.), Handbuch Verkehrsrecht (2009), 245. Zur Richtlinie aus 1999 vgl. detailliert *Mückenhausen* in Frohnmeyer/Mückenhausen (Hrsg.), EG-Verkehrsrecht (2003), 14. Rn. 1 ff.; *Klinski*, DVBl 2002, 224 ff.; *Epiney/Gruber*, Verkehrsrecht in der EU (2001), 275 ff.; *Humphreys*, ELRev 2001, 464 ff. Zur Modifikation der Richtlinie im Jahre 2006 vgl. *Kerschner*, Verkehrsimmissionen (2007), 28 ff.; *Hartl/Wagner*, RdU 2006, 4 ff. und 58 ff.; *Obwexer*, Regelung des Transitverkehrs, in Hummer/Obwexer (Hrsg.), 10 Jahre EU-Mitgliedschaft Österreichs (2006), 339 ff.; *Kessler*, Die „neue" Wegekostenrichtlinie, in Busek/Hummer (Hrsg.), Alpenquerender und inneralpiner Transitverkehr (2005), 243 ff.; *Obwexer*, ecolex 2005, 663 ff.; *Otte*, EuZW 2004, 513. Zur Richtlinie i.d.F. 2011 vgl. *Heuck*, Infrastrukturmaßnahmen (2013), 456 ff.; auch zur innerstaatlichen Umsetzung in Deutschland, Österreich und Italien sowie zu den in der Richtlinie enthaltenen Ausnahmen für Konzessionssysteme *Ehlotzky*, Bemautung des Straßenverkehrs, in Gamper/Ranacher (Hrsg.), Rechtsfragen des grenzüberschreitenden Verkehrs (2012), 157 ff. und 163 ff.; außerdem *Epiney/Heuck*, NuR 2012, 169 ff.; *Epiney/Heuck*, Vorgaben des EU-Rechts, in Epiney/Heuck (Hrsg.), Der alpenquerende Gütertransport (2012), 37 ff.; *Ehlotzky/Kramer*, ZVR 2009, 195 ff.

915 Die in Art. 3–6 RL geregelten und durch die Novelle 2011 nicht modifizierten Kraftfahrzeugsteuern bleiben im Folgenden außer Betracht. Zur Unterscheidung zwischen Benutzungs- und Mautgebühren vgl. *Epiney*, Straßenbenutzungsgebühren, in Krämer (Hrsg.), Recht und Um-Welt (2003), 91.

916 Die Wegekostenrichtlinie beruht auf Art. 71 Abs. 1 und Art. 93 EGV (jetzt: Art. 91 Abs. 1 und Art. 113 AEUV), ohne näher zu spezifizieren, welche Tatbestände des Art. 91 Abs. 1 AEUV einschlägig sind. Dies lässt sich dadurch begründen, dass der Geltungsbereich der Richtlinie nicht ausschließlich den internationalen Verkehr (lit. a) betrifft, sondern auch den Straßengüterverkehr ohne grenzüberschreitenden Bezug erfasst, der unter die Generalklausel (lit. d) zu subsumieren ist. Zu den Tatbeständen des Art. 91 Abs. 1 AEUV und zur weiten Auslegung seiner lit. d vgl. *Epiney/Heuck/Schleiss* in Dauses (Hrsg.), EU-Wirtschaftsrecht (2013), Rn. 58 ff. und 63; *Jung* in Calliess/Ruffert (Hrsg.), EUV/AEUV (2011), Art. 91 AEUV Rn. 2 und 33 f.; *Erdmenger* in von der Groeben/Schwarze (Hrsg.), EUV/EGV (2003), Art. 71 EGV Rn. 21 ff. und 44 ff.

917 Vgl. oben *Teil E II 3 c)*, Fn. 785 und zur italienischen Sprachfassung Fn. 786.

„Ebenso wird nicht präjudiziert, dass die in den Art. 3, Abs. 1, Art. 7, Abs. 1 und Art. 14 enthaltenen Bestimmungen betreffend die Internalisierung der externen Kosten auf das Gemeinschaftsacquis zu beziehen sind."

Italien verweist darin pauschal auf drei zentrale Normen des Verkehrsprotokolls und scheint vorauszusetzen, dass das Sekundärrecht der EU durchwegs mit diesen Bestimmungen konform geht. Insbesondere in Hinblick auf die Wegekostenrichtlinie ist dies aber nicht der Fall. Ferner gehen die Vorgaben des Verkehrsprotokolls über jene des Unionsrechts hinaus. Da Italien somit bezweckt, Verpflichtungen aus Art. 3 Abs. 1, Art. 7 Abs. 1 und Art. 14 VerkP nur soweit nachzukommen, wie diese aus dem Unionsrecht hervorgehen, ist auch der zweite Satz der italienischen Erklärung als Vorbehalt im Sinne von Art. 2 Abs. 1 lit. d WVK zu interpretieren.[918]

a) Novellierungsverfahren

Der am 27. September 2011 erfolgten und am 15. Oktober 2011 in Kraft getretenen Novellierung war ein mehr als dreijähriges Gesetzgebungsverfahren vorangegangen.[919] Ihren Vorschlag zur Änderung der Wegekostenrichtlinie hatte die Europäische Kommission bereits am 8. Juli 2008 unterbreitet.[920] Das Europäische Parlament entschied darüber am 11. März 2009 in erster Lesung.[921] Auf der Grundlage eines Kompromissvorschlages der belgischen Ratspräsidentschaft[922] erzielte der Rat am 15. Oktober 2010 eine politische Einigung[923], die er am

[918] Allgemein zu Vorbehalten vgl. oben *Teil E II 1 a)*, zur Erklärung Italiens oben *Teil E II 3 c)*.

[919] Die Novellierung der Richtlinie ist Teil des „Greening Transport Package" der Europäischen Kommission, vgl. Mitteilung der Kommission zur Ökologisierung des Verkehrs, KOM(2008) 433 endg. vom 8.7.2008; dazu UPR 2008, 342. Bis zum Inkrafttreten des Vertrages von Lissabon (Fn. 2) erfolgte die Novellierung im Mitentscheidungsverfahren, vgl. KOM(2009) 665 endg. (Fn. 113).

[920] Vorschlag für eine Richtlinie zur Änderung der Richtlinie 1999/62/EG über die Erhebung von Gebühren für die Benutzung bestimmter Verkehrswege durch schwere Nutzfahrzeuge, KOM(2008) 436 endg. vom 8.7.2008, berichtigt KOM(2008) 436 endg./2 vom 8.8.2008. Im Folgenden: EK. Vgl. auch die nach der ersten Lesung durch Parlament und Rat ergangene Mitteilung der Kommission betreffend den Standpunkt des Rates in erster Lesung zu diesem Vorschlag, KOM(2011) 69 endg. vom 15.2.2011.

[921] Legislative Entschließung des Europäischen Parlaments vom 11.3.2009 zum Vorschlag der Kommission, P6_TA(2009)0113. Im Folgenden: EP I. Vgl. auch den Bericht des Verkehrsausschusses vom 18.2.2009 einschließlich der Stellungnahme des Ausschusses für Industrie, Forschung und Energie vom 16.12.2008, A6-0066/2009. Zu den entsprechenden Abänderungen vgl. detailliert *Ehlotzky/Kramer*, ZVR 2009, 195 ff.

[922] Kompromissvorschlag der belgischen Ratspräsidentschaft, Bericht des Generalsekretariats des Rates an den Rat, Interinstitutionelles Dossier vom 6.10.2010, 14170/10.

[923] Bericht des Generalsekretariats des Rates an die Delegationen, Interinstitutionelles Dossier vom 8.11.2010, 15147/1/10.

14. Februar 2011 in einem Standpunkt festlegte.[924] Nach einer am 23. Mai 2011 im informellen Trilog erzielten Einigung von Vertretern der Kommission, des Parlaments und des Rates[925] gab das Parlament am 7. Juni 2011 seine Stellungnahme in zweiter Lesung ab und schlug gemäß Art. 294 Abs. 7 lit. c AEUV erneut Abänderungen vor.[926] Diese wurden schließlich am 12. September 2011 durch den Rat in zweiter Lesung gebilligt.[927]

In einigen Punkten differierten die Konzeptionen der drei Organe stark, insbesondere hinsichtlich des Geltungsbereiches der Richtlinie, des Umfangs der Anlastung externer Kosten und der Einnahmenverwendung. Im Rat war zudem umstritten, ob die Richtlinie auf Art. 91 AEUV oder zusätzlich bzw. ausschließlich auf die Steuerkompetenz des Art. 113 AEUV gestützt werden sollte, was eine einstimmige Beschlussfassung erfordert hätte.[928] Die Änderungsrichtlinie stützt sich aber nun ausschließlich auf Art. 91 AEUV.[929]

Bis zum 16. Oktober 2013 hatten die Mitgliedstaaten die novellierte Richtlinienfassung in ihr nationales Recht umzusetzen.[930] Den Vorgaben des Ver-

---

924 Standpunkt (EU) Nr. 6/2011 des Rates in erster Lesung vom 14.2.2011 im Hinblick auf den Erlass einer Richtlinie zur Änderung der Richtlinie 1999/62/EG über die Erhebung von Gebühren für die Benutzung bestimmter Verkehrswege durch schwere Nutzfahrzeuge inklusive Begründung des Rates, ABl. 2011, Nr. C 77E/1. Im Folgenden: Rat.

925 Vgl. Stellungnahme der Kommission zu den Abänderungen des Europäischen Parlaments am Standpunkt des Rates, KOM(2011) 550 endg. vom 19.7.2011, 3 und 5. Zum Begriff des Trilogs vgl. *Schusterschitz* in *Hafner/Kumin/Weiss* (Hrsg.), Recht der Europäischen Union (2013), 101.

926 Legislative Entschließung des Europäischen Parlaments vom 7.6.2011 zum Standpunkt des Rates in erster Lesung, P7_TA(2011)0252. Im Folgenden: EP II. Vgl. auch die Empfehlung des Verkehrsausschusses vom 25.5.2011, A7-0171/2011. Zur starken Stellung des Parlaments bei der Novellierung der Wegekostenrichtlinie vgl. *Schroeder*, Das rechtliche Umfeld, in Gamper/Ranacher (Hrsg.), Rechtsfragen des grenzüberschreitenden Verkehrs (2012), 37.

927 Mit zwei Gegenstimmen (Italien, Spanien) und drei Enthaltungen (Irland, Niederlande, Portugal), vgl. Vermerk zum Abstimmungsergebnis, Interinstitutionelles Dossier vom 12.9. 2011, 14130/11; vgl. auch Pressemitteilung 13587/11 der 3109. Tagung des Rates Allgemeine Angelegenheiten vom 12.9.2011, 15; Pressemeldung vom 12.9.2011, 13915/11.

928 Vgl. Pressemitteilung 14826/10, 8 (Fn. 231); Kompromissvorschlag der belgischen Ratspräsidentschaft, 4 (Fn. 922); vgl. auch die Erklärungen Großbritanniens, Irlands, Italiens und Schwedens in Addendum to „I/A" Item Note, Interinstitutionelles Dossier vom 2.9. 2011, 13134/11, 2 und 4, sowie in Revised Addendum to „I/A" Item Note, Interinstitutionelles Dossier vom 1.2.2011, 5767/11, 4.

929 Bestätigt in der Begründung des Rates zur ersten Lesung, 20 (Fn. 924). Zur pauschalen Abstützung auf Art. 91 Abs. 1 AEUV vgl. *Schroeder*, Das rechtliche Umfeld, in Gamper/ Ranacher (Hrsg.), Rechtsfragen des grenzüberschreitenden Verkehrs (2012), 38. Zur Rechtsgrundlage der konsolidierten Fassung vgl. Fn. 916.

930 Art. 2 Abs. 1 S. 1 Richtlinie 2011/76/EU. In Österreich ist dies durch Änderung des Bundesstraßenmautgesetzes erfolgt, BGBl. I 2002/109 i.d.F. BGBl. I 2013/99.

kehrsprotokolls entspricht diese dabei noch nicht. Zumindest wurde aber durch die neu eröffnete Möglichkeit einer Anlastung externer Kosten der bisher bestehende ausdrückliche Widerspruch zwischen Richtlinie und Protokoll beseitigt. Mehr als alles andere hat der Novellierungsprozess jedoch gezeigt, wie schwerfällig der europäische Einigungsprozess in Verkehrsfragen ist und welch unterschiedliche Interessen und Zielsetzungen hierbei aufeinanderprallen – und dies obwohl nach offizieller und einhelliger Auffassung aller Organe das vorrangige Ziel der Wegekostenrichtlinie die Förderung des nachhaltigen Verkehrs und die Umsetzung des Verursacherprinzips darstellen sollte.[931]

b) Geltungsbereich

aa) Sachlicher Geltungsbereich

Gemäß Art. 2 lit. d RL umfasst die Wegekostenrichtlinie grundsätzlich alle Kraftfahrzeuge oder Fahrzeugkombinationen, die für den Güterkraftverkehr bestimmt sind oder verwendet werden[932] und deren zulässiges Gesamtgewicht mehr als 3,5 t beträgt.[933] Allerdings gestattet es Art. 7 Abs. 5 RL den Mitgliedstaaten zu beschließen, Gebühren nur bei Fahrzeugen ab 12 t einzuheben, und gewährt ihnen dabei einen großen Spielraum.[934] Sie haben die Kommission lediglich über einen dahingehenden Beschluss und die Gründe hierfür zu unterrichten.[935] Eine Zustimmung der Kommission ist nicht erforderlich. Dabei können sie „unter anderem“[936] anführen, eine Miteinbeziehung von Fahrzeugen ab 3,5 t würde sich aufgrund von Verkehrsverlagerungen erheblich negativ auswir-

---

[931] Vgl. die Erwägungsgründe der Vorschläge und Standpunkte der einzelnen Organe, insbesondere auch die Erwägungsgründe 1, 3, 5, 7, 10 und 41 der Richtlinie 2011/76/EU. Hierzu *Ehlotzky/Kramer*, ZVR 2009, 195. Zur aufgrund der Komplexität der Materie und der involvierten Interessengruppen schwierigen und langwierigen Entscheidungsfindung in Verkehrsfragen *Stadler* in Schwarze (Hrsg.), EU-Kommentar (2012), Art. 91 AEUV Rn. 5.

[932] Bei der Frage, ob ein Fahrzeug für den Güterkraftverkehr bestimmt ist oder verwendet wird, ist auf seine generelle Zweckbestimmung unabhängig vom Verwendungszweck im Einzelfall abzustellen, vgl. EuGH, Rs. C-193/98, Pfennigmann, Slg. 1999, I-7747 Ls. 2 und Rn. 38.

[933] Bis zu ihrer Novellierung im Jahre 2006 erfasste der Geltungsbereich der Richtlinie nur Fahrzeuge ab 12 t.

[934] Diese Ausnahme geht vor allem auf das Betreiben Deutschlands zurück, welches lediglich Lastkraftwagen ab 12 t bemautet, vgl. *Ehlotzky*, Bemautung des Straßenverkehrs, in Gamper/Ranacher (Hrsg.), Rechtsfragen des grenzüberschreitenden Verkehrs (2012), 158.

[935] Dies wurde durch das Parlament in zweiter Lesung eingeführt, vgl. Art. 7 Abs. 5 UAbs. 2 EP II.

[936] Diese Einfügung geht auf den Rat zurück, vgl. Art. 7 Abs. 5 Rat.

ken (lit. a); oder aber unverhältnismäßig hohe Verwaltungskosten verursachen (lit. b).[937] Im Zuge des Novellierungsverfahrens wurde diese Ausnahme durch das Parlament in erster Lesung abgelehnt, welches sich damit aber nicht durchsetzte.[938]

bb) Räumlicher Geltungsbereich

Räumlich gilt die Wegekostenrichtlinie gemäß Art. 7 Abs. 1 RL auf dem transeuropäischen Straßennetz[939] oder auf bestimmten Abschnitten dieses Netzes, sowie seit der Novelle 2011 auch auf nicht zum transeuropäischen Straßennetz gehörenden Autobahnabschnitten. Während die Kommission ursprünglich ins Auge gefasst hatte, den Geltungsbereich der Richtlinie auf das gesamte Straßennetz der Mitgliedstaaten auszudehnen[940], hat sich hiermit der Rat durchgesetzt, der in Art. 2 lit. ad RL eine Definition des Begriffes „Autobahn" einführte und dabei auf jene zurückgriff, die bereits in der Richtlinienfassung des Jahres 1999 enthalten war.[941] Im Ergebnis werden nun die wichtigsten hochrangigen Strecken erfasst, was im Sinne einer einheitlichen europäischen Lösung nach den Vorgaben und Zielsetzungen der Richtlinie zu befürworten ist.[942]

---

937 Nach der Begründung des Rates ist die Aufzählung der zwei möglichen Gründe beispielhaft zu verstehen, um den Mitgliedstaaten einen größeren Ermessensspielraum einzuräumen, vgl. Rat, 18 (Fn. 924). Zu den Gründen für die durch den Rat vorgeschlagene Fassung vgl. den Kompromissvorschlag der belgischen Ratspräsidentschaft, 3 (Fn. 922); kritisch KOM(2011) 69 endg., 3 (Fn. 920). Für eine beispielhafte Aufzählung auch *Epiney/Heuck*, NuR 2012, 171.

938 Abd. 28, 29 EP I. Kritisch auch *Epiney/Heuck*, die außerdem davon ausgehen, dass die Mitgliedstaaten keine anderen Gewichtsabstufungen treffen dürfen, vgl. *Epiney/Heuck*, NuR 2012, 170 f.

939 Art. 2 lit. a RL verweist bezugnehmend auf die Leitlinien des transeuropäischen Straßennetzes noch auf Entscheidung Nr. 1692/96/EG (Fn. 228), die inzwischen durch Verordnung (EU) Nr. 1315/2013 (Fn. 230) ersetzt wurde.

940 Art. 7 Abs. 1 EK. Dadurch sollten gleiche Gebührengrundsätze gewährleistet werden, vgl. Erwägungsgrund 13 EK. Interessant ist, wie dynamisch die Kommission das Subsidiaritätsprinzip interpretiert, denn im Jahre 2006 wurde damit noch die Beschränkung des Geltungsbereichs der Richtlinie auf das transeuropäische Straßennetz begründet, vgl. Erwägungsgrund 6 der Richtlinie 2006/38/EG.

941 Vgl. Art. 2 lit. a der Richtlinie 1999/62/EG. Diese Definition ist wiederum stark an die Espoo-Konvention angelehnt, zu dieser vgl. oben *Teil E II 3 b)* und Fn. 725.

942 Das Parlament hatte den Geltungsbereich hingegen in erster Lesung auf das transeuropäische Straßennetz und einen „beliebigen Abschnitt" des Straßennetzes der Mitgliedstaaten begrenzt, „auf dem regelmäßig ein erheblicher internationaler Warentransport stattfindet", vgl. Abd. 25 bzw. Art. 7 Abs. 1 EP I. Kritisch zur Formulierung durch das Parlament *Ehlotzky/Kramer*, ZVR 2009, 196.

cc) Verbleibende Kompetenzen der Mitgliedstaaten

Im Sinne des Subsidiaritätsprinzips steht es den Mitgliedstaaten außerhalb dieses sachlich und räumlich definierten Geltungsbereiches frei, in primärrechtskonformer Weise Benutzungs- und Mautgebühren zu erheben, ohne an das enge Korsett der Richtlinie gebunden zu sein. In Bezug auf nicht von der Richtlinie erfasste Straßen bestätigt dies Art. 7 Abs. 1 S. 2 RL noch einmal ausdrücklich. In diesen Bereichen liegt es folglich an den Vertragsparteien des Verkehrsprotokolls, ihren Verpflichtungen gemäß Art. 3 Abs. 1 lit. c sublit. a, Art. 7 Abs. 1 lit. b und Art. 14 VerkP nachzukommen und dem Verkehrsteilnehmer möglichst umfassend alle externen Kosten anzulasten.[943]

Den Mitgliedstaaten bleibt es insbesondere unbenommen, auf Straßen, die in den Geltungsbereich der Wegekostenrichtlinie fallen, Abgaben auf Personenkraftwagen, Fahrzeuge des gewerblichen Personentransportes und Lastkraftwagen bis zu 3,5 t zu erheben. Auf nicht erfassten Straßen steht es ihnen frei, Gebührensysteme für alle Fahrzeuge, d.h. auch für Güterkraftfahrzeuge ab 3,5 t, beizubehalten oder einzuführen. In Zukunft könnte sich dies allerdings ändern, denn in ihrem am 28. März 2011 vorgestellten Verkehrsweißbuch hat die Europäische Kommission bereits eine Harmonisierung der Maut für Personenkraftwagen bis zu 3,5 t in Aussicht gestellt.[944]

Auch die Wegekostenrichtlinie selbst nimmt einige Gebühren aus ihrem Geltungsbereich aus. Beispielsweise lässt Art. 9 Abs. 1 lit. b RL die Erhebung von Parkgebühren und besonderen Gebühren für den städtischen Verkehr zu. Art. 9 Abs. 1a RL wiederum gestattet „City-Mauten", d.h. speziell zur Verringerung der Staubildung oder zur Bekämpfung von Umweltauswirkungen wie Luftverschmutzung konzipierte Gebühren in städtischen Gebieten. Dies gilt gemäß S. 2 dieser Bestimmung auch für Straßen des transeuropäischen Verkehrsnetzes, die städtische Gebiete durchqueren. Meist werden die genannten Gebühren allerdings ohnehin nicht in den Geltungsbereich der Richtlinie fallen, sei es, weil sie nicht auf Straßen des transeuropäischen Netzes bzw. auf Autobahnen erhoben werden, sei es, weil sie keine Benutzungs- oder Mautgebühren im Sinne der

---

943 *Kramer/Ehlotzky*, Alpenkonvention 2009, 7 f. Zum Verursacherprinzip und zum Begriff der externen Kosten vgl. oben *Teil B III 2 b) bb)*.

944 Weißbuch KOM(2011) 144 endg. vom 28.3.2011, 18 und 33 (Fn. 203). Vgl. auch die Mitteilung der Kommission über die Erhebung nationaler Straßenbenutzungsgebühren auf leichte Privatfahrzeuge, KOM(2012) 199 endg. vom 14.5.2012. Auch hier erweist sich das Subsidiaritätsprinzip als dehnbar, denn in ihrer 2008 vorgelegten Strategie zur Internalisierung externer Kosten führt die Kommission noch aus, die Entscheidungsbefugnis über die Kostenanlastung bei Personenkraftwagen müsse aus Gründen der Subsidiarität bei den Mitgliedstaaten verbleiben, KOM(2008) 435 endg. vom 8.7.2008, 7. Zur Handhabung des Subsidiaritätsprinzips in Hinblick auf Gebühren für Personenkraftwagen auch bereits *Hartl/Wagner*, RdU 2006, 8; kritisch *Basedow*, EuZW 1999, 417.

Richtlinie darstellen. Konstitutive Bedeutung kommt diesen Bestimmungen somit ausschließlich dann zu, wenn auf Straßen, die in den Geltungsbereich der Wegekostenrichtlinie fallen, zusätzliche Gebühren erhoben werden, die selbst als Benutzungs- oder Mautgebühren im Sinne der Richtlinie zu qualifizieren sind.[945]

c) Gebührenstruktur

Bedauerlicherweise bleibt die Gebührenerhebung auch nach der Novelle des Jahres 2011 rein fakultativ. Die Wegekostenrichtlinie setzt nur einen Rahmen, den die Mitgliedstaaten zu beachten haben, sofern sie sich zur Gebührenerhebung entschließen. Sie verpflichtet aber nicht dazu.[946] Anstatt eine Mindestharmonisierung in Form verpflichtender Mindestgebühren vorzusehen, enthält die Richtlinie vielmehr Höchstsätze für die einzelnen Gebührenbestandteile. Sie sieht zeitgebundene Benutzungsgebühren und fahrleistungsabhängige Mautgebühren vor. Ohne dass sich ein wirkliches System erkennen lässt, finden sich dabei sowohl Bestimmungen, die sich auf beide Gebührenarten beziehen, als auch solche, die jeweils nur eine Kategorie betreffen.

aa) Allgemeine Vorgaben

Den Mitgliedstaaten steht es grundsätzlich frei, welche Gebühren sie erheben. Dennoch scheint die Richtlinie die Benutzungsgebühr als Regelfall anzusehen, denn Art. 7 Abs. 2 RL untersagt es, Benutzungs- und Mautgebühren auf demselben Straßenabschnitt für eine Fahrzeugklasse zu kumulieren.[947] Nur wenn ein Mitgliedstaat eine Benutzungsgebühr vorsieht, kann er zusätzlich Mautgebühren für die Benutzung von Brücken, Tunneln und Gebirgspässen erheben.

Gemäß Art. 8 bzw. 8b RL können mehrere Mitgliedstaaten bei der Einführung eines gemeinsamen Gebührensystems zusammenarbeiten, welches in der Folge auch weiteren Mitgliedstaaten offensteht.[948] Diese Möglichkeit war in Hinblick auf Benutzungsgebühren bereits in der Stammfassung der Richtlinie vor-

---

[945] Vgl. auch *Epiney/Heuck*, NuR 2012, 172, die zutreffend kritisieren, dass in Art. 9 Abs. 1a S. 2 RL neben den Straßen des transeuropäischen Verkehrsnetzes auch Autobahnen genannt werden müssten.

[946] Kritisch in Hinblick auf die Umweltquerschnittsklausel *Epiney/Heuck*, NuR 2012, 170.

[947] Kommission und Parlament hatten allgemein vom Hoheitsgebiet gesprochen und damit einheitliche landesweite Systeme anvisiert, vgl. Art. 7 Abs. 2 EK und Seite 12 der vorangestellten Erläuterungen sowie Abd. 26 S. 1 bzw. Art. 7 Abs. 2 EP I. Dazu *Ehlotzky/Kramer*, ZVR 2009, 196; zum Kumulierungsverbot *Seitz*, EuZW 2001, 65.

[948] Dies entspricht der Forderung des Art. 10 Abs. 1 lit. c VerkP nach einer Harmonisierung der Tarifierung der Verkehrsinfrastrukturen.

gesehen und wurde nun durch die Novelle 2011 auch auf gemeinsame Mautsysteme erweitert. Unklar bleibt, ob sich die dahingehenden Mitwirkungsbefugnisse der Kommission unterscheiden, denn Art. 8 RL spricht bezogen auf gemeinsame Benutzungsgebührensysteme davon, diese „eng zu beteiligen". Gemäß Art. 8b RL ist die Kommission dagegen bei gemeinsamen Mautgebührensystemen lediglich „zu unterrichten".

Schließlich verbietet Art. 7 Abs. 3 RL eine diskriminierende Ausgestaltung der Gebühren, die weder mittelbar noch unmittelbar zu einer unterschiedlichen Behandlung aufgrund der Staatsangehörigkeit des Verkehrsunternehmers, des Mitgliedstaates oder Drittlandes seiner Niederlassung, der Zulassung des Fahrzeugs oder des Ausgangs- oder Zielpunktes der Fahrt führen darf.[949] Dieses sekundärrechtlich normierte Diskriminierungsverbot war – damals noch als Teil der Vorgängerrichtlinie[950] – Gegenstand der Rechtssache *Brennermaut*, in der sich der EuGH mit der Gebührenerhebung auf der österreichischen Brennerautobahn A 13 befasste. Kurze Zeit nach seinem EU-Beitritt hatte Österreich die Mautgebühr für Kraftfahrzeuge mit mehr als drei Achsen für die Gesamtstrecke, nicht aber für Teilstrecken der A 13 angehoben. Die erhöhten Mauttarife galten überwiegend für in anderen Mitgliedstaaten zugelassene Kraftfahrzeuge, was der EuGH als eine mittelbare Diskriminierung aufgrund der Staatsangehörigkeit der Verkehrsunternehmer qualifizierte. Da sie außerdem vor allem den Transitverkehr betrafen, stellten sie auch eine mittelbare Diskriminierung aufgrund des Ausgangs- oder Zielpunktes des Verkehrs dar.[951]

---

[949] Dieses Diskriminierungsverbot ist unmittelbar anwendbar, vgl. EuGH, Rs. C-157/02, Rieser, Slg. 2004, I-1477 Ls. 2 und Rn. 34 ff.

[950] Richtlinie 93/89/EWG (Fn. 625).

[951] EuGH, Rs. C-205/98, Brennermaut, Slg. 2000, I-7367 Ls. 1, Rn. 101 und 115. Zur Rechtssache *Brennermaut* vgl. *Ehlotzky*, Bemautung des Straßenverkehrs, in Gamper/Ranacher (Hrsg.), Rechtsfragen des grenzüberschreitenden Verkehrs (2012), 156; *Weber K.*, Transitverkehr in der Judikatur, in Roth G.H./Hilpold (Hrsg.), EuGH und die Souveränität der Mitgliedstaaten (2008), 399 ff.; *Obwexer*, Rechtsfragen der Durchführung des EuGH-Urteils zur „Brennermaut", in Hummer (Hrsg.), Europarecht im Wandel (2003), 113 ff.; *Klinski*, DVBl 2002, 226 f.; *Krämer*, Europäisches Umweltrecht (2002), 144 ff.; *Humphreys*, ELRev 2001, 464 f.; in Hinblick auf die Mauthöhe *Uechtritz*, NVwZ 2001, 407 f.; *Van Calster/Leuven/Scott*, RECIEL 2001, 234 f.; *Huber G.*, The European Legal Forum 2000, 104 ff.; *Obwexer*, ecolex 2000, 840 ff. Kritisch in Hinblick auf die Verneinung jeglicher Rechtfertigungsmöglichkeit aus Umweltschutzgründen durch den EuGH in Rn. 95 ff. des *Brennermaut*-Urteils *Epiney/Heuck/Schleiss* in Dauses (Hrsg.), EU-Wirtschaftsrecht (2013), Rn. 378, die zumindest bei mittelbaren Diskriminierungen von einer Rechtfertigungsmöglichkeit ausgehen; ebenso *Epiney/Heuck*, NuR 2012, 172 f.; *Epiney*, Straßenbenutzungsgebühren, in Krämer (Hrsg.), Recht und Um-Welt (2003), 108 f.; *Epiney/Gruber*, Verkehrsrecht in der EU (2001), 278 f. Vgl. zur Rechtssache *Brennermaut* auch oben *Teil E I 2*, Fn. 251 und 626.

bb) Benutzungsgebühr

Art. 2 lit. c RL definiert die Benutzungsgebühr als

„eine zu leistende Zahlung, die während eines bestimmten Zeitraums zur Benutzung der in Artikel 7 Absatz 1 genannten Verkehrswege durch ein Fahrzeug berechtigt".

Art. 7a RL enthält detailliertere Vorgaben zur Benutzungsgebühr als die Richtlinie in ihrer Fassung von 2006.[952] Um gelegentliche Nutzer nicht zu diskriminieren[953], sieht er eine Staffelung in Jahres-, Monats-, Wochen-, und Tagestarife vor, wobei es den Mitgliedstaaten auch frei steht, ausschließlich Jahresgebühren zu erheben. Anhang II RL bestimmt entsprechende Höchstsätze.

Indem die Benutzungsgebühr zeitabhängig berechnet wird und nicht auf die tatsächliche Fahrleistung abstellt, begünstigt sie Vielfahrer und läuft dem Verursacherprinzip entgegen. Anders als im 13. Erwägungsgrund der Richtlinie 2011/76/EU unterbreitet, entspricht sie dadurch auch nicht dem Nutzerprinzip.[954] Ebenso wenig ist eine Miteinbeziehung externer Kosten oder die Möglichkeit eines Aufschlages in Bergregionen vorgesehen. Das Parlament hatte in erster Lesung noch eine schrittweise Abschaffung der Benutzungsgebühr befürwortet.[955] Im Ergebnis bietet die Novellierung jedoch keine Verbesserung, weshalb der Vorzug der fahrleistungsgebundenen Mautgebühr zu geben ist.[956]

cc) Mautgebühr

(1) Definition

Gemäß Art. 2 lit. b RL ist eine Mautgebühr

„eine für eine Fahrt eines Fahrzeugs auf einem bestimmten Verkehrsweg zu leistende Zahlung, deren Höhe sich nach der zurückgelegten Wegstrecke und dem Fahrzeugtyp richtet und die eine Infrastrukturgebühr und/oder eine Gebühr für externe Kosten beinhaltet".

Diese Definition beruht auf jener vor der Richtliniennovelle aus 2011 und wurde in erster Linie um den Passus erweitert: „und die eine Infrastrukturgebühr und/oder eine Gebühr für externe Kosten beinhaltet". Durch Verrechnung

---

952 Vgl. Art. 7 Abs. 8 der Richtlinie i.d.F. 2006/38/EG.

953 Vgl. Erwägungsgrund 13 der Richtlinie 2011/76/EU.

954 Nach dem Nutzerprinzip hat der Nutzer der Infrastruktur für deren Kosten aufzukommen. Auch *Epiney/Heuck* kritisieren, dass die effektive Dauer der Benutzung in der Gebühr nicht berücksichtigt werden kann, *Epiney/Heuck*, NuR 2012, 173.

955 Abd. 11, 61 bzw. Art. 11 Abs. 3 lit. e und Erwägungsgrund 16 EP I; hierzu *Ehlotzky/Kramer*, ZVR 2009, 196.

956 Dies wird auch, auf Anregung des Parlaments in zweiter Lesung, im 13. Erwägungsgrund der Richtlinie 2011/76/EU angedeutet. Kritisch zur Benutzungsgebühr bereits *Hartl/Wagner*, RdU 2006, 64.

der Infrastrukturkosten soll dem Nutzerprinzip entsprochen werden, durch Anlastung der externen Kosten dem Verursacherprinzip.[957] Bei der durch den Rat vorgenommenen Einfügung von „und dem Fahrzeugtyp“[958] wurde allerdings nicht beachtet, dass sich dieser an den Infrastrukturschäden orientiert[959], denn beim „Fahrzeugtyp“ handelt es sich gemäß Art. 2 lit. f RL um

> „eine Fahrzeugeinstufung, der ein Fahrzeug je nach Achszahl, Abmessungen, Gewicht oder anderen Faktoren der Fahrzeugeinstufung nach den verursachten Straßenschäden [...] zugeordnet wird [...]“.

Insofern scheint die Richtlinie davon auszugehen, dass eine Mautgebühr primär eine – nach dem Fahrzeugtyp bemessene – Infrastrukturgebühr und eventuell zusätzlich auch eine Gebühr für externe Kosten beinhaltet. Hingegen visiert die Richtlinie jenen Fall nicht an, in dem eine Mautgebühr ausschließlich eine Gebühr für externe Kosten umfasst. Genau genommen würde sich die Mautgebühr dann nämlich nur nach der zurückgelegten Wegstrecke bestimmen und nicht nach dem Fahrzeugtyp.[960] Durch eine Entfernung des Passus „nach den verursachten Straßenschäden“ in Art. 2 lit. f RL würde dieses Problem behoben, denn grundsätzlich beeinflussen „Achszahl, Abmessungen, Gewicht oder andere Faktoren der Fahrzeugeinstufung“ nicht nur das Ausmaß der Beanspruchung der Infrastruktur, sondern auch den Grad der verursachten externen Kosten.

Auf jeden Fall steht es den Mitgliedstaaten frei, ob sie eine Infrastrukturgebühr, eine Gebühr für externe Kosten oder beide Kategorien verrechnen. Darüber hinaus folgt aus Art. 7b Abs. 2 bzw. Art. 7c Abs. 2 RL, dass sie auch nur bestimmte Abschnitte ihres Straßennetzes mit einer Gebühr belegen dürfen.[961] Ebenso können die Mitgliedstaaten beschließen, nur einen Prozentsatz dieser Kosten anzulasten. Art. 7h RL enthält schließlich entsprechende Informationspflichten gegenüber der Kommission. Gemäß Abs. 4 dieser Bestimmung trifft letztere eine Entscheidung, ob wesentliche Vorgaben der Richtlinie eingehalten wurden. In Hinblick auf vorgeschlagene Gebühren für externe Kosten hat der betreffende Mitgliedstaat dieser Entscheidung gemäß Art. 7h Abs. 4 UAbs. 2 RL nachzukommen.[962]

---

[957] Vgl. die Erwähnung dieser Prinzipien in Erwägungsgrund 3 der Richtlinie 2011/76/EU.

[958] Vgl. Art. 2 lit. b Rat im Vergleich zu Art. 2 lit. b EK bzw. EP I.

[959] Dem entspricht auch die Einteilung der Fahrzeugklassen in Anhang IV RL.

[960] Vgl. *Epiney/Heuck*, NuR 2012, 174.

[961] Nach dem EuGH ist unter dem Begriff „Netz“ jener Abschnitt des Straßennetzes gemeint, für dessen Benutzung Maut entrichtet wird, vgl. EuGH, Rs. C-205/98, Brennermaut, Slg. 2000, I-7367 Rn. 130.

[962] *Epiney/Heuck* gehen in Bezug auf Art. 7h Abs. 4 RL zutreffend von einem echten Genehmigungsverfahren aus, vgl. *Epiney/Heuck*, NuR 2012, 178. Allerdings verweist diese

(2) Infrastrukturgebühr

Die in Art. 2 lit. ba RL definierte Infrastrukturgebühr ist jener Bestandteil der Mautgebühr, der die Kosten des Baus, der Instandhaltung, des Betriebs und des Ausbaus der Straßeninfrastruktur abdeckt. Zur Berechnung des Höchstsatzes der Infrastrukturgebühren verweist Art. 7e RL auf die in Anhang III RL angeführte Methode. Unter bestimmten Voraussetzungen können die Mitgliedstaaten gemäß Art. 7i Abs. 2 RL Ermäßigungen der Infrastrukturgebühr vorsehen.[963]

Art. 7b RL formuliert den „Grundsatz der Anlastung von Infrastrukturkosten" und bestimmt, dass sich die erhobene Gebühr an den Infrastrukturkosten des betreffenden Verkehrswegenetzes zu orientieren hat.[964] Die Novellierung im Jahre 2011 hat dabei den in Art. 7 Abs. 9 S. 1 der Richtlinienfassung von 2006 enthaltenen Grundsatz der *ausschließlichen* Anlastung von Infrastrukturkosten in der Mautgebühr beseitigt, welcher bisher jegliche Anlastung von externen Kosten vereitelt[965] und dem Verkehrsprotokoll ausdrücklich widersprochen hatte.[966]

Die Wegekostenrichtlinie sieht unterschiedliche ertragsneutrale[967] Differenzierungen der Infrastrukturgebühr vor. So ist diese gemäß Art. 7g RL grundsätzlich verpflichtend nach EURO-Emissionsklassen abzustufen.[968] Nach Abs. 1

Norm, anders als von *Epiney/Heuck* angenommen, auch auf Art. 7b RL und erfasst daher grundsätzlich auch Infrastruktursysteme, nicht nur Gebührensysteme für externe Kosten. Lediglich Art. 7h Abs. 4 UAbs. 2 RL nimmt ausschließlich auf Gebühren für externe Kosten Bezug.

963 Vgl. auch Erwägungsgrund 29 der Richtlinie 2011/76/EU. Zu Ermäßigungen der Mautgebühr *Obwexer*, Regelung des Transitverkehrs, in Hummer/Obwexer (Hrsg.), 10 Jahre EU-Mitgliedschaft Österreichs (2006), 345.

964 Bei den auf der Brennerautobahn erhobenen Gebühren war dies nicht der Fall, vgl. EuGH, Rs. C-205/98, Brennermaut, Slg. 2000, I-7367, Ls. 2, Rn. 130 ff. und 136; hierzu *Uechtritz*, NVwZ 2001, 407 f. Zur Rechtssache *Brennermaut* vgl. oben *Teil E I 2, Teil E V 2 c) aa)* und Fn. 951.

965 Die einzige Ausnahme stellten bisher jene bereits in der Richtlinienfassung von 2006 in Art. 2 lit. aa ii) genannten Kostenkategorien dar, die im Rahmen von Bau, Finanzierung und Verbesserung von Infrastrukturen berücksichtigt werden dürfen, wie „spezielle Infrastrukturaufwendungen zur Verringerung der Lärmbelästigung oder zur Verbesserung der Verkehrssicherheit und tatsächliche Zahlungen des Infrastrukturbetreibers für objektive umweltbezogene Aspekte, wie z. B. Schutz gegen Bodenverseuchung". Dazu *Obwexer*, Regelung des Transitverkehrs, in Hummer/Obwexer (Hrsg.), 10 Jahre EU-Mitgliedschaft Österreichs (2006), 342.

966 Vgl. *Schroeder*, Alpine traffic and International Law, in Quillacq/Onida (Hrsg.), Environmental Protection and Mountains (2011), 159 f.; *Onida*, Rev.dr.UE 2008, 762 f.; *Hartl/Wagner*, RdU 2006, 60 f.

967 Gemäß Art. 7g Abs. 4 RL sind diese Differenzierungen nicht auf die Erzielung zusätzlicher Mauteinnahmen ausgerichtet.

968 Die entsprechenden Fahrzeugkategorien werden in Art. 2 lit. e RL definiert und die jeweiligen Emissionsgrenzwerte in Anhang 0 RL bestimmt.

UAbs. 2 dieser Bestimmung können die Mitgliedstaaten jedoch davon abweichen. Der Kommission haben sie dies lediglich mitzuteilen. Art. 7g Abs. 1 UAbs. 2 RL bietet sehr offen formulierte Ausnahmetatbestände, die auf den Rat zurückgehen[969], wie eine Untergrabung der Kohärenz der Mautsysteme (i), die mangelnde technische Umsetzbarkeit (ii) oder eine Vermeidung von Umwegverkehr (iii). Vor allem aber müssen die Mitgliedstaaten die Infrastrukturgebühr nicht nach EURO-Emissionsklassen differenzieren, wenn sie eine Gebühr für externe Kosten erheben (iv).

Art. 7g Abs. 3 RL eröffnet darüber hinaus weitere, fakultative Differenzierungsmöglichkeiten zur Stauvermeidung, zur Minimierung von Infrastrukturschäden, zur Optimierung der Nutzung der Infrastruktur sowie zur Förderung der Verkehrssicherheit. Dadurch soll ein Verkehrslenkungseffekt erzielt werden. Die Abstufung hat hierbei gemäß lit. b nach Tageszeit, Tageskategorie oder Jahreszeit zu erfolgen. Die Mitgliedstaaten haben die Kommission über beabsichtigte fakultative Differenzierungen zu unterrichten und ihr erforderliche Informationen vorzulegen.[970] Die Abstufungsmöglichkeit zur Stauvermeidung hatte der Rat als Alternative für die von ihm abgelehnte Anlastung der Staukosten als externe Kosten präsentiert.[971] In Wahrheit war diese Option aber bereits im Kommissionsvorschlag vorgesehen.[972] Der Rat begrenzte vielmehr die Möglichkeit, die Infrastrukturgebühren zur Stauvermeidung höher anzusetzen, durch die Einfügung von Art. 7g Abs. 3 lit. d RL auf maximal fünf Stunden pro Tag.[973]

Schließlich dürfen gemäß Art. 7i Abs. 3 RL in Ausnahmefällen für spezifische Vorhaben von großem europäischem Interesse nach Anhang III der Leitlinien des transeuropäischen Verkehrsnetzes[974] andere Formen der Differenzierung auf die Mautgebührensätze angewandt werden, um die wirtschaftliche Rentabilität solcher Vorhaben sicherzustellen. Diese Bestimmung ist nicht eindeutig, denn mit der Bezeichnung „Mautgebührensätze" könnte sowohl die Infrastrukturgebühr als auch die Gebühr für externe Kosten angesprochen sein. Tatsäch-

969 Vgl. Art. 7g Abs. 1 UAbs. 2 Rat.

970 Dies wurde durch das Parlament in zweiter Lesung eingeführt, vgl. Art. 7g Abs. 3 lit. f EP II.

971 Vgl. Begründung des Rates zur ersten Lesung, 18 (Fn. 924); Pressemitteilung 14826/10, 7 (Fn. 231); ähnlich Pressemeldung vom 15.10.2010, IP/10/1341; die Abstufungsmöglichkeit basiert auf dem Kompromissvorschlag der belgischen Ratspräsidentschaft, 3 (Fn. 922).

972 Art. 7f Abs. 3 EK.

973 Art. 7g Abs. 3 lit. d Rat.

974 Art. 7i Abs. 3 RL verweist dabei noch auf Beschluss Nr. 661/2010/EU (Fn. 229), der inzwischen durch Verordnung (EU) Nr. 1315/2013 (Fn. 230) ersetzt wurde. Die vorermittelten Vorhaben werden nun im Anhang der Verordnung (EU) Nr. 1316/2013 (Fn. 226) genannt.

lich wurde sie von Art. 7 Abs. 10 lit. c der Richtlinienfassung von 2006 übernommen und der Begriff „Mautgebührensätze" wohl nicht angepasst. Der Verweis auf Art. 7g RL lässt jedenfalls darauf schließen, dass sich Art. 7i Abs. 3 RL ausschließlich auf die Infrastrukturgebühr bezieht. Dafür spricht auch, dass die Differenzierungsmöglichkeiten der Gebühr für externe Kosten nur im Anhang der Richtlinie geregelt werden.

An den erläuterten Differenzierungsvorgaben zeigt sich erneut, dass die Trennung zwischen Infrastrukturgebühr und Gebühr für externe Kosten in der Richtlinie nicht konsequent verfolgt wird, denn die EURO-Emissionsklassen knüpfen an den Schadstoffausstoß der Fahrzeuge an und sind daher folgerichtig der Gebühr für externe Kosten zuzuordnen.[975] Die Abstufung zur Stauvermeidung dient wiederum sowohl einer Entlastung der Infrastruktur, als auch einer Reduktion des Schadstoffausstoßes. Schließlich werden durch Fördermaßnahmen zur Verkehrssicherheit Unfallkosten vermieden, die auch externe Kosten darstellen.

(3) Gebühr für externe Kosten

Die wesentliche Neuerung der Richtliniennovelle aus 2011 ist, dass Mautgebühren nunmehr auch eine Gebühr für externe Kosten umfassen *dürfen*. Hiermit soll dem Verursacherprinzip genüge getan werden.[976] Die Mitgliedstaaten sind jedoch nicht dazu verpflichtet, externe Kosten tatsächlich zu verrechnen. Der 12. Erwägungsgrund der Richtlinie 2011/76/EU begründet dieses „flexible Konzept" mit den in Bezug auf „die Kosten und den Nutzen der notwendigen Systeme zur Erhebung differenzierter Gebühren auf weniger stark befahrenen Straßen" bestehenden Ungewissheiten.

Die Gebührenhöhe wird gemäß Art. 7c Abs. 4 RL primär von den Mitgliedstaaten festgesetzt. Benennt ein Mitgliedstaat hierzu eine Stelle, so muss diese rechtlich und finanziell unabhängig von der Organisation sein, die dafür zuständig ist, die Gebühren zu erheben oder zu verwalten.[977] Rabatte oder Ermäßigungen auf den Gebührenbestandteil für externe Kosten sind gemäß Art. 7i

975 Zur Differenzierung der Gebühr für externe Kosten nach EURO-Emissionsklassen vgl. unten *Teil E V 2 c) cc) (3)*; kritisch auch *Epiney/Heuck*, NuR 2012, 175.

976 Vgl. insbesondere Erwägungsgrund 10 der Richtlinie 2011/76/EU. Nach *Schmidt* wird sich die Maut durch die Möglichkeit der Anlastung externer Kosten um ca. 25% erhöhen, vgl. *Schmidt*, Eurovignetten-Richtlinie, in Greil (Hrsg.), Die Lkw-Maut als Öko-Steuer (2012), 10.

977 Dies ist eine Kompromisslösung, denn die Kommission hatte eine Gebührenfestsetzung durch eine unabhängige Stelle vorgesehen (Art. 7c Abs. 3 EK), hierzu *Ehlotzky/Kramer*, ZVR 2009, 196 f. Parlament und Rat sprachen sich wiederum für eine Gebührenfestsetzung primär durch die Mitgliedstaaten aus (Abd. 36 und Art. 7c Abs. 4 EP I bzw. Rat).

Abs. 1 RL – anders als bei der Infrastrukturgebühr – nicht zulässig. Der Grund dafür liegt nach Erwägungsgrund 27 der Richtlinie 2011/76/EU in dem dabei bestehenden erheblichen Diskriminierungsrisiko für bestimmte Nutzerkategorien. Offen bleibt, warum ein solches Risiko bei der Gebühr für externe Kosten, anscheinend aber nicht hinsichtlich der Infrastrukturgebühr besteht.

Berücksichtigt werden *können* gemäß Art. 2 lit. bb i.V.m. Art. 7c RL Kosten der verkehrsbedingten Luftverschmutzung im Sinne von Art. 2 lit. bc RL und/ oder Kosten der verkehrsbedingten Lärmbelastung im Sinne von Art. 2 lit. bd RL.[978] Die abgeschwächte *kann*-Formulierung in Art. 7c Abs. 1 UAbs. 1 RL geht auf den Rat zurück, der auch die von der Kommission ergänzend vorgesehenen Staukosten nicht übernommen hat.[979] Um einen Anreiz zur Modernisierung zu geben, befreit Art. 7c Abs. 3 RL Fahrzeuge der strengsten EURO-Emissionsklassen für vier Jahre von jenem Gebührenbestandteil für externe Kosten, der die Luftverschmutzung betrifft.[980] Ferner dürfen lärmbedingte Kosten bloß auf Straßenabschnitten verrechnet werden, auf welchen „die Bevölkerung einer straßenverkehrsbedingten Lärmbelastung ausgesetzt ist". Da der ursprünglich vom Rat geforderte Passus „in dicht bevölkerten Gebieten"[981] im Zuge des Novellierungsverfahrens weggefallen ist, erfasst der Wortlaut des Art. 7c Abs. 1 UAbs. 1 RL nun auch ländliche Regionen, insbesondere Bergtäler und deren Bevölkerung.[982]

Die Gebühr für externe Kosten ist nach den in Anhang IIIa RL angegebenen Mindestanforderungen und Methoden nach Fahrzeugklassen, Straßenkategorien sowie hinsichtlich der Lärmkosten nach Zeiträumen zu differenzieren.

---

978 Erfasst sind somit nicht alle externen Kostenkategorien des Verkehrsprotokolls, vgl. *Ehlotzky/Kramer*, ZVR 2009, 195 f., und oben *Teil B III 2 b) bb)*. Nicht abgestellt wird ferner darauf, von wem die Kosten getragen werden, dazu *Heuck*, AJP 2010, 524.

979 Vgl. Art. 2 lit. be und Art. 7b Abs. 2 EK, welche die Verkehrsstaukosten noch enthalten. Eine Anlastung der Staukosten war im Novellierungsverfahren sehr umstritten. Das Parlament hatte diese in erster Lesung in den Begriffsbestimmungen gestrichen (Abd. 71, 72 bzw. Art. 2 EP I) und auch die Berechnungsmethode in Anhang IIIa entfernt (Abd. 75 EP I). Nicht abgeändert wurde dagegen Art. 7b Abs. 2 EK. Der Rat hat schließlich die Staukosten auch in dieser Bestimmung gestrichen, vgl. Art. 7c Abs. 1 Rat. Kritisch KOM(2011) 69 endg., 3 (Fn. 920). Vgl. auch *Ehlotzky/Kramer*, ZVR 2009, 195. Generell zur Internalisierung von Staukosten *Heuck*, AJP 2010, 522 ff.

980 Dies geht auf den Rat zurück, vgl. Art. 7c Abs. 3 Rat. In ähnlicher Weise hatte auch das Parlament in Abd. 35 bzw. Art. 7c Abs. 3 EP I gefordert, externe Kosten bei jenen Fahrzeugen nicht anzulasten, welche die EURO-Emissionsnormen einhalten, bevor diese verbindlich sind. Vgl. dazu den Kompromissvorschlag der belgischen Ratspräsidentschaft, 2 (Fn. 922).

981 Vgl. Art. 7c Abs. 1 UAbs. 1 Rat.

982 So auch die Begründung des Parlaments, vgl. Art. 7c Abs. 1 EP II bzw. Änderungsantrag 12 der Empfehlung des Verkehrsausschusses (Fn. 926); ebenso *Epiney/Heuck*, NuR 2012, 177 (Anm. 51).

Aus Anhang IIIb RL erschließt sich, dass sich „Fahrzeugklasse“ dabei auf die jeweilige EURO-Emissionsklasse und nicht auf die rein infrastrukturbezogenen Fahrzeugklassen des Anhangs IV bezieht.[983] Bei den „Straßenkategorien“ werden Vorstadt- und Fernstraßen unterschieden.[984] Kommission und Parlament hatten diese Differenzierungsmöglichkeiten ursprünglich im Richtlinientext vorgesehen.[985] Sie wurden aber vom Rat in den Anhang verlagert.[986] Nach dem Wortlaut des Art. 7c Abs. 1 UAbs. 2 RL sind die Abstufungen verpflichtend vorzunehmen. Hierbei darf aber nicht vergessen werden, dass es den Mitgliedstaaten freisteht, die externen Kosten überhaupt anzulasten. Nur wenn sie sich dafür entscheiden, müssen sie zumindest nach Fahrzeugklasse und Straßenkategorie differenzieren.

In Anhang IIIb RL werden schließlich – relativ niedrig angesetzte – Höchstwerte für die Gebührenbestandteile für externe Kosten festgelegt, was im Lichte des Verursacherprinzips kritisch zu beurteilen ist. Angesichts der in Art. 7h Abs. 3 und 4 RL vorgesehenen Kontrollbefugnisse der Kommission sollte dies zudem nicht notwendig sein, um einer unverhältnismäßigen Gebührenerhebung vorzubeugen. In Bergregionen dürfen die genannten Werte mit einem Faktor von höchstens 2 multipliziert werden, wobei dies in Hinblick auf den die Luftverschmutzung betreffenden Gebührenbestandteil von „Straßensteigung bzw. -gefälle, geografischer Höhe und/oder Temperaturinversionen“ abhängt. In Bezug auf die Lärmbelastung muss die Erhöhung des Faktors durch „Straßensteigung bzw. -gefälle, Temperaturinversionen und/oder Amphitheatereffekt von Tälern“ gerechtfertigt sein.

Wann eine Bergregion vorliegt, wird im Text der Richtlinie nicht definiert. Der 37. Erwägungsgrund der Änderungsrichtlinie 2011/76/EU verweist aber auf die im Jahre 2004 von der Kommission in Auftrag gegebene Studie „Mountain Areas in Europe: Analysis of mountain areas in EU Member States, acceding

[983] Die Terminologie ist nicht einheitlich. So spricht Erwägungsgrund 19 der Richtlinie 2011/76/EU wiederum vom „Fahrzeugtyp“, nicht von der „Fahrzeugklasse“. Damit kann jedoch nicht der in Art. 2 lit. f RL definierte „Fahrzeugtyp“ gemeint sein. Das Parlament hatte in erster Lesung die Bezeichnung „EURO-Emissionsklasse der Fahrzeuge“ gefordert, vgl. Abd. 67, 68 bzw. Anhang IIIa EP I.

[984] Die Klassifizierung, wann eine Vorstadt- und wann eine Fernstraße vorliegt, überlässt Anhang IIIa RL den Mitgliedstaaten. Diese müsse „auf objektiven Kriterien beruhen, die mit dem Grad der Belastung der betreffenden Straßen und ihrer Umgebung durch Luftverschmutzung und Lärm zusammenhängen, also Kriterien wie Bevölkerungsdichte und jährliche Anzahl der nach dieser Richtlinie gemessenen Schadstoffspitzenkonzentrationen.“

[985] Vgl. die Differenzierung nach Straßenkategorien, EURO-Emissionsklassen und Zeiträumen in Art. 7c Abs. 1 und Erwägungsgrund 15 EK bzw. in Art. 7c Abs. 1 EP I.

[986] Vgl. Art. 7c Abs. 1 UAbs. 2 und Anhang IIIa Rat. Art. 7h Abs. 3 lit. a und Art. 11 Abs. 1 lit. a RL nehmen auf die nun im Anhang vorgesehenen Differenzierungsmöglichkeiten Bezug.

and other European countries".[987] Diese Studie bezieht sich generell auf Bergregionen in der EU, nicht speziell auf die Alpen. Dennoch ist es bedauerlich, dass in Hinblick auf letztere in der Richtlinie nicht auf den Geltungsbereich der von der EU genehmigten Alpenkonvention in den Territorien der Mitgliedstaaten Bezug genommen wird.[988] Schließlich besteht hiermit ein rechtlich eindeutig bestimmtes Gebiet. Unterschiedliche Definitionen des Alpenraumes können indes zu Abgrenzungsproblemen und damit zu Rechtsunsicherheit führen.[989]

(4) Bergregionenaufschlag

Der Begriff „Bergregion" ist überdies, speziell auch in Hinblick auf den Geltungsbereich der Alpenkonvention, für die schon seit der Novelle im Jahre 2006 bestehende Möglichkeit von Bedeutung, in Ausnahmefällen auf bestimmten Straßenabschnitten in Bergregionen zur Infrastrukturgebühr einen Aufschlag in Höhe von maximal 15% bzw. 25% hinzuzuaddieren.[990] Gemäß Art. 7f Abs. 1 RL ist die Erhebung dieses Bergregionenaufschlages nur auf Straßenabschnitten möglich, die von einer akuten Verkehrsüberlastung betroffen sind *oder* deren Nutzung erhebliche Umweltschäden verursacht.[991] Die von der Kommission vorgeschlagene Option, den Aufschlag auch auf Alternativstrecken zum eigentlich damit belegten Abschnitt zu verrechnen, auf die sich ein erheblicher Teil des Verkehrs verlagern würde[992], hat der Rat abgelehnt.[993]

---

987 *Nordregio*, Mountain Areas in Europe (2004). Erwägungsgrund 14 der Richtlinie 2006/38/EG nennt außerdem beispielhaft die Alpen und die Pyrenäen.

988 Die vom Ausschuss für Industrie, Forschung und Energie in Hinblick auf die Alpen vorgesehene Bezugnahme auf die Grundsätze des Verkehrsprotokolls wurde jedenfalls vom Plenum des Parlaments bereits in erster Lesung nicht übernommen, vgl. Abd. 16 der Stellungnahme des Ausschusses für Industrie, Forschung und Energie (Fn. 921) zu Erwägungsgrund 27b. Zum Geltungsbereich der Alpenkonvention vgl. oben *Teil B I* und Fn. 26.

989 Dies gilt auch für die Abgrenzung einer „Makroregion Alpenraum". Zu dieser Problematik *Haßlacher*, Alpenkonvention und die Idee einer Alpenraumstrategie, in CIPRA Österreich (Hrsg.), Perspektiven für die Alpen (2011), 10. Vgl. auch die knappe Einladung an die Kommission, in Kooperation mit den Mitgliedstaaten eine EU Strategie für die Alpenregion zu erarbeiten, Pressemitteilung 17892/13 der 3287. Tagung des Rates Allgemeine Angelegenheiten vom 17.12.2013, 11.

990 Das Parlament wollte auch Ballungsgebiete miteinbeziehen, vgl. Abd. 37 und Art. 7e Abs. 1 EP I. Zur Regelung des Aufschlages vor der Novelle 2011 vgl. *Schroeder*, Alpine traffic and International Law, in Quillacq/Onida (Hrsg.), Environmental Protection and Mountains (2011), 160; *Hartl/Wagner*, RdU 2006, 62 ff.

991 *Epiney/Heuck* kritisieren, dass Bergregionen nicht generell als sensible Gebiete eingestuft werden, vgl. *Epiney/Heuck*, NuR 2012, 176.

992 Art. 7e Abs. 2 und Erwägungsgrund 17 EK; hierzu *Ehlotzky/Kramer*, ZVR 2009, 198.

993 Etwas irreführend ist dabei der durch das Parlament in zweiter Lesung eingefügte Erwägungsgrund 25 der Richtlinie 2011/76/EU, der keine Entsprechung im Richtlinientext findet.

Über die Erhebung eines Aufschlages ist die Kommission gemäß Art. 7f Abs. 1 RL zu unterrichten. Nach Abs. 3 dieser Bestimmung befasst sie damit den in Art. 9c RL vorgesehenen Ausschuss.[994] Ort und Zeitraum der Erhebung sowie ein Beleg zur Finanzierung vorrangiger Vorhaben sind gemäß Art. 7f Abs. 1 lit. d und lit. e RL im Voraus fest- bzw. vorzulegen. Ist die Kommission der Ansicht, dass der geplante Aufschlag den Bedingungen der Richtlinie nicht entspricht oder erhebliche negative Auswirkungen auf die wirtschaftliche Entwicklung in Regionen in Randlage haben wird, kann sie gemäß Art. 7f Abs. 3 RL die vorgelegten Gebührenpläne ablehnen oder deren Abänderung verlangen.[995]

Nach Art. 7f Abs. 1 lit. a RL dienen die Einnahmen aus dem Bergregionenaufschlag der Querfinanzierung alternativer Infrastrukturprojekte und müssen in die Finanzierung des Baus jener vorrangigen Vorhaben von europäischem Interesse investiert werden, die in Anhang III der Leitlinien des transeuropäischen Verkehrsnetzes[996] vorgesehen sind, unmittelbar zur Verringerung der betreffenden Verkehrsüberlastung bzw. der betreffenden Umweltschäden beitragen und auf derselben Verkehrsachse liegen wie der mit dem Aufschlag belegte Straßenabschnitt.[997] Anders als vor der Novellierung beschränkt der Wortlaut der Bestimmung nun die Möglichkeit, einen Aufschlag zu erheben, auf die Dauer der Bauarbeiten dieser Projekte. Für eine Finanzierung der Betriebskosten kommt er nicht mehr in Betracht.[998] Gemäß Art. 7f Abs. 1 lit. b RL kann der Aufschlag bis zu einer Höhe von 15% der „gewogenen durchschnittlichen Infrastrukturgebühren“[999] erhoben werden. Bei Investition in einen grenzüberschreitenden Abschnitt eines vorrangigen Vorhabens, das Infrastruktur in Berggebieten beinhaltet, darf der Aufschlag 25% betragen.[1000]

---

[994] Dabei handelt es sich um einen Ausschuss im Sinne der Verordnung (EU) Nr. 182/2011 vom 16.2.2011 zur Festlegung der allgemeinen Regeln und Grundsätze, nach welchen die Mitgliedstaaten die Wahrnehmung der Durchführungsbefugnisse durch die Kommission kontrollieren, ABl. 2011, Nr. L 55/13.

[995] Dies impliziert jedoch kein Zustimmungs- oder Genehmigungserfordernis seitens der Kommission, vgl. *Epiney/Heuck*, NuR 2012, 176 f.

[996] Auch Art. 7f Abs. 1 lit. a RL verweist in diesem Zusammenhang noch auf Beschluss Nr. 661/2010/EU (Fn. 229). Vgl. hierzu Fn. 974.

[997] Vgl. dagegen sogleich Art. 7f Abs. 5 S. 2 RL. Das Parlament wollte die Einnahmen aus dem Aufschlag generell in Vorhaben zur Förderung nachhaltiger Mobilität investieren und auf eine Zweckbindung verzichten, vgl. Abd. 38 bzw. Art. 7e Abs. 1 EP I. Kritisch *Ehlotzky/Kramer*, ZVR 2009, 198.

[998] Vgl. auch Erwägungsgrund 26 der Richtlinie 2011/76/EU; dagegen Art. 7 Abs. 11 UAbs. 2 der Richtlinie i.d.F. 2006/38/EG; *Ehlotzky/Kramer*, ZVR 2009, 197.

[999] Zu diesem Begriff vgl. Art. 2 lit. be RL und *Obwexer*, Rechtsfragen der Durchführung des EuGH-Urteils zur „Brennermaut“, in Hummer (Hrsg.), Europarecht im Wandel (2003), 122 f.

[1000] In Österreich wird ein Bergregionenaufschlag auf der Brennerautobahn A 13 und seit Beginn des Jahres 2012 auf der Inntalautobahn A 12 zwischen Kufstein und Innsbruck er-

Während gemäß Art. 7f Abs. 2 RL eine umfassende Kombination von Bergregionenaufschlag und differenzierter Infrastrukturgebühr möglich bleibt, lässt sich der Aufschlag, um eine überhöhte Gebührenbelastung zu verhindern[1001], nicht vollständig mit der Gebühr für externe Kosten kumulieren.[1002] Dies folgt aus Art. 7f Abs. 4 und 5 RL, wonach die Mitgliedstaaten auf Straßenabschnitten, auf welchen die Kriterien für die Erhebung eines Aufschlages erfüllt sind, nur dann eine Gebühr für externe Kosten verrechnen dürfen, wenn sie einen Aufschlag erheben. Die Gebühr für externe Kosten ist dann jedoch um den Betrag des Aufschlages zu vermindern. Im Ergebnis haben die Mitgliedstaaten somit dem Bergregionenaufschlag gegenüber der Gebühr für externe Kosten Priorität einzuräumen und nur wenn letztere die Höhe des Aufschlages übersteigt, darf der Mehrbetrag mit dem Aufschlag kombiniert werden.

Problematisch ist, dass diese gesamten Einnahmen aus Bergregionenaufschlag und Gebühr für externe Kosten sodann gemäß Art. 7f Abs. 5 S. 2 RL in die Finanzierung vorrangiger Vorhaben fließen. Ausgeschlossen wird dadurch, dass die Einnahmen aus den Gebühren für externe Kosten in eine (anderweitige) Förderung der nachhaltigen Mobilität im Sinne von Art. 9 Abs. 2 UAbs. 1 S. 3 RL investiert werden. Außerdem sieht Art. 7f Abs. 5 S. 2 RL – anders als Abs. 1 lit. a dieser Bestimmung – nicht vor, dass die betreffenden vorrangigen Vorhaben auf derselben Verkehrsachse liegen müssen. Dadurch wird Raum für die Finanzierung *aller* in den Leitlinien des transeuropäischen Verkehrsnetzes vorgesehenen vorrangigen Vorhaben eröffnet und eine ausschließliche Querfinanzierung alternativer Infrastrukturen ist nicht mehr gewährleistet.

d) Einnahmenverwendung

Unabhängig von den Sonderregelungen in Hinblick auf den Bergregionenaufschlag stellt der unter den Schlussbestimmungen angeführte Art. 9 Abs. 2 RL grundsätzlich die Verwendung der Einnahmen aus Benutzungs- und Maut-

hoben, vgl. § 9 Abs. 7 lit. b des Bundesstraßenmautgesetzes (Fn. 930). Während der Aufschlag auf der Brennerautobahn bereits die maximale Höhe von 25% beträgt, wird er auf der Inntalautobahn progressiv erhöht. Im Jahre 2012 belief er sich auf 10% und ab 2015 wird er den Höchstprozentsatz von 25% erreichen. Art. II § 8a Abs. 2 und 3 ASFINAG-Gesetz (BGBl. 1982/591 i.d.F. BGBl. I 2007/82) bindet die Einnahmen aus den erhobenen Bergregionenaufschlägen zur Finanzierung des Brennerbasistunnels. Vgl. hierzu *Ehlotzky*, Bemautung des Straßenverkehrs, in Gamper/Ranacher (Hrsg.), Rechtsfragen des grenzüberschreitenden Verkehrs (2012), 162 f. und 168 f.

[1001] Vgl. Erwägungsgrund 26 der Richtlinie 2011/76/EU.

[1002] Das Parlament hatte sich für eine Abschaffung dieser Bestimmung eingesetzt, vgl. Abd. 40 bzw. Art. 7e EP I. Nun sind zumindest seit 2011 Fahrzeuge der EURO-Emissionsklassen 0, I und II, sowie ab 2015 auch solche der Klasse III vom Kumulierungsverbot ausgenommen, vgl. Art. 7f Abs. 5 EP II.

gebühren in das Ermessen der Mitgliedstaaten. Begründet wird dies in Erwägungsgrund 32 der Richtlinie 2011/76/EU mit dem in Hinblick auf „die einzelstaatlichen öffentlichen Ausgaben“ bestehenden Subsidiaritätsprinzip. Die ursprünglich von der Kommission vorgesehene, durchaus wünschenswerte Zweckbindung des auf die externen Kosten entfallenden Gebührenbestandteiles zur Förderung nachhaltiger Mobilität[1003] wurde vom Parlament durch die Einfügung von „vorrangig“ und „wenn möglich“ abgeschwächt[1004] und vom Rat bereits in erster Lesung abgelehnt.[1005]

Nun *empfiehlt* Art. 9 Abs. 2 RL, die Einnahmen „zugunsten des Verkehrssektors und zur Optimierung des gesamten Verkehrssystems“ zu verwenden, „[u]m den Ausbau des Verkehrsnetzes als Ganzes sicherzustellen“.[1006] Immerhin sollen Einkünfte aus den Gebühren für externe Kosten „dazu verwendet werden, den Verkehr nachhaltiger zu gestalten“. Beispielhaft werden dafür einige Maßnahmen aufgezählt, die zum Teil durchaus auch infrastrukturbezogen sind, wie die Entwicklung bzw. der Ausbau alternativer Infrastrukturen (lit. e) oder eine Unterstützung des transeuropäischen Verkehrsnetzes (lit. f).[1007] Ob dies Maßnahmen zur Förderung nachhaltiger Mobilität im Sinne des Verkehrsprotokolls sind, ist zweifelhaft. Jedenfalls sind die Mitgliedstaaten an das Nachhaltigkeitsziel gebunden, weshalb alternative Verkehrswege vorrangig zu berücksichtigen sind.[1008]

e) Zwischenergebnis

Das am 27. September 2011 präsentierte Ergebnis des Novellierungsverfahrens der Wegekostenrichtlinie zeichnet sich zum einen nicht unbedingt durch Systematik und Übersichtlichkeit aus. Zum anderen konnten die Zielsetzungen der Novellierung – eine Förderung des nachhaltigen Verkehrs und eine Verwirklichung des Verursacherprinzips – nur in Ansätzen erreicht werden. Gemessen am Maßstab des Verkehrsprotokolls war schon der im Jahre 2008 unterbreitete

---

1003 Vgl. Art. 9 Abs. 2 UAbs. 1 und Erwägungsgrund 24 EK. Die Verwendung der Einnahmen aus Infrastrukturgebühren hatte auch die Kommission bereits in das Ermessen der Mitgliedstaaten gestellt, vgl. Art. 9 Abs. 2 UAbs. 2 EK.

1004 Außerdem ergänzte das Parlament den Maßnahmenkatalog um die „Entwicklung und Verbesserung bestehender Straßeninfrastrukturen“, vgl. Abd. 19, 55 bzw. Art. 9 Abs. 2 UAbs. 1 und Erwägungsgrund 31 EP I. Kritisch *Ehlotzky/Kramer*, ZVR 2009, 197.

1005 Art. 9 Abs. 2 Rat; kritisch KOM(2011) 69 endg., 4 (Fn. 920); vgl. auch den Kompromissvorschlag der belgischen Ratspräsidentschaft, 3 (Fn. 922).

1006 Vgl. auch den insoweit ähnlichen Art. 9 Abs. 2 der Richtlinie i.d.F. 2006/38/EG.

1007 Nach *Schmidt* ist diese nun bestehende fakultative Zweckwidmung in ihrer Effektivität nicht zu unterschätzen, vgl. *Schmidt*, Eurovignetten-Richtlinie, in Greil (Hrsg.), Die Lkw-Maut als Öko-Steuer (2012), 11.

1008 *Ehlotzky/Kramer*, ZVR 2009, 197.

Vorschlag der Kommission nur ein kleiner Schritt in Richtung Kostenwahrheit.[1009] Umso unbefriedigender ist der Kompromiss, der letztendlich erzielt werden konnte.[1010]

In formaler Hinsicht wäre eine Neunummerierung der Anhänge und der Begriffsdefinitionen in Art. 2 RL sowie auch eine vollständige Restrukturierung von Kapitel III RL empfehlenswert gewesen. Vor allem hätte dabei zwischen Bestimmungen unterschieden werden sollen, die sich sowohl auf Benutzungs- als auch auf Mautgebühren beziehen, und solchen, die nur für eine der beiden Gebührenarten gelten.

Nicht durchwegs konsequent verfolgt wurde überdies die Gliederung in infrastrukturbezogene und externe Kosten bei der Mautgebühr und damit eine genaue Grenzziehung zwischen Nutzer- und Verursacherprinzip. Dies zeigt sich vor allem bei der Bezugnahme auf den Fahrzeugtyp in der Definition der Mautgebühr sowie bei der Differenzierung nach EURO-Emissionsklassen, welche systematisch betrachtet ausschließlich bei der Gebühr für externe Kosten vorzunehmen wäre. Da allerdings eine Anlastung der externen Kosten nicht verpflichtend ist, macht es aus praktischen Erwägungen durchaus Sinn, hierbei auch bei der Infrastrukturgebühr anzusetzen. Verwirrend ist es jedenfalls, dass die Richtlinie den Begriff „Fahrzeugklasse" nicht einheitlich verwendet, so bezieht sie sich hierbei in Anhang IIIa und IIIb auf die EURO-Emissionsklassen, in Anhang IV dagegen auf rein infrastrukturbezogene Kriterien.

Nicht immer klar und nachvollziehbar sind schließlich die Bestimmungen der Richtlinie zur Einbeziehung der Europäischen Kommission. So bleibt in Hinblick auf mögliche gemeinsame Gebührensysteme mehrerer Mitgliedstaaten offen, inwieweit die abweichenden Formulierungen auch tatsächlich ein unterschiedliches Vorgehen erfordern. Ferner verfügt die Kommission in Hinblick auf Gebührensysteme für externe Kosten über umfassendere Kontrollbefugnisse und Einflussmöglichkeiten als bei solchen für Infrastrukturgebühren. Generell drängt sich der Eindruck auf, dass die Richtlinie in Hinblick auf die Gebühr für externe Kosten strengere Vorgaben enthält und den Mitgliedstaaten weniger Gestaltungsspielraum lässt. Ein sachlicher Grund hierfür ist nicht ersichtlich.

Möchte man die deutlichsten Kollisionspunkte der Wegekostenrichtlinie mit dem Verkehrsprotokoll hervorheben, sind dies die dem Verursacherprinzip entgegenlaufende Benutzungsgebühr, die Höchstgrenzen für die Gebühr für externe Kosten und die Tatsache, dass nicht alle im Verkehrsprotokoll genannten externen Kosten von den Mitgliedstaaten verrechnet werden dürfen. Ausgehöhlt wird die Wirkung der Richtlinie zudem durch großzügige Ausnahmetatbestände, wie die Möglichkeit, nur Fahrzeuge ab 12 t mit Gebühren zu belasten, oder

---

[1009] *Ehlotzky/Kramer*, ZVR 2009, 198.

[1010] Vgl. auch die Kritik bei *Epiney/Heuck*, NuR 2012, 178 f.

jene, von einer Differenzierung nach EURO-Emissionsklassen abzusehen. Ohne Zweckbindung der gewonnenen Einnahmen fehlt darüber hinaus ein wesentliches Korrelat der Gebührenerhebung. In Bezug auf Bergregionen wäre schließlich ein größerer Spielraum bzw. zumindest eine Kumulationsmöglichkeit von Aufschlag und Gebühr für externe Kosten wünschenswert gewesen.

Nach Genehmigung des Verkehrsprotokolls durch den Rat ist die Wegekostenrichtlinie in unionsabkommenskonformer Weise zu interpretieren. Da die Richtlinie dem Protokoll auch nach ihrer Novellierung nicht voll entspricht, ist sie zudem in absehbarer Zeit erneut zu überarbeiten und an das Verkehrsprotokoll anzupassen.[1011] Dies scheint auch beabsichtigt zu sein. Zumindest enthält der im Zuge des Novellierungsverfahrens als „Rendez-vous-Klausel“ bezeichnete Art. 11 RL umfassende Berichtspflichten der Mitgliedstaaten sowie der Kommission, wodurch Durchführung und Wirksamkeit der Richtlinie fortlaufend analysiert und bewertet werden sollen.[1012] Langfristig führt dabei an einer Mindestharmonisierung kein Weg vorbei, d.h. an einer verpflichtenden Erhebung von Gebühren, die auch die externen Kosten umfassen. Dies wäre auch in wettbewerbsrechtlicher Hinsicht wünschenswert.

3. Alpentransitbörse als Abgabensystem im Sinne von Art. 14 VerkP

Ein denkbares verkehrsspezifisches Abgabensystem im Sinne von Art. 14 VerkP ist das seit 2002 von einigen Alpenstaaten vermehrt zur Diskussion gestellte Modell der Alpentransitbörse, welches im Folgenden auf seine Unionsrechtskonformität geprüft wird.[1013] Erklärtes Ziel dieses Modells ist die Verlagerung des Güterverkehrs ab 3,5 t, insbesondere des alpenquerenden Güterverkehrs, von der Straße auf die Schiene. Erfasst werden dabei nicht nur Transitfahrten, sondern auch der Kurzstrecken- und Lokalverkehr. Dem für einen

---

[1011] Vgl. oben *Teil C II 2 a)* und Fn. 149.

[1012] Nicht wie in der Richtlinie vorgesehen am 16. Oktober 2012, sondern am 3. Juli 2013 legte die Kommission im Einklang mit Art. 11 Abs. 4 RL einen Bericht vor, in welchem sie einen Überblick über die in Hinblick auf die unterschiedlichen Verkehrsträger bestehenden Maßnahmen zur Internalisierung bzw. Verringerung der externen Kosten gibt. Am Ende listet sie auch einige Schritte auf, die zukünftig zu ergreifen sind, wobei sie insbesondere ins Auge fasst, die zeitgebundene Benutzungsgebühr abzuschaffen sowie die Höchstgrenzen der Kosten der Luftverschmutzung und der Lärmbelastung anzupassen. Weitere externe Kostenbestandteile bezieht sie aber nicht ein, vgl. Commission staff working document, Report in accordance with Article 11 (4) of Directive 1999/62/EC, SWD(2013) 269 final vom 3.7.2013, 4 ff. und 27 ff.

[1013] Die Alpentransitbörse wird vor allem in der Schweiz, aber auch in Österreich diskutiert, vgl. den Entschließungsantrag im Verkehrsausschuss des österreichischen Parlaments vom 30.1.2007, 101/A(E) 23. GP.

Großteil des Alpenraumes[1014] konzipierten Modell liegt das Prinzip „Cap-and-Trade" (Plafonierung und Handel) zugrunde. Demnach wird die Gesamtzahl der zulässigen Lastkraftwagenfahrten über die wichtigsten Alpenpässe quantitativ begrenzt. Im Rahmen einer Auktion wird eine bestimmte Zahl von Alpentransiteinheiten zunächst zugeteilt und anschließend frei und ohne zentrale Plattform gehandelt.[1015] Die Alpentransiteinheiten wiederum lassen sich nach einem im Voraus festgelegten Konversionskurs in Alpentransitrechte umwandeln. Dabei könnte nach Emissionsklassen differenziert werden. Jeder Lastkraftwagen muss schließlich für jede Fahrt über einen transitrechtpflichtigen Alpenübergang ein Alpentransitrecht vorweisen.[1016]

Weitere politisch anvisierte Abgabensysteme, wie die Konzepte des „Alpen-Emissionshandelssystems AEHS" oder des „Differenzierten Mautsystems Toll+", werden nachfolgend nicht näher erörtert.[1017] Sie verfolgen dieselbe Zielsetzung wie die Alpentransitbörse und setzen wie diese für jede Alpenquerung den Erwerb eines Transitrechts voraus. Beim AEHS erfolgt dies durch den Handel mit Emissionszertifikaten[1018], bei TOLL+ durch die Begleichung eines Mauttarifs.

[1014] Geprüft wird in erster Linie eine Beschränkung auf den Alpenbogen „B+" zwischen Ventimiglia (Italien) und Tarvis (Italien), einschließlich der Tauernachse, vgl. *Ecoplan*, ALBATRAS (2011), 29.

[1015] In Betracht kommen sowohl eine entgeltliche als auch eine unentgeltliche Erstzuteilung von handelbaren Alpentransiteinheiten. Zu den daraus insbesondere in Hinblick auf Art. 40 LVA resultierenden Problemen vgl. *Weber R.H.*, AJP 2008, 1217 ff. Zum LVA vgl. Fn. 210.

[1016] Zu Ausgestaltung und Funktionsweise der Alpentransitbörse vgl. *Burgener/Herrmann*, Die Alpen brauchen eine Alpentransitbörse, in Epiney/Heuck (Hrsg.), Der alpenquerende Gütertransport (2012), 122 ff.; *Epiney*, Alpentransitbörse als Instrument, in Gamper/Ranacher (Hrsg.), Rechtsfragen des grenzüberschreitenden Verkehrs (2012), 114; *Rinderknecht*, Perspektiven zur Alpentransitbörse, in Epiney/Heuck (Hrsg.), Der alpenquerende Gütertransport (2012), 109 f.; *Waldeck*, LEGALP (2012), 44; *Epiney/Heuck*, Swiss Approach to Mountain Protection, in Quillacq/Onida (Hrsg.), Environmental Protection and Mountains (2011), 49 f.; *Epiney/Heuck*, ZUR 2009, 179 f.; *Weber R.H.*, AJP 2008, 1213 f.

[1017] Vgl. dazu die Studien LEGALP und ALBATRAS, welche im Rahmen des „Zürich-Prozesses" in Auftrag gegeben wurden, einer seit der „Erklärung von Zürich" am 30. November 2001 bestehenden Kooperationsplattform der Verkehrsminister der Alpenstaaten Deutschland, Frankreich, Italien, Österreich, der Schweiz und seit 2006 auch von Slowenien, *Waldeck*, LEGALP (2012), 97 ff. und 128 ff.; *Ecoplan*, ALBATRAS (2011), 8 f. und 32 ff.

[1018] Denkbar wäre eine Ausgestaltung in Anlehnung an das Emissionshandelssystem der EU, vgl. Richtlinie 2003/87/EG vom 13.10.2003 über ein System für den Handel mit Treibhausgasemissionszertifikaten in der Gemeinschaft, ABl. 2003, Nr. L 275/32. Hierzu *Epiney*, Umweltrecht (2013), 491 ff.; *Waldeck*, LEGALP (2012), 17 ff. und 97 ff.; *Habich*, Handel mit Emissionszertifikaten (2007), 45 ff.; auch zur österreichischen Umsetzung *Bratrschovsky/Chojnacka*, Luftreinhaltung und Klimaschutz, in Raschauer/Wessely

Bedenken wurden dahingehend geäußert, diese Abgabensysteme würden eine Verkehrsverlagerung auf die Schiene erzwingen und nicht nur fördern.[1019] Dem ist in zweierlei Hinsicht entgegenzutreten. Zum einen sieht Art. 14 VerkP die Einführung von – durchaus bindenden – Abgabensystemen vor und spricht nicht nur von einer unverbindlichen Förderung der Verkehrsverlagerung. Zum anderen stellen es sowohl die Alpentransitbörse als auch AEHS und TOLL+ den betroffenen Wirtschaftsteilnehmern frei, ob sie im Einzelfall bereit sind, ein Alpentransitrecht zu erwerben, oder es vorziehen, stattdessen auf die Bahn auszuweichen. Eine Verlagerung wird somit zwar in möglichst effektiver Weise verfolgt, aber nicht erzwungen.

a) Alpentransitbörse und Grundfreiheiten

aa) Tatbestand

Beurteilt man die Alpentransitbörse anhand der Grundfreiheiten, ist zunächst festzustellen, dass sie keine mengenmäßige Beschränkung im Sinne der Art. 34 f. AEUV darstellt. Die zahlenmäßige Begrenzung, die das Modell vorsieht, bezieht sich auf die zulässigen Lastkraftwagenfahrten, nicht aber auf die transportierten Waren, die Gegenstand von Handelsgeschäften sind, ihre Menge, ihren Wert oder den Zeitraum ihrer Ein-, Aus- oder Durchfuhr.[1020] Stattdessen liegt eine Maßnahme gleicher Wirkung im Sinne von *Dassonville* bzw. in Hinblick auf die Dienstleistungsfreiheit eine Beschränkung im Sinne von *Kraus* vor, schließlich ist die Alpentransitbörse dadurch, dass sie darauf abzielt, die Gesamtzahl der Lastkraftwagenfahrten durch Ausgabe einer begrenzten Zahl von Alpentransiteinheiten zu senken, geeignet, den innerunionalen Handel bzw. die Ausübung der Dienstleistungsfreiheit zu behindern.[1021]

Besonderes Augenmerk ist bei der Alpentransitbörse, wie bei allen verkehrsbeschränkenden Maßnahmen, auf eine nichtdiskriminierende Ausgestaltung zu legen. Dies ist nicht unproblematisch, da die Querung von Alpenpässen aufgrund ihrer geografischen Lage vermehrt im grenzüberschreitenden Verkehr erforderlich sein wird als im Binnenverkehr. Sonderregelungen für den Lokal- und Kurzstreckenverkehr müssen auf objektiven, von der Staatsangehörigkeit und

(Hrsg.), Handbuch Umweltrecht (2006), 492 und 549 ff.; kritisch *Cronauer/Seiler*, Europäischer Emissionsrechtehandel, in FS für Georg Ress zum 70. Geburtstag (2005), 423 ff.

[1019] *Waldeck*, LEGALP (2012), 67.

[1020] Zur Unterscheidung zwischen mengenmäßigen Beschränkungen und Maßnahmen gleicher Wirkung vgl. EuGH, Rs. 2/73, Geddo, Slg. 1973, 865 Ls. 5 und Rn. 7.

[1021] Hierzu auch *Waldeck*, LEGALP (2012), 45 ff.; *Epiney/Heuck*, ZUR 2009, 181; *Weber R.H.*, AJP 2008, 1215 f. Vgl. auch oben *Teil D I 1* und *II 2*.

der Herkunft unabhängigen sowie verhältnismäßigen Erwägungen beruhen. Denkbar wäre dabei ein angepasster Konversionskurs, der im Ergebnis bei gleich hohem Marktpreis eine vergleichbare Behandlung des regionalen Verkehrs in Relation zum Langstreckenverkehr gewährleistet.[1022] Die Gefahr einer unzulässigen Sonderbehandlung des Lokal- und Kurzstreckenverkehrs würde ferner durch eine Miteinbeziehung der zurückgelegten Wegstrecke in das Preissystem der Alpentransitbörse entschärft.[1023] Ausnahmeregelungen könnten dadurch bis zu einem gewissen Grad hinfällig und gleichzeitig der Anreiz erhöht werden, für lange Wegstrecken die Bahn in Anspruch zu nehmen.

Bei nichtdiskriminierender Ausgestaltung ist auch die Alpentransitbörse als Verkaufsmodalität im Sinne von *Keck* zu qualifizieren, welche die Art und Weise der Beförderung regelt und für alle betroffenen Wirtschaftsteilnehmer gilt. Es ist jedoch davon auszugehen, dass es für Transporteure ausländischer Waren und für ausländische Wirtschaftsteilnehmer einen größeren finanziellen und logistischen Aufwand bedeutet, für jede Fahrt ein Alpentransitrecht zu erwerben und Alternativen für mögliche Engpässe bereit zu halten. Diese Kosten schlagen sich wiederum auf die transportierten Waren und die Dienstleistungserbringung nieder und wirken sich auf den Absatz aus. Ebenso lässt sich eine Behinderung des Marktzuganges durch den durch Angebot und Nachfrage bestimmten, unter Umständen sehr hohen Marktpreis für Alpentransiteinheiten nicht ausschließen. Im Ergebnis fällt die Alpentransitbörse daher in den Verbotstatbestand der Waren- und der Dienstleistungsfreiheit.[1024]

bb) Rechtfertigung

Durch die angestrebte Verkehrsverlagerung bezweckt die Alpentransitbörse den Schutz der Umwelt im Alpenraum und der Gesundheit der dort ansässigen Bevölkerung.[1025] Anders als teilweise vorgebracht[1026] entspricht der Börsenmechanismus dem Verursacherprinzip, denn Alpentransiteinheiten bzw. Alpentransitrechte werden vom betreffenden Wirtschaftsteilnehmer für eine bestimmte Fahrt erworben und so vom Verursacher der dadurch bedingten Umweltbelastung getragen. Der für die Umwandlung der Alpentransiteinheiten in Alpentransitrechte bestehende Konversionskurs ließe sich zudem nach der Emissionsklasse diffe-

---

[1022] Zur Zulässigkeit dieser Ausnahmen vgl. oben *Teil E I 2* und die in Fn. 647 angeführte Literatur.

[1023] Vgl. *Waldeck*, LEGALP (2012), 91.

[1024] Vgl. oben *Teil D II 2*.

[1025] Zum Verlagerungsziel als Teil des Rechtfertigungsgrundes Umweltschutz vgl. *Epiney*, Alpentransitbörse als Instrument, in Gamper/Ranacher (Hrsg.), Rechtsfragen des grenzüberschreitenden Verkehrs (2012), 117 f. (und Anm. 21).

[1026] *Waldeck*, LEGALP (2012), 54.

renzieren. Bedenken an der Preisbestimmung[1027] lassen sich auch insofern entkräften, als der freie Markt ein guter Regulator von Angebot und Nachfrage ist. Anders als bei hoheitlich auferlegten Gebühren variiert der Preis, und es steht jedem Verkehrsteilnehmer frei, ob er bereit ist, den zu einem gewissen Zeitpunkt gegebenen Marktpreis zu bezahlen oder nicht. Da der Straßengüterverkehr bei weitem noch nicht die von ihm tatsächlich verursachten Kosten trägt, ist dabei im Sinne der Kostenwahrheit ein gewisser Spielraum gegeben.

Analysiert man ihre Verhältnismäßigkeit, so ist die Alpentransitbörse bei Einbeziehung aller Alpenstaaten durch die zahlenmäßige Reduktion der zulässigen Fahrten und die finanzielle Belastung des Straßengüterverkehrs geeignet, eine Verkehrsverlagerung zu bewirken und damit das Ziel des Umwelt- und Gesundheitsschutzes zu erreichen.[1028] Fraglich ist allerdings, ob das Modell der Alpentransitbörse zum gegenwärtigen Zeitpunkt nicht mit Eingriffen verbunden ist, die über das hinaus gehen, was für eine Verlagerung des Gütertransportes auf die Schiene und damit zum Schutz der Umwelt und der Gesundheit erforderlich ist.[1029]

In der Literatur wird die Ansicht vertreten, die Alpentransitbörse führe im Ergebnis nur zu einer Verteuerung des Straßengüterverkehrs, nicht zu einem Verbot. Nach Entrichtung des entsprechenden Preises ließe sich jeder Transport durchführen.[1030] Dennoch besteht aber die grundsätzliche Gefahr eines Engpasses der verfügbaren Alpentransiteinheiten bei gleichzeitig nicht ausreichender Schienenkapazität als tatsächliche Alternative. Zudem stellt sich die Frage der gelinderen Mittel.[1031] Im Rahmen dieser Arbeit wurden in Hinblick auf die in Art. 10 Abs. 1 lit. c VerkP geforderte Verkehrsverlagerung bereits einige Maß-

[1027] *Waldeck*, LEGALP (2012), 54.

[1028] In der Studie von *Waldeck* hingegen werden Zweifel an der Kohärenz der Alpentransitbörse geäußert. Kritisiert werden die Anknüpfung an die Überquerung des Alpenhauptkammes ohne Berücksichtigung der tatsächlichen Wegstrecke bzw. von Fahrten, die den Alpenraum in ostwestlicher Richtung durchqueren, sowie die Begrenzung auf den Alpenbogen „B+" (Fn. 1014) und die dadurch bedingte Gefahr von Umwegverkehr, vgl. *Waldeck*, LEGALP (2012), 51 f. Dies macht die Alpentransitbörse jedoch nicht inkohärent, vgl. auch *Epiney*, Alpentransitbörse als Instrument, in Gamper/Ranacher (Hrsg.), Rechtsfragen des grenzüberschreitenden Verkehrs (2012), 118 f. und 128 zur notwendigen Einbeziehung aller Alpenstaaten, insbesondere der Schweiz.

[1029] Für eine Erforderlichkeit der Alpentransitbörse *Epiney*, Alpentransitbörse als Instrument, in Gamper/Ranacher (Hrsg.), Rechtsfragen des grenzüberschreitenden Verkehrs (2012), 119 f.; *Epiney/Heuck*, Swiss Approach to Mountain Protection, in Quillacq/Onida (Hrsg.), Environmental Protection and Mountains (2011), 52 f.; *Epiney/Heuck*, ZUR 2009, 181 f. A.A. hingegen *Waldeck*, LEGALP (2012), 52 ff. Zu den Kriterien der Verhältnismäßigkeit vgl. oben *Teil D III 2.*

[1030] *Epiney*, Alpentransitbörse als Instrument, in Gamper/Ranacher (Hrsg.), Rechtsfragen des grenzüberschreitenden Verkehrs (2012), 119; *Weber R.H.*, AJP 2008, 1217.

[1031] Vgl. oben *Teil D III 2 b).*

nahmen erläutert, die im Vergleich zur Alpentransitbörse als gelindere Mittel anzusehen sind. Selbst sektorale Fahrverbote, die sich in einen Luftqualitätsplan im Sinne der Luftqualitätsrichtlinie einbetten lassen und für genau definierte Güter gelten, beeinträchtigen die Grundfreiheiten weniger als die Alpentransitbörse.[1032] Für die von einem sektoralen Fahrverbot betroffenen Wirtschaftsteilnehmer besteht zumindest dahingehend Rechtssicherheit, dass sie ihre Güter durchwegs mit der Bahn transportieren müssen, wodurch Logistik und Kosten langfristig planbar sind. Weder sie noch die anderen Wirtschaftstreibenden, die ihre Güter auf der Straße befördern, sind zudem ständig der Gefahr von starken Preisschwankungen unterworfen.

Voraussetzung für das Vorliegen gelinderer Mittel ist freilich deren tatsächliche Eignung zur Erreichung des angestrebten Ziels.[1033] Erfolgt trotz Ausbaus des Bahnangebotes und trotz Setzung aller in der vorliegenden Arbeit genannten unionsrechtskonformen Maßnahmen keine effektive Verkehrsverlagerung auf die Schiene, kann dies somit mittelfristig die Einführung einer Alpentransitbörse erforderlich machen.[1034]

b) Alpentransitbörse und Wegekostenrichtlinie

aa) Alpentransitrecht als Gebühr

Auf sekundärrechtlicher Ebene bleibt zu prüfen, ob die Alpentransitbörse von der Wegekostenrichtlinie erfasst wird.[1035] Hierbei lässt sich feststellen, dass der für ein Transitrecht zu entrichtende Preis jedenfalls keine Benutzungsgebühr im Sinne von Art. 2 lit. c RL darstellt, denn ein Transitrecht berechtigt nicht zur beliebig häufigen Nutzung eines Verkehrsweges während eines bestimmten Zeitraums, sondern lediglich zu einer einzigen Fahrt über einen Alpenpass. Damit verfolgen Transitrecht und Benutzungsgebühr entgegengesetzte Ziele.

[1032] Zu sektoralen Fahrverboten vgl. oben *Teil E I 1 c) cc).*

[1033] So bezweifelt *Epiney*, dass eine Verkehrsverlagerung durch Mautgebühren erreicht werden kann, es sei denn diese seien tatsächlich so hoch, dass sich eine Fahrt über die Alpen „kaum noch lohnte", vgl. *Epiney*, Alpentransitbörse als Instrument, in Gamper/Ranacher (Hrsg.), Rechtsfragen des grenzüberschreitenden Verkehrs (2012), 119. In der Studie von *Waldeck* hingegen wird eine verursachergerechte Mauterhebung als gelinderes Mittel angesehen, vgl. *Waldeck*, LEGALP (2012), 53 f.

[1034] Im Übrigen ist auch der Handlungsspielraum der Schweiz beschränkt. Art. 40 LVA legt Höchstgrenzen für Gebühren fest und Art. 8 Abs. 6 LVA steht Fahrtenkontingenten und Genehmigungspflichten entgegen. Vor Einführung einer Alpentransitbörse müsste das LVA demnach entsprechend abgeändert werden. Dazu *Epiney*, Alpentransitbörse als Instrument, in Gamper/Ranacher (Hrsg.), Rechtsfragen des grenzüberschreitenden Verkehrs (2012), 124 f.; *Epiney/Heuck*, ZUR 2009, 186 f.; *Weber R.H.*, AJP 2008, 1217 ff. Zum LVA vgl. Fn. 210.

[1035] Zur Wegekostenrichtlinie vgl. oben *Teil E V 2.*

Der Preis eines Transitrechts ist auch nicht als Mautgebühr im Sinne von Art. 2 lit. b RL zu qualifizieren. Demnach wird eine Mautgebühr zwar für eine Fahrt eines Fahrzeugs geleistet, ihre Höhe richtet sich jedoch nach der zurückgelegten Wegstrecke sowie dem Fahrzeugtyp und knüpft nicht an die Inanspruchnahme eines Alpenpasses an. Während die Mautgebühr außerdem – wie auch die Benutzungsgebühr – durch die Mitgliedstaaten festgesetzt wird, bestimmt sich der Preis eines Transitrechts nach marktwirtschaftlichen Grundsätzen. Zusammensetzung und Höhe der Gebühr entsprechen nicht den Anforderungen der Wegekostenrichtlinie. Sowohl eine Preisfestsetzung durch die Mitgliedstaaten als auch eine Preisbegrenzung würden Sinn und Funktionsweise der Alpentransitbörse unterlaufen.[1036]

Da die Transitgebühr keine Maut ist, kann sie auch nicht unter Art. 7f RL subsumiert werden. Der den Mitgliedstaaten hinsichtlich des darin vorgesehenen Aufschlages in Bergregionen eingeräumte Spielraum ist zudem sehr begrenzt, denn die Bestimmung regelt nicht nur dessen Höhe im Detail, sondern auch die Verwendung der dadurch erzielten Einnahmen. Ebenso wenig kann für die Alpentransitbörse Art. 7 Abs. 2 RL herangezogen werden, wonach die Mitgliedstaaten neben Benutzungsgebühren auch Mautgebühren für die Benutzung von Brücken, Tunneln und Gebirgspässen erheben können.

Die Alpentransitbörse ist folglich kein Benutzungs- oder Mautgebührensystem im Sinne der Wegekostenrichtlinie. In dieser finden sich darüber hinaus mit Ausnahme der in Art. 9 Abs. 1 und 1a RL angeführten Gebühren[1037] keine Vorgaben dahingehend, ob und inwieweit die Mitgliedstaaten eigene verkehrspolitische Instrumente entwickeln und in deren Rahmen andere Arten von Straßengebühren als Benutzungs- und Mautgebühren erheben können. Die Alpentransitbörse ist somit nicht auf Grundlage der Wegekostenrichtlinie zu beurteilen.

bb) Sperrwirkung

Vereinzelt wird die Ansicht vertreten, die Wegekostenrichtlinie harmonisiere die Gebührenerhebung für den Straßengüterverkehr in ihrem räumlichen Geltungsbereich abschließend und entfalte eine Sperrwirkung gegenüber nationalen Ergänzungsmaßnahmen. Eine Verwirklichung der Alpentransitbörse neben der Wegekostenrichtlinie sei somit unzulässig. Das Unionsrecht sehe mit der

---

[1036] Vgl. dazu auch *Heuck*, Infrastrukturmaßnahmen (2013), 458 f.; *Epiney*, Alpentransitbörse als Instrument, in Gamper/Ranacher (Hrsg.), Rechtsfragen des grenzüberschreitenden Verkehrs (2012), 122; *Epiney/Heuck*, Swiss Approach to Mountain Protection, in Quillacq/Onida (Hrsg.), Environmental Protection and Mountains (2011), 55; *Epiney/Heuck*, ZUR 2009, 183. Der im Konzept von TOLL+ angedachte Mauttarif wäre indes an die Vorgaben der Wegekostenrichtlinie anzupassen, vgl. *Waldeck*, LEGALP (2012), 148 f.

[1037] Vgl. oben *Teil E V 2 b) cc)*.

Mautgebühr nur ein einziges Instrument zur Internalisierung externer Kosten vor.[1038] Anders als in der Umweltpolitik[1039] ermächtige der Verkehrstitel des AEUV die Mitgliedstaaten außerdem nicht, Schutzvorkehrungen beizubehalten oder zu ergreifen, die über unionsrechtliche Maßnahmen hinausgehen.[1040]

Diese Argumente überzeugen nicht. Vielmehr ist davon auszugehen, dass die Sperrwirkung der Wegekostenrichtlinie die Alpentransitbörse nicht ausschließt[1041], wodurch sich auch die Frage nach einer primärrechtlichen Schutzverstärkungsklausel und damit nach der Zulässigkeit weitergehender Maßnahmen der Mitgliedstaaten nicht stellt. Dieses Ergebnis ergibt sich zwingend daraus, dass ein Alpentransitrecht, wie bereits ausgeführt, weder eine Benutzungs- noch eine Mautgebühr darstellt, die Wegekostenrichtlinie aber ausschließlich diese beiden Gebührenkategorien erfasst. Daran ändert auch eine mögliche Berufung auf die detaillierte Ausgestaltung der Wegekostenrichtlinie und auf den verbleibenden, sehr begrenzten Gestaltungsspielraum der Mitgliedstaaten nichts. Wollte man die Umsetzung der Alpentransitbörse auf sekundärrechtlicher Ebene verhindern, müsste daher die Richtlinie geändert werden, beispielsweise die Begriffsdefinition der Benutzungsgebühr.[1042]

1038 Zur Untermauerung dieser Ansicht wird insbesondere Erwägungsgrund 7 der Richtlinie 2011/76/EU angeführt, der besagt, dass „[i]m Güterkraftverkehr […] entfernungsabhängig berechnete Mautgebühren für die Infrastrukturnutzung ein gerechtes und wirksames wirtschaftliches Instrument [sind], um eine nachhaltige Verkehrspolitik zu erreichen", vgl. *Waldeck*, LEGALP (2012), 61.

1039 Zur Schutzverstärkungsklausel des Art. 193 AEUV vgl. oben *Teil C III 2 d).*

1040 *Waldeck*, LEGALP (2012), 45 und 59 ff.

1041 So auch *Epiney/Heuck/Schleiss*, nach welchen es den Mitgliedstaaten frei steht, neue verkehrspolitische Instrumente zu entwickeln, vgl. *Epiney/Heuck/Schleiss* in Dauses (Hrsg.), EU-Wirtschaftsrecht (2013), Rn. 380; *Heuck*, Infrastrukturmaßnahmen (2013), 481 f.; *Epiney*, Alpentransitbörse als Instrument, in Gamper/Ranacher (Hrsg.), Rechtsfragen des grenzüberschreitenden Verkehrs (2012), 122 f.; *Epiney/Heuck*, Vorgaben des EU-Rechts, in Epiney/Heuck (Hrsg.), Der alpenquerende Gütertransport (2012), 47 f.; *Epiney/Heuck*, Swiss Approach to Mountain Protection, in Quillacq/Onida (Hrsg.), Environmental Protection and Mountains (2011), 55; *Epiney*, Straßenbenutzungsgebühren, in Krämer (Hrsg.), Recht und Um-Welt (2003), 105 ff.; *Epiney/Gruber*, Verkehrsrecht in der EU (2001), 279 ff. In Hinblick auf nationale Schutzmaßnahmen im Sinne von Art. 36 AEUV *Schroeder* in Streinz (Hrsg.), EUV/AEUV (2012), Art. 36 AEUV Rn. 5 ff.

1042 So wäre ein Alpentransitrecht von der Definition des Art. 2 lit. c RL erfasst, wenn der Passus „während eines bestimmten Zeitraums" entfiele. Eine Benutzungsgebühr wäre sodann „eine zu leistende Zahlung, die zur Benutzung der in Artikel 7 Absatz 1 genannten Verkehrswege durch ein Fahrzeug berechtigt". In der Studie von *Waldeck* wird im Übrigen ein ausdrücklicher Hinweis in der Richtlinie befürwortet, dass diese nicht auf Benutzungs- und Mautgebühren beruhende Verkehrsmanagementinstrumente der Mitgliedstaaten nicht ausschließt, vgl. *Waldeck*, LEGALP (2012), 92. Ein solcher Hinweis wäre aber von rein deklarativer Bedeutung und hätte – anders als in der Studie angedeutet – keinen Einfluss auf die Beurteilung der Verhältnismäßigkeit der Alpentransitbörse.

c) Realisierbarkeit

Zielführend ist eine Umsetzung der Alpentransitbörse nur unter Miteinbeziehung der EU. Dies hätte auch den Vorteil, dass der EuGH in Hinblick auf die Verhältnismäßigkeit einer Unionsmaßnahme einen großzügigeren Maßstab anlegt als bei rein mitgliedstaatlichen Regelungen.[1043] Geht man davon aus, dass die Alpentransitbörse bereits den Kriterien der Verhältnismäßigkeit entspricht, ließe sie sich in ein internationales Rahmenwerk eingliedern. Denkbar wäre der Abschluss eines gemischten Abkommens zwischen den Alpenstaaten und der EU, was in Gestalt eines weiteren Protokolls der Alpenkonvention erfolgen könnte. Auch auf sekundärrechtlicher Ebene, beispielsweise in Form einer Verordnung oder einer Richtlinie, könnten eine Plafonierung der Lastkraftwagenfahrten und zusätzliche, nach marktwirtschaftlichen Grundsätzen bestimmte Straßengebühren für zulässig erklärt und ausgestaltet werden.[1044]

Wenngleich dies in Hinkunft – nach Bereitstellung der notwendigen Bahnkapazitäten und Setzung aller geeigneten gelinderen Mittel – anders zu beurteilen sein kann, dürfte die Alpentransitbörse zum gegenwärtigen Zeitpunkt allerdings aus Sicht des EuGH nicht die Kriterien der Verhältnismäßigkeit erfüllen. Verwirklichen ließe sich das Modell somit derzeit nur durch Schaffung einer entsprechenden Rechtsgrundlage im Primärrecht, auf deren Basis es dann weiter ausgestaltet werden könnte. Der langwierige Genehmigungsprozess des Verkehrsprotokolls sowie die im Zuge des Novellierungsverfahrens der Wegekostenrichtlinie mühsam erkämpfte Einigung zeigen jedoch, dass ein dahingehender politischer Kompromiss nicht leicht zu finden sein wird.

[1043] Vgl. oben *Teil D I 2* und Fn. 290.

[1044] Zur Implementierung der Alpentransitbörse durch eine Richtlinie oder ein gemischtes Abkommen vgl. *Epiney*, Alpentransitbörse als Instrument, in Gamper/Ranacher (Hrsg.), Rechtsfragen des grenzüberschreitenden Verkehrs (2012), 125 ff.

F. Ergebnis und Empfehlungen

Ziel dieser Arbeit war es, Konfliktbereiche zwischen Verkehrsprotokoll und Unionsrecht aufzuspüren sowie Möglichkeiten und Grenzen einer unionsrechtskonformen Durchführung des Verkehrsprotokolls aufzuzeigen.

I. Konfliktbereiche

1. Primärrecht

Die erste der dieser Untersuchung zugrunde liegenden drei Fragen[1045], ob und inwieweit das Verkehrsprotokoll dem in der unionalen Normenhierarchie ranghöheren Primärrecht entspricht bzw. widerspricht, lässt sich unter Rückgriff auf einen Vermerk des Ausschusses der Ständigen Vertreter (AStV) beantworten, welcher zum Vorschlag für den Beschluss zur Unterzeichnung des Verkehrsprotokolls durch den Rat ergangen ist[1046]:

„Der Rat und die Kommission bestätigen, dass das Protokoll über die Durchführung der Alpenkonvention im Bereich Verkehr (Verkehrsprotokoll) inhaltlich mit dem [EU-]besitzstand im Einklang steht und keine zusätzlichen rechtlichen Verpflichtungen mit sich bringt."

Tatsächlich deckt sich das Verkehrsprotokoll mit dem Umwelttitel des AEUV und lässt sich mit den primärrechtlichen Vorgaben der Titel „Verkehr" und „Transeuropäische Netze" in Einklang bringen. Kritisch zu untersuchen war der Vertragstext vor allem auf Kollisionen mit den Grundfreiheiten. Hierbei finden sich nur wenige direkte Anhaltspunkte, was aber nicht an der mangelnden Relevanz des Verkehrsprotokolls für den europäischen Binnenmarkt, sondern vielmehr an der Unbestimmtheit seiner Formulierungen liegt. Selbst der genau gefasste Art. 11 Abs. 1 VerkP, der einen Verzicht der Vertragsparteien auf den Bau neuer hochrangiger Straßen für den alpenquerenden Verkehr vorsieht, kann nicht verallgemeinernd und losgelöst vom Einzelfall anhand der Grundfreiheiten beurteilt werden. Festzustellen ist aber, dass die in Art. 11 Abs. 1 und 2 VerkP vorgegebene unterschiedliche Behandlung des alpenquerenden und des inneralpinen Verkehrs nicht als mittelbare Diskriminierung zu werten ist.

[1045] Vgl. oben *Teil A III.*

[1046] A-Punkt-Vermerk des AStV vom 4.10.2006, 13378/06, 2. Diese an sich unstrittige Formulierung wurde schließlich nicht in den Unterzeichnungsbeschluss des Rates übernommen (Fn. 82). Vgl. auch die ähnliche Formulierung, bezogen auf die Verkehrspolitik der Union und die Ökologisierung des Verkehrs, in den in Fn. 205 und 868 zitierten Dokumenten.

Die erste Frage kann folglich dahingehend beantwortet werden, dass eine explizite Kollision des Textes des Verkehrsprotokolls mit dem Primärrecht nicht besteht, was dem oben zitierten Passus entspricht, das Protokoll stehe „inhaltlich mit dem [EU-]besitzstand im Einklang". Bestätigt wird dies durch die im Juni 2013 erfolgte Genehmigung des Verkehrsprotokolls durch die EU.

2. Sekundärrecht

Die Prüfung der zweiten Frage zur Konformität des Sekundärrechts mit dem Verkehrsprotokoll wurde im Wesentlichen auf zwei Rechtsakte beschränkt, die für die gegebene Thematik von besonderer Relevanz sind. Diese Sekundärrechtsakte, nämlich die Leitlinien der transeuropäischen Netzpolitik und die Wegekostenrichtlinie, wurden in den primärrechtlichen Kontext eingebettet. Sie spielen auch im Rahmen der dritten Fragestellung zur Durchführung des Verkehrsprotokolls eine wichtige Rolle, schließlich dürfen die Mitgliedstaaten der EU beim Erlass von Maßnahmen nicht gegen sekundärrechtliche Vorgaben verstoßen.

Die in Form der Verordnung (EU) Nr. 1315/2013 ergangenen Leitlinien des transeuropäischen Verkehrsnetzes weisen derzeit keine Projekte auf, die in eindeutigem Widerspruch zum Verkehrsprotokoll stehen. Die zukünftige Aufnahme eines solchen Vorhabens wäre unionsrechtswidrig, wobei ein betroffener Mitgliedstaat jedenfalls aufgrund des primärrechtlich verankerten Territorialvorbehaltes die Erfassung eines verkehrsprotokollwidrigen Projektes in den Leitlinien verhindern kann. Kritisch zu hinterfragen sind vor allem hochrangige Straßenprojekte, die gegen Art. 11 VerkP verstoßen könnten.

Anders als die TEN-Leitlinien hat die Wegekostenrichtlinie 1999/62/EG in ihrer Fassung vor der Novellierung im Jahre 2011 dem Verkehrsprotokoll ausdrücklich widersprochen, wobei es verwundert, dass der AStV in seiner oben zitierten Aussage aus dem Jahre 2006 diesbezüglich kein Konfliktpotenzial sah. Die Richtlinie gestattete lediglich die Anlastung von Infrastrukturkosten und machte damit die im Verkehrsprotokoll geforderte Verrechnung externer Kosten unmöglich. Mit der Novellierung wurde diese Unvereinbarkeit beseitigt. In der Mautgebühr darf nunmehr auch ein Gebührenbestandteil für externe Kosten berücksichtigt werden. Das Spannungsverhältnis zwischen Wegekostenrichtlinie und Verkehrsprotokoll bleibt aber bestehen, denn die dem Verursacherprinzip entgegenlaufende Benutzungsgebühr wurde beibehalten und auch die Höchstgrenzen der Gebühr für externe Kosten sowie deren inhaltliche Beschränkung auf verkehrsbedingte Luftverschmutzung und Lärmbelastung entsprechen nicht den Vorgaben des Verkehrsprotokolls.

Auf die zweite Frage lässt sich somit erwidern, dass sowohl die TEN-Leitlinien als auch die Wegekostenrichtlinie mit dem Protokoll vereinbar sind. Beide Rechtsakte sind im Einklang mit dem Verkehrsprotokoll auszulegen. Die

Wegekostenrichtlinie entspricht diesem allerdings auch nach ihrer Novellierung noch nicht vollständig, was angesichts des primärrechtlich verankerten Verursacherprinzips ebenso in Bezug auf das Primärrecht gilt. Insofern bringt das Verkehrsprotokoll also durchaus „zusätzliche rechtliche Verpflichtungen" für die EU mit sich. In naher Zukunft wird die Richtlinie erneut überarbeitet und an das Protokoll angepasst werden müssen. In diesem schwierigen Prozess manifestiert sich abermals die Wertekollision, die dieser Untersuchung zugrunde liegt.

II. Unionsrechtskonforme Durchführung

Kernpunkt der vorliegenden Arbeit war schließlich die dritte Frage zur unionsrechtskonformen Durchführung der „Technischen Maßnahmen" der Art. 10–14 VerkP. Dazu wurden denkbare Maßnahmentypen der Mitgliedstaaten anhand des Systems der Grundfreiheiten geprüft. Diese lassen sich in drei Gruppen gliedern: Jene Regelungen, die einer Verkehrsverlagerung von der Straße auf die Schiene dienen, basieren auf Art. 10 und 14 VerkP. Die Nichterrichtung gewisser Infrastrukturen gründet auf Art. 11 und 12 Abs. 2 VerkP und Maßnahmen im Freizeit- und Tourismusbereich ergehen aufgrund von Art. 12 Abs. 1 und Art. 13 VerkP.

In Ansehung der Parallelität der Grundfreiheiten konnten zumeist, mit Ausnahme gewisser Fallkonstellationen im Freizeit- und Tourismusbereich, in welchen auch die Niederlassungsfreiheit einschlägig ist, sowohl die Waren- als auch die Dienstleistungsfreiheit gleichermaßen herangezogen werden. Die Sonderstellung, die der AEUV der Dienstleistungsfreiheit im Verkehrsbereich einräumt, ist dabei in Hinblick auf allgemeine, aufgrund des Verkehrsprotokolls erlassene Vorgaben für die Erbringung von Beförderungsdienstleistungen nicht relevant. Der EuGH wird über die Zulässigkeit staatlicher Maßnahmen vorwiegend auf der Rechtfertigungsebene entscheiden und letztendlich versuchen, eine Balance zwischen wirtschaftlichen Interessen und Mobilitätserfordernissen auf der einen, sowie den primärrechtlichen Zielen des Umwelt- und Gesundheitsschutzes auf der anderen Seite zu finden.

Im Ergebnis hat sich in Bezug auf die dritte Fragestellung gezeigt, dass eine unionsrechtskonforme Durchführung des Verkehrsprotokolls möglich und machbar ist und folglich die Ausgangsthese dieser Arbeit bestätigt wurde.

1. Maßnahmen zur Verkehrsverlagerung

Die Vertragsparteien des Verkehrsprotokolls haben Maßnahmen zu ergreifen, um das Verhalten der Verkehrsteilnehmer zugunsten nachhaltiger Verkehrsträger zu steuern. Der bisweilen zitierte Grundsatz der freien Wahl des Verkehrsträgers steht dem nicht entgegen, denn hierbei handelt es sich nicht um ein verbindliches Rechtsprinzip. Außerdem wird dieser Grundsatz durch die im Primärrecht der EU verankerte Umweltquerschnittsklausel stark relativiert. Bei der Umsetzung des Ziels des Verkehrsprotokolls, den Verkehr auf die Schiene zu verlagern, kann auf die Luftqualitätsrichtlinie 2008/50/EG zurückgegriffen werden. Maßnahmen zur Verkehrsverlagerung wie Geschwindigkeitsbegrenzungen, Fahrverbote und Straßenverkehrsabgaben sollten in einen Luftqualitätsplan eingebettet werden, der konkrete Reduktionsziele und Zeitrahmen für ein bestimmtes Gebiet zu umfassen hat. Im Sinne des allgemeinen Gleichheitssatzes haben die ergriffenen Maßnahmen alle Verkehrsteilnehmer zu erfassen, wobei gewisse Differenzierungen nach dem Verursacherprinzip geboten sind.

Eine gewisse, restriktiv ausgestaltete Sonderbehandlung des regionalen Verkehrs wird sich nicht immer vermeiden lassen. In diesem Sinne betont Art. 10 Abs. 1 lit. c VerkP auch explizit den „Gütertransport über längere Distanzen". Differenzierungen können bei verhältnismäßiger Ausgestaltung durch objektive, von der Staatsangehörigkeit bzw. der Herkunft unabhängige Erwägungen legitimiert werden, denn eine Verkehrsverlagerung ist sowohl in wirtschaftlicher als auch in umweltpolitischer Hinsicht vor allem im Fernverkehr effektiv, wie auch der EuGH in seinem Urteil in der Rechtssache *Sektorales Fahrverbot II* bestätigt. Im Ergebnis ist daher, unabhängig davon, ob man die Prüfung objektiver Erwägungen auf der Tatbestands- oder der Rechtfertigungsebene ansiedeln möchte, keine verbotene mittelbare Diskriminierung anzunehmen, die typischerweise oder überwiegend ausländische Waren und Wirtschaftsteilnehmer benachteiligt.

Prüft man verkehrsbezogene Maßnahmen im Lichte der Grundfreiheiten und setzt man ihre nichtdiskriminierende Ausgestaltung voraus, stellen sie Beschränkungen der Warenverkehrs- und der Dienstleistungsfreiheit im Sinne von *Dassonville* bzw. *Kraus* dar. Obwohl dabei die Terminologie des Urteils *Keck und Mithouard* nicht auf sie zugeschnitten ist, kann davon ausgegangen werden, dass die diesem Urteil zugrunde liegende Differenzierung auf den Verkehrsbereich übertragbar ist. Geschwindigkeitsbegrenzungen, Fahrverbote und Straßenverkehrsabgaben regeln die Art und Weise der Beförderung und stellen daher grundsätzlich Verkaufsmodalitäten dar. Soweit sie die *Keck*-Bedingungen erfüllen, d.h. „für alle betroffenen Wirtschaftsteilnehmer gelten, die ihre Tätigkeit im Inland ausüben" und „den Absatz der inländischen Erzeugnisse und der Erzeugnisse aus anderen Mitgliedstaaten rechtlich wie tatsächlich in der gleichen Weise berühren", fallen sie nicht in den Verbotstatbestand der Warenverkehrsfreiheit. In Hinblick auf die Parallelität der Grundfreiheiten lässt sich diese Argumentation auf die Dienstleistungsfreiheit übertragen. Ausübungsmodalitäten, die sich nicht tendenziell stärker auf den „Absatz" ausländischer Dienstleistungen auswirken, sind daher aus dem Tatbestand auszunehmen.

Zur Beurteilung des letzten *Keck*-Kriteriums, also der Prüfung, ob eine Regelung den Absatz der inländischen Erzeugnisse und solcher aus anderen Mitgliedstaaten auch tatsächlich in der gleichen Weise berührt, zieht der EuGH das Argument der „zusätzlichen Kosten" heran. In Hinblick auf verkehrsbeschränkende Maßnahmen ist aber fraglich, ob die Ursache dafür, dass durch die Beschränkung anfallende Mehrkosten ausländische Waren in der Regel stärker treffen als inländische, tatsächlich in dem grenzüberschreitenden Moment begründet ist, oder ob es – unabhängig von einer möglichen Grenzüberschreitung – in erster Linie auf die Fahrtstrecke bzw. Transportentfernung ankommt. Richtigerweise müsste einzig und allein geprüft werden, ob eine verkehrsbeschränkende Maßnahme einem ausländischen Erzeugnis den Zugang zum Markt verwehrt, auf welchem sich die Inlandsware bereits befindet. Darin läge eine relevante Ungleichbehandlung.

Eine Übertragung der für die Kategorie der Verkaufsmodalitäten entwickelten *Keck*-Grundsätze auf Rechtsvorschriften, welche die Art und den Ort der Nutzung eines Erzeugnisses regeln, lehnt der Gerichtshof in den Rechtssachen *Kommission/Italien* und *Mickelsson und Roos* ab. Vielmehr stellt er darauf ab, ob eine Regelung das Verbraucherverhalten beeinflusst und dadurch den Handel in einem gewissen Ausmaß behindert. Ist dies der Fall, fällt eine Nutzungsbeschränkung in den Tatbestand der Warenverkehrsfreiheit. Hierbei ist allerdings zu hinterfragen, ob das Verbraucherverhalten einen zielführenden Parameter für die Anwendung des Marktzugangskriteriums darstellt. Unabhängig von der schwierigen Frage der Grenzziehung bewirkt das Verbraucherverhalten nämlich eine Marktzugangsbeschränkung nicht nur für ausländische, sondern auch für inländische Erzeugnisse, und eine relevante Ungleichbehandlung liegt somit nicht vor.

In der vorliegenden Arbeit wurde jeder Maßnahmentyp gesondert dahingehend geprüft, ob die im Urteil *Keck und Mithouard* formulierten Voraussetzungen gegeben sind und die jeweilige Maßnahme folglich eine zulässige Verkaufsmodalität darstellt. In der Regel ist dies bei Geschwindigkeitsbegrenzungen und Straßenverkehrsabgaben der Fall. Bei Geschwindigkeitsbegrenzungen ist zudem davon auszugehen, dass ihre beschränkende Wirkung zu ungewiss und zu indirekt ist, um den Handel zwischen den Mitgliedstaaten zu behindern. Sektorale Fahrverbote fallen indes in den Tatbestand der Waren- bzw. der Dienstleistungsfreiheit. Sie wirken sich im Ergebnis nachteilig auf den Absatz ausländischer Erzeugnisse oder Dienstleistungen aus, da sie den Warentransport bzw. die Dienstleistungserbringung für ausländische im Vergleich zu inländischen Wirtschaftstreibenden stärker verzögern und verteuern. Dies gilt auch für zeitliche Fahrverbote wie Wochenend-, Feiertags- und Nachtfahrverbote, weshalb sich die Judikatur zu zeitlichen Verkaufsverboten nicht auf diese übertragen lässt. Auch emissionsabhängige Fahrverbote und Gewichtsbegrenzungen behindern den Zugang zum Dienstleistungsmarkt. Gleichzeitig beschränken sie Art und Ort der Nutzung eines Kraftfahrzeugtyps und sind daher im Lichte der Rechtsprechung zu Nutzungsmodalitäten nicht vom Verbotstatbestand des Art. 34 AEUV ausgenommen, sondern als Maßnahmen gleicher Wirkung zu qualifizieren.

Sowohl zeitliche Fahrverbote als auch emissionsabhängige Fahrverbote und Gewichtsbegrenzungen sind bei verhältnismäßiger Ausgestaltung einer Rechtfertigung aus Gründen des Schutzes der Umwelt, der Gesundheit und der Luftqualität zugänglich. In seiner Rechtsprechung der letzten 30 Jahre wertet der EuGH den Umweltschutz kontinuierlich auf und zieht ihn als ungeschriebenen Grund zur Rechtfertigung nichtdiskriminierender Beschränkungen, aber auch diskriminierender Verstöße heran. Wie sich in den Rechtssachen *Schmidberger* und *Sektorales Fahrverbot I* und *II* zeigt, gelten hierbei der Gesundheitsschutz, wie auch der Schutz der Luftqualität, als Teil des Umweltschutzes.

Allerdings anerkennt der Gerichtshof den Gesundheitsschutz im verkehrsrechtlichen Kontext nicht als autonomen, vom Umweltschutz losgelösten ungeschriebenen Rechtfertigungsgrund. Infolgedessen setzt er auch den Maßstab für die Verhältnismäßigkeit nicht niedriger an. Ebenso wenig nimmt er in seiner Transitrechtsprechung auf die primärrechtlich verankerten Grundsätze der Vorbeugung und Vorsorge Bezug. Auf das in der Rechtssache *Sektorales Fahrverbot II* vorgebrachte Grundrecht auf Achtung des Privat- und Familienlebens geht der EuGH nicht ein, wobei davon auszugehen ist, dass hinsichtlich der streitgegenständlichen Maßnahme die für die Annahme eines Eingriffs in das Grundrecht erforderliche konkrete Belastung im Einzelfall nicht nachgewiesen werden konnte. Keine angemessene Berücksichtigung im Rahmen der Rechtfertigungsprüfung erfahren bisher auch die Alpenkonvention und das Verkehrsprotokoll. Aufgrund der im Jahre 2013 erfolgten Genehmigung des Verkehrsprotokolls durch die EU bleibt aber zu hoffen, dass der Gerichtshof das Protokoll zukünftig in gebührender Weise beachten wird.

Obwohl der EuGH in den Rechtssachen *Sektorales Fahrverbot I* und *II* eine Rechtfertigung aus Umweltschutzgründen zumindest prinzipiell für möglich erachtet, erweist sich die Rechtfertigung sektoraler Fahrverbote generell als schwierig. Zumeist wird ihre verhältnismäßige Ausgestaltung die entscheidende Hürde darstellen. Seit dem Urteil in der Rechtssache *Sektorales Fahrverbot II* ist grundsätzlich davon auszugehen, dass ein sektorales Fahrverbot geeignet ist, Ziele des Umweltschutzes in kohärenter und systematischer Weise zu erreichen. Damit die Unionsrechtskonformität einer solchen Maßnahme sodann nicht an ihrer mangelnden Erforderlichkeit scheitert, sind jedenfalls umfassende Alternativmaßnahmen zu ergreifen, ausreichende Übergangszeiträume und Ausweichmöglichkeiten vorzusehen.

Einen noch stärkeren Eingriff in die Grundfreiheiten als ein sektorales Fahrverbot impliziert schließlich die Alpentransitbörse. Dieses Abgabenmodell ist nicht anhand der Wegekostenrichtlinie zu prüfen, sondern fällt in den Verbotstatbestand der Waren- bzw. der Dienstleistungsfreiheit. Für ausländische Wirtschaftsteilnehmer würde es einen größeren finanziellen und logistischen Aufwand bedeuten, Alpentransitrechte zu erwerben und Alternativen für mögliche Engpässe bereit zu halten. Zum gegenwärtigen Zeitpunkt ist die Alpentransitbörse nicht als verhältnismäßig zu qualifizieren und könnte allenfalls eingebunden in das Primärrecht verwirklicht werden. Erfolgt trotz verfügbarer Bahnkapazitäten und trotz Setzung aller geeigneten gelinderen Mittel keine effektive Verkehrsverlagerung auf die Schiene, kann die Einführung einer Alpentransitbörse aber in Zukunft erforderlich werden.

2. Nichterrichtung von Infrastrukturen

Art. 11 VerkP sowie Art. 12 Abs. 2 S. 2 VerkP begrenzen die Errichtung bestimmter Infrastrukturvorhaben. Dabei ist Art. 12 Abs. 2 S. 2 VerkP in Hinblick auf den Bau von Flughäfen sehr unbestimmt formuliert und Art. 11 Abs. 2 VerkP knüpft die Verwirklichung eines hochrangigen Straßenprojektes für den inneralpinen Verkehr an detaillierte Voraussetzungen. Die endgültige Entscheidungsbefugnis über die Errichtung des betreffenden Vorhabens liegt aber bei beiden Normen, in unterschiedlicher Intensität, im Ermessen der Vertragsparteien.

Anders ist dies bei Art. 11 Abs. 1 VerkP, wobei aber eine eingehende Analyse gezeigt hat, dass auch der Sinn dieser Norm trotz ihrer präzisen Formulierung nicht eindeutig und klar bestimmt ist. Ihr Wortlaut sowie die dazu ergangenen Begriffsdefinitionen differieren in den einzelnen authentischen Sprachfassungen. Im Ergebnis hat sich die Auslegung des Art. 11 Abs. 1 VerkP an der Funktion einer Straße zu orientieren. In diesem Sinne bezieht sich der Begriff „Bau" nicht nur auf den Neubau, sondern auch auf den Ausbau einer bereits hochrangigen Straße, wobei die Bezeichnung „hochrangig" letztlich auf deren Verkehrswirkung abstellt. Die Beurteilung, ob eine „Straße für den alpenquerenden Verkehr" vorliegt, basiert auf einer gesamthaften Betrachtung der Alpenhauptkammquerung in qualitativer und in quantitativer Hinsicht, wobei der quantitative Gesichtspunkt kein rechtlich relevantes Kriterium, aber ein wichtiges Indiz darstellt. Eine Straße für den alpenquerenden Verkehr kann daher, unabhängig von der Erschließung eines bestimmten Alpenpasses, auch durch die Errichtung eines an sich inneralpinen Verbindungsstückes entstehen. Der Ausdruck „neu" bezieht sich auf alle Projekte, die zum Zeitpunkt der Annahme des Verkehrsprotokolls, d.h. am 31. Oktober 2000, noch nicht im Rahmen der Rechtsordnungen der Vertragsparteien beschlossen waren und für die der Bedarf zu diesem Zeitpunkt auch nicht gesetzlich festgestellt war. In der österreichischen Rechtsordnung ist hierfür die Aufnahme in die Verzeichnisse des BStG ausschlaggebend. Die auf dem von den Vertragsparteien erstellten Infrastrukturverzeichnis beruhende spätere Übung bei der Anwendung des Verkehrsprotokolls beschränkt den Verzicht des Art. 11 Abs. 1 VerkP auf jene Projekte, die im Verzeichnis genannt sind.

Auch die zu Art. 11 Abs. 1 VerkP ergangenen einseitigen Erklärungen der Vertragsparteien, die zum Teil als interpretative Erklärungen und zum Teil als Vorbehalte zu qualifizieren sind, erweisen sich nicht als durchwegs genau und deutlich. Problematisch sind in erster Linie die Erklärungen Frankreichs und Italiens, wobei letztere einen unzulässigen Vorbehalt darstellt, auf den auch Österreich und Deutschland reagiert haben. Im EU-Innenverhältnis sollten sich die Folgen dieser Vorbehalte durch die vorbehaltlose Genehmigung des Verkehrsprotokolls durch die EU und die in Hinblick auf Art. 11 Abs. 1 VerkP gegebene geteilte Zuständigkeitsverteilung etwas relativieren. Obwohl nämlich Detailplanung und Bauausführung eines Straßenprojektes in die Kompetenz der Mitgliedstaaten fallen, obliegt es der EU im Rahmen ihrer transeuropäischen Netzpolitik, die Grundzüge wichtiger Verkehrsverbindungen in verbindlicher Form festzulegen.

Das Unterlassen der Errichtung bestimmter Infrastrukturen im Sinne von Art. 11 Abs. 1 und 2 oder Art. 12 Abs. 2 S. 2 VerkP ist im Lichte der Grundfreiheiten als mitgliedstaatliche Maßnahme zu qualifizieren. Dabei kann sowohl bei Straßen- als auch bei Flughafenprojekten ein grenzüberschreitender Bezug als gegeben und der Anwendungsbereich der Grundfreiheiten als eröffnet angesehen werden. Das mitgliedstaatliche Unterlassen stellt eine Beschränkung im Sinne von *Dassonville* bzw. *Kraus* dar. Anders als bei einer Beeinträchtigung bestehender Verkehrsverbindungen sind allerdings die beschränkenden Wirkungen, welche die Nichterrichtung einer Straße oder eines Flughafens hat, zu ungewiss und zu indirekt, als dass sie geeignet wären, die Verwirklichung der Grundfreiheiten zu behindern.

Sollte der EuGH in Zukunft über ein solches Unterlassen eines Mitgliedstaates zu urteilen haben, dürfte er jedoch auf der Rechtfertigungsebene entscheiden. Er wird versuchen, die einschlägigen Normen des Verkehrsprotokolls unter Berücksichtigung des *effet utile* und im Einklang mit den Grundfreiheiten zu interpretieren. Während Auslegungsdivergenzen bei Art. 12 Abs. 2 S. 2 VerkP aufgrund dessen unbestimmter Formulierung weitgehend unproblematisch sein werden, könnte der EuGH in Hinblick auf Art. 11 VerkP zu einem von der rein völkerrechtlichen Interpretation abweichenden Ergebnis gelangen. Beispielsweise könnte er durch eine divergierende Auslegung des Begriffes „Bau“ in Art. 11 Abs. 1 VerkP die Mitgliedstaaten zum Ausbau einer Schnittstelle oder eines Straßenengpasses veranlassen. Selbst unter der Annahme eines *worst-case Scenario*, in dem der EuGH tatsächlich so weit ginge, aus den Grundfreiheiten die Verpflichtung der Mitgliedstaaten abzuleiten, zusätzliches Transitpotenzial zu schaffen, könnten diese aber nicht zur Errichtung einer bestimmten Infrastruktureinrichtung verpflichtet werden. Vielmehr bliebe es den Mitgliedstaaten vorbehalten, mit welchen Maßnahmen sie den wachsenden Erfordernissen des Binnenmarktes gerecht werden.

3. Maßnahmen im Freizeit- und Tourismusbereich

Die Bandbreite von Maßnahmen im Freizeit- und Tourismusbereich auf Basis der Art. 12 Abs. 1 und Art. 13 VerkP ist vielfältig. Die Auswirkungen kleinräumiger Fahrverbote in Tourismusgebieten im Sinne des Art. 13 Abs. 2 VerkP werden lokal begrenzt sein, und ein Verstoß wird in der Regel entweder an der mangelnden Kausalität oder daran scheitern, dass eine zulässige Verkaufs- bzw. Ausübungsmodalität vorliegt.

Regelungen zur Einschränkung des nichtmotorisierten Freizeit-Luftverkehrs und des Absetzens aus Luftfahrzeugen gemäß Art. 12 Abs. 1 VerkP, die direkt an ein Flug- oder Sportgerät anknüpfen und dessen Nutzung wesentlich beschränken oder verbieten, sind im Sinne der Rechtsprechung des EuGH in den Rechtssachen *Kommission/Italien* und *Mickelsson und Roos* als Marktzugangsbehinderungen anhand von Art. 34 AEUV zu prüfen. Sind Personen betroffen, die entsprechende Tätigkeiten anbieten oder in Anspruch nehmen, können die Niederlassungs- oder die Dienstleistungsfreiheit einschlägig sein. Maßnahmen, welche die Ausübung dieser Grundfreiheiten behindern oder weniger attraktiv machen, sind jedoch nur untersagt, wenn sie den Zugang zum Markt behindern, nicht wenn sie lediglich die Ausübung einer Tätigkeit in einer Weise regeln, die sich nicht auf den freien Verkehr auswirkt. Bei verhältnismäßiger Ausgestaltung ist schließlich davon auszugehen, dass Maßnahmen auf Grundlage der Art. 12 Abs. 1 und Art. 13 VerkP einer Rechtfertigung zugänglich sind.

III. Ausblick

Die Alpenkonvention und ihr Verkehrsprotokoll stellen wertvolle und nicht zu unterschätzende Rechtsinstrumente dar, die einen Lösungsweg für ein gesamteuropäisches Anliegen vorgeben. Die positive Einbindung der EU ist essenziell, denn ohne sie und ihr Rechtssystem kann das Verkehrsprotokoll sein Potenzial nicht voll entfalten.

Erforderlich ist zunächst die Ratifikation der Protokolle der Alpenkonvention durch die verbleibenden Vertragsparteien, vor allem auch eine Ratifikation des Verkehrsprotokolls durch Monaco und die Schweiz. Besonders im Rahmen des Rechtsetzungsprozesses auf EU-Ebene sollten die Alpenstaaten ferner ihren Einfluss dazu nutzen, das Unionsrecht konform zum Verkehrsprotokoll weiter zu entwickeln. Ihre Position würde hierbei durch eine bewusste Identifikation mit den Zielsetzungen des Protokolls und ein koordiniertes Auftreten gestärkt.

Bei der Durchführung des Verkehrsprotokolls gilt es, eine Vorreiterrolle einzunehmen. Erweisen sich Projekte auf nationaler Ebene als erfolgreich, werden sie sich auch in größerem Rahmen verwirklichen lassen. Nicht förderlich sind hingegen völkerrechtswidrige Bauvorhaben oder gegen das Unionsrecht verstoßende Maßnahmen. Je konsequenter sich die Durchführung am Unionsrecht orientiert, desto mehr wird auch der EuGH geneigt sein, in seinen Entscheidungen den Besonderheiten des Alpenraums und dessen nachhaltiger Entwicklung den gebührenden Stellenwert einzuräumen.

Kollisionen mit dem Unionsrecht können durch eine umfassende Einbeziehung der Europäischen Kommission und der (anderen) Mitgliedstaaten in die Entscheidungsfindung weitgehend vermieden werden. Die Mitgliedstaaten unter den Vertragsparteien sind hierzu bereits durch das in Art. 4 Abs. 3 EUV verankerte Loyalitätsgebot verpflichtet. Langfristig könnten durch eine entsprechende Kooperation und eine nachdrückliche Problemsensibilisierung aller Beteiligten sowohl völker- als auch unionsrechtliche, alpen- oder europaweite Lösungen erarbeitet werden, die nicht nur ungewollte Alleingänge und Konflikte hintanhalten würden, sondern auch wirksamer und effizienter wären als rein nationale oder – durch die Einbeziehung von Drittstaaten – rein unionsrechtliche Maßnahmen.

Anhang

Anhang I: Rahmenkonvention

Übereinkommen zum Schutz der Alpen (Alpenkonvention)[1047]

Präambel/Promulgationsklausel

Die Bundesrepublik Deutschland,

die Französische Republik,

die Italienische Republik,

das Fürstentum Liechtenstein,

das Fürstentum Monaco,

die Republik Österreich,

die Schweizerische Eidgenossenschaft,

die Republik Slowenien sowie

die Europäische Wirtschaftsgemeinschaft –

im Bewußtsein, daß die Alpen einer der größten zusammenhängenden Naturräume Europas und ein durch seine spezifische und vielfältige Natur, Kultur und Geschichte ausgezeichneter Lebens-, Wirtschafts-, Kultur- und Erholungsraum im Herzen Europas sind, an dem zahlreiche Völker und Länder teilhaben,

in der Erkenntnis, daß die Alpen Lebens- und Wirtschaftsraum für die einheimische Bevölkerung sind und auch größte Bedeutung für außeralpine Gebiete haben, unter anderem als Träger bedeutender Verkehrswege,

in Anerkennung der Tatsache, daß die Alpen unverzichtbarer Rückzugs- und Lebensraum vieler gefährdeter Pflanzen- und Tierarten sind,

im Bewußtsein der großen Unterschiede in den einzelnen Rechtsordnungen, den naturräumlichen Gegebenheiten, der Besiedlung, der Land- und Forstwirtschaft, dem Stand und der Entwicklung der Wirtschaft, der Verkehrsbelastung sowie der Art und Intensität der touristischen Nutzung,

in Kenntnis der Tatsache, daß die ständig wachsende Beanspruchung durch den Menschen den Alpenraum und seine ökologischen Funktionen in zunehmendem Maße gefährdet und daß Schäden nicht oder nur mit hohem Aufwand, beträchtlichen Kosten und in der Regel nur in großen Zeiträumen behoben werden können,

in der Überzeugung, daß wirtschaftliche Interessen mit den ökologischen Erfordernissen in Einklang gebracht werden müssen –

sind im Gefolge der Ergebnisse der ersten Alpenkonferenz der Umweltminister vom 9. bis 11. Oktober 1989 in Berchtesgaden wie folgt übereingekommen:

[1047] Quelle *Anhang I*: Rechtsinformationssystem des österreichischen Bundeskanzleramtes (RIS).

Text

Artikel 1
Anwendungsbereich

(1) Gegenstand dieses Übereinkommens ist das Gebiet der Alpen, wie es in der Anlage beschrieben und dargestellt ist.

(2) Jede Vertragspartei kann bei der Hinterlegung ihrer Ratifikations-, Annahme- oder Genehmigungsurkunde oder jederzeit danach durch eine an die Republik Österreich als Verwahrer gerichtete Erklärung die Anwendung dieses Übereinkommens auf weitere Teile ihres Hoheitsgebiets erstrecken sofern dies für die Vollziehung der Bestimmungen dieses Übereinkommens als erforderlich angesehen wird.

(3) Jede nach Absatz 2 abgegebene Erklärung kann in bezug auf jedes darin genannte Hoheitsgebiet durch eine an den Verwahrer gerichtete Notifikation zurückgenommen werden. Die Zurücknahme wird am ersten Tag des Monats wirksam, der auf einen Zeitabschnitt von sechs Monaten nach Eingang der Notifikation beim Verwahrer folgt.

Artikel 2
Allgemeine Verpflichtungen

(1) Die Vertragsparteien stellen unter Beachtung des Vorsorge-, des Verursacher- und des Kooperationsprinzips eine ganzheitliche Politik zur Erhaltung und zum Schutz der Alpen unter ausgewogener Berücksichtigung der Interessen aller Alpenstaaten, ihrer alpinen Regionen sowie der Europäischer Wirtschaftsgemeinschaft unter umsichtiger und nachhaltiger Nutzung der Ressourcen sicher. Die grenzüberschreitende Zusammenarbeit für den Alpenraum wird verstärkt sowie räumlich und fachlich erweitert.

(2) Zur Erreichung des in Absatz 1 genannten Zieles werden die Vertragsparteien geeignete Maßnahmen insbesondere auf folgenden Gebieten ergreifen:

a) Bevölkerung und Kultur – mit dem Ziel der Achtung, Erhaltung und Förderung der kulturellen und gesellschaftlichen Eigenständigkeit der ansässigen Bevölkerung und der Sicherstellung ihrer Lebensgrundlagen, namentlich der umweltverträglichen Besiedlung und wirtschaftlichen Entwicklung sowie der Förderung des gegenseitigen Verständnisses und partnerschaftlichen Verhaltens zwischen alpiner und außeralpiner Bevölkerung,

b) Raumplanung – mit dem Ziel der Sicherung einer sparsamen und rationellen Nutzung und einer gesunden, harmonischen Entwicklung des Gesamtraumes unter besonderer Beachtung der Naturgefahren, der Vermeidung von Über- und Unternutzungen sowie der Erhaltung oder Wiederherstellung von natürlichen Lebensräumen durch umfassende Klärung und Abwägung der Nutzungsansprüche, vorausschauende integrale Planung und Abstimmung der daraus resultierenden Maßnahmen,

c) Luftreinhaltung – mit dem Ziel der drastischen Verminderung von Schadstoffemissionen und -belastungen im Alpenraum und der Schadstoffverfrachtung von außen, auf ein Maß, das für Menschen, Tiere und Pflanzen nicht schädlich ist,

d) Bodenschutz – mit dem Ziel der Verminderung der quantitativen und qualitativen Bodenbeeinträchtigungen, insbesondere durch Anwendung bodenschonender land- und forstwirtschaftlicher Produktionsverfahren, sparsamen Umgang mit Grund und Boden, Eindämmung von Erosion sowie durch Beschränkung der Versiegelung von Böden,

e) Wasserhaushalt – mit dem Ziel, gesunde Wassersysteme zu erhalten oder wiederherzustellen, insbesondere durch die Reinhaltung der Gewässer, durch naturnahen Wasserbau und durch eine Nutzung der Wasserkraft, die die Interessen der ansässigen Bevölkerung und das Interesse an der Erhaltung der Umwelt gleichermaßen berücksichtigt,

f) Naturschutz und Landschaftspflege – mit dem Ziel, Natur und Landschaft so zu schützen, zu pflegen und, soweit erforderlich, wiederherzustellen, daß die Funktionsfähigkeit der Ökosysteme, die Erhaltung der Tier- und Pflanzenwelt einschließlich ihrer Lebensräume, die Regenerationsfähigkeit und nachhaltige Leistungsfähigkeit der Naturgüter sowie die Vielfalt, Eigenart und Schönheit der Natur und Landschaft in ihrer Gesamtheit dauerhaft gesichert werden,
g) Berglandwirtschaft – mit dem Ziel, im Interesse der Allgemeinheit die Bewirtschaftung der traditionellen Kulturlandschaften und eine standortgerechte, umweltverträgliche Landwirtschaft zu erhalten und unter Berücksichtigung der erschwerten Wirtschaftsbedingungen zu fördern,
h) Bergwald – mit dem Ziel Erhaltung, Stärkung und Wiederherstellung der Waldfunktionen, insbesondere der Schutzfunktion durch Verbesserung der Widerstandskraft der Waldökosysteme, namentlich mittels einer naturnahen Waldbewirtschaftung und durch die Verhinderung waldschädigender Nutzungen unter Berücksichtigung der erschwerten Wirtschaftsbedingungen im Alpenraum,
i) Tourismus und Freizeit – mit dem Ziel, unter der Einschränkung umweltschädigender Aktivitäten, die touristischen und Freizeitaktivitäten mit den ökologischen und sozialen Erfordernissen in Einklang zu bringen, insbesondere durch Festlegung von Ruhezonen,
j) Verkehr – mit dem Ziel, Belastungen und Risiken im Bereich des inneralpinen und alpenquerenden Verkehrs auf ein Maß zu senken, das für Menschen, Tiere und Pflanzen sowie deren Lebensräume erträglich ist, unter anderem durch eine verstärkte Verlagerung des Verkehrs, insbesondere des Güterverkehrs, auf die Schiene, vor allem durch Schaffung geeigneter Infrastrukturen und marktkonformer Anreize, ohne Diskriminierung aus Gründen der Nationalität,
k) Energie – mit dem Ziel, eine natur- und landschaftsschonende sowie umweltverträgliche Erzeugung, Verteilung und Nutzung der Energie durchzusetzen und energiesparende Maßnahmen zu fördern,
l) Abfallwirtschaft – mit dem Ziel, unter besonderer Berücksichtigung der Abfallvermeidung eine den besonderen topographischen, geologischen und klimatischen Bedürfnissen des Alpenraumes angepaßte Abfallerfassung, -verwertung und -entsorgung sicherzustellen.

(3) Die Vertragsparteien vereinbaren Protokolle, in denen Einzelheiten zur Durchführung dieses Übereinkommens festgelegt werden.

Artikel 3

Forschung und systematische Beobachtung

Die Vertragsparteien vereinbaren, auf den in Artikel 2 genannten Gebieten

a) Forschungsarbeiten und wissenschaftliche Bewertungen durchzuführen und dabei zusammenzuarbeiten,
b) gemeinsame oder einander ergänzende Programme zur systematischen Beobachtung zu entwickeln,
c) Forschung und Beobachtung sowie die dazugehörige Datenerfassung zu harmonisieren.

Artikel 4

Zusammenarbeit im rechtlichen, wissenschaftlichen, wirtschaftlichen und technischen Bereich

(1) Die Vertragsparteien erleichtern und fördern den Austausch rechtlicher, wissenschaftlicher, wirtschaftlicher und technischer Informationen, die für dieses Übereinkommen erheblich sind.

(2) Die Vertragsparteien informieren einander zur größtmöglichen Berücksichtigung grenzüberschreitender und regionaler Erfordernisse über geplante, juristische oder wirtschaftliche Maßnahmen, von denen besondere Auswirkungen auf den Alpenraum oder Teile desselben zu erwarten sind.

(3) Die Vertragsparteien arbeiten mit internationalen staatlichen und nichtstaatlichen Organisationen soweit erforderlich zusammen, um das Übereinkommen und die Protokolle, deren Vertragspartei sie sind, wirksam durchzuführen.

(4) Die Vertragsparteien sorgen in geeigneter Weise für eine regelmäßige Information der Öffentlichkeit über die Ergebnisse von Forschungen, Beobachtungen und getroffene Maßnahmen.

(5) Die Verpflichtungen der Vertragsparteien aus diesem Übereinkommen im Informationsbereich gelten vorbehaltlich der nationalen Gesetze über die Vertraulichkeit. Vertraulich bezeichnete Informationen müssen als solche behandelt werden.

Artikel 5
Konferenz der Vertragsparteien (Alpenkonferenz)

(1) Die gemeinsamen Anliegen der Vertragsparteien und ihre Zusammenarbeit sind Gegenstand regelmäßig stattfindender Tagungen der Konferenz der Vertragsparteien (Alpenkonferenz). Die erste Tagung der Alpenkonferenz wird spätestens ein Jahr nach Inkrafttreten dieses Übereinkommens durch eine einvernehmlich zu bestimmende Vertragspartei einberufen.

(2) Danach finden in der Regel alle zwei Jahre ordentliche Tagungen der Alpenkonferenz bei der Vertragspartei statt, die den Vorsitz führt. Vorsitz und Sitz wechseln nach jeder ordentlichen Tagung der Alpenkonferenz. Beides wird von der Alpenkonferenz festgelegt.

(3) Die vorsitzführende Vertragspartei schlägt jeweils die Tagesordnung für die Tagung der Alpenkonferenz vor. Jede Vertragspartei hat das Recht, weitere Punkte auf die Tagesordnung setzen zu lassen.

(4) Die Vertragsparteien übermitteln der Alpenkonferenz Informationen über die von ihnen zur Durchführung dieses Übereinkommens und der Protokolle, deren Vertragspartei sie sind, getroffenen Maßnahmen, vorbehaltlich der nationalen Gesetze über die Vertraulichkeit.

(5) Die Vereinten Nationen, ihre Sonderorganisationen, der Europarat sowie jeder europäische Staat können auf den Tagungen der Alpenkonferenz als Beobachter teilnehmen. Das gleiche gilt für grenzüberschreitende Zusammenschlüsse alpiner Gebietskörperschaften. Die Alpenkonferenz kann außerdem einschlägig tätige internationale nichtstaatliche Organisationen als Beobachter zulassen.

(6) Eine außerordentliche Tagung der Alpenkonferenz findet statt, wenn sie von ihr beschlossen oder wenn es zwischen zwei Tagungen von einem Drittel der Vertragsparteien bei der vorsitzführenden Vertragspartei schriftlich beantragt wird.

Artikel 6
Aufgaben der Alpenkonferenz

Die Alpenkonferenz prüft auf ihren Tagungen die Durchführung des Übereinkommens sowie der Protokolle samt Anlagen und nimmt auf ihren Tagungen insbesondere folgende Aufgaben wahr:

a) Sie beschließt Änderungen des Übereinkommens im Rahmen des Verfahrens des Artikels 10.
b) Sie beschließt Protokolle und deren Anlagen sowie deren Änderungen im Rahmen des Verfahrens des Artikels 11.
c) Sie beschließt ihre Geschäftsordnung.

d) Sie trifft die notwendigen finanziellen Entscheidungen.
e) Sie beschließt die Einrichtung von zur Durchführung des Übereinkommens für notwendig erachteten Arbeitsgruppen.
f) Sie nimmt die Auswertung wissenschaftlicher Informationen zur Kenntnis.
g) Sie beschließt oder empfiehlt Maßnahmen zur Verwirklichung der in Artikel 3 und Artikel 4 vorgesehenen Ziele, legt Form, Gegenstand und Zeitabstände für die Übermittlung der nach Artikel 5 Absatz 4 vorzulegenden Informationen fest und nimmt diese Informationen sowie die von den Arbeitsgruppen vorgelegten Berichte zur Kenntnis.
h) Sie stellt die Durchführung der notwendigen Sekretariatsarbeiten sicher.

Artikel 7
Beschlußfassung in der Alpenkonferenz

(1) Soweit im folgenden nichts anderes bestimmt ist, faßt die Alpenkonferenz ihre Beschlüsse mit Einstimmigkeit. Sind hinsichtlich der in Artikel 6 lit. c, f und g genannten Aufgaben alle Bemühungen um eine Einstimmigkeit erschöpft und stellt der Vorsitzende dies ausdrücklich fest, so wird der Beschluß mit Dreiviertelmehrheit der auf der Sitzung anwesenden und abstimmenden Vertragsparteien gefaßt.

(2) In der Alpenkonferenz hat jede Vertragspartei eine Stimme. In ihrem Zuständigkeitsbereich übt die Europäische Wirtschaftsgemeinschaft ihr Stimmrecht mit einer Stimmenzahl aus, die der Anzahl ihrer Mitgliedstaaten entspricht, die Vertragsparteien dieses Übereinkommens sind; die Europäische Wirtschaftsgemeinschaft übt ihr Stimmrecht nicht aus, wenn die betreffenden Mitgliedstaaten ihr Stimmrecht ausüben.

Artikel 8
Ständiger Ausschuß

(1) Ein Ständiger Ausschuß der Alpenkonferenz, der aus den Delegierten der Vertragsparteien besteht, wird als ausführendes Organ eingerichtet.

(2) Unterzeichnerstaaten, welche die Konvention noch nicht ratifiziert haben, haben in den Sitzungen des Ständigen Ausschusses Beobachterstatus. Dieser kann darüber hinaus jedem Alpenstaat, der diese Konvention noch nicht unterzeichnet hat, auf Antrag gewährt werden.

(3) Der Ständige Ausschuß beschließt seine Geschäftsordnung.

(4) Der Ständige Ausschuß bestimmt außerdem über die Modalitäten der allfälligen Teilnahme von Vertretern staatlicher und nichtstaatlicher Organisationen an seinen Sitzungen.

(5) Die in der Alpenkonferenz vorsitzführende Vertragspartei stellt den Vorsitz im Ständigen Ausschuß.

(6) Der Ständige Ausschuß nimmt insbesondere folgende Aufgaben wahr:

a) er sichtet die von den Vertragsparteien übermittelten Informationen gemäß Artikel 5, Absatz 4 zur Berichterstattung an die Alpenkonferenz,
b) er sammelt und bewertet Unterlagen im Hinblick auf die Durchführung des Übereinkommens sowie der Protokolle samt Anlagen und legt sie der Alpenkonferenz gemäß Artikel 6 zur Überprüfung vor,
c) er unterrichtet die Alpenkonferenz über die Durchführung ihrer Beschlüsse,
d) er bereitet inhaltlich die Tagungen der Alpenkonferenz vor und kann Tagesordnungspunkte sowie sonstige Maßnahmen betreffend die Durchführung des Übereinkommens und seiner Protokolle vorschlagen,
e) er setzt entsprechend Artikel 6, lit. e Arbeitsgruppen für die Erarbeitung von Protokollen und Empfehlungen ein und koordiniert deren Tätigkeit,

f) er überprüft und harmonisiert Inhalte von Protokollentwürfen unter ganzheitlichen Aspekten und schlägt sie der Alpenkonferenz vor,
g) er schlägt Maßnahmen und Empfehlungen zur Verwirklichung der in dem Übereinkommen und den Protokollen enthaltenen Ziele der Alpenkonferenz vor.

(7) Die Beschlußfassung im Ständigen Ausschuß erfolgt entsprechend den Bestimmungen des Artikels 7.

Artikel 9
Sekretariat

Die Alpenkonferenz kann die Errichtung eines ständigen Sekretariates mit Einstimmigkeit beschließen.

Artikel 10
Änderungen des Übereinkommens

Jede Vertragspartei kann der in der Alpenkonferenz vorsitzführenden Vertragspartei Vorschläge für Änderungen dieses Übereinkommens unterbreiten. Solche Vorschläge werden von der in der Alpenkonferenz vorsitzführenden Vertragspartei mindestens sechs Monate vor Beginn der Tagung der Alpenkonferenz, die sich mit ihnen befassen wird, den Vertragsparteien und Unterzeichnerstaaten übermittelt. Die Änderungen des Übereinkommens treten gemäß Absatz (2), (3) und (4) des Artikels 12 in Kraft.

Artikel 11
Protokolle und ihre Änderung

(1) Protokollentwürfe im Sinne des Artikels 2, Absatz 3 werden von der in der Alpenkonferenz vorsitzführenden Vertragspartei mindestens sechs Monate vor Beginn der Tagung der Alpenkonferenz, die sich mit ihnen befassen wird, den Vertragsparteien und Unterzeichnerstaaten übermittelt.

(2) Die von der Alpenkonferenz beschlossenen Protokolle werden anläßlich ihrer Tagungen oder danach beim Verwahrer unterzeichnet. Sie treten für diejenigen Vertragsparteien in Kraft, die sie ratifiziert, angenommen oder genehmigt haben. Für das Inkrafttreten eines Protokolls sind mindestens drei Ratifikationen, Annahmen oder Genehmigungen erforderlich. Die betreffenden Urkunden werden bei der Republik Österreich als Verwahrer hinterlegt.

(3) Soweit im Protokoll nichts anderes vorgesehen ist, gelten für das Inkrafttreten und die Kündigung eines Protokolls die Artikel 10, 13 und 14 sinngemäß.

(4) Für Änderungen der Protokolle gelten entsprechend die Absätze 1 bis 3.

Artikel 12
Unterzeichnung und Ratifizierung

(1) Dieses Übereinkommen liegt ab dem 7. November 1991 bei der Republik Österreich als Verwahrer zur Unterzeichnung auf.

(2) Das Übereinkommen bedarf der Ratifikation, Annahme oder Genehmigung. Die Ratifikations-, Annahme- oder Genehmigungsurkunden werden beim Verwahrer hinterlegt.

(3) Das Übereinkommen tritt drei Monate nach dem Tag in Kraft, nachdem drei Staaten ihre Zustimmung gemäß Absatz 2 ausgedrückt haben, durch das Übereinkommen gebunden zu sein.

(4) Für jeden Unterzeichnerstaat, der später seine Zustimmung gemäß Absatz 2 ausdrückt, durch das Übereinkommen gebunden zu sein, tritt es drei Monate nach Hinterlegung der Ratifikations-, Annahme- oder Genehmigungsurkunde in Kraft.

Artikel 13

Kündigung

(1) Jede Vertragspartei kann dieses Übereinkommen jederzeit durch eine an den Verwahrer gerichtete Notifikation kündigen.

(2) Die Kündigung wird am ersten Tag des Monats wirksam, der auf einen Zeitabschnitt von sechs Monaten nach Eingang der Notifikation beim Verwahrer folgt.

Artikel 14

Notifikationen

Der Verwahrer notifiziert den Vertragsparteien und Unterzeichnerstaaten

a) jede Unterzeichnung,
b) jede Hinterlegung einer Ratifikations-, Annahme- oder Genehmigungsurkunde,
c) jeden Zeitpunkt des Inkrafttretens dieses Übereinkommens nach Artikel 12,
d) jede nach Artikel 1 Absätze 2 und 3 abgegebene Erklärung,
e) jede nach Artikel 13 vorgenommene Notifikation und den Zeitpunkt, zu dem die Kündigung wirksam wird.

Zu Urkund dessen haben die hiezu gehörig befugten Unterzeichneten dieses Übereinkommen unterschrieben.

Geschehen zu Salzburg am 7. November 1991 in deutscher, französischer, italienischer und slowenischer Sprache, wobei jeder Wortlaut gleichermaßen verbindlich ist, in einer Urschrift, die im Staatsarchiv der Republik Österreich hinterlegt wird. Der Verwahrer übermittelt den Unterzeichnerstaaten beglaubigte Abschriften.

Anhang II: Verkehrsprotokoll

Protokoll zur Durchführung der Alpenkonvention im Bereich Verkehr[1048]

Präambel/Promulgationsklausel

Die Bundesrepublik Deutschland,

die Französische Republik,

die Italienische Republik,

das Fürstentum Liechtenstein,

das Fürstentum Monaco,

die Republik Österreich,

die Schweizerische Eidgenossenschaft,

die Republik Slowenien,

sowie die Europäische Gemeinschaft –

in Erfüllung ihres Auftrags auf Grund des Übereinkommens vom 7. November 1991 zum Schutz der Alpen (Alpenkonvention), eine ganzheitliche Politik zum Schutz und zur nachhaltigen Entwicklung des Alpenraums sicherzustellen;

in Erfüllung ihrer Verpflichtungen gemäß Artikel 2 Absätze 2 und 3 der Alpenkonvention;

im Bewusstsein, dass der Alpenraum ein Gebiet umfasst, das durch besonders empfindliche Ökosysteme und Landschaften, oder durch geographische und topographische Verhältnisse, welche die Schadstoff- und Lärmbelastung verstärken, oder durch einzigartige Naturressourcen oder ein einzigartiges Kulturerbe gekennzeichnet ist;

im Bewusstsein, dass ohne geeignete Maßnahmen auf Grund der verstärkten Integration der Märkte, der gesellschaftlichen und wirtschaftlichen Entwicklung und des Freizeitverhaltens der Verkehr und die verkehrsbedingten Umweltbelastungen weiterhin ansteigen werden;

in der Überzeugung, dass die ansässige Bevölkerung in der Lage sein muss, ihre Vorstellungen von der gesellschaftlichen, kulturellen und wirtschaftlichen Entwicklung selbst zu definieren und an deren Umsetzung im Rahmen der geltenden staatlichen Ordnung mitzuwirken;

im Bewusstsein, dass der Verkehr in seinen Auswirkungen nicht umweltneutral ist und verkehrsbedingte Umweltbelastungen wachsende ökologische, gesundheitliche und sicherheitstechnische Belastungen und Risiken schaffen, die ein gemeinsames Vorgehen erfordern;

im Bewusstsein, dass beim Transport gefährlicher Güter zur Gewährleistung der Sicherheit verstärkte Maßnahmen notwendig sind;

im Bewusstsein, dass umfassende Beobachtung, Forschung, Information und Beratung erforderlich sind, um die Zusammenhänge zwischen Verkehr, Gesundheit, Umwelt und wirtschaftlicher Entwicklung aufzuzeigen und die Notwendigkeit einer Verminderung der Umweltbelastungen einsichtig zu machen;

[1048] Quelle *Anhang II*: Rechtsinformationssystem des österreichischen Bundeskanzleramtes (RIS).

im Bewusstsein, dass eine auf die Grundsätze der Nachhaltigkeit ausgerichtete Verkehrspolitik im Alpenraum nicht nur im Interesse der alpinen, sondern auch der ausseralpinen Bevölkerung steht und auch zur Sicherung der Alpen als Lebens-, Natur- und Wirtschaftsraum zwingend ist;

im Bewusstsein, dass einerseits das heutige Potential der Verkehrsträger teilweise nur ungenügend ausgenutzt und andererseits der Bedeutung der Infrastrukturen für umweltfreundlichere Transportsysteme, wie Bahn, Schifffahrt und kombinierte Systeme, sowie der transnationalen Kompatibilität und Operabilität der verschiedenen Verkehrsmittel nur ungenügend Rechnung getragen wird, und es daher erforderlich ist, diese Transportsysteme durch eine wesentliche Verstärkung der Netze innerhalb und außerhalb der Alpen zu optimieren;

im Bewusstsein, dass raumplanerische und wirtschaftspolitische Entscheidungen innerhalb wie außerhalb der Alpen von größter Bedeutung für die Verkehrsentwicklung im Alpenraum sind;

im Bestreben, einen entscheidenden Beitrag zur nachhaltigen Entwicklung sowie zu einer Verbesserung der Lebensqualität zu leisten und demzufolge das Verkehrsaufkommen zu reduzieren, die Verkehrsabwicklung in umweltschonender Weise zu gestalten und die Effektivität und Effizienz bestehender Verkehrssysteme zu erhöhen;

in der Überzeugung, dass wirtschaftliche Interessen, gesellschaftliche Anforderungen und ökologische Erfordernisse miteinander in Einklang zu bringen sind;

in Achtung der bilateralen und multilateralen Abkommen, insbesondere im Verkehrsbereich, von Vertragsparteien mit der Europäischen Gemeinschaft;

in der Überzeugung, dass bestimmte Probleme nur grenzübergreifend gelöst werden können und gemeinsame Maßnahmen der Alpenstaaten erforderlich machen –

sind wie folgt übereingekommen:

Text

Kapitel I
Allgemeine Bestimmungen

Artikel 1
Ziele

(1) Die Vertragsparteien verpflichten sich zu einer nachhaltigen Verkehrspolitik, die

a) Belastungen und Risiken im Bereich des inneralpinen und alpenquerenden Verkehrs auf ein Maß senkt, das für Menschen, Tiere und Pflanzen sowie deren Lebensräume erträglich ist, unter anderem durch eine verstärkte Verlagerung des Verkehrs, insbesondere des Güterverkehrs, auf die Schiene, vor allem durch Schaffung geeigneter Infrastrukturen und marktkonformer Anreize;
b) zur nachhaltigen Entwicklung des Lebens- und Wirtschaftsraumes als Lebensgrundlage der im Alpenraum wohnenden Bevölkerung durch eine alle Verkehrsträger umfassende, aufeinander abgestimmte Verkehrspolitik der Vertragsparteien beiträgt;
c) dazu beiträgt, Einwirkungen, die die Rolle und die Ressourcen des Alpenraums – dessen Bedeutung über seine Grenzen hinausreicht – sowie den Schutz seiner Kulturgüter und naturnahen Landschaften gefährden, zu mindern und soweit wie möglich zu vermeiden;
d) den inneralpinen und alpenquerenden Verkehr durch Steigerung der Effektivität und Effizienz der Verkehrssysteme und durch Förderung umwelt- und ressourcenschonenderer Verkehrsträger unter wirtschaftlich tragbaren Kosten gewährleistet;

e) faire Wettbewerbsbedingungen unter den einzelnen Verkehrsträgern gewährleistet.

(2) Die Vertragsparteien verpflichten sich, den Verkehrsbereich unter Wahrung des Vorsorge-, Vermeidungs- und Verursacherprinzips zu entwickeln.

Artikel 2
Begriffsbestimmungen

Im Sinne dieses Protokolls bedeuten:

„alpenquerender Verkehr": Verkehr mit Ziel und Quelle außerhalb des Alpenraumes;

„inneralpiner Verkehr": Verkehr mit Ziel und Quelle im Alpenraum (Binnenverkehr) inklusive Verkehr mit Ziel oder Quelle im Alpenraum;

„erträgliche Belastungen und Risiken": Belastungen und Risiken, die im Rahmen von Umweltverträglichkeitsprüfungen und Risikoanalysen zu definieren sind mit dem Ziel, einem weiteren Anstieg der Belastungen und Risiken Einhalt zu gebieten und diese sowohl bei Neubauten wie bei bestehenden Infrastrukturen mit erheblichen räumlichen Auswirkungen durch entsprechende Massnahmen soweit erforderlich zu verringern;

„externe Kosten": Kosten, die nicht vom Nutzer von Gütern oder Diensten getragen werden. Sie umfassen die Kosten für die Infrastruktur, wo diese nicht angelastet werden, die Kosten für Umweltverschmutzung, Lärm, verkehrsbedingte Personen- und Sachschäden;

„große Neubauten oder wesentliche Änderungen oder Ausbauten vorhandener Verkehrsinfrastrukturen": Infrastrukturvorhaben mit Auswirkungen, welche nach UVP-Recht oder Bestimmungen internationaler Vereinbarungen Umweltverträglichkeitsprüfungen unterliegen;

„hochrangige Straßen": alle Autobahnen und mehrbahnige, kreuzungsfreie oder in der Verkehrswirkung ähnliche Strassen;

„Umweltqualitätsziele": Ziele, welche den angestrebten Umweltzustand unter Berücksichtigung ökosystemarer Zusammenhänge beschreiben; sie geben bei Bedarf aktualisierbare, sachlich, räumlich und zeitlich definierte Qualitäten von Schutzgütern an;

„Umweltqualitätsstandards": konkrete Bewertungsmaßstäbe für die Erreichung von Umweltqualitätszielen; sie definieren für bestimmte Parameter die angestrebten Resultate, das Messverfahren oder die Rahmenbedingungen;

„Umweltindikatoren": Umweltindikatoren messen oder bewerten den Zustand der Umweltbelastung und begründen Prognosen über ihre Entwicklung;

„Vorsorgeprinzip": jenes Prinzip, demzufolge Maßnahmen zur Vermeidung, Bewältigung oder Verringerung schwerer oder irreversibler Auswirkungen auf die Gesundheit und die Umwelt nicht mit der Begründung aufgeschoben werden dürfen, dass die wissenschaftliche Forschung noch keinen eindeutigen Kausalzusammenhang zwischen den fraglichen Einwirkungen einerseits und ihrer potentiellen Schädlichkeit für die Gesundheit und die Umwelt andererseits nachgewiesen hat;

„Verursacherprinzip": inklusive der Anlastung der Folgewirkungen ist jenes Prinzip, demzufolge die Kosten für die Vermeidung, Bewältigung und Verringerung der Umweltbelastung und für die Sanierung der Umwelt zu Lasten des Verursachers gehen. Die Verursacher müssen soweit wie möglich die gesamten Kosten der Verkehrsauswirkungen auf Gesundheit und Umwelt tragen;

„Zweckmäßigkeitsprüfung": Prüfverfahren gemäß der nationalen Gesetzgebung anlässlich der Planung großer Neubauten oder wesentlicher Änderungen oder Ausbauten vorhandener Verkehrsinfrastrukturen, welches Abklärungen betreffend die verkehrspolitische Notwendigkeit sowie die verkehrlichen, ökologischen, ökonomischen und soziokulturellen Auswirkungen umfasst.

Artikel 3
Nachhaltiger Verkehr und Mobilität

(1) Um den Verkehr unter den Rahmenbedingungen der Nachhaltigkeit zu entwickeln, verpflichten sich die Vertragsparteien, mit einer aufeinander abgestimmten Umwelt- und Verkehrspolitik zur Begrenzung verkehrsbedingter Belastungen und Risiken

a) den Belangen der Umwelt derart Rechung zu tragen, dass
   a) der Verbrauch von Ressourcen auf ein Maß gesenkt wird, welches sich soweit möglich innerhalb der natürlichen Reproduktionsfähigkeit bewegt;
   b) die Freisetzung von Stoffen auf ein Maß reduziert wird, welches die Tragfähigkeit der betroffenen Umweltmedien nicht überfordert;
   c) die Stoffeinträge in die Umwelt auf ein Maß begrenzt werden, das Beeinträchtigungen ökologischer Strukturen und natürlicher Stoffkreisläufe vermeidet;
b) den Belangen der Gesellschaft derart Rechnung zu tragen, dass
   a) die Erreichbarkeit von Menschen, Arbeitsplätzen, Gütern und Dienstleistungen auf umweltschonende, energie- und raumsparende sowie effiziente Weise ermöglicht und eine ausreichende Grundversorgung garantiert wird;
   b) die Gesundheit der Menschen nicht gefährdet und das Risiko von Umweltkatastrophen sowie Zahl und Schwere von Unfällen reduziert werden;
c) den Belangen der Wirtschaft derart Rechnung zu tragen, dass
   a) die Eigenwirtschaftlichkeit des Verkehrs erhöht und die externen Kosten internalisiert werden;
   b) die optimale Auslastung der vorhandenen Infrastruktur gefördert wird;
   c) die Arbeitsplätze der wettbewerbsfähigen Betriebe und Unternehmen in den einzelnen Wirtschaftssektoren gesichert werden;
d) auf Grund der besonderen Topografie der Alpen verstärkte Maßnahmen zur Lärmbekämpfung zu ergreifen.

(2) In Übereinstimmung mit den geltenden nationalen und internationalen Rechtsvorschriften im Verkehrsbereich verpflichten sich die Vertragsparteien zur Entwicklung von nationalen, regionalen und lokalen Zielvorgaben, Strategien und Maßnahmen, die

a) den unterschiedlichen naturräumlichen, wirtschaftlichen und soziokulturellen Gegebenheiten sowie den unterschiedlichen Bedürfnissen Rechnung tragen;
b) die Entwicklung der verkehrsbedingten Umweltbelastungen durch eine Kombination von ökonomischen Instrumenten, Raumordnungs- und Verkehrsplanungsmaßnahmen beschränken.

Artikel 4
Berücksichtigung der Ziele in den anderen Politiken

(1) Die Vertragsparteien verpflichten sich, die Ziele dieses Protokolls auch in ihren anderen Politiken zu berücksichtigen.

(2) Die Vertragsparteien verpflichten sich, die Auswirkungen anderer Politiken, Strategien und Konzepte auf den Verkehrsbereich vorausschauend und zurückblickend zu überprüfen.

Artikel 5
Beteiligung der Gebietskörperschaften

(1) Die Vertragsparteien fördern die internationale Zusammenarbeit zwischen den zuständigen Institutionen, um grenzüberschreitend bestmögliche und aufeinander abgestimmte Lösungen zu erreichen.

(2) Jede Vertragspartei bestimmt im Rahmen ihrer geltenden staatlichen Ordnung die für die Abstimmung und Zusammenarbeit zwischen den unmittelbar betroffenen Institutionen und Gebietskörperschaften am besten geeignete Ebene, um eine gemeinsame Verantwortung zu fördern, namentlich um sich gegenseitig verstärkende Kräfte beim Vollzug der Verkehrspolitiken sowie der sich daraus ergebenden Maßnahmen zu nutzen und zu entwickeln.

(3) Die unmittelbar betroffenen Gebietskörperschaften werden in den verschiedenen Stadien der Vorbereitung und Umsetzung dieser Politiken und Maßnahmen unter Wahrung ihrer Zuständigkeit im Rahmen der geltenden staatlichen Ordnung beteiligt.

Artikel 6
Weitergehende nationale Regelungen

Die Vertragsparteien können zum Schutz des ökologisch sensiblen Alpenraumes vorbehaltlich der Bestimmungen geltender internationaler Vereinbarungen auf Grund bestimmter, insbesondere naturräumlicher Gegebenheiten oder aus Gründen der Gesundheit, der Sicherheit und des Umweltschutzes Maßnahmen treffen, welche über die in diesem Protokoll vorgesehenen Maßnahmen hinausgehen.

Kapitel II
Spezifische Maßnahmen

A) Strategien, Konzepte, Planungen

Artikel 7
Allgemeine verkehrspolitische Strategie

(1) Im Interesse der Nachhaltigkeit verpflichten sich die Vertragsparteien, eine rationelle und sichere Abwicklung des Verkehrs in einem grenzüberschreitend aufeinander abgestimmten Verkehrsnetzwerk umzusetzen, welches

a) Verkehrsträger, -mittel und -arten aufeinander abstimmt sowie die Intermodalität begünstigt;
b) im Alpenraum bestehende Verkehrssysteme und -infrastrukturen unter anderem durch den Einsatz von Telematik bestmöglich nutzt und dem Verursacher, nach Belastungen differenziert, externe Kosten und Infrastrukturkosten anlastet;
c) mit raumordnerischen und strukturellen Maßnahmen eine Verkehrsbeeinflussung zugunsten der Verlagerung der Transportleistungen im Personen- und Güterverkehr auf das jeweils umweltverträglichere Verkehrsmittel und intermodale Transportsysteme begünstigt;
d) die Reduktionspotentiale im Verkehrsaufkommen erschließt und nutzt.

(2) Die Vertragsparteien verpflichten sich, die erforderlichen Maßnahmen bestmöglich vorzunehmen

a) zur Sicherung der Verkehrswege vor Naturgefahren sowie
b) in Gebieten mit besonderen Belastungen aus dem Verkehr zum Schutze der Menschen und der Umwelt;
c) zur schrittweisen Reduktion der Schadstoff- und Lärmemission aller Verkehrsträger auch auf der Grundlage der bestverfügbaren Technologie;
d) die Verkehrssicherheit zu erhöhen.

Artikel 8
Projektevaluations- und zwischenstaatliches Konsultationsverfahren

(1) Die Vertragsparteien verpflichten sich, bei großen Neubauten und wesentlichen Änderungen oder Ausbauten vorhandener Verkehrsinfrastrukturen Zweckmäßigkeitsprüfungen, Umweltverträglichkeitsprüfungen und Risikoanalysen vorzunehmen und deren Resultaten im Hinblick auf die Ziele dieses Protokolls Rechnung zu tragen.

(2) Planungen für Verkehrsinfrastrukturen im Alpenraum sind zu koordinieren und zu konzertieren. Jede Vertragspartei verpflichtet sich bei Vorhaben mit erheblichen grenzüberschreitenden Auswirkungen, spätestens nach Vorlage der Prüfungen vorherige Konsultationen mit den davon betroffenen Vertragsparteien durchzuführen. Diese Bestimmungen präjudizieren nicht das Recht jeder Vertragspartei, den Bau von Verkehrsinfrastrukturen vorzunehmen, die zum Zeitpunkt der Annahme dieses Protokolls im Rahmen ihrer Rechtsordnung beschlossen sind oder für die der Bedarf gesetzlich festgestellt ist.

(3) Die Vertragsparteien unterstützen die stärkere Einbeziehung der Transportkomponente in das Umweltmanagement der Unternehmen in ihren Ländern.

B) Technische Maßnahmen

Artikel 9
Öffentlicher Verkehr

Zur nachhaltigen Aufrechterhaltung und Verbesserung der Siedlungs- und Wirtschaftsstruktur sowie der Erholungs- und Freizeitattraktivität des Alpenraumes verpflichten sich die Vertragsparteien, die Einrichtung und den Ausbau kundenfreundlicher und umweltgerechter öffentlicher Verkehrssysteme zu fördern.

Artikel 10
Eisenbahn- und Schiffsverkehr

(1) Um die besondere Eignung der Eisenbahn für die Bewältigung des Verkehrs über lange Distanzen sowie ihr Netz für die wirtschaftliche und touristische Erschließung der Alpenregion besser auszunutzen, unterstützen die Vertragsparteien, im Rahmen ihrer Zuständigkeiten,

a) die Verbesserung der Bahninfrastrukturen durch den Bau und die Entwicklung großer alpenquerender Achsen einschließlich der Anschlüsse und angepasster Terminals;
b) die weitere betriebliche Optimierung sowie Modernisierung der Eisenbahn, insbesondere im grenzüberschreitenden Verkehr;
c) Maßnahmen mit dem Ziel, insbesondere den Gütertransport über längere Distanzen auf die Eisenbahn zu verlagern und die Tarifierung der Verkehrsinfrastrukturen stärker zu harmonisieren;
d) intermodale Transportsysteme sowie die Weiterentwicklung der Eisenbahn;
e) die verstärkte Nutzung der Eisenbahn und die Schaffung kundenfreundlicher Synergien zwischen dem Personenfern- und dem Regional- sowie Ortsverkehr.

(2) Die Vertragsparteien unterstützen verstärkte Bestrebungen, zur Verringerung des Anteils des Transitgüterverkehrs auf dem Landwege die Kapazitäten der Schifffahrt vermehrt zu nutzen.

Artikel 11
Straßenverkehr

(1) Die Vertragsparteien verzichten auf den Bau neuer hochrangiger Straßen für den alpenquerenden Verkehr.

(2) Ein hochrangiges Straßenprojekt für den inneralpinen Verkehr kann nur dann verwirklicht werden, wenn

a) die in der Alpenkonvention in Artikel 2 Abs. 2 lit. j festgelegten Zielsetzungen durch Vornahme entsprechender Vorsorge- oder Ausgleichsmaßnahmen auf Grund des Ergebnisses einer Umweltverträglichkeitsprüfung erreicht werden können,
b) die Bedürfnisse nach Transportkapazitäten nicht durch eine bessere Auslastung bestehender Straßen- und Bahnkapazitäten, durch den Aus- oder Neubau von Bahn- und Schifffahrtsinfrastrukturen und die Verbesserung des Kombinierten Verkehrs sowie durch weitere verkehrsorganisatorische Maßnahmen erfüllt werden können,
c) die Zweckmäßigkeitsprüfung ergeben hat, dass das Projekt wirtschaftlich ist, die Risiken beherrscht werden und die Umweltverträglichkeitsprüfung positiv ausgefallen ist und
d) den Raumordnungsplänen/-programmen und der nachhaltigen Entwicklung Rechnung getragen wird.

(3) Auf Grund der geographischen Verhältnisse und der Siedlungsstruktur des Alpenraumes, welche nicht in allen Fällen eine effiziente Bedienung mit öffentlichen Verkehrsmitteln erlauben, erkennen die Vertragsparteien in diesen Randgebieten gleichwohl die Notwendigkeit der Schaffung und Erhaltung von ausreichenden Verkehrsinfrastrukturen für einen funktionierenden Individualverkehr an.

Artikel 12
Luftverkehr

(1) Ohne dies auf andere Regionen zu beziehen, verpflichten sich die Vertragsparteien, die Umweltbelastungen des Flugverkehrs einschließlich des Fluglärms soweit wie möglich zu senken. Unter Beachtung der Ziele dieses Protokolls bemühen sie sich, das Absetzen aus Luftfahrzeugen außerhalb von Flugplätzen einzuschränken und erforderlichenfalls zu verbieten. Zum Schutz der Wildfauna treffen die Vertragsstaaten geeignete Maßnahmen, um den nichtmotorisierten Freizeit-Luftverkehr zeitlich und örtlich einzuschränken.

(2) Die Vertragsparteien verpflichten sich, das öffentliche Verkehrssystem von den alpennahen Flughäfen in die verschiedenen Alpenregionen zu verbessern, um in der Lage zu sein, die Verkehrsnachfrage zu befriedigen, ohne dadurch die Belastung der Umwelt zu erhöhen. In diesem Zusammenhang begrenzen die Vertragsparteien soweit wie möglich den Neubau von Flughäfen und den erheblichen Ausbau von bestehenden Flughäfen im Alpenraum.

Artikel 13
Touristische Anlagen

(1) Die Vertragsparteien verpflichten sich, die verkehrlichen Auswirkungen weiterer Erschließungen mit touristischen Anlagen unter Berücksichtigung der Ziele dieses Protokolls zu überprüfen und soweit erforderlich Vorsorge- und Ausgleichsmaßnahmen zur Erreichung der Ziele dieses oder anderer Protokolle zu ergreifen. Dabei ist dem öffentlichen Verkehr Vorrang einzuräumen.

(2) Die Vertragsparteien unterstützen die Schaffung und Erhaltung von verkehrsberuhigten und verkehrsfreien Zonen, die Einrichtung autofreier Tourismusorte sowie Maßnahmen zur Förderung der autofreien Anreise und des autofreien Aufenthalts von Urlaubsgästen.

Artikel 14
Kostenwahrheit

Um auf Verkehrslenkungseffekte durch eine bessere Anrechnung der wahren Kosten der verschiedenen Verkehrsträger hinzuwirken, einigen sich die Vertragsparteien auf die Umsetzung des Verursacherprinzips und unterstützen die Entwicklung und Anwendung eines Berechnungssystems zur Ermittlung der Wegekosten und der externen Kosten. Ziel ist es, schrittweise verkehrsspezifische Abgabensysteme einzuführen, die es erlauben, auf gerechte Weise die wahren Kosten zu decken. Dabei sollen Systeme eingeführt werden, die

a) den Einsatz der umweltfreundlichsten Verkehrsträger und -mittel begünstigen;
b) zu einer ausgewogeneren Nutzung der Verkehrsinfrastrukturen führen;
c) Anreize bieten, Potentiale ökologischer und sozioökonomischer Belastungsminderung mit strukturellen und raumordnerischen Maßnahmen der Verkehrsbeeinflussung vermehrt zu nutzen.

C) Beobachtung und Kontrolle

Artikel 15
Angebot und Nutzung von Verkehrsinfrastrukturen

(1) Die Vertragsparteien verpflichten sich, den Stand und die Entwicklung sowie die Nutzung beziehungsweise Verbesserung der hochrangigen Verkehrsinfrastruktur und Verkehrssysteme und die Reduktion der Umweltbelastungen nach einheitlichem Muster in einem Referenzdokument festzuhalten und periodisch zu aktualisieren.

(2) Auf der Grundlage dieses Referenzdokumentes überprüfen die Vertragsparteien, inwieweit Umsetzungsmaßnahmen zur Erreichung und zur Weiterentwicklung der Ziele der Alpenkonvention und insbesondere dieses Protokolls beitragen.

Artikel 16
Umweltqualitätsziele, Standards und Indikatoren

(1) Die Vertragsparteien legen Umweltqualitätsziele zur Erreichung eines nachhaltigen Verkehrs fest und setzen sie um.

(2) Sie stimmen darin überein, dass es notwendig ist, über Standards und Indikatoren zu verfügen, welche den spezifischen Verhältnissen des Alpenraumes angepasst sind.

(3) Die Anwendung dieser Standards und dieser Indikatoren zielt darauf ab, die Entwicklung der Belastungen der Umwelt und der Gesundheit durch den Verkehr zu bemessen.

Kapitel III
Koordination, Forschung, Bildung und Information

Artikel 17
Koordination und Information

Die Vertragsparteien vereinbaren, nach Bedarf gemeinsame Treffen durchzuführen, um

a) die Auswirkungen der nach diesem Protokoll ergriffenen Maßnahmen zu überprüfen;
b) sich vor wichtigen verkehrspolitischen Entscheidungen mit Auswirkungen auf die anderen Vertragsstaaten gegenseitig zu konsultieren;
c) den Austausch von Informationen zur Umsetzung dieses Protokolls zu fördern und dabei vorrangig die vorhandenen Informationssysteme zu nutzen;
d) sich vor wichtigen verkehrspolitischen Entscheidungen zu verständigen, um diese insbesondere in eine aufeinander abgestimmte, grenzüberschreitende Raumordnungspolitik einzubetten.

Artikel 18
Forschung und Beobachtung

(1) Die Vertragsparteien fördern und harmonisieren in enger Zusammenarbeit Forschungen und systematische Beobachtungen über Wechselbeziehungen zwischen Verkehr und Umwelt im Alpenraum sowie über spezifische technologische Entwicklungen, welche die Wirtschaftlichkeit umweltfreundlicher Verkehrssysteme steigern.

(2) Den Ergebnissen der gemeinsamen Forschung und Beobachtung ist anlässlich der Überprüfung der Umsetzung dieses Protokolls gebührend Rechnung zu tragen, namentlich bei der Ausarbeitung von Methoden und Kriterien, welche die Beschreibung einer nachhaltigen Verkehrsentwicklung erlauben.

(3) Die Vertragsparteien sorgen dafür, dass die jeweiligen Ergebnisse nationaler Forschung und systematischer Beobachtung in ein gemeinsames System zur dauernden Beobachtung und Information einfließen und im Rahmen der geltenden staatlichen Ordnung öffentlich zugänglich gemacht werden.

(4) Die Vertragsparteien unterstützen anwendungsorientierte Pilotprojekte zur Umsetzung nachhaltiger Verkehrskonzepte und -technologien.

(5) Die Vertragsparteien unterstützen die Untersuchungen über die Anwendbarkeit von Methoden der verkehrsträgerübergreifenden, strategischen Umweltprüfung.

Artikel 19
Bildung und Information der Öffentlichkeit

Die Vertragsparteien fördern die Aus- und Weiterbildung sowie die Information der Öffentlichkeit im Hinblick auf Ziele, Maßnahmen und Durchführung dieses Protokolls.

Kapitel IV
Kontrolle und Bewertung

Artikel 20
Umsetzung

Die Vertragsparteien verpflichten sich, die Umsetzung dieses Protokolls durch geeignete Maßnahmen im Rahmen der geltenden staatlichen Ordnung sicherzustellen.

Artikel 21
Kontrolle der Einhaltung der Protokollpflichten

(1) Die Vertragsparteien erstatten dem Ständigen Ausschuss regelmäßig Bericht über die auf Grund dieses Protokolls getroffenen Maßnahmen. In den Berichten ist auch die Wirksamkeit der getroffenen Maßnahmen darzulegen. Die Alpenkonferenz bestimmt die zeitliche Abfolge der Berichterstattung.

(2) Der Ständige Ausschuss prüft die Berichte daraufhin, ob die Vertragsparteien ihren Verpflichtungen aus diesem Protokoll nachgekommen sind. Er kann dabei auch zusätzliche Informationen von den Vertragsparteien anfordern oder Informationen aus anderen Quellen beiziehen.

(3) Der Ständige Ausschuss erstellt für die Alpenkonferenz einen Bericht über die Einhaltung der Verpflichtungen aus diesem Protokoll durch die Vertragsparteien.

(4) Die Alpenkonferenz nimmt diesen Bericht zur Kenntnis. Falls sie eine Verletzung der Verpflichtungen feststellt, kann sie Empfehlungen verabschieden.

Artikel 22
Bewertung der Wirksamkeit der Bestimmungen

(1) Die Vertragsparteien überprüfen und beurteilen regelmäßig die in diesem Protokoll enthaltenen Bestimmungen auf ihre Wirksamkeit. Soweit zur Erreichung der Ziele dieses Protokolls erforderlich, werden sie geeignete Änderungen des Protokolls in die Wege leiten.

(2) Im Rahmen der geltenden staatlichen Ordnung werden die Gebietskörperschaften an dieser Bewertung beteiligt. Die einschlägig tätigen nichtstaatlichen Organisationen können angehört werden.

Kapitel V
Schlussbestimmungen

Artikel 23
Verhältnis zwischen der Alpenkonvention und dem Protokoll

(1) Dieses Protokoll ist ein Protokoll der Alpenkonvention im Sinne des Artikels 2 und der anderen einschlägigen Artikel der Alpenkonvention.

(2) Nur Vertragsparteien der Alpenkonvention können Vertragspartei dieses Protokolls werden. Eine Kündigung der Alpenkonvention gilt zugleich als Kündigung dieses Protokolls.

(3) Entscheidet die Alpenkonferenz über Fragen in Bezug auf dieses Protokoll, so sind lediglich die Vertragsparteien dieses Protokolls abstimmungsberechtigt.

Artikel 24
Unterzeichnung und Ratifizierung

(1) Dieses Protokoll liegt für die Unterzeichnerstaaten der Alpenkonvention und die Europäische Gemeinschaft am 31. Oktober 2000 sowie ab dem 6. November 2000 bei der Republik Österreich als Verwahrer zur Unterzeichnung auf.

(2) Dieses Protokoll tritt für die Vertragsparteien, die ihre Zustimmung ausgedrückt haben, durch das Protokoll gebunden zu sein, drei Monate nach dem Tage in Kraft, an dem drei Staaten ihre Ratifikations-, Annahme- oder Genehmigungsurkunde hinterlegt haben.

(3) Für die Vertragsparteien, die später ihre Zustimmung ausdrücken, durch dieses Protokoll gebunden zu sein, tritt das Protokoll drei Monate nach dem Tage der Hinterlegung der Ratifikations-, Annahme- oder Genehmigungsurkunde in Kraft. Nach dem Inkrafttreten einer Änderung des Protokolls wird jede neue Vertragspartei dieses Protokolls Vertragspartei des Protokolls in der geänderten Fassung.

Artikel 25
Notifikationen

Der Verwahrer notifiziert jedem in der Präambel genannten Staat und der Europäischen Gemeinschaft in Bezug auf dieses Protokoll

a) jede Unterzeichnung;
b) jede Hinterlegung einer Ratifikations-, Annahme- oder Genehmigungsurkunde;
c) jeden Zeitpunkt des Inkrafttretens;
d) jede von einer Vertrags- oder Unterzeichnerpartei abgegebene Erklärung;
e) jede von einer Vertragspartei notifizierte Kündigung, einschließlich des Zeitpunkts ihres Wirksamwerdens.

Zu Urkund dessen haben die hierzu gehörig befugten Unterzeichneten dieses Protokoll unterschrieben.

Geschehen zu Luzern, am 31. Oktober 2000 in deutscher, französischer, italienischer und slowenischer Sprache, wobei jeder Wortlaut gleichermaßen verbindlich ist, in einer Urschrift, die im Staatsarchiv der Republik Österreich hinterlegt wird. Der Verwahrer übermittelt den Unterzeichnerparteien beglaubigte Abschriften.

Anhang III: Verzeichnis der Verkehrsinfrastrukturen[1049]

Alpenkonvention

Übersicht über die Strassen gemäss Verkehrsprotokoll, Artikel 11

Schweiz / Suisse

	Strassen gemäss Art. 11 Abs. 1 (neue hochrangige Strassen für den alpenquerenden Verkehr)	**Strassen gemäss Art. 11 Abs. 2** (hochrangige Strassenprojekte für den inneralpinen Verkehr)
1. Verkehrsinfrastrukturen, die zum Zeitpunkt der Annahme des Verkehrsprotokolls im Rahmen der Rechtsordnung beschlossen sind (Zeitpunkt: 31.10. 2000)	0	▪ **N 8 Sarnen-Hasliberg, Kt. Obwalden** Länge: 29,6 km, Eröffnung: 2013 ▪ **A8 / A2 Loppertunnel, Kt. Obwalden** Länge: 2.0 km, Eröffnung: 2006 ▪ **N2 Umfahrung Göschenen, Kt. Uri** Länge: 2,0 km, Eröffnung: 2001 ▪ **N9 Siders – Brig, Kt. Wallis** Länge: 32,0 km, Eröffnung: 2009
2. Verkehrsinfrastrukturen, für die zum Zeitpunkt der Annahme des Verkehrsprotokolls der Bedarf gesetzlich festgelegt ist (Zeitpunkt: 31.10. 2000)	0	0

[1049] Quelle *Anhang III*: Ständiges Sekretariat der Alpenkonvention.

Alpenkonvention

Übersicht über die Strassen gemäss Verkehrsprotokoll, Artikel 11

Bundesrepublik Deutschland

	Strassen gemäss Art. 11 Abs. 1 (neue hochrangige Strassen für den alpenquerenden Verkehr)	**Strassen gemäss Art. 11 Abs. 2** (hochrangige Strassenprojekte für den inneralpinen Verkehr)
1. Verkehrsinfrastrukturen, die zum Zeitpunkt der Annahme des Verkehrsprotokolls im Rahmen der Rechtsordnung beschlossen sind (Zeitpunkt: 31.10. 2000)	0	▪ **B 19: Immenstadt – Kempten** (Bauabschnitt III, Nordabschnitt)
2. Verkehrsinfrastrukturen, für die zum Zeitpunkt der Annahme des Verkehrsprotokolls der Bedarf gesetzlich festgelegt ist (Zeitpunkt: 31.10. 2000)	▪ **A 7: Nesselwang – Füssen** ▪ **B 15 neu: Regensburg – Landshut – Rosenheim**	▪ **B 2 neu: Eschenlohe – Garmisch-Partenkirchen** ▪ **B 19: Immenstadt – Kempten (Bauabschnitt I und II)**

Alpenkonvention

Übersicht über die Strassen gemäss Verkehrsprotokoll, Artikel 11

Österreich

	Strassen gemäss Art. 11 Abs. 1 (neue hochrangige Strassen für den alpenquerenden Verkehr)	**Strassen gemäss Art. 11 Abs. 2** (hochrangige Strassenprojekte für den inneralpinen Verkehr)
1. Verkehrsinfrastrukturen, die zum Zeitpunkt der Annahme des Verkehrsprotokolls im Rahmen der Rechtsordnung beschlossen sind (Zeitpunkt: 31.10. 2000)	0	▪ **S 18 Bodensee Schnellstrasse Lauterach (A14) – Höchst (Staatsgr. A/CH)** 6,2 km ▪ **B 179 Fernpass Strasse Nassereith – A12 (ASt. Ötztal) Tschirganttunnel** 5,0 km
2. Verkehrsinfrastrukturen, für die zum Zeitpunkt der Annahme des Verkehrsprotokolls der Bedarf gesetzlich festgelegt ist (Zeitpunkt: 31.10. 2000)	0	0

Alpenkonvention

Übersicht über die Strassen gemäss Verkehrsprotokoll, Artikel 11

Fürstentum Liechtenstein

	Strassen gemäss Art. 11 Abs. 1 (neue hochrangige Strassen für den alpenquerenden Verkehr)	**Strassen gemäss Art. 11 Abs. 2** (hochrangige Strassenprojekte für den inneralpinen Verkehr)
1. Verkehrsinfrastrukturen, die zum Zeitpunkt der Annahme des Verkehrsprotokolls im Rahmen der Rechtsordnung beschlossen sind (Zeitpunkt: 31.10. 2000)	0	0
2. Verkehrsinfrastrukturen, für die zum Zeitpunkt der Annahme des Verkehrsprotokolls der Bedarf gesetzlich festgelegt ist (Zeitpunkt: 31.10. 2000)	0	0

Convention alpine

Routes selon le protocole sur les transports, article 11: vue d'ensemble

France

	Routes selon l'article 11, al. 1 (nouvelles routes à grand débit pour le trafic transalpin)	**Routes selon l'article 11, al. 2** (projets routiers à grand débit pour le trafic intra-alpin)
1. Infrastructures de transport, qui sont arrêtées dans un acte législatif au moment de l'adoption du protocole sur les transports (état: 31.10 2000)	0	▪ **A 41 Annecy-Saint Julien en Genevois**
2. Infrastructures de transport dont le besoin a été arrêté dans un acte législatif au moment de l'adoption du protocole sur les transports (état: 31.10. 2000)	0	0

Convention alpine

Routes selon le protocole sur les transports, article 11: vue d'ensemble

Principauté de Monaco

	Routes selon l'article 11, al. 1 (nouvelles routes à grand débit pour le trafic transalpin)	**Routes selon l'article 11, al. 2** (projets routiers à grand débit pour le trafic intra-alpin)
1. Infrastructures de transport, qui sont arrêtées dans un acte législatif au moment de l'adoption du protocole sur les transports (état: 31.10 2000)	0	0

Convenzione delle Alpi

Panorama delle infrastrutture di trasporto decise nel proprio ordinamento giuridico o la cui necessità è stata accertata per legge al momento dell'approvazione del Protocollo Trasporti

Italia

Strade di grande comunicazione per il trasporto transalpino	Strade di grande comunicazione per il trasporto intralcino
• **A32 Torino-Bardonecchia:** completamento svincolo di Bardonecchia, realizzazione quarta corsia • **Raccordo autostradale Villesse-Gorizia:** adeguamento del raccordo autostradale Villesse-Gorizia • **SS 36:** completamento della riqualificazione tratto Valsassina-Monza-Cinisello • **SS 12:** o Ora-SS 48: circonvallazione o Bronzolo-Bolzano lotto 1: circonvallazione Bronzolo-Laives o Bronzolo-Bolzano lotti 2 e 2A: circonvallazione S. Giacomo o Bressanone: circonvallazione o Varna: rotatoria o Colle Isarco: circonvallazione	• **A5 Aosta-M.Bianco:** raccordo autostradale Monte bianco Tronco Morgex-Traforo Monte Bianco – Completamento Tronco 2° lotti 2,3,4,5 – In corso di esecuzione • **A5 Quincinetto-Aosta Est:** o Terza corsia Quincinetto-svincolo Verres o Riqualificazione viabilità accessoria e di raccordo svincolo Chatillon-Saint Vincent e SR 46 o Riqualificazione viabilità accessoria e di raccordo svincolo Verrès e SR 45 o Riqualificazione viabilità accessoria e di raccordo svincolo Pont Saint Martin e SR 44 • **A31 Vicenza-Piovene-Rocchette (Valdastico):** o raccordo Piovene Rocchette – SS 350 o raccordo autostradale A/4–Valtrompia • **Valico del Gaggiolo-Dalmine:** tratto Varese-Valico del Giaggiolo – studio di fattibilità in esecuzione • **A5 Torino-Pinerolo:** o completamento diramazione autostradale Torino-Pinerolo – 2° tronco o nuova barriera di esazione e centro di manutenzione in località Beinasco, comprese opere di mitigazione ambientale su SP6 – SP174 – SP175 • **A28 Portogruaro-Conegliano:** completamento autostrada con la realizzazione dei lotti 21 e 22 Sacile-Conegliano • **Pedemontana Veneta:** tratto autostradale Thiene-Spresiano: nuovo collegamento

Strade di grande comunicazione per il trasporto transalpino	Strade di grande comunicazione per il trasporto intralcino
	• **Pedemontana Veneta**: tratto autostradale Montebello-Thiene: nuovo collegamento • **Trento-Thiene**: nuovo collegamento • **Pedemontana Piemontese**: nuovo collegamento • **SS 56–13**: completamento della variante di Udine • **Aeroporto G. Caproni di Trento**: adeguamento e potenziamento delle strutture esistenti per apertura al traffico aereo commerciale • **SS 38**: o MEBO: entrate lungo la MEBO o MEBO: da Sinigo a Marlengo o Foresta-Tel-Parcines: circonvallazione Foresta, sistemazione Foresta-Tel, circonvallazione Tel o Naturno-Slava: circonvallazione o Ciardes: circonvallazione o Castelbello-Colsano: circonvallazione o Prato: entrata Spondigna o Solda: galleria paravalanghe o Stelvio: tunnel paramassi • **SS 44**: o S. Leonardo in Passiria: circonvallazione o Chienes: circonvallazione o Monguelfo: circonvallazione o Villa Bassa: circonvallazione • **SS 241**: Val d'Ega: svincolo SS 12 e 3 tunnel • **SS 242**: Ponte Gardena, lotto A+B: eliminazione passaggio a livello e tunnel • **SS 244**: o S. Lorenzo-Longega: rettifica o Pedraces-Punt de Fer: ponte e rettifica • **SS 508**: o Val Sarentino: rettifica e tunnel o Val Sarentino-Mezzavia: rettifica e tunnel o Val di Vizze: raccordo SS 12–SS 508 o Val di Vizze: Ölbergtunnel • **SS 621**: o Monte Spicco: sistemazione e rettifica o Predoi: galleria paravalanghe

Literaturverzeichnis

Adrian, Juristische Methodenlehre und die „Keck-Entscheidung" des EuGH, Europäisches Wirtschafts- und Steuerrecht (EWS) 1998, 288–294.

Albin/Valentin, Anmerkung zu EuGH, Rs. C-110/05, Kommission/Italien, Urteil vom 10.2. 2009, Europäische Zeitschrift für Wirtschaftsrecht (EuZW) 2009, 173–179.

Albin/Valentin, Dassonville oder doch Keck – zwei anstehende Urteile des EuGH zur Anwendung des Art. 28 EG auf Verwendungsbeschränkungen, Europäisches Wirtschafts- und Steuerrecht (EWS) 2007, 533–540.

Anderson/Murphy, The Charter of Fundamental Rights, in Biondi/Eeckhout/Ripley (Hrsg.), EU Law After Lisbon (2012), 155–179.

Arndt, Das Vorsorgeprinzip im EU-Recht (2009).

Azizi, Unveiling the EU Courts' Internal Decision-Making Process: A Case for Dissenting Opinions? Europäische Rechtsakademie (ERA Forum) 2011, 49–68.

Badinger, Measuring the world economy, The World Economy 2013, 12–30.

Baldauf, Von den Verträglichkeitsprüfungen und deren Verhältnis zueinander, Dissertation (2010).

Balmer, Alpenquerender Gütertransport: Zur rechtlichen Lage in der Schweiz unter besonderer Berücksichtigung der LSVA, in Epiney/Heuck (Hrsg.), Der alpenquerende Gütertransport. Rechtliche Vorgaben und Perspektiven – Le transport de marchandises au travers des Alpes. Conditions juridiques et perspectives (2012), 79–85.

Barnard, The substantive law of the EU. The four freedoms (2013).

Barnard, Trailing a new approach to free movement of goods? The Cambridge Law Journal (CLJ) 2009, 288–290.

Barnard, Derogations, Justifications and the Four Freedoms: Is State Interest Really Protected? in Barnard/Odudu (Hrsg.), The Outer Limits of European Union Law (2009), 273–305.

Basedow, Faire Preise für die Benutzung von Verkehrsinfrastrukturen, Europäische Zeitschrift für Wirtschaftsrecht (EuZW) 1999, 417.

Basedow, Zielkonflikte und Zielhierarchien im Vertrag über die Europäische Gemeinschaft, in FS für Ulrich Everling I (1995), 49–68.

Beaucillon/Erlbacher, „Comme une lettre à la poste". Rechtliche und praktische Aspekte der Rechtsnachfolge von der Europäischen Gemeinschaft zur Europäischen Union, in Eilmansberger/Griller/Obwexer (Hrsg.), Rechtsfragen der Implementierung des Vertrags von Lissabon (2011), 101–119.

Becker, Von „Dassonville" über „Cassis" zu „Keck" – Der Begriff der Maßnahmen gleicher Wirkung in Art. 30 EGV, Europarecht (EuR) 1994, 162–174.

Becker, Der Gestaltungsspielraum der EG-Mitgliedstaaten im Spannungsfeld zwischen Umweltschutz und freiem Warenverkehr (1991).

Berchtold, Über die Durchführung von Staatsverträgen durch die Länder. Verfassungsrechtliche Aspekte des Art. 16 B.-VG., Juristische Blätter (JBl) 1967, 244–252.

Berger, Die Grundrechtecharta in der Rechtsprechung des EuGH, Österreichische Juristenzeitung (ÖJZ) 2012, 205–212.

Bernhard, „Keck" und „Mars" – die neueste Rechtsprechung des EuGH zu Art. 30 EGV, Europäisches Wirtschafts- und Steuerrecht (EWS) 1995, 404–411.

Beyerlin/Marauhn, International Environmental Law (2011).

Beyerlin, Umweltvölkerrecht (2000).

Binder B., Das Völkerrecht im österreichischen Staatsrecht, Zeitschrift für ausländisches öffentliches Recht und Völkerrecht (ZaöRV) 1975, 282–340.

Binder Ch., Umweltvölkerrecht, in Raschauer/Wessely (Hrsg.), Handbuch Umweltrecht. Eine systematische Darstellung[2] (2010), 46–83.

Bittner, Vorbehalte in der Praxis: Die Erklärung Italiens zum Verkehrsprotokoll der Alpenkonvention, in Benedek/Folz/Isak/Kettemann/Kicker (Hrsg.), Bestand und Wandel des Völkerrechts. Beiträge zum 38. Österreichischen Völkerrechtstag 2013 in Stadtschlaining (2014), 117–129.

Blanke/Mangiameli (Hrsg.), The Treaty on European Union (TEU). A Commentary (2013).

Blecha, Die Umsetzung und Anwendung der Alpenkonvention unter besonderer Berücksichtigung touristischer Infrastruktur, Dissertation (2009).

Boger, Die Anwendbarkeit der Cassis-Formel auf Ungleichbehandlungen im Rahmen der Grundfreiheiten. Eine Untersuchung auf Grundlage der Rechtsprechung des EuGH unter besonderer Berücksichtigung des Begriffs der mittelbaren Diskriminierung (2004).

Bogs, Die Planung transeuropäischer Verkehrsnetze (2002).

Borchardt, Die rechtlichen Grundlagen der Europäischen Union: Eine systematische Darstellung für Studium und Praxis[5] (2012).

Brandstätter, Multinationale Rechtsinstrumente zum Schutz der Alpen und ihre innerstaatliche Umsetzung, Dissertation (2005).

Bratrschovsky/Chojnacka, Luftreinhaltung und Klimaschutz, in Raschauer/Wessely (Hrsg.), Handbuch Umweltrecht. Eine systematische Darstellung[1] (2006), 471–558.

Breier, Die Außenkompetenzen der Gemeinschaft und ihrer Mitgliedstaaten auf dem Gebiet des Umweltschutzes, in Müller-Graff/Pache/Scheuing (Hrsg.), Die Europäische Gemeinschaft in der internationalen Umweltpolitik (2006), 99–116.

Breier, Die geschlossene völkerrechtliche Vertretung der Gemeinschaft am Beispiel der 3. Vertragsstaatenkonferenz der Klimarahmenkonvention in Kyoto, Europäische Zeitschrift für Wirtschaftsrecht (EuZW) 1999, 11–15.

Bronckers, The Relationship of the EC Courts with Other International Tribunals: Non-Committal, Respectful or Submissive? Common Market Law Review (CMLRev) 2007, 601–627.

Büchele, Diskriminierung, Beschränkung und Keck-Mithouard – die Warenverkehrsfreiheit, in Roth G.H./Hilpold (Hrsg.), Der EuGH und die Souveränität der Mitgliedstaaten. Eine kritische Analyse richterlicher Rechtsschöpfung auf ausgewählten Rechtsgebieten (2008), 335–394.

Buchner/Winkler, Der Schutz von Natur und Landschaft und der Ausgleich von Nutzungskonflikten im Alpenraum, Bayerische Verwaltungsblätter (BayVBl) 1991, 225–233.

Buffard/Zemanek, The "Object and Purpose" of a Treaty: An Enigma? Austrian Review of International & European Law (ARIEL) 1998, 311–343.

Bundesministerium für Land- und Forstwirtschaft, Umwelt und Wasserwirtschaft (Hrsg.), Die Alpenkonvention: Handbuch für ihre Umsetzung. Rahmenbedingungen, Leitlinien und Vorschläge für die Praxis zur rechtlichen Umsetzung der Alpenkonvention und ihrer Durchführungsprotokolle (2007).

Bundesministerium für Land- und Forstwirtschaft, Umwelt und Wasserwirtschaft (Hrsg.), Die Alpenkonvention – Umsetzung der Protokolle in Österreich (2003).

Bundesministerium für Verkehr, Innovation und Technologie (Hrsg.), Verkehr in Zahlen. Ausgabe 2011 (2012).

Bundesministerium für wirtschaftliche Angelegenheiten (Hrsg.), GSD. Die Gestaltung des Straßennetzes im Donaueuropäischen Raum unter besonderer Beachtung des Wirtschaftsstandortes Österreich (1999).

Burgener/Herrmann, Die Alpen brauchen eine Alpentransitbörse, in Epiney/Heuck (Hrsg.), Der alpenquerende Gütertransport. Rechtliche Vorgaben und Perspektiven – Le transport de marchandises au travers des Alpes. Conditions juridiques et perspectives (2012), 119–126.

Bußjäger/Fink, Die Möglichkeiten des EVTZ zur Mitwirkung an der Lösung gemeinsamer Verkehrsfragen in der Europaregion, in Gamper/Ranacher (Hrsg.), Rechtsfragen des grenzüberschreitenden Verkehrs (2012), 191–204.

Bußjäger, Der EuGH als rechtsschöpfende und rechtsgestaltende Instanz unter dem Blickwinkel des österreichischen Verwaltungsrechts, in Roth G.H./Hilpold (Hrsg.), Der EuGH und die Souveränität der Mitgliedstaaten. Eine kritische Analyse richterlicher Rechtsschöpfung auf ausgewählten Rechtsgebieten (2008), 271–333.

Bußjäger/Larch, Gemeinschaftsrecht, internationales Umweltrecht und Verkehrsprojekte. 1. Teil, Recht der Umwelt (RdU) 2006, 52–58.

Bußjäger/Larch, Gemeinschaftsrecht, internationales Umweltrecht und Verkehrsprojekte. 2. Teil, Recht der Umwelt (RdU) 2006, 104–112.

Caldwell, The Black Diamond of Harmonization: The Alpine Convention as a Model for Balancing Competing Objectives in the European Union, Boston University International Law Journal (BU ILJ) 2003, 137–155.

Calliess/Ruffert (Hrsg.), EUV/AEUV. Das Verfassungsrecht der Europäischen Union mit Europäischer Grundrechtecharta. Kommentar[4] (2011).

Calliess, Inhalt, Struktur und Vorgaben des Vorsorgeprinzips im Kontext der Gestaltung des Umweltrechts, in Hendler/Marburger/Reinhardt/Schröder (Hrsg.), Jahrbuch des Umwelt- und Technikrechts (2006), 89–145.

Calliess, Grundlagen, Grenzen und Perspektiven europäischen Richterrechts, Neue Juristische Wochenschrift (NJW) 2005, 929–933.

Calliess, Vorsorgeprinzip und Beweislastverteilung im Verwaltungsrecht, Deutsches Verwaltungsblatt (DVBl) 2001, 1725–1733.

Carpano, Pollution et transport routier: quand la Cour de justice fait prévaloir la libre circulation des marchandises sur les exigences environnementales, Revue Lamy Droit des Affaires (RLDA) 2012, 69–71.

Cassese, International Law[2] (2005).

Chalmers/Davies/Monti, European Union Law. Cases and Materials[2] (2010).

Chalmers, Repackaging the Internal Market – The Ramifications of the *Keck* Judgment, European Law Review (ELRev) 1994, 385–403.

Chélala/Thudium, Air Pollution and Traffic in the Alpine Transit Corridors of Gotthard and Brenner (2004–2010). Study in the Frame of iMonitraf! (2011).

CIPRA Deutschland (Hrsg.), Leitfaden zur rechtlichen Umsetzung der Bestimmungen der Alpenkonvention in Deutschland (2008).

Classen, Vorfahrt für den Marktzugang? Anmerkung zum Urteil des EuGH vom 10. Februar 2009, Rs. C-110/05 (Kommission/Italien), Europarecht (EuR) 2009, 555–562.

Classen, Die Grundfreiheiten im Spannungsfeld von europäischer Marktfreiheit und mitgliedstaatlichen Gestaltungskompetenzen, Europarecht (EuR) 2004, 416–438.

Corten/Klein (Hrsg.), The Vienna Conventions on the Law of Treaties: A Commentary I (2011).

Corten/Klein (Hrsg.), Les conventions de Vienne sur le droit des traités. Commentaire article par article I (2006).

Corten/Klein (Hrsg.), Les conventions de Vienne sur le droit des traités. Commentaire article par article II (2006).

Cortés Martín, Definición de medidas de efecto equivalente: la jurisprudencia *Keck y Mithouard* no abarca las reglas sobre modalidades de uso de los productos, Revista de Derecho Comunitario Europeo 2009, 677–681.

Craig/de Búrca, EU Law. Text, Cases, and Materials[5] (2011).

Craig/de Búrca (Hrsg.), The Evolution of EU Law[2] (2011).

Craig, The Lisbon Treaty. Law, Politics, and Treaty Reform (2010).

Crawford, Brownlie's Principles of Public International Law[8] (2012).

Cronauer/Seiler, Europäischer Emissionsrechtehandel. Grundlagen und Europarechtskonformität der Richtlinie 2003/87/EG vor dem Hintergrund eines Nichtinkrafttretens des Kyoto Protokolls unter besonderer Berücksichtigung der Auswirkungen auf die deutsche Stahlindustrie, in FS für Georg Ress zum 70. Geburtstag (2005), 423–439.

Cuypers/Randier, L'application juridique de la convention sur la protection des Alpes: la situation en Allemagne, Autriche, France, Italie et Slovénie, Revue européenne de droit de l'environnement (R.E.D.E.) 2009, 3–32.

Cuypers, Die Umsetzung der Alpenkonvention und ihrer Durchführungsprotokolle im österreichischen Recht unter rechtsvergleichender Darstellung einzelner Aspekte der Rechtslage der Europäischen Gemeinschaft und des deutschen Rechts, Dissertation (2007).

Cuypers, Die Alpenkonvention und ihr Verkehrsprotokoll: Völkerrechtliches Maßnahmenpaket im innerstaatlichen Wirkungsgefüge, in Institut für Straßen- und Verkehrswesen (Hrsg.), Seminar „Verkehr im Alpenraum“. Tagungsband, Technische Universität Graz (2006), 19–41.

Dabbah, The Dilemma of *Keck* – The Nature of the Ruling and the Ramifications of the Judgement, Irish Journal of European Law (IJEL) 1999, 84–113.

Dagostin, The Use of Motor Vehicles in the Alps, in Quillacq/Onida (Hrsg.), Environmental Protection and Mountains: Is Environmental Law Adapted to the Challenges Faced by Mountain Areas? (2011), 170–176.

Dashwood, Non-discriminatory trade restrictions after *Keck*, The Cambridge Law Journal (CLJ) 2002, 35–38.

Dauses (Hrsg.), Handbuch des EU-Wirtschaftsrechts (Loseblattausgabe).

Dawes, Commission c Autriche „Vallée de l'Inn“, Revue du Droit de l'Union Européenne (Rev.dr.UE) 2005, 835–839.

Delfs, EuGH: Verursacherprinzip, Verhältnismäßigkeitsgrundsatz und Eigentumsrecht im Europäischen Umweltrecht. Urteil vom 29. April 1999 – C-293/97, Zeitschrift für Umweltrecht (ZUR) 1999, 319–324.

de Sadeleer, L'examen, au regard de l'article 28 CE, des règles nationales régissant les modalités d'utilisation de certains produits, Journal du droit européen (JDE) 2009, 247–250.

de Sadeleer, The Precautionary Principle in European Community Health and Environmental Law: Sword or Shield for the Nordic Countries? in de Sadeleer (Hrsg.), Implementing the Precautionary Principle. Approaches from the Nordic countries, EU and USA (2007), 10–58.

Dette, The Alpine Convention – an international agreement with widespread dimensions, Environmental Law Network International (elni) 2008, 39–49.

Di Seri, La proporzionalità nell'adozione di misure a tutela dell'ambiente: il divieto di circolazione nel Land Tirolo, Rassegna Avvocatura dello Stato (Rass. avv. Stato) 2005, 16–18.

Doehring, Völkerrecht. Ein Lehrbuch[2] (2004).

Dörr/Schmalenbach (Hrsg.), Vienna Convention on the Law of Treaties. A Commentary (2012).

Dörr, Die Entwicklung der ungeschriebenen Außenkompetenzen der EG, Europäische Zeitschrift für Wirtschaftsrecht (EuZW) 1996, 39–43.

Drosdowski (Hrsg.), Duden. Deutsches Universalwörterbuch[2] (1989).

Ecoplan et alii, ALBATRAS. Abstimmung der Schwerverkehrsmanagementinstrumente ATB, AEHS und TOLL+. Endbericht (2011).

Eeckhout, EU External Relations Law[2] (2011).

Ehlers (Hrsg.), Europäische Grundrechte und Grundfreiheiten[3] (2009).

Ehlotzky, Unzulässiger Vorbehalt? Eine völker- und unionsrechtliche Bewertung der Erklärung Italiens zum Verkehrsprotokoll der Alpenkonvention, Journal für Rechtspolitik (JRP) 2013, 388–397.

Ehlotzky, Die Bemautung des Straßenverkehrs am Brennerkorridor – Gebührenerhebung als Mittel zur Verkehrslenkung, in Gamper/Ranacher (Hrsg.), Rechtsfragen des grenzüberschreitenden Verkehrs (2012), 153–175.

Ehlotzky, Verkaufsmodalitäten und Verwendungsbeschränkungen im Verkehrsbereich – *Keck* als Schlüssel für die Zulässigkeit verkehrsbeschränkender Maßnahmen? in Leidenmühler/Eder/Leingartner/Winkler C. (Hrsg.), Grundfreiheiten – Grundrechte – Europäisches Haftungsrecht. Beiträge zum 11. Österreichischen Europarechtstag 2011 in Linz (2012), 125–157.

Ehlotzky, Eine (rein) österreichische Angelegenheit? – Der alpenquerende Güterverkehr in der aktuellen EuGH-Judikatur, in Epiney/Heuck (Hrsg.), Der alpenquerende Gütertransport. Rechtliche Vorgaben und Perspektiven – Le transport de marchandises au travers des Alpes. Conditions juridiques et perspectives (2012), 57–77.

Ehlotzky, Sektorales Fahrverbot Revisited. Anmerkung zu EuGH, Urteil v 21.12.2011 (C-28/09), Recht der Umwelt – Umwelt & Technik (RdU-U&T) 2012, 2–7.

Ehlotzky/Kramer, Die Novelle der Wegekosten-RL und das Verkehrsprotokoll der Alpenkonvention – Auf dem Weg zur Kostenwahrheit? Zeitschrift für Verkehrsrecht (ZVR) 2009, 193–198.

Ekardt, Verursacherprinzip als Verfassungsgebot? – Das Junktim von Freiheit und Verantwortlichkeit, in Hendler/Marburger/Reinhardt/Schröder (Hrsg.), Jahrbuch des Umwelt- und Technikrechts (2006), 63–87.

Enchelmaier, Alpine transport restrictions reconsidered: *Commission v. Austria*, Common Market Law Review (CMLRev) 2013, 183–202.

Epiney, Umweltrecht der Europäischen Union[3] (2013).

Epiney, Die Alpentransitbörse als Instrument der Reduktion des alpenquerenden Straßengüterverkehrs – rechtliche Voraussetzungen und Probleme ihrer Implementierung, in Gamper/Ranacher (Hrsg.), Rechtsfragen des grenzüberschreitenden Verkehrs (2012), 113–132.

Epiney/Heuck, Zu den Vorgaben des EU-Rechts für die Regelung des alpenquerenden Gütertransports auf der Straße, in Epiney/Heuck (Hrsg.), Der alpenquerende Gütertransport. Rechtliche Vorgaben und Perspektiven – Le transport de marchandises au travers des Alpes. Conditions juridiques et perspectives (2012), 31–56.

Epiney/Heuck, Zur Revision der RL 99/62 („Wegekostenrichtlinie") – Die Vorgaben der RL 99/62 in Bezug auf die Erhebung von Maut- und Benutzungsgebühren, Natur und Recht (NuR) 2012, 169–179.

Epiney/Heuck, The Swiss Approach to Mountain Protection and its Relation to European Law: Complementarities or Conflict? in Quillacq/Onida (Hrsg.), Environmental Protection and Mountains: Is Environmental Law Adapted to the Challenges Faced by Mountain Areas? (2011), 44–58.

Epiney/Heuck, Zur Verlagerung des alpenquerenden Straßengüterverkehrs auf die Schiene: die „Alpentransitbörse" auf dem Prüfstand des europäischen Gemeinschaftsrechts, Zeitschrift für Umweltrecht (ZUR) 2009, 178–186.

Epiney, Umweltrecht in der Europäischen Union. Primärrechtliche Grundlagen. Gemeinschaftliches Sekundärrecht[2] (2005).

Epiney, Zur Tragweite des Art. 10 EGV im Bereich der Außenbeziehungen, in FS für Georg Ress zum 70. Geburtstag (2005), 441–459.

Epiney/Gross, Zu den verfahrensrechtlichen Implikationen der Kompetenzverteilung zwischen der EG und den Mitgliedstaaten im Bereich der Außenbeziehungen – unter besonderer Berücksichtigung des Umweltrechts, Natur und Recht (NuR) 2005, 353–361.

Epiney/Gross, Zur Abgrenzung der Außenkompetenzen von Gemeinschaft und Mitgliedstaaten im Umweltbereich – unter besonderer Berücksichtigung ausgewählter Aspekte des Gewässerschutzes, in Hendler/Marburger/Reinhardt/Schröder (Hrsg.), Jahrbuch des Umwelt- und Technikrechts (2004), 27–73.

Epiney, Straßenbenutzungsgebühren und europäisches Gemeinschaftsrecht, in Krämer (Hrsg.), Recht und Um-Welt. Essays in Honour of Prof. Dr. Gerd Winter (2003), 87–111.

Epiney/Gruber, Verkehrsrecht in der EU. Zu den Gestaltungsspielräumen der EU-Mitgliedstaaten im Bereich des Landverkehrs (2001).

Epiney/Scheyli, Umweltvölkerrecht. Völkerrechtliche Bezugspunkte des schweizerischen Umweltrechts (2000).

Epiney, Der „Grundsatz der freien Wahl des Verkehrsträgers" in der EU: rechtliches Prinzip oder politische Maxime? Zeitschrift für Umweltrecht (ZUR) 2000, 239–245.

Epiney, Zur Stellung des Völkerrechts in der EU – Zugleich Besprechung von EuGH, EuZW 1998, 572 – Hermès und EuGH, EuZW 1998, 694 – Racke, Europäische Zeitschrift für Wirtschaftsrecht (EuZW) 1999, 5–11.

Epiney/Scheyli, Strukturprinzipien des Umweltvölkerrechts (1998).

Epiney/Gruber, Verkehrspolitik und Umweltschutz in der Europäischen Union. Zur Einbeziehung ökologischer Aspekte im Bereich des Straßen- und Schienenverkehrs (1997).

Epiney, Umweltrechtliche Querschnittsklausel und freier Warenverkehr: die Einbeziehung umweltpolitischer Belange über die Beschränkung der Grundfreiheit, Natur und Recht (NuR) 1995, 497–504.

Epiney, Gemeinschaftsrechtlicher Umweltschutz und Verwirklichung des Binnenmarktes – „Harmonisierung" auch der Rechtsgrundlagen? Zur Entscheidung des EuGH in der Rs C-300/89 JZ 1992, 578 – Titandioxid, Juristenzeitung (JZ) 1992, 564–570.

Erbguth/Schlacke, Umweltrecht[5] (2014).

Ermacora, Die „Rassendiskriminierungskonvention" als Bestandteil der österreichischen Rechtsordnung, Juristische Blätter (JBl) 1973, 179–191.

Everling, Rechtsschutz in der Europäischen Union nach dem Vertrag von Lissabon, Europarecht (EuR) Beiheft 1/2009, 71–86.

Feiden, Die Bedeutung der „Keck"-Rechtsprechung im System der Grundfreiheiten. Ein Beitrag zur Konvergenz der Freiheiten (2003).

Fekete, Feinstaubreduktion im IG-L. Zur Schnittstelle zwischen Immissionsschutz und Betriebsanlagenrecht (2010).

Fenger, Article 28 EC and restrictions on use of a legally marketed product, European Law Reporter (ELR) 2009, 326–337.

Fischer F., Rheinischer Kommentar zur Europäischen Menschenrechtskonvention. Privat- und Familienleben, Art. 8 und 12 (2010).

Fischer K.H., Der Vertrag von Lissabon. Text und Kommentar zum Europäischen Reformvertrag[2] (2010).

Fremuth, „Cassis de Dijon". Zu der dogmatischen Einordnung zwingender Erfordernisse, Europarecht (EuR) 2006, 866–878.

Frenz, Perspektiven für den Umwelt- und Klimaschutz, Europarecht (EuR) Beiheft 1/2009, 232–258.

Frenz, Außenkompetenzen der Europäischen Gemeinschaften und der Mitgliedstaaten im Umweltbereich. Reichweite und Wahrnehmung (2001).

Frenz, Europäisches Umweltrecht (1997).

Frey, Das Straßenbauprojekt S 36 / S 37. Verkehrswirkungen des Straßenbauvorhabens im Lichte des Verkehrsprotokolls zur Alpenkonvention, Gutachten (2009).

Frohnmeyer/Mückenhausen (Hrsg.), EG-Verkehrsrecht. Binnenmarkt, Sozialrecht, Umweltrecht, Verkehrssicherheit, Transeuropäische Netze, EG-Außenbeziehungen im Verkehr (Loseblattausgabe).

Frowein/Peukert (Hrsg.), Europäische MenschenRechtsKonvention. EMRK-Kommentar[3] (2009).

Furherr, Das Immissionsschutzgesetz-Luft, in Hauer/Nußbaumer (Hrsg.), Österreichisches Raum- und Fachplanungsrecht. Handbuch in Einzelbeiträgen (2006), 557–577.

Galle, Implementing the Alpine Convention: The Austrian Experience, in Quillacq/Onida (Hrsg.), Environmental Protection and Mountains: Is Environmental Law Adapted to the Challenges Faced by Mountain Areas? (2011), 148–150.

Galle, Rechtliche Umsetzung der Alpenkonvention in Österreich – Ausgangslage und derzeitiger Stand, in CIPRA Österreich (Hrsg.), Die Alpenkonvention und ihre rechtliche Umsetzung in Österreich, Jahrestagung von CIPRA Österreich (2010), 27–32.

Galle, Das Übereinkommen zum Schutz der Alpen (Alpenkonvention) und seine Protokolle. Ergänzung (2008).

Galle, Das Übereinkommen zum Schutz der Alpen (Alpenkonvention) und seine Protokolle (2002).

Gardiner, Treaty Interpretation (2008).

Gáspár-Szilágyi, EU Member State Enforcement of 'Mixed' Agreements and Access to Justice: Rethinking Direct Effect, Legal Issues of Economic Integration (LIEI) 2013, 163–190.

Geiger/Khan/Kotzur (Hrsg.), EUV/AEUV. Vertrag über die Europäische Union und Vertrag über die Arbeitsweise der Europäischen Union. Kommentar[5] (2010).

Geslin, Convention alpine et droit international public, in CIPRA France (Hrsg.), La convention alpine: Un nouveau droit pour la montagne? (2008), 26–37.

Glantenay, Le transport de marchandises au travers des Alpes – La situation en France, in Epiney/Heuck (Hrsg.), Der alpenquerende Gütertransport. Rechtliche Vorgaben und Perspektiven – Le transport de marchandises au travers des Alpes. Conditions juridiques et perspectives (2012), 99–106.

González Vaqué, La sentencia *Mickelsson y Roos* del TJCE: Good Bye, *Keck y Mithouard*! Revista española de Derecho Europeo 2009, 389–405.

Göschke, Das Verkehrsprotokoll als Schlüssel. Gefährdung der Alpenkonvention durch Österreichs Verkehrspolitik, in CIPRA Österreich (Hrsg.), Die Alpenkonvention und ihre rechtliche Umsetzung in Österreich, Jahrestagung von CIPRA Österreich (2010), 72–74.

Göschke, Der Sündenfall des Musterschülers. S 36 / S 37: Österreichs verkehrspolitische Selbstdemontage, SzeneAlpen 2010, 7–9.

Gottschewski, Zur rechtlichen Durchsetzung von europäischen Straßen (1998).

Götz, Die Umsetzung der Alpenkonvention – ein steiniger Weg. Überblick über die rechtliche Implementierung der Alpenkonvention in den verschiedenen Staaten, in CIPRA Österreich (Hrsg.), Die Alpenkonvention und ihre rechtliche Umsetzung in Österreich, Jahrestagung von CIPRA Österreich (2010), 18–21.

Govaere, Beware of the Trojan Horse: Dispute Settlement in (Mixed) Agreements and the Autonomy of the EU Legal Order, in Hillion/Koutrakos (Hrsg.), Mixed Agreements Revisited. The EU and its Member States in the World (2010), 187–207.

Grabenwarter, European Convention on Human Rights. Commentary (2014).

Grabenwarter, Die Kooperation zwischen EuGH und EGMR, in Grabenwarter/Vranes (Hrsg.), Kooperation der Gerichte im europäischen Verfassungsverbund – Grundfragen und neueste Entwicklungen. 12. Österreichischer Europarechtstag 2012 (2013), 35–44.

Grabenwarter/Pabel, Europäische Menschenrechtskonvention. Ein Studienbuch[5] (2012).

Grabitz/Hilf/Nettesheim (Hrsg.), Das Recht der Europäischen Union. Kommentar (Loseblattausgabe).

Graf Vitzthum/Proelß (Hrsg.), Völkerrecht[6] (2013).

Greaves, Advertising Restrictions and the Free Movement of Goods and Services, European Law Review (ELRev) 1998, 305–319.

Gruber, Die Bewältigung des alpenquerenden Transitverkehrs durch die Schweiz – Rechtliche Rahmenbedingungen und Perspektiven, in Busek/Hummer (Hrsg.), Alpenquerender und inneralpiner Transitverkehr. Probleme und Lösungsvorschläge (2005), 117–140.

Gundel, Die Rechtfertigung von faktisch diskriminierenden Eingriffen in die Grundfreiheiten des EGV, Juristische Ausbildung (Jura) 2001, 79–85.

Gutiérrez-Fons, Sentencia del TJCE de 10 de febrero de 2009 en el asunto C-110/2005 Comisión c. Italia, Gaceta Jurídica de la Unión Europea y de la Competencia (GJC) 2009, 71–78.

Habich, Handel mit Emissionszertifikaten. Verfassungs- und gemeinschaftsrechtliche Probleme (2007).

Hable, Neuerungen im Zusammenwirken von EU-Recht und nationalem Recht nach dem Vertrag von Lissabon, in Hummer (Hrsg.), Neueste Entwicklungen im Zusammenspiel von Europarecht und nationalem Recht der Mitgliedstaaten: Ein Handbuch für Theorie und Praxis (2010), 651–700.

Hacksteiner, Das rechtliche Umfeld für den grenzüberschreitenden Verkehr in der Europaregion – Österreich, in Gamper/Ranacher (Hrsg.), Rechtsfragen des grenzüberschreitenden Verkehrs (2012), 73–79.

Hafner/Kumin/Weiss (Hrsg.), Recht der Europäischen Union. Entwicklung, Institutionen, Politiken, Verfahren (2013).

Haller, Schutz für den Alpenraum – Das Verkehrsprotokoll der Alpenkonvention, in FS für Hans R. Klecatsky zum 90. Geburtstag (2010), 289–295.

Haller, Zerstörung von Alpenraum und Rechtsstaat? in FS für H. René Laurer (2009), 41–59.

Happacher, Das rechtliche Umfeld für den grenzüberschreitenden Verkehr in der Europaregion – Italien, in Gamper/Ranacher (Hrsg.), Rechtsfragen des grenzüberschreitenden Verkehrs (2012), 57–72.

Haratsch/Koenig/Pechstein, Europarecht[8] (2012).

Hartl, Das Protokoll zur Durchführung der Alpenkonvention im Bereich Verkehr (Verkehrsprotokoll) und seine Auswirkungen auf das Gemeinschaftsrecht, Recht der Umwelt (RdU) 2007, 4–8.

Hartl/Wagner, Zur neuen Wegekosten-RL. 1. Teil, Recht der Umwelt (RdU) 2006, 4–8.

Hartl/Wagner, Zur neuen Wegekosten-RL. 2. Teil, Recht der Umwelt (RdU) 2006, 58–65.

Haßlacher, Perspektiven für die Alpen – Alpenkonvention und die Idee einer Alpenraumstrategie: ein Problemaufriss, in CIPRA Österreich (Hrsg.), Perspektiven für die Alpen. Was können Alpenkonvention und eine makroregionale Alpenraumstrategie dazu beitragen? Nationale Fachtagung von CIPRA Österreich (2011), 7–11.

Hatje, Die Niederlassungsfreiheit im europäischen Binnenmarkt, Juristische Ausbildung (Jura) 2003, 160–167.

Hauenschild, Übertragung der ehemaligen Bundesstraßen B auf die Länder. Probleme und Rechtsfragen, Zeitschrift für Verkehrsrecht (ZVR) 2003, 380–393.

Hautzenberg, Das Naturschutzprotokoll und seine unmittelbare Anwendung im österreichischen Naturschutzrecht, Recht der Umwelt (RdU) 2013, 237–243.

Hautzenberg, Alpenkonvention: Keine Anwendung des Verkehrsprotokolls auf die geplante S 36 Murtal Schnellstraße. Glosse zu VfGH, Entscheidung vom 24. 6. 2010, V 78/09, Recht der Umwelt (RdU) 2011, 29–30.

Heintschel von Heinegg, Spektrum und Status der internationalen Umweltkonventionen – Der Beitrag der Europäischen Gemeinschaft zur fortschreitenden Entwicklung des völkervertraglichen Umweltschutzes, in Müller-Graff/Pache/Scheuing (Hrsg.), Die Europäische Gemeinschaft in der internationalen Umweltpolitik (2006), 77–97.

Heintschel von Heinegg, EG im Verhältnis zu internationalen Organisationen und Einrichtungen, in Rengeling (Hrsg.), Handbuch zum europäischen und deutschen Umweltrecht. Eine systematische Darstellung des europäischen Umweltrechts mit seinen Auswirkungen auf das deutsche Recht und mit rechtspolitischen Perspektiven I[2] (2003), 705–749.

Heliskoski, Adoption of Positions under Mixed Agreements (Implementation), in Hillion/Koutrakos (Hrsg.), Mixed Agreements Revisited. The EU and its Member States in the World (2010), 138–159.

Herdegen, Völkerrecht[13] (2014).

Herdegen, Europarecht[14] (2012).

Heuck, Infrastrukturmaßnahmen für den alpenquerenden und inneralpinen Gütertransport. Eine europarechtliche Analyse vor dem Hintergrund der Alpenkonvention (2013).

Heuck, Das völkerrechtliche Frustrationsverbot im Recht der Europäischen Union – Das Beispiel des Verkehrsprotokolls der Alpenkonvention, in Epiney/Heuck (Hrsg.), Der alpenquerende Gütertransport. Rechtliche Vorgaben und Perspektiven – Le transport de marchandises au travers des Alpes. Conditions juridiques et perspectives (2012), 15–30.

Heuck, The Use of Helicopters for Leisure Purposes in the Alps, in Quillacq/Onida (Hrsg.), Environmental Protection and Mountains: Is Environmental Law Adapted to the Challenges Faced by Mountain Areas? (2011), 178–189.

Heuck, Zur Internalisierung von Staukosten. Bemerkungen zu Bundesverwaltungsgericht, I. Abteilung, Urteil vom 21. Oktober 2009, *Schweizerischer Nutzfahrzeugverband Astag c. Oberzolldirektion Bern (OZD)*, zur Leistungsabhängigen Schwerverkehrsabgabe (A-5550/2008), Aktuelle Juristische Praxis (AJP/PJA) 2010, 521–525.

Higgins, The Free and Not so Free Movement of Goods since *Keck*, Irish Journal of European Law (IJEL) 1997, 166–180.

Hilf, Die Auslegung mehrsprachiger Verträge. Eine Untersuchung zum Völkerrecht und zum Staatsrecht der Bundesrepublik Deutschland (1973).

Hillion, Mixity and Coherence in EU External Relations: the Significance of the 'Duty of Cooperation', in Hillion/Koutrakos (Hrsg.), Mixed Agreements Revisited. The EU and its Member States in the World (2010), 87–115.

Hilpold, Die EU im GATT/WTO-System[3] (2009).

Hilpold, Das Vorbehaltsregime der Wiener Vertragskonvention. Notwendigkeit und Ansatzpunkt möglicher Reformen unter besonderer Berücksichtigung der Vorbehaltsproblematik bei menschenrechtlichen Verträgen, Archiv des Völkerrechts (AVR) 1996, 376–425.

Hirn, Der Überprüfungsausschuss der Alpenkonvention aus Sicht des Bundesländervertreters, in CIPRA Österreich (Hrsg.), Die Alpenkonvention und ihre rechtliche Umsetzung in Österreich, Jahrestagung von CIPRA Österreich (2010), 68–71.

Hobe, Europarecht[7] (2012).

Hoffer, Straßenverkehrsrecht, in Bauer (Hrsg.), Handbuch Verkehrsrecht (2009), 159–196.

Horn, Reservations and Interpretative Declarations to Multilateral Treaties (1988).

Huber St., Gemischte Abkommen in den Außenbeziehungen der Europäischen Gemeinschaften und innerhalb eines Bundesstaats, Zeitschrift für öffentliches Recht (ZÖR) 2006, 109–149.

Huber G., Anmerkung zu EuGH, Rs. C-205/98, Brennermaut, Urteil vom 26.9.2000, The European Legal Forum 2000, 98–106.

Hummer, Die Auswirkungen der fünften Erweiterung der EU auf den inneralpinen und alpenquerenden (Transit-) Verkehr. Völkerrechtliche und europarechtliche Rahmenbedingungen, in Busek/Hummer (Hrsg.), Alpenquerender und inneralpiner Transitverkehr. Probleme und Lösungsvorschläge (2005), 55–90.

Hummer (Hrsg.), Alpenquerender Transitverkehr aus regionaler und überregionaler Sicht. Rechtliche, technische und wirtschaftliche Problemlagen (1993).

Humphreys, The polluter pays principle in transport policy, European Law Review (ELRev) 2001, 451–467.

Institut für Föderalismus (Hrsg.), 35. Bericht über den Föderalismus in Österreich 2010 (2011).

Institut für Föderalismus (Hrsg.), 34. Bericht über den Föderalismus in Österreich 2009 (2010).

Ipsen (Hrsg.), Völkerrecht[5] (2004).

Ipsen, Europäisches Gemeinschaftsrecht (1972).

Jacobs, The Lisbon Treaty and the Court of Justice, in Biondi/Eeckhout/Ripley (Hrsg.), EU Law After Lisbon (2012), 197–212.

Jacobs, Direct effect and interpretation of international agreements in the recent case law of the European Court of Justice, in Dashwood/Maresceau (Hrsg.), Law and Practice of EU External Relations. Salient Features of a Changing Landscape (2008), 13–33.

Jans/Vedder, European Environmental Law After Lisbon[4] (2012).

Jans/von der Heide, Europäisches Umweltrecht (2003).

Jarass, Die Grundfreiheiten als Grundgleichheiten. Systematische Überlegungen zur Qualifikation und Rechtfertigung von Beschränkungen der Grundfreiheiten, in FS für Ulrich Everling I (1995), 593–609.

Juen, Convention sur la protection des alpes et transport en droit français, Revue européenne de droit de l'environnement (R.E.D.E.) 2009, 33–64.

Juste Ruiz, L'action de l'Union Européenne en Faveur des Régions de Montagne, in Treves/Pineschi/Fodella (Hrsg.), International Law and Protection of Mountain Areas – Droit International et Protection des Régions de Montagne (2002), 143–158.

Kaddous, Effects of International Agreements in the EU Legal Order, in Cremona/de Witte (Hrsg.), EU Foreign Relations Law. Constitutional Fundamentals (2008), 291–312.

Kaddous, The relations between the EU and Switzerland, in Dashwood/Maresceau (Hrsg.), Law and Practice of EU External Relations. Salient Features of a Changing Landscape (2008), 227–269.

Kahl A., Grenzüberschreitender Personenverkehr, in Gamper/Ranacher (Hrsg.), Rechtsfragen des grenzüberschreitenden Verkehrs (2012), 133–146.

Kahl A./Müller T., Verkehrspolitik, in Eilmansberger/Herzig (Hrsg.), Jahrbuch Europarecht 2010 (2010), 429–445.

Karl, Vertrag und spätere Praxis im Völkerrecht. Zum Einfluß der Praxis auf Inhalt und Bestand völkerrechtlicher Verträge (1983).

Karpenstein/Mayer (Hrsg.), EMRK. Konvention zum Schutz der Menschenrechte und Grundfreiheiten. Kommentar (2012).

Kaupa, Nach Mickelsson: Kann man den Geltungsbereich der Grundfreiheiten abseits des rechtspolitischen Kontexts überhaupt sinnvoll diskutieren? in Leidenmühler/Eder/Leingartner/Winkler C. (Hrsg.), Grundfreiheiten – Grundrechte – Europäisches Haftungsrecht. Beiträge zum 11. Österreichischen Europarechtstag 2011 in Linz (2012), 99–112.

Kelsen, Reine Rechtslehre[2] (1960).

Kerschner, Verkehrsimmissionen. Haftung und Abwehr (2007).

Kerschner/Wagner, Überblick über europarechtliche Vorgaben und Entwicklungen, in Kerschner (Hrsg.), Österreichisches und Europäisches Verkehrsrecht. Auf dem Weg zur Nachhaltigkeit (2001), 17–60.

Kessler, Die „neue" Wegekostenrichtlinie, in Busek/Hummer (Hrsg.), Alpenquerender und inneralpiner Transitverkehr. Probleme und Lösungsvorschläge (2005), 243–249.

Kind, Umfassender Umweltschutz und Europarecht, in Kerschner (Hrsg.), Staatsziel Umweltschutz. Der Einfluss des österreichischen BVG über den umfassenden Umweltschutz auf Gesetzgebung, Verwaltung und Gerichtsbarkeit (1996), 111–173.

Kingreen, Fundamental Freedoms, in von Bogdandy/Bast (Hrsg.), Principles of European Constitutional Law² (2011), 515–549.

Kingreen, Grundfreiheiten, in von Bogdandy/Bast (Hrsg.), Europäisches Verfassungsrecht. Theoretische und dogmatische Grundzüge² (2009), 705–748.

Kingreen, Keine neue Frische in der Rechtsprechung zu den Grundfreiheiten: Der EuGH und das aufgebackene Brot, Europäisches Wirtschafts- und Steuerrecht (EWS) 2006, 488–493.

Kingreen, Die Struktur der Grundfreiheiten des Europäischen Gemeinschaftsrechts (1999).

Kirchhof, Umweltabgaben – Die Regelungen in der Europäischen Gemeinschaft und ihren Mitgliedstaaten, in Rengeling (Hrsg.), Handbuch zum europäischen und deutschen Umweltrecht. Eine systematische Darstellung des europäischen Umweltrechts mit seinen Auswirkungen auf das deutsche Recht und mit rechtspolitischen Perspektiven I² (2003), 1335–1390.

Klamert, The Principle of Loyalty in EU Law (2014).

Klamert, Dark Matter – Competence, Jurisdiction and „the Area Largely Covered by EU Law": Comment on *Lesoochranárske*, European Law Review (ELRev) 2012, 340–350.

Klamert, Rechtsprobleme gemischter Abkommen der EG illustriert am Bespiel der UNESCO Konvention über den Schutz und die Förderung der Vielfalt kultureller Ausdrucksformen, Zeitschrift für öffentliches Recht (ZÖR) 2009, 217–235.

Klement, Kollisionen von Sekundärrecht der Europäischen Gemeinschaft und Völkerrecht – Eine Studie am Beispiel der geplanten Emissionshandelsrichtlinie für den Luftverkehr, Deutsches Verwaltungsblatt (DVBl) 2007, 1007–1016.

Klingenbrunner/Raptis, Straßenrecht, in Bauer (Hrsg.), Handbuch Verkehrsrecht (2009), 143–158.

Klingenbrunner, Mautrecht, in Bauer (Hrsg.), Handbuch Verkehrsrecht (2009), 243–263.

Klinski, Der verfassungs- und europarechtliche Rahmen einer streckenbezogenen „Schwerverkehrsabgabe", Deutsches Verwaltungsblatt (DVBl) 2002, 221–229.

Koch, Anmerkung zu EuGH, Rs. C-112/00, Schmidberger, Urteil vom 12.6.2003, Europäische Zeitschrift für Wirtschaftsrecht (EuZW) 2003, 592–599.

Köck, Grundsätzliches zu Primat und Vorrang des Unions- bzw. Gemeinschaftsrechts im Verhältnis zum mitgliedstaatlichen Recht oder: Als die Frösche keinen König haben wollten, in FS für Georg Ress zum 70. Geburtstag (2005), 557–576.

Köck, Zur Interpretation völkerrechtlicher Verträge, Zeitschrift für öffentliches Recht (ZÖR) 1998, 217–237.

Köck, Vertragsinterpretation und Vertragsrechtskonvention. Zur Bedeutung der Artikel 31 und 32 der Wiener Vertragsrechtskonvention 1969 (1976).

Köll, Entwicklung des alpenquerenden Straßengüterverkehrs – Versuch einer Differenzierung, in Monitraf-Projektteam (Hrsg.), Verkehr durch die Alpen. Entwicklungen, Auswirkungen, Perspektiven (2007), 39–48.

Korinek/Holoubek (Hrsg.), Österreichisches Bundesverfassungsrecht. Textsammlung und Kommentar (Loseblattausgabe).

Koutrakos, Interpretation of Mixed Agreements, in Hillion/Koutrakos (Hrsg.), Mixed Agreements Revisited. The EU and its Member States in the World (2010), 116–137.

Koutrakos, EU International Relations Law (2006).

Kramer/Ehlotzky, Verkehrsrelevante Aspekte der Alpenkonvention, Die Alpenkonvention 2009, 7–8.

Krämer, EU Environmental Law[7] (2012).

Krämer, Role and Place of Mountainous Areas in the Development of Nature Conservation Legislation, in Quillacq/Onida (Hrsg.), Environmental Protection and Mountains: Is Environmental Law Adapted to the Challenges Faced by Mountain Areas? (2011), 22–34.

Krämer, Free lorry transit through Austria and the protection of the environment – traffic ban on the Brenner Motorway. ECJ, Judgment of 15 November 2005 – Case C-320/03 – infringement proceeding Commission v Austria, Journal for European Environmental & Planning Law (JEEPL) 2006, 156–158.

Krämer, The Future Role of the ECJ in the Development of European Environmental Law, in Jans (Hrsg.), The European Convention and the Future of European Environmental Law. Proceedings of the Avosetta Group of European Environmental Lawyers (2003), 85–95.

Krämer, Europäisches Umweltrecht in der Rechtsprechung des EuGH. Dargestellt anhand von 50 Urteilen (2002).

Krämer, Focus on European Environmental Law (1992).

Krämer, Das Verursacherprinzip im Gemeinschaftsrecht. Zur Auslegung von Artikel 130 r EWG-Vertrag, Europäische Grundrechte-Zeitschrift (EuGRZ) 1989, 353–361.

Kröger, Nutzungsmodalitäten im Recht der Warenverkehrsfreiheit, Europarecht (EuR) 2012, 468–478.

Kröll, Warenverkehr, in Eilmansberger/Herzig (Hrsg.), Jahrbuch Europarecht 2010 (2010), 103–124.

Kühn, Die Entwicklung des Vorsorgeprinzips im Europarecht, Zeitschrift für Europarechtliche Studien (ZEuS) 2006, 487–520.

Kühner, Vorbehalte zu multilateralen völkerrechtlichen Verträgen (1986).

Kuijper, The European Courts and the Law of Treaties: The Continuing Story, in Cannizzaro (Hrsg.), The Law of Treaties Beyond the Vienna Convention (2011), 256–278.

Kuijper, International Responsibility for EU Mixed Agreements, in Hillion/Koutrakos (Hrsg.), Mixed Agreements Revisited. The EU and its Member States in the World (2010), 208–227.

Ladenburger, Anmerkungen zu Kompetenzordnung und Subsidiarität nach dem Vertrag von Lissabon, Zeitschrift für Europarechtliche Studien (ZEuS) 2011, 389–408.

Lebel, Das „Verkehrsprotokoll“ der Alpenkonvention, in Busek/Hummer (Hrsg.), Alpenquerender und inneralpiner Transitverkehr. Probleme und Lösungsvorschläge (2005), 5–13.

Leidenmühler, Europarecht. Die Rechtsordnung der Europäischen Union. Studienbuch (2013).

Leidenmühler, Warenverkehrsfreiheit im Wandel der Judikatur. Vom Diskriminierungsverbot über das Beschränkungsverbot hin zu positiven Schutzpflichten der Mitgliedstaaten, Wirtschaftsrechtliche Blätter (wbl) 2000, 245–250.

Leinen, Das Europäische Parlament und der Vertrag von Lissabon, in Leiße (Hrsg.), Die Europäische Union nach dem Vertrag von Lissabon (2010), 97–113.

Lenaerts, Die EU-Grundrechtecharta: Anwendbarkeit und Auslegung, Europarecht (EuR) 2012, 3–18.

Lenz/Borchardt (Hrsg.), EU-Verträge. Kommentar nach dem Vertrag von Lissabon[6] (2013).

Lindermuth, Das Recht der Staatsverträge nach der Verfassungsbereinigung. Eine verfassungsrechtliche Analyse der Neuregelung des Art 50 B-VG durch die Novelle BGBl I 2/2008, Zeitschrift für öffentliches Recht (ZÖR) 2009, 299–333.

Lindner, Anmerkung zu Rs. C-110/05, Bayerische Verwaltungsblätter (BayVBl) 2009, 499–501.

Lock, Das Verhältnis zwischen dem EuGH und internationalen Gerichten (2010).

Lüder, Mars: Zwischen Keck und Cassis, Europäische Zeitschrift für Wirtschaftsrecht (EuZW) 1995, 609–610.

Madner/Hartlieb, Ratifikation des Verkehrsprotokolls der Alpenkonvention durch die EU, Recht der Umwelt (RdU) 2013, 200.

Madner, Umsetzung und Anwendung des europäischen Umweltrechts in Österreich. Eine exemplarische Bestandsaufnahme, in Wagner/Wedl (Hrsg.), Bilanz und Perspektiven zum europäischen Recht. Eine Nachdenkschrift anlässlich 50 Jahre Römische Verträge (2007), 385–401.

Marauhn, Menschenrecht auf eine gesunde Umwelt – Trugbild oder Wirklichkeit? in Giegerich/Proelß (Hrsg.), Bewahrung des ökologischen Gleichgewichts durch Völker- und Europarecht (2010), 11–47.

Matthies, Artikel 30 EG-Vertrag nach Keck, in FS für Ulrich Everling I (1995), 803–817.

Mayer (Hrsg.), Das österreichische Bundes-Verfassungsrecht. Kurzkommentar[4] (2007).

Mayer, Das Abkommen von Stresa – ein Nichtakt, Fachzeitschrift für Wirtschaftsrecht (ecolex) 1995, 139–142.

Mayrhofer, Grünes Licht für das Verkehrsprotokoll der Alpenkonvention, in 16 Bürgerinitiativen zwischen Judenburg und Klagenfurt gegen die S 36/S 37 (Hrsg.), Warum wir unsere Heimat vor Transit schützen. Eine Erklärung (2009), 56–61.

Mayrhofer/Onida, Die Alpenkonvention und ihre Umsetzung, in Tiroler Umweltanwaltschaft (Hrsg.), Sozial- und demokratiepolitische Herausforderungen an die österreichischen Umweltanwaltschaften (2009), 37–47.

Mehl, Die Anwendung des Subsidiaritätsprinzips auf dem Gebiet der Europäischen Verkehrspolitik. Zugleich eine Studie über die gemeinschaftliche Rechtsetzungsbefugnis im Verkehrssektor (2004).

Melloni, Sicurezza stradale e divieto assoluto d'importazione di rimorchi per motoveicoli: la Corte di Giustizia assolve lo Stato italiano nella recente sentenza sui 'quad', Diritto del commercio internazionale (Dir. comm. internaz.) 2009, 160–165.

Middeke, Nationale Alleingänge, in Rengeling (Hrsg.), Handbuch zum europäischen und deutschen Umweltrecht. Eine systematische Darstellung des europäischen Umweltrechts mit seinen Auswirkungen auf das deutsche Recht und mit rechtspolitischen Perspektiven I[2] (2003), 1033–1085.

Millarg, Die Schranken des freien Warenverkehrs in der EG. Systematik und Zusammenwirken von Cassis-Rechtsprechung und Art. 30 EG-Vertrag (2001).

Morgera, Tourism for Mountain Sustainable Development: A Comparative Law Perspective, in Quillacq/Onida (Hrsg.), Environmental Protection and Mountains: Is Environmental Law Adapted to the Challenges Faced by Mountain Areas? (2011), 78–92.

Moser, EU-Recht und völkerrechtliche Verträge in der Judikatur des EuGH, in Schroeder (Hrsg.), Europarecht als Mehrebenensystem. Beiträge zum 7. Österreichischen Europarechtstag 2007 (2008), 89–108.

Mückenhausen, Aktuelle Probleme des alpenquerenden Güterverkehrs, Internationales Verkehrswesen 2002, 404–406.

Mückenhausen, Die Harmonisierung der Abgaben auf den Straßengüterverkehr in der Europäischen Gemeinschaft, Europäische Zeitschrift für Wirtschaftsrecht (EuZW) 1994, 519–523.

Mühl, Diskriminierung und Beschränkung. Grundansätze einer einheitlichen Dogmatik der wirtschaftlichen Grundfreiheiten des EG-Vertrages (2004).

Müller A. Th., Der Internationale Gerichtshof als Verfassungsgericht und Verfassungsvergleicher. Wähnen, Wunsch und Wirklichkeit, Journal für Rechtspolitik (JRP) 2010, 246–264.

Müller F./Christensen, Juristische Methodik II. Europarecht[2] (2007).

Müller H., Mehr Tourismus – mehr Mobilität! Mehr Mobilität – mehr Tourismus? in Monitraf-Projektteam (Hrsg.), Verkehr durch die Alpen. Entwicklungen, Auswirkungen, Perspektiven (2007), 77–87.

Müller M., Das Rechtsprechungsmonopol des EuGH im Kontext völkerrechtlicher Verträge. Untersucht anhand der Rechtsprechung des Gerichtshofs der Europäischen Union (2012).

Müller-Graff, Umweltschutz und Grundfreiheiten, in Rengeling (Hrsg.), Handbuch zum europäischen und deutschen Umweltrecht. Eine systematische Darstellung des europäischen Umweltrechts mit seinen Auswirkungen auf das deutsche Recht und mit rechtspolitischen Perspektiven I[2] (2003), 239–293.

Neframi, International Responsibility of the European Community and of the Member States under Mixed Agreements, in Cannizzaro (Hrsg.), The European Union as an Actor in International Relations (2002), 193–205.

Nordregio, Mountain Areas in Europe. Analysis of mountain areas in EU member states, acceding and other European countries. Final report (2004).

Norer, Die Alpenkonvention – Völkerrechtliches Vertragswerk für den Alpenraum. Diskussionspapier Nr. 93–R-02, Institut für Wirtschaft, Politik und Recht, Universität für Bodenkultur Wien (2002).

Nowak, Europarecht nach Lissabon (2011).

Obwexer, Unionsrechtliche Rahmenbedingungen für mitgliedstaatliche Maßnahmen zur Verlagerung des Straßengüterverkehrs auf die Schiene am Beispiel des sektoralen Fahrverbots, in Gamper/Ranacher (Hrsg.), Rechtsfragen des grenzüberschreitenden Verkehrs (2012), 80–99.

Obwexer, Der Beitritt der EU zur EMRK: Rechtsgrundlagen, Rechtsfragen und Rechtsfolgen, Europarecht (EuR) 2012, 115–149.

Obwexer, Rechtsfragen des Übergangs von „Nizza" zu „Lissabon", in Eilmansberger/Griller/Obwexer (Hrsg.), Rechtsfragen der Implementierung des Vertrags von Lissabon (2011), 47–99.

Obwexer, Diskriminierungsverbot und Unionsbürgerschaft, in Eilmansberger/Herzig (Hrsg.), Jahrbuch Europarecht 2010 (2010), 71–101.

Obwexer, Die Rechtsstellung Einzelner in der Union nach Inkrafttreten des Vertrags von Lissabon, Österreichische Juristenzeitung (ÖJZ) 2010, 101–112.

Obwexer, Grundfreiheit Freizügigkeit. Das Recht der Unionsbürger, sich frei zu bewegen und aufzuhalten, als fünfte Grundfreiheit (2009).

Obwexer, Die Regelung des Transitverkehrs, in Hummer/Obwexer (Hrsg.), 10 Jahre EU-Mitgliedschaft Österreichs. Bilanz und Ausblick (2006), 299–386.

Obwexer, Das sektorale Fahrverbot in Tirol auf dem Prüfstand des Gemeinschaftsrechts. Paradigmenwechsel in der Verkehrspolitik der EG? Zeitschrift für Verkehrsrecht (ZVR) 2006, 212–221.

Obwexer, Transitprotokoll und Nachfolgeregelung, in Busek/Hummer (Hrsg.), Alpenquerender und inneralpiner Transitverkehr. Probleme und Lösungsvorschläge (2005), 15–54.

Obwexer, Die „neue" Wegekosten-Richtlinie, Fachzeitschrift für Wirtschaftsrecht (ecolex) 2005, 663–666.

Obwexer, Rechtsfragen der Durchführung des EuGH-Urteils zur „Brennermaut", in Hummer (Hrsg.), Europarecht im Wandel. Recht und Europa V (2003), 109–140.

Obwexer, EuGH-Urteil zur Brenner-Maut, Fachzeitschrift für Wirtschaftsrecht (ecolex) 2000, 840–843.

Odendahl, Die Bindung der Europäischen Gemeinschaft an die Alpenkonvention, in Hendler/Marburger/Reiff/Schröder (Hrsg.), Jahrbuch des Umwelt- und Technikrechts (2007), 59–80.

Oen, Internationale Streitbeilegung im Kontext gemischter Verträge der Europäischen Gemeinschaft und ihrer Mitgliedstaaten (2005).
Öhlinger/Eberhard, Verfassungsrecht[10] (2014).
Öhlinger/Potacs, EU-Recht und staatliches Recht. Die Anwendung des Europarechts im innerstaatlichen Bereich[5] (2014).
Öhlinger, Vorrang des EU-Rechts, in Schroeder (Hrsg.), Europarecht als Mehrebenensystem. Beiträge zum 7. Österreichischen Europarechtstag 2007 (2008), 11–23.
Oliver (Hrsg.), Oliver on Free Movement of Goods in the European Union[5] (2010).
Oliver/Enchelmaier, Free Movement of Goods: Recent Developments in the Case Law, Common Market Law Review (CMLRev) 2007, 649–704.
Oliver, Some further reflections on the scope of Articles 28–30 (ex 30–36) EC, Common Market Law Review (CMLRev) 1999, 783–806.
Onida, Una politica dei trasporti coerente per le regioni alpine: Il protocollo trasporti della convenzione delle alpi, in Gamper/Ranacher (Hrsg.), Rechtsfragen des grenzüberschreitenden Verkehrs (2012), 45–56.
Onida, La Convention alpine et son protocole transports, in Epiney/Heuck (Hrsg.), Der alpenquerende Gütertransport. Rechtliche Vorgaben und Perspektiven – Le transport de marchandises au travers des Alpes. Conditions juridiques et perspectives (2012), 1–13.
Onida, A Common Approach to Mountain Specific Challenges: The Alpine Convention, in Quillacq/Onida (Hrsg.), Environmental Protection and Mountains: Is Environmental Law Adapted to the Challenges Faced by Mountain Areas? (2011), 94–111.
Onida, Die Umsetzung der Alpenkonvention zwischen Völkerrecht, Gemeinschaftsrecht und innerstaatlichem Recht, in CIPRA Österreich (Hrsg.), Die Alpenkonvention und ihre rechtliche Umsetzung in Österreich, Jahrestagung von CIPRA Österreich (2010), 22–26.
Onida, Alpine Convention. A Regional International Treaty Facing Global Challenges, Environmental Policy and Law (EnvironPolLaw) 2009, 243–246.
Onida, Plaidoyer pour une politique communautaire des montagnes: l'exemple à prendre de la Convention alpine, Revue du Droit de l'Union Européenne (Rev.dr.UE) 2008, 739–781.
Onida (Hrsg.), Europe and the Environment. Legal Essays in Honour of Ludwig Krämer (2004).
Österreichischer Alpenverein (Hrsg.), Vademecum Alpenkonvention[4] (2011).
Otte, Mauterhebung in Deutschland und Europa – juristische Fußangeln noch nicht ausgeräumt, Europäische Zeitschrift für Wirtschaftsrecht (EuZW) 2004, 513.
Palchetti, Article 18 of the 1969 Vienna Convention: A Vague and Ineffective Obligation or a Useful Means for Strengthening Legal Cooperation? in Cannizzaro (Hrsg.), The Law of Treaties Beyond the Vienna Convention (2011), 25–36.
Parapatits, Zur Übertragbarkeit der Keck-Rechtsprechung auf die Dienstleistungsfreiheit, in Leidenmühler/Eder/Leingartner/Winkler C. (Hrsg.), Grundfreiheiten – Grundrechte – Europäisches Haftungsrecht. Beiträge zum 11. Österreichischen Europarechtstag 2011 in Linz (2012), 113–124.
Pardo Leal, La sentencia "Comisión/Austria" de 15 de noviembre de 2005: ¿Libre circulación de mercancías contra protección del medio ambiente? Unión Europea Aranzadi 2006, 5–13.
Pecho, Good-Bye Keck? A Comment on the Remarkable Judgment in *Commission v. Italy*, C-110/05, Legal Issues of Economic Integration (LIEI) 2009, 257–272.
Pellet/Müller D., Reservations to Treaties: An Objection to a Reservation is Definitely not an Acceptance, in Cannizzaro (Hrsg.), The Law of Treaties Beyond the Vienna Convention (2011), 37–59.

Pigou, The Economics of Welfare[4] (1938).

Potacs, Subjektives Recht gegen Feinstaubbelastung? Zeitschrift für Verwaltung (ZfV) 2009, 874–879.

Prügel, Das Vorsorgeprinzip im europäischen Umweltrecht (2005).

Pürgy (Hrsg.), Das Recht der Länder. System (2012).

Ranacher, Das Urteil des EuGH in der Rs C-28/09, *Kommission/Österreich (Sektorales Fahrverbot II)*, aus österreichischer Sicht, in Gamper/Ranacher (Hrsg.), Rechtsfragen des grenzüberschreitenden Verkehrs (2012), 100–112.

Ranacher, Grundfreiheiten und Spürbarkeitstheorie. Überlegungen zu den Konsequenzen des Urteils in der Rs *Graf/Filzmoser* für die Dogmatik der Grundfreiheiten, Zeitschrift für Europarecht, Internationales Privatrecht und Rechtsvergleichung (ZfRV) 2001, 95–107.

Rauber, Quo vadis, „Keck"? Zum Problem von Verwendungsbeschränkungen im freien Warenverkehr, Zeitschrift für Europarechtliche Studien (ZEuS) 2010, 15–40.

Rècsey, Principles of European Environmental Law Art 191 (2) TFEU, in Wagner/Pree (Hrsg.), European Environmental Law. Sammelband (2012), 65–90.

Reich, „Nutzungsbeschränkungen" als „Verkaufsmodalitäten" oder „Marktzugangssperren"? Kurzbesprechung der Schlussanträge des Generalanwalts Yves Bot vom 8.7.2008 in der Rechtssache C-110/05 (Kommission/Italien), Europäische Zeitschrift für Wirtschaftsrecht (EuZW) 2008, 485–486.

Reich, Kurzbesprechung der Schlussanträge von Generalanwalt Mengozzi vom 13. 9. 2007 in der Rechtssache C-244/06 (Dynamic Medien Vertriebs GmbH/Avides Media AG), Europäische Zeitschrift für Wirtschaftsrecht (EuZW) 2007, 715–717.

Reich, Kurzbesprechung der Schlussanträge des Generalanwalts M. Poiares Maduro v. 30. 3. 2006 in den verbundenen Rs. C-158+159/04 Alfa Vita V[a]ssilopoulos AE u.a. gegen Eliniko Dimosio, Nomarchiaki Aftodioikisi Ioanninon (Präfektur Ioannina), Europäische Zeitschrift für Wirtschaftsrecht (EuZW) 2006, 304–305.

Reich, The "November Revolution" of the European Court of Justice: *Keck*, *Meng* and *Audi* revisited, Common Market Law Review (CMLRev) 1994, 459–492.

Reinisch (Hrsg.), Österreichisches Handbuch des Völkerrechts I[5] (2013).

Rengeling, Bedeutung und Anwendbarkeit des Vorsorgeprinzips im europäischen Umweltrecht, Deutsches Verwaltungsblatt (DVBl) 2000, 1473–1483.

Richter, „Nationale Alleingänge" – Förderung hoher Regelungsstandards oder Behinderung eines einheitlichen Binnenmarktes? Eine Analyse der geänderten Voraussetzungen der Rechtsangleichung seit Einführung des Amsterdamer Vertrages unter besonderer Berücksichtigung des Umwelt- und Verbraucherschutzes (2007).

Riesenhuber (Hrsg.), Europäische Methodenlehre. Handbuch für Ausbildung und Praxis[2] (2010).

Rinderknecht, Perspektiven zur Alpentransitbörse – insbesondere im Rahmen des *Follow up Zurich*-Prozesses: Verkehrssicherheit und Mobilität im Alpenraum, in Epiney/Heuck (Hrsg.), Der alpenquerende Gütertransport. Rechtliche Vorgaben und Perspektiven – Le transport de marchandises au travers des Alpes. Conditions juridiques et perspectives (2012), 107–117.

Ronellenfitsch, Umwelt und Verkehr unter dem Einfluss des Nachhaltigkeitsprinzips, Neue Zeitschrift für Verwaltungsrecht (NVwZ) 2006, 385–389.

Ronellenfitsch, Umweltschutz und Verkehr, in Rengeling (Hrsg.), Handbuch zum europäischen und deutschen Umweltrecht. Eine systematische Darstellung des europäischen Umweltrechts mit seinen Auswirkungen auf das deutsche Recht und mit rechtspolitischen Perspektiven II[2] (2003), 1441–1493.

Roth W.-H., Die „horizontale“ Anwendbarkeit der Warenverkehrsfreiheit (Art. 34 AEUV). Zum *Fra.bo*-Urteil des EuGH, Europäisches Wirtschafts- und Steuerrecht (EWS) 2013, 16–27.

Roth W.-H., Joined Cases C-267 and C-268/91, *Bernard Keck and Daniel Mithouard*, Judgment of 24 November 1993, [1993] ECR I-6097; Case C-292/92, *Ruth Hünermund et al.* v. *Landesapothekerkammer Baden-Württemberg*, Judgment of 15 December 1993, [1993] ECR I-6787, Common Market Law Review (CMLRev) 1994, 845–855.

Ruiz et alii, Public transport accessibility of Alpine tourist resorts from major European origin regions and cities. Synthesis Report (2008).

Sandei, The Carpathian Convention: Specificity of the Methods to Respond to Mountain Challenges, in Quillacq/Onida (Hrsg.), Environmental Protection and Mountains: Is Environmental Law Adapted to the Challenges Faced by Mountain Areas? (2011), 112–117.

Sattler, Gemischte Abkommen und gemischte Mitgliedschaften der EG und ihrer Mitgliedstaaten. Unter besonderer Berücksichtigung der WTO (2007).

Satzinger, Aktuelle Verkehrsentwicklung und fachliche Grundlagen, in Gamper/Ranacher (Hrsg.), Rechtsfragen des grenzüberschreitenden Verkehrs (2012), 11–30.

Sbolci, Supplementary Means of Interpretation, in Cannizzaro (Hrsg.), The Law of Treaties Beyond the Vienna Convention (2011), 145–163.

Schäfer, Umweltverträgliche Verkehrspolitik mit rechtlichen Instrumenten (2000).

Schärf, Vertragsverletzung wegen Nichteinschreitens von Behörden, Europäische Zeitschrift für Wirtschaftsrecht (EuZW) 1998, 617–618.

Scheuing, Umweltschutz auf der Grundlage der Einheitlichen Europäischen Akte, Europarecht (EuR) 1989, 152–192.

Schilling, Anmerkung zu EuGH, Rs. C-389/96, Aher-Waggon, Urteil vom 14.7.1998, Europäische Zeitschrift für Wirtschaftsrecht (EuZW) 1998, 698–700.

Schmalenbach, Die Europäische Union und das universelle Völkerrecht, in Schroeder (Hrsg.), Europarecht als Mehrebenensystem. Beiträge zum 7. Österreichischen Europarechtstag 2007 (2008), 67–88.

Schmalenbach, Die rechtliche Wirkung der Vertragsauslegung durch IGH, EuGH und EGMR, Zeitschrift für öffentliches Recht (ZÖR) 2004, 213–231.

Schmid, Protected Alpine Areas: Goals and Limits of Legal Protection, in Quillacq/Onida (Hrsg.), Environmental Protection and Mountains: Is Environmental Law Adapted to the Challenges Faced by Mountain Areas? (2011), 162–169.

Schmid, Das Natur- und Bodenschutzrecht der Alpenkonvention. Anwendungsmöglichkeiten und Beispiele, in CIPRA Österreich (Hrsg.), Die Alpenkonvention und ihre rechtliche Umsetzung in Österreich, Jahrestagung von CIPRA Österreich (2010), 33–40.

Schmid, Alpenkonvention und Moorschutz, Recht der Umwelt (RdU) 2007, 158–166.

Schmid, Alpenkonvention und Europarecht, Dissertation (2005).

Schmidt, Die Eurovignetten-Richtlinie – Einführung und Ausblick, in Greil (Hrsg.), Die Lkw-Maut als Öko-Steuer. Verursachergerechte Lösungen gegen Lärm und Abgase (2012), 7–13.

Schmittner, Grenzüberschreitender Schienengüterverkehr am Brennerkorridor – die Marktöffnung am Prüfstand, in Gamper/Ranacher (Hrsg.), Rechtsfragen des grenzüberschreitenden Verkehrs (2012), 147–152.

Schnedl, NO_x und Recht, Recht der Umwelt (RdU) 2008, 112–121.

Schröder, Umweltschutz als Gemeinschaftsziel und Grundsätze des Umweltschutzes, in Rengeling (Hrsg.), Handbuch zum europäischen und deutschen Umweltrecht. Eine systematische Darstellung des europäischen Umweltrechts mit seinen Auswirkungen auf das deutsche Recht und mit rechtspolitischen Perspektiven I[2] (2003), 199–238.

Schroeder, Grundkurs Europarecht[3] (2013).
Schroeder/Kostenzer, Wissenschaftsbasierte Regulierung im EU-Produktrecht, Europarecht (EuR) 2013, 389–408.
Schroeder, Das rechtliche Umfeld für den grenzüberschreitenden Verkehr in der Europaregion – Unionsrecht, in Gamper/Ranacher (Hrsg.), Rechtsfragen des grenzüberschreitenden Verkehrs (2012), 31–44.
Schroeder, Der alpenquerende Gütertransport – rechtliche Vorgaben in Österreich, in Epiney/Heuck (Hrsg.), Der alpenquerende Gütertransport. Rechtliche Vorgaben und Perspektiven – Le transport de marchandises au travers des Alpes. Conditions juridiques et perspectives (2012), 87–97.
Schroeder/Ehlotzky, Zustand und Perspektiven grenzüberschreitender Kooperation im Alpenraum, in Hilpold/Steinmair/Perathoner (Hrsg.), Rechtsvergleichung an der Sprachgrenze (2011), 67–114.
Schroeder, Mountains of Problems. Alpine traffic and International Law, in Quillacq/Onida (Hrsg.), Environmental Protection and Mountains: Is Environmental Law Adapted to the Challenges Faced by Mountain Areas? (2011), 152–161.
Schroeder, Neues zur Grundrechtskontrolle in der Europäischen Union, Europäische Zeitschrift für Wirtschaftsrecht (EuZW) 2011, 462–467.
Schroeder/Weber K., Studie. Das Verkehrsprotokoll der Alpenkonvention. Schlussbericht (2008).
Schroeder/Müller A. Th., Das Recht des Binnenmarktes. Entwicklungslinien, Herausforderungen und Perspektiven, in Wagner/Wedl (Hrsg.), Bilanz und Perspektiven zum europäischen Recht. Eine Nachdenkschrift anlässlich 50 Jahre Römische Verträge (2007), 87–111.
Schroeder, Die Alpenkonvention – Inhalt und Konsequenzen für das nationale Umweltrecht, Natur und Recht (NuR) 2006, 133–138.
Schroeder, Die Umsetzung der Alpenkonvention aus Sicht des Völkerrechts und des Europarechts, in Ständiges Sekretariat der Alpenkonvention (Hrsg.), Alpenkonvention konkret. Ziele und Umsetzung (2004), 5–9.
Schroeder, Die Alpenkonvention – Ein Abkommen über den Schutz und die nachhaltige Bewirtschaftung eines der wichtigsten Ökosysteme Europas, Bayerische Verwaltungsblätter (BayVBl) 2004, 161–167.
Schroeder, Das Gemeinschaftsrechtssystem. Eine Untersuchung zu den rechtsdogmatischen, rechtstheoretischen und verfassungsrechtlichen Grundlagen des Systemdenkens im Europäischen Gemeinschaftsrecht (2002).
Schroeder, Die Sicherung eines hohen Schutzniveaus für Gesundheits-, Umwelt- und Verbraucherschutz im europäischen Binnenmarkt, Deutsches Verwaltungsblatt (DVBl) 2002, 213–221.
Schroeder, Die Sicherung eines hohen Schutzniveaus in den Bereichen Gesundheit, Sicherheit, Umweltschutz und Verbraucherschutz im Rahmen des Binnenmarktes – Zum Inhalt des Art 95 (ex-Art 100 a) EGV nach Amsterdam, in Hummer (Hrsg.), Europarechtliche Markierungen zur Jahrtausendwende. Recht und Europa IV (2001), 29–46.
Schroeder, Anmerkung zu EuGH, Rs. C-415/93, Bosman, Urteil vom 15.12.1995, Juristenzeitung (JZ) 1996, 254–257.
Schulev-Steindl, Mögliche (wirksame) Maßnahmen nach dem Immissionsschutzgesetz, in Wagner/Kerschner (Hrsg.), Immissionsschutzgesetz-Luft (2008), 75–100.
Schulev-Steindl, Anmerkung zu VwGH 8.6.2005, Schigebiet – Alpenkonvention im UVP-Verfahren unmittelbar anwendbar, Recht der Umwelt (RdU) 2006, 44–45.
Schulze, Die Rolle der Europäischen Union beim Aufbau transeuropäischer Netze, in Zippel (Hrsg.), Transeuropäische Netze (1996), 29–43.

Schwab, Der Europäische Gerichtshof und der Verhältnismäßigkeitsgrundsatz: Untersuchung der Prüfungsdichte (2002).er
Schwarze (Hrsg.), EU-Kommentar³ (2012).
Schwarze, Der Reformvertrag von Lissabon – Wesentliche Elemente des Reformvertrages, Europarecht (EuR) Beiheft 1/2009, 9–28.
Schwarze, Zum Anspruch der Gemeinschaft auf polizeiliches Einschreiten der Mitgliedstaaten bei Störungen des grenzüberschreitenden Warenverkehrs durch Private: Anmerkung zu EuGH, Rs. C-265/95, Kommission/Frankreich, Urteil vom 9.12.1997, Europarecht (EuR) 1998, 47–59.
Schweitzer/Hummer/Obwexer, Europarecht. Das Recht der Europäischen Union (2007).
Schweitzer, Überblick zum Verhältnis: Völkerrecht – Europäisches Gemeinschaftsrecht – nationales Recht, in Rengeling (Hrsg.), Handbuch zum europäischen und deutschen Umweltrecht. Eine systematische Darstellung des europäischen Umweltrechts mit seinen Auswirkungen auf das deutsche Recht und mit rechtspolitischen Perspektiven I² (2003), 679–704.
Schwintowski, Freier Warenverkehr im europäischen Binnenmarkt. Eine Fundamentalkritik an der Rechtsprechung des EuGH zu Art. 28 EGV, Rabels Zeitschrift für ausländisches und internationales Privatrecht (RabelsZ) 2000, 38–59.
Seidl-Hohenveldern/Loibl, Das Recht der Internationalen Organisationen einschließlich der Supranationalen Gemeinschaften⁷ (2000).
Seitz, Straßenbenutzungsgebühren im Spannungsfeld europäischer Harmonisierung und deutscher Straßenverkehrspolitik, Europäische Zeitschrift für Wirtschaftsrecht (EuZW) 2001, 65.
Sell, Das Gebot der einheitlichen Auslegung gemischter Abkommen. Die Auslegungszuständigkeit des EuGH (2006).
Shaw, International Law⁶ (2008).
Sibony/Lieven, Arrêt „Commission c. Autriche“: la lutte contre la pollution aux prises avec la libre circulation des marchandises, Journal des tribunaux. Droit européen (JDT-DE) 2012, 80–82.
Sidi-Ali, La Convention alpine vue au travers de la protection des biotopes, Umweltrecht in der Praxis (URP/DEP) 2005, 648–679.
Simma/Hernández, Legal Consequences of an Impermissible Reservation to a Human Rights Treaty: Where Do We Stand? in Cannizzaro (Hrsg.), The Law of Treaties Beyond the Vienna Convention (2011), 60–85.
Simma, Das Reziprozitätselement in der Entstehung des Völkergewohnheitsrechts (1970).
Sinclair, The Vienna Convention on the Law of Treaties (1973).
Sitta, Die Interpretationsmethoden in der österreichischen Lehre und Judikatur in Spannung zu den Interpretationsmethoden des EuGH, in Hummer (Hrsg.), Europarecht im Wandel. Recht und Europa V (2003), 341–366.
Sohnle, Le transport transalpin des marchandises par rail et par route: préoccupations écologiques et politique européenne des transports, Revue Juridique de l'Environnement (RJE) 2003, 5–29.
Sollberger, Konvergenzen und Divergenzen im Landverkehrsrecht der Europäischen Gemeinschaft und der Schweiz. Unter besonderer Berücksichtigung des bilateralen Landverkehrsabkommens (2003).
Spaventa, Leaving *Keck* behind? The free movement of goods after the rulings in *Commission v Italy* and *Mickelsson and Roos*, European Law Review (ELRev) 2009, 914–932.
Spaventa, The Outer Limit of the Treaty Free Movement Provisions: Some Reflections on the Significance of *Keck*, Remoteness and *Deliège*, in Barnard/Odudu (Hrsg.), The Outer Limits of European Union Law (2009), 245–271.

Ständiges Sekretariat der Alpenkonvention (Hrsg.), Alpenkonvention Nachschlagewerk. Alpensignale 1[2] (2010).

Ständiges Sekretariat der Alpenkonvention (Hrsg.), Alpenzustandsbericht. Verkehr und Mobilität in den Alpen (2007).

Stein, Die Querschnittsklausel zwischen Maastricht und Karlsruhe, in FS für Ulrich Everling II (1995), 1439–1453.

Steinbach, Kompetenzkonflikte bei der Änderung gemischter Abkommen durch die EG und ihre Mitgliedstaaten – Konsequenz aus der parallelen Mitgliedschaft in internationalen Organisationen, Europäische Zeitschrift für Wirtschaftsrecht (EuZW) 2007, 109–112.

Steinberg, Zur Konvergenz der Grundfreiheiten auf der Tatbestands- und Rechtfertigungsebene, Europäische Grundrechte-Zeitschrift (EuGRZ) 2002, 13–25.

Steyrer, Gemischte Verträge im Umweltrecht – die Folgen geteilter Kompetenz der Europäischen Gemeinschaft und ihrer Mitgliedstaaten, Zeitschrift für Umweltrecht (ZUR) 2005, 343–348.

Strazzari, Le reti transeuropee e la cooperazione transfrontaliera territoriale: un'interrelazione promettente, in Gamper/Ranacher (Hrsg.), Rechtsfragen des grenzüberschreitenden Verkehrs (2012), 176–190.

Streinz (Hrsg.), EUV/AEUV. Vertrag über die Europäische Union und Vertrag über die Arbeitsweise der Europäischen Union[2] (2012).

Streinz, Europarecht – Warenverkehrsfreiheit, Juristische Schulung (JuS) 2009, 652–654.

Streinz, Anmerkung zu EuGH, Rs. C-158/04 und C-159/04, Alfa Vita, Urteil vom 14.9. 2006, Juristische Schulung (JuS) 2008, 262–265.

Streinz, Das Verbot des Apothekenversandhandels mit Arzneimitteln. Eine „Verkaufsmodalität" im Sinne der Keck-Rechtsprechung? Europäische Zeitschrift für Wirtschaftsrecht (EuZW) 2003, 37–44.

Streinz, Anmerkung zu EuGH, Rs. C-254/98, TK-Heimdienst, Urteil vom 13.1.2000, Juristische Schulung (JuS) 2000, 809–811.

Streinz, Der „effet utile" in der Rechtsprechung des Gerichtshofs der Europäischen Gemeinschaften, in FS für Ulrich Everling II (1995), 1491–1510.

Thann, Neues aus Brüssel, Zeitschrift für Verkehrsrecht (ZVR) 2004, 286–287.

Thienel, Gibt es einen Stufenbau der Bundesgesetze nach ihrer Erzeugungsform? Österreichische Juristenzeitung (ÖJZ) 1983, 477–483.

Thomas, Die Relevanzregel in der europäischen Grundfreiheitendogmatik. Zur Frage eines Spürbarkeitserfordernisses bei der Beeinträchtigung von Grundfreiheiten, Neue Zeitschrift für Verwaltungsrecht (NVwZ) 2009, 1202–1207.

Thudium/Grimm/Schumacher, Zur Luft- und Lärmsituation in den Alpentransittälern von Fréjus, Mont-Blanc, Gotthard und Brenner, in Monitraf-Projektteam (Hrsg.), Verkehr durch die Alpen. Entwicklungen, Auswirkungen, Perspektiven (2007), 95–113.

Tomuschat, Die Europäische Union und ihre völkerrechtliche Bindung, Europäische Grundrechte-Zeitschrift (EuGRZ) 2007, 1–12.

Trstenjak/Beysen, The Growing Overlap of Fundamental Freedoms and Fundamental Rights in the Case Law of the CJEU, European Law Review (ELRev) 2013, 293–315.

Trstenjak/Beysen, Das Prinzip der Verhältnismäßigkeit in der Unionsrechtsordnung, Europarecht (EuR) 2012, 265–285.

Tryfonidou, The Outer Limits of Article 28 EC: Purely Internal Situations and the Development of the Court's Approach through the Years, in Barnard/Odudu (Hrsg.), The Outer Limits of European Union Law (2009), 197–223.

Tryfonidou, Was *Keck* a Half-baked Solution After All? Joined cases C-158–159/04, *Alfa Vita Vassilopoulos AE, formerly Trofo Super-Markets AE v. Elliniko Dimosio and Nomarkhiaki*

Aftodiikisi Ioanninon; Carrefour Marinopoulos AE v. Elliniko Dimosio and Nomarkhiaki Aftodiikisi Ioanninon, judgment of 14 September 2006, n.y.r., Legal Issues of Economic Integration (LIEI) 2007, 167–182.

Uechtritz, Gemeinschaftsrechtliche Grenzen für Straßenbenutzungsgebühren: Anmerkung zum Urteil des EuGH zur Maut am Brenner, Neue Zeitschrift für Verwaltungsrecht (NVwZ) 2001, 406–408.

Van Calster/Leuven/Scott, ECJ 26 September 2000, Case C-205/98, Commission v. Austria, Review of European Community & International Environmental Law (RECIEL) 2001, 234–235.

Vedder/Heintschel von Heinegg (Hrsg.), Europäisches Unionsrecht. EUV AEUV Grundrechte-Charta. Handkommentar (2012).

Vedder/Heintschel von Heinegg (Hrsg.), Europäischer Verfassungsvertrag. Handkommentar (2007).

Vedder, Die Außenbeziehungen der EU und die Mitgliedstaaten: Kompetenzen, gemischte Abkommen, völkerrechtliche Verantwortlichkeit und Wirkungen des Völkerrechts, Europarecht (EuR) Beiheft 3/2007, 57–90.

Verdross/Simma, Universelles Völkerrecht. Theorie und Praxis[3] (1984).

Villiger, The Rules on Interpretation: Misgivings, Misunderstandings, Miscarriage? The 'Crucible' Intended by the International Law Commission, in Cannizzaro (Hrsg.), The Law of Treaties Beyond the Vienna Convention (2011), 105–122.

Villiger, Commentary on the 1969 Vienna Convention on the Law of Treaties (2009).

von Danwitz, Vertikale Kompetenzkontrolle in föderalen Systemen. Rechtsvergleichende und rechtsdogmatische Überlegungen zur vertikalen Abgrenzung von Legislativkompetenzen in der Europäischen Union, Archiv des öffentlichen Rechts (AöR) 2006, 510–578.

von der Groeben/Schwarze (Hrsg.), Kommentar zum Vertrag über die Europäische Union und zur Gründung der Europäischen Gemeinschaft[6] (2003).

Vranes, Die EU-Außenkompetenzen im Schnittpunkt von Europarecht, Völkerrecht und nationalem Recht, Juristische Blätter (JBl) 2011, 11–21.

Vranes, Völkerrechtsdogmatik als "self-contained discipline"? Eine kritische Analyse des ILC Report on Fragmentation of International Law, Zeitschrift für öffentliches Recht (ZöR) 2010, 87–115.

Vranes, Gemischte Abkommen und die Zuständigkeit des EuGH – Grundfragen und neuere Entwicklungen in den Außenbeziehungen, Europarecht (EuR) 2009, 44–78.

Vranes, The WTO and Regulatory Freedom: WTO Disciplines on Market Access, Non-discrimination and Domestic Regulation Relating to Trade in Goods and Services, Journal of International Economic Law (JIEL) 2009, 953–987.

Vranes, Trade and the Environment. Fundamental Issues in International Law, WTO Law, and Legal Theory (2009).

Vranes, Der Verhältnismäßigkeitsgrundsatz. Herleitungsalternativen, Rechtsstatus und Funktionen, Archiv des Völkerrechts (AVR) 2009, 1–35.

Vranes, The Definition of 'Norm Conflict' in International Law and Legal Theory, European Journal of International Law (EJIL) 2006, 395–418.

Vranes, Lex Superior, Lex Specialis, Lex Posterior – Zur Rechtsnatur der „Konfliktlösungsregeln", Zeitschrift für ausländisches öffentliches Recht und Völkerrecht (ZaöRV) 2005, 391–405.

Wagner, Europarechtliche Vorgaben, Trends und Drittschutz, in Wagner/Kerschner (Hrsg.), Immissionsschutzgesetz-Luft (2008), 39–74.

Wagner, Anmerkung zu EuGH 25.8.2008, Revolutionäre Entscheidung im Luftqualitätsrecht: Subjektives Recht auf Einhaltung von Grenzwerten, Recht der Umwelt (RdU) 2008, 169–172.

Wagner, Verkehrsverlagerung auf die Bahn, in Kerschner (Hrsg.), Österreichisches und Europäisches Verkehrsrecht. Auf dem Weg zur Nachhaltigkeit (2001), 287–355.

Wagner, Europäischer Umweltschutz im Lichte des Amsterdamer Vertrags, Recht der Umwelt (RdU) 2000, 43–54.

Waldeck Rechtsanwälte et alii, LEGALP. Legal consistency of ACE, AETS and TOLL+. Final Report (2012).

Waldhäusl, EuGH zum freien Warenverkehr: Das Keck-Urteil, Fachzeitschrift für Wirtschaftsrecht (ecolex) 1994, 367–371.

Wallnöfer, Europarecht, in Bauer (Hrsg.), Handbuch Verkehrsrecht (2009), 41–60.

Walter/Mayer/Kucsko-Stadlmayer, Grundriss des österreichischen Bundesverfassungsrechts[10] (2007).

Walter, Der Stufenbau nach der derogatorischen Kraft im österreichischen Recht. Zum 75. Geburtstag von Adolf Julius Merkl, Österreichische Juristenzeitung (ÖJZ) 1965, 169–174.

Wasmeier, Umweltabgaben und Europarecht. Schranken des staatlichen Handlungsspielraumes bei der Erhebung öffentlicher Abgaben im Interesse des Umweltschutzes (1995).

Wasserer, Warenverkehrsfreiheit versus sektorales Fahrverbot: Europäische Verkehrspolitik und nationale Handlungsspielräume, Journal für Rechtspolitik (JRP) 2009, 115–125.

Weatherill, After *Keck*: Some thoughts on how to clarify the clarification, Common Market Law Review (CMLRev) 1996, 885–906.

Weber K., Naturschutzrecht, in Rath-Kathrein/Weber K. (Hrsg.), Besonderes Verwaltungsrecht[8] (2013), 55–74.

Weber K., Water in the Mountains: Aspects of Legal Protection, in Quillacq/Onida (Hrsg.), Environmental Protection and Mountains: Is Environmental Law Adapted to the Challenges Faced by Mountain Areas? (2011), 36–43.

Weber K. (unter Mitarbeit von *Engel* und *Wasserer*), Der Transitverkehr in der Judikatur des EuGH: Spannungsfeld zwischen Warenverkehrsfreiheit und Umweltschutz, in Roth G.H./Hilpold (Hrsg.), Der EuGH und die Souveränität der Mitgliedstaaten. Eine kritische Analyse richterlicher Rechtsschöpfung auf ausgewählten Rechtsgebieten (2008), 395–426.

Weber K., Prinzipien umweltpolitischen Handelns, in Pernthaler/Weber K./Wimmer (Hrsg.), Umweltpolitik durch Recht – Möglichkeiten und Grenzen. Rechtliche Strategien zur Umsetzung des Umweltmanifests (1992), 49–66.

Weber K., Menschengerechter Verkehr. Möglichkeiten eines umwelt- und sozialverträglichen Verkehrsrechts, in Pernthaler/Weber K./Wimmer (Hrsg.), Umweltpolitik durch Recht – Möglichkeiten und Grenzen. Rechtliche Strategien zur Umsetzung des Umweltmanifests (1992), 149–159.

Weber R.H., Alpentransitbörse im europarechtlichen Fadenkreuz, Aktuelle Juristische Praxis (AJP/PJA) 2008, 1213–1222.

Weber T., Die völkerrechtskonforme Auslegung von Unionsrecht – primär nur bei Sekundärrecht, nur sekundär bei Primärrecht? Zeitschrift für öffentliches Recht (ZÖR) 2013, 389–416.

Weichselbaum, „Staatsverträge neu" im Geist von Verfassungsbereinigung und völkerrechtlicher Handlungsfähigkeit: eine kritische Analyse, Journal für Rechtspolitik (JRP) 2007, 211–221.

Weiß, Verkehrsrecht – Straßenrecht – Umweltrecht, in Bauer (Hrsg.), Handbuch Verkehrsrecht (2009), 349–375.

Wessel, The EU as a party to international agreements: shared competences, mixed responsibilities, in Dashwood/Maresceau (Hrsg.), Law and Practice of EU External Relations. Salient Features of a Changing Landscape (2008), 152–187.

Wennerås/Bøe Moen, Selling Arrangements, Keeping Keck, European Law Review (ELRev) 2010, 387–400.
White, In search of the limits to Article 30 of the EEC treaty, Common Market Law Review (CMLRev) 1989, 235–280.
Winkler G., Zur Frage der unmittelbaren Anwendbarkeit von Staatsverträgen, Juristische Blätter (JBl) 1961, 8–15.
Winter, Environmental Principles in Community Law, in Jans (Hrsg.), The European Convention and the Future of European Environmental Law. Proceedings of the Avosetta Group of European Environmental Lawyers (2003), 3–25.
Zeileissen, Die unmittelbare Anwendung von Staatsverträgen in Österreich, Zeitschrift für öffentliches Recht (ZÖR) 1971, 317–345.
Ziegler, Die De-facto-Mitgliedschaft der Schweiz in der EU: Binnen- und Aussenbeziehungen, Zeitschrift für Europarechtliche Studien (ZEuS) 2007, 247–272.
Zils, Die Wertigkeit des Umweltschutzes in Beziehung zu anderen Aufgaben der Europäischen Gemeinschaft. Untersuchungen zur Querschnittsklausel (1994).
Zuleeg, Die Grundfreiheiten des Gemeinsamen Markts im Wandel, in FS für Ulrich Everling II (1995), 1717–1727.